JN427721

C로 배우는
알기 쉬운 자료구조

지은이 **고응남 _ ssken@daum.net**

연세대학교 수학과를 졸업하고 숭실대학교 정보과학대학원에서 석사 학위를, 성균관대학교 정보공학과 대학원에서 박사 학위를 취득하였다. 대우전자와 대우통신에서 선임연구원으로 근무하였고, 동우대학 전자계산과와 신성대학 정보통신과 교수를 역임하였다. 현재는 백석대학교 ICT(정보통신)학부 교수로 재직 중(2001.3.~2021.2.)이다. 디지털콘텐츠학회 회장과 모바일학회 회장, 멀티미디어학회 부회장을 역임하였다.

【주요 수상 경력】

국무총리상(2010년), 행정안전부장관상(2010년), 지식경제부장관상(2008년), 한국과학기술정보연구원장상(2015년), 정보통신연구진흥원장상(2007년), 아인쉬타인상(미국, 2012년), 최고과학기술자상(미국, 2011년), IT분야최고기술자상(영국, 2010년), APIS국제학술대회 우수논문발표상(일본, 2009년), 정보처리학회학술대상(2009년), 멀티미디어학회우수논문상(2006년), 디지털콘텐츠학회우수논문상(2009년), 모바일학회우수논문상(2010년), 정보통신연구진흥원 최우수과제선정(2005년), 백석대학교 최우수교수상(2013년 / 2014년), 백석대학교 최우수강의상(2005년), 디지털콘텐츠학회공로상(2002년), 모바일학회공로상(2004년) 등을 수상하였다. 세계 3대 인명사전(Marquis Who's Who in the World / ABI / IBC) 세 군데에 각각 인명이 등재되었다.

【주요 저서와 논문】

『4차 산업혁명 시대의 정보통신개론(한빛아카데미)』, 『컴퓨터 개론(웰북)』, 『비주얼 베이직 프로그래밍(한빛아카데미)』, 『자바 프로그래밍 기초(한빛아카데미)』, 『인터넷프로그래밍(정익사)』, 『ASP 기초 및 응용 실습(OKPress)』, 『C 프로그래밍 단계별 실습(21세기사)』, 『자바 스크립트의 기초 및 응용 실습(정익사)』, 『Turbo C 언어 기초 실습(이한출판사)』 등 25권을 집필하였다. 외국 유명 논문지(SCIE 등 포함)에 약 80여 편, 국내 유명 학술지에 약 200여 편의 논문을 발표하였다.

INTRODUCTION TO

DATA STRUCTURES in C

C로 배우는

알기 쉬운 자료구조

고응남 지음

INFINITYBOOKS
인피니티북스

2016년 3월, 인공지능(AI, Artificial Intelligence) 바둑 프로그램 알파고와 우리나라의 이세돌 9단(세계 바둑 랭킹 2위)과 세기의 바둑 대결을 펼쳤는데, 세계를 깜짝 놀라게 한 사건이 발생하였습니다. 결과 예상을 뒤엎고 알파고가 3:1로 승리를 거두었습니다. 이후, 2017년 5월, 알파고와 커제(세계 바둑랭킹 1위)와의 바둑 대결에서도 알파고는 역시 3:0으로 승리했습니다. 최고의 바둑 고수들이 인공지능에게 참패를 한 사건입니다. 인간과의 대결에서 고도로 발전한 인공지능 소프트웨어의 수준을 짐작케 한 사건이었습니다. 4차 산업혁명을 알리는 신호탄이기도 했습니다. 이러한 기반 기술에는 소프트웨어가 있습니다.

4차 산업 혁명이라는 새로운 환경의 원천이 되는 정보통신 기술로는 사물인터넷, 클라우드 컴퓨팅 기술, 빅데이터 컴퓨팅 기술, 이동통신 기술 등이 있습니다. 이 외에도 인공지능과 딥 러닝, 로봇 기술, 자율 자동차와 위치기반 지능형 교통정보 서비스, 드론, 증강현실 기술, 웨어러블 컴퓨터 기술 등 다양하게 급속도로 발전하고 있습니다. 다양하고 발전된 컴퓨터에서의 문제 해결 과정은 자료를 효율적으로 처리하기 위한 과정입니다. 구체적으로 컴퓨터 언어의 프로그래밍 과정을 말합니다. 넓은 의미의 프로그래밍 과정은 소프트웨어 개발 방법을 의미하며, 좁은 의미의 프로그래밍 과정(프로그램 작성 과정, 번역 과정, 실행 과정 등)을 포함하고 있습니다.

자료구조는 문제 해결을 잘할 수 있도록 자료를 체계화 및 구조화하는 것이며, 알고리즘은 문제 해결을 위한 설계인 추상적인 과정 및 요구사항의 명확성을 갖고 있으며, 프로그래밍(프로그램 코딩)은 문제 해결을 구체화하는 과정입니다. 좋은 자료구조와 좋은 알고리즘은 긴밀한 연관이 있으며, 좋은 자료구조와 좋은 알고리즘 전제하에 좋은 소프트웨어(프로그램) 구현이 가능합니다. 좋은 소프트웨어의 구현을 위해서는 자료구조 과목의 필요성과 중요성을 말해 줍니다.

자료구조를 가르치고 배우는 방법에는 여러 가지가 있을 수 있는데 이 책은 개념위주의 전달, 구체적이며 쉬운 예제의 제시, 또한 C 언어(세계에서 가장 널리 쓰이는 프로그래밍 언어 중 하나) 프로그래밍 구현을 통한, 보다 쉽고 간단한 예제를 사용하여 의미의 전달과 구현에 더 비중을 두었습니다. 각 단원마다 약 30~60문제 정도의 객관식 문제와 약 20문제의 주관식 문제를 풍성하게 제시하여 국가기술자격검정시험과 각종 시험에 대한 대비가 충분하게 되도록 하였습니다.

어떤 특정 컴퓨터 언어를 사용하게 되면 독자 또는 학생들은 자료구조의 개념 파악보다 그 언어에 더 얽매이는 경우를 종종 보게 됩니다. 이것을 가능한 한 배제하고, C 실습을 통하여 자료구조에 대한 개념을 더욱 명확하게 하는 효과도 얻을 수 있도록 하였습니다. 혹시 자료구조의 이론만 배우려면 C 실습 예제를 생략해도 가능한 이론서이기도 합니다. 이론만 가르쳐도 되고 이론과 실습을 병행해도 가능하도록 책 구성을 하였습니다.

학생들에게 1학기나 2학기에 걸쳐서 자료구조를 강의하다 보면 시간이 부족함을 느끼게 되는 경우가 많습니다. 독자 스스로 읽어서 자료구조의 전 범위를 이해할 수 있는 교재를 생각하다 이 책을 집필하게 되었습니다. 어렵고 복잡한 것보다는 단순한 설명과 예제를 통하여 더욱 쉬운 자료구조의 내용을 가르칠 수 있도록 노력하였습니다. 앞으로 더욱 더 좋은 교재가 될 수 있도록 독자 여러분들의 끊임없는 충고와 조언을 간절히 바랍니다.

본서를 준비하는데 도움을 주신 인피니티북스 사장님을 비롯한 임직원 여러분들께 감사의 말씀을 드립니다. 항상 물심양면으로 지원을 아끼지 않는 부모님과 가족들에게도 고마움을 드립니다.

2021년 01월

저자 **고응남**

강의 계획표

한 학기에 중점적으로 배워야 할 자료구조의 개략적인 이론과 실제로 C 언어 실습을 통하여 익힐 수 있는 교재이다. 본문은 12장으로 구성되어 있으며, 1학기 15주에 학습할 수 있도록 강의 계획표를 구성하였다.

주	해당 장	주제
1	제 1 장	자료구조와 알고리즘, C 프로그래밍
2	제 2 장	자료구조 실습을 위한 C 프로그래밍 주요기술
3	제 3 장	순차 자료구조와 순차 리스트(배열 이용)
4	제 4 장	연결 자료구조와 연결 리스트(구조체와 포인터를 이용)
5	제 5 장	스택(Stack)
6	제 6 장	큐(Queue)
7	제 7 장	트리(Tree)
8	중간고사	
9	제 8 장	그래프(Graph)
10	제 8 장	그래프(Graph)
11	제 9 장	정렬(Sort) 1
12	제 10 장	정렬(Sort) 2
13	제 11 장	검색(Search) 1
14	제 12 장	검색(Search) 2
15	기말고사	

책의 전체적인 구성

이 책은 자료구조의 기본(1~4장), 제한된 선형 구조(5~6장), 비선형 구조(7~8장), 자료구조의 응용(9~12장)으로 크게 구성한다.

<table>
<tr><td rowspan="4">자료구조</td><td>(1) 단순 구조
[제1–2장]</td><td colspan="3">▪ 자료구조의 개념과 종류
▪ 자료의 추상화
▪ 알고리즘과 성능 분석
▪ 단순 구조(문자 / 문자열 / 논리형 / 포인터 / 정수 / 실수)</td></tr>
<tr><td rowspan="2">(2) 선형 구조</td><td>순차 리스트
[제3장]</td><td>▪ 배열</td><td rowspan="2">※ 제한된 선형 구조
▪ 스택 [제5장]
▪ 큐 [제6장]
▪ 데크 [제6장]</td></tr>
<tr><td>연결 리스트
[제4장]</td><td>▪ 단순 연결 리스트
▪ 원형 연결 리스트
▪ 이중 연결 리스트
▪ 이중 원형 연결 리스트</td></tr>
<tr><td>(3) 비선형 구조</td><td colspan="2">▪ 트리 [제7장]
▪ 그래프 [제8장]</td><td>※ 배열과 구조체 배열
(순차 리스트) / 구조체와 포인터
(연결 리스트) 표현 가능</td></tr>
<tr><td colspan="2">(4) 자료구조의 응용</td><td colspan="2">▪ 정렬 [제9–10장]
▪ 검색 [제11–12장]</td><td>배열과 구조체 배열(순차 리스트) / 구조체와 포인터(연결 리스트) 표현 가능</td></tr>
</table>

책의 각 장 구성

▸ **개요**: 각 장의 도입 부분이며 그림과 삽화를 통하여 개념과 필요성, 목적 위주로 설명한다.

▸ **내용**:

- 그림과 도표 위주의 개념 설명을 제공한다.
- 사용 예를 가능한 한 그림과 도표로 제시하여 쉽게 이해하게 한다.
- 알고리즘(가상 코드)와 추상 자료형(ADT), 충분한 해설을 제공한다.
- 《실습: 약 6~10개 제공》 출력 결과/처리 조건/프로그램/해설 순으로 제공한다.

▸ **요약**: 각 장의 정리 부분이며 개념과 용어 설명 위주로 설명한다.

▸ **연습문제**: [객관식 문제: 약 30~50문제] / [주관식 문제: 약 20~30문제]를 제공한다.

책의 특징

- C 언어로 자료구조 관련 내용을 쉽게 이해하고 실습할 수 있도록 구현하였다.
- 쉽고 간단한 그림과 예제를 사용하여 의미의 전달과 구현에 더 비중을 두었다.
- 이론과 실습을 병행 가능하도록 책 구성을 하였다.
- 자료구조의 이론만 배우려면 C 실습 예제를 생략해도 가능한 개론서이기도 하다.
- 각 단원마다 약 30~60문제 정도의 객관식 문제와 약 20문제의 주관식 문제를 풍성하게 제시하여 국가기술자격검정시험과 각종 시험에 대한 대비가 충분하게 되도록 하였다.

책의 사용 설명서

【 예제 소스 코드의 제공 】

- 본문의 예제 소스 파일은 다음 주소에서 내려 받을(다운로드) 수 있습니다.
  http://infinitybooks.co.kr/b/DataStructure_source.zip

【 강의 보조 자료의 제공 】

- 인피니티북스 홈페이지에서 '교수, 강사, 그리고 교사 회원'으로 가입하신 분은 인증 후에 교수용 강의 보조 자료를 제공받으실 수 있습니다.
- 필요한 교재를 견본도서로 신청하실 수 있습니다.
  https://www.infinitybooks.co.kr/member/login.php

【 연습문제 해답 안내 】

- 이 책은 대학 강의용 교재 위주로 집필되었으므로 연습문제 해답은 제공하지 않습니다.

PART I

자료구조의 기본

01 _ 자료구조와 알고리즘, C 프로그래밍

02 _ 자료구조 실습을 위한 C 프로그래밍 주요 기술

04 _ 연결 자료구조와 연결 리스트(구조체와 포인터를 이용)

PART II

제한된 선형 구조

05 _ 스택(STACK)

06 _ 큐(QUEUE)

PART III

비선형 구조

07 _ 트리(TREE)

08 _ 그래프(GRAPH)

PART IV

자료구조의 응용

09 _ 정렬(SORT) 1

10 _ 정렬(SORT) 2

11 _ 검색(SEARCH) 1

12 _ 검색(SEARCH) 2

추상 자료형(ADT)

알고리즘(가상코드)

C 프로그래밍 실습 예제

PART I

자료구조의 기본

01

자료구조와 알고리즘, C 프로그래밍

[학습 단계]

00 개요

01 자료구조

02 알고리즘

03 자료구조와 알고리즘 표현, C 프로그래밍 구현

요약

연습문제

[학습 목표]

- 전체적인 개요를 이해한다.
- 자료구조를 이해한다.
- 알고리즘을 이해한다.
- 자료구조와 알고리즘 표현, C 프로그래밍 구현에 대해 살펴본다.

00 _ 개요

1. 컴퓨터의 정보처리와 문제 해결 과정

정보처리 기술은 다음 그림처럼 자료(Data)를 의미 있는 정보(Information)로 변환하거나 더 발전하여 데이터를 지능(Intelligence) 또는 지식(Knowledge)으로 변환하기 위해 컴퓨터를 이용하여 처리(Processing)하는 것을 말한다. 컴퓨터는 더 나아가 비교적 새로운 개념의 인공지능 수준까지 이르렀는데, 어떤 일에 대해 비교 · 판단하는 정보 관리 기능을 한다. 로봇공학 분야를 보면 반복적인 작업 처리 순서를 기억하여 정보를 관리 · 운용하는 모습을 볼 수 있다.

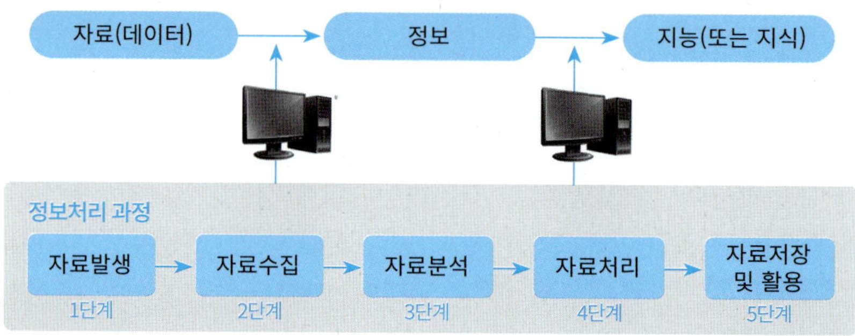

그림 1.1 정보처리 기술과 컴퓨터

2. 컴퓨터에서의 문제 해결 과정과 알고리즘 설계, 컴퓨터 언어의 프로그래밍 과정

컴퓨터에서의 문제 해결 과정은 자료를 효율적으로 처리하기 위한 과정이다. 구체적으로 컴퓨터 언어의 프로그래밍 과정을 말한다. 넓은 의미의 프로그래밍 과정은 소프트웨어 개발 방법을 의미하며, 좁은 의미의 프로그래밍 과정(프로그램 작성 과정, 번역 과정, 실행 과정 등)을 포함하고 있다. 소프트웨어 개발 방법은 소프트웨어 공학 분야 중 일부 분야이다. 소프트웨어 개발 방법의 종류는 많지만, 여기에서는 전통적인 방법인 '폭포수 모델'에 근거하여 설명한다. 전통적인 방법은 다음 그림과 같다.

구분	문제 정의 및 도출	문제의 추상화와 구체화		실행	문제 해결 결과
문제 해결 단계	문제 분석 →	알고리즘 설계 → (추상화)	프로그램 코딩 → (구체화)	프로그램 시험 실행 →	프로그램 문서화/유지보수
문제 해결자	사람			컴퓨터	사람

그림 1.2 넓은 의미의 프로그래밍 과정인 전통적인 방법

표 1.1 전통적인 개발 방법에 대한 각 단계의 설명

단계	설명
1단계(문제 분석)	소프트웨어에 요구되는 기능, 성능, 인터페이스 등 사용자의 요구사항을 구체적으로 이해하는 단계이다.
2단계(알고리즘 설계)	기본 설계와 상세 설계가 있다. 기본 설계는 개발될 소프트웨어에 대한 전체적인 하드웨어 및 소프트웨어 구조, 제어, 제어구조, 자료구조의 개략적인 설계를 작성하는 단계이다. 상세 설계는 각 단위 프로그램에 대한 사항을 상세히 기술하는 단계이다.
3단계(프로그램 코딩)	설계 단계에서 만들어진 설계 사양서를 바탕으로 프로그램을 작성하는 단계로, 코딩과 디버깅, 단위 태스킹을 수행하는 단계이다.
4단계(프로그램 시험 실행)	단위 프로그램별로 구현된 것을 통합시키며 시험하는 단계이다. 전체 시스템이 정확하게 실행하는가를 확인하는 단계이기도 하다.
5단계(프로그램 문서화/유지보수)	시스템의 사용 중에 발생하는 여러 변경 사항에 대해 적응하고, 변화에 대비하는 과정이다.

3. 자료구조/알고리즘/프로그램 코딩의 연관

사진 정리도 국가별/일자별로 정리해 놓은 사진첩과 일자별/국가별로 정리해 놓은 사진첩이 있을 때 찾는 알고리즘의 효율성이 차이 날 수 있다. 즉, 자료구조의 표현 방법에 따라 찾는 효율성도 다를 수 있다. 예를 들면, 여러 개의 책장이 있는 서재의 경우에 책을 분류하여 저장하는 방법에 따라 찾는 알고리즘의 효율성이 다를 수 있다.

그림 1.3 서재가 정리되지 않은 모습

그림 1.4 서재가 정리(책이름별)된 모습

그림 1.5 서재가 정리(장르별)된 모습

자료구조는 문제 해결을 잘할 수 있도록 자료를 체계화 및 구조화하는 것이며, 알고리즘은 문제 해결을 위한 설계인 추상적인 과정 및 요구사항의 명확성을 갖고 있으며, 프로그래밍(프로그램 코딩)은 문제 해결을 구체화하는 과정이다. 좋은 자료구조와 좋은 알고리즘은 긴밀한 연관이 있으며, 좋은 자료구조와 좋은 알고리즘 전제하에 좋은 프로그램 구현이 가능하다.

표 1.2 추상화와 구체화

구분	추상화	→	구체화
자료	추상 자료형(자료구조)	→	자료형(자료구조)
명령문 연산	알고리즘 설계	→	프로그래밍 구현

※ 본 교재에서는 수많은 프로그래밍 언어 중에서 가장 널리 많이 사용되는 C 언어로 자료구조 관련 내용을 설명하고 실습할 수 있도록 구현한다.

01 _ 자료구조

1. 자료구조의 개념

일반적으로 자료(또는 데이터)란 연구나 조사 등 어떤 일을 하기 위한 바탕이 되는 재료를 말한다. 과거 사회에서의 자료보다 현재, 미래 사회에서의 자료는 더욱 다양하고 복잡한 형태로 진화하고 있다. 자료구조(data structure)란 자료 처리를 위한 자료의 표현, 저장, 관계, 관리 및 이용에 관한 방법 등의 개념을 이해하여 프로그램에 사용되고 컴퓨터에 의해 처리될 때, 적절한 자료의 표현, 구성, 저장 및 원리를 위한 적절한 알고리즘의 작성 및 선택과 이용 방법 등을 연구하는 학문이다.

2. 자료구조의 영역

자료구조에서 다루고 있는 여러 가지 영역들과 이것들을 이용하는 여러 분야의 관계를 다음과 같이 분류하여 나타낼 수 있다. 크게 자료구조론을 이론적으로 연구하고 있는 분야와 실제적으로 응용하고 있는 분야로 나눌 수 있다.

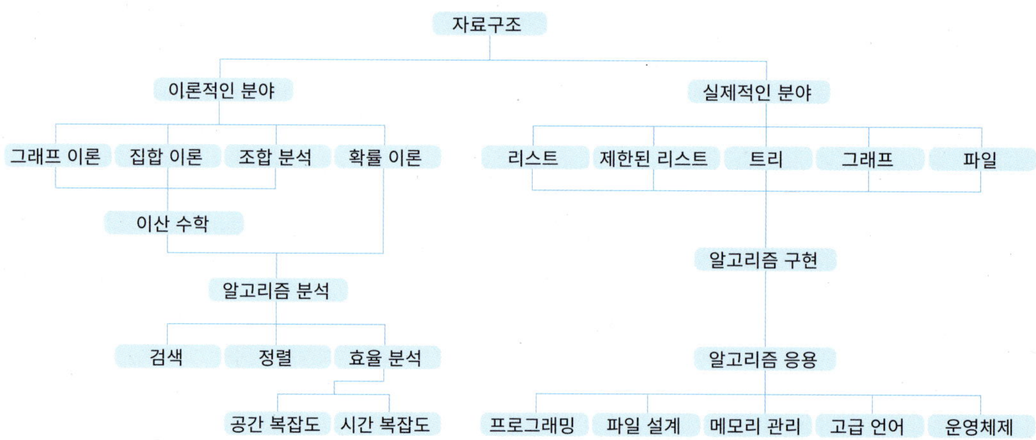

그림 1.6 자료구조론의 영역

이론 분야에서는 여러 가지 수학적인 이론(그래프, 집합, 조합 분석 등의 이론을 다루는 이산수학과 확률 이론)을 바탕으로 하여, 자료구조 혹은 알고리즘의 분석을 수학적으로 엄밀하게 행하고 그 결과를 검색 및 정렬 작업 그리고 저장 공간 및 수행시간 단축 등의 분야에 이용한다.

실제 분야에서는 리스트, 제한된 리스트, 트리, 그래프, 파일 등과 같은 실제적인 자료구조를 연구하고 알고리즘을 개발하여 프로그래밍, 파일 설계, 메모리 관리, 고급 언어 및 운영체제의 설계 등에 이용한다.

3. 자료구조의 형태 분류

컴퓨터 내의 자료구조의 형태는 크게 다음 표처럼 구분할 수 있다. 선형 구조(linear structure, 자료들끼리 1:1 관계)와 비선형 구조(non-linear structure, 자료들끼리 1:n, 또는 m:n 관계)로 구분된다.

표 1.3 자료구조의 형태 분류

<table>
<tr><td rowspan="5">자
료
구
조</td><td>(1)
단순 구조(simple structure)
[제1~2장]</td><td colspan="3">• 문자(character)
• 문자열(string)
• 논리형(logical)
• 포인터(pointer)
• 정수(integer)
• 실수(real)</td></tr>
<tr><td rowspan="2">(2)
선형 구조(linear structure)</td><td>순차 리스트
(sequential list)
[제3장]</td><td>• 배열(array)</td><td rowspan="2">* 제한된 선형 구조:
• 스택(stack)
[제5장]
• 큐(queue)
[제6장]
• 데크(deque)
[제6장]</td></tr>
<tr><td>연결 리스트
(linked list)
[제4장]</td><td>• 단순 연결 리스트(single linked list)
• 원형 연결 리스트(circular linked list)
• 이중 연결 리스트(doubly linKed list)
• 이중 원형 연결 리스트(doubly circular linked list)</td></tr>
<tr><td>(3)
비선형 구조(non-linear structure)</td><td colspan="3">• 트리(tree) [제7장]
• 그래프(graph) [제8장]
* 배열과 구조체 배열(순차 리스트) /
구조체와 포인터(연결 리스트) 표현 가능</td></tr>
<tr><td>(4)
파일 구조(file structure)
※ 교재 범위 제외</td><td colspan="3">• 순차파일(sequential file)
• 색인파일(indexed file)
• 직접파일(direct file)
※ 자료구조(넓은 의미): 파일 구조 포함,
자료구조(좁은 의미): 파일 구조 제외</td></tr>
<tr><td colspan="2">(5)
자료구조의 응용</td><td>정렬(sort) [제9~10장]
검색(search) [제11~12장]</td><td colspan="2">* 배열과 구조체 배열(순차 리스트) /
구조체와 포인터(연결 리스트) 표현 가능
※ 본 교재에서는 주로 배열과 구조체 배열(순차 리스트)로 구현함.
일부는 구조체와 포인터(연결 리스트)로 구현함</td></tr>
</table>

(1) 단순 구조(simple structure): 기초 데이터인 문자, 문자열, 논리형, 포인터, 정수, 실수 등을 포함한다.

(2) 선형 구조(linear structure): 자료를 구성하고 있는 항목들 상호 간에 일대일 대응관계가 성립하는 선형 형태의 자료구조로, 각 항목들이 순차적으로 규정된 선후 관계를 고정적으로 유지한다. 선형 구조는 순차 리스트와 연결 리스트로 구분한다. 순차 리스트에는 배열(array) 등이 이것에 속한다. 연결 리스트는 구조체(struct)와 포인터(pointer)를 이용한다. 다시 연결 형태에 따라 세분화 하면 단일 연결 리스트, 다중 연결 리스트, 원형 연결 리스트, 이중 원형 연결 리스트 등으로 나눌 수 있다. 스택, 큐, 데크는 제한된 선형 구조이며, 순차 리스트나 연결 리스트 양쪽 전부 구현 가능하다.

예를 들어 다음 그림에서 노드의 삽입이나 삭제 작업을 고려하면 순서 리스트에 비해 매우 간단하게 이루어짐을 알 수 있다. 다음 그림에서 140번지에 있는 전자공의 자료를 삭제하면 다음 그림과 같은 결과가 되고 이는 다음 그림에서 전자공의 자료를 지운 후 이윤지의 링크 값만 조정하면 됨을 알 수 있다.

January	February	March	……	December

그림 1.7 순차 리스트(배열)의 예

주소	자료값	링크값
100	이윤지	140
110	한철진	^
120	고도현	150
130	박수희	100
140	전자공	110
150	김미현	130

그림 1.8 단순 연결 리스트의 논리적 표현

(3) 비선형 구조(nonlinear structure): 선형 구조와는 대조적으로 항목들 간에 일대다 혹은 다대다의 대응관계가 성립하는 자료구조로 트리와 그래프가 있다. 트리와 그래프 각각도 순차 리스트(배열)나 연결 리스트(구조체와 포인터)로 표현 및 구현이 가능하다.

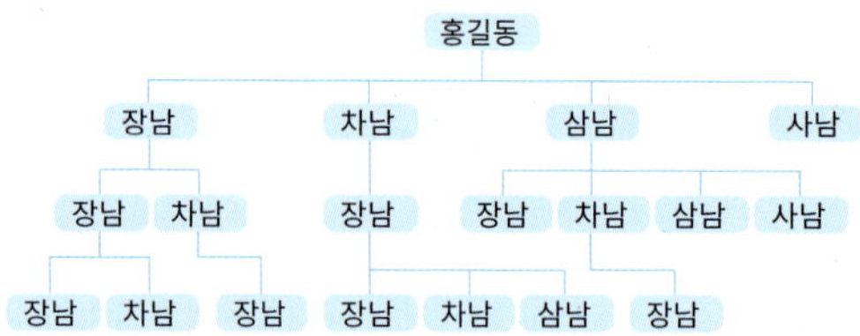

그림 1.9 트리의 예

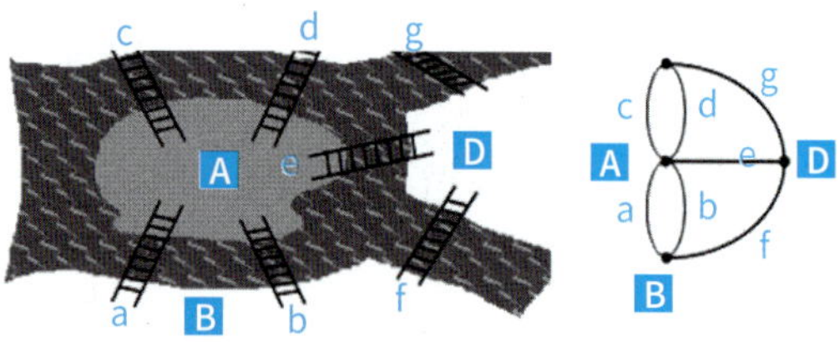

그림 1.10 그래프의 예

(4) 파일 구조(file structure): 파일은 관련이 있는 레코드들의 집합으로 정의하는데, 대개 컴퓨터의 주기억 장치가 아니고 자기디스크, 테이프 등의 보조기억 장치에 저장하게 된다.

(5) 자료구조의 응용_정렬과 검색: 정렬(sort)은 컴퓨터 기억 공간 내에서 순서 없이 배열된 자료를 키(key)라고 불리는 특정한 부분을 중심으로 일정한 순서(작은 수에서 큰 수 순 또는 큰 수에서 작은 수 순)로 재배열하는 것을 말한다. 이때 키란 어떤 자료를 정렬하는 데 사용하는 기준이 되는 특정 값을 말한다. 검색(또는 탐색, search)은 컴퓨터 기억 공간 내에 저장된 자료들 중에서 어떤 조건을 만족하는 자료를 찾아내는 작업을 말한다. 정렬된 자료가 검색하기 쉬우므로 검색과 정렬은 밀접한 관계가 있다.

4. 자료구조의 선택 기준

적절한 자료구조의 선택 여부가 프로그램이나 시스템 성능 향상에 깊이 관여하므로, 다음과 같은 선택 기준을 고려해야 한다.

1. 자료의 양
2. 자료의 활용 빈도
3. 자료의 갱신 정도
4. 사용 가능한 기억 용량
5. 처리 시간의 제한성
6. 프로그래밍의 용이성

5. 자료구조의 단순 구조(simple structure)와 자료 표현

5.1 인간과 컴퓨터의 자료 표현

컴퓨터는 다음 그림처럼 외부 입력 장치(키보드, 마우스 등)를 통해 입력된 인간이 사용하는 10진수의 데이터를 2진수로 변환하여 계산, 분석해서 각각의 장치에 2진수로 명령을 내려주며, 그 가공 처리된 2진수의 결과를 외부 출력 장치를 통해 10진수의 정보로 보여주는 역할을 한다. 컴퓨터의 시스템 내부에서는 논리회로로 표현할 수 있는 2진수로 표현한다.

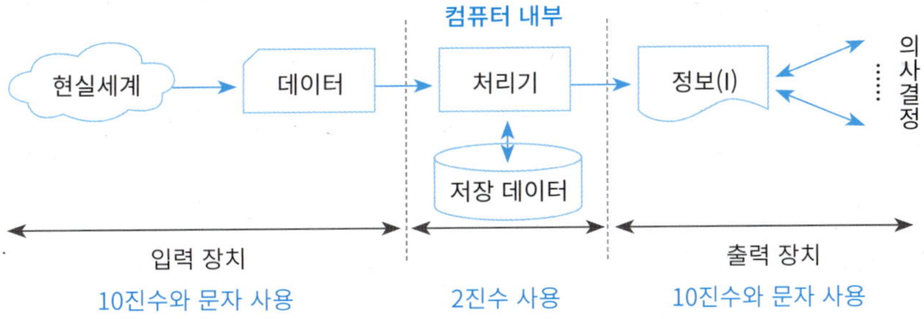

※ 10진수(Decimal): 인간이 사용하는 수의 체계 – 0에서 9의 숫자로 표현

※ 2진수(Binary): 컴퓨터에서 사용하는 수의 체계 – 0에서 1의 숫자로 표현

※ 16진수(Hexadecimal): 처리의 효율성을 위한 수의 체계 – 0에서 F의 숫자로 표현

※ 8진수(Octal): 처리의 효율성을 위한 수의 체계 – 0에서 7의 숫자로 표현

그림 1.11 10진수와 문자, 2진수의 사용 범위

5.2 컴퓨터에서의 자료의 단위

컴퓨터 시스템에서 사용되는 자료의 크기와 성질에 따라서 다음과 같은 여러 가지의 단위가 사용되고 있다.

※ (작음 → 큼)

bit(1bit)	→	nibble(4bit)	→	character(6bit)	→
byte(8 bit)	→	half word(16bit)	→	full word(32bit)	→
double word (64bit)	→	field(item)	→	record	→
file	→	data base	→	data bank	

그림 1.12 정보 단위의 구성

표 1.4 컴퓨터에서의 자료의 단위

종류	내용
비트(Bit)	Binary Digit의 약자로 자료의 최소 단위이다. 2진수에서 쓰이는 1과 0 한 자리의 수로 두 가지 상태(YES/NO 또는 ON/OFF)를 표현한 것이다. 자료를 나타내는 n개의 비트 모임을 비트 스트링이라 한다. 예를 들면, 64가지의 각기 다른 데이터를 나타내려고 하면 최소한 $64=2^6$이므로 6개의 비트(bit)가 필요하다.
니블(Nibble)	4 Bits이며, 4개의 비트가 모인 것이다.
바이트(Byte)	8 Bits이며, 8개의 비트가 모인 것이다. 자료표현의 기본 단위이다. 1바이트 = 8비트
워드(Word)	16 Bits이며, 기종에 따라서 자리수가 더 크거나 더 세분화시키는 경우도 있다. 예를 들면, 주기억장치 내에서 번지 표시 단위가 될 수 있는 것은 바이트, 워드 단위이다.
문자(Character)	여러 개의 비트로 되어있는데 문자(영문자, 숫자, 특수 문자 등) 자료를 의미한다.
문자열(String)	문자들의 모임이다. 스트링이라고도 한다.
항목(Item)	필드(Field) 혹은 셀(Cell)이라고도 한다. 자료의 논리적 구조에 있어서의 최소 단위이다. 즉, 필드는 파일의 최소단위이다.
레코드(Record)	서로 관련이 있는 항목들의 모임이다. 레코드의 길이는 변할 수 있다. 레코드에는 논리적 레코드(logical record)와 물리적 레코드(physical record)가 있다. 논리적 레코드는 응용프로그램에서 사용자가 정의한 레코드이며, 물리적 레코드는 실제 저장 매체에 입출력될 때의 기본 단위를 말한다. 한 개 또는 두 개 이상의 논리적 레코드들로 구성된다.
파일(File)	서로 관련이 있는 레코드들의 집합이다. 파일을 구성하는 기본적인 데이터 항목은 논리적 레코드이다.
블록(Block)	입출력 명령에 의해 이동되는 대규모 레코드의 집합이다.

종류	내용
볼륨(Volume)	각각 성질이 다른 파일의 집합(자기테이프 혹은 디스크 등에서 기억 장소를 구분 확인하기 위하여 쓰임)이다.
데이터베이스 (DB: Data Base)	서로 관련 있는 파일들을 통합하여 만든 체계적인 통합 파일이다.

5.3 컴퓨터에서의 자료(Data) 표현 방식

자료의 표현 방식은 자료와 컴퓨터의 종류에 따라 다르며 문자와 문자열, 논리 자료, 포인터 자료, 수치(정수, 실수)의 표현 방식이 있다. 자료구조에서 단순 구조라고도 한다.

표 1.5 컴퓨터에서의 자료 표현 방식

<table>
<tr><td rowspan="15">단순 구조
(자료 표현 방식)</td><td rowspan="4">(1) 문자</td><td colspan="3">ASCII 코드</td></tr>
<tr><td colspan="3">EBCDIC 코드</td></tr>
<tr><td colspan="3">BCD 코드</td></tr>
<tr><td colspan="3">유니(Uni) 코드</td></tr>
<tr><td colspan="4">(2) 문자열</td></tr>
<tr><td colspan="4">(3) 논리형</td></tr>
<tr><td colspan="4">(4) 참조형(포인터)</td></tr>
<tr><td rowspan="8">(5) 수치</td><td rowspan="6">2진수</td><td rowspan="4">정수</td><td>비부호방식</td></tr>
<tr><td>부호절대값</td></tr>
<tr><td>1의보수</td></tr>
<tr><td>2의보수</td></tr>
<tr><td rowspan="2">실수</td><td>고정소수점</td></tr>
<tr><td>부동소수점</td></tr>
<tr><td rowspan="2">10진수</td><td colspan="2">존형식</td></tr>
<tr><td colspan="2">팩형식</td></tr>
</table>

(1) 문자의 표현 방식

문자의 표현 방식에는 여러 가지가 있는데 그중에서도 많이 쓰이는 것이 미국 표준 코드인 ASCII(American Standard Code for Information Interchange)코드와 IBM에서 만든 EBCDIC(Extended Binary Coded Decimal Interchange Code)코드, BCD Code(Binary Coded Decimal Code, 2진화 10진 코드), 전 세계적으로 통일하고 있는 유니코드 등이 있다.

■ **ASCII 코드**

ASCII 코드는 미국 표준코드로 원래는 통신용으로 만들어졌으며, 7비트로 구성되어 128개의 서로 다른 문자를 표현할 수 있다. 개인용 컴퓨터의 대부분이 ASCII 코드를 사용하고 있으며 현재에는 1비트를 더 추가하여 8개의 비트를 사용하는 확장된(extended) ASCII 코드도 많이 쓰이고 있다. 개인용 PC와 정보 통신용에 많이 사용된다. ASCII 코드의 구성은 다음과 같다.

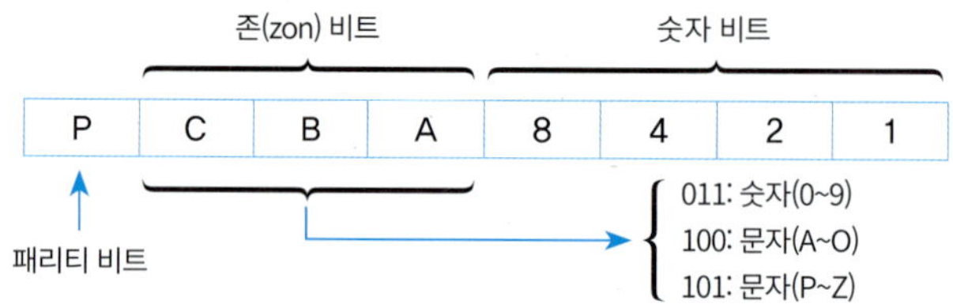

【예】 A: 1000001, a: 1100001, Z: 1011010, z: 1111010
0: 0110000, 1: 0110001, 2: 0110010, 9: 0111001

그림 1.13 ASCII 코드의 구성

표 1.6 ASCII 코드 표

b7					0	0	0	0	1	1	1	1
b6					0	0	1	1	0	0	1	1
b5					0	1	0	1	0	1	0	1
b4	b3	b2	b1	Row \ Column	0	1	2	3	4	5	6	7
0	0	0	0	0	NUL	DLE	SP	0	@	P	`	p
0	0	0	1	1	SOH	DC1	!	1	A	Q	a	q
0	0	1	0	2	STX	DC2	"	2	B	R	b	r
0	0	1	1	3	ETX	DC3	#	3	C	S	c	s
0	1	0	0	4	EOT	DC4	$	4	D	T	d	t
0	1	0	1	5	ENQ	NAK	%	5	E	U	e	u
0	1	1	0	6	ACK	SYN	&	6	F	V	f	v
0	1	1	1	7	BEL	ETB	'	7	G	W	g	w
1	0	0	0	8	BS	CAN	(	8	H	X	h	x
1	0	0	1	9	HT	EM	)	9	I	Y	i	y
1	0	1	0	10	LF	SUB	*	:	J	Z	j	z
1	0	1	1	11	VT	ESC	+	;	K	[	k	{
1	1	0	0	12	FF	FS	,	<	L	\	l	|
1	1	0	1	13	CR	GS	-	=	M	]	m	}
1	1	1	0	14	SO	RS	.	>	N	^	n	~
1	1	1	1	15	SI	US	/	?	O	_	o	DEL

Bits

■ **EBCDIC 코드**

EBCDIC 코드는 8비트로 구성되어 있어서 최대 256가지의 정보를 나타낼 수 있다. IBM 메인프레임 컴퓨터에 사용되기 위하여 만들어져 그 후 모든 IBM 장비에 사용하게 되었다. EBCDIC 코드는 '확장 2진화 10진 코드'라고도 불리며 현재 대부분의 컴퓨터에서 사용되고 있다.

← 존 비트 →				← 숫자 비트 →			
b_1	b_2	b_3	b_4	b_5	b_6	b_7	b_8
A	B	C	D	8	4	2	1
X	X	X	X	X	X	X	X

*존 비트 AB의 값(00:여분, 01:특수문자, 10: 영어 소문자, 11: 영어 대문자)
*존 비트 CD의 값(00: 문자 A ~ I(0001 ~ 1001),
01: 문자 J ~ R(0001 ~ 1001),
10: 문자 S ~ Z(0010 ~ 1001),
11: 숫자 0 ~ 9(0000 ~ 1001))

【예】 A: 11000001, a: 1000001, Z: 11101001, z: 10101001
0: 11110000, 1: 11110001, 2: 11110010, 9: 11111001

그림 1.14 EBCDIC 코드의 구성

표 1.7 EBCDIC 코드 표

			b1 b2	00				01				10				11			
			b3 b4	00	01	10	11	00	01	10	11	00	01	10	11	00	01	10	11
b5	b6	b7	b8																
0	0	0	0	NUL	DLE	DS		SP	&	-						{	}	\	0
0	0	0	1	SOH	DC1	SOS		RSP		/		a	j	~		A	J	NSP	1
0	0	1	0	STX	DC2	FS	SYN					b	k	s		B	K	S	2
0	0	1	1	ETX	TM	WUS	IR					c	l	t		C	L	T	3
0	1	0	0	PF	RES	BYP	PP					d	m	u		D	M	U	4
0	1	0	1	HT	NL	LF	TRN					e	n	v		E	N	V	5
0	1	1	0	LC	BS	ETB	NBS					f	o	w		F	O	W	6
0	1	1	1	DEL	IL	ESC	EOT					g	p	x		G	P	X	7
1	0	0	0		CAN		SBS					h	q	y		H	Q	Y	8
1	0	0	1		EM		IT					i	r	z		I	R	Z	9
1	0	1	0	SMM	CC	SM	RFF	¢	!		:								
1	0	1	1	VT	CUI	CU2	CU3	.	$	,	#								
1	1	0	0	FF	IFS		DC4	<	*	%	@								
1	1	0	1	CR	IGS	ENQ	NAK	(	)	_	'								
1	1	1	0	SO	IRS	ACK		+	;	>	=								
1	1	1	1	SI	IUS	REL	SUB	¦	¬	?	"								EO

■ 표준 BCD 코드

2진화 10진 코드는 6비트 BCD 코드라고도 하며 숫자, 영문자, 특수문자를 코드화하기 위한 것이다. 10진수를 나타내기 위한 4비트의 BCD 코드에다 2비트를 추가하여 나타낸다.

존 비트		← 숫자 비트 →			
A	B	8	4	2	1
X	X	X	X	X	X

*존 비트 AB의 값
- 00: 숫자 0, 1 - 9 (1010, 0001 - 1001)
- 01: 문자 A - I (0001 - 1001)
- 10: 문자 J - R (0001 - 1001)
- 11: 문자 S - Z (0010 - 1001)

【예】 A: 010001, Z: 111001
0: 001010, 1: 000001, 2: 000010, 9: 001001

그림 1.15 BCD 코드의 구성

■ 유니코드

유니코드(Unicode)는 텍스트나 스크립트 문자에 대해 바이너리 코드를 확립하기 위한 새로운 아이디어이다. 공식적으로는 "세계문자 표준 – 유니코드"라고 불리는 이 코드체계는 "세계 각국의 다양한 현대 언어로 작성된 텍스트에 대해 상호교환, 처리 및 표현"을 용이하게 하기 위한 시스템이다. 각 나라별 언어를 모두 표현하기 위해 나온 코드 체계가 유니코드(unicode)다. 유니코드는 사용 중인 운영체제, 프로그램, 언어에 관계없이 문자마다 고유한 코드 값을 제공하는 새로운 개념의 코드이다. 언어와 상관없이 모든 문자를 16비트로 표현하므로 최대 65,536자를 표현할 수 있다. 영문 대소문자와 숫자 코드는 유니코드 사이트(http://www.unicode.org/charts/PDF/U0000.pdf)에서 제공한다. 한글에 대한 유니코드는 사이트(http://www.unicode.org/charts/PDF/UAC00.pdf)에서 제공한다. 예를 들면, '가'는 AC00으로 표현할 수 있다.

(2) 문자열의 표현 방식

문자열(string)은 기억 장소의 연속적인 영역에 존재하는 문자열로서 논리적으로 한 묶음으로 간주한다. 문자열을 표현하기 위하여 배열을 사용할 수 있다.

■ 종류

- **널 스트링(null string)**: 길이가 0인 스트링이며, empty string이라고도 한다.
- **공백 스트링(blank string)**: 공백(SPACE)도 한 개의 문자이므로 길이를 갖게 된다.
- **서브 스트링(substring)**: 스트링을 구성하는 연속적인 일부분을 가리킨다.

■ 연산

스트링 연산의 종류는 다음과 같다.

표 1.8 스트링 연산의 종류

종류	내용
삽입(insertion)	서브스트링을 삽입한다.
제거(deletion)	임의의 서브스트링을 삭제한다.
치환(replacement)	서브스트링을 서로 바꾼다.
인덱싱(indexing)	스트링 중에서 지정된 임의의 서브 스트링의 위치를 찾는다. 여러 개 있을 경우, 첫 번째 서브 스트링의 위치를 찾는다.
결합(concatenation)	둘 이상의 스트링을 서로 연결하여 새로운 스트링을 만든다.
무늬 맞춤(pattern matching)	스트링 중에서 지정된 서브 스트링을 찾는 방법으로 지정된 서브스트링이 존재하면 참(1), 존재하지 않으면 거짓(0)이 된다.

0	1	2	3	4	5	6	7	8	9	10
'G'	'O'	'O'	'D'	'\0'						

0	1	2	3	4	5	6	7	8	9	10
'C'	'–'	'L'	'A'	'N'	'G'	'U'	'A'	'G'	'E'	'\0'

※ 길이가 다른 문자열을 배열(고정 길이의 기억 장소)을 이용하여 표현함.
'\0'는 문자의 끝을 표현함.
※ 길이가 다른 문자열을 포인터(가변 길이의 기억 장소)를 이용하여 표현 가능함.
※ 길이가 다른 문자열을 부분 문자열 사이에 구분자를 이용하여 표현할 수도 있음.

그림 1.16 문자열 자료 표현의 예

(3) 논리형의 표현 방식

논리형 자료라 함은 참(true)과 거짓(false)의 두 가지 중 어느 한 값만 가지는 자료로서 두 가지 상태만을 나타내므로 2진수 한 자리의 비트를 사용하는 것으로 가능하다.

그림 1.17 논리형 자료 표현

(4) 참조형(포인터 자료)의 표현 방식

참조형은 일반 값이 아니라 주소 값을 표시한다. 포인터(pointer) 자료란 기억 공간에 저장된 자료의 주소 값을 의미하며 자료 사이의 전후관계를 나타내고자 할 때 사용한다. 일반적으로 링크(link)라고도 불린다.

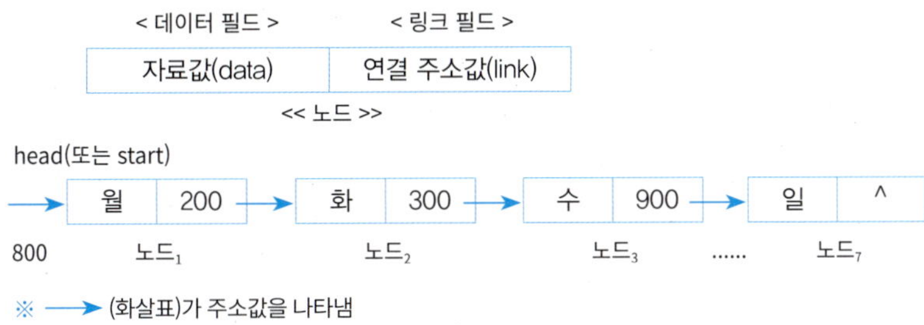

그림 1.18 포인터 자료구조와 자료의 논리적 표현

(5) 정수의 표현 방식

■ 2진수를 표현하는 4가지 방식

4가지 방식의 차이점은 양수 표현은 동일하고, 음수 표현에서 차이점이 있다.

1. **비부호 방식(unsigned format)**
   n개의 비트를 사용하여 정수를 나타낼 경우 전체 사용할 수 있는 경우의 수가 2^n가지이고 이를 순차적으로 0, 1, 2, ... 등과 같이 0과 양의 정수에 대응시킨다. 그러면 나타낼 수 있는 정수의 범위는 0에서부터 $(2^{n-1} - 1)$까지가 된다. 따라서 만약 8비트를 사용할 경우에는 0에서 255까지 정수를 표현할 수 있다. 그러나 음의 정수를 표현할 수 없다는 단점이 있다.

2. **부호 절대치 방식(signed magnitude format)**
   n개의 비트를 사용할 때, 전체 경우의 수가 2^n가지를 비부호 방식이 0과 양의 정수에만 대응시키는 반면 부호 절대값 방식은 전체 경우의 수의 반은 양수에 그리고 나머지 반은 음수에 대응하여 정수를 표현한다. 즉 n개의 비트를 사용할 경우 가장 왼쪽 1개 비트는 부호를 표현하여 양수이면 0으로 음수이면 1로 사용한다. 나머지 (n–1)개 비트는 숫자의 절대값을 표현하는 2진수 값이다. 따라서 이 방식은 비부호 방식이 지니는 단점(음수표현 불가능)을 해결할 수

있다. n개의 비트를 사용할 경우 나타낼 수 있는 정수의 범위는 $-(2^{n-1}-1)$에서부터 $(2^{n-1}-1)$까지이다. 만약 n = 8이면 –127에서 127까지 정수를 표현할 수 있다.

【예】8비트를 사용한 13과 –13의 표시

13 → 0(부호) 0001101(절대값) → 00001101

–13 → 1(부호) 0001101(절대값) → 10001101

3. 1의 보수 방식(1's Complement format)

양의 정수는 부호 절대값 방식과 동일하게 표현하지만 음수의 표현 방식이 다르다. n개의 비트를 사용할 때 부호 절대값 방식은 (n–1)개 비트로 정수의 절대값을 구한 후 부호 비트(왼쪽 1비트)를 사용하여 양수와 음수를 구별하였다. 1의 보수 방식은 양수를 표현할 경우에는 (n–1)개 비트로 정수의 절대값을 구한 후 왼쪽(부호 절대값 방식에서 부호 비트 부분)에 0을 추가한다. 음수를 표현할 경우에는 무조건 절대값이 동일한 양수에 대하여 1의 보수를 취한다. 어떤 2진수에 대한 1의 보수는 원래의 2진수에서 0을 1로, 1을 0으로 바꾸는 것이다.

【예】01011001에 대한 1의 보수 → 10100110 (0을 1로, 1을 0으로 교환)

4. 2의 보수 방식(2's Complement format)

부호 절대값 방식과 1의 보수 방식은 0의 개념과 별도로 –0의 개념도 존재한다는 단점을 가진다. 이와 같은 단점은 음수의 표현을 1의 보수 방식에서 2의 보수 방식으로 바꾸어 표현함으로서 해결할 수 있다.

2의 보수 방식이란 1의 보수 방식을 사용하되 약간의 변화를 주는 방법이다. 즉 1의 보수를 먼저 구한 결과 값에 다시 1을 더해주는 것이 2의 보수 방식이다.

따라서 n개의 비트를 사용할 경우 나타낼 수 있는 정수의 범위는 부호 절대값 방식과 1의 보수 방식보다 하나가 더 많은 $-(2^{n-1})$에서부터 $(2^{n-1}-1)$까지다. 만약 n = 8인 경우 –128에서 +127까지 정수를 표현할 수 있다.

【예】8비트를 사용한 13과 –13의 표시

13 → 00001101

–13 → 11110011

(1의 보수 결과가 11110010이고 여기에 1을 더한 결과이다.)

정수의 표현 방식의 예는 다음과 같다.

표 1.9 2진수 정수의 표현 방식의 3가지 예

2진수 정수의 표현 방식의 3가지			분류	8비트(2진수표현)
부호절대치	1의보수	2의보수		
+127	+127	+127	양수	0111 1111
+126	+126	+126		0111 1110
...	...	...		.....
+2	+2	+2		0000 0010
+1	+1	+1		0000 0001
+0	+0	0		0000 0000

-0	-127	-128	음수	1000 0000
-1	-126	-127		1000 0001
-2	-125	-126		1000 0010
...	...	...		....
-126	-1	-2		1111 1110
-127	-0	-1		1111 1111
-127 ~ +127	-127 ~ +127	-128 ~ +127	8비트(표현 범위)	

■ 10진수를 표현하는 2가지 방식

컴퓨터에서 10진수를 표현하는 경우는 4비트인 BCD 코드를 이용한다. 10진수 형식은 팩 10진수 형식(packed decimal format)과 언팩 10진수 형식(unpacked decimal format)이 있다.

1. 팩 10진수 형식(packed decimal format)

팩 10진수 형식은 1바이트에 2개의 10진수를 표현하는 방법이다. 즉, 한 바이트에 2개의 숫자를 BCD(8421) 코드로 나타내고 부호를 표시하는 최후의 비트는 양수인 경우 $(1100)_{2진수}$와 음수인 경우 $(1101)_{2진수}$로서 표시한다. 다음과 같이 구성된다.

← 1바이트 →

d	d	d	d	d	d	d	d	d	s

※ d: 10 진수

s: 부호 [+ : C, A, E, F → $(1100)_{2진수}$, - : D → $(1101)_{2진수}$]

【예 1】 12345

1	2	3	4	5	C
0001	0010	0011	0100	0111	1100

【예 2】 -12345

1	2	3	4	5	D
0001	0010	0011	0100	0111	1101

그림 1.19 팩 10진수 형식

2. 언팩 10진수 형식(unpacked decimal format): 존(zone) 형식이라고도 함

언팩 10진수 형식은 1바이트에 1개의 숫자를 저장한다. 한 바이트 중 왼쪽 4비트를 존(zone)으로 하여 항상 $(1111)_{2진수}$이 들어가며, 나머지 4비트에 10진수의 숫자에 해당하는 BCD 코드를 저장하게 된다.

← 1바이트 →

F	d	F	d	F	d	F	d	s	d

※ d: 10 진수

s: 부호 [+: C → $(1100)_{2진수}$, -: D → $(1101)_{2진수}$, unsigned: 양수취급]

【예 1】 123

F	1	F	2	F	3
1111	0001	1111	0010	1100	0011

【예 2】 -123

F	1	F	2	D	3
1111	0001	1111	0010	1101	0011

그림 1.20 언팩(존) 10진수 형식

팩 10진수 형식으로 자료를 기억시키면 언팩 10진수 형식보다 기억 장소를 효율적으로 이용할 수 있음을 알 수 있다.

표 1.10 팩형 10진수와 언팩형 10진수의 비교

팩형 10진수	언팩형 10진수
• 1바이트에 2자의 10진수를 표현한다. • 마지막 4비트로는 부호를 표현한다.	• Zoned Decimal이라 하며 EBCDIC의 숫자의 표현과 비슷하다. • 존 비트 4비트는 (F)16와 마지막 바이트 존(byte zone) 부분에 부호를 표현한다. • 1 바이트에 10진수 1자만 표현한다.

【예】 +1234를 언팩 10진수와 팩 10진수로 표현

언팩 10진수을 팩 10진수로 혹은 그 반대로 변환을 할 수 있다.

<언팩>

1111	0001	1111	0010	1111	0011	1100	0100
F	1	F	2	F	3	+	4

<팩>

0000	0001	0010	0011	0100	1100
0	1	2	3	4	+

그림 1.21 팩(존) 10진수 형식의 메모리 효율성

(6) 실수의 표현 방식

2진수를 표현하는 2가지 방식은 고정 소수점 방식(fixed-point method)과 부동 소수점 방식(floating-point method)이 있다.

■ **고정 소수점 방식**

컴퓨터 내부에서의 수치 데이터 표현 방식의 하나. 메모리 내의 데이터를 그대로 2진수로서 다루는 방식에서 일반적으로 소수점의 위치를 최하위에 두고 정수 값으로 다룬다.

【예】 01011010 → 01011010.0

■ **부동 소수점 방식**

- 부동 소수점의 표현은 소수점을 갖고 있는 수치의 표현으로 숫자의 절대값이 매우 큰 수나 작은 수, 정확도를 요구하는 수를 표시할 때 사용한다. 표현 방법은 지수부분과 소수부분으로 나누어 표현하며 소수점의 위치가 고정되어 있지 않고 유동적이기 때문에 유동 소수점 표현이라고도 한다.
- 부동 소수점 방식은 임의의 수를 가수부분(소수부분, fraction)과 지수부분(exponent), 부호(sign)부분으로 나누어 컴퓨터의 기억 공간에 저장시키는 방식이다. 밑수(base 또는 radix)는 2, 8, 10, 16 중에서 하나가 사용된다. IEEE 754 표준 표기 방식이다.

【예】 10진수 3055.127을 부동 소수점 방식으로 표시

$(3055.127)_{10진수}$ (수학적으로 실수 표현 → 정수부:3055, 소수부:127)

$= 10 \times 305.5127 = 100 \times 30.55127$

$= 1000 \times 3.055127 = 10000 \times 0.3055127$

$= (0.3055127 \times 10^4)_{10진수}$

(컴퓨터 내의 실수 표현 → 가수부분 :0.3055127, 지수부분 : 4, 밑수부분: 10, 부호 비트에는 양수는 0, 음수는 1로 표시)

【예】 2, 8, 16진수를 부동 소수점 방식으로 표시

$10011.101_{(2)}=0.10011101 \times 2^{101}$ (가수 :0.10011101 지수 : 101)

$347.012_{(8)}=0.347012 \times 8^3$ (가수 : 0.347012 지수 : 3)

$6A4D.13B_{(16)} = 0.6A4D13B \times 16^4$ (가수 : 0.6A4D13B 지수 : 4)

(위에서 2진수 10011.101의 지수부분은 10진수 형식으로 생각하면 2^5이지만 2진법을 사용하기 때문에 5를 101로 바꾸어야 한다.)

- IEEE 754 표준 표기 방식에 근거하여 컴퓨터 내에 부동 소수점 표현 범위에 따라 2가지 방식으로 구분한다.

ⓐ 부동 소수점 표현 방식(4바이트의 단정도)

ⓑ 부동 소수점 표현 방식(8바이트의 배정도)

【예】 $(110100.101)_{2진수}$

ⓐ 부동 소수점 표현 방식(4바이트의 단정도)

1비트	8비트		23비트	
31	30	23	22	0
0	10000100		10100101000000000000000	
부호	지수부		가수부(소수부)	

ⓑ 부동 소수점 표현 방식(8바이트의 배정도)

1비트	11비트		52비트	
63	62	52	51	0
0	10000000100		10100101000000000000000... 0	
부호	지수부		가수부(소수부)	

그림 1.22 컴퓨터 내의 부동 소수점 표현 범위에 따른 2가지 방식

- IEEE 754 표준 표기 방식에 근거하여 일반 실수의 숫자를 컴퓨터 내의 부동 소수점 표현 범위에 따라 2가지 방식으로 구분하며 단계는 다음과 같다.

ⓐ 정규화 과정: 소수점을 이동하여 정수부가 1이 되도록 표현을 변환한다. 이 과정을 하는 이유는 유효 숫자를 늘리기 위함이다.

ⓑ 부호 저장: 양수는 0, 음수는 1을 저장한다.

ⓒ 지수부 저장: (바이어스 값–1) + 지수 값이 저장된다.

바이어스(bias)–1값은 단정도인 경우 127(2^8–1), 배정도인 경우 1023(2^{11}–1)을 말한다. 과거에는 63(2^7–1)을 사용한 경우도 있었다.

* 바이어스 값(bias): 단정도(128), 배정도(1024), 지수부 6비트인 경우(64)

ⓓ 가수부(또는 소수부) 저장: 정규화 과정 결과에서 정수부를 생략하고 소수부만 선택하여 저장한다.

【예】$(110100.101)_{2진수}$의 부동 소수점 표현 방식

ⓐ 정규화 과정

$(110100.101)_{2진수} \rightarrow (1.10100101 \times 2^5)_{2진수}$

ⓑ 부호 저장: 양수이므로 0 부호부분에 저장된다.

ⓒ 지수부 저장: 바이어스(bias)의 값 + 지수 값이 저장된다.

– 단정도(4바이트): 지수부– $(127+5)_{10진수} = (132)_{10진수} = (10000100)_{2진수}$

– 배정도(8바이트): 지수부– $(1023+5)_{10진수} = (1028)_{10진수} = (10000000100)_{2진수}$

ⓓ 가수부(또는 소수부) 저장:

– 단정도(4바이트): 가수부(23비트의 크기)에 10100101000000000000000이 저장된다.

– 배정도(8바이트): 가수부(52비트의 크기)에 10100101000000000000000...0이 저장된다.

TIP _ 유효숫자 (Significant figures)

물리량을 측정한 값은 측정의 한계 때문에 오차를 갖게 된다. 실질적으로는 불확실한 측정치의 끝자리까지를 유효숫자에 포함하는 것이 관례지만, 가시성과 편리성을 고려해 통용되는 규칙이 있다. 예를 들면, 소수점 이후에 밝혀 적은 0은 측정의 정확도를 표시한 것이므로 유효하다.

【예】7200의 유효 숫자

7.2×10^3은 2개의 유효숫자, 7.20×10^3은 3개의 유효숫자, 7.200×10^3은 4개의 유효숫자를 가진다.

5.4 진법 변환

인간은 10진수를 사용하고, 컴퓨터는 2진수를 사용하므로 진법의 변환 개념이 필요하다. 자료 표현의 방법에 관한 설명을 하기 전에 진법의 변환 방법에 대하여 간략히 설명한다. 진법 변환은 두 가지로 구분하여 설명하는데, 그 첫 번째는 10진수와 일반적인 n진수와의 상호변환 문제이고, 두 번째는 2진수, 8진수, 16진수 사이의 변환이다.

(1) 10진수에서 2진수(혹은 n진수)로 변환

10진수에서 2진수(혹은 n진수)로의 변환은 먼저 10진수를 나누어 생각해야 한다. 즉, 10진수를 소수점을 기준으로 하여 정수부분과 소수부분으로 나눈다. 그리고 나누어진 정수부분과 소수부분에 대하여 각각 다른 방식으로 2진수(혹은 n진수)로 변환한다.

정수부분은 2로(n진수인 경우에는 n으로) 인수분해를 하면서 나머지를 모두 순서대로 기록한 다음 이 나머지들을 거꾸로 읽으면 된다. 또, 소수부분은 2로(n진수인 경우에는 n으로) 계속 곱하기를 하면서 소수점의 왼쪽으로 올라가는 자리 올림수를 발생하는 순서대로 적으면 된다. 다음의 예는 10진수 62.375를 변환하여 2진수 111110.011을 얻은 결과이다.

【예】 10진수 62.375의 2진수 변환

```
2 ) 62                    0.375 x 2 = 0.75  →  0
2 ) 31   →  0             0.75 x 2 = 1.5    →  1
2 ) 15   →  1             0.5 x 2 = 1.0     →  1
2 )  7   →  1
2 )  3   →  1
2 )  1   →  1
     0   →  1
```

62 = 111110(아래에서 위로 읽음)

0.375 = 0.011(위에서 아래로 읽음)

그러므로 $62.375_{(10)} = 111110.011_{(2)}$

(2) 2진수(혹은 n진수)를 10진수로 변환

2진수(혹은 n진수)를 10진수로 변환하는 방법을 쉽게 이해하기 위해서는 먼저 숫자가 분해된 상태의 표현을 알아야 한다. 10진수 645.234를 분해하면 다음과 같이 된다.

$$645.234_{(10)} = 600 + 40 + 5 + 0.2 + 0.03 + 0.004$$
$$= 6 \times 10^{2} + 4 \times 10^{1} + 5 \times 10^{0} + 2 \times 10^{-1} + 3 \times 10^{-2} + 4 \times 10^{-3}$$

결과적으로 2진수(혹은 n진수)의 10진수로의 변환은 먼저 숫자를 위와 같이 분해한 후 분해된 것을 10진수로 연산하여 답을 구하면 된다. 다음의 예는 10진수로 변환되는 몇 개의 예를 보여주고 있다.

【예】 $11110.011_{(2)} = 1\times2^4 + 1\times2^3 + 1\times2^2 + 1\times2^1 + 0\times2^0$

$+ 0\times2^{-1} + 1\times2^{-2} + 1\times2^{-3} = 62.375_{(10)}$

$267.32_{(8)} = 2\times8^2 + 6\times8^1 + 7\times8^0 + 3\times8^{-1} + 2\times8^{-2}$

$= 128 + 48 + 7 + 0.375 + 0.03125$

$= 183.390625_{(10)}$

$166_{(16)} = 1\times16^2 + 6\times16^1 + 6\times16^0$

$= 256 + 96 + 6$

$= 358_{(10)}$

(3) 2진수에서 8진수 혹은 16진수로의 변환

1. 2진수를 8진수로 변환하는 경우 : 2진수의 소수점을 기준으로 좌우로 각각 3자리씩 묶어서 8진수로 읽으면 된다.

【예】

2진수	1	011	000	111	.	110	010	110	1
8진수	1	3	0	7	.	6	2	6	4

$\therefore 1011000111.1100101101_{(2)} = 1307.6264_{(8)}$

2. 2진수를 16진수로 변환하는 경우 : 2진수의 소수점을 기준으로 각각 4자리씩 묶어서 16진수로 읽으면 된다.

【예】

2진수	10	1100	0111	.	1100	1011	01
16진수	2	C	7	.	C	B	4

$\therefore 1011000111.1100101101_{(2)} = 2C7.CB4_{(16)}$

(4) 8진수 혹은 16진수에서 2진수로의 변환

1. 8진수를 2진수로 변환하는 경우 : 8진수 각 자리의 숫자를 2진수 3자리로 바꾼 다음 그대로 읽는다.

【예】

8진수	4	7	3	.	1	1	6
2진수	100	111	011	.	001	001	110

$\therefore 473.116_{(8)} = 100111011.001001110_{(2)}$

2. 16진수를 2진수로 변환하는 경우 : 16진수 각 자리의 숫자를 2진수 4자리로 바꾼 다음 그대로 읽는다.

【예】

16진수	4	9	E	.	2	A	6
2진수	0100	1001	1110	.	0010	1010	0110

$\therefore 49E.2A6_{(16)} = 010010011110.001010100110_{(2)}$

6. 추상 자료형(ADT, Abstract Data Type): 자료의 추상화

6.1 추상 자료형(ADT, Abstract Data Type)의 개념

추상 자료형(ADT)은 새로운 데이터 타입을 추상적으로 정의한 것을 말하며, 자료(data)와 연산(operation)을 추상적(수학적)으로 정의한 집합이다. 어떻게 컴퓨터 상에서 구현할 것인지는 정의되지 않는다.

1. **자료(data)**: 객체를 의미하며, 프로그램에서 처리에 대상이 되는 모든 것을 말한다.
2. **연산(operation)**: 이들 객체들 사이의 연산이 정의된다.

【예】 int(정수를 나타내는 데이터)의 자료형

– 자료: {..., -2, -1, 0, +1, +2, ..., INT_MAX, INT_MIN}

여기서 INT_MAX는 특정 컴퓨터에서 표현될 수 있는 가장 큰 수

INT_MIN는 특정 컴퓨터에서 표현될 수 있는 가장 작은 수

– 연산: { +, -, *, /, mod}

6.2 추상화의 개념과 탄생 배경

추상 자료형은 자료의 명세와 연산의 명세가 자료의 표현과 연산의 구현으로부터 분리된 방식으로 구성된 자료형을 말한다. 소프트웨어 개발에 관련해서 중요한 이슈는 어떻게 소프트웨어 시스템에 복잡성을 관리할 것인가 인데, 이것들을 위해 여러 가지 아이디어와 방법론이 제시되었다. 추상화란 핵심적인 구조에 집중하고, 세부사항은 제거하는 것을 말하는데 이를 위하여 정보 은닉 기법이 개발되고, 추상 자료형(추상 데이터 타입)의 개념으로 발전되었다. 즉, 추상 데이터 타입(Abstraction Data Type)이란 데이터 타입이 프로그램과 분리된 경우를 말한다. 추상 데이터 타입에서는 데이터나 연산이 무엇(what)인가는 정의되지만 연산을 어떻게(how) 컴퓨터 상에서 구현할 것인지는 정의되지 않는다.

6.3 추상 자료형의 영향

추상 데이터 타입의 이론은 Smalltalk 이나 C++, java와 같은 최근의 객체 지향 프로그램 언어에 큰 영향을 주었다. 이를 언어에서는 클래스라는 개념이 추상 데이터 타입을 나타낸다. 프로그래밍 언어에 따라 추상 데이터 타입은 여러 가지 방법으로 구현된다. 추상 데이터 타입의 객체는 클래스의 속성으로 구현되고 추상 데이터 타입의 연산은 클래스의 멤버 함수로 구현된다. 객체 지향 언어에서는 private이나 protected 키워드를 이용하여 내부 자료의 접근을 제한할 수 있다.

6.4 추상 자료형의 특징

1. 사용자는 추상 자료형 내부의 데이터에 접근할 수 없지만 사용할 수는 있다. 즉, 데이터가 어떻게 저장되는지는 몰라도 사용할 수는 있다.
2. 사용자는 추상 자료형이 제공하는 연산만을 사용할 수 있다.
3. 사용자는 추상 자료형을 어떻게 사용하는지 알아야 한다.

6.5 추상 자료형에서 함수의 종류

표 1.11 추상 자료형에서 함수의 종류

종류	내용
생성자(Creator) / 구성자(Constructor)	지정된 형에 맞는 새로운 인스턴스를 생성한다.
변환자(Transformer)	한 개 이상의 서로 다른 인스턴스를 이용하여 지정된 형의 인스턴스를 생성한다.
관찰자(Observer) / 보고자(Reporter)	이 함수는 데이터 타입의 인스턴스에 대한 정보를 제공한다.

6.6 추상 자료형의 사용 예

(1) 자연수(Natural Number)

【예】 컴퓨터 상에서 기본적으로 제공되지 않는 데이터 타입인 자연수를 추상데이터 타입으로 정의

Structure Natural_Number

- 데이터: 0에서 시작하여 INT_MAX(최대 정수)까지의 순서화된 정수 { 0, 1, 2, 3, 4, 5, 6, ... , INT_MAX }의 부분 범위이다.
- 함수(functions): for all x, y ∈ Nat_Number, TRUE, FALSE ∈ Boolean에 대해, 여기서 +, −, <, 그리고 ==는 일반적인 정수 연산자이다.

```
Nat_No zero()            : = return 0         : constructor 함수
Boolean is_zero()        : = if (x) return FALSE
                               else return TRUE
Nat_No add(x,y)          : = if((x+y) <= INT_MAX)  return x+y;
                               else return INT_MAX
Boolean equal(x, y)      : = if (x==y) return TRUE
                               else return FALSE
Nat_No successor(x)      : = if (x==INT_MAX) return x
                               else return x+1
Nat_No subtract(x, y)    : = if (x<y) return 0
                               else return x-y
```

end Natural_Number

(2) 컴퓨터

* 추상 자료형(ADT)은 컴퓨터와 같은 가전 제품과 유사하다. 컴퓨터는 여러 개의 연결 가능한 인터페이스를 갖고 있다. 키보드나 마우스를 누르면 모니터의 내용을 확인할 수 있다. 추상 자료형도 연산이라고 하는 인터페이스를 통하여 추상 자료형 사용이 가능하다.

  - 사용자는 컴퓨터 내부는 볼 수가 없다.
  - 사용자는 컴퓨터 내부의 작동 원리나 기능을 몰라도 컴퓨터를 사용 가능하다.
  - 사용자는 컴퓨터의 '사용자 설명서'에서 제공되는 기능만 사용 가능하며, 실제적인 작동 원리는 몰라도 된다.
  - 키보드나 마우스가 고장나면 서로 연결하는 인터페이스만 같으면 다른 것으로 교환하여 사용 가능하다.
  - 컴퓨터 내부의 전자회로 기판 일부가 고장 나더라도 서로 연결하는 인터페이스만 다르지 않으면 교환하여 그대로 사용 가능하다.
  - 정보처리를 할 수 있는 컴퓨터는 내부의 작동 원리를 모르더라도 컴퓨터 사용이 가능하다.

02 _ 알고리즘

1. 알고리즘의 정의

알고리즘(algorithm)이란 어떤 주어진 문제를 해결하기 위한 절차를 명확하게 기술해 놓은 것이다. 즉, 문제를 해결하기 위한 절차를 추상화하여 명확하게 기술하기 위하여 논리적으로 기술해 놓은 명세서이다. 여기서 말하는 절차는 어떠한 동작을 어떠한 순서로 행할 것인가를 명확히 나열한 것이어야 한다. 절차를 명확히 해 놓으면 컴퓨터가 나열된 순서대로 실행함으로써 문제를 해결하게 할 수 있다. 알고리즘이라는 개념 자체는 컴퓨터와 직접적인 관계는 없지만 일반적으로 컴퓨터를 이용해서 문제를 해결하기 위한 절차를 가리킨다.

일반적으로 프로그램을 작성하기 전에는 그 문제를 어떻게 해결할 것인가에 대한 구상을 하게 된다. 그 후 이런 주어진 문제를 어떤 방법으로 처리할 것인가에 대해 간단한 표현방법으로 기록하게 되는데 이런 처리 방법을 알고리즘이라고 한다.

2. 알고리즘의 예

어떤 사람이 「서울 강남 고속터미널에서 속초 설악산까지 가는 길」을 안내하는 알고리즘을 계획한다고 가정한다. 여기서 이러한 문제의 해결 과정 중의 하나인 알고리즘을 만들면 다음과 같다.

1. 고속 터미널에서 김포 공항에 가는 버스를 탄다.
2. 김포 공항에서 국내선 청사에서 하차한다.

3. 국내선 청사에서 속초에 가는 비행기 표를 구입한다.
4. 비행기를 탄다.
5. 속초 근처에 있는 양양 공항에 내린다.
6. 택시를 타고 설악산에 간다.

즉 이와 같이 어떤 일을 수행하기 위한 지시 또는 설명의 형태를 알고리즘이라고 한다. 물론 이런 알고리즘의 형태는 다양하게 나타날 수 있다. 가령 서울에서 속초까지 버스를 타고 가거나 기차를 이용하여 강릉까지 가서 속초로 여행할 수도 있는 등 다양한 알고리즘이 있을 수 있다. 최적의 알고리즘을 선택하거나 만든 경우에 효율적인 문제 해결을 할 수 있다.

3. 알고리즘의 요구 조건과 특성

알고리즘은 다음과 같은 5가지 요구 조건과 특성을 갖고 있다.

1. **입력**(Input) : 외부로부터의 입력이 있을 수도 있고 없을 수도 있다. 즉, 입력이 0개 이상 존재해야 한다.
2. **출력**(Output) : 알고리즘은 반드시 하나 이상의 출력이 있어야 한다. 즉, 1개 이상의 출력이 존재해야 한다.
3. **명백성**(Definiteness) : 명령어들의 연산이 애매하지 않고 명확하고 확실해야 한다. 또는 명확성이라고도 한다.
4. **효율성**(Effectiveness) : 실제로 모든 명령어들은 실행 가능한 명령어들이어야 한다. 또는 유효성 또는 효과성이라고도 한다.
5. **유한성**(Finiteness) : 명령의 실행 단계 후에는 반드시 종료되어야 한다.

TIP _ 알고리즘과 프로그램의 차이점

알고리즘은 유한성을 갖고 있으나, 프로그램은 유한성이 있지 않아도 된다. 예를 들면, 프로그램의 무한성의 한 예는 운영체제(OS, Operating System)이다. 그러므로, 알고리즘과 프로그램 간의 중요한 차이점은 유한성의 유무에 있다.

4. 알고리즘의 종류

알고리즘의 종류로는 순차 알고리즘(serial algorithm, or sequential algorithm), 병렬 알고리즘(parallel algorithm), 분산 알고리즘(distributed algorithm) 등 여러 가지가 알고리즘이 있다. 일반적으로 그냥 알고리즘이란 표현은 순차 알고리즘을 나타내는 것이다.

1. 순차 알고리즘은 두 개 이상의 기본 연산이 동시에 이루어지지 않는다는 가정 하에 수행되는 알고리즘이다. 반복 제어를 사용하지 않아 작업의 흐름이 처음부터 끝까지 한 방향으로 진행되는 알고리즘을 말하기도 한다.
2. 병렬 알고리즘은 병렬 컴퓨터를 이용하여 한 번에 여러 개의 명령을 수행할 수 있는 알고리즘을 말한다.
3. 분산 알고리즘은 여러 대의 서버에 데이터를 저장하고, 저장된 각 서버에서 동시에 데이터를 처리하는 방식을 말한다.

5. 알고리즘의 표현 방법의 종류

알고리즘에서의 절차를 그림으로 기술하든지 한글이나 영어로 기술하든지 아무런 제한이 없으므로 어떠한 기술수단을 이용해도 된다. 즉, 알고리즘 언어는 특정 언어의 특성을 고려해서는 안 되며, 특정 언어를 몰라도 기술이 가능한 언어여야 한다. 또한, 알고리즘 언어는 수작업 등으로 실행 가능해야 한다.

(1) 자연어를 이용한 알고리즘 표현

알고리즘을 표현하기 위해서 한글이나 영어처럼 자연어를 이용한다. 장점은 쉽게 표현할 수 있고 따로 교육을 받지 않아도 가능하다. 단점은 일관성이나 명확성이 미흡하다.

(2) 순서도(Flow Chart)를 이용한 알고리즘 표현

알고리즘을 표현하기 위해서 순서도를 이용한다. 순서도는 문제 해결에 필요한 과정, 처리절차, 방법들을 도식화한 것이다. 순서도의 장점은 명령의 흐름을 쉽게 파악할 수 있다. 단점은 복잡한 알고리즘을 표현하기에 어렵다. 기호와 유형은 다음 표와 같다.

표 1.12 국제 표준화 기구에서 정한 순서도 기호

기호	의미	기호	의미	기호	의미
	시작/끝		작업준비		데이터
	처리		비교/판단		흐름선
	온라인 수동 입력		문서(출력)		디스플레이
	자기디스크		자기테이프(순차파일)		온라인 저장매체
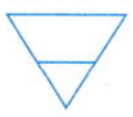	오프라인 저장매체		연결자		페이지 연결자
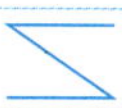	커뮤니케이션 링크		Manual Operation		keying peration

표 1.13 순서도 기호와 유형

직선형	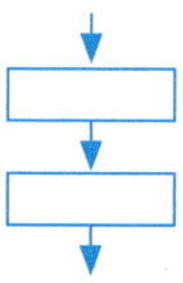	가장 단순한 형태로 판단에 의한 분기나 반복과정 없이 위에서부터 아래 방향으로 처리가 진행된다. 직사각형을 이용하여 처리 내용을 표현하고 실행 순서는 화살표를 사용한다.
분기형	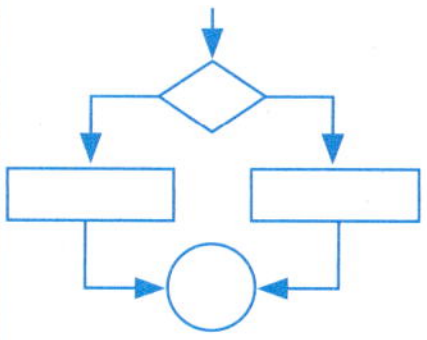	분기형은 실행과정에서 발생한 조건에 따라 실행 순서를 결정하는 순서도의 형태이다. 분기의 조건은 두 요소 값의 등가, 대소, 논리 관계에 따른다. 조건에 대한 판단을 표시하는 기호로는 마름모를 사용하며 판단 결과에 따라 참과 거짓으로 분기가 진행된다.

반복형	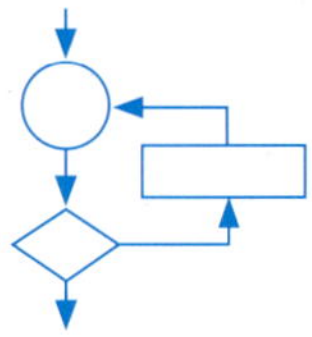	순서도의 일정한 부분을 조건 만족할 때까지 반복해서 실행하는 과정을 표시하며 루프(loop)형 순서도라고도 부른다. 반복형은 직선형과 분기형을 이용해서 구성하는데 조건을 만족하는 동안 반복을 계속하는 형태와 조건을 만족할 때까지 반복을 계속하는 두 가지 형태가 있다.

(3) 가상 코드(Pseudo code)를 이용한 알고리즘 표현

알고리즘을 표현하기 위해서 가상 코드(Pseudo code)를 이용한다. 특정 프로그래밍 언어가 아닌 알고리즘의 표현을 위하여 고안된 언어를 사용하여 기술한다. 특정 프로그래밍 언어를 사용하지 않으므로 특정 프로그래밍 언어보다 범용성이 높고 자연 언어와 순서도 방법의 장점을 모두 갖춘 방법이지만, 알고리즘의 표현을 위하여 고안된 언어는 특정 프로그래밍 언어로의 변환이 쉬워야 한다. 가상 코드는 유사코드 또는 의사코드, 알고리즘 기술 언어(ADL, Algoritm Description Language)라고도 한다. 예를 들면, SPARKS 언어 등이 있다.

【예】
```
x ← 3;              // 상수 3을 x라는 변수에 저장하라는 의미
x ← y + z;          // 변수 y와 z에 들어 있는 값을 더해서 x라는 변수에 저장하라는 의미
for i=1 to n do     // x ← x + y라는 명령문을 i는 1부터 n까지 증가하면서 반복
x ← x + y           // 즉, x ← x + y라는 명령문을 n번 반복하라는 의미
end
```

(4) 프로그래밍 언어를 이용한 알고리즘 표현

알고리즘을 표현하기 위해서 프로그래밍 언어를 이용한다. 예를 들면, PASCAL과 C 언어 등이 있다. 특정한 프로그래밍 언어 중 어느 하나를 알고리즘 언어로써 선택하는 것은 여러 가지 문제점이 발생할 수 있다. 이 중에서 C 언어는 비교적 이러한 제약에서 자유롭게 알고리즘을 기술할 수 있다는 장점과 다양한 자료형을 제공해주는 것 때문에 알고리즘 표현에 널리 이용된다. PASCAL도 가상 코드에 유사한 언어 프로그래밍이므로 알고리즘에 많이 이용된다.

6. 알고리즘의 성능 분석

알고리즘은 문제 해결과 문제 해결의 신속성, 정확성의 여부가 중요하다. 알고리즘의 성능을 평가하고 분석하는 이유는 상황에 적합한 알고리즘을 개발하고 찾기 위함이다. 이 절에서는 알고리즘의 성능 분석 기준과 성능 분석 방법, 성능 분석 표기법에 대해서 기술한다.

6.1 알고리즘의 성능 분석 기준

자료의 구조가 구체적으로 무엇인가에 따라 알고리즘의 선택이 크게 바뀌게 되지만 이러한 상황에서도 같은 결과가 나오는 여러 가지 알고리즘의 성능이 비교 평가되어야 한다. 좋은 알고리즘은 조건에 맞는 최적의 알고리즘을 구별하기 위해서는 다음과 같은 알고리즘의 성능 분석을 기준으로 정한다.

1. **정확성**(Correctness) : 알고리즘의 정의에 따라 얼마나 논리적으로 정확한가를 수학적으로 증명하는 작업을 말한다.
2. **작업량**(Amount of work done) : 알고리즘을 수행할 때 컴퓨터의 수행 횟수를 의미하며 이는 최악의 경우(worst case)에 대한 것과 평균의 경우(average case) 계산 시간을 고려해야 한다.
3. **단순성**(Simplicity) : 알고리즘이 얼마나 작성하기 쉽고(작업의 용이성), 간단하며, 이해하기 쉬운가(해독성)를 의미한다
4. **기억 공간**(Amount of space) : 알고리즘 수행을 위해 필요한 기억 공간을 의미한다. 또는 소요 공간이라고도 한다.
5. **최적성**(Optimality) : 실행 시간의 평균과 최악이 같은 경우를 최적이라 하며, 두 가지 경우의 시간차를 계산하여 분석한다. 또는 적합성이라고도 한다.

6.2 알고리즘의 성능 분석 방법: 알고리즘의 복잡도

알고리즘은 단순히 문제만 해결하는 것에 그치는 것이 아니라 문제를 얼마나 빠르고 정확하게 해결하는가의 여부도 중요하다. 알고리즘의 성능을 평가하고 상황에 적합한 알고리즘을 찾아서 사용하는 것이 알고리즘 분석이 필요한 이유다. 기억 공간은 알고리즘 성능을 평가하는 데 중요한 요소가 된다. 일반적으로 많은 기억 공간을 사용하면 수행 시간이 더 빠른 알고리즘을 만들 수 있다. 물론 알고리즘 자체가 저장되는 기억 공간보다도 자료가 저장되는 기억 공간이 더 많이 소요되므로 알고리즘이 저장되는 기억 공간은 무시될 수 있다. 따라서 성능이 우수한 알고리즘을 얻기 위해서는 시간 분석과 공간 분석을 적절하게 조화를 이루도록 하여야 한다.

알고리즘의 성능 분석 방법에는 알고리즘의 복잡도(Algorithm complexity)의 개념이 있다. 그 종류에는 공간 복잡도와 시간 복잡도가 있다.

(1) 공간 복잡도(Space complexity)

공간 복잡도란 알고리즘을 프로그램으로 처음 시작하여 마칠 때까지 실행하는 데 필요한 총 저장 공간을 말한다. 즉, 어떤 문제를 해결하기 위한 특정 알고리즘에 대하여 수행 시 필요한 기억 공간의 양을 문제의 크기에 대한 함수로 표현한다.

(2) 시간 복잡도(Time complexity)

시간 복잡도란 알고리즘을 프로그램으로 처음 시작하여 마칠 때까지 컴파일하고 실행하는 데 필요한 총 걸리는 시간(프로그램의 컴파일 시간+실행시간)을 말한다. 여기서 프로그램 컴파일 시간은 한 번 컴파

일 되면 프로그램의 변경이 발생하지 않는 한 컴파일 시간은 변경되지 않고 고정되므로 시간 복잡도의 성능 시간에 크게 영향을 미치지 않는다. 프로그램의 실행 시간도 컴퓨터 환경이나 성능에 영향을 받으므로 실제의 프로그램 실행 시간보다 명령문의 실행 빈도수를 보고 시간 복잡도를 계산한다. 즉, 어떤 문제를 해결하기 위한 특정 알고리즘에 대하여 수행 시 사용되는 명령문의 연산 식 중에서 기본 연산 차수로서 표현한다.

6.3 알고리즘의 성능 분석 표기법: 시간 복잡도의 표기법

명령문의 실행 빈도수를 계산하는 시간 복잡도는 기본 연산 차수로서 표현한다. 그 이유는 실제로 실험하여 얻는 수행 시간은 연산 차수와 밀접한 관계가 있다는 것이다. 이를 수학적인 개념으로 나타낸 것이 차수 표시(order notation)이며, 3가지 표시 방법이 있다.

(1) 시간 복잡도 표기 방법의 종류

기본 연산 차수에는 세 가지 표시 방법(빅-오 표기법/빅-오메가 표기법/빅-세타 표기법)이 있다.
빅-오 방법을 일반적으로 많이 사용한다.

① 빅-오 표기법(Big-Oh Notation)

빅-오 표기법의 표현 방법은 실행 빈도 함수의 시간 복잡도를 f(n)이라고 하면, O(f(n))이라고 표기하고, f(n)의 빅-오(Big Oh of f(n)) 표기법이라고 한다.

빅-오 표기법의 수학적 정의는 다음과 같다. 빅-오 표기법은 함수의 상한을 나타내는 표기법이며, 실행 빈도 함수의 시간 복잡도를 f(n)의 최악의 수행 시간은 g(n)의 수행 시간 내에는 알고리즘 수행이 완료한다는 것을 보장한다는 의미이다.

빅-오 표기법의 수학적 정의

실행 빈도 함수의 시간 복잡도를 f(n)과 g(n)이라고 하면, 모든 $n \geq n_0$에 대하여 $| f(n) | \leq c\, | g(n) |$을 만족하는 두 개의 상수 c와 n_0가 존재한다면 f(n) = O(g(n))이라 한다.

【예】 실행 빈도 함수의 시간 복잡도를 $5n^3+3n+2$이라고 하면, $O(n^3)$이라고 표기하고, n^3의 빅-오(Big Oh of n^3) 표기법이라고 한다. 최고의 차수만 인정하고, 상수는 무시한다.

【예】 Big O 표기법의 구체적인 계산 예를 들면 최고차항만 선택하며 상수는 생략한다.

$2n^4 + 10n^3 + n \rightarrow O(n^4)$
$n^2 + 50n + 6 \rightarrow O(n^2)$
$2n + 105 \rightarrow O(n)$
$12 \rightarrow O(1)$ (상수 12이므로 Big O 표기법으로는 1로 나타낸다.)

```
X = X+Y ;                  → 1 번
for(k=1; k=n; k++)         → n 번
{
    X = X+Y ;
}
for(k=1; k=n; k++)         → n² 번       실행 횟수 = 1+ n + n² → n²
{
    for(j=1; j=n; j++)                    그러므로 알고리즘의 실행 횟수는
    {                                     즉 차수는 n²이 된다.
        X = X+Y ;                         →  O(n²)
    }
}
```

【예】 Big O 표기법과 연산차수, 명령문

표 1.14 Big O 표기법과 연산차수, 명령문의 예

가상 코드 의미	변수 x에 있는 값을 1증가하여 변수 x에 저장하라는 의미	x ← x + 1라는 명령문을 i는 1부터 n까지 증가하면서 반복, 즉, x ← x + 1 명령문을 n번 반복하라는 의미	x ← x + 1라는 명령문을 i는 1일 때, j는 1부터 n까지 증가하면서 반복, 즉, x ← x + 1 명령문을 n * n 번 반복하라는 의미

가상 코드 SPARKS 명령문	x ← x + 1	for i = 1 to n do
		x ← x + 1
		end
			for i = 1 to n do
			for j = 1 to n do
			x ← x + 1
			end
			end

연산차수	1	n	n^2
Big O 표기법	O(1)	O(n)	$O(n^2)$

빅-오 표기법에 의한 알고리즘의 실행 함수에는 O(1), O(logn), O(n), O(nlogn), $O(n^2)$, $O(n^3)$, $O(2^n)$, O(n!) 등이 있다. n 값에 따라 O(1) 〈 O(logn) 〈 O(n) 〈 O(nlogn) 〈 $O(n^2)$ 〈 .... 〈 $O(2^n)$ 〈 O(n!) 순서로 값이 커진다.

여기서 O(1)이 가장 빠른 실행 시간이며, O(n!)이 가장 느린 실행 시간이 된다.

자료의 양에 따라 다음과 같이 차이가 날 수 있다.

표 1.15 실행 시간 함수의 n 값 변화에 따른 실행 빈도수 비교

시간 복잡도	*n*					
	1	2	4	8	16	32
1	1	1	1	1	1	1
logn	0	1	2	3	4	5
n	1	2	4	8	16	32
nlogn	0	2	8	24	64	160
n^2	1	4	16	64	256	1024
n^3	1	8	64	512	4096	32768
2^n	2	4	16	256	65536	4294967296
n!	1	2	24	40326	20922789888000	26313×10^{33}

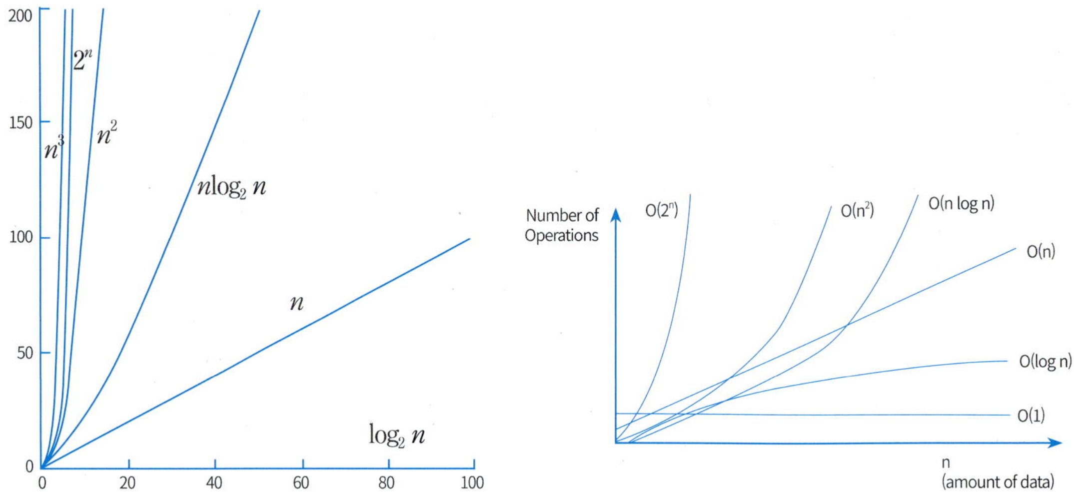

- O(1): 상수형
- O(logn): 로그형
- O(n): 선형
- O(nlogn): 로그선형
- O(n^2): 2차형
- O(n^3): 3차형
- O(n^k): k차형
- O(2^n): 지수형
- O(n!): 팩토리얼형

그림 1.23 실행 시간 함수의 n 값 변화에 따른 실행 빈도수 비교

② 빅-오메가 표기법(Big-Omega Notation)

빅-오메가 표기법의 표현 방법은 실행 빈도 함수의 시간 복잡도를 f(n)이라고 하면, Ω(f(n))이라고 표기하고, f(n)의 빅-오메가(Big Omega of f(n)) 표기법이라고 한다.

빅-오메가 표기법의 수학적 정의는 다음과 같다. 빅-오메가 표기법은 함수의 하한을 나타내는 표기법이며, 실행 빈도 함수의 시간 복잡도를 f(n)의 수행 시간은 적어도 g(n)의 수행 시간 보다는 크므로, 즉 g(n)의 수행 시간이 필요함을 의미한다.

빅-오메가 표기법의 수학적 정의

실행 빈도 함수의 시간 복잡도를 f(n)과 g(n)이라고 하면, 모든 $n \geq n_0$에 대하여 $|f(n)| \geq c|g(n)|$을 만족하는 두 개의 상수 c와 n_0가 존재한다면 $f(n) = \Omega(g(n))$이라 한다.

③ 빅-세타 표기법(Big-Theta Notation)

빅-세타 표기법의 표현 방법은 실행 빈도 함수의 시간 복잡도를 f(n)이라고 하면, $\theta(f(n))$이라고 표기하고, f(n)의 빅-세타(Big Theta of f(n)) 표기법이라고 한다.

빅-세타 표기법의 수학적 정의는 다음과 같다. 빅-세타 표기법은 함수의 상한과 하한을 나타내는 표기법, 즉 상한과 하한이 같은 정확한 차수를 표현하는 표기법이며, 실행 빈도 함수의 시간 복잡도를 f(n)의 수행 시간은 g(n)의 수행 시간과 같은 알고리즘 수행을 보장한다는 의미이다.

빅-세타 표기법의 수학적 정의

실행 빈도 함수의 시간 복잡도를 f(n)과 g(n)이라고 하면, 모든 $n \geq n_0$에 대하여 $c_1|g(n)| \leq |f(n)| \leq c_2|g(n)|$을 만족하는 두 개의 상수 c_1과 c_2가 존재한다면 $f(n) = \theta(g(n))$이라 한다.

(2) 시간 복잡도 표기 방법의 종류의 특징

시간 복잡도 표기 방법의 3가지 종류의 특징은 다음과 같다. 3가지 방법 중에서 빅-오 표기법을 일반적으로 가장 많이 사용한다. 일반적으로 최선을 기대하기보다는 최악을 대비하는 것이 더 나은 알고리즘을 작성하는 데 더 유용하다는 것이다. 하지만 항상 그런 것은 아니다. 경우에 따라서는 최악보다는 평균적인 시나리오를 고려하는 게 더 나을 수 있다.

표 1.16 시간 복잡도의 3가지 종류와 그 특징 비교

	빅-오 표기법	빅-오메가 표기법	빅-세타 표기법
내용	실행 시간이 가장 많이 걸리는 최악의 수행 시간 고려 (worst case)	실행 시간이 가장 적게 걸리는 최선의 수행 시간 고려 (best case)	평균 수행 시간 고려 (average case)
특징	상한 사용하여 분석	하한 사용하여 분석	정확한 분석

03 _ 자료구조와 알고리즘 표현, C 프로그래밍 구현

1. 문제 분석과 알고리즘 설계, 프로그래밍 구현과의 연관

알고리즘이란 컴퓨터를 이용해서 문제를 해결하기 위한 절차이며 설계이다. 알고리즘은 추상적인 개념을 갖고 있으며, 이것을 구체화 시킨 것이 컴퓨터 프로그래밍(프로그램의 코딩화)이다. 일반적으로 프로그램의 수행속도는 물리적인 기억매체의 성질과 크기, 자료구조(data structure)의 종류와 이를 이용하는 알고리즘 구조(algorithm structure) 등과 서로 밀접한 관계가 있는데 이들을 적절히 조화시켜야 효율이 좋은 프로그램이 구현될 수 있다. 즉, 좋은 자료구조 전제하에 좋은 알고리즘과 좋은 프로그램이 구현될 수 있다. 자료구조와 알고리즘, 프로그램은 서로 아주 밀접한 연관이 있다.

그림 1.24 문제 분석과 알고리즘설계, 프로그램 구현과의 연관

※ 본 교재에서는 SPARKS 언어로 알고리즘을 표현하려고 한다. 실제로 알고리즘 구현은 C 언어 프로그래밍(소스코딩)으로 하여 프로그래밍 실습을 한다.

2. SPARKS 언어를 이용한 알고리즘 표현 방법

(1) SPARKS 언어를 사용하는 이유

1. 알고리즘 언어는 어떤 사람이 특정 언어를 몰라도 해석이 가능해야 한다.
2. 알고리즘 언어는 컴파일을 반드시 할 수 있어야만 하는 것은 아니다.
3. 알고리즘 언어는 우리가 실행하는 기법을 갖추고 있으며, 자연스러워야 한다.
4. 알고리즘 언어는 어느 특정 언어의 특성을 고려하지 않고 작성할 수 있어야 한다.

(2) SPARKS 언어의 번역과 프로그래밍과의 연관

알고리즘을 기술한 다음에는 다음 그림처럼 일반 프로그램 언어로 바꾸는 절차를 거친 후 실제 수행과정으로 들어가게 된다. 번역은 전처리기(Pre–Processor)라는 소프트웨어를 이용하는 경우와 수작업을 거치는 경우 두 가지가 있다. 단 일반 프로그램 언어로 알고리즘을 이미 기술했을 경우에는 번역과정이 필요 없게 된다.

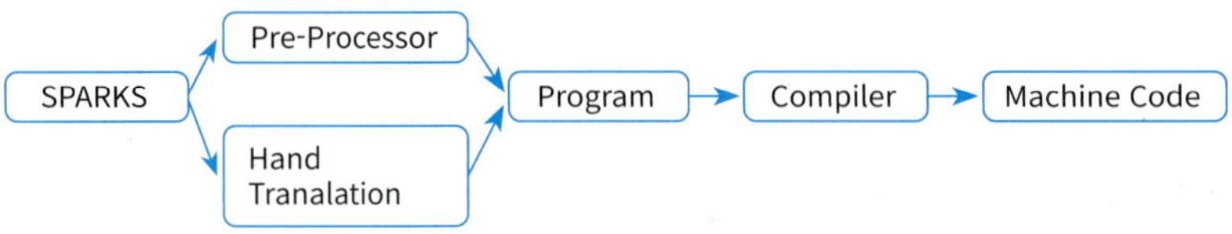

그림 1.25 SPARKS 언어의 번역

3. C 언어

3.1 C 언어의 유래 및 역사

C 언어는 1972년 미국의 Bell 연구소에서 Dennis Ritchie에 의해 개발된 프로그래밍 언어이다. DEC사의 PDP-11에서 최초로 구현되었으며, 그후 UNIX 운영체제(OS)의 90% 이상을 C로 구현하여 현재 가장 널리 사용되는 언어 중의 하나이다.

3.2 C 언어의 특징

C 언어의 특징은 개략적으로 다음과 같다.

1. 고급 언어이고 저급 언어인 시스템 프로그래밍도 가능하다.
2. 프로그램이 함수의 집합으로 구성되어서 구조적 프로그램에 적합하다.
3. 연결 리스트 표현 등의 자료구조 표현에 적합하다.
4. 어떤 시스템에서 작성된 C 프로그램은 다른 시스템에서 거의 수정 없이 실행이 가능하여 이식성(portability)이 좋다.
5. 많은 자료형(data type)과 풍부한 연산자(operator)를 가지고 있어 표현이 간결하다.
6. 포인터(pointer)에 의한 자료 접근 기능이 가능하다.
7. 모든 함수는 순환(recursion)이 허용된다.
8. 자체 입출력기능이 없고 라이브러리 함수(library function)에 의해 입출력이 행하여진다.
9. C는 C++ 언어와 별개가 아니라 C를 확장하면 C++ 언어 및 Visual C++이다. 즉, C 언어는 C++ 언어와 모든 표준 라이브러리 함수와 같은 제어문을 가지고 있다.

3.3 C 언어의 종류 및 본서의 범위

현재 PC 용으로 MS-C, 터보 C, Lattice C, RUN/C 등이 있다. 본서에서는 국내에 산업용으로 가장 많이 사용되고 있는 'Microsoft Visual Studio에서의 C'에 대해서 설명한다. 즉, 본서는 Visual C++ 윈도우즈의 통합 개발 환경 상에서 콘솔 응용 프로그램의 작성, 즉 마이크로소프트사의 C 실습을 할 수 있도록 꾸몄다. 본서에서 다음 설명부터는 Microsoft Visual Studio에서 C, 즉 '마이크로소프트사의 C'를 편의상 'C'로 표기한다.

4. 가상 코드(SPARKS 언어) 명령문 표현과 C 프로그래밍 구현

4.1 대입문(assignment statement)

대입문은 상수나 변수 또는 연산식의 결과를 변수에 할당(혹은 대입, 지정)시킨다. 할당 관계를 화살표나 등호로 표시하는데 좌변 값이 바뀌어져서 우변 값과 같아진다. 할당문이라고도 한다.

【예】 변수 x에 정수 12를 저장하라는 의미

변수 x는 정수형 상수 12를 저장하는 그릇에 비유할 수 있다. 또한 대입문은 저장시키는 동작에 비유할 수 있다.

그림 1.26 변수와 상수와의 관계

가상 코드(SPARKS 언어)	C 언어
x ← 12;	x = 12;

4.2 조건문(condition statement)

(1) IF문

조건식 c가 참이면 s_1를 수행하고 거짓이면 s_2를 수행하고 다음 문장으로 흐름이 넘어간다(c = condition, s = statement).

가상 코드(SPARKS 언어)	C 언어
IF c THEN s_1 ELSE s_2	if (c) s_1; else s_2;

(2) CASE문

여러 개의 조건이 각각 참인지 거짓인지 판정하고 그 결과에 따라 각각 분기하여 지시된 대로 수행한다. 조건 c가 c_1이면 s_1한다. 조건이 c_2이면 s_2한다. 조건이 c_n이면 s_n한다. 위 조건이 전부 맞지 않으면 s_{n+1}한다(c = condition, s = statement).

가상 코드(SPARKS 언어)	C 언어

CASE
　　: c_1 : s_1;
　　: c_2 : s_2;
　　　.....
　　　.....
　　: c_n : s_n;
　　: ELSE : s_{n+1};
END CASE
	switch(c)
	　{
	　　case c_1 : s_1;
	　　　break;
	　　case c_2 : s_2;
	　　　break;
	　　.....
	　　.....
	　　case c_n : s_n;
	　　　break;
	　　default: s_{n+1};
	　　　break;
	　}

4.3 반복문

(1) for문

알고리즘의 특정한 부분을 조건이 만족될 때까지 계속 되풀이 수행한다(v: variable(변수), s: start(최초의 산술 값), f: finish(마지막 산술 값) i: increment(증감분)).

가상 코드(SPARKS 언어)	C 언어

FOR v ← s TO f BY i DO
　s;
REPEAT
	for (v = s; v <= f; i)
	{
	　s;
	}

(2) while문

알고리즘의 특정한 부분을 조건이 만족될 때까지 계속 되풀이 수행한다(c = condition, s = statement).

가상 코드(SPARKS 언어)	C 언어

WHILE c DO
　s;
REPEAT
	while (c)
	{
	　s;
	}

(3) repeat...until문

알고리즘의 특정한 부분을 조건이 만족될 때까지 계속 되풀이 수행한다(c = condition, s = statement).

가상 코드(SPARKS 언어)	C 언어

REPEAT
  s;
UNTIL c
	do
	{
	  s;
	} while (c)

4.4 Procedure문(함수문)

하나의 알고리즘은 여러 개의 procedure로 구성된다. 어떤 다른 명령문을 수행하다가 NAME이라는 procedure를 호출(call)하게 되면 NAME이라는 procedure(피호출)로 제어가 옮기게 되며, 거기서 NAME이라는 procedure(피호출) 내에 있는 모든 명령문을 실행한 후에 다시 원래 NAME이라는 procedure를 호출(call)한 곳으로 제어가 복귀하여 이동한다.

*** 순환(recursion) 프로시저**

프로시저(함수) 중에서 특별한 프로시저인 순환(recursion)이 있다. 2종류가 있는데, procedure가 수행을 끝내기 전에 다른 procedure를 호출하거나 자기 자신 procedure를 호출하여 자기 자신을 다시 수행하는 것을 말한다(c = condition, s = statement).

1. 간접호출(indirect recursion): 자기 이외의 다른 procedure를 통하여 자기 procedure를 호출하는 경우

【예】
```
procedure P                    procedure Q
    .....                          .....
    call Q                         call P
    .....                          .....
end P                          end Q
```

2. 직접호출(direct recursion): 자기 자신의 procedure를 직접 호출하는 경우

【예】
```
procedure P
    .....
    call P
    .....
end P
```

가상 코드(SPARKS 언어)	C 언어

.....
call NAME(parameter list)
.....
 	
procedure NAME(parameter list)
   s;
END procedure ( )
	.....
	NAME(parameter list)
	.....
	
	NAME (parameter list) {
	 s;
	}

5. 자료구조/알고리즘/프로그램 코딩의 연관

일반적으로 프로그램의 수행속도는 물리적인 기억매체의 성질과 크기, 자료구조(data structure)의 종류와 이를 이용하는 알고리즘 구조(algorithm structure) 등과 서로 밀접한 관계가 있는데 이들을 적절히 조화시켜야 효율이 좋은 프로그램이 구현될 수 있다. 즉, 좋은 자료구조 전제하에 좋은 알고리즘과 좋은 프로그램이 구현될 수 있다. 자료구조와 알고리즘, 프로그램은 서로 아주 밀접한 연관이 있다. 결과적으로 자료구조론에서 다루는 여러 가지 응용문제는 간단히 프로그램 수행시간의 길이와 그 수행 시 요구되는 기억 공간 크기의 절충작업으로 간주할 수 있다. 이 두 요소는 모두 수치가 작을수록 좋지만, 많은 양의 자료를 처리할 때는 그렇게 되는 경우를 찾기가 매우 어렵다. 두 요소가 모두 컴퓨터의 운용비용에 직접적으로 관련되어 있으므로 효율적인 프로그래밍이 되기 위해서는 이들을 모두 고려해야 한다. 자료구조와 알고리즘의 선택은 불가분의 관계가 있고, 이것으로 인하여 수행시간과 소요되는 기억 공간의 크기가 결정된다고 볼 수 있다. 따라서 좋은 자료구조에 바탕을 둔 적절한 알고리즘, 이에 기반한 C 프로그래밍만이 효율적인 컴퓨터 시스템의 이용을 가능하게 한다.

요약

1. 자료구조의 정의

자료구조는 자료 처리를 위한 자료의 표현, 저장, 관계, 관리 및 이용에 관한 방법 등의 개념을 이해하여 프로그램에 사용되고 컴퓨터에 의해 처리될 때, 적절한 자료의 표현, 구성, 저장 및 원리를 위한 적절한 알고리즘의 작성 및 선택과 이용 방법 등을 연구하는 학문이다.

2. 자료구조의 형태 분류

선형 구조와 비선형 구조로 구분된다. 선형 구조(자료들끼리 1:1 관계)에는 배열, 스택, 큐, 데크 등과 같은 순차 리스트와 연결 리스트로 구분된다. 비선형 구조(1:n, 또는 m:n 관계)는 트리, 그래프와 같은 자료구조를 가진다. 단순구조에는 기초적인 데이터인 문자와 문자열, 논리형, 포인터, 정수, 실수 등이 있다. 또한, 자료구조의 응용으로서 알고리즘에는 정렬과 검색이 있다.

3. 자료구조의 선택 기준

적절한 자료구조의 선택 여부가 프로그램이나 시스템 성능 향상에 깊이 관여하므로, 다음과 같은 선택 기준을 고려해야 한다. 자료의 양, 자료의 활용 빈도, 자료의 갱신 정도, 사용 가능한 기억 용량, 처리 시간의 제한성, 프로그래밍의 용이성 등이다.

4. 컴퓨터에서의 자료 표현 방식

자료의 표현 방식은 자료와 컴퓨터의 종류에 따라 다르며 문자와 문자열, 논리 자료, 포인터 자료, 수치(정수, 실수)의 표현 방식이 있다.

5. 문자의 표현 방식

문자의 표현 방식에는 미국 표준 코드인 ASCII 코드와 IBM에서 만든 EBCDIC 코드, BCD Code, 전 세계적으로 통일하고 있는 유니코드 등이 있다.

6. 문자열의 표현 방식

문자열(string)은 기억 장소의 연속적인 영역에 존재하는 문자열로서 논리적으로 한 묶음으로 간주한다. 문자열을 표현하기 위하여 배열을 사용할 수 있다.

7. 논리형의 표현 방식

논리형 자료라 함은 참(true)과 거짓(false)의 두 가지 중 어느 한 값만 가지는 자료로서 두 가지 상태만을 나타내므로 2진수 한 자리의 비트를 사용하는 것으로 가능하다.

8. 참조형(포인터 자료)의 표현 방식

참조형은 일반 값이 아니라 주소 값을 표시한다. 포인터 자료란 기억 공간에 저장된 자료의 주소 값을 의미하며 자료 사이의 전후관계를 나타내고자 할 때 사용한다. 일반적으로 링크라고도 불린다.

9. 정수(2진수)의 표현 방식

2진수 정수의 표현 방식에는 비부호 방식과 부호 절대치 방식, 1의 보수 방식, 2의 보수 방식이 있다. 4가지 방식은 양수 표현은 동일하고, 음수 표현에서 차이점이 있다.

10. 정수(10진수)의 표현 방식

컴퓨터에서 10진수를 표현하는 경우는 4비트인 BCD코드를 이용한다. 10진수 형식은 팩 10진수 형식과 언팩(존) 10진수 형식이 있다. 팩 10진수 형식은 1바이트에 2개의 10진수를 표현하는 방법이다. 언팩 10진수 형식은 1바이트에 1개의 숫자를 저장한다.

11. 실수의 표현 방식

2진수를 표현하는 실수의 표현 방식에는 고정 소수점 방식과 부동 소수점 방식이 있다. 고정 소수점 방식은 컴퓨터 내부에서의 수치 데이터 표현 방식의 하나이다. 메모리 내의 데이터를 그대로 2진수로서 다루는 방식에서 일반적으로 소수점의 위치를 최하위에 두고 정수 값으로 다룬다. 부동 소수점 방식은 임의의 수를 가수부분(소수부분)과 지수부분, 부호 부분으로 나누어 컴퓨터의 기억 공간에 저장시키는 방식이다.

12. 알고리즘의 정의

알고리즘이란 문제를 해결하기 위한 절차를 추상화하여 명확하게 기술하기 위하여 논리적으로 기술해 놓은 명세서이다.

13. 알고리즘 표현 방법의 종류

알고리즘에서의 절차를 그림으로 기술하거나 한글이나 영어로 기술해야 하든지 아무런 제한이 없으므로 어떠한 기술수단을 이용해도 된다. 자연어를 이용한 알고리즘 표현, 순서도(Flow Chart)를 이용한 알고리즘 표현, 가상 코드(Pseudo code)를 이용한 알고리즘 표현, 프로그래밍 언어를 이용한 알고리즘 표현 등이 있다.

14. 자료구조와 알고리즘, 프로그램과의 연관

일반적으로 프로그램의 수행속도는 물리적인 기억매체의 성질과 크기, 자료구조의 종류와 이를 이용하는 알고리즘 구조 등과 서로 밀접한 관계가 있다.

15. 추상 자료형

새로운 데이터 타입을 추상적으로 정의한 것을 말하며, 자료(data)와 연산(operation)을 추상적(수학적)으로 정의한 집합이다. 즉, 추상화하여 정의한 자료형을 말한다.

16. 알고리즘의 성능 분석 방식(알고리즘의 복잡도)

알고리즘의 성능 분석 방법에는 알고리즘의 복잡도(Algorithm complexity)의 개념이 있다. 그 종류에는 공간 복잡도와 시간 복잡도가 있다.

17. 알고리즘의 성능 분석 표기법(시간 복잡도의 표기법)

명령문의 실행 빈도수를 계산하는 시간 복잡도는 기본 연산 차수로서 표현한다. 이를 수학적인 개념으로 나타낸 것이 차수 표시이며, 3가지 표시 방법(빅–오 표기법/빅–오메가 표기법/빅–세타 표기법)이 있다. 빅–오 방법을 일반적으로 많이 사용한다.

연습문제

객관식 문제

01. 다음 중 자료에 대한 설명 중 옳지 않은 것은?

① 자료의 유형은 비트 스트링과는 관계없이 수치, 비수치, 논리, 포인터 자료로 나뉜다.

② 자료를 나타내는 n개의 비트 모임을 비트 스트링이라 한다.

③ 자료를 좁은 의미로 말하면 프로그램 수행에 필요한 데이터만을 말한다.

④ 자료란 넓은 의미로는 컴퓨터 시스템의 이용에 관련이 있는 정보를 말한다.

02. 자료구조에 대한 설명 중 가장 적합한 것은?

① 자료구조는 선형 구조로만 이루어져 있다.

② 데이터베이스와 자료구조는 관련이 없다.

③ 자료구조와 알고리즘과는 밀접한 관계를 가지고 있다.

④ 자료구조는 메모리를 떠나서 생각할 수 없다.

03. 다음 자료 중 작은 것부터 큰 것의 순서로 올바르게 배열해 놓은 것은 어느 것인가?

(1) 바이트(byte) (2) 레코드(record) (3) 비트(bit) (4) 필드(field) (5) 워드(word)
(6) 블록(block) (7) 파일(file)

① (1), (2), (3), (4), (5), (6), (7) ② (3), (1), (5), (4), (2), (6), (7)

③ (3), (1), (4), (5), (2), (6), (7) ④ (3), (1), (5), (4), (6), (2), (7)

04. 파일(file) 내의 레코드(record)에 관한 표현 중 옳은 것은?

① 레코드는 파일의 최소 단위이다.

② 레코드는 최소한 한 개의 자료 필드(data filed)와 한 개의 연결 필드(link field)를 갖고 있어야 한다.

③ 레코드의 길이는 변할 수 있다.

④ 레코드의 길이는 항상 일정하다.

05. 파일(file) 내의 필드(field)에 관한 표현 중 옳은 것은?

① 필드는 레코드의 이름이 있는 곳이다. ② 필드의 길이는 항상 일정하다.

③ 필드의 내용은 항상 일정하다. ④ 필드는 파일의 최소단위이다.

06. 다음 중 정보 단위 개념이 작은 단위로부터 큰 단위로 올바르게 나열된 것은?

① file–record–field–character ② word–field–record–file

③ word–record–file–field ④ record–field–file–character

07. 다음 비트가 표현할 수 있는 것 중 잘못된 것은 어느 것인가?

① 0/1 ② YES/NO ③ ON/OFF ④ 컴퓨터 기종에 따라 다르다.

08. 64가지의 각기 다른 데이터를 나타내려고 하면 최소한 몇 개의 비트(bit)가 필요한가?

① 1 ② 3 ③ 5 ④ 6

연습문제

09. 주기억 장치 내에서 번지 표시 단위가 될 수 있는 것은?

① 비트, 워드 ② 워드, 필드 ③ 필드, 바이트 ④ 바이트, 워드

10. 파일을 구성하는 기본적인 데이터 항목은?

① logical record ② key ③ segment ④ physical record

11. physical record의 가장 적합한 설명은?

① 한 개 또는 두 개 이상의 logical record들로 구성된다. ② count와 field에 의해 결정된다.
③ fole label에 의해 정하여진다. ④ volume label에 의해 정하여진다.

12. 알고리즘의 표현 방법 중 적합하지 않는 것은?

① 국어나 영어와 같은 자연어
② 순서도(flowchart)
③ 추상적이고 함축된 의미를 갖는 언어
④ SPARKS와 같이 컴파일러가 없으나 사용하기 편리한 언어

13. 컴퓨터에 명령을 주기 위해서 그 순서를 도식화 한 것은?

① 알고리즘(algorithm) ② 흐름도(flowchart) ③ 시스템(system) ④ 레지스터(register)

14. 알고리즘 언어에 대한 설명 중 적당하지 않은 것은?

① 알고리즘 언어는 특정 언어의 특성을 고려해서는 안 된다.
② 알고리즘 언어는 특정 언어를 몰라도 기술이 가능한 언어여야 한다.
③ 알고리즘 언어는 수작업 등으로 실행 가능해야 한다.
④ 알고리즘 언어는 실행이 가능해야 하므로 컴파일러나 프리프로세서여야 한다.

15. 알고리즘(algorithm)이라는 용어에 대한 설명이다. 다음 사항 중 잘못된 것은?

① program 언어인 알골(ALGOL)을 두고 하는 말이다.
② step by step으로 형성되어 있다.
③ 어떤 문제를 해결하기 위해 그 해법 또는 처리 방법을 확실하게 실행 순서를 정해서 기술한 것이다.
④ 컴퓨터를 위해서 컴퓨터 언어로 쓰여진 계산 또는 데이터 처리의 알고리즘을 program이라고 할 수 있다.

16. 알고리즘에 대한 정의로 틀린 것은?

① 외부에서 제공되는 입력 자료가 있어도 좋고 없어도 좋다.
② 알고리즘으로 작성된 프로그램은 어느 순간에도 반드시 종료해야 한다.
③ 출력은 그 결과가 있어도 좋고 없어도 상관없다.
④ 알고리즘에서 제시된 명령문의 의미는 명확해야 한다.

17. 다음 프로그램들 중 알고리즘이라고 볼 수 없는 것은?

① 피보나치 수를 구하는 순환 프로그램

② 장기에서 차나 포가 갈 수 있는 길을 구하는 프로그램

③ 여러 개의 job을 제어하기 위한 운영체제

④ 임의의 언어를 받아들여 기계어로 바꾸는 컴파일러

18. 알고리즘 언어의 번역 과정을 도표로 표시한 것이다. 괄호에 맞는 것은?

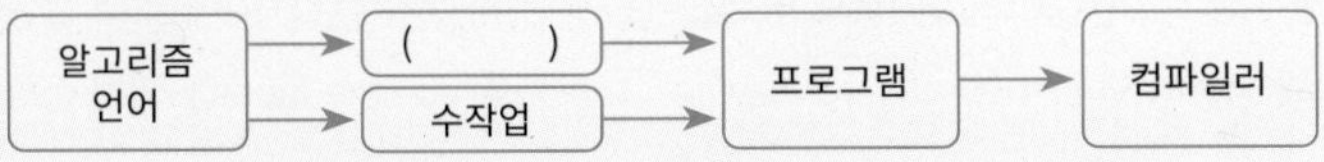

① interpreter ② preprocessor ③ simulator ④ emulator

19. 알고리즘을 분석하기 위하여 측정할 내용과 관계가 먼 것은?

① 정확성(correctness) ② 중복성(redundancy)

③ 적합성(optimality) ④ 소요 공간(amount of space)

20. 다음 항목들은 알고리즘 계산 시간을 순서대로 열거한 것이다. 이 가운데 n이 상당히 크다고 할 때의 관계식으로 옳은 것은?

① $O(1) < O(\log n) < O(n) < O(n \log n) < O(n^2)$

② $O(\log n) < O(n \log n) < O(n^n) < O(n^2)$

③ $O(n \log n) < O(\log n) < O(n) < O(n^2)$

④ $O(1) < O(n) < O(n \log n) < O(2^n) < O(n^2)$

21. 어떤 알고리즘들에 대한 연산 시간의 분석 결과이다. 다음 중 n이 상당히 크다고 할 때 가장 빠르게 수행할 알고리즘을 나타낸 항은?

① $O(\log n)$ ② $O(n)$ ③ $O(2^n)$ ④ $O(n^3)$

22. 알고리즘의 O-표기(notation)법으로 표시할 때 틀린 것은 다음 중 어느 것인가?

① $n^2 - n + 7 = O(n^2)$ ② $n^2 + 3n + 8 = O(n^2)$

③ $O(n!) + O(2^n) = O(n!)$ ④ $O(2^n) + O(n^6) = O(n^6)$

23. 알고리즘을 분석하는 방법 중 알고리즘 실행 시간 계산을 위하여 명령 실행 빈도수를 계산할 필요가 있다. 다음 〈보기〉의 x ← x+y의 실행 빈도수는?

【보기】

```
for i →  to n do
    for j → to n do
        x ← x+y
    end
end
```

① n ② i^{n-1} ③ $i + j$ ④ n^2

24. 다음과 같은 알고리즘이 있다. 이 알고리즘을 계산한 f(4)의 값은?

```
f(x) = if x = 1 then 0 else [x·f(x - 1) + x²]
```

① 53 ② 29 ③ 148 ④ 100

25. 다음에 주어진 식 중에서 recursive로 변환하기 어려운 식은 어느 것인가?

① $n!=(n-1)!\times n$ ② $n/m=n/(n-m)$

③ $\sum_{i=1}^{n} i=n+\sum_{i=1}^{n-1} i$ ④ $f_n=f_{n-1}+f_{n-2}$

26. 다음 중 순환 알고리즘과 관계가 깊은 것은?

① relative address ② return address ③ direct address ④ reference address

27. 연산 시간 A가 O(cn)이고 B가 O(cn^2)인 두 개의 알고리즘에서 상수 C가 각각 10과 1/2일 때 다음 설명 중 맞는 것은?

① 항상 A가 우수하다. ② 항상 B가 우수하다.

③ data가 20개 미만일 때는 A가 우수하다. ④ data가 20개 초과할 때는 A가 우수하다.

28. 준비되어 있는 많은 자료(data) 중에서 조건(condition)에 맞는 자료만을 선택하여 처리하는 방법을 무엇이라 하는가?

① data processing ② data select ③ data handling ④ limit condition checking

29. 다음 자료 중 정보가 작은 것부터 큰 것의 순서로 올바르게 배열해 놓은 것은 어느 것인가?

(1) logical record (2) physical record (3) field (4) character (5) file

① (1), (2), (3), (4), (5) ② (4), (3), (1), (2), (5)

③ (4), (3), (2), (1), (5) ④ (5), (3), (1), (2), (4)

30. 널 스트링(null string)에 대하여 잘못 설명한 것은?

① 길이가 0인 스트링을 말한다. ② 공백을 의미한다.

③ empty string이라고도 한다. ④ 스트링의 일종이다.

31. 여러 개의 스트링을 연결해서 하나의 새로운 스트링을 만드는 처리는?

① merge ② pass ③ parsing ④ concatenation

32. 논리 자료에 대한 다음 설명 중 옳지 않는 것은?

① 참(true)과 거짓(false) 중 어느 한 값을 가진다.

② 1 비트로 표현이 가능하다.

③ 프로그램 작성 시에는 논리 데이터임이 선언되어야 한다.

④ 포인터 자료와 같은 성격이다.

연습문제

33. 포인터 데이터에 관하여 맞는 설명은 어느 것인가?

① 알파벳, 한글, 기타 기호로 표시한 것

② 산술식 등에서 수치를 표시하며, 정수형, 실수형, 복소수형 등이 있다.

③ 진과 위의 값을 취하며, 컴퓨터에서는 0(zero)과 1로 표시한다.

④ 데이터의 위치를 표시하며, 각 데이터 항목이 연관되어 정보가 표시된다.

34. 7비트 또는 8비트로 한 문자를 표시하기도 하며, 통신의 시작과 종료 등의 제어 조작에 편리한 코드는 어느 것인가?

① EBCDIC ② ASCII ③ BCD ④ Hamming

35. EBCDIC의 설명 중 틀린 것은 어느 것인가?

① 어떤 문자를 8비트 코드로 표현한다. ② 256종의 문자를 표현할 수 있다.

③ 패리티 비트를 포함시키면 9비트 코드이다. ④ 자기 보수(complement)의 성격이 있다.

36. EBCDIC으로 숫자를 표시하면 0부터 9까지는 앞의 4비트(zone)는 다음 중 어떤 형태인가?

① 1111 ② 1110 ③ 1101 ④ 1000

37. 존 형태(zone format)인 10진수 324를 기억 장치에 16진수로 표시했을 경우 다음 중 옳은 것은?

① 324FFF ② FFF324 ③ 3F2F4F ④ F3F2C4

38. −1234를 packed decimal 표현 형식으로 나타낸 것 중 옳은 것은?

① | F1 | F2 | . | D4 |
|---|---|---|---|

② | F1 | F2 | F3 | D4 |
|---|---|---|---|

③ | 01 | 23 | 4D |
|---|---|---|

④ | 12 | 3 | $D |
|---|---|---|

39. 8비트 컴퓨터에서 −10을 1의 보수로 표현한 것은?

① 11110101 ② 11110110 ③ 00001010 ④ 00001001

40. 8비트 컴퓨터에서 2의 보수법에 의한 수치 표현으로 다음 값은 얼마인가?

1100 0001

① 62 ② −62 ③ −64 ④ −63

41. 정수의 표현 시 연산의 효율성을 고려할 때 가장 많이 사용하는 방식은?

① 2의 보수 표현 ② 1의 보수 표현 ③ 부호와 절대치 표현 ④ 10의 보수 표현

42. Floating point number가 기억 장치 내에 표현될 때 bit를 필요로 하지 않는 것은 어느 것인가?

① 부호 ② 가수(소수) ③ 지수 ④ 소수점

43. 10진수 12.35를 다음 그림과 같이 표현할 때 0–7번 비트의 내용은 16진수로 어떻게 표현되는가? (단 bias는 10진수 64)

1비트	6비트		nビ트	
0	1	7	8	n
부호	지수부		가수부(소수부)	

① 66 ② 42 ③ 65 ④ 41

44. 부동 소수점 계산에서 정규화 하는 이유는?

① 가수의 값을 크게 하기 위함 ② 유효 숫자를 늘리기 위함
③ 컴퓨터의 부호 비트를 생략하기 위함 ④ 가수부의 비트를 줄이기 위함

45. 다음 중 값이 다른 하나는?

① $(1000101)_2$ ② $(105)_8$ ③ $(69)_{10}$ ④ $(5F)_{16}$

46. 10진수 $(15.625)_{10}$를 2진수로 맞게 계산한 것은?

① $(1111.101)_2$ ② $(1011.111)_2$ ③ $(1111.111)_2$ ④ $(1110.011)_2$

47. 알고리즘이 갖추어야 할 조건이 아닌 것은?

① 입력(Input) ② 출력(Output) ③ 효율성(Effectiveness) ④ 무한성(Infiniteness)

48. 알고리즘 분석 요건이 아닌 것은?

① 정확성 ② 단순성 ③ 종료성 ④ 작업량

49. 알고리즘의 복잡한 정도를 나타내는 척도인 것은?

① 시간 복잡도 ② 최적성 ③ 단순성 ④ 입력

50. 다음 알고리즘 실행 시간 계산을 위하여 명령 실행 빈도수를 계산할 필요가 있다. 다음의 x ← x+1의 실행 시간은?

```
for i ← 1  to n
    for j ←  1 to n
        for k ←  to n
           x ← x+1
        end
    end
end
```

① O(n) ② $O(n^2)$ ③ $O(n^3)$ ④ $O(n^4)$

51. ADT(Abstract Data Type)의 함수를 분류할 때 범주에 속하지 않는 것은?

① 생성자 ② 변환자 ③ 관찰자 ④ 실행자

연습문제

주관식 문제

01. 다음 알고리즘에서 x ← x + y 의 수행 횟수는 어떻게 되는지 계산하고, Big O 표기법으로 표시하시오.

```
for i = 1 to n
    j ← n - i + 1
    for k=1 to j
        x ← x + y
    end
end
```

02. 8진수 261.571을 16진수로 표시하면 어떻게 되는가?

03. 8진수 267.32를 10진수로 표시하면 어떻게 되는가?

04. 16진수 166을 10진수로 표시하면 어떻게 되는가?

05. 16진수 49E.2A6을 2진수로 표시하면 어떻게 되는가?

06. 다음은 4바이트 floating point number system으로 실수를 기억시킨 것이다. 10진수로 얼마인가? (단 bias 는 64(10진수)이고 좌측으로부터 부호 1비트, 지수부 7비트, 소수부 3바이트인데 소수점의 위치는 지수부와 소수부의 사이에 있다. 그리고 기수는 2이다.)

```
① 0100 0101 1101 0010 0000 0000 0000 0000
② 1011 1110 1100 0000 0000 0000 0000 0000
```

07. 10진수 +111.1875을 floating point number로 바꾸시오. 2진수로 답을 적으시오. (단 bias 는 64(10진수)이고 좌측으로부터 부호 1비트, 지수부 7비트, 소수부 3바이트인데 소수점의 위치는 지수부와 소수부의 사이에 있다. 그리고 기수는 2이다.)

08. +1234를 10진수 언팩과 팩 형식을 사용하여 표시하시오.

09. 10진수 13과 −13을 8비트를 사용한 2의 보수 방식으로 표현하시오.

10. 여러 개의 조건이 각각 참인지 거짓인지 판정하고 그 결과에 따라 각각 분기하여 지시된 대로 수행하는 CASE 문에 대하여 가상 코드(SPARKS 언어)와 C 언어를 비교하여 서술하시오(조건 c가 c_1이면 s_1한다. 조건이 c_2이면 s_2한다. 조건이 c_n이면 s_n한다. 이 조건이 전부 맞지 않으면 s_{n+1}한다).

11. 순환(recursion) 프로시저의 개념과 종류에 대하여 기술하시오.

02

자료구조 실습을 위한 C 프로그래밍 주요 기술

[학습 단계]

[학습 목표]

- C 프로그래밍의 개요에 대해서 알아본다.
- C 프로그래밍의 개발 환경과 프로그래밍 방법에 대해서 알아본다.
- C 프로그래밍의 기본 문법 개요에 대해서 알아본다.
- 배열에 대해서 학습한다.
- 포인터에 대해서 학습한다.
- 구조체에 대해서 학습한다.
- 함수와 재귀 호출에 대해서 알아본다.

00 _ 개요

본 장에서는 자료구조를 잘 학습하기 위한 C 프로그램 개발 시 필요한 기능, 기본 기술(배열, 포인터, 구조체, 함수와 재귀 호출 등)에 대해서 기술한다.

1. C 프로그래밍 개발 시 필요한 기능

C 프로그래밍을 개발하려면 3가지 기능이 필요하다.

1. 에디터 기능
2. 컴파일러 및 실행 기능
3. 디버거

3가지 기능을 다 포함하고 있는 윈도우즈에서의 대표적인 통합 개발 도구는 마이크로소프트(Microsoft) 회사의 비주얼 스튜디오(Visual Studio)이다.

2. C 프로그래밍의 기본 문법 개요

변수와 연산자, 제어문, 배열, 포인터, 구조체, 함수 등에 대해서 개략적인 내용을 기술하고 실습한다.

3. 배열

배열(Array)은 하나의 변수를 만들어 사용하는 단순 변수와는 달리 첨자를 이용하여 하나의 변수로 여러 개의 자료형이 같은 변수를 표현할 수 있다.

4. 포인터

다른 고급 컴퓨터 언어와는 달리 C 언어는 어셈블리 언어의 기능을 수행할 수 있는 포인터(pointer)의 개념이 있다. 포인터는 어떤 데이터가 저장된 기억 장소의 주소(address)를 가리키거나 또는 그 주소가 가리키는 내용을 참고하는 변수이다. 그리고 포인터와 배열과의 관계에 대해서도 설명한다.

5. 구조체

여러 개의 서로 다른 데이터형 변수들을 묶어서 하나의 단위로 처리할 수 있도록 구조화(structure)시킨 자료구조의 형태를 구조체(struct)라고 한다.

6. 함수와 재귀 호출

함수는 특정 기능(Function)을 가진 프로그램 집합(조각)이라는 의미이다. 함수가 자기 자신을 호출하는 것을 순환(recursion) 또는 재귀 호출, 되부름이라고도 한다.

01 _ C 프로그래밍의 개발 환경과 프로그래밍 방법

1. C 프로그래밍의 개발 환경

(1) C 프로그래밍 개발에 필요한 도구

C 프로그래밍을 개발할 때 사용되는 윈도우즈에서의 대표적인 통합 개발 도구는 마이크로소프트(Microsoft) 회사의 비주얼 스튜디오(Visual Studio)이다.

(2) 비주얼 스튜디오의 다운로드 및 설치 방법

비주얼 스튜디오(Visual studio)의 다운로드(download) 방법은 다음과 같다.

- 비주얼 스튜디오는 버전에 따라 다운로드 및 설치 방법, 사용 방법이 다를 수 있다.

01. https://visualstudio.microsoft.com/ko/에 접속하면 다음과 같은 화면이 표시된다.

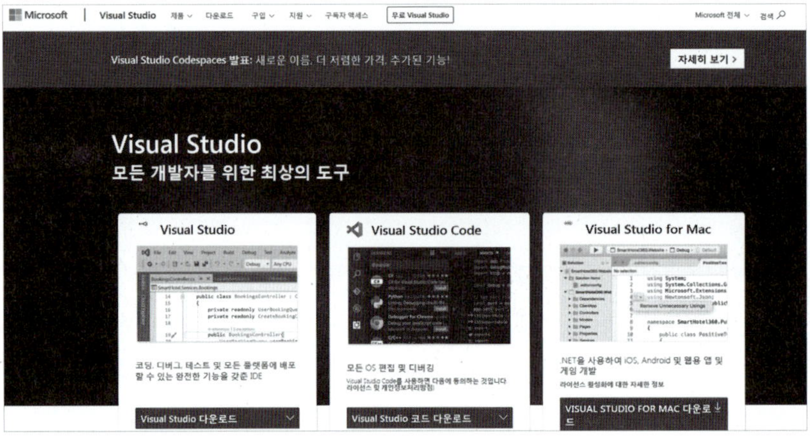

02. 좌측에 있는 Visual Studio 다운로드에 마우스를 갖다 대면 비주얼 스튜디오 버전이 표시된다.
    - **커뮤니티 버전**(Community Version): 기업 외 응용 프로그램 빌드 개발자를 위한 완벽한 기능의 확장 가능한 무료 도구
    - **프로페셔널 버전**(professional Version): 개별 개발자 또는 소규모 팀을 위한 전문적인 개발자 도구 및 서비스
    - **엔터프라이즈 버전**(Enterprise Version): 고급 테스트 등을 포함하여 어떠한 크기나 복잡한 프로젝트까지 개발, 팀을 위한 고급 기능이 포함된 엔터프라이즈급 솔루션

      ⇒ 엔터프라이즈 버전이 가장 기능이 많고 좋지만, 배우는 학생이나 입문자에게는 커뮤니티 버전으로 학습해도 무방하다.
03. [Community 2019]를 선택하고, 이어서 [실행(R)]을 선택한다.
04. 여러 가지 과정을 거쳐 설치가 완료된다.

2. C 프로그래밍의 순서와 비주얼 스튜디오 개발 환경

(1) C 프로그래밍 순서

C 프로그래밍 순서는 다음과 같다.

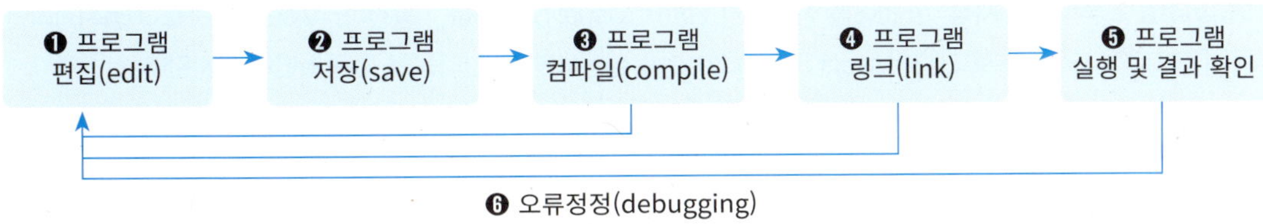

그림 2.1 C 프로그래밍 과정

(2) C 프로그래밍 순서의 실습 예

실습 2.1

C의 구조와 프로그래밍 순서(편집, 저장, 컴파일, 링크, 실행 과정)를 Microsoft Visual Studio 작업 화면을 사용하여 설명하고 실습하시오.

【출력】

【입력】

없음

【처리조건】

① 프로젝트명: project1

② 프로젝트 및 원시 파일이 저장되는 폴더: c:\work\ken

③ 원시 파일명: c_2_1.c

【프로그램: c_2_1.c】

```
01 #include <stdio.h>
02
03 int main()
04 {
05     printf("Hello 2020");
06     return 0;
07 }
```

【해설】

01. 〈stdio.h〉라는 외부 파일을 포함하는 의미이다. 화면에 출력하는 함수 printf()를 사용하기 위하여 사용한다.

03. C 프로그램의 시작임을 나타내며 여기서부터 실행이 시작된다. int는 정수형으로 반환한다는 의미이다.

04. main() 함수 몸체의 시작이다.

05. printf() 함수는 출력함수이며 프로그램을 실행시키면 큰 따옴표(" ") 안에 있는 내용이 화면에 출력된다.

06. main() 함수가 정상적인 처리로 끝났다는 값이다. 즉 0을 반환한다.

07. main() 함수 몸체의 끝이다.

(3) 비주얼 스튜디오에서의 C 프로그래밍 개발 과정

01. **비주얼 스튜디오의 시작** _ C언어를 작성하기 위하여 Visual Studio를 기동한다. Visual C++를 기동시키려면 [윈도우의 시작]-[프로그램]-[Visual Studio 2019]를 실행하면 된다. 다음과 같은 화면이 표시된다.

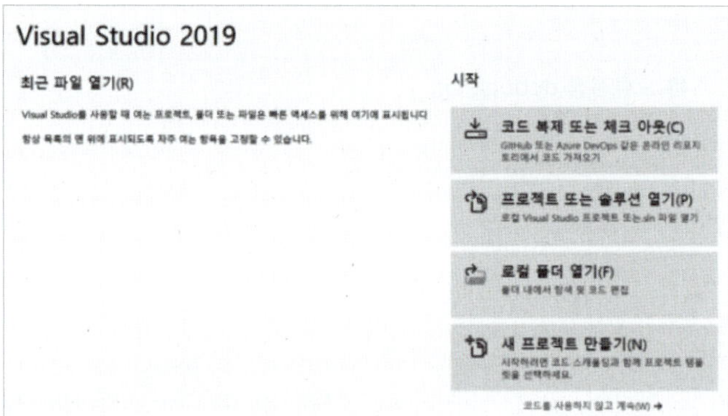

02. 여기서 [새 프로젝트 만들기(N)]를 선택하면 다음과 같은 화면이 표시된다.

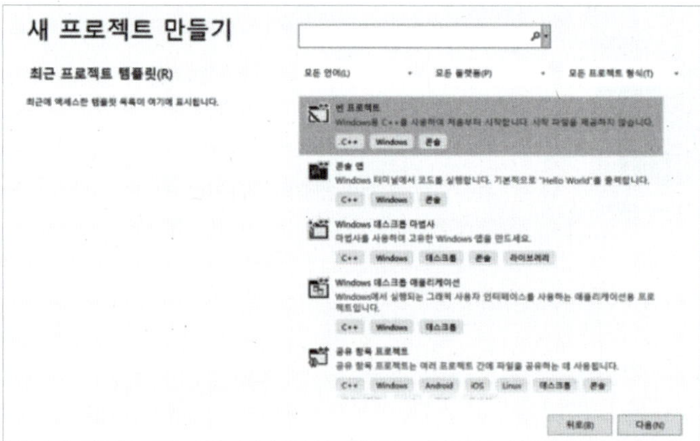

03. 여기서 빈 프로젝트 만들기를 선택한다. 여기서 프로젝트명, 저장 위치, 솔루션명 등을 지정한다.

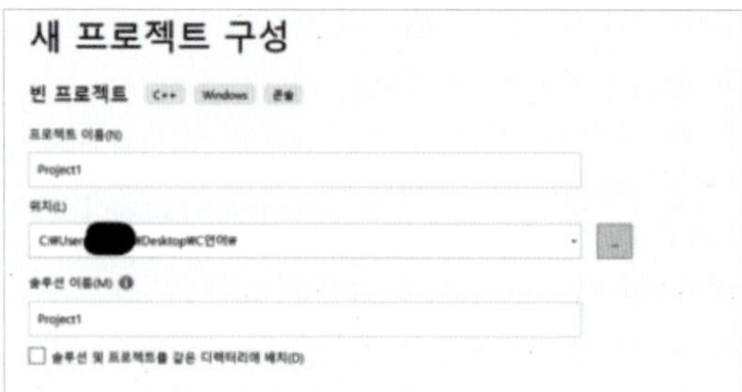

04. 기존 파일이 있을 시에는 솔루션 탐색기 화면에서 기존 소스 파일을 검색하여 선택한다. 전해지면 빈 창으로 넘어간다.

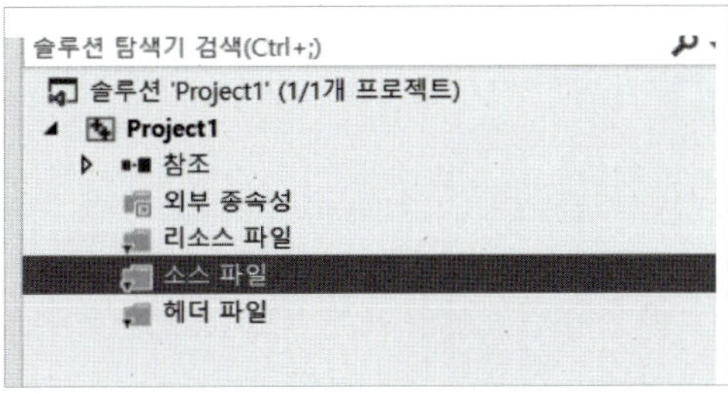

05. 우측 창에서 소스 파일을 오른쪽 마우스 클릭한다. "추가 → 새 항목"을 한다. C파일인 경우에는 확장자가 . 다음에 c가 되고, c++인 경우에는 cpp가 된다. 예를 들면, c_2_1.c 또는 c_2_1.cpp이다.

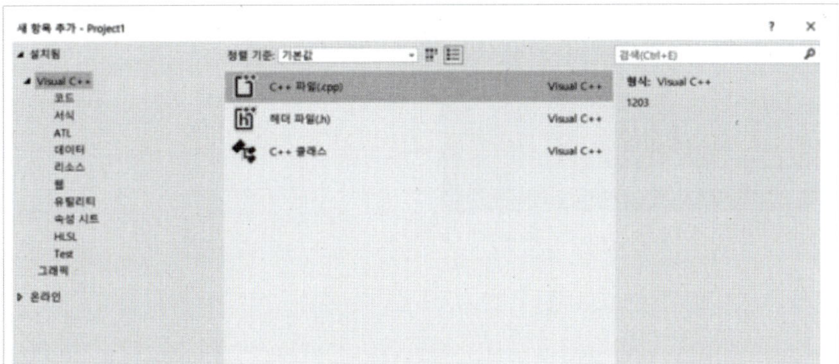

06. 위에 있는 소스 코드를 다음과 같이 메모장에 입력하는 것처럼 입력한다. c_2_1.c(또는 num_1.c)라고 저장하면 프로그래밍 하는 사용자 임의대로 소스 파일명이 저장된다. 폴더는 C:\work\ken이다.

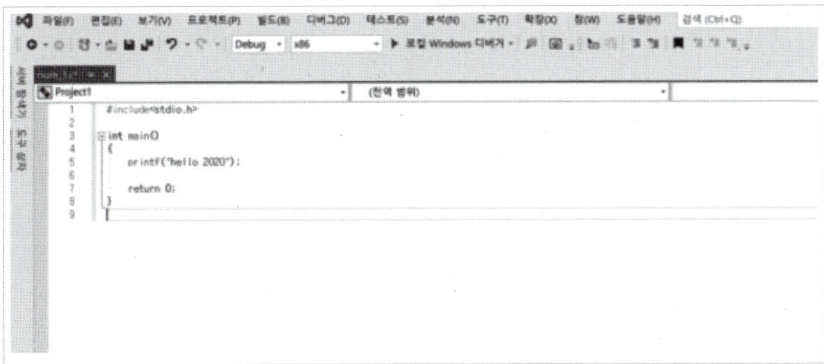

07. 비주얼 스튜디오(Visual studio)의 컴파일 및 실행 화면은 다음과 같다. 여기서 "디버그 → 디버그하지 않고 시작"을 선택하면 된다. 또는 단축기 [Ctrl+F5]키를 눌러도 된다.

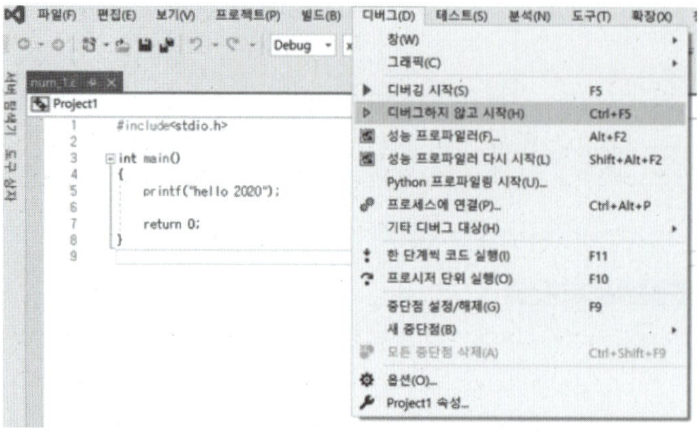

08. Microsoft Visual Studio에서의 "Hello 2020" 출력 결과 화면은 다음과 같다.

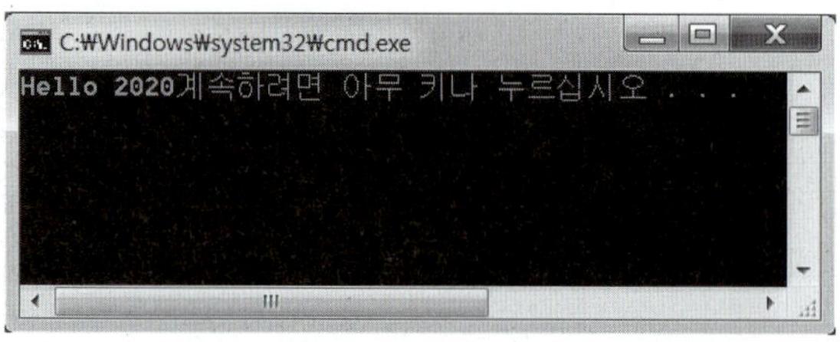

02 _ C 프로그래밍의 기본 문법 개요

1. 기본 입출력 함수

(1) printf() 함수

printf() 함수는 화면에 데이터를 원하는 형식으로 출력하기 위하여 사용한다. 형식 문자열은 단순 문자, 변환 문자, 이스케이프(escape) 문자 3가지 요소로 구성되어 있다.

```
printf("형식 문자열", 인수)
```

[예]

```
printf("    d: %d\n", ken);
```

인수가 있는 형태의 화면 출력 함수이다.

- ken: 변수로 구성된 인수 1개
- \n: \n은 1줄을 바꾸라는 이스케이프(escape) 문자
- %d: 변수 ken의 값을 이 위치에 10진수로 표시하는 변환 문자
- "   d: ": 화면에 출력하는 단순 문자

(2) scanf() 함수

scanf() 함수는 지정된 형식에 따라 표준 입력 장치인 키보드로부터 데이터를 입력하는 함수이다. 즉, 인수의 내용을 지정된 형식 문자열에 의하여 입력형식을 갖추어 입력하는 함수이다.

```
scanf("형식 문자열", &인수)
```

[예]

```
scanf("%f", &age);
```

표준 입력 장치로부터 서식 입력을 받는다.

- &age: 변수에 대한 주소(address), 즉 age에 대한 주소임
- "%f": 실수형(float 형)으로 입력받는 변환 문자임

(3) getchar() 함수

키보드로부터 데이터 1개를 입력받는 함수이다. 통상적으로 프로그램 종료 전에 사용한다.

2. 변수와 데이터형

C 프로그램에서 사용되는 모든 변수는 사용 전에 그 데이터형(data type)이 선언되어야 하며, 같은 데이터형을 갖는 두 개 이상의 변수는 콤마(,)를 사용하여 한 문장에 선언될 수 있다. 또한 변수의 데이터형 선언과 초기화는 한 선언문에서 사용할 수 있다.

기본 데이터형(data type)은 다음과 같이 분류된다. 크기와 데이터의 표현 범위는 컴퓨터 기종과 컴파일러에 의해서 차이가 날 수 있다.

표 2.1 기본 데이터형의 종류 및 사용 범위

데이터형	크기(size)	데이터 표현 범위	부호	종류
int	4	-2147483648 ~ 2147483647	있음	정수형
short	2	-32768 ~ 32767		
long	4	-2147483648 ~ 2147483647		
unsigned int	4	0 ~ 4294967295	없음	
unsigned short	2	0 ~ 65535		
unsigned long	4	0 ~ 4294967295		
float	4	10^{-38} ~ 10^{38}	있음	실수형
double	8	10^{-306} ~ 10^{306}		
long double	8	10^{-306} ~ 10^{306}		
char	1	-128 ~ 127	있음	문자형
unsigned char	1	0 ~ 255	없음	

※ 주의 사항: 컴퓨터 운영체제 또는 컴파일러 환경에 따라서 변수형의 크기 등이 차이 날 수 있다.

3. 연산자

C 프로그램에서 사용되는 연산자(operator)는 변수와 상수 등 자료 대상에 대해 연산 동작을 행하는 기호들을 말한다. 이때 연산(operation)의 대상이 되는 것을 피연산자(operand)라고 한다.

【예】

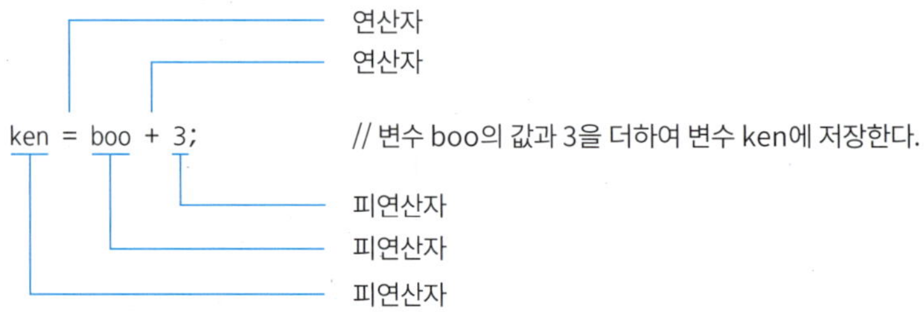

4. 제어문

C 프로그램은 작성된 명령 순서대로 실행이 된다. 프로그램의 실행 순서를 바꾸는 명령문을 제어문(control statement)이라 한다. 제어문에는 조건문(if문, switch case문), 반복문(for문, while문, do while문), 기타 제어문(break문, continue문, goto문) 등이 있다.

실습 2.2

C의 조건문(if문과 switch문)과 반복문(for문/while문/do while문)을 사용하여 프로그램을 작성하고, C의 구조를 설명하며, Microsoft Visual Studio를 사용하여 실습하시오.

【출력】

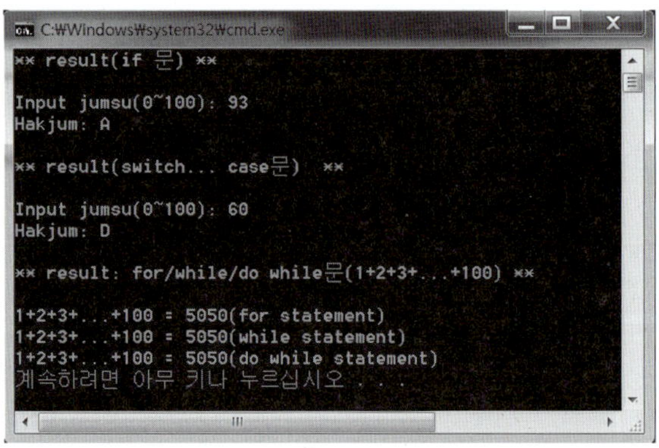

【입력】

① 정수 1개를 키보드에서 입력받음: 키보드 입력은 scanf() 함수를 사용할 것
  예1) 99 입력받은 경우 학점은 A 출력
  예2) 77 입력받은 경우 학점은 C 출력
  예3) 59 입력받은 경우 학점은 F 출력

② 프로그램 종료 전에 getchar() 함수를 사용할 것
이 함수의 기능은 사용자가 키보드에서 문자를 한 개 입력하고 [Enter] 키를 치기만을 기다리면서 대기 상태에 머무는 함수임

【처리조건】

① 어떤 특정한 학생의 점수를 키보드로 입력받아서 그 점수에 해당되는 학점(A, B, C, D, F)을 화면에 출력하는 프로그램을 작성할 것: else if문을 사용할 것

② 학점 A:점수가 90 – 100점, B: 80–89, C:70–79, D:60–69, F:59점 미만

③ 〈출력〉을 참고하고 printf() 함수를 사용할 것

④ 어떤 특정한 학생의 점수를 키보드로 입력받아서 그 점수에 해당되는 학점(A, B, C, D, F)을 화면에 출력하는 프로그램을 작성할 것: switch case문을 사용할 것

⑤ 1부터 100까지의 합을 구하는 프로그램을 작성하시오(3가지 방법: for문, while문, do while문 이용).

[프로그램: c_2_2.c]

```
#include <stdio.h>

main()
{
   int jumsu; char hakjum;
   int n, hap;

   printf("** result(if 문) **\n\n");
   printf("Input jumsu(0~100): "), scanf("%d", &jumsu);
   if (jumsu >= 90)
       hakjum = 'A';
   else if (jumsu >= 80)
       hakjum = 'B';
   else if (jumsu >= 70)
       hakjum = 'C';
   else if (jumsu >= 60)
       hakjum = 'D';
   else
       hakjum = 'F';
   printf("Hakjum: %c\n", hakjum);

   printf("\n** result(switch... case문)  **\n\n");
   printf("Input jumsu(0~100): "), scanf("%d", &jumsu);
   switch(jumsu/10)
   {
      case 10: hakjum = 'A';
           break;
      case 9:  hakjum = 'A';
           break;
      case 8:  hakjum = 'B';
           break;
      case 7:  hakjum = 'C';
           break;
      case 6:  hakjum = 'D';
           break;
      default: hakjum = 'F';
           break;
   }
   printf("Hakjum: %c\n", hakjum);

   printf("\n** result: for/while/do while문(1+2+3+...+100) **\n\n");
```

```
42    n=hap=0;
43    for(n=1; n<=100; n++)
44       hap+=n;
45    printf("1+2+3+...+100 = %d(for statement)\n", hap);
46
47    n=1, hap=0;
48    while(n<=100)
49      {
50        hap+=n;
51        n++;
52      }
53    printf("1+2+3+...+100 = %d(while statement)\n", hap);
54
55    n=1, hap=0;
56    do {
57     hap+=n;
58     n++;
59       } while(n<=100);
60    printf("1+2+3+...+100 = %d(do while statement)\n", hap);
61
62    getchar();
63 }
```

【해설】

09, 23. 키보드에서 키 입력을 받는 입력 함수

```
int jumsu;
scanf("%d", &jumsu);
```

키보드로부터 입력된 1개의 수치가 jumsu에 저장

주소 (&jumsu)

변환 문자(10진수) (%d)

10-19. if문(조건문)

jumsu가 90점 이상이면 hakjum에 문자 A를 대입하고 jumsu가 80점 이상이면 hakjum에 문자 B를 대입하고 jumsu가 70점 이상이면 hakjum에 문자 C를 대입하고 jumsu가 60점 이상이면 hakjum에 문자 D를 대입하고 jumsu가 59점 미만이면 hakjum에 문자 F를 대입한다.

24-38. switch case문(조건문) – if문과 비교할 것

jumsu가 90점 이상이면 hakjum에 문자 A를 대입하고 jumsu가 80점 이상이면 hakjum에 문자 B를 대입하고 jumsu가 70점 이상이면 hakjum에 문자 C를 대입하고 jumsu가 60점 이상이면 hakjum에 문자 D를 대입하고 jumsu가 59점 미만이면 hakjum에 문자 F를 대입한다. break문은 switch case문 내의 loop를 빠져나오는 문이다.

jumsu/10에서 jumsu의 정수형 값 나누기 10을 하면 정수형이 됨에 주의한다.

43-44. for문

n의 초기치를 1로 하고 1씩 증가시켜 100까지 반복한다. 반복의 내용은 hap+=n;은 hap=hap+n과 같은 의미이다. hap+=n;에 의해 hap에 n의 합계가 구해진다. n의 값이 1증가되어 n<=100의 조건이 참인지 비교한다. 참이면 같은 방법으로 n의 값을 2,3,...,100까지 변화시켜 hap에 더해간다. 거짓이면 for문을 벗어난다.

48-52. while문

for문과의 차이점은 초기 값을 줄 수 없기 때문에 while문 시작하기 전에 n=1을 먼저 실행한다. n의 증가도 while문 내에서 이루어진다.

56-59. do while문

do while문은 while문과는 달리 맨 마지막에 조건을 검사하므로 적어도 한 번은 실행된다.

01. #include <stdio.h>

화면에 출력하는 printf() 함수, 키보드 입력을 받는 scanf() 함수, getchar() 함수를 사용하기 위하여 <stdio.h>라는 외부 파일을 포함한다는 의미이다.

62. getchar(); 함수

사용자가 키보드에서 문자를 한 개 입력하고 [Enter] 키를 치기만을 기다리면서 대기 상태에 머무는 함수이다. 프로그램 종료 직전에 사용하면 프로그램의 종료를 하기 전에 실행 결과를 알 수 있게 해주는 유용성이 있다.

03 _ 배열

1. 배열의 개념과 순차 리스트에서의 사용

배열(Array)은 하나의 변수를 만들어 사용하는 단순 변수와는 달리 첨자를 이용하여 하나의 변수로 여러 개의 자료형이 같은 변수를 표현할 수 있다. C 프로그램에서 5개의 정수형 변수를 표현하는 경우에 단순 변수에서는 5개의 표현을 전부 나타내야 하지만 배열에서는 간단히 표현할 수 있다. 다른 변수처럼 배열도 먼저 선언해야 한다. 배열의 개념은 자료구조의 순차 리스트에서 사용된다.

(단순 변수 선언 예)

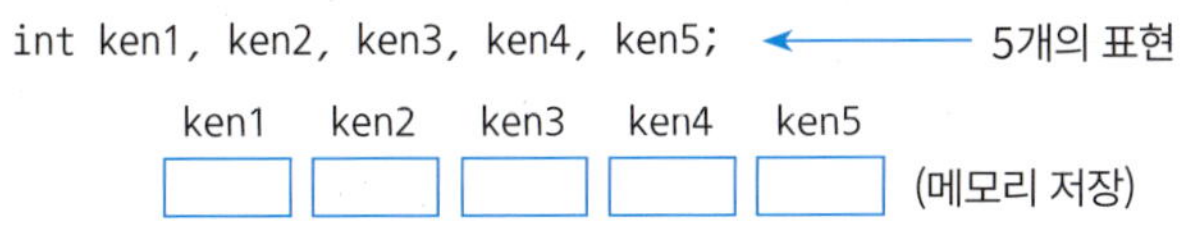

(배열 선언 예)

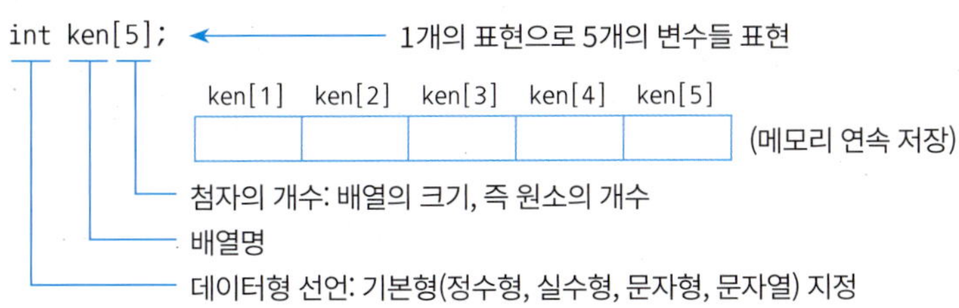

2. 배열의 종류

배열의 [ ](대괄호) 개수에 따라 1차원 배열, 2차원 배열, 3차원 배열 등으로 나누어진다. 차원에 대한 제한은 없으나 보통 3차원 배열까지 사용한다.

1. 1차원 배열 (one dimensional array) ⟶ 【예】 int a[5];

2. 2차원 배열 (two dimensional array) ⟶ 【예】 int a[3][4];

3. 3차원 배열 (three dimensional array) ⟶ 【예】 int a[2][3][4];

3. 순차 자료구조와 순차 리스트 구현(1차원 배열 사용)

(1) 1차원 배열의 선언

배열을 사용하려면 먼저 배열이 선언되어야 한다. 배열의 선언 방법은 〈형식 1〉과 같다. 첨자가 있는 [ ](대괄호)의 개수가 1개인 배열 형태를 1차원 배열이라 한다. 배열명은 변수명과 같은 법칙이 적용된다. 즉, 예를 들면 정수형 변수인 경우 정수형 데이터만 기억된다. 첨자의 개수는 정수형 상수나 정수형 변수 또는 정수형 수식이 올 수 있다. 또한 첨자의 개수가 n일 때 배열의 첨자는 0부터 n−1까지의 값을 가진다. 데이터형은 기본 데이터형의 법칙이 적용된다. 배열의 초기화 방법은 두 가지 방법이 있는데 데이터형이 정수형 변수이거나 실수형 변수일 경우는 〈형식 2〉를 사용하고 문자형 변수일 경우는 〈형식 2〉 또는 〈형식 3〉을 사용한다.

(2) 1차원 배열의 일반 형식

표 2.2 1차원 배열의 일반 형식

형식	내용
형식 1	데이터형 배열명[첨자의 개수];
형식 2	데이터형 배열명[첨자의 개수] = {초기값1, 초기값2, … , 초기값n}; 또는 데이터형 배열명[ ] = {초기값1, 초기값2, … , 초기값n};
형식 3	char 배열명[첨자의 개수] = "문자열"; 또는 char 배열명[] = "문자열";

(3) 1차원 배열의 예

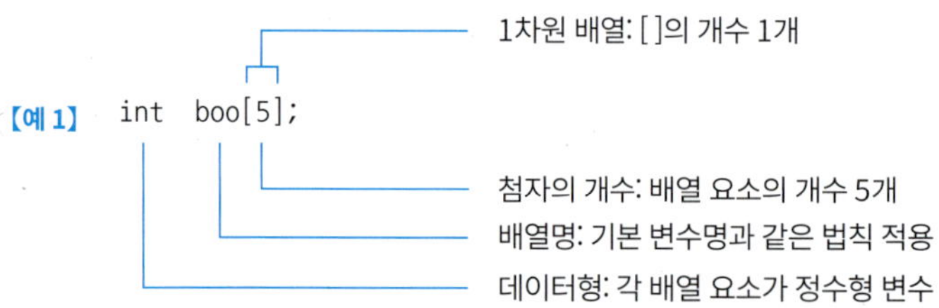

- 기억 장소에 저장 형태는 다음과 같이 배열의 첨자가 0에서 4까지 5개의 배열 요소가 연속된 기억 공간을 확보한다. (5개 전부 정수형 변수)

boo[0]	boo[1]	boo[2]	boo[3]	boo[4]

문자형 상수: ' ' 사용

[예 2] `char gan[5] = {'G','O','O','D'};`

- 첨자의 개수: 배열 요소의 개수 5개({ } 내에 있는 4개의 문자 수보다 1 큼)
- 배열명: 기본 변수명과 같은 법칙 적용
- 데이터형: 각 배열 요소가 문자형 변수

- 기억 장소에 저장 형태는 다음과 같이 배열의 첨자가 0에서 4까지 5개의 배열 요소가 연속된 기억 공간을 확보한다. 문자 배열이 문자열로 인식되기 위해서 문자열 끝에 '\0'(null 문자)이 자동적으로 첨가된다. 그러므로 { } 내에 있는 문자 수보다 1개 큰 첨자의 개수를 선언해야 한다.

gan[0]	gan[1]	gan[2]	gan[3]	gan[4]
'G'	'O'	'O'	'D'	'\0'

컴파일 시 자동 첨가

- 같은 표현은 다음과 같다.– 〈형식 3〉 이용

```
char gan[5] = "GOOD";
```
또는
```
char gan[ ] = "GOOD";
```

- 같은 표현은 다음과 같다.

```
char gan[5];
gan[0] = 'G'; gan[1] = 'O'; gan[2] = 'O';
gan[3] = 'D'; gan[4] = '\0';
```

[예 3] `char gan[ ] = {'G','O','O','D'};`

첨자의 개수를 지정하지 않는 경우: C 컴파일러는 { }내의 데이터 수를 계산하여 그 수만큼의 배열을 자동으로 만들어 줌.

실습 2.3

1차원 배열을 사용하여 문자열 C-LANGUAGE를 일괄적으로 초기화하여 〈출력〉 형식과 같이 화면에 출력하고 3번째 배열 요소를 출력하고 sizeof()문을 사용하여 배열에 저장되어 있는 문자열의 길이를 구하는 프로그램을 작성하시오.

【출력】

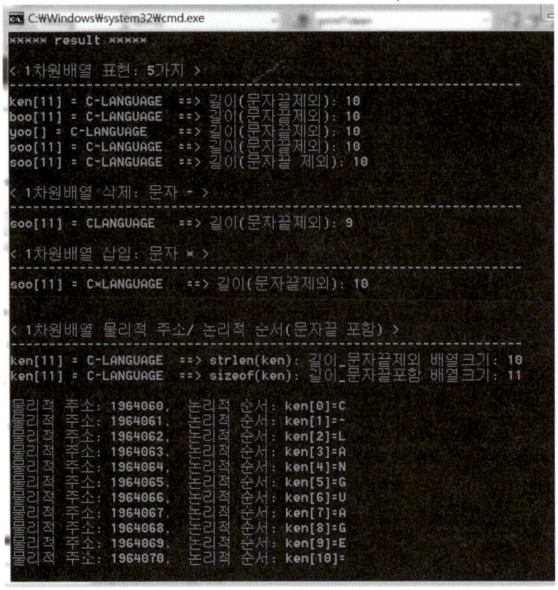

【처리조건】

① 문자열 C-LANGUAGE를 문자형 상수(' ' 이용)와 문자열 상수(" ")를 사용하여 화면에 출력

② 변환 문자 %s와 %c를 사용할 것

③ strlen()를 사용하여 배열에 저장되어 있는 실제적인 문자열 길이('\0'를 제외)를 구하여 화면에 출력할 것

④ sizeof()를 사용하여 배열에 저장되어 있는 문자열 길이('\0'를 포함), 즉 배열의 길이를 구하여 화면에 출력할 것

⑤ &(주소) 연산자를 사용하여 실제적 물리 주소를 구할 것

【프로그램: c_2_3.c】

```
#include <stdio.h>
#include <string.h>

main()
{
  char ken[11] = {'C','-','L','A','N','G','U','A','G','E'};
  char boo[11] = "C-LANGUAGE";
  char yoo[] = "C-LANGUAGE";
  char soo[11];
  int i;

  printf("***** result *****\n\n");

  printf("< 1차원배열 표현: 5가지 >\n");
  printf("-----------------------------------------------------------------\n");
  printf("ken[11] = %s  ==> 길이(문자끝제외): %d\n", ken, strlen(ken));
  printf("boo[11] = %s  ==> 길이(문자끝제외): %d\n", boo, strlen(boo));
  printf("yoo[] = %s    ==> 길이(문자끝제외): %d\n", yoo, strlen(yoo));
  soo[0] = 'C';  soo[1] = '-';  soo[2] = 'L';  soo[3] = 'A';
  soo[4] = 'N';  soo[5] = 'G';  soo[6] = 'U';  soo[7] = 'A';
  soo[8] = 'G';  soo[9] = 'E';  soo[10] = '\0';
  printf("soo[11] = %s  ==> 길이(문자끝제외): %d\n", soo, strlen(soo));
  printf("soo[11] = ");
  for(i=0; i<11; i++)
          printf("%c", soo[i]);
  printf(" ==> 길이(문자끝 제외): %d\n", strlen(soo));
```

```
    printf("\n< 1차원배열 삭제: 문자 - > \n");
    printf("------------------------------------------------------------------\n");
    soo[0] = 'C';   soo[1] = 'L';   soo[2] = 'A';
    soo[3] = 'N';   soo[4] = 'G';   soo[5] = 'U';   soo[6] = 'A';
    soo[7] = 'G';   soo[8] = 'E';   soo[9] = '\0';
    printf("soo[11] = ");
    for(i=0; i<9; i++)
            printf("%c", soo[i]);
    printf("  ==> 길이(문자끝제외): %d\n", strlen(soo));

    printf("\n< 1차원배열 삽입: 문자 * > \n");
    printf("------------------------------------------------------------------\n");
    soo[0] = 'C';   soo[1] = '*';   soo[2] = 'L';   soo[3] = 'A';
    soo[4] = 'N';   soo[5] = 'G';   soo[6] = 'U';   soo[7] = 'A';
    soo[8] = 'G';   soo[9] = 'E';   soo[10] = '\0';

    printf("soo[11] = ");
    for(i=0; i<11; i++)
            printf("%c", soo[i]);
    printf("  ==> 길이(문자끝제외): %d\n\n", strlen(soo));
    printf("\n< 1차원배열 물리적 주소/ 논리적 순서(문자끝 포함) > \n");
    printf("------------------------------------------------------------------\n");
    printf("ken[11] = %s  ==> strlen(ken): 길이_문자끝제외 배열크기: %d\n", ken,
            strlen(ken));
    printf("ken[11] = %s  ==> sizeof(ken): 길이_문자끝포함 배열크기: %d\n\n", ken,
            sizeof(ken));
    for(i=0; i<11; i++)
          printf("물리적 주소: %u,  논리적 순서: ken[%d]=%c \n", &ken[i], i, ken[i]);
    printf("\n\n");

    getchar();
}
```

【해설】

06. 1차원 문자 배열을 선언하고 일괄적으로 초기화한 형태이다.

```
char ken[11] = {'C','-','L','A','N','G','U','A','G','E'};
```

- 1차원 배열을 일괄적으로 초기화. 문자형 상수 사용
- 첨자의 개수: 배열 요소의 개수 11개 ({ } 내에 있는 10개의 문자 수보다 1개 더 큼)
- 배열명: 기본 변수명과 같은 법칙 적용
- 데이터형: 각 배열 요소가 문자형 변수

기억 장소에 저장형태는 다음과 같이 배열의 첨자가 0에서 10까지 11개의 배열 요소가 연속된 기억 공간을 확보한다. 문자 배열이 문자열로 인식되기 위해서 문자열 끝에 '₩0'(null 문자)이 자동적으로 첨가된다. 그러므로 { }내에 있는 문자 수보다 1개 큰 첨자의 개수를 선언해야 한다.

ken[0]	ken[1]	ken[2]	ken[3]	ken[4]	ken[5]	ken[6]	ken[7]	ken[8]	ken[9]	ken[10]
'C'	'-'	'L'	'A'	'N'	'G'	'U'	'A'	'G'	'E'	'\0'

컴파일 시 자동 첨가

07-09. 1차원 배열을 다르게 표현할 수도 있다.

19-21. 이때는 문자열 끝에 '₩0'를 첨가해서 문자열의 끝임을 표시해야 한다. 즉 soo[10] = '₩0';를 해야 한다.

08. 첨자의 개수를 지정하지 않는 경우: C 컴파일러는 { } 내의 데이터 수를 계산하여 그 수만큼의 배열을 자동으로 만들어 준다.

22.
```
printf("ken[11] = %s  ==> 길이(문자끝제외): %d\n", ken, strlen(ken));
```

변환 문자 %s 사용 시 배열명 사용

45, 46 변환 문자 %c 사용 시에 배열 요소명 사용함

50, 51 strlen(ken)은 문자열의 실제 길이를 구한다. 이때 '₩0'의 문자 끝을 제외한다.

52, 53 sizeof(ken)은 이때 '₩0'의 문자 끝을 포함하며, 배열 요소(char 형이므로 배열 요소 1개는 1byte)가 11개이므로 11이다.

54, 55 &ken[i]은 ken[i]의 물리적 주소를 나타내며, 실행 시마다 바뀐다. i 는 논리적 순서를 의미하며 ken[i]는 배열에 들어 있는 값을 의미한다.

30-32 1차원 배열에서 ken[1]에 있는 –를 삭제하려면 배열의 ken[2]부터 ken[10]까지 전부 1칸씩 왼쪽으로 이동시켜야 한다. ==> 배열(순차 자료구조와 순차 리스트)의 삭제 시 단점이다.

삭제 전

ken[0]	ken[1]	ken[2]	ken[3]	ken[4]	ken[5]	ken[6]	ken[7]	ken[8]	ken[9]	ken[10]
'C'	'-'	'L'	'A'	'N'	'G'	'U'	'A'	'G'	'E'	'\0'

삭제

삭제 후

ken[0]	ken[1]	ken[2]	ken[3]	ken[4]	ken[5]	ken[6]	ken[7]	ken[8]	ken[9]	ken[10]
'C'	'L'	'A'	'N'	'G'	'U'	'A'	'G'	'E'	'\0'	

← 왼쪽으로 모두 1칸씩 이동함

40-42 1차원 배열에서 ken[1]에 있는 *를 삽입하려면 배열의 ken[2]부터 ken[10]까지 전부 1칸씩 오른쪽으로 이동시켜야 한다. ==> 배열(순차 자료구조와 순차 리스트)의 삽입 시 단점이다.

삽입 전

ken[0]	ken[1]	ken[2]	ken[3]	ken[4]	ken[5]	ken[6]	ken[7]	ken[8]	ken[9]	ken[10]
'C'	'L'	'A'	'N'	'G'	'U'	'A'	'G'	'E'	'\0'	

삽입

삽입 후

ken[0]	ken[1]	ken[2]	ken[3]	ken[4]	ken[5]	ken[6]	ken[7]	ken[8]	ken[9]	ken[10]
'C'	'-'	'L'	'A'	'N'	'G'	'U'	'A'	'G'	'E'	'\0'

→ 오른쪽으로 모두 1칸씩 이동함

4. 순차 자료구조와 순차 리스트 구현(2차원 배열 사용)

(1) 2차원 배열의 선언

첨자의 개수가 2개인 배열 형태를 2차원 배열이라 한다.

(2) 2차원 배열의 일반 형식

표 2.3 2차원 배열의 일반 형식

형식 1	데이터형 배열명[첨자의 개수1][첨자의 개수2];
형식 2	데이터형 배열명[첨자의 개수1][첨자의 개수2]={초기값1,초기값2, ... ,초기값n}; 또는 데이터형 배열명[첨자의 개수1][첨자의 개수2]={{초기값1,초기값2, ... ,초기값n}, {초기값1,초기값2, ... ,초기값n}, ... {초기값1,초기값2, ... ,초기값n}}; 또는 데이터형 배열명[ ][첨자의 개수2]= {초기값1,초기값2, ... ,초기값n};

(3) 2차원 배열의 예

【예 1】 `int ken[2][3];`

- `[3]` ─ 2행 3열을 표시하는 2차원 배열, 배열 요소는 2*3=6개(최대 열을 나타내는 [3]의 3은 반드시 지정해야하고 최대 행을 나타내는 [ ]의 2는 생략 가능함)
- `ken` ─ 배열명: 기본 변수명과 같은 법칙 적용
- `int` ─ 데이터형: 각 배열 요소가 정수형 변수

수학적으로는 2행 3열의 행렬을 연상하면 된다.

ken[0][0]	ken[0][1]	ken[0][2]
ken[1][0]	ken[1][1]	ken[1][2]

실제로 행우선순위(row major order)이다. 즉, 컴퓨터의 기억 장소에 ken[0][0], ken[0][1], ken[0][2], ken[1][0], ken[1][1], ken[1][2] 순서로 확보하여 데이터를 저장한다.

ken[0][0]	ken[0][1]	ken[0][2]	ken[1][0]	ken[1][1]	ken[1][2]

【예 2】 (2차원 배열의 초기화) 2차원 문자 배열을 선언하고 일괄적으로 초기화한 형태이다.

```
      행  열     0행 0열     1행 2열                        4행 4열
char title[5][9] = {"학생    ", "자료구조", "C언어   ", "Java    ","TOTAL   "};
                     0행         1행         2행         3행        4행
```

- `[5][9]` ─ 5행 9열을 표시하는 2차원 배열, 배열 요소는 5*9=45개(9열은 { } 내에 있는 8개의 문자 수보다 1개 더 큼, 문자열 끝에 '\0'(null 문자)이 자동적으로 첨가되기 때문)
- `title` ─ 배열명: 기본 변수명과 같은 법칙 적용
- `char` ─ 데이터형: 각 배열 요소가 문자형 변수

논리적(수학적)으로는 4행 8열의 행렬을 연상하면 된다. 영문자는 1자씩 한글은 2자씩 글자를 차지한다.

title	[0][0]	[0][1]	[0][2]	[0][3]	[0][4]	[0][5]	[0][6]	[0][7]	[0][8]	
[0][0]	'학'		'생'		\0					[0][8]
[1][0]	'자'		'료'		'구'		'조'		\0	[1][8]
[2][0]	'C'	'언'		'어'		\0				[2][8]
[3][0]	'J'	'a'	'v'	'a'	\0					[3][8]
[4][0]	'T'	'O'	'T'	'A'	'L'	\0				[4][8]

실제로 행우선순위(row major order)이다. 즉, 컴퓨터의 기억 장소에 title[0][0], title[0][1], title[0][2], title[0][3], title[0][4], ..., title[0][7], title[1][0], title[1][1], ..., title[1][7], title[2][0],...,title[3][7] 물리적 순으로 기억 장소를 확보하여 데이터를 저장한다.

title[0][0]	title[0][1]	title[0][2]	title[1][0]	....	title[3][7]

5. 순차 자료구조와 순차 리스트 구현(3차원 배열 사용)

(1) 3차원 배열의 선언

첨자의 개수가 3개인 배열 형태를 3차원 배열이라 한다.

(2) 3차원 배열의 일반 형식

표 2.4 3차원 배열의 일반 형식

형식 1	데이터형 배열명[첨자의 개수1][첨자의 개수2][첨자의 개수3];
형식 2	데이터형 배열명[첨자의 개수1][첨자의 개수2][첨자의 개수3] ={초기값1,초기값2, ... ,초기값n}; 또는 데이터형 배열명[첨자의 개수1][첨자의 개수2][첨자의 개수3] = {{초기값1,초기값2, ... ,초기값n}, {초기값1,초기값2, ... ,초기값n}, ... {초기값1,초기값2, ... ,초기값n}}; 또는 데이터형 배열명[ ][첨자의 개수2][첨자의 개수3]= {초기값1,초기값2, ... ,초기값n};

(3) 3차원 배열의 예

【예 1】 (3차원 배열의 초기화) 3차원 배열을 선언하고 일괄적으로 초기화한 형태이다.

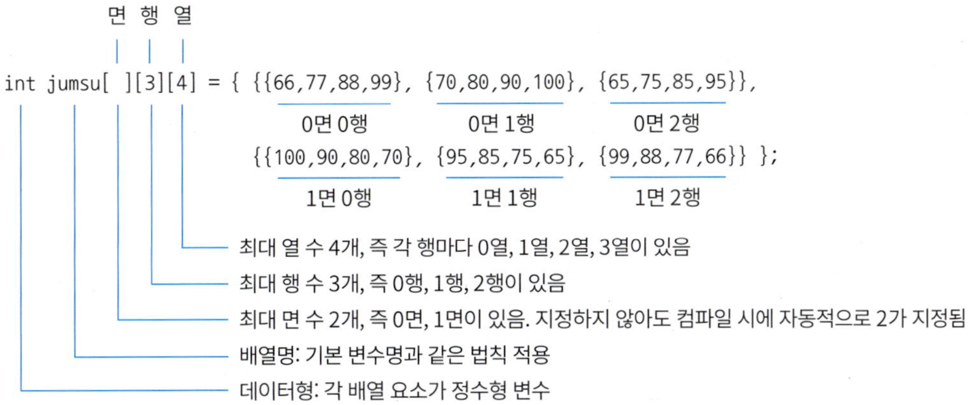

논리적(수학적)으로는 3행 4열의 행렬들이 2면이 있음을 연상하면 된다.

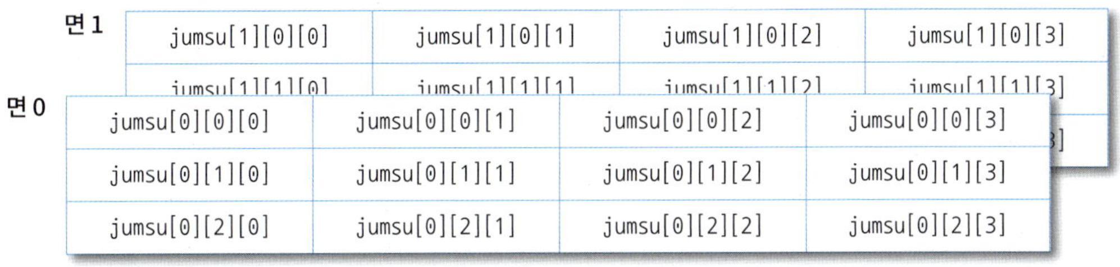

실제로 행우선순위(row major order)이다. 즉, 컴퓨터의 기억 장소에 jumsu[0][0][0], jumsu[0][0][1], jumsu[0][0][2], jumsu[0][0][3], jumsu[0][1][0], ... ,jumsu[1][2][2], jumsu[1][2][3]순으로 물리적 기억 장소를 확보하여 데이터를 저장한다.

04 _ 포인터

1. 포인터의 개념과 연결 리스트에서의 사용

포인터(pointer)란 어떤 데이터가 차지하는 기억 장소의 주소를 저장하기 위한 일종의 변수이다. C 프로그램은 기억 장소의 주소의 값을 간결하고 효율적으로 처리할 수 있으므로 다른 고급 언어와 달리 어셈블리어와 비슷한 점이 있다. 포인터의 개념은 자료구조의 연결 리스트에서 사용된다.

- **단순 변수 사용 예**

```
int ken, boo;
boo = 10;
ken = boo;
```

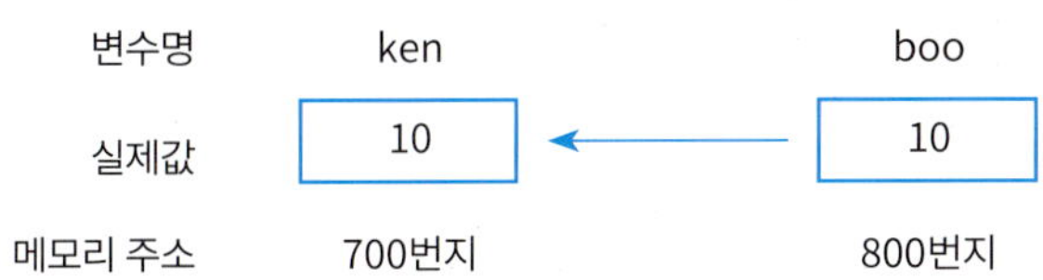

- **포인터 변수 사용 예**

```
int ken, boo;
int *x;      /*포인터 변수 선언 */
boo = 10;
x = &boo;    /* 단순 변수 boo가 차지하는 실제값의 주소,800을 x에 대입 */
ken = *x;    /* 단순 변수 ken에 포인터 변수 x가 가리키는 곳(800)의 값(10)을 대입 */
```

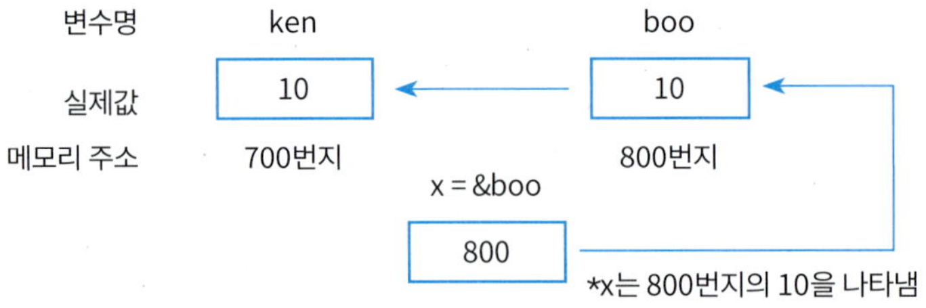

2. 포인터 연산자와 포인터 변수의 선언

(1) 일반 형식

```
데이터형  *포인터변수명;          /* 포인터 변수의 선언 */
```

(2) 설명

① (포인터 연산자)

포인터 연산자에는 주소연산자(address operator, &)와 간접연산자(indirect operator, *)가 있다.

- **&(주소연산자)**: 변수에 저장된 데이터가 위치하는 기억 장소의 주소, 즉 변수의 주소를 지정할 때 사용하는 연산자이다. &는 변수와 배열 요소에만 사용할 수 있고 상수 또는 산술식에는 사용할 수 없다.

【예 1】 &x; /* 변수 x에 저장된 데이터가 위치하는 기억 장소의 주소, 즉 555를 말한다. */

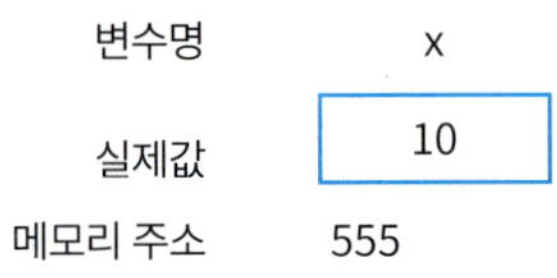

【예 2】
```
&5;        /* 상수 사용 불가능 */
&(x+y);    /* 산술식 사용 불가능 */
```

【예 3】
```
int ken[10]; /* 배열 선언 */
&ken;        /* 배열명과 사용 불가능 */
&ken[3];     /* 배열 요소와 사용 가능 */
```

※ ***(간접연산자)**: 변수에 저장된 주소가 가리키는 곳의 값을 나타낼 때 사용하는 연산자이다.

```
【예4】 p = &x;      /* 단순 변수 x가 차지하는 실제값의 주소,ffc8을 p에 대입*/
       y = *p;      /* 변수 y에 포인터 변수 p가 가리키는 곳(ffc8)의 값(10),
                       즉 단순 변수 x의 값을 대입 */
【예5】 p = &x;      /* y = x; 또는 y = *&x;와
       y = *p;         같은 표현임 */
```

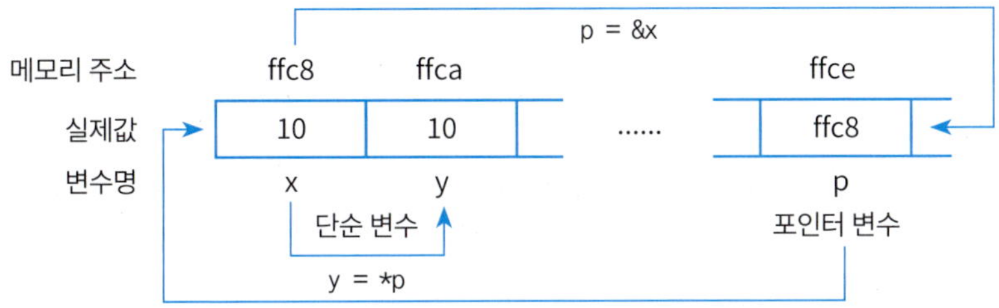

*p는 ffc8 메모리 주소의 10을 나타냄

② (포인터 변수의 선언)

&(주소연산자)와 *(간접연산자)를 사용하려면 사용 전에 포인터 변수 선언이 먼저 선행되어 있어야 한다. 포인터 선언 방법은 반드시 변수 앞에 *를 붙이며 그 앞의 데이터형에는 만일 포인터 변수가 가리키고자하는 지점의 데이터가 정수형이면 int, 문자형 및 문자열형이면 char, 실수형이면 float로 선언해야 한다.

```
【예6】 int *p;          /* 정수형 포인터 변수의 선언, 포인터 변수 p의 크기는
                            2byte, int형 데이터의 참고 *p는 2byte임 */
       char *p;         /* 문자형 포인터 변수의 선언, 포인터 변수 p의 크기는
                            2byte, char형 데이터의 참고 *p는 1byte임 */
       float *p;        /* 실수형 포인터 변수의 선언,포인터 변수 p의 크기는
                            2byte, float형 데이터의 참고 *p는 4byte임 */
```

```
【예7】 int ken, boo;
       int *x;          /* 포인터 변수의 선언 */
       boo = 10;
       x = &boo; ─┐     /* 단순 변수 boo가 차지하는 실제값의 주소를 x에 대입 */
       ken = *x; ─┘─┐   /* 변수 ken에 포인터 변수 x가 가리키는 곳의 값을 대입*/
                    └── ken=boo(직접 지정)와 같은 의미로서 간접지정 방식이다.
```

③ (포인터 변수의 크기)

포인터 변수 선언 시 포인터 변수는 2byte가 되고 포인터 변수에 들어 있는 주소를 참조한 데이터의 크기는 int형인 경우 4byte, char형인 경우 1byte, float형인 경우 4byte가 된다.

```
【예8】 int *p;     /* 정수형 포인터 변수의 선언, 포인터 변수 p의 크기는
                       2byte, int형 데이터의 참고 *p는 4byte임 */
```

```
char *p;   /* 문자형 포인터 변수의 선언, 포인터 변수 p의 크기는
              2byte, char형 데이터의 참고 *p는 1byte임 */
float *p;  /* 실수형 포인터 변수의 선언,포인터 변수 p의 크기는
              2byte, float형 데이터의 참고 *p는 4byte임 */
```

※ 단, 포인터 변수에 들어 있는 주소를 참조한 데이터의 크기는 값은 컴퓨터의 기종, 운영체제 또는 컴파일러에 따라서 차이가 날 수 있다.

3. 포인터 변수의 초기화

(1) 일반 형식

```
데이터형  *포인터변수명 = 초기값 주소;
```

(2) 설명

① 포인터 변수도 일반 변수처럼 선언과 동시에 초기값 부여가 가능하다.

【예 1】 int ken;
int *pointer = &ken;
→ *pointer를 초기화하는 것이 아니라 pointer를 초기화하는 것이다. 즉, 포인터 변수 pointer는 정수형 포인터로서 값은 &ken이다.

【예 2】 int ken;
int *pointer = &ken;
*pointer = 999; → ken = 999;와 같은 결과가 발생

② 시스템의 절대 주소를 대입하는 경우에는 cast 연산자를 사용하여 포인터형 자료로 형변환을 해야 한다.

【예 3】 int *pointer;
pointer = (int *) 0x1234;

※ 시스템의 절대 주소는 시스템 환경에 영향을 미치므로 가능한 한 사용하지 않는 것이 바람직하다.

4. 포인터 변수의 연산

(1) 일반 형식

포인터 변수	포인터선언	연산	연산 결과	연산 방법
예를 들어	char *ken;	ken++;	sizeof(*ken) = 1 byte 증가	sizeof(*ken)
ken이라	int *ken;	ken++;	4 byte 증가	만큼씩 증가
가정하면	long *ken;	ken++;	4 byte 증가	한다.

(2) 설명

① 포인터 변수가 선언되어 있고 주소 값이 저장되어 있을 때 포인터 변수를 연산할 때는 포인터 변수의 데이터형에 따라 다르다. 예를 들면 포인터 변수 x가 char형인 경우에 ++x는 1byte 증가, int형인 경우에 4byte 증가, long형인 경우에 4byte 증가한다.

【예 1】
```
int *x;               /* 포인터 변수 정수형으로 선언 */
char *y;              /* 포인터 변수 문자형으로 선언 */
x = (int *) 100;      /* 포인터 변수 x에 절대 주소 값 100을 대입 */
y = (char *) 100;     /* 포인터 변수 y에 절대 주소 값 100을 대입 */
++x;                  /* 포인터 변수 1증가시키면 정수형은 4증가,즉 102됨 */
++y;                  /* 포인터 변수 1증가시키면 문자형은 1증가,즉 101됨 */
```

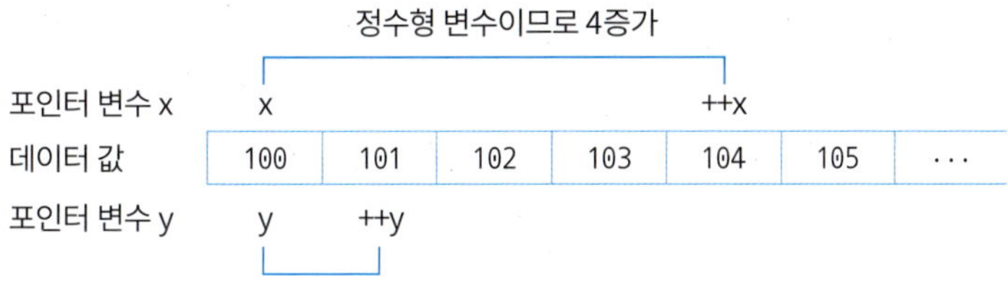

【예 2】
```
int *x;               /* 포인터 변수 정수형으로 선언 */
char *y;              /* 포인터 변수 문자형으로 선언 */
x = (int *) 100;      /* 포인터 변수 x에 절대 주소 값 100을 대입 */
y = (char *) 100;     /* 포인터 변수 y에 절대 주소 값 100을 대입 */
```

② 간접연산자(*)는 산술연산자(+, −, *, /, %)보다 연산 우선순위가 높다. 예를 들면 포인터 변수 ptr에 *ptr++의 연산은 *(ptr++)의 의미이고 (*ptr)++는 (*ptr)+1의 의미이다.

【예 3】
```
int ken1 = 100;
int ken2 = 200;
int ken3 = 300;
int *p;
p = &ken1;
*p+2            /* 포인터 변수 p가 가리키는 3번째의 값 300을 나타냄 */
*(p+2);         /* 포인터 변수 p가 가리키는 값 100에 2를 더한값 102를 나타냄 */
```

③ 포인터 연산 시에는 피연산자인 두 포인터가 동일한 데이터형을 가리키고 있어야 한다. 포인터 변수는 가감산 및 비교 등을 할 수 있다.

※ 포인터 연산은 컴퓨터의 기종, 운영체제 또는 컴파일러에 따라서 차이가 날 수 있다.

5. 이중/삼중 포인터 변수

(1) 일반 형식

```
데이터형 **포인터 변수          /* 이중 포인터 변수 */
데이터형 ***포인터 변수         /* 삼중 포인터 변수 */
```

(2) 설명

① 이중 포인터 변수가 int **p;처럼 선언되어 있다고 하면 포인터 변수 p가 가리키고 있는 주소의 값 (*p)이 가리키고 있는 위치의 주소 값을 표현한다.

② 포인터의 단계는 제한되어 있지 않지만 보통 삼중 포인터까지 사용한다.

6. 포인터와 배열

(1) 일반 형식

변수명	종류	배열 형태(i-1번째)	포인터 형태(i-1번째)
ken이라 가정하면	1차원 배열 2차원 배열 3차원 배열	ken[i] ken[i][j] ken[i][j][k]	*(ken+i) *(*(ken+i)+j) *(*(*(ken+i)+j)+k)

(2) 설명

① (포인터와 배열의 호환성)

포인터와 배열은 동시에 사용할 만큼 서로 연관성이 많다. 배열 첨자를 사용할 수 있는 기능은 포인터를 사용해도 가능하다.

② (포인터와 1차원 배열)

포인터와 1차원 배열은 서로 호환성이 있다. 즉, 포인터 선언 시에 1차원 배열을 사용할 수 있고 역으로 1차원 배열 선언 시에 포인터 사용이 가능하다.

【예 1】
```
int boo[4];      /* 정수형을 저장할 수 있는 1차원 배열 선언 */
int *ptr;        /* 정수형 변수의 번지값을 기억할 수 있는 포인터 변수*/
ptr = boo;       /* ptr=&boo[0];과 같은 의미 */
```
→ 배열의 i+1번째 요소인 boo[i]와 같은 표현은 *(ptr+i), ptr[i], *(boo+i) 등이다(호환성).

배열 요소	boo[0]	boo[1]	boo[2]	boo[3]
포인터	*(ptr+0) *(boo+0) ptr[0]	*(ptr+1) *(boo+1) ptr[1]	*(ptr+2) *(boo+2) ptr[2]	*(ptr+3) *(boo+3) ptr[3]

③ (포인터와 2차원 배열)

포인터와 2차원 배열은 서로 호환성이 있다. 즉, 포인터 선언 시에 2차원 배열을 사용할 수 있고 역으로 2차원 배열 선언 시에 포인터 사용이 가능하다.

【예 2】
```
int soo[2][2];   /* 정수형을 저장할 수 있는 2차원 배열 선언 */
int *ptr;        /* 정수형 변수의 번지값을 기억할 수 있는 포인터 변수 */
```

```
ptr = soo;          /* ptr=&ken[0][0];과 같은 의미 */
```

→ 2차원 배열의 각 요소와 같은 표현은 다음 그림과 같다.

배열 요소	soo[0][0]	soo[0][1]	soo[1][0]	soo[1][1]
포인터	*(ptr+0) *(*(soo+0)+0)	*(ptr+1) *(*(soo+0)+1)	*(ptr+2) *(*(soo+1)+0)	*(ptr+3) *(*(soo+1)+1)

④ (포인터와 3차원 배열)

포인터와 3차원 배열은 서로 호환성이 있다. 즉, 포인터 선언 시에 3차원 배열을 사용할 수 있고 역으로 3차원 배열 선언 시에 포인터 사용이 가능하다.

⑤ (포인터와 배열의 차이점)

- 포인터 변수는 그 값이 결정될 때만 기억 장소를 확보한다. 그러나 배열은 항상 고정적으로 값의 영역을 확보한다.
- 포인터는 변수이므로 연산이 가능하나 배열명은 상수이므로 연산이 불가능하다.
- 처리 속도 면에서 포인터 변수는 보통의 변수와 같이 연산되고 배열은 첨자 계산을 해야 하므로 배열보다 포인터 변수가 더 빠르다.

(3) 사용 예

실습 2.4

포인터 변수와 2차원 배열 변수를 사용하여 다음과 같이 화면에 출력하는 프로그램을 작성하시오.

【출력】

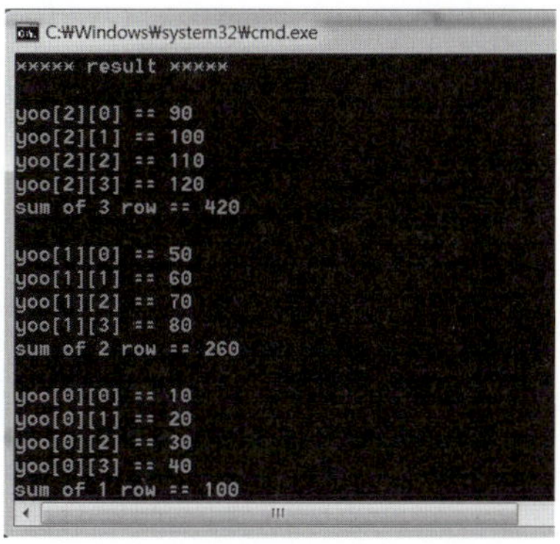

【처리조건】

① 2차원 배열 변수 int yoo[3][4]를 선언할 것

② 배열 변수에 {10,20,30,40}, {50,60,70,80}, {90,100,110,120}을 일괄적으로 초기화시킨 후에 사용할 것

③ 포인터 변수 boo에 soo=yoo[2]; 를 대입한 후에 배열 요소 90, 100, 110, 120을 모두 합하여 변수 sum에 저장하고 각각을 출력하는 경우이다.

④ 포인터 변수 boo에 soo=&yoo[1][0];를 대입한 후에 배열 요소 50,60,70,80을 모두 합하여 변수 sum에 저장하고 각각을 출력하는 경우이다.

⑤ 포인터 변수 boo에 soo=&yoo[0];를 대입한 후에 배열 요소 10,20,30,40을 모두 합하여 변수 sum에 저장하고 각각을 출력하는 경우이다.

【프로그램: c_2_4.c】

```
#include <stdio.h>

main()
{
  int i, sum;
  int yoo[3][4] = {{10,20,30,40},
```

```
07                  {50,60,70,80},
08                  {90,100,110,120}};
09    int *soo;
10
11    printf("***** result *****\n\n");
12    soo=yoo[2];
13    sum=0;
14    for(i=0; i < 4; i++)
15    {
16        sum += *(soo+i);
17        printf("yoo[2][%d] == %d\n", i, *(soo+i));
18    }
19    printf("sum of 3 row == %d\n\n", sum);
20    soo=&yoo[1][0];
21    sum=0;
22    for(i=0; i < 4; i++)
23    {
24        sum += *(soo+i);
25        printf("yoo[1][%d] == %d\n", i, *(soo+i));
26    }
27    printf("sum of 2 row == %d\n\n", sum);
28    soo=&yoo[0];
29    sum=0;
30    for(i=0; i < 4; i++)
31    {
32        sum += *(soo+i);
33        printf("yoo[0][%d] == %d\n", i, *(soo+i));
34    }
35    printf("sum of 1 row == %d\n\n", sum);
36
37    getchar();
38  }
```

【해설】

06-08. 3행 4열을 표시하는 2차원 배열을 선언하고 일괄적으로 초기화한 형태이다. 메모리 상의 배열은 다음과 같다.

yoo[0][0]		yoo[0][2]		yoo[1][0]		yoo[1][2]		yoo[2][0]		yoo[2][2]	
10	20	30	40	50	60	70	80	90	100	110	120
	yoo[0][1]		yoo[0][3]		yoo[1][1]		yoo[1][3]		yoo[2][1]		yoo[2][3]

09. int *soo;

정수형 변수의 번지값을 기억할 수 있는 포인터 변수이다.

12. soo = yoo[2];

&yoo[2][0]도 같은 표현이다. 즉 세 번째 행의 첫 주소를 포인터 변수 soo에 할당하게 된다.

14-18.

```
for(i=0; i < 4; i++)
{
    sum += *(soo+i);
```

└ 배열 요소 yoo[2][0], yoo[2][1], yoo[2][2], yoo[2][3]의 데이터, 즉 90, 100, 110, 120을 모두 합하여 변수 sum에 저장

```
    printf("yoo[2][%d] == %d\n", i, *(soo+i));
}
```

└ 2차원 배열 yoo[3][4]에서 3번째 행에 있는 배열 요소 yoo[2][0], yoo[2][1], yoo[2][2], yoo[2][3]의 데이터를 출력하는 경우이다.

```
                                                    *(soo+0)     *(soo+2)
yoo[0][0]   yoo[0][2]   yoo[1][0]   yoo[1][2]   yoo[2][0]    yoo[2][2]
| 10 | 20 | 30 | 40 | 50 | 60 | 70 | 80 | 90 | 100 | 110 | 120 |
    yoo[0][1]   yoo[0][3]   yoo[1][1]   yoo[1][3]   yoo[2][1]    yoo[2][3]
                                                    *(soo+1)     *(soo+3)
```

20. 두 번째 행의 첫 주소를 포인터 변수 soo에 할당하게 된다.

22-26. 2차원 배열 yoo[3][4]에서 2번째 행에 있는 배열 요소 yoo[1][0], yoo[1][1], yoo[1][2], yoo[1][3]의 데이터를 출력하는 경우이다.

24. 배열 요소 yoo[1][0],yoo[1][1],yoo[1][2],yoo[1][3]의 데이터, 즉 50, 60, 70, 80을 모두 합하여 변수 sum에 저장

28. soo = &yoo[0];

└ &yoo[0][0]도 같은 표현이다. 즉 첫 번째 행의 첫 주소를 포인터 변수 soo에 할당하게 된다.

30-34. 2차원 배열 yoo[3][4]에서 1번째 행에 있는 배열 요소 yoo[0][0], yoo[0][1], yoo[0][2], yoo[0][3]의 데이터를 출력하는 경우이다.

32. 배열 요소 yoo[0][0],yoo[0][1],yoo[0][2],yoo[0][3]의 데이터, 즉 10, 20, 30, 40을 모두 합하여 변수 sum에 저장

05 _ 구조체

여러 개의 서로 다른 데이터형 변수들을 묶어서 하나의 단위로 처리할 수 있도록 구조화(structure)시킨 자료구조의 형태를 구조체(struct)라고 한다. 이 장에서는 구조체 형식 선언, 구조체 변수 선언, 구조체 변수의 요소 참조, 구조체에서 배열 변수 사용, 구조체에 데이터를 열거한 후에 그 데이터가 사용할 수 있는 상수를 정의할 때 사용하는 열거형(enum)에 대해서 설명하려고 한다.

1. 구조체의 개념

서로 다른 자료형을 갖는 자료들의 모임을 하나의 자료형으로 정의하여 사용하는 자료형, 여러 개의 서로 다른 데이터형 변수들을 묶어서 하나의 단위로 처리할 수 있도록 구조화(structure)시킨 자료구조의 형태를 구조체(struct)라고 한다.

예를 들면 어느 대학의 컴퓨터공학과 학생 50명의 성적표에서 학생들의 학번, 이름, C 언어, 자료구조, 알고리즘, 3과목의 총점, 3과목의 평균값 등의 요소(항목 또는 필드)를 하나의 단위(레코드)로 묶어 처리하고자 할 때 구조체(struct)를 사용한다.

【학생 성적표 - 3개의 레코드】

학생 1
학번:
성명:
C 언어:
자료구조:
알고리즘:
총점:
평균:

【구조체 형식 표현】

```
struct sungjuk
  {
   unsigned int hakbun;
   char *name;
   int ccc;
   int DataStructure;
   int algorithm;
   int hap;
   float ave;
  } student1, student2, student3;
```

3개의 레코드 표현

2. 구조체 형식 선언과 구조체 변수 선언

(1) 일반 형식

【형식 1】

```
struct  구조체명                                   /* 구조체 형식 선언 */
{
   구성요소 1의 데이터형 선언;
   구성요소 2의 데이터형 선언;
      .....
      .....
   구성요소 n의 데이터형 선언;
};

struct  구조체명  구조체변수1, 구조체변수2, ..., 구조체변수n;
                                                  /* 구조체 형식 선언 */
```

분리하여 선언

【형식 2】

```
struct  구조체명                        /* 구조체 형식 선언과 구조체 변수 선언
{                                          동시에 선언한 경우 */
   구성요소 1의 데이터형 선언;
   구성요소 2의 데이터형 선언;
      .....
      .....
   구성요소 n의 데이터형 선언;
} 구조체변수1, 구조체변수2, ..., 구조체변수n;
```

【형식 3】

```
구조체변수명.구성요소명                         /* 구조체 변수의 요소 참조 */
```

【형식 4】

```
struct 구조체명 구조체변수명 = { 초기치1, 초기치2, ..., 초기치n };
```

(2) 설명

① (구조체의 형식 선언) – 〈형식 1〉

구조체를 사용하려면 먼저 사용할 구조체의 형식을 선언하여 컴파일러에게 알려 준다. 이때에 구조체명은 변수명 만드는 규칙을 따르지만 변수는 아니고 구조체의 형태를 나타내는 식별자(identifier)이다. 구조체 형식 선언은 실제로 기억 장소를 확보하는 것이 아니라 데이터의 구성 형식을 선언하는 것에 불과하다.

② (구조체의 변수 선언) – 〈형식 1〉, 〈형식 2〉

구조체의 변수가 선언되어야만 이미 선언한 구조체의 형식 선언이 기억 장소에 확보되며 구조체를 사용할 수 있다. 구조체 형식과 구조체 변수 선언 방법에는 다음과 같이 2가지 방법이 있다.

- 구조체 형식과 구조체 변수를 분리하여 선언하는 방법 – 〈형식 1〉
- 구조체 형식과 구조체 변수를 동시에 선언하는 방법 – 〈형식 2〉

③ (구조체 변수의 요소(member) 참조) – 〈형식 3〉

구조체 변수 요소를 참조하기 위해서는 구조체 변수명과 구성요소명 사이에 구조체 요소 연산자(일명 dot 연산자)를 사용해야 한다.

④ (구조체 변수의 초기화) – 〈형식 4〉

구조체를 초기화하는 방법은 배열을 초기화하는 것과 비슷하다.

3. 구조체 배열

(1) 일반 형식

【형식 1】

```
struct  구조체명                                    /* 구조체 형식 선언 */   ┐
{                                                                             │
    구성요소 1의 데이터형 선언;                                               │
    구성요소 2의 데이터형 선언;                                               │ 분
        .....                                                                 │ 리
        .....                                                                 │ 하
    구성요소 n의 데이터형 선언;                                               │ 여
};                                                                            │ 선
                                                                              │ 언
struct  구조체명  배열명 = { 초기화1, 초기화2, ... , 초기화n };              ┘
```

【형식 2】

```
struct  구조체명                          /* 구조체 형식 선언과 구조체 변수 선언
{                                            동시에 선언한 경우 */
    구성요소 1의 데이터형 선언;
    구성요소 2의 데이터형 선언;
        .....
        .....
    구성요소 n의 데이터형 선언;
} 배열명 = { 초기화1, 초기화2, ... , 초기화n };
```

(2) 설명

① (구조체에서 배열 변수 선언과 초기화)

구조체 배열은 다른 일반 배열에서의 선언 형식이나 사용 방법이 같다. 단지 배열 요소가 구조체라는 것이다.

4. 구조체 포인터

(1) 일반 형식

【형식 1】

```
struct  구조체명                                  /* 구조체 형식 선언 */
{
    구성요소 1의 데이터형 선언;
    구성요소 2의 데이터형 선언;
        .....
        .....
    구성요소 n의 데이터형 선언;
};

struct  구조체명  *포인터변수명;
```

(분리하여 선언)

【형식 2】

```
struct  구조체명                    /* 구조체 형식 선언과 구조체 변수 선언
{                                      동시에 선언한 경우 */
    구성요소 1의 데이터형 선언;
    구성요소 2의 데이터형 선언;
        .....
        .....
    구성요소 n의 데이터형 선언;
} *포인터변수명;
```

【형식 3】

```
(*구조체 포인터 변수명).구성요소명          /* 포인터 구조체의 요소 직접 참조 */
```

【형식 4】

```
구조체 포인터 변수명 -> 구성요소명          /* 포인터 구조체의 요소 간접 참조 */
```

(2) 설명

① (구조체에서 포인터 변수 선언) – 〈형식 1〉, 〈형식 2〉

1차원 배열 선언 시에 포인터 사용이 가능하다.

② (포인터 변수 사용 시 구조체 구성요소(member) 참조) – 〈형식 3〉, 〈형식 4〉

포인터 변수 사용 시에 구조체 구성요소 참조 표현 방법에는 직접 참조와 간접 참조가 있다.

(3) 사용 예

실습 2.5

구조체 배열과 구조체 포인터를 사용하여 학번, 성명, C 언어, 자료구조, 알고리즘의 점수와 그 합계, 평균값을 구하여 화면에 출력하는 프로그램을 작성하시오.

【출력】

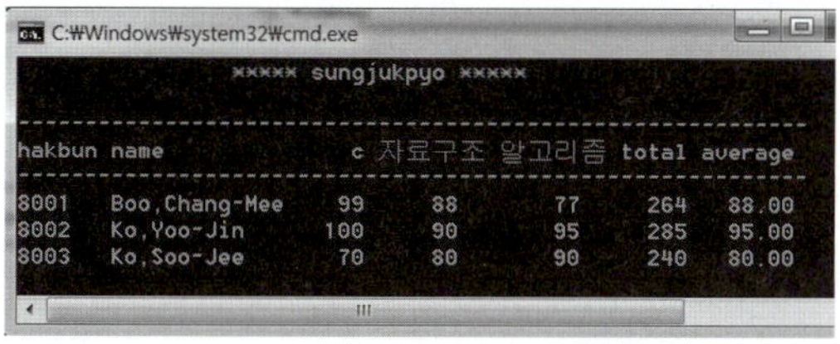

【처리조건】

① 구조체 형식과 구조체 변수를 분리하여 선언할 것. 구조체 변수는 구조체 배열과 구조체 포인터를 사용할 것

② 구조체 변수의 요소(member)에 일괄적으로 초기화할 것

③ 각 요소를 모두 합한값과 평균값을 구하여 구조체 변수의 요소에 대입한 후 화면에 표시할 것

④ 구조체 변수의 요소 name은 포인터 변수를 사용할 것

⑤ 3개의 레코드를 출력하기 위하여 구조체 배열 student[]과 구조체 포인터 *std를 사용할 것

⑥ 포인터 변수를 사용할 때 구조체 구성요소 참조 시 직접 참조 방법을 사용하여 합계와 평균을 구하고 화면 출력 시에는 간접 참조 방법을 사용할 것

【프로그램: c_2_5.c】

```
#include <stdio.h>

struct sungjuk
{
   unsigned int hakbun;
   char *name;
   int ccc;
   int DataStructure;
   int algorithm;
   int hap;
   float ave;
};

main()
{
  int i;
  struct sungjuk student[] = {
                              {8001,"Boo,Chang-Mee",99,88,77},
                              {8002,"Ko,Yoo-Jin",100,90,95},
                              {8003,"Ko,Soo-Jee",70,80,90}
                             };
  struct sungjuk *std;

  std = student;
```

```
25  for(i=0; i<3; i++, std++)
26  {
27      (*std).hap = (*std).ccc + (*std).DataStructure + (*std).algorithm;
28      (*std).ave = (*std).hap / 3.0;
29  }
30
31  printf("\t\t***** sungjukpyo *****\n\n");
32  printf("-------------------------------------------------------\n");
33  printf("hakbun name          c 자료구조 알고리즘 total average \n");
34  printf("-------------------------------------------------------\n");
35  std = student;
36  for(i=0; i<3; i++, std++)
37  {
38     printf("%-6d %-13s %5d %6d %8d %7d %7.2f\n", std->hakbun,
39         std->name, std->ccc, std->DataStructure,
40         std->algorithm, std->hap, std->ave);
41  }
42  getchar();
43 }
```

【해설】

01. 구조체에서 배열 변수 선언과 초기화

02. 구조체에서 포인터 변수 선언

포인터 변수 std는 구조체 sungjuk을 가리키는 포인터 변수로 선언할 수 있다.

```
struct sungjuk *std;
```

- sungjuk — 구조체명
- *std — 포인터 변수명

03. 포인터와 1차원 배열의 호환성

1차원 배열 선언 시에 포인터 사용이 가능하다.

```
std = student;  /* std=&student[0];와 같은 의미, 즉 구조체 배열
                   student의 시작 주소를 포인터 변수 std에 대입 */
```

04-05. 포인터 변수 사용 시 구조체 구성요소(member) 참조

포인터 변수 사용 시에 구조체 구성요소 참조 표현 방법에는 직접 참조와 간접 참조가 있다. 예를 들면 다음과 같다.

【직접 참조】 / **【간접 참조】** (같은 표현)

【직접 참조】		【간접 참조】
(*std).hakbun		std->hakbun
(*std).name		std->name
(*std).ccc	같은 표현	std->ccc
(*std).DataStructure	↔	std->DataStructure
(*std).algorithm		std->algorithm
(*std).hap		std->hap
(*std).ave		std->ave

3개의 레코드 (*std), *(std+1), *(std+2)의 각각의 항목(field 또는 item), 즉 구조체 변수의 요소(member)는 다음과 같다.

```
(*std).hakbun (*std).name (*std).ccc ............. (*std).ave  ┐
  std->hakbun    std->name    std->ccc ............. std->ave    ┘ 같은 표현
```

8001	Boo,Chang-Mee	99	88	77	264	88.00

std+1(std의 값 1증가됨)

```
(*std).hakbun (*std).name (*std).ccc ............. (*std).ave  ┐
  std->hakbun    std->name    std->ccc ............. std->ave    ┘ 같은 표현
```

8002	Ko,Yoo-Jin	100	90	95	285	95.00

std+2(std의 값 2증가됨)

```
(*std).hakbun (*std).name (*std).ccc ..............(*std).ave  ┐
  std->hakbun    std->name    std->ccc .............. std->ave   ┘ 같은 표현
```

8003	Ko,Soo-Jee	70	80	90	240	80.00

5. 형 정의

(1) 일반 형식

```
typedef 기존데이터형 신규데이터형
```

(2) 설명

① 형 정의(typedef)는 사용자가 새로운 데이터형을 만드는 것을 말한다.

② (typedef와 #define과의 차이점)

- typedef는 데이터형에 대해서만 기호 이름을 부여할 수 있다.
- typedef는 선행처리기(preprocessor)에 의해 실행되는 것이 아니고 컴파일러에 의해 실행된다.
- typedef는 #define보다 융통성이 많다.

06 _ 함수와 재귀 호출

함수는 특정 기능(Function)을 가진 프로그램 집합이라는 의미이다. 임의의 함수를 호출(call)하려고 하는 경우에 함수명을 사용한다. 컴파일러가 함수명을 발견하면 그 함수로 제어를 넘겨주어 피호출 함수가 실행된다. 실행이 끝난 후에 제어를 다시 호출한 함수로 넘긴다.

1. 사용자 정의 함수

함수의 종류는 다음과 같다.

1. **표준 함수**: C언어 컴파일러 제작회사에서 미리 만들어 제공하는 함수
2. **사용자 정의 함수**: 프로그래머가 임의로 만들어 정의할 수 있는 함수

(1) 일반 형식

【함수의 호출】

```
[함수의 데이터형 name();]

  main()
  {
    ........
    name(w1, w2, ..., wn);
    ........
  }
                   name: 사용자 정의 함수명(호출 함수)
                   w1, w2, ..., wn: 실인수
```

【피호출 함수】

```
[함수의 데이터형] name(s1, s2, ..., sn)      ┐ 헤더(header)
[인수의 데이터형 선언]                       ┘
{
     내부 변수 선언                          ┐
     실행문1;                                │
     실행문2;                                │
     .......                                 │ 몸체(body)
     .......                                 │
     실행문n;                                │
     [return(k);]                            ┘
  }
                   name: 사용자 정의 함수명(피호출 함수)
                   s1, s2, ..., sn: 가인수
                   k: 반환값
```

(2) 설명

① 임의의 함수를 호출(call)하려고 하는 경우에 함수명을 사용한다. 컴파일러가 함수명을 발견하면 그 함수로 제어를 넘겨주어 피호출 함수가 실행된다. 실행이 끝난 후에 제어를 다시 호출한 함수로 넘긴다. 그 과정은 다음과 같다.

【사용자 정의 함수를 사용하지 않는 경우】 【사용자 정의 함수를 사용하는 경우】

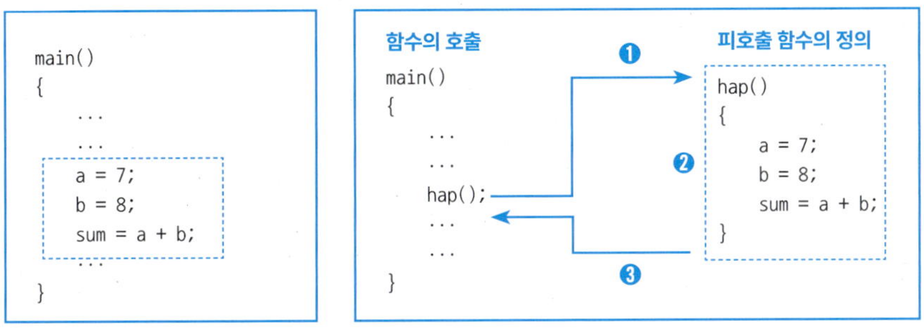

② (실인수와 가인수)

호출 함수가 피호출 함수에게 처리해야 할 데이터를 넘겨주기 위해서 인수(argument)가 필요하다. 인수에는 실인수(actual argument)와 가인수(formal argument) 2종류가 있다.

1. **실인수**: 호출 함수에 나타나는 인수
2. **가인수**: 피호출 함수에 나타나는 인수

실인수와 가인수 사이의 대응 관계는 위치적인 대응 관계를 갖는다. 즉, 실인수의 첫 번째 인수 w_1은 가인수의 첫 번째 인수 s_1에, 실인수의 두 번째 인수 w_2는 가인수의 두 번째 인수 s_2에, 실인수의 n번째 인수 w_n은 가인수의 n번째 인수 s_n에 전달되며 생략할 수도 있다. 또한 실인수와 가인수의 개수와 데이터형은 서로 일치해야 한다.

③ (return 문)

피호출 함수의 계산 결과를 호출 함수에 돌려주기 위해서 return문 사용이 필요하다. 또한 피호출 함수의 중간에서 제어를 호출 함수로 옮기려고 할 때도 return문을 사용한다.

④ (함수의 데이터형)

프로그램의 모든 변수가 데이터형(data type)을 선언하듯이 함수도 데이터형을 선언해야 한다. 함수의 데이터형은 인수의 형에 의해 결정되는 것이 아니고 그 함수의 반환 값(return value)의 데이터형에 의해 결정된다.

함수의 반환 값이 없는 경우는 함수의 데이터형이 없으므로 void형으로 선언한다.

2. 매개변수의 전달 방법

(1) 설명

① 함수의 호출 과정에서 함수 간에 전달되는 데이터를 저장하기 위한 변수를 매개변수(parameter) 또는 인수(argument)라고 한다.

인수에는 실인수(actual argument)와 가인수(formal argument) 2종류가 있다.

1. **실인수**: 호출 함수에 나타나는 인수
2. **가인수**: 피호출 함수에 나타나는 인수

실인수와 가인수 사이의 대응 관계는 위치적인 대응 관계를 갖는다.

② (매개변수의 전달 방법)
C프로그램에서의 매개변수의 전달 방법에는 call-by-value 방식과 call-by-address(call-by-reference) 방식 2가지가 있다.

- call-by-value **방식**: 실인수의 값을 가인수에 전달만 해주고 가인수의 변화된 값이 실인수에 영향을 주지 못하는 방식이다.
- call-by-address(call-by-reference) **방식**: 실인수의 값을 가인수에 전달 해주고 가인수의 변화된 값이 실인수에 영향을 주는 방식이다.

③ return문은 피호출 함수에서 호출 함수로 2개 이상의 값을 되돌려주지 못한다. 이러한 작업을 가능하게 하는 방식이 call-by-address이다.

3. 함수의 순환(재귀 호출, recursion)

(1) 설명

① 함수가 자기 자신을 호출하는 것을 순환(recursion) 또는 되부름, 재귀 호출이라고 한다.

② (순환의 종류)

- **직접 순환**(direct recursion): 어떤 함수가 자기 자신의 함수를 직접 호출하는 경우이다.

  【예】
  ```
  main()
  {
      printf("direct recursive call\n");
      main();
  }
  ```

- **간접 순환**(indirect recursion): 어떤 함수가 다른 함수를 호출하면 그 함수에서 자기를 호출하거나, 혹은 일련의 함수를 통해서 간접적으로 자기 자신을 호출하는 경우이다.

【예】 main()

```
main()
{
    printf("indirect recursive call\n");
    sub();
}
sub()
{
    main();
}
```

③ **(장단점)**

순환을 사용하면 프로그램이 보기 쉽고, 간결하며, 오류 수정이 용이하다는 장점을 갖고 있지만 지나친 함수의 호출로 인하여 컴퓨터 수행 시간을 많게 할 우려가 있으며 함수 호출 시에 값들을 스택(stack)에 저장하므로 스택이 모자라거나 낭비를 가져올 우려가 있으므로 주의해서 사용해야 한다. 스택이란 가장 먼저 기억된 값이 가장 나중에 나오고, 가장 나중에 기억된 값이 가장 먼저 나오는 기법(LIFO: Last In First Out)이며 자료구조(Data Structure)에 나오는 개념이다.

(2) 사용 예

실습 2.6

함수의 순환(recursion)을 이용하여 숫자를 입력받아 그 개수만큼 하노이 탑을 이동시키는 프로그램을 작성하시오.

【출력】

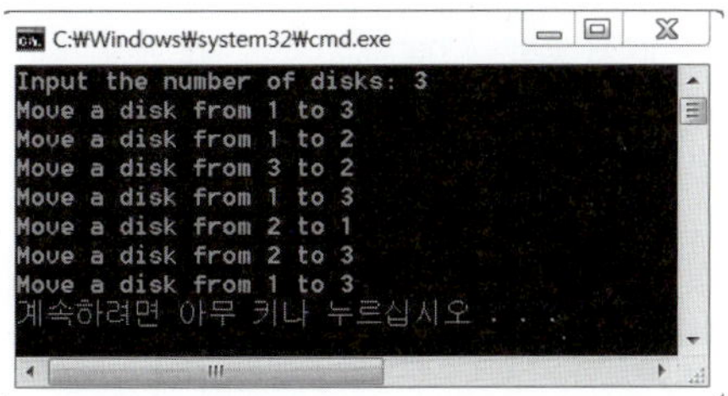

【입력】

① 예를 들어 3을 입력하면 scanf() 함수로 입력받아 처리할 것

【처리조건】

① 하노이 탑 퍼즐 알고리즘은 사용자 정의 함수와 순환 함수를 사용할 것

② n개의 디스크를 from(시작봉)에서 to(중간봉)로 temp(목적봉)의 막대를 이용하여 이동할 것

【프로그램: c_2_6.c】

```
#include <stdio.h>

void hanoi(int n, int from, int temp, int to)
{
    if (n ==1)
        printf("Move a disk from %d to %d\n", from, to);
    else
    {
        hanoi(n-1, from, to, temp);
        printf("Move a disk from %d to %d\n", from, to);
```

```
11          hanoi(n-1, temp, from, to);
12      }
13  }
14
15  main()
16  {
17      int N;
18      printf("Input the number of disks: ");
19      scanf("%d", &N);
20      if (N>=1)
21      hanoi(N, 1, 2, 3);
22      getchar();
23  }
```

【해설】

19. 예를 들어, 사용자가 3을 입력하면 scanf() 함수로 입력받아 처리한다.

21, 03-13. 재귀 호출 함수의 예 중 하나인 하노이 탑 함수이다. 초기 상태는 hanoi(N, 1, 2, 3);이다.

표 2.5 재귀 호출 사용한 하노이 탑 과정의 예

단계	3개의 봉(막대기) 상태 변화	설명	함수 실행(재귀 호출)
초기 상태	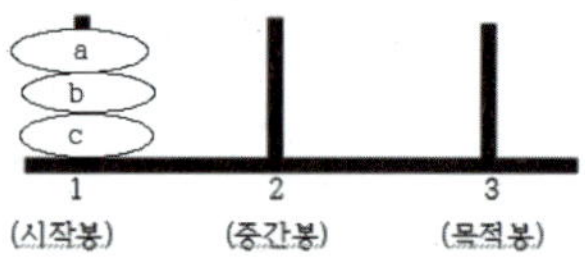	원반 개수: 3개 시작봉(1) 중간봉(2) 목적봉(3)	hanoi(3,1,2,3); 실행
1단계		원반 a를 시작봉(1)에서 목적봉(3)으로 이동한다.	hanoi(3,1,2,3); 실행에서 hanoi(2,1,3,2); 실행으로 호출 시 재귀 호출이 발생함
2단계	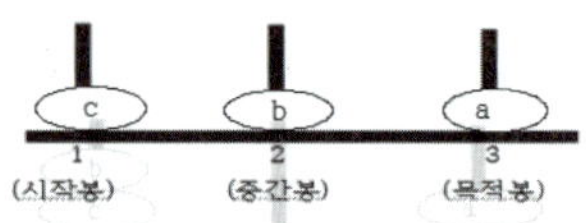	원반 b를 시작봉(1)에서 중간봉(2)으로 이동한다.	hanoi (2,1,3,2); 실행에서 다음 각각 함수 실행 시 재귀 호출이 발생함
3단계	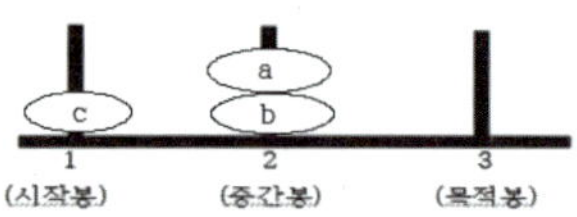	원반 a를 목적봉(3)에서 중간봉(2)으로 이동한다.	hanoi (1,1,2,3) hanoi (1,1,3,2) hanoi (1,3,1,2)

단계	3개의 봉(막대기) 상태 변화	설명	함수 실행(재귀 호출)
4단계	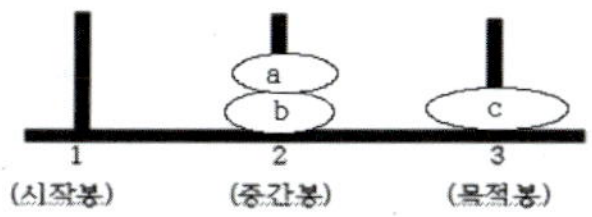	원반 c를 시작봉(1)에서 목적봉(3)으로 이동한다.	hanoi(3,1,2,3); 실행에서 hanoi(1,1,2,3); 실행으로 호출 시 재귀호출이 발생함
5단계	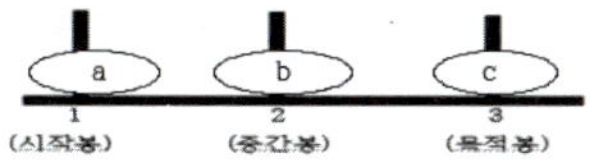	원반 a를 중간봉(2)에서 시작봉(1)으로 이동한다.	hanoi(3,1,2,3); 실행에서 hanoi(2,2,1,3); 실행으로 호출 시 재귀 호출이 발생함
6단계	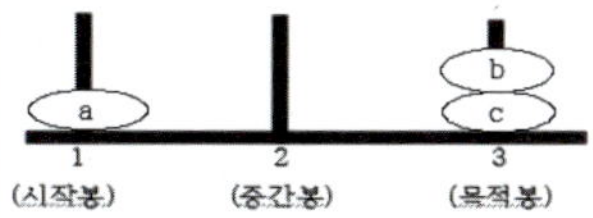	원반 b를 중간봉(2)에서 목적봉(3)으로 이동한다.	hanoi(2,2,1,3); 실행에서 다음 각각 함수 실행 시 재귀 호출이 발생함
7단계	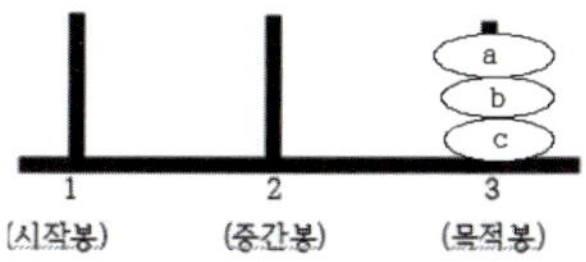	원반 a를 시작봉(1)에서 목적봉(3)으로 이동한다.	hanoi (1,2,3,1) hanoi (1,2,1,3) hanoi (1,1,2,3)

4. 함수 인수에서 배열 사용

(1) 설명

① 호출 함수가 피호출 함수에게 처리해야 할 데이터를 넘겨주기 위해서 인수(argument)가 필요하다. 인수에는 실인수(actual argument)와 가인수(formal argument) 2종류가 있다. C 프로그램에서의 매개변수의 전달 방법에는 call-by-value 방식과 call-by-address(call-by-reference) 방식 2가지가 있다.

② (함수 인수에서 배열과 포인터)

인수로서 단순 변수뿐만 아니라 배열명 또는 포인터를 사용할 수 있다. 함수의 인수로서 배열명을 사용할 때 배열명은 배열의 첫 번째 요소의 주소를 나타내므로 함수 인수로서의 배열의 사용은 call-by-address(call-by-reference) 방식이다.

③ (call-by-address 방식)

실인수의 값을 가인수에 전달 해주고 가인수의 변화된 값이 실인수에 영향을 주는 방식이다.

5. 함수와 포인터

(1) 일반 형식

【형식 1】

```
데이터형 (*포인터함수명)(매개변수)          /* 함수에 대한 포인터 */
```

【형식 2】

```
데이터형 (*포인터함수명)[첨자](매개변수)     /* 함수 배열 포인터 */
```

(2) 설명

① 포인터는 변수뿐만 아니라 함수(function)에서도 적용할 수 있다. 어떤 함수가 들어 있는 영역의 주소(address)를 포인터로 사용할 수 있다. 함수에 대한 포인터에는 '함수 포인터', '함수 포인터 배열' 2가지 종류가 있다.

② (함수 포인터) – 〈형식 1〉 참고

함수 포인터는 함수에 대한 포인터이다.

【예】
```
int ken(); /* ken(): 함수 그 자체를 말함 */
           /* ken: 함수의 실제 내용이 수록된 시작 주소를 말함 */
(*ken)();  /* 함수를 사용할 때도 포인터 사용이 가능하고 *ken 부분이 함수 포인터이다. 대부분의
              경우 어떤 함수에서 다른 함수로 넘겨주는 경우에 사용된다. */
```

③ (함수 포인터 배열) – 〈형식 2〉 참고

함수 포인터 배열이란 여러 개의 함수에 대해 각각의 시작 주소를 갖는 여러 개의 포인터를 배열로 만들어 준 것이다.

【예】 3개의 함수 func1(c, d), func2(c, d), func3(c, d)가 있을 때, 3개의 함수를 가리키는 포인터를 다음과 같이 포인터 배열 형태로 선언할 수 있다.

```
int (*function[3])();
```

- function[3]: 3개의 요소 함수가 준비됨. function[0], function[1], function[2]
- int: 함수의 결과는 int형이라는 의미임

이때 포인터 배열에 각 함수의 시작 주소를 넣기 위해서는 다음과 같이 실행하면 된다.

```
function[0] = func1;
function[1] = func2;
function[2] = func3;
```

- func3: 각 함수의 시작 주소
- function[2]: 포인터 배열의 요소

6. 함수와 구조체

(1) 설명

① C 언어의 구조체 사용에는 많은 제약이 있다.

- 구조체 자체를 함수에 전달하거나 함수로부터 전달 받을 수 없다.
- 구조체의 전체 데이터를 데이터의 형태가 다른 구조체의 값으로 한꺼번에 대입할 수 없다. 구조체에 대해 수행할 수 있는 유일한 연산은 주소연산자(&)로 구조체의 주소를 찾아서 그 요소(member) 중의 하나를 참조하는 것이다. 즉, 구조체에 대한 포인터를 사용하면 구조체와 함수를 함께 사용할 수 있다.

② (구조체에 대한 정보를 함수로 전달하는 3가지 방법)

- **구조체의 구성요소**: 구조체의 구성요소가 int, char, float, double 또는 포인터 중의 단 하나의 값을 가지는 변수는 구조체가 함수의 인수로써 전달할 수 있다.
- **구조체의 주소**: 함수의 인수로써 주소 연산자 &를 사용하여 구조체의 주소를 사용할 수 있다.
- **구조체의 배열**: 함수의 인수로써 구조체 배열을 사용할 수 있으며 배열명은 배열의 시작 주소를 가리키기 때문에 함수의 인수로 전달할 수 있다.

요약

1. 배열의 개념

배열(Array)은 하나의 변수를 만들어 사용한 단순 변수와는 달리 첨자를 이용하여 하나의 변수로 여러 개의 자료형이 같은 변수를 표현할 수 있다. C 프로그램에서 5개의 정수형 변수를 표현하는 경우에 단순 변수에서는 5개의 표현을 전부 나타내야 하지만 배열에서는 간단히 표현할 수 있다. 다른 변수처럼 배열도 먼저 선언해야 한다.

2. 배열의 종류

배열의 [ ](대괄호) 개수에 따라 1차원 배열, 2차원 배열, 3차원 배열 등으로 나누어진다. 차원에 대한 제한은 없으나 보통 3차원 배열까지 사용한다.

- 1차원 배열 (one dimensional array) →【예】int a[5];
- 2차원 배열 (two dimensional array) →【예】int a[3][4];
- 3차원 배열 (three dimensional array) →【예】int a[2][3][4];

3. 포인터의 개념

포인터(pointer)란 어떤 데이터가 차지하는 기억 장소의 주소를 저장하기 위한 일종의 변수이다.

4. 포인터 연산자

포인터 연산자에는 주소연산자(address operator, &)와 간접연산자(indirect operator, *)가 있다. &(주소연산자): 변수에 저장된 데이터가 위치하는 기억 장소의 주소, 즉 변수의 주소를 지정할 때 사용하는 연산자이다. &는 변수와 배열 요소에만 사용할 수 있고 상수 또는 산술식에는 사용할 수 없다.

5. 구조체

여러 개의 서로 다른 데이터형 변수들을 묶어서 하나의 단위로 처리할 수 있도록 구조화(structure)시킨 자료구조의 형태를 구조체(struct)라고 한다.

6. 함수

함수는 특정 기능(Function)을 가진 프로그램 조각이라는 의미이다. 임의의 함수를 호출(call)하려고하는 경우에 함수명을 사용한다. 컴파일러가 함수명을 발견하면 그 함수로 제어를 넘겨주어 피호출 함수가 실행된다. 실행이 끝난 후에 제어를 다시 호출한 함수로 넘긴다.

7. 재귀 호출

함수가 자기 자신을 호출하는 것을 순환(recursion) 또는 재귀 호출, 되부름이라고도 한다. 순환을 사용하면 프로그램이 보기 쉽고, 간결하며, 오류 수정이 용이하다는 장점을 갖고 있지만 지나친 함수의 호출로 인하여 컴퓨터 수행 시간을 많게 할 우려와 함수 호출 시에 값들을 스택(stack)에 저장하므로 스택이 모자라거나 낭비를 가져올 우려가 있다.

01. 다음은 3차원 배열이 일괄적으로 초기화된 형태이다. 배열 요소 ken[1][1][1]의 값은 얼마인가?

```
int ken[][3][4] = { {{66,77,88,99}, {70,80,90,100}, {65,75,85,95}},
{100,90,80,70}, {95,85,75,65}, {99,88,77,66}} };
```

① 95 ② 85 ③ 75 ④ 65

02. 다음은 2차원 배열이 일괄적으로 초기화된 형태이다. 배열 요소에 대입된 값이 맞지 않은 것은?

```
int boo[4][3] = {{10}, {20,30}, {40,50}, {60,70,80}};
```

① boo[0][0] == 10 ② boo[1][1] == 30 ③ boo[2][0] == 40 ④ boo[4][3] == 80

03. 다음은 문자 배열이 선언되고 초기화된 형태이다. 배열 요소 yoo[8]에 저장된 값은?

```
char yoo[] = "COMPUTER";
```

① 'T' ② 'E' ③ 'R' ④ '\0'

04. 다음과 같이 명령문이 실행된 후에 출력 결과는?

```
main()
{
    int fib[15], i;
    fib[0]=0;
    fib[1]=1;
    for(i=2; i<15; ++i)
        fib[i] = fib[i-2] + fib[i-1];
    printf("%d", fib[5]);
}
```

① 8 ② 13 ③ 3 ④ 5

05. 다음과 같이 명령문이 실행된 후에 i의 값은?(단, sizeof(int)는 2, 배열 menu의 시작 주소는 1000이다.)

```
int menu[5]={0,10,20,30,40};
int *ptr, i;
ptr=&menu[1];
i=*ptr++;
```

① 1004 ② 1005 ③ 10 ④ 11

06. 다음과 같이 명령문이 실행된 후에 i의 값은?

```
int boo[2][2] = {{100,200}, {300,400}};
int *ptr;
ptr=&boo[0];
i=*(ptr+2);
```

① 100 ② 200 ③ 300 ④ 400

연습문제

07. 다음과 같이 명령문이 실행된 후에 결과는?

```
int boo[] = {1, 2, 3, 4, 5}, ken;
ken = *boo+3;
printf("%d", ken);
ken = *(boo+3)+5;
printf("%d", ken);
```

① 4, 4 ② 3, 8 ③ 4, 9 ④ 3, 3

08. 다음과 같이 명령문이 실행된 후에 결과는?

```
char *com[] = {"Sokcho", "Dongu", "Junior", "College"};
printf("%s", com[1]);
```

① "Sokcho" ② "Dongu" ③ "Junior" ④ "College"

09. 다음과 같이 명령문이 실행된 후에 결과는?

```
int count[5] = {100, 200, 300, 400, 500};
int *ken = count;
printf("%d", *ken++);
```

① 100 ② 101 ③ 200 ④ 201

10. 다음과 같이 명령문이 실행된 후에 결과는?

```
char college[] = {"Sokcho Dongu"};
int i = 0;
while(*college != '\0');
{
    i++;
    college++;
}
printf("%d", i);
```

① 11 ② 12 ③ 13 ④ 14

11. 구조체 자료형을 typedef 문으로 선언하였다. 이러한 구조체를 갖는 구조체 변수로 yoo, soo를 선언한 것으로 옳은 것은?

```
typedef struct
{
    int kkk;
    float bbb;
} KEN;
```

① struct KEN yoo, soo; ② yoo, soo KEN; ③ KEN yoo, soo; ④ struct yoo, soo;

12. 실수 float형을 real형으로 옳게 선언한 것은?

① typedef real float; ② typedef real=float;

③ typedef float=real; ④ typedef float real;

연습문제

13. 구조체 자료형을 선언하였다. 이러한 구조체를 갖는 구조체 변수로 yoo, soo를 선언한 것으로 옳은 것은?

```
struct ken
{
    int kkk;
    float bbb;
};
```

① struct ken yoo, soo; ② yoo, soo ken; ③ ken yoo, soo; ④ struct yoo, soo;

14. 구조체 자료형을 선언하였다. 이러한 구조체의 구성요소(member)에 값을 입력하는 방법으로 옳은 것은?

```
struct ken
{
    int hakbun;
    int gwa;
    int college;
} daehak;
```

① scanf("%d", &daehak->gwa); ② scanf("%d", &daehak.gwa);

③ scanf("%d", *daehak.gwa); ④ scanf("%d", daehak.gwa);

15. 구조체 자료형을 선언하였다. 이러한 구조체 변수 ken의 초기값 44.4를 가리키는 것은?

```
struct jemok
{
    int hakbun;
    char gwa;
    float ccc;
};
struct jemok ken[] = {8001, 'a', 33.3, 8002, 'b', 44.4, 8003, 'c', 55.5};
```

① ken[1]->ccc ② ken[1].ccc ③ ken->ccc[1] ④ ken.ccc[1]

16. 구조체 자료형을 선언하였다. 다음 프로그램 실행 후의 결과 값으로 옳은 것은?

```
struct ken
{
    int kkk;
    struct ken *next;
};
struct ken x1, x2, x3; int i;
x1.kkk = 10; x2.kkk = 20; x3.kkk = 30;
x1.next = &x2; x2.next = &x3;
i = x1.next -> kkk;
printf("%d, %d", i, x2.next-> kkk);
```

① 20, 30 ② 10, 20 ③ 20, 40 ④ 30, 40

연습문제

17. 다음에서 사용자 정의 함수 exp(3, 3)의 값은?

```
exp(x, y)
int x, y;
{
    int i, k=1;
    for(i=1; i<=y; i++)
        k=k*x;
    return(k);
}
```

① 27 ② 81 ③ 243 ④ 9

18. 다음에서 사용자 정의 함수 sub(5)의 값은?

```
int sub(int k)
{
    if(k==1 || k==2)
        return(1);
    else
        return(sub(k-1)+sub(k-2));
}
```

① 5 ② 4 ③ 6 ④ 3

19. 다음 프로그램이 실행되었을 때 실행 결과는?

```
main()
{
    int *ptr;
    int boo=10,  ptr=&boo;
    printf("%d, ", boo);
    sub(ptr);
    printf("%d", boo);
}
sub(ken)
int *ken;
{
    *ken = 30;
}
```

① 30, 10 ② 10, 10 ③ 10, 30 ④ 30, 30

20. 다음 프로그램은 무엇을 처리하기 위한 함수인가?

```
func(int ken)
{
    int boo=1;
    do {
        ++boo;
```

```
    } while(ken%boo != 0);
    return(ken == boo ? 1 : 0);
}
```

① ken이 합성수이면 1 돌려줌 ② ken이 짝수이면 1 돌려줌

③ ken이 소수이면 1 돌려줌 ④ ken이 홀수이면 1 돌려줌

21. 포인터 변수를 선언할 때 사용하는 문자는?

① * ② % ③ # ④ $

22. 포인터 연산자 중에서 변수가 할당되어 있는 메모리의 번지를 알아낼 때 사용하는 연산자는?

① * ② % ③ # ④ &

23. 포인터 연산자 중에서 포인터가 지정하는 메모리 번지의 내용을 끌어낼 때 사용하는 연산자는?

① * ② % ③ # ④ &

24. 일반적으로 C 언어에서 포인터의 용도에 해당되지 않는 것은?

① 기억 장소의 주소를 사용하여 그 기억 장소에 있는 내용을 읽어 오거나 그 내용을 변경할 때 사용한다.

② 함수에서 함수로 매개변수 전달 시 주소를 전달하여 다른 함수에서 변수의 내용을 변경 가능케 한다.

③ 포인터로 배열과 관련되어 각 요소들의 값의 내용을 읽어 오거나 변경시킬 때 사용한다.

④ 산술식을 표현하고 계산할 때 사용한다.

25. 다음 설명에 해당되는 것은 무엇인가?

복수 개의 데이터로 구성된 집합체를 하나의 단위로 처리하고자 할 때 사용되는 데이터 구조

① 구조체 ② 레코드 ③ 필드 ④ 파일

주관식 문제

01. 2차원 배열을 이용하여 가로, 세로로 합산하는 프로그램이다. 빈 부분에 적당한 문장을 채우시오.

【출력】

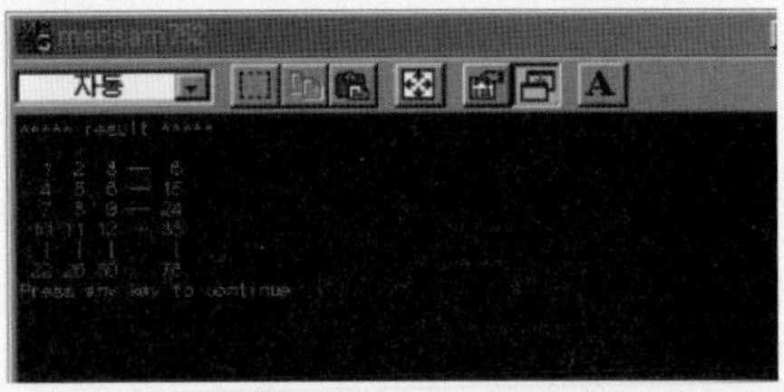

【처리조건】

① 2차원 배열을 선언하고 일괄적으로 초기화할 것

② 가로, 세로 합산하고 전체 합을 구할 것

```
main()
{
    int matrix[4][3] = {{1,2,3}, {4,5,6}, {7,8,9}, {10,11,12}};
    int i, j, coltot, rowtot[3], hap;
    hap=0;
    for(j=0; j<3; j++)
        rowtot[j]=0;
    printf("***** result *****\n\n");
    for(i=0; i<4; i++)
    {
        coltot=0;
        for(j=0; j<3; j++)
        {
            coltot+=matrix[i][j];
            rowtot[j]+=matrix[i][j];
            hap+=matrix[i][j];
            printf("%3d", [    ❶    ]);
        }
        printf(" --%3d\n", [    ❷    ]);
    }
    printf("  |  |  |     |\n");
    for(j=0; j<3; j++)
        printf("%3d", [    ❸    ]);
    printf("%6d\n", [    ❹    ]);
}
```

02. 1차원 배열을 이용하여 일괄적으로 선언하고 포인터를 사용하여 합을 구하는 프로그램이다. 빈 부분에 적당한 문장을 채우시오.

【출력】

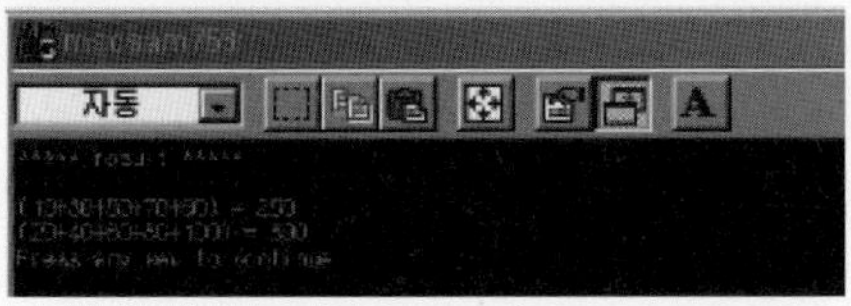

【처리조건】

① 1차원 배열을 일괄적으로 초기화할 것

② 포인터 변수를 선언할 것

③ 포인터 변수를 이용하여 연산할 것

```
main()
{
    int array[] = {10,20,30,40,50,60,70,80,90,100};

    int ken, boo, I, [    ❶    ];

    ken=boo=0;
    ptr=&array[0];
    for(i=0; i<10; i+=2)
    {
        ken+= [    ❷    ];
        boo+= [    ❸    ];
    }
    printf("***** result *****\n\n");
    printf("(10+30+50+70+90) = %d\n", ken);
    printf("(20+40+60+80+100) = %d\n", [    ❹    ]);
}
```

03. 2차원 배열을 이용하여 일괄적으로 선언하고 포인터를 사용하여 합을 구하는 프로그램이다. 빈 부분에 적당한 문장을 채우시오.

【출력】

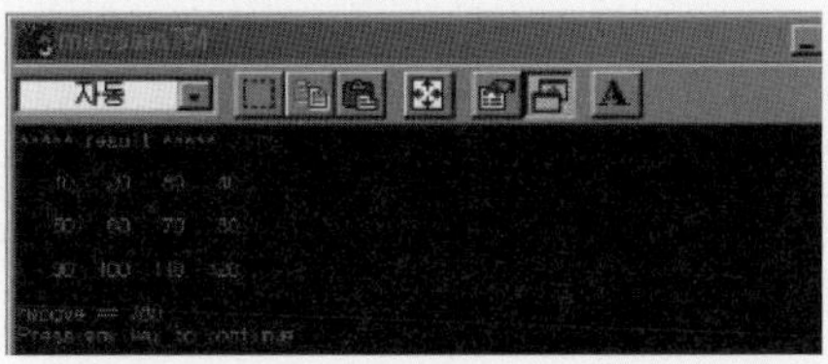

【처리조건】

① 2차원 배열 3*4(행*열)를 일괄적으로 초기화할 것

② 포인터 변수를 사용할 것

③ 10부터 120까지의 합을 구할 것

```
main()
{
    int yoo[3][4] = {{10,20,30,40},
                     {50,60,70,80},
                     {90,100,110,120}};
    int i, j, hap=0;
```

```
    printf("***** result *****\n\n");
    for(i=0; i< [ ❶ ]; i++)
    {
        for(j=0; j<4; j++)
        {
            hap += [ ❷ ];
            printf("%5d", [ ❸ ]);
        }
        printf("\n\n");
    }
    printf("hapgye == %d\n", [ ❹ ]);
}
```

04. 다음 프로그램은 구조체 배열을 이용하여 4학생, 3과목에 대하여 총점을 구하여 화면에 출력하는 프로그램이다. 빈 부분에 적당한 문장을 채우시오.

【출력】

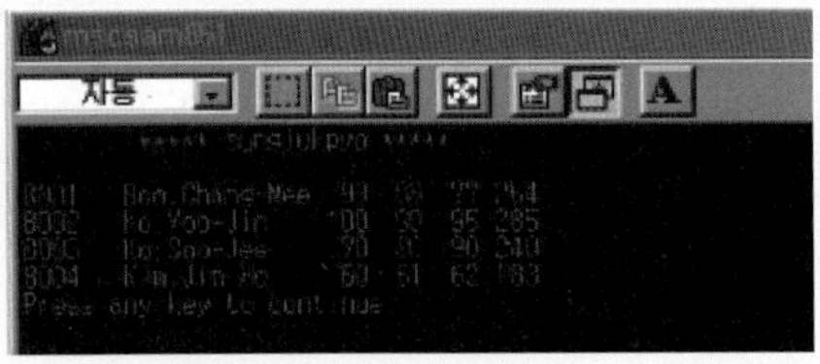

【처리조건】

① 구조체 형식과 구조체 변수를 분리하여 선언하고 구조체 변수는 구조체 배열을 사용할 것

② 구조체 변수의 요소는 일괄적으로 초기화할 것

③ 구조체 요소의 일부도 배열을 사용할 것

```
#include <stdio.h>
struct result
{
    unsigned int hakbun;
    char *name;
    int jumsu[4];
};

main()
{
   int i, j;
   struct [ ❶ ] a[] = { {8001,"Boo,Chang-Mee",99,88,77},
                         {8002,"Ko,Yoo-Jin",100,90,95},
                         {8003,"Ko,Soo-Jee",70,80,90},
                         {8004,"Kim,Jin-Ho",60,61,62}
                       };
     struct result *pt;
     [ ❷ ]
```

```
    for(i=0; i<4; i++, pt++)
    {
        pt->jumsu[3] = pt->jumsu[0] + pt->jumsu[1] + pt->jumsu[2];
    }
    [     ❸     ]

    printf("\t***** sungjukpyo *****\n\n");
    for(i=0; i<4; i++, pt++)
    {
        printf("%-6d %-13s", pt->hakbun, pt->name);
        for(j=0; j<4; j++)
            printf("%4d", [     ❹     ]);
        printf("\n");
    }
}
```

05. 다음 프로그램은 구조체 배열을 이용하여 4학생, 3과목에 대하여 총점을 구하여 화면에 출력하는 프로그램이다. 빈 부분에 적당한 문장을 채우시오.

【출력】

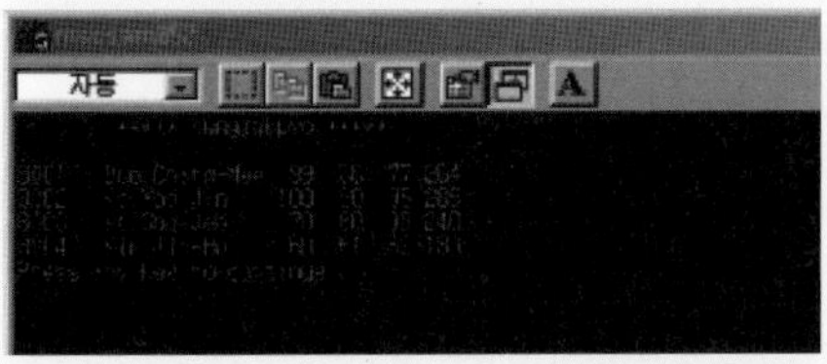

【처리조건】

① 구조체 형식과 구조체 변수를 분리하여 선언하고 구조체 변수는 구조체 배열을 사용한 후에 포인터 변수를 이용할 것
② 구조체 변수의 요소는 일괄적으로 초기화할 것
③ 구조체 요소의 일부도 배열을 사용할 것

```
#include <stdio.h>
struct result
{
    unsigned int hakbun;
    char *name;
    int jumsu[4];
};

main()
{
    int i, j;
    [    ❶    ] result a[] = { {8001,"Boo,Chang-Mee",99,88,77},
                              {8002,"Ko,Yoo-Jin",100,90,95},
                              {8003,"Ko,Soo-Jee",70,80,90},
                              {8004,"Kim,Jin-Ho",60,61,62}
                            };
```

```
    for(i=0; i<4; i++)
        for(j=0; j<3; j++)
        {
            [    ❷    ] += a[i].jumsu[j];
        }
    printf("\t***** sungjukpyo *****\n\n");
    for(i=0; i<4; i++)
    {
        printf("%-6d %-13s", a[i].hakbun, [    ❸    ]);
        for(j=0; j<4; j++)
            printf("%4d", a[i].jumsu[j]);
        printf("\n");
    }
}
```

06. 숫자를 입력받아 그 개수만큼 하노이 탑을 이동시키는 프로그램이다. 빈 부분에 적당한 문장을 채우시오.

【출력】

【처리조건】

① 하노이 탑 알고리즘은 사용자 정의 함수를 사용할 것

② n개의 디스크를 from에서 to로 temp의 막대를 이용하여 이동

```
void hanoi(int n, int from, int temp, int to)
{
    if (n == [    ❶    ])
        printf("Move a disk from %d to %d\n", from, to);

    else
    {
        hanoi([    ❷    ], from, to, temp);
        printf("Move a disk from %d to %d\n", from, to);
        hanoi(n-1, temp, from, to);
    }
}

main()
{
    int N;
    printf("Input the number of disks: ");
    scanf("%d", &N);
    if (N>=1)
        [    ❸    ](N, 1, 2, 3);
}
```

07. 포인터와 1차원 배열을 선언하여 영문 소문자를 영문 대문자로 바꾸는 프로그램을 작성하시오.

【출력】

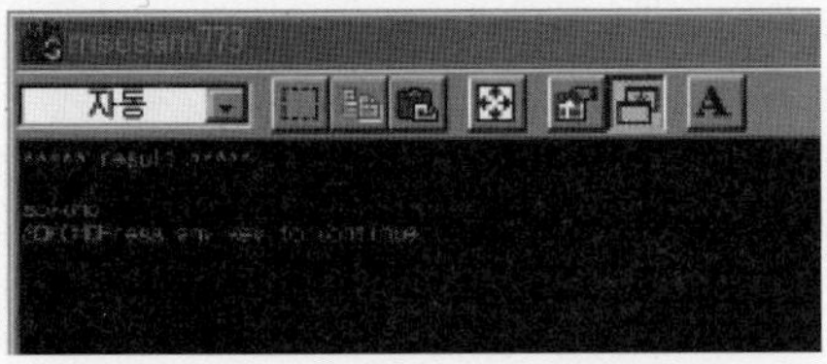

【처리조건】

① 문자열 sokcho를 SOKCHO로 바꿀 것

② 배열은 포인터 연산을 사용할 것

③ while문을 사용할 것

④ 소문자는 %s로 출력하고 대문자는 %c로 출력할 것

08. 포인터 배열을 이용하여 문자열의 길이를 구하고 그 문자열을 화면에 출력하는 프로그램을 작성하시오.

【출력】

【처리조건】

① 포인터 배열을 일괄적으로 선언한 후 프로그래밍 할 것

② 포인터 배열은 포인터 연산을 사용할 것

③ while문을 사용할 것

09. 3명에 대한 성명과 나이를 구조체에서 초기화 시킨 후에 나이의 총합과 평균을 구하는 프로그램을 작성하시오.(구조체 배열 사용).

【출력】

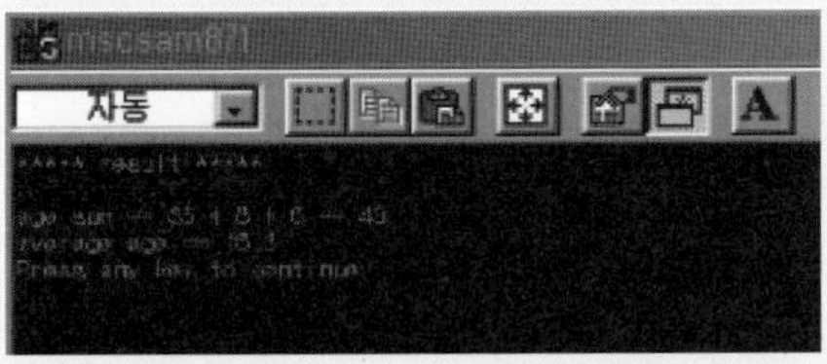

【처리조건】

① 구조체 형식과 구조체 변수를 분리하여 선언하고 구조체 변수는 구조체 배열을 사용할 것

② 구조체 변수의 요소에 일괄적으로 초기화할 것

```
struct saram k[3] = {{"boo", 35},
                     {"yoo", 8},
                     {"soo", 6}};
```

10. 3명에 대한 성명과 나이를 구조체에서 초기화 시킨 후에 나이의 총합과 평균을 구하는 프로그램을 작성하시오. (구조체 포인터 사용)

【출력】

【처리조건】

① 구조체 형식과 구조체 변수를 분리하여 선언하고 구조체 변수는 구조체 배열을 사용할 것

② 구조체 변수의 요소에 일괄적으로 초기화할 것

```
struct saram k[3] = {{"boo", 35},
                     {"yoo", 8},
                     {"soo", 6}};
```

③ 《문제 09》 프로그램을 구조체 포인터 변수를 이용해서 작성할 것

연습문제

03

순차 자료구조와 순차 리스트(배열 이용)

[학습 단계]

[학습 목표]

- 순차 자료구조와 순차 리스트의 개념과 특징에 대해 학습한다.
- 순차 자료구조와 순차 리스트의 구현에 대해 학습한다.
- 순차 자료구조와 순차 리스트의 활용에 대해 학습한다.

00 _ 개요

1. 리스트의 개념

리스트(list)는 목록을 의미하며, 원소(노드)들이 일정한 순서를 가지고 있는 유형의 자료들로 구성된 것을 말한다.

$A = (a_0, a_1, \ldots a_{n-1})$ a_i: $atom_i$ (또는 $node_i$) → list

【예】 일주일의 요일들

(일, 월, 화, 수, 목, 금, 토) → list(목록)

1st 2nd 3rd 4th 5th 6th 7th → order(순서)

2. 리스트 연산의 개념과 종류

표 3.1 리스트의 연산의 종류

종류	내용	비고
삽입(insertion)	새로운 노드를 삽입하기.	●
삭제(deletion)	한 노드를 삭제하기.	●
갱신(update)	임의의 노드의 내용을 바꾸기.	
조회 및 접근(access)	임의의 노드의 위치를 찾기.	●
정렬(sort)	모든 노드들을 새로운 순서로 정리하기.	●
검색(search)	임의의 노드의 내용을 찾기.	●
결합(merge)	둘 또는 그 이상의 리스트를 하나로 만들기.	
분리(split)	한 리스트를 둘 또는 그 이상의 리스트들로 나누기.	
복사(copy)	전체 또는 일부 노드를 복사하여 새로운 리스트를 생성하기.	

※ 이 책에서는 앞으로 삽입/삭제, 조회, 정렬/검색이 주로 사용됨

3. 선형 자료구조의 표현, 선형 리스트의 종류와 특징

표 3.2 자료구조의 분류

<table>
<tr><td rowspan="4">자료구조</td><td rowspan="2">(1) 선형 구조
(linear structure)</td><td>순차 리스트
(sequential list)</td><td>• 배열(array)</td><td rowspan="2">• 스택(stack)
• 큐(queue)
• 데크(deque)</td></tr>
<tr><td>연결 리스트
(linked list)</td><td>• 단순 연결 리스트(single linked list)
• 원형 연결 리스트(circular linked list)
• 이중 연결 리스트(doubly linKed list)
• 이중 원형 연결 리스트(doubly circular linked list)</td></tr>
<tr><td>(2) 비선형 구조
(non-linear structure)</td><td>• 트리(tree)
• 그래프(graph)</td><td colspan="2">※ 배열과 구조체 배열(순차 리스트) / 구조체와 포인터(연결 리스트) 표현 가능</td></tr>
<tr><td colspan="3">(3) 자료구조의 응용: 정렬과 검색</td><td></td></tr>
</table>

표 3.3 선형 리스트 표현의 종류

종류	약어	개념과 C 프로그래밍 구현	특징
선형 순차 리스트 (linear sequential list)	순차 리스트 (sequential list) 또는 선형 리스트 (linear list)	기억 공간에 노드들을 연속적으로 저장하는 개념이며, C 프로그래밍에서는 배열/구조체 배열로 구현 가능하다. 0: 탁구, 1: 테니스, 2: 축구, 3: 야구, 4: …, n: 농구	【장점】 • 기억 공간의 효율성이 좋으므로 노드의 조회나 검색 시 유리함. 【단점】 • 노드의 삽입 삭제 시 노드의 이동이 많음
선형 연결 리스트 (linear linked list)	연결 리스트 (linked list)	기억 공간에 노드들을 연속적이지 않고 노드들끼리 연결하기 위해서 데이터 필드 외에 링크 필드가 하나씩 더 필요하다. 그림으로는 화살표로 표현하지만 C 프로그래밍에서는 포인터/구조체로 구현 가능하다. 0: 탁구 → 1: 테니스 → 2: → … → n: 농구 ^	【장점】 • 노드의 삽입 삭제 시 • 연속적인 저장 공간이 없어도 저장 가능 【단점】 • 링크 필드를 사용하므로 기억 공간이 많이 필요함 • 알고리즘 구현이 복잡함 • 특정 노드 검색 시 무한루프(infinite loop)에 빠질 수 있음

4. 순차 자료구조와 순차 리스트 / 연결 자료구조와 연결 리스트의 교재 내용

리스트의 표현에는 순차적 사상(sequential mapping)과 비순차적 사상(non-sequential mapping)이 있다.

표 3.4 순차 리스트와 연결 리스트의 교재 내용

구분	3장 (순차)	4장 (연결)	5장 (스택)	6장 (큐)	7장 (트리)	8장 (그래프)	9장 (정렬)	10장 (정렬)	11장 (검색)	12장 (검색)
순차 자료구조와 리스트 → 순차적 사상	●		●	●	●	●	●	●	●	●
연결 자료구조와 리스트 → 비순차적 사상		●	●	●	●	●		●		●
연산	조회	삽입/삭제	조회/삽입/삭제	조회/삽입/삭제	조회/삽입/삭제	조회/삽입/삭제	정렬/조회		검색/조회	

5. 순차 자료구조와 순차 리스트의 활용

순차 자료구조와 순차 리스트의 대표적인 예는 좁은 의미의 수치해석 분야 중에서 행렬과 다항식이다. 컴퓨터의 원래의 목적은 수치 계산으로 출발하여 지금은 다양한 분야에 대한 응용으로 발전하고 있다. 과학 및 공학에서 많이 사용되는 설계, 제어, 신호처리 등 연구 이론에 대한 시뮬레이션(simulation), 실험치의 처리 등에서 현재까지도 많이 사용되고 있고 앞으로도 컴퓨터의 발전과 더불어 지속적으로 발전 가능한 분야이다.

01 _ 순차 자료구조와 순차 리스트의 개념과 특징

1. 순차 자료구조와 순차 리스트의 개념

순차 자료구조(sequential data structure)와 순차 리스트(sequential list)는 자료의 단위 정보를 이루는 항목(노드)들이 물리적으로 연속된 기억 장소(메모리)에 차례대로(순서대로) 저장되어 있는 방식을 말한다. 논리적인 순서도 마찬가지이다. 즉, 논리적인 순서나 물리적인 순서가 일치되는 구조이다. 순차 리스트는 조밀 리스트 또는 연접 리스트(dense list) 또는 선형 리스트(linear list)라고도 한다.

2. 순차 자료구조와 순차 리스트의 실생활의 예

실생활에서의 순차 자료구조와 순차 리스트(선형 리스트)의 예는 다음과 같다.

표 3.5 순차 리스트(선형 리스트)의 예

수강신청 과목		좋아하는 운동		존경하는 인물	
1	자료구조	1	탁구	1	이순신
2	C 언어	2	테니스	2	세종대왕
3	Java	3	축구	3	이율곡
4	파이썬	4	야구	4	신사임당
..	...	...	...	...	...
n	컴퓨터개론	n	농구	n	케네디

3. 순차 자료구조와 순차 리스트의 컴퓨터 저장 공간에서의 예

컴퓨터 메모리에서의 순차 자료구조와 순차 리스트(선형 리스트)의 예는 다음과 같다.

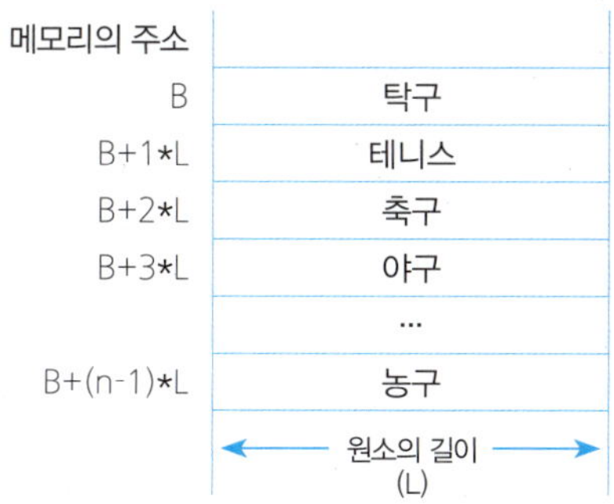

* 첫 번째 원소의 위치: B, * 원소의 길이: L * i 번째 원소의 저장 장소의 위치 = B+(i−1)×L

그림 3.1 순차 리스트(선형 리스트)의 메모리에서의 예

4. 순차 자료구조와 순차 리스트의 특징

(1) 기억 공간의 낭비가 없는 효율이 좋은 방식의 자료구조이다.

가장 단순한 형태를 하고 있는데, 정보의 수록 밀도(density)가 가장 큰 1 (총 비트수와 정보비트수가 일치)로써 기억 공간의 낭비가 없어서 효율이 좋은 방식의 자료구조이다.

$$\text{기억 공간의 효율성(밀도: density)} = \frac{\text{정보 비트(information bit) 수}}{\text{총 비트(total bit) 수}}$$

(2) 삽입 및 삭제 연산 시에 원소(노드)들을 많이 이동시켜야 하는 단점이 있다.

【삽입/삭제 전】

수강신청 과목	
1	자료구조
2	C 언어
..	...
n	컴퓨터개론

좋아하는 운동	
1	탁구
2	테니스
...	...
n	농구

존경하는 인물	
1	이순신
2	세종대왕
...	...
n	케네디

【삽입/삭제 후】

수강신청 과목		
1	자료구조	
2	C 언어	
3	JSP	← JSP 삽입
...	...	
n	...	
n+1	컴퓨터개론	

좋아하는 운동		
1	탁구	
2	축구	← 테니스 삭제
3	야구	
...	...	
n–1	농구	

존경하는 인물	
1	이순신
2	세종대왕
3	이율곡
...	...
n	케네디

* 수강 신청 과목에서 3번째에 'JSP'가 삽입되면 3번째(Java)가 4번째로, 4번째(파이썬)는 5번째로, …, n번째(컴퓨터개론)는 n+1번째로 이동하게 된다.
* 좋아하는 운동에서 2번째(테니스)를 삭제하면, 3번째(축구)가 2번째로, 4번째(야구)가 3번째로, …, n번째(농구)가 n–1번째로 이동하게 된다.

그림 3.2 순차 리스트(선형 리스트)의 삽입/삭제의 예

【배열에서의 삽입 평균 이동 횟수】

배열에 있어서 노드의 개수를 n개라고 하면,

- **노드 1에 삽입하는 경우:** (n−1)+1회 이동

  ......

- **노드 n에 삽입하는 경우:** (n-n)+1회 이동이므로 모든 노드를 삽입하는 경우는 $\sum_{i=1}^{n}(n-i+1)=k$라고 하면 임의의 노드가 대상이 될 확률 P_i는 1/n이므로 평균적으로 삽입하는 동안의 필요한 이동 횟수는 $1/n(k)=(1/n)(n^2-n(n+1)/2+n)=(n+1)/2$이다.

【배열에서의 삭제 평균 이동 횟수】

- **노드 1에 삭제하는 경우:** (n-1)회 이동

  ....

- **노드 i에 삭제하는 경우:** (n-i)회 이동이므로 모든 노드를 삭제하는 경우는 $\sum_{i=1}^{n}(n-i)=k$라고 하면 임의의 노드가 대상이 될 확률 P_i는 1/n이므로 평균적으로 삭제하는 동안의 필요한 이동 횟수는 $1/n(k)=(1/n)(n^2-n(n+1)/2)=(n-1)/2$이다.

※ 결과적으로 위 2개의 식을 살펴보면 리스트의 항목(노드)의 숫자가 적은 경우에는 배열에 의한 저장이 유리하다. 그러나 항목의 숫자가 많은 경우 그리고 삽입 또는 삭제 작업이 빈번히 발생하는 경우에는 이동되어야 하는 항목의 수효가 또한 많아지게 되고 이것은 컴퓨터의 처리시간의 증대를 의미하므로 현실적으로 불가능한 방법이 될 수도 있다. 이런 경우에는 연결 리스트 등과 같은 다른 방법을 채택해서 운영해야 한다. 배열에 의한 자료의 저장은 가장 단순한 구조이고 기억공간의 효율이 가장 좋지만 아울러 삽입과 삭제 작업 시 시간이 많이 소요된다는 단점이 있다.

(3) 순차 자료구조와 순차 리스트의 구현을 위하여 C 프로그래밍의 배열 n개(0번째부터 (n-1)번째까지)를 사용한다.

ken[0]	ken[1]	ken[2]	ken[3]	...	ken[n-1]
탁구	테니스	축구	야구	.....	농구

```
ken[n] = {'탁구', '테니스', '축구', '야구', ... , '농구'};
```

그림 3.3 순차 리스트(배열)의 예

02 _ 순차 자료구조와 순차 리스트의 구현

1. 순차 자료구조와 순차 리스트 구현을 위하여 배열 사용

(1) 배열의 정의

순차 자료구조와 순차 리스트를 C 프로그램에서 구현하려면 배열을 사용한다. 배열의 개념은 동질의 자료 요소에 대하여 유한 개의 n으로 이루어진 리스트를 말한다.

(2) 배열의 특징

1. {인덱스, 값}의 쌍으로 표현된 집합이다.
2. 배열의 요소들은 연속적인 기억 장소에 각각 저장된다.
3. 동일 데이터형(data type)으로 구성된다.

(3) 배열의 원소 참조 방법과 위치 계산

배열의 각 원소들을 참조하는 방법에는 2가지 종류가 있다. 고급언어로 프로그래밍 할 때 행 우선인가 아니면 열 우선인가 하는 것이 중요한데 행렬을 계산하는 부분의 프로그램을 작성할 때 물리적으로 기억되어 있는 순서대로 원소의 참조가 이루어지도록 반복문(loop)을 구성하는 것이 수행시간의 단축에 유리하다.

1. **행 우선 순서(row major order)**
   같은 행의 원소들을 먼저 이웃하여 저장하는 방식을 취한다. C, PASCAL, COBOL 등의 프로그램 언어가 이 방식으로 저장한다.
2. **열 우선 순서(column major order)**
   같은 열 번호를 갖는 벡터(vector)가 먼저 순차적으로 기억 장소에 저장된다. FORTRAN 등이 이 방식을 사용한다.

[예]

1. **1차원 배열**: 각 원소가 k개의 기억 장소 단위를 차지하고 첫 번째 원소의 위치가 α라고 한다면 i번째 원소의 저장 위치는 다음과 같다.

2. **2차원 배열**: A[m][n]이라고 선언

[논리적]

A[0][0]	A[0][1]	A[0][2]	.....	A[0][n-1]
A[1][0]	A[1][1]	A[1][2]	.....	A[1][n-1]
....	.....	.....	.....	.....
A[m-1][0]	A[m-1][1]	A[m-1][2]	.....	A[m-1][n-1]

– 행 우선 순서: α = A[0][0]이라 하면

[물리적]

A[0][0]	A[0][1]	A[0][2]	···	A[0][u_{i-1}]	A[1][0]	···	A[m-1][0]	···	A[m-1][n-1]

A[i][j]의 주소(저장 위치) = α + (i-1) × n + (j-1)

– 열 우선 순서: α = A[0][0]이라 하면

[물리적]

A[0][0]	A[1][0]	A[2][0]	···	A[u_{i-1}][0]	A[1][1]	···	A[0][n-1]	···	A[m-1][n-1]

A[i][j]의 주소(저장 위치) = α + (j-1) × m + (i-1)

3. **3차원 배열**: A[p][m][n]이라고 선언

– 행 우선 순서: α = A[0][0][0]이라 하면
A[k][i][j]의 주소(저장 위치) = α + (k-1) × m × n + (i-1) × n + (j-1)

– 열 우선 순서: α = A[0][0][0]이라 하면
A[k][i][j]의 주소(저장 위치) = α + (k-1) × m × n + (j-1) × m + (i-1)

그림 3.4 순차 리스트(배열)의 종류

2. 순차 자료구조와 순차 리스트 구현을 위하여 1차원/2차원/3차원 배열 사용

=> [제2장] 참고

03 _ 순차 자료구조와 순차 리스트의 활용

1. 수치해석의 개략적인 분류 및 범위

수치해석의 개략적인 분류 및 범위는 다음과 같다.

표 3.6 수치해석의 개략적인 분류 및 범위

수치해석 (넓은 의미)	수치해석 (좁은 의미)	복소수 연산
		행렬 연산
		삼각함수
		다항식, n원 연립 1차 방정식
		비선형 방정식
		보간법
		수치 미분 및 수치 적분
		테일러 급수 및 매크로린 급수
	통계해석	표준 편차, 상관관계 등 기초 통계
		추정 검정
		회귀분석
		다변량 해석
	오퍼레이션 리서치(OR, Operation Research)	계획법
		최단거리 문제
		대기 행렬 등 시뮬레이션

※ 본 장에서는 좁은 의미의 수치해석 범위 내에서 행렬 연산, 다항식을 중심으로 기본적인 개념과 실습 중심으로 설명한다.

2. 행렬과 배열

(1) 행렬의 표현과 배열 구현

행이 m개 열이 n개의 수를 직사각형 모양으로 다음과 같이 배열한 것을 $m \times n$ 행렬 또는 (m,n) 행렬이라 한다. 이 행렬을 간단히 (a_{ij})로 나타내기도 한다. 행렬 A에 나타난 mn개의 수 a_{ij}를 행렬 A의 성분 또는 원소라고 한다. 행렬 A를 2차원 배열 A[m−1][n−1]로 구현 가능하다.

행렬의 표현(m×n 행렬 A)

$$A=\begin{bmatrix} a_{11} & a_{12} & \cdots & a_{1n} \\ a_{21} & a_{22} & \cdots & a_{2n} \\ \cdots & \cdots & \cdots & \cdots \\ a_{m1} & a_{m2} & \cdots & a_{mn} \end{bmatrix}=(a_{ij})$$

C 프로그래밍의 배열 구현(A[m][n])

	[0]	[1]	...	[n-1]
[0]	a_{11}	a_{12}	...	a_{1n-1}
[1]	a_{21}	a_{22}	...	a_{2n-1}
...	...	...	...	...
[m-1]	$a_{(m-1)1}$	$a_{(m-1)2}$	...	$a_{(m-1)(n-1)}$

【예】 3×5 행렬 B

$$\begin{bmatrix} 1 & 2 & 3 & 4 & 5 \\ 6 & 7 & 8 & 9 & 10 \\ 11 & 12 & 13 & 14 & 15 \end{bmatrix}$$

【예】 2차원 배열 B[3][5]

	[0]	[1]	[2]	[3]	[4]
[0]	1	2	3	4	5
[1]	6	7	8	9	10
[2]	11	12	13	14	15

그림 3.5 행렬의 표현 예

(2) 행렬의 연산

두 행렬 A, B가 각각 $m \times n$ 행렬이라 할 때 행렬의 연산은 다음과 같다.

$$A=\begin{bmatrix} a_{11} & a_{12} & \cdots & a_{1n} \\ a_{21} & a_{22} & \cdots & a_{2n} \\ \cdots & \cdots & \cdots & \cdots \\ a_{m1} & a_{m2} & \cdots & a_{mn} \end{bmatrix}=(a_{ij}) \qquad B=\begin{bmatrix} b_{11} & b_{12} & \cdots & b_{1n} \\ b_{21} & b_{22} & \cdots & b_{2n} \\ \cdots & \cdots & \cdots & \cdots \\ b_{m1} & b_{m2} & \cdots & b_{mn} \end{bmatrix}=(b_{ij})$$

㉠ A + B

$$\begin{bmatrix} a_{11}+b_{11} & a_{12}+b_{12} & \cdots & a_{1n}+b_{1n} \\ a_{21}+b_{21} & a_{22}+b_{22} & \cdots & a_{2n}+b_{2n} \\ \cdots & \cdots & \cdots & \cdots \\ a_{m1}+b_{m1} & a_{m2}+b_{m2} & \cdots & a_{mn}+b_{mn} \end{bmatrix}$$

㉡ A − B

$$\begin{bmatrix} a_{11}-b_{11} & a_{12}-b_{12} & \cdots & a_{1n}-b_{1n} \\ a_{21}-b_{21} & a_{22}-b_{22} & \cdots & a_{2n}-b_{2n} \\ \cdots & \cdots & \cdots & \cdots \\ a_{m1}-b_{m1} & a_{m2}-b_{m2} & \cdots & a_{mn}-b_{mn} \end{bmatrix}$$

ⓒ A x B

$$\begin{bmatrix} a_{11}b_{11}+a_{11}b_{21}+\cdots+a_{11}b_{m1} & a_{11}b_{12}+a_{11}b_{22}+\cdots+a_{11}b_{m2} & \cdots & a_{11}b_{1n}+a_{11}b_{2n}+\cdots+a_{11}b_{mn} \\ a_{21}b_{11}+a_{21}b_{21}+\cdots+a_{21}b_{m1} & a_{21}b_{12}+a_{21}b_{22}+\cdots+a_{21}b_{m2} & \cdots & a_{21}b_{1n}+a_{21}b_{2n}+\cdots+a_{21}b_{mn} \\ \cdots & \cdots & \cdots & \cdots \\ a_{m1}b_{11}+a_{m1}b_{21}+\cdots+a_{m1}b_{m1} & a_{m1}b_{12}+a_{m1}b_{22}+\cdots+a_{m1}b_{m2} & \cdots & a_{m1}b_{1n}+a_{m1}b_{2n}+\cdots+a_{m1}b_{mn} \end{bmatrix}$$

[예] $A=\begin{pmatrix} a & b \\ c & d \end{pmatrix}$, $B=\begin{pmatrix} e & f \\ g & h \end{pmatrix}$의 곱

$$AB=\begin{pmatrix} a & b \\ c & d \end{pmatrix}\begin{pmatrix} e & f \\ g & h \end{pmatrix}=\begin{pmatrix} ae+bg & af+bh \\ ce+dg & cf+dh \end{pmatrix}$$

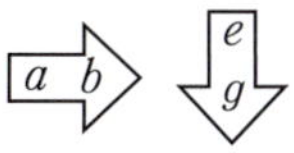

: ae + bg가 (1, 1) 성분이 되고

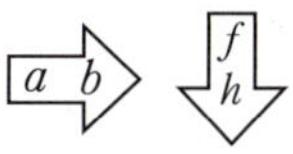

: af + bh가 (1, 2) 성분이 된다.

(3) 행렬의 종류

원시행렬

$$A=\begin{bmatrix} a_{11} & a_{12} & \cdots & a_{1n} \\ a_{21} & a_{22} & \cdots & a_{2n} \\ \cdots & \cdots & \cdots & \cdots \\ a_{m1} & a_{m2} & \cdots & a_{mn} \end{bmatrix}=(a_{ij})$$

① 정방행렬(Square Matrix)

행렬 A를 정사각형 모양으로 배열한 행렬, 또는 n차 행렬이라고 한다. m=n인 경우이다.

$$A=\begin{bmatrix} a_{11} & a_{12} & \cdots & a_{1n} \\ a_{21} & a_{22} & \cdots & a_{2n} \\ \cdots & \cdots & \cdots & \cdots \\ a_{n1} & a_{n2} & \cdots & a_{nn} \end{bmatrix}=(a_{ij})$$

② 전치행렬(transposed matrix)

A= (m,n) 행렬에서 행과 열을 바꾸어서 생기는 A' = (n,m) 행렬을 전치행렬이라 한다.

$$A'=\begin{bmatrix} a_{11} & a_{21} & \cdots & a_{m1} \\ a_{12} & a_{22} & \cdots & a_{m2} \\ \cdots & \cdots & \cdots & \cdots \\ a_{1n} & a_{2n} & \cdots & a_{mn} \end{bmatrix}=(a_{ij})$$

[예] $A=\begin{bmatrix} 1 & 2 & 3 \\ 4 & 5 & 6 \\ 7 & 8 & 9 \end{bmatrix} \rightarrow A'=\begin{bmatrix} 1 & 4 & 7 \\ 2 & 5 & 8 \\ 3 & 6 & 9 \end{bmatrix}$

③ 대각행렬과 단위행렬

정방행렬 A에서 원소 $a_{11}\ a_{22}, \ldots, a_{nn}$을 주대각 원소라고 하며, 주대각 원소 이외의 원소가 모두 0인 행렬을 대각 행렬이라 한다. 대각 행렬에서 주대각 원소가 모두 1인 행렬을 단위행렬이라고 하고 표시는 E로 한다.

④ 역행렬과 정칙행렬

n차 행렬 A에 대하여 AX = XA = E를 만족하는 행렬 X가 존재할 때 A를 정칙행렬이라하고 X를 A의 역행렬이라하고 A^{-1}로 나타낸다.

⑤ 행렬식은 n차의 정방행렬

det A, 또는 | A | 또는 | a_{ij} | 라고 나타낸다.

$$A=\begin{bmatrix} a_{11} & a_{12} & \cdots & a_{1n} \\ a_{21} & a_{22} & \cdots & a_{2n} \\ \cdots & \cdots & \cdots & \cdots \\ a_{n1} & a_{n2} & \cdots & a_{nn} \end{bmatrix}=(a_{ij})$$

[예] $\begin{bmatrix} a_{11} & a_{12} \\ a_{21} & a_{22} \end{bmatrix}=a_{11}a_{22}-a_{12}a_{21}$

⑥ 삼각행렬(triangular matrix)

n×n 행렬에서 대각선의 위 또는 아래의 모든 원소들이 0인 행렬을 말한다.

- **하위 삼각행렬(lower triangular matrix)**: 대각선 아래 부분의 요소들이 0이 아닌 삼각행렬을 말한다.
- **상위 삼각행렬(upper triangular matrix)**: 대각선 위 부분의 요소들이 0이 아닌 삼각행렬을 말한다.

⑦ 하위 삼각행렬

$$A=\begin{bmatrix} a_{00} & 0 & 0 & 0 & \cdots & 0 \\ a_{10} & a_{11} & 0 & 0 & \cdots & 0 \\ a_{20} & a_{21} & a_{22} & 0 & \cdots & 0 \\ & & \vdots & & & \\ a_{(n-1)0} & a_{(n-1)1} & a_{(n-1)2} & a_{(n-1)3} & \cdots & a_{(n-1)(n-1)} \end{bmatrix}=(a_{ij})$$

* 2차원 배열 A[n][n]을 1차원 배열 B[n*n]으로 변환하는 알고리즘

```
A[0][0] → B[0]
A[j][j]  → if i<j then 0
                  else B[(i(i+1)/2 + j]
```

* 0이 아닌 원소의 개수: n(n+1)/2

⑧ 상위 삼각행렬

$$A=\begin{bmatrix} a_{00} & a_{01} & a_{02} & \cdots & a_{0(n-1)} \\ 0 & a_{11} & a_{12} & \cdots & a_{1(n-1)} \\ 0 & 0 & a_{22} & \cdots & a_{2(n-1)} \\ 0 & 0 & 0 & \cdots & a_{3(n-1)} \\ & & \vdots & & \\ 0 & 0 & 0 & \cdots & a_{(n-1)(n-1)} \end{bmatrix}=(a_{ij})$$

* 2차원 배열 A[n][n]을 1차원 배열 B[n*n]으로 변환하는 알고리즘

```
A[0][0] → B[0]
A[j][j]  → if i>=j then 0
                  else B[(i*n-i(i+1)/2 + j]
```

* 0이 아닌 원소의 개수: n(n+1)/2

⑨ 희소행렬(sparse matrix)

희소행렬은 행렬을 구성하는 요소 중 많은 항들이 0으로 되어 있는 행렬이다.

[예] 4×5인 희소행렬 A → 2차원 배열 A[4][5]

$$\begin{array}{c|ccccc|} & 1 & 2 & 3 & 4 & 5 \\ 1 & 0 & 0 & 0 & 0 & 0 \\ 2 & 0 & 0 & 7 & 0 & 0 \\ 3 & 0 & 0 & 0 & 0 & 0 \\ 4 & 0 & -3 & 0 & 0 & 0 \end{array}$$

	[0]	[1]	[2]	[3]	[4]
[0]	0	0	0	0	0
[1]	0	0	7	0	0
[2]	0	0	0	0	0
[3]	0	-3	0	0	0

→ 2차원 배열 요소의 개수는 20(4×5)개이다.

※ 0이 많아 기억 공간(메모리)의 사용이 비효율적임을 알 수 있다.

[희소행렬(sparse matrix)의 기억 공간 절약을 위한 방법]

※ 희소행렬 표현을 0이 아닌 요소들을 구하여 배열로 표시할 수 있다. 즉, 다음과 같은 2차원 배열 A[3][3]으로 표현 가능하다.

	행 [0]	열 [1]	실제값 [2]	
[0]	4	5	2	4×5 희소행렬 A의 0이 아닌 개수
[1]	2	3	7	0이 아닌 7이 차지하는 행렬의 위치
[2]	4	2	−3	0이 아닌 −3이 차지하는 행렬의 위치

→ 2차원 배열 요소의 개수는 9(3×3)개이다.

결론적으로, 2차원 배열 요소의 개수는 11(20−9)개의 차이가 남을 알 수 있다. 즉, 효율적인 자료구조에 따라 기억 공간이 절약이 되며, 자료구조의 중요성을 알 수 있다.

※ 만일 희소행렬의 전치행렬은 행과 열의 위치만 바꿔주면 된다.

	행 [0]	열 [1]	실제값 [2]	
[0]	5	4	2	4×5 희소행렬 A의 0이 아닌 개수
[1]	3	2	7	0이 아닌 7이 차지하는 열 행의 위치
[2]	2	4	−3	0이 아닌 −3이 차지하는 열 행의 위치

그림 3.6 행렬의 종류 예

실습 3.1

2차원 배열을 이용하여 행렬의 뺄셈과 곱셈, 전치행렬, 희소행렬, 희소행렬의 메모리 절약하기, 메모리 절약하는 배열에서 희소행렬 구하기를 화면에 출력하는 프로그램을 작성하시오.

【출력】

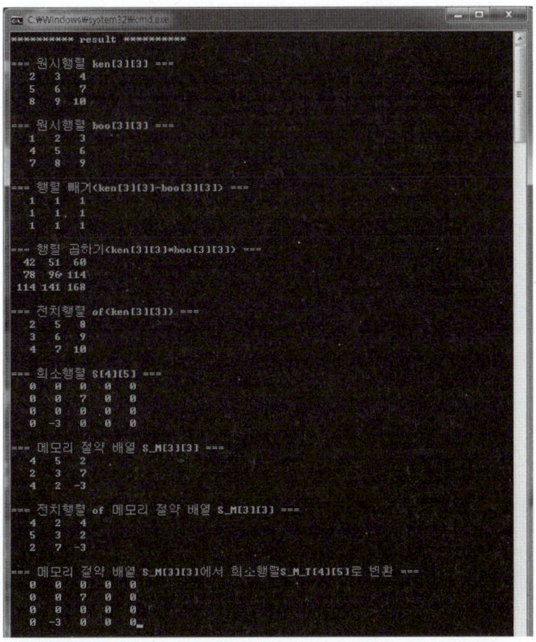

【처리조건】

① 원시행렬은 다음처럼 사용할 것

$$ken=\begin{bmatrix}2 & 3 & 4\\5 & 6 & 7\\8 & 9 & 10\end{bmatrix} \quad boo=\begin{bmatrix}1 & 2 & 3\\4 & 5 & 6\\7 & 8 & 9\end{bmatrix}$$

② 행렬 ken과 boo의 뺄셈과 곱셈, 전치행렬, 희소행렬, 희소행렬의 메모리 절약하기, 메모리 절약하는 배열에서 희소행렬 구하기를 화면에 출력

③ 2차원 배열을 일괄적으로 초기화할 것

④ for문을 사용할 것

【프로그램: c_3_1.c】

```
#include <stdio.h>

main()
{
  int ken[3][3] = {{2,3,4}, {5,6,7}, {8,9,10}};
  int boo[3][3] = {{1,2,3}, {4,5,6}, {7,8,9}};
  int yoo[3][3], soo[3][3] = {0,}, i, j, k;
  int Trans_A[3][3] = {0,};
  int S[4][5] = {{0,0,0,0,0}, {0,0,7,0,0}, {0,0,0,0,0}, {0,-3,0,0,0}};
  int S_M[3][3] = {{4,5,2}, {2,3,7}, {4,2,-3}};
  int S_M_T[4][5] = {0,}, x,y,z, m, n;

  printf("********** result **********\n\n");
  printf("=== 원시행렬 ken[3][3] ===\n");
  for(i=0; i<3; i++)
  {
    for(j=0; j<3; j++)
      printf("%4d", ken[i][j]);
    printf("\n");
  }
  printf("\n=== 원시행렬 boo[3][3] ===\n");
  for(i=0; i<3; i++)
  {
    for(j=0; j<3; j++)
      printf("%4d", boo[i][j]);
    printf("\n");
  }

  printf("\n=== 행렬 빼기(ken[3][3]-boo[3][3]) ===\n");
  for(i=0; i<3; i++)
    for(j=0; j<3; j++)
      yoo[i][j] = ken[i][j] - boo[i][j];

  for(i=0; i<3; i++)
  {
    for(j=0; j<3; j++)
      printf("%4d", yoo[i][j]);
    printf("\n");
  }
  printf("\n=== 행렬 곱하기(ken[3][3]*boo[3][3]) ===\n");
  for(i=0; i<3; i++)
    for(j=0; j<3; j++)
      for(k=0; k<3; k++)
        soo[i][j] += ken[i][k] * boo[k][j];

```

```
    for(i=0; i<3; i++)
    {
      for(j=0; j<3; j++)
        printf("%4d", soo[i][j]);
      printf("\n");
    }
    printf("\n=== 전치행렬 of(ken[3][3]) ===\n");
    for(i=0; i<3; i++)
       for(j=0; j<3; j++)
           Trans_A[j][i] = ken[i][j];

    for(i=0; i<3; i++)
    {
      for(j=0; j<3; j++)
        printf("%4d", Trans_A[i][j]);
      printf("\n");
    }

    printf("\n=== 희소행렬 S[4][5] ===\n");
    for(i=0; i<4; i++)
    {
      for(j=0; j<5; j++)
        printf("%4d", S[i][j]);
      printf("\n");
    }

    printf("\n=== 메모리 절약 배열 S_M[3][3] ===\n");
    for(i=0; i<3; i++)
    {
      for(j=0; j<3; j++)
        printf("%4d", S_M[i][j]);
      printf("\n");
    }

   printf("\n=== 전치행렬 of 메모리 절약 배열 S_M[3][3] ===\n");
    for(i=0; i<3; i++)
    {
      for(j=0; j<3; j++)
        printf("%4d", S_M[j][i]);
      printf("\n");
    }

    printf("\n=== 메모리 절약 배열 S_M[3][3]에서 희소행렬S_M_T[4][5]로 변환 ===");
    for(i=0; i< S_M[0][0]; i++)
    {
       printf("\n");
```

```
92      for(j=0; j< S_M[0][1]; j++)
93      {
94         S_M_T[i][j] = 0;
95         for (x=1; x< 3; x++)
96         {
97            m = S_M[x][0];
98            n = S_M[x][1];
99            S_M_T[m-1][n-1] = S_M[x][2];
100        }
101     printf("%4d", S_M_T[i][j]);
102     }
103   }
104   getchar();
105 }
```

【해설】

05-11. 2차원 배열을 이용하여 행렬을 각각 표현

05, 06. 3×3인 원시행렬의 배열 선언

09. 4×5인 희소행렬의 배열 선언, 0이 많아 기억 공간(메모리)의 사용이 비효율적임을 알 수 있다.

10. 희소행렬 표현을 0이 아닌 요소들을 구하여 배열로 표시할 수 있다. 즉, 다음과 같은 2차원 배열 A[3][3]으로 표현 가능하다.

	행 [0]	열 [1]	실제값 [2]	
[0]	4	5	2	4×5 희소행렬 A의 0이 아닌 개수
[1]	2	3	7	0이 아닌 7이 차지하는 행렬의 위치
[2]	4	2	−3	0이 아닌 −3이 차지하는 행렬의 위치

→ 2차원 배열 요소의 개수는 9(3×3)개이다.

결론적으로, 2차원 배열 요소의 개수는 11(20−9)개의 차이가 남을 알 수 있다. 즉, 효율적인 자료구조에 따라 기억 공간이 절약이 되며, 자료구조의 중요성을 알 수 있다.

14-27. 원시행렬을 화면에 출력

29-39. 행렬의 뺄셈 연산과 연산 결과를 화면에 출력

40-51. 행렬의 곱셈 연산과 연산 결과를 화면에 출력

52-62. 전치행렬을 구하고 화면에 출력

64-70. 4×5인 희소행렬의 배열을 화면에 출력

72-78. 4×5인 희소행렬의 기억 공간 절약 방법에 의한 배열을 화면에 출력

80-86. 4×5인 희소행렬의 기억 공간 절약 방법에 의한 배열의 전치행렬을 구하고 화면에 출력

88-103. 4×5인 희소행렬의 기억 공간 절약 방법에 의한 배열을 다시 0으로 표현한 4×5인 희소행렬로 변환하는 알고리즘 구현이며 화면에 출력

3. 다항식과 배열

(1) 수학에서 사용하는 다항식

수학에서 사용하는 다항식의 일반적인 표현은 다음과 같다.

$$p(x) = a_n x^n + a_{n-1} x^{n-1} + \cdots + a_1 x + a_0 = \sum_{i=0}^{n} a_i x^i$$

→ x: 변수(variable), n: 지수(exponent), a_i: 계수(coefficient), n: 최고차수(degree)

【예】 $A(x) = 7x^9 + 8x^3 + 11$

→ 변수: x, 지수: 9, 3, 0 계수: 7, 8, 11 최고차수: 9

(2) 다항식의 배열 표현

다항식의 배열 표현법에는 2가지 방식이 있다.

1. **다항식의 모든 차수에 대한 계수 값을 배열에 저장(희소 다항식 포함)**

   배열에 각 계수들을 지수의 오름차순으로 저장한다. 이러한 표현 방법의 장점은 배열에 대한 연산 알고리즘이 간결할 수 있다는 것이다. 그러나 단점은, 다항식의 계수가 0이 많은 희소(sparse) 다항식인 경우에는 기억 공간(메모리)의 낭비가 심하다는 것이다. 차수가 n이면 (n+1)개의 요소를 가지는 배열로 표현한다. 이 때 지수는 배열의 첨자(인덱스)가 되며, 계수는 배열의 요소에 저장한다. 특별히 계수가 0이 많은 다항식을 희소(sparse) 다항식이라 한다.

【예】 $A(x) = 7x^9 + 8x^3 + 11$의 배열 표현

0	1	2	3	4	5	6	7	8	9
11	0	0	8	0	0	0	0	0	7

→ 배열의 10개 요소 중에서 0이 7개를 차지한다. 배열의 요소는 전체 10개이다. 기억 공간의 많은 낭비가 초래한다. 계수가 0이 많은 다항식을 희소 다항식이라 한다.

그림 3.7 배열의 다항식 표현 예

2. **다항식의 0이 아닌 계수와 지수의 쌍으로 배열에 저장(희소 다항식 제외)**

   다항식의 계수가 0이 많은 희소(sparse) 다항식인 경우에는 기억 공간(메모리)의 사용 효율성이 좋다는 장점이 있다.

【예】 $A(x) = 7x^9 + 8x^3 + 11$의 배열 표현

계수	7	8	11
지수	9	3	0

→ 배열의 6개 요소를 차지한다. 장점은 기억 공간의 많은 낭비가 없다는 점이다. 단점은 연산 알고리즘 구현에 있어서 좀 더 복잡하고 어렵다는 점이다.

그림 3.8 배열의 다항식 표현 예

(3) 응용 분야

전기 및 전자 회로, 화학식 등에 이용할 수 있다(예: 회로에서 저항에 흐르는 전류를 구하는 문제).

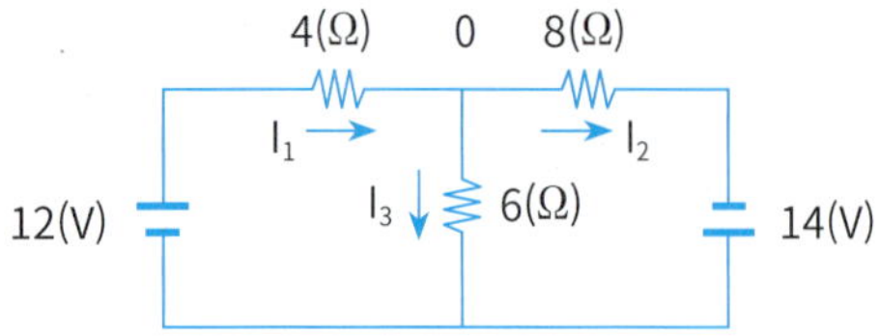

그림 3.9 회로에서 저항에 흐르는 전류

위 그림에 관하여 키르호프법칙(Kirchoff)을 이용하여 n원 연립 1차 방정식을 만들면 다음과 같은 방정식의 예가 된다.

$I_1 + I_2 - I_3 = 0$

$4I_1 + 6I_3 = 12$

$-8I_2 - 6I_3 = 14$

(4) 다항식의 추상 자료형

【ADT 3_1 : 다항식의 추상 자료형】

```
ADT Polynomial
  자료(Data):
      다항식(Polynomial): p(x)=a_n x^en + a_(n-1) x^(en-1) + … + a_1 x^e1 + a_0
      p.Exponent: p의 지수, p.Coefficient: p의 계수, <e, a>: p의 항(term) 의미
      x ∈ 변수(variable), e^i ∈ 지수(exponent),
      a_i ∈ 계수(coefficient),  n==maxExp(p) ∈ 최고차수(maximum degree)
  연산(Operation): p, p1, p2, p1+p2, p1-p2, p1*p2, p1/p2 ∈ Polynomial,
        coef(p, e) ∈ 다항식, e ∈지수, a==coef(p, e) ∈ 계수
  zeroP() ::= 공백 다항식 p(x) = 0을 만드는 연산;
  isZeroP(p) ::= 다항식 p가 0인지를 검사하여 0이면 true를 반환하는 연산;
  coef(p, e) ::= 다항식에 항(term)이 존재하면 지수가 e인 항이 계수 a를 반환하는 연산;
  maxExp(p) ::= 다항식 p의 최대지수(최고차수) n을 반환하는 연산;
  addTerm(p, a, e) ::= 다항식 p에 지수가 e인 항이 없는 경우에 새로운 항 <e,a>를 삽입하는 연산;
  delTerm(p, e) ::= 다항식 p에 지수가 e인 항이 있는 경우에 항 <e, a>를 삭제하는 연산;
  mulTerm(p, a, e) ::= 다항식 p의 모든 항에 p*ax^e를 곱하는 연산;
  addPoly(p1, p2) ::= 다항식 p1과 다항식 p2를 더하여 반환하는 연산;
  subPoly(p1, p2) ::= 다항식 p1과 다항식 p2를 감하여 반환하는 연산
  mulPoly(p1, p2) ::= 다항식 p1과 다항식 p2를 곱하여 반환하는 연산
  divPoly(p1, p2) ::= 다항식 p1과 다항식 p2를 나누어 반환하는 연산
End Polynomial
```

【해설】

01, 20. ADT Polynomial이 시작과 끝을 의미한다.

02-06. 다항식의 추상 자료형에 사용되는 자료 집합의 정의이다.

07-08. 다항식의 추상 자료형에 사용되는 연산 집합의 정의이다.

09. 공백 다항식 p(x) = 0을 만드는 연산이다.

10. 다항식 p가 0인지를 검사하여 0이면 true를 반환하는 연산이다.

11. 다항식에 항(term)이 존재하면 지수가 e인 항이 계수 a를 반환하는 연산이다.

12. 다항식 p의 최대지수(최고차수) n을 반환하는 연산이다.

13. 다항식 p에 지수가 e인 항이 없는 경우에 새로운 항 〈e, a〉를 삽입하는 연산이다.

14. 다항식 p에 지수가 e인 항이 있는 경우에 항 〈e, a〉를 삭제하는 연산이다.

15. 다항식 p의 모든 항에 $p*ax^e$를 곱하는 연산이다.

16. 다항식 p1과 다항식 p2를 더하여 반환하는 연산이다.

17. 다항식 p1과 다항식 p2를 감하여 반환하는 연산이다.

18. 다항식 p1과 다항식 p2를 곱하여 반환하는 연산이다.

19. 다항식 p1과 다항식 p2를 나누어 반환하는 연산이다.

(5) 다항식의 알고리즘

【AL 3_1 : 배열을 이용한 다항식의 덧셈 연산 알고리즘】

```
01 procedure addPoly1(A, B)
02    A_index ← 0, B_index ← 0, C_index ← 0;
03    int A_deg ←  A.deg, B_deg ← B.deg;
04    C.deg ←  MAX(A.deg, B.deg);
05
06    while (A_index <= A.deg && B_index <= B.deg) do
07     {if (A_deg > B_deg) {C.coef[C_index++] ← A.coef[A_index++]; A_deg--; }
08      else if (A_deg == B_deg) {
09             C.coef[C_index++] ← A.coef[A_index++] + B.coef[B_index++];
10             A_deg--; B_deg--; }
11      else { C.coef[C_index++] ← B.coef[B_index++]; B_deg--; };
12    repeat;
13   return C;
14 end addPoly1(A, B)
```

【해설】

01, 14. 프로시저(또는 함수)의 시작과 마지막을 의미한다.

02. A_index라는 변수에 0, B_index라는 변수에 0, C_index라는 변수에 0을 저장하라는 의미이다.

03. 다항식 A와 다항식 B의 차수를 비교하여 큰 쪽을 다항식 C의 차수에 저장하라는 의미이다.

06-12. 다항식 A에서 인덱스 0에서부터 차수가 될 때까지와 다항식 B에서 인덱스 0에서부터 차수가 될 때까지 스캔하여

반복하여 처리한다. 두 다항식 A, B가 전부 읽을 때까지 반복하여 실행하는 while() 문이다.

07. 다항식 A의 차수와 B의 차수를 비교하여 A의 차수가 클 때, 다항식 A의 그 차수의 계수를 다항식 C의 계수에 저장한다. A_deg—;은 다항식 A의 현재 차수보다 1차수 낮은 다음 차수를 구하는 것이다.

08-10. 다항식 A의 차수와 B의 차수를 비교하여 A의 차수와 B의 차수가 같을 때, A의 그 차수의 계수와 B의 그 차수의 계수를 더하여 다항식 C의 계수에 저장한다. A_deg—; B_deg—;은 다항식 A의 현재 차수보다 1차수 낮은 다음 차수와 다항식 B의 현재 차수보다 1차수 낮은 다음 차수를 구하는 것이다.

11. 다항식 A의 차수와 B의 차수를 비교하여 B의 차수가 클 때, 다항식 B의 그 차수의 계수를 다항식 C의 계수에 저장한다. B_deg—;은 다항식 B의 현재 차수보다 1차수 낮은 다음 차수를 구하는 것이다.

13. 다항식 A와 다항식 B를 더한 결과인 다항식 C를 반환한다.

실습 3.2

구조체와 구조체 배열을 사용하여 다항식 2개를 더하는 프로그램 작성하시오(2가지 방식을 사용:희소 다항식 포함 방법, 희소 다항식 제외 방법).

【출력】

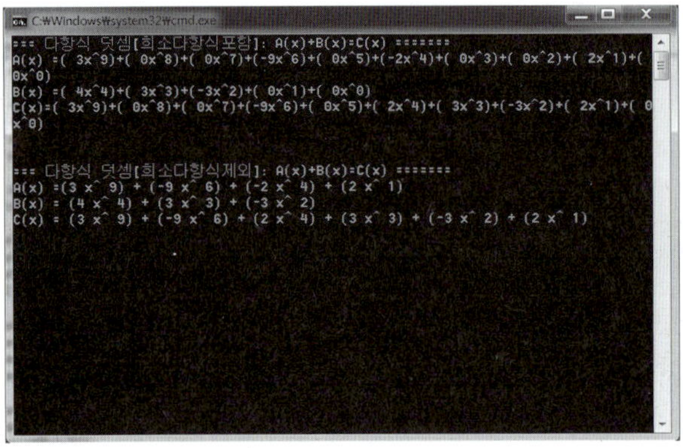

【처리조건】

① 다항식의 모든 차수에 대한 계수 값을 배열에 저장(희소 다항식 포함)

② 다항식의 0이 아닌 계수와 지수의 쌍으로 배열에 저장(희소 다항식 제외)

③ #define MAX(a,b) ((a>b)?a:b)
#define MAX_DEGREE 70
#define MAX_TERMS 70 사용할 것

④ 구조체를 사용할 것

```
typedef struct Poly1 // 희소 다항식 포함
{
    int deg;
    float coef[MAX_DEGREE];
} p1;

typedef struct Poly2 //희소다항식 제외
{
    int coef2;
    int expon2;
};
```

【프로그램: c_3_2.c】

```
#include <stdio.h>
#include <stdlib.h>

#define MAX(a,b) ((a>b)?a:b)
#define MAX_DEGREE 70
#define MAX_TERMS  70
```

```c

typedef struct  Poly1 {
    int deg;
    float coef[MAX_DEGREE];
} p1;

typedef struct Poly2 {
    int coef2;
    int expon2;
};

struct Poly2 p2[MAX_TERMS] = {{3,9}, {-9,6}, {-2,4}, {2,1},
                              {4,4}, {3,3}, {-3,2}};

int avail = 7;

p1 addPoly1(p1, p1);
void printPoly1(p1);

char comparePoly2(int, int);
void attachPoly2(int, int);
void addPoly2(int, int, int, int, int, int);
void printPoly2();

void main() {
    int Cs, Ce;

    p1 A = { 9,{ 3,0,0,-9,0,-2,0,0,2,0} };
    p1 B = { 4,{ 4,3,-3,0,0} };
    p1 C;
    C = addPoly1(A, B);

    printf("=== 다항식 덧셈[희소다항식포함]: A(x)+B(x)=C(x) =======");
    printf("\nA(x) =");  printPoly1(A);
    printf("B(x) =");  printPoly1(B);
    printf("C(x)=");  printPoly1(C);

    printf("\n\n=== 다항식 덧셈[희소다항식제외]: A(x)+B(x)=C(x) =======\n");
    addPoly2(0, 3, 4, 6, &Cs, &Ce);
    printPoly2();

    getchar();
}
p1 addPoly1(p1 A, p1 B) {
    p1 C;
    int A_index = 0, B_index = 0, C_index = 0;
    int A_deg = A.deg, B_deg = B.deg;
```

```
    C.deg = MAX(A.deg, B.deg);

    while (A_index <= A.deg && B_index <= B.deg) {
        if (A_deg > B_deg) {
            C.coef[C_index++] = A.coef[A_index++];
            A_deg--;
        }
        else if (A_deg == B_deg) {
            C.coef[C_index++] = A.coef[A_index++] + B.coef[B_index++];
            A_deg--;
            B_deg--;
        }
        else { C.coef[C_index++] = B.coef[B_index++];
         B_deg--;
        };
    };
    return C;
};

void printPoly1(p1 P) {
    int i, deg;
    deg = P.deg;

    for (i = 0; i <= P.deg; i++) {
        printf("(%2.0fx^%d)", P.coef[i], deg--);
        if (i < P.deg) printf("+");
    };
    printf("\n");
};

char comparePoly2(int a, int b) {
    if(a>b) return '>';
    else if(a==b) return '=';
    else return '<';
}

void attachPoly2(int coef2, int expon2) {
    if( avail > MAX_TERMS ) {
        fprintf(stderr, "항의 개수 너무 많음\n");
        exit(1);
    };
    p2[avail].coef2=coef2;
    p2[avail++].expon2=expon2;
};
void addPoly2(int As, int Ae, int Bs, int Be, int *Cs, int *Ce) {
    int tmpcoef;
    *Cs = avail;
```

```
101
102     while(As <= Ae && Bs <= Be)
103         switch (comparePoly2(p2[As].expon2, p2[Bs].expon2)) {
104         case '>': attachPoly2(p2[As].coef2, p2[As].expon2);
105                   As++; break;
106         case '=': tmpcoef = p2[As].coef2 + p2[Bs].coef2;
107                   if (tmpcoef)
108                      attachPoly2(tmpcoef, p2[As].expon2);
109                   As++; Bs++; break;
110         case '<': attachPoly2(p2[Bs].coef2, p2[Bs].expon2);
111                   Bs++; break;
112     };
113
114     for(;As<=Ae;As++) attachPoly2(p2[As].coef2, p2[As].expon2);
115     for(;Bs<=Be;Bs++) attachPoly2(p2[Bs].coef2, p2[Bs].expon2);
116     *Ce = avail - 1;
117 };
118
119 void printPoly2() {
120     int i,j;
121
122      printf("A(x) =");
123      for(i=0; i<avail; i++) {
124          printf("(%d x^ %d)", p2[i].coef2, p2[i].expon2);
125          if(i==3) printf("\nB(x) = ");
126          else if(i==6) {printf("\nC(x) = "); }
127          else if(i==(avail-1)) printf(" \n");
128          else if(p2[i].expon2==0) printf("  \n");
129          else printf(" + ");
130      };
131 };
```

[해설]

34, 8-11. 다항식 $A(x)=3x^9+-9x^6+-2x^4+2x^1$은 배열로 표현하면, 차수가 9이며, 계수가 {3,0,0,-9,0,-2,0,0,2,0}이다. 다음과 같은 구조체(변수의 차수/계수의 배열로 구성)의 초기화 선언이다. 여기서는 항의 계수가 0이 많은 희소 다항식이 포함된다. 즉, 9개의 계수를 저장하는 배열이 4개의 0이 아닌 배열과 5개의 0인 배열로 구성되어 기억 공간의 낭비가 심한 희소(sparse) 다항식이 된다. 자료구조의 중요성을 알 수 있다.

```
typedef struct  Poly1 {
    int deg;
    float coef[MAX_DEGREE];
} p1;
```

35. 다항식 $B(x)=4x^4+3x^3+-3x^2$은 배열로 표현하면, 차수가 4이며, 계수가 {4,3,-3,0,0}이다. 구조체(변수의 차수/계수의 배열로 구성)의 초기화 선언이다. 5개의 계수를 저장하는 배열이 3개의 0이 아닌 배열과 2개의 0인 배열로 구성되어 있다.

36. 생성할 다항식 C(x)이다.

50-71, 39. 구조체 형식인 다항식 A와 B를 매개변수로 입력하여 구조체에 저장되어 있는 A와 B의 값을 더하여 구조체 형식인 다항식 C에 저장하여 반환하는 피호출(called) 함수이다. 다항식의 모든 항을 배열에 저장하는 방법이다. 여기서는 항의 계수가 0이 많은 희소 다항식이 포함된다. C = addPoly1(A, B);에서 addPoly1(A, B)는 호출(call) 함수이며, 반환된 다항식 C가 오른쪽 식인 다항식 C에 저장된다.

56. 다항식 A에서 인덱스 0에서부터 차수가 될 때까지와 다항식 B에서 인덱스 0에서부터 차수가 될 때까지 스캔하여 반복하여 처리한다. 두 다항식 A, B가 전부 읽을 때까지 반복하여 실행하는 while() { } 문이다.

57-60. 다항식 A의 차수와 B의 차수를 비교하여 A의 차수가 클 때, 다항식 A의 그 차수의 계수를 다항식 C의 계수에 저장한다. A_deg−−;은 다항식 A의 현재 차수보다 1차수 낮은 다음 차수를 구하는 것이다.

61-65. 다항식 A의 차수와 B의 차수를 비교하여 A의 차수와 B의 차수가 같을 때, A의 그 차수의 계수와 B의 그 차수의 계수를 더하여 다항식 C의 계수에 저장한다. A_deg—; B_deg—;은 다항식 A의 현재 차수보다 1차수 낮은 다음 차수와 다항식 B의 현재 차수보다 1차수 낮은 다음 차수를 구하는 것이다.

66-68. 다항식 A의 차수와 B의 차수를 비교하여 B의 차수가 클 때, 다항식 B의 그 차수의 계수를 다항식 C의 계수에 저장한다. B_deg—;은 다항식 B의 현재 차수보다 1차수 낮은 다음 차수를 구하는 것이다.

70. 구조체 형식인 다항식 A와 다항식 B를 더한 다항식 C를 반환한다.

40-42, 73-82. A와 B, C 다항식 각각을 화면에 출력하는 호출 함수와 피호출 함수이다.
여기서 ^는 편의상 지수로 나타내며, ( )(괄호는 다항식 각 항마다 분리하기 위해서 편의상 사용한다. 계수가 0이 아닌 항과 계수가 0인 항 모두를 화면에 출력한다.

13-16, 18, 19. 다항식 $A(x) = 3x^9 + -9x^6 + -2x^4 + 2x^1$은 배열로 또 다르게 표현을 하면, {{3,9}, {−9,6}, {−2,4}, {2,1}, {4,4}, {3,3}, {−3,2}};이다. 다음과 같은 구조체(변수의 계수/차수의 배열로 구성)의 초기화 선언이다. 여기서는 항의 계수가 0이 많은 희소 다항식이 제외된다. 즉, 9개의 계수를 저장하는 배열이 아니라 4개의 0이 아닌 배열로만 구성되어 기억 공간의 낭비가 없는 다항식이 된다. 단점은 알고리즘 구현이 좀 더 어렵다는 것이다. 자료구조의 중요성을 알 수 있다.
struct Poly2 p2[MAX_TERMS] = {{3,9}, {−9,6}, {−2,4}, {2,1}, {4,4}, {3,3}, {−3,2}};에서는 다항식의 표현을 위한 구조체 Poly2에서 초기화를 선언한 것이다.

21. 0이 아닌 배열의 개수를 의미한다.

45, 98-117. addPoly2(0, 3, 4, 6, &Cs, &Ce);은 호출 함수이며, void addPoly2(int As, int Ae, int Bs, int Be, int *Cs, int *Ce) {....}은 피호출 함수이다. 0, 3, 4, 6에서 다항식 A의 배열의 시작 위치(0)와 끝 위치(3), 다항식 B의 배열의 시작 위치(4)와 끝 위치(6)를 의미한다. 구조체 형식인 다항식 A와 B를 매개변수로 입력하여 구조체에 저장되어 있는 A와 B의 값을 더하여 구조체 형식인 다항식 C에 저장하여 반환하는 피호출(called) 함수이다. 다항식의 모든 항을 배열에 저장하는 방법이 아니라 여기서는 항의 계수가 0이 아닌 배열만 포함된다.

84-88, 104-111. 다항식 A와 다항식 B의 지수 항을 비교하여 크기가 다르면 지수 항이 큰 항을 다항식 C에, 지수가 같으면 계수의 합을 구하여 C에 저장한다.

90-97. 해당 항을 배열 p2의 다음 빈 공간에 더하는 함수이다.

114-115. 다항식 A와 다항식 B의 식이 끝나게 되면 남아 있는 항들을 전부 옮기게 된다.

100, 116. Cs와 Ce는 덧셈 결과로 생성되는 다항식 C의 처음과 끝을 의미한다.

1. **순차 자료구조와 순차 리스트의 개념**

순차 자료구조(sequential data structure)와 순차 리스트(sequential list)는 자료의 단위 정보를 이루는 항목(노드)들이 물리적으로 연속된 기억 장소(메모리)에 차례대로(순서대로) 저장되어 있는 방식을 말한다. 논리적인 순서나 물리적인 순서가 일치되는 구조이다.

2. **순차 자료구조와 순차 리스트의 특징**

(1) 기억 공간의 낭비가 없는 효율이 좋은 방식의 자료구조이다.
(2) 삽입 및 삭제 연산 시에 원소(노드)들을 많이 이동시켜야 하는 단점이 있다.
(3) 순차 자료구조와 순차 리스트의 구현을 위하여 C 프로그래밍의 배열을 사용한다.

3. **순차 자료구조와 순차 리스트의 구현과 배열을 이용한 C 프로그래밍**

C 프로그램에서는 많은 데이터를 처리하기 위해 단순 변수를 사용할 경우에는 변수명을 각기 다른 이름으로 표현해야 하므로 불편하다. 이러한 불편을 덜기 위해 하나의 변수명에 첨자(subscript)를 부여하여 일련의 기억 장소를 표현하는 데이터 구조인 배열(array)을 사용한다.

4. **배열의 종류**

배열의 [ ](대괄호) 개수에 따라 1차원 배열, 2차원 배열, 3차원 배열 등으로 나누어진다. 차원에 대한 제한은 없으나 보통 3차원 배열까지 사용한다.

5. **행렬과 배열**

행이 m개 열이 n개의 수를 직사각형 모양으로 배열한 것을 m×n 행렬 또는 (m,n) 행렬이라 한다. 이 행렬을 간단히 (a_{ij})로 나타내기도 한다. 행렬 A에 나타난 mn개의 수 a_{ij}를 행렬 A의 성분 또는 원소라고 한다. 행렬은 C 언어의 배열로 구현 가능하다.

6. **희소행렬의 개념**

희소행렬을 행렬을 구성하는 요소 중 많은 항들이 0으로 되어 있는 행렬이다. 희소행렬의 기억 공간 절약을 위한 방법으로 희소행렬 표현을 0이 아닌 요소들을 구하여 배열로 표시할 수 있다.

7. **다항식을 배열로 표현하는 법: 다항식의 모든 차수에 대한 계수 값을 배열에 저장**

차수가 n이면 (n+1)개의 요소를 가지는 배열로 표현한다. 이 때 지수는 배열의 첨자(인덱스)가 되며, 계수는 배열의 요소에 저장한다. 이러한 표현 방법의 장점은 배열에 대한 연산 알고리즘이 단순할 수 있다는 것이다.

8. **다항식을 배열로 표현하는 법: 다항식의 0이 아닌 계수와 지수의 쌍으로 배열에 저장**

다항식의 계수가 0이 많은 희소(sparse) 다항식인 경우에는 장점으로 기억 공간(메모리)의 사용 효율성이 좋다는 점이다.

연습문제

객관식 문제

01. 다음 중 선형 자료구조가 아닌 것은?

① 리스트 ② 배열 ③ 데크 ④ 트리

02. 선형 리스트의 내용을 바르게 설명한 것은?

① 루트와 패밀리에 의한 트리 구조를 갖는다.

② 크게는 순차 구조와 연결 리스트 구조로 나눌 수 있다.

③ 자료의 관계를 레벨로 표현할 수 있다.

④ 이진 트리 구조와 같다.

03. 같은 특성을 갖는 자료의 모임으로서, 인덱스와 값의 쌍으로 구성된 자료구조를 무엇이라 하는가?

① 배열 ② 레코드 ③ 트리 ④ 그래프

04. 행렬은 다음 중 어느 구조에 속하는가?

① 순차구조 ② 배열구조 ③ 리스트구조 ④ 연결구조

05. 순서 리스트(ordered list)를 배열을 이용하여 표현하였을 때 다음의 연산 중에서 그 실행 시간이 배열의 크기에 영향을 받지 않는 연산은?

① 리스트의 길이를 구하는 연산

② 리스트를 차례대로 읽는 계산

③ 리스트의 마지막에 새로운 값을 저장하는 연산

④ i 번째 원소를 삭제하여 배열의 크기를 줄어들게 하는 연산

06. 기억 장소를 절약할 수 있는 이점이 많은 구조부터 순서적으로 나열된 항목은?

① 순차 구조 – 리스트 구조 – 랜덤 구조 ② 랜덤 구조 – 순차 구조 – 리스트 구조

③ 리스트 구조 – 순차 구조 – 랜덤 구조 ④ 랜덤 구조 – 리스트 구조 – 순차 구조

07. 학생 60명에 대한 성적이 번호 순으로 저장되어 있을 때 특정 번호의 학생 점수를 수정하는 데 걸리는 시간의 관점에서 가장 효율적인 자료구조는 어느 것인가?

① 배열 ② 선형 리스트 ③ 트리 ④ 그래프

08. 총 노드의 수가 n인 순차 리스트에서 임의의 노드 한 개에 대한 삽입 작업이 발생할 때 이동시켜야 하는 평균 노드의 수는?

① n – 1/2 ② (n + 1)/2 ③ (n – 1)/2 ④ n + 1/2

09. 총 노드의 수가 n인 순차 리스트에서 임의의 노드 한 개에 대한 삭제 작업이 발생할 때 이동시켜야 하는 평균 노드의 수는?

① n – 1/2 ② (n + 1)/2 ③ (n – 1)/2 ④ n + 1/2

10. 리스트 구조의 장점이 아닌 것은?

① 레코드의 전후 관계 설정이 쉽다. ② 레코드의 기억 장치를 신경쓰지 않아도 된다.
③ 메모리를 절약할 수 있다. ④ 순차 구조보다 파일의 부분적인 처리가 쉽다.

11. 행렬 원소의 대부분이 0으로 구성된 행렬은 무엇인가?

① 희소 행렬 ② 상삼각 행렬 ③ 하삼각 행렬 ④ 대칭 행렬

12. 희소 행렬(sparse Matrix)을 순차 리스트가 아니라 연결 리스트로 표시하는 이유 중 가장 적당한 것은?

① 순차 구조를 표시하기가 까다롭다. ② 기억 장소가 절약된다.
③ 연산 속도를 빠르게 한다. ④ 계산법이 간단하다.

13. 3차원 배열 $A(1{:}u_1, 1{:}u_2, 1{:}u_3)$가 행우선 법칙을 적용하였을 때, A(i, j, k)의 주소로 적합한 것은?(시작 주소: α)

① $A(i, j, k) = \alpha + (i-1)u_2u_3 + (j-1)u_3 + (k-1)$
② $A(i, j, k) = \alpha(k-1)u_1u_2 + (j-1)u_2 + (i-1)$
③ $A(i, j, k) = \alpha + (i-1)u_1u_2 + (i-1)u_2u_3 + (k-1)u_3$
④ $A(i, j, k) = \alpha(k-1)u_2u_3 + (j-1)u_3 + (i-1)$

14. 3차원 배열 A(3:6, 2:5, 1:2)의 원소의 개수는?

① 23 ② 24 ③ 32 ④ 33

15. 4×5 삼각 행렬로 표시된 자료를 행 우선으로 기억하려면 a_{23}은 몇 번지가 되는가?(단 a_{11}은 10번지이다)

① 8 ② 18 ③ 17 ④ 10

16. 희소 행렬을 연결 리스트로 표현할 때의 특징은?

① 산술 연산(+, * 등)이 간편해진다. ② 표현되는 행렬의 차수가 하나 증가한다.
③ (i, j) 번째 요소에 접근하기가 쉬워진다. ④ 특정 값의 요소를 찾기가 쉬워진다.

17. 2차원 배열 A(−1:n, 2:n)에 저장할 수 있는 원소의 개수는?

① n^2 ② $n(n-1)$ ③ $(n+2)(n-1)$ ④ $n(n+2)$

18. 순서 있는(ordered) 선형 리스트에서 연속적인 저장 방법이 링크드 리스트보다 편리한 것은?

① 삽입 및 제거 ② 2개 선형 리스트의 결합 ③ 임의 node의 접근 ④ 남는 공간의 관리

19. 1st atom의 위치(location)가 200번지이고 atom의 길이가 10바이트로 되어 있는 순차 리스트에서 50번째 atom의 위치는 얼마인가?

① 51번지 atom의 backward pointer 값 ② 49번지 atom의 pointer 값
③ 700번지 ④ 690번지

20. 다음 중 메모리 내에서 연속된 기억 공간에 저장되는 선형 구조는?

① 연접 리스트 ② 링크드 리스트 ③ 큐 ④ 트리

21. 삽입과 삭제 작업이 자주 발생할 때 처리 시간(run time)이 가장 많이 소요되는 자료구조는?

① dense list ② singly linked list ③ multi-linked list ④ circular list

22. 50개 노드로 구성된 순차 리스트에서 하나의 노드를 삭제하는 데 필요한 평균 횟수는?

① 24.5 ② 25.5 ③ 50 ④ 50.5

23. 다음 중에서 틀린 것은?

① 리스트란 자료의 삽입과 삭제를 할 수 있는 순서 있는 자료의 집합이다.

② 선형 리스트란 물리적으로 서로 이웃한 위치의 관계를 가진 리스트이다.

③ 선형 리스트의 구조에서는 순차 구조가 대표적이다.

④ 정보를 기록하거나 삭제할 때 한 쪽 끝에만 이루어지는 스택 구조는 선형 리스트가 아니다.

24. 2차원 배열 A(3:7, 5:9)가 열 방향 순서라면 A(6, 7)은 몇 번째 요소인가?

① 14 ② 18 ③ 20 ④ 22

25. n×m 행렬 a_{ij}를 배정(allocation) 시키는 순서를 열 방향(column wise)으로 정해줄 때의 a_{ij} 위치 $loc(a_{ij})$는 어떻게 계산하는가?

① $loc(a_{ij}) = loc(a_{11}) + (i-1) + (j-1) \times m$ ② $loc(a_{ij}) = loc(a_{11}) + (i-1) + (j-1) \times n$

③ $loc(a_{ij}) = loc(a_{11}) + (j-1) + (i-1) \times m$ ④ $loc(a_{ij}) = loc(a_{11}) + (j-1) + (i-1) \times n$

26. 희소 행렬(sparse matrix)을 그래프 구조로 표시한 이유 중 가장 적당한 것은?

① 산술 연산이 간편해 진다. ② 기억 장소를 절약할 수 있다.

③ 특정 요소를 액세스하기 쉬워진다. ④ 특정 값을 갖는 요소를 찾기 쉽다.

27. 배열 구조로서 가장 적합한 것은?

① 환상 링크드 구조 ② 링크드 구조 ③ 리스트 구조 ④ 순차적 구조

28. 선형 리스트(linear list)의 내용을 옳게 설명한 것은?

① 트리 구조를 갖는다. ② 순차 구조와 링크드 리스트 구조로 나눌 수 있다.

③ 데이터의 관계를 레벨(level)로 표시한다. ④ 이진(binary) 트리 구조와 같다.

29. 자료의 삽입과 삭제가 빈번하게 발생할 때 실행 시간이 가장 긴 자료구조는?

① linked list ② doubly linked list ③ circular list ④ array

30. C 언어에서 char s[] = {"house"};로 정의되었을 때 s의 저장 상태는?

①

0	1	2	3	4
h	o	u	s	e

②

0	1	2	3	4	5	6
"	h	o	u	s	e	"

③

0	1	2	3	4	5
h	o	u	s	e	\0

④

0	1	2	3	4	5	6	7
"	h	o	u	s	e	"	\0

31. 5차원 배열 A(2,3,4,5,6)을 행 우선 방식으로 배열했을 때 A(2,2,3,3,4)의 위치는 몇 번째인가?

① 144 ② 424 ③ 556 ④ 1388

주관식 문제

01. 4×5인 희소행렬 A를 2차원 배열로 표현하면 다음과 같다. 희소행렬(sparse matrix)의 기억 공간 절약을 위한 방법을 예를 들어 설명하시오.

$$\begin{array}{c|ccccc|} & 1 & 2 & 3 & 4 & 5 \\ 1 & 0 & 0 & 0 & 0 & 0 \\ 2 & 0 & 0 & 7 & 0 & 0 \\ 3 & 0 & 0 & 0 & 0 & 0 \\ 4 & 0 & -3 & 0 & 0 & 0 \end{array}$$

	[0]	[1]	[2]	[3]	[4]
[0]	0	0	0	0	0
[1]	0	0	7	0	0
[2]	0	0	0	0	0
[3]	0	-3	0	0	0

02. 다음 행렬의 전치행렬을 기술하시오.

$$\begin{bmatrix} 5 & 6 & 7 & 8 & 9 \\ 3 & 2 & 4 & 1 & 5 \\ 1 & 2 & 3 & 4 & 5 \end{bmatrix}$$

03. 다음 6×6 희소행렬 A를 기억 공간 절약을 위한 3원소를 저장할 수 있는 행렬로 변환하시오.

① 행 우선 배열이고 A(0,0)부터 시작한다. ② 열 우선 배열이고 A(0,0)부터 시작한다.

$$A=\begin{bmatrix} 15 & 0 & 0 & 22 & 0 & -15 \\ 0 & 11 & 3 & 0 & 0 & 0 \\ 0 & 0 & 0 & -6 & 0 & 0 \\ 0 & 0 & 0 & 0 & 0 & 0 \\ 91 & 0 & 0 & 0 & 0 & 0 \\ 0 & 0 & 20 & 0 & 0 & 0 \end{bmatrix}$$

04. 3차원 배열을 A[p][m][n]이라고 선언하고, α = A[0][0][0]이라 하면, 행 우선 순서에서 A[k][i][j]의 주소(저장 위치)를 표현하시오.

05. 2차원 배열을 A[m][n]이라고 선언하고, α = A[0][0]이라 하면, 열 우선 순서에서 A[i][j]의 주소(저장 위치)를 표현하시오.

06. 배열에 있어서 노드의 개수를 n개라고 하면, 배열에서의 삽입 평균 이동 횟수는 (n+1)/2이다. 이 식의 도출 과정을 설명하시오.

07. 상위 삼각 행렬에서 2차원 배열 A[n][n]을 1차원 배열 B[n*n]으로 변환하는 알고리즘과 0이 아닌 개수를 구하는 식을 구하시오.

$$A=\begin{bmatrix} a_{01} & a_{02} & a_{03} & \cdots & a_{0(n-1)} \\ 0 & a_{12} & a_{13} & \cdots & a_{1(n-1)} \\ 0 & 0 & a_{23} & \cdots & a_{2(n-1)} \\ & & \vdots & & \\ 0 & 0 & 0 & \cdots & a_{(n-1)(n-1)} \end{bmatrix}=(a_{ij})$$

08. 다음은 행렬의 곱셈을 수행하고 화면에 출력하는 C 프로그램이다. 빈칸에 들어갈 것을 채우시오.

```
int ken[3][3] = {{2,3,4}, {5,6,7}, {8,9,10}};
int boo[3][3] = {{1,2,3}, {4,5,6}, {7,8,9}};
int soo[3][3] = {0,}, i, j, k;

for(i=0; i<3; i++)
  for(j=0; j<3; j++)
      for(k=0; k<3; k++)
        soo[i][j] += [      ❶      ]

for(i=0; i<3; i++)
{
  for(j=0; j<3; j++)
    printf("%4d", [      ❷      ]);
  printf("\n");
}
```

09. 수학에서 사용하는 다항식을 기술하고, 다항식의 배열 표현 방식 2가지에 대하여 개략적으로 기술하시오.

10. 희소 다항식의 개념을 예를 들어 설명하고, 이 단점을 개선하기 위한 방법을 개략적으로 기술하시오.

11. 다항식의 추상 자료형은 다음과 같이 표현한다. 빈 칸을 채우시오.

```
ADT Polynomial
  다항식(Polynomial): p(x)=a_n x^en + a_n-1 x^en-1 + ··· +a_1 x^e1 + a_0
         p.Exponent: p의 지수, p.Coefficient: p의 계수, <e, a>: p의 항(term) 의미
  자료(Data):  x ∈ 변수(variable), e^i ∈ 지수(exponent),
         a_i ∈ 계수(coefficient),  n==maxExp(p) ∈ 최고차수(maximum degree)
  연산(Operation): p, p1, p2, p1+p2, p1-p2, p1*p2, p1/p2 ∈ Polynomial,
         coef(p, e) ∈ 다항식, e ∈지수, a==coef(p, e) ∈ 계수)

  zeroP() ::= return Polynomial p(x) = 0

  [      ❶      ] ::= if (p == 0) then true
                      else false;
  [      ❷      ] ::= if ( <e, a> ∈ p) then return a
                    else return 0;
  [      ❸      ] ::= return degree maximum n of p;
   addTerm(p, a, e) ::= if (e ∈ p.Exponent) then return error
                        else return p after inserting the term <e, a>;
   delTerm(p, a, e) ::= if (e ∈ p.Exponent)
                          then return p after removing the term <e, a>
                        else return error;
   mulTerm(p, a, e) ::= return ([      ❹      ]);
   [      ❺      ] ::= return (p1+p2);
```

연습문제

```
    subPoly(p1, p2) ::= return (p1-p2);
    mulPoly(p1, p2) ::= return (p1*p2);
    divPoly(p1, p2) ::= return (p1/p2);
End Polynomial
```

12. 다항식의 알고리즘은 다음과 같이 표현한다. 빈 칸을 채우시오.

【조건】

① 다항식 A와 다항식 B의 차수를 비교하여 큰 쪽을 다항식 C의 차수에 저장할 것

② 다항식 A에서 인덱스 0에서부터 차수가 될 때까지와 다항식 B에서 인덱스 0에서부터 차수가 될 때까지 스캔하여 반복하여 처리할 때 while() 문을 사용할 것

③ 다항식 A의 차수와 B의 차수를 비교하여 A의 차수가 클 때, 다항식 A의 그 차수의 계수를 다항식 C의 계수에 저장한다. A_deg--;은 다항식 A의 현재 차수보다 1차수 낮은 다음 차수를 구할 것

④ 다항식 A의 차수와 B의 차수를 비교하여 A의 차수와 B의 차수가 같은 때, A의 그 차수의 계수와 B의 그 차수의 계수를 더하여 다항식 C의 계수에 저장한다. A_deg--; B_deg--;은 다항식 A의 현재 차수보다 1차수 낮은 다음 차수와 다항식 B의 현재 차수보다 1차수 낮은 다음 차수를 구할 것

⑤ 다항식 A의 차수와 B의 차수를 비교하여 B의 차수가 클 때, 다항식 B의 그 차수의 계수를 다항식 C의 계수에 저장한다. B_deg--;은 다항식 B의 현재 차수보다 1차수 낮은 다음 차수를 구할 것

⑥ 다항식 A와 다항식 B를 더한 결과인 다항식 C를 반환할 것

```
procedure addPoly1(A, B)
   A_index ← 0, B_index ← 0, C_index ← 0;
   int A_deg ←  A.deg, B_deg ← B.deg;
   [            ❶            ]
   while (A_index <= A.deg && [    ❷    ] ) do
    {if (A_deg > B_deg) {C.coef[C_index++] ← A.coef[A_index++]; A_deg--; }
     else if (A_deg == B_deg) {
            [            ❸            ]
            A_deg--; B_deg--; }
     else { C.coef[C_index++] ← B.coef[B_index++]; B_deg--; };
   repeat;
  return C;
end addPoly1(A, B)
```

13. 2차원 배열을 이용하여 C 프로그램 2개를 각각 작성하시오.

① 행렬의 덧셈과 전치행렬 구하기를 화면에 출력하는 프로그램

② 희소행렬, 희소행렬의 메모리 절약하기를 화면에 출력하는 프로그램

【출력】

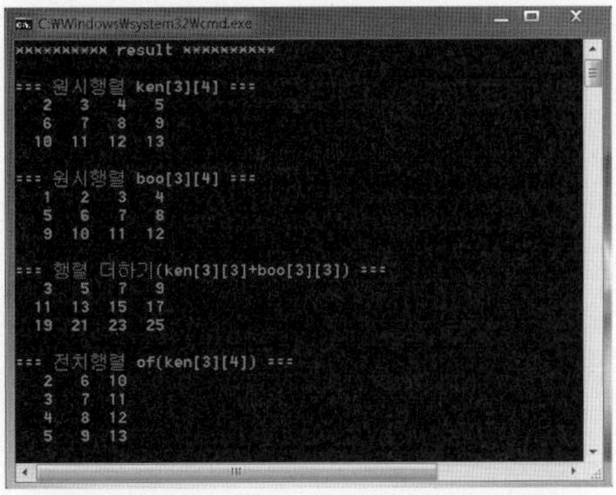

【처리조건】

① 원시행렬은 다음처럼 사용할 것

$$ken=\begin{bmatrix} 2 & 3 & 4 & 5 \\ 6 & 7 & 8 & 9 \\ 10 & 11 & 12 & 13 \end{bmatrix} \quad boo=\begin{bmatrix} 1 & 2 & 3 & 4 \\ 5 & 6 & 7 & 8 \\ 9 & 10 & 11 & 12 \end{bmatrix}$$

② 행렬 ken과 boo의 덧셈과 전치행렬, 희소행렬, 희소행렬의 메모리 절약하기를 화면에 출력

③ 2차원 배열을 일괄적으로 초기화할 것

④ for문을 사용할 것

14. 2차원 배열을 이용하여 다항식 2개를 더하는 C 프로그램 2개를 각각 작성하시오.

① 희소 다항식 포함 방법 프로그램 ② 희소 다항식 제외 방법 프로그램

【출력】

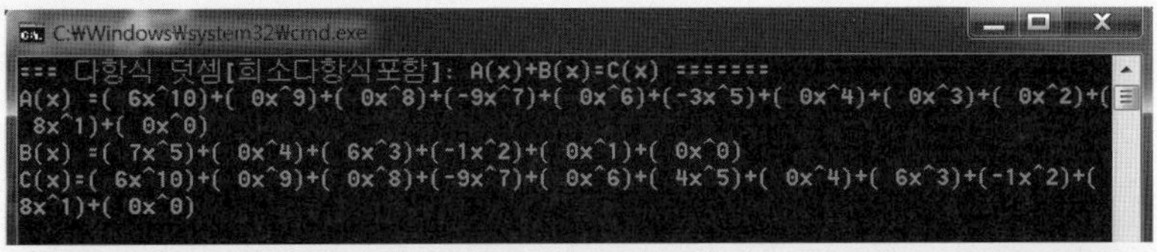

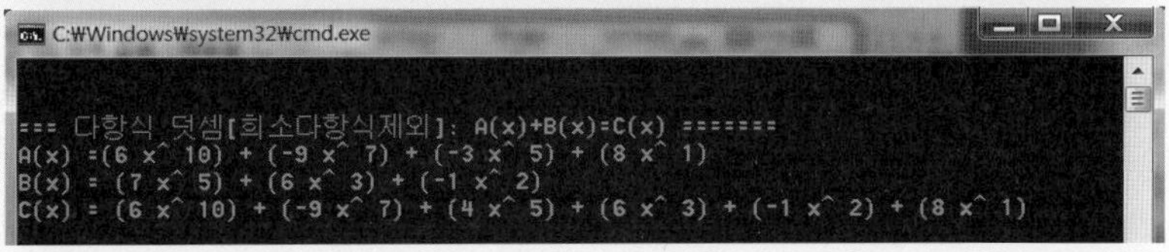

【처리조건】

① 다항식의 모든 차수에 대한 계수 값을 배열에 저장(희소 다항식 포함)

② 다항식의 0이 아닌 계수와 지수의 쌍으로 배열에 저장(희소 다항식 제외)

③ `#define MAX(a,b) ((a>b)?a:b)`

`#define MAX_DEGREE 70`

`#define MAX_TERMS 70` 사용할 것

④ 구조체를 사용할 것

```
typedef struct  Poly1 {              // 희소 다항식 포함
    int deg;
    float coef[MAX_DEGREE];
} p1;

typedef struct Poly2 {               // 희소 다항식 제외
   int coef2;
   int expon2;
};
```

04

연결 자료구조와 연결 리스트 (구조체와 포인터를 이용)

[학습 단계]

00 개요
01 연결 자료구조와 연결 리스트의 개념과 연산
02 단순 연결 자료구조와 단순 연결 리스트
03 원형 연결 자료구조와 원형 연결 리스트
04 이중 연결 자료구조와 이중 연결 리스트
05 연결 자료구조와 연결 리스트의 활용
요약
연습문제

[학습 목표]

- 연결 자료구조와 연결 리스트의 개념과 연산에 대해 학습한다.
- 단순 연결 자료구조와 단순 연결 리스트에 대해 학습한다.
- 원형 연결 자료구조와 원형 연결 리스트에 대해 학습한다.
- 이중 연결 자료구조와 이중 연결 리스트에 대해 학습한다.
- 연결 자료구조와 연결 리스트의 활용에 대해 학습한다.

00 _ 개요

1. 연결 자료구조와 연결 리스트의 개념

연결 자료구조와 연결 자료 리스트의 개념을 알기 쉽게 하기 위하여 다음과 같은 예를 든다.

풀밭에 6명의 사람들이 여기저기 앉아서 기타 치며 노래를 부른다고 하고, 각자 가슴에 큰 명찰을 달거나 피켓을 들고 있다고 한다. 여기서 노래 부르는 순서가 정해져 있지 않고 처음 부른 사람이 그 다음 사람을 지명하기로 한다. 노래 부르는 순서는 A→D→F→E→B→C이다

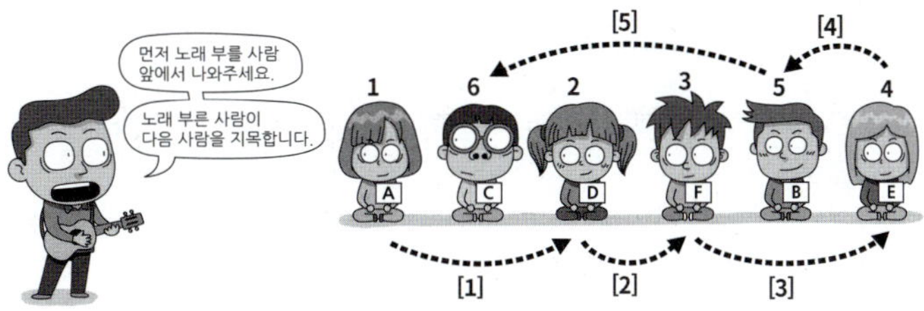

그림 4.1 연결 자료구조의 예: 노래 부르는 순서

2. 연결 자료구조와 연결 리스트의 실생활의 예

실생활에서의 연결 자료구조와 연결 리스트(선형 리스트)의 예는 다음과 같다.

수강신청 과목

자료구조 | 1 → C 언어 | 2 → Java | 3 → … → 컴퓨터개론 | ^(NULL)

좋아하는 운동

탁구 | 1 → 테니스 | 2 → 축구 | 3 → … → 농구 | ^(NULL)

존경하는 인물

이순신 | 1 → 세종대왕 | 2 → 이율곡 | 3 → … → 케네디 | ^(NULL)

[비교] 순차 리스트의 예

수강신청 과목	
1	자료구조
2	C 언어
3	Java
4	파이썬
…	…
n	컴퓨터개론

좋아하는 운동	
1	탁구
2	테니스
3	축구
4	야구
…	…
n	농구

존경하는 인물	
1	이순신
2	세종대왕
3	이율곡
4	신사임당
…	…
n	케네디

그림 4.2 연결 리스트와 순차 리스트의 비교 예

3. 연결 자료구조와 연결 리스트의 특징(삽입/삭제 연산의 편리성)

조회(연결 리스트)

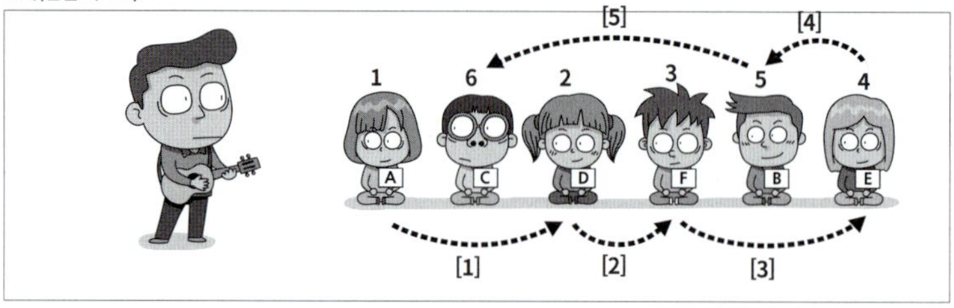

삭제연산(연결 리스트)

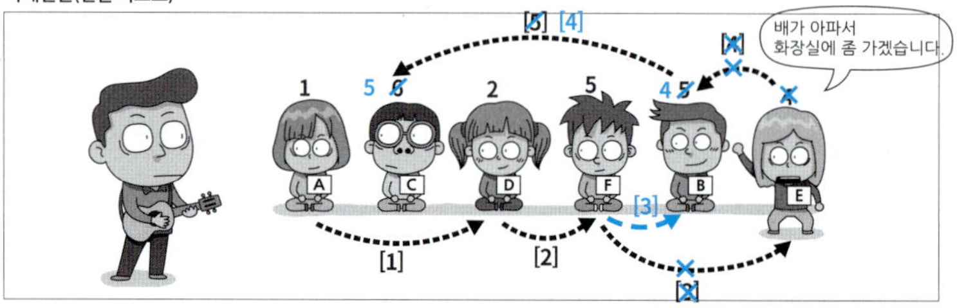

삽입연산(연결 리스트)

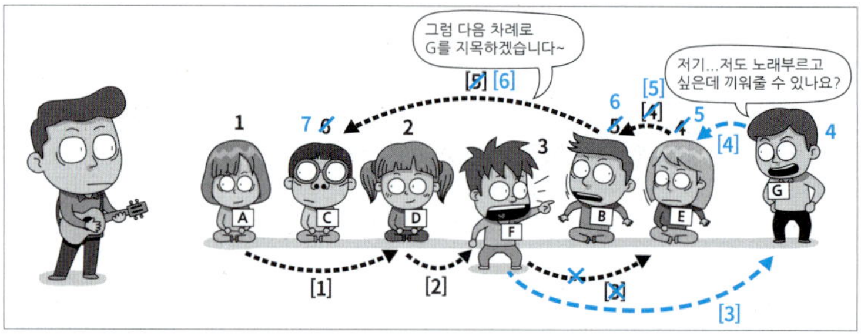

그림 4.3 연결 자료구조와 연결 리스트의 특징

4. 순차 자료구조와 순차 리스트의 특징(삽입/삭제의 단점)

삽입연산(순차 리스트)

삭제연산(순차 리스트)

그림 4.4 순차 자료구조와 순차 리스트의 종류

5. 연결 자료구조와 연결 리스트의 종류

1. **단순 연결 자료구조와 단순 연결 리스트**: 시작과 끝이 있고, 한쪽 방향
2. **원형 연결 자료구조와 원형 연결 리스트**: 시작은 있고 끝이 없음, 한쪽 방향
3. **이중 연결 자료구조와 이중 연결 리스트**: 시작과 끝이 있고, 양쪽 방향

그림 4.5 연결 자료구조와 연결 리스트의 종류

6. 연결 자료구조와 연결 리스트의 활용

자료구조 중에서 연결 리스트의 응용으로서 운영체제에 많이 사용되고 있는 기억 장소 관리(memory management)가 대표적인 예이다. 기억 공간의 효율적인 사용, 즉, 실제로 프로그램의 수행을 위해서는 기억 공간을 구체적으로 어떻게 할당시켜 주고 사용된 다음에는 어떻게 회수해야 하는지가 중요한 문제 중의 하나이다. 또한 다항식에도 활용 가능하다.

01 _ 연결 자료구조와 연결 리스트의 개념과 연산

1. 연결 자료구조와 연결 리스트의 개념

연결 리스트를 구성하는 요소로서 노드들로 구성되는데, 1개의 노드에는 2가지 정보(데이터 필드와 링크 필드)를 나타내는 자료 값(data)과 다음 노드의 주소를 의미하는 연결 값(포인터, link)으로 나타낸다. 컴퓨터의 기억 공간에 이 두 가지, 즉 자료와 포인터를 함께 기억시켜 자료(혹은 노드)들이 서로 전후관계를 갖도록 한 것이 연결 리스트인 것이다.

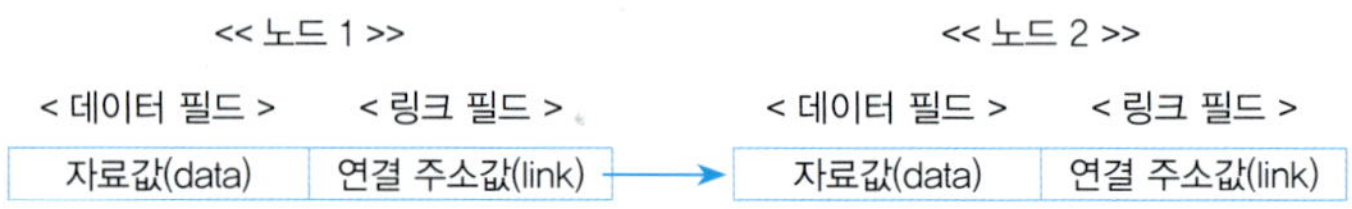

그림 4.5 연결 자료구조와 연결 리스트에서의 노드와 노드 간의 관계 표현

2. 연결 자료구조와 연결 리스트의 특징

표 4.1 연결 자료구조와 연결 리스트의 특징

종류	약어	개념과 C 프로그래밍 구현	특징
선형 연결 리스트 (linear linked list)	연결 리스트 (linked list)	기억 공간에 노드들을 연속적이지 않고 빈 공간에 저장하는 개념이며, 노드들끼리 연결하기 위해서 데이터 필드 외에 링크 필드가 하나씩 더 필요하다. 그림으로는 화살표로 표현하지만 C 프로그래밍에서는 포인터/구조체로 구현 가능하다. 【예】 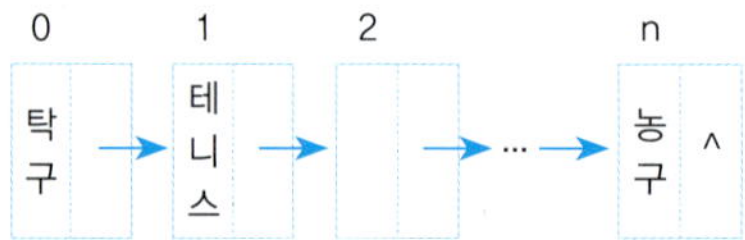	【장점】 • 노드의 삽입 삭제 시 장점 • 연속적인 저장 공간이 없어도 저장 가능 【단점】 • 링크 필드를 사용하므로 기억 공간이 많이 필요함 • 알고리즘 구현이 복잡함 • 특정 노드 검색 시 무한루프(infinite loop)에 빠질 수 있음

$$\text{기억 공간의 효율성(밀도: density)} = \frac{\text{정보 비트(information bit) 수}}{\text{총 비트(total bit) 수}}$$

[예] 자료 저장용으로 16 바이트를 사용하고 후 포인터로는 주소를 저장하기 위하여 2 바이트를 사용하는 단순 연결 리스트의 밀도는 얼마인가?

$$\text{밀도} = \frac{16}{16 + 2} = \frac{16}{18} = 0.89$$

[예] 자료 저장용으로 16 바이트를 사용하고 전후 포인터로는 주소를 저장하기 위하여 2 바이트씩 사용하는 이중 연결 리스트의 밀도는 얼마인가?

$$\text{밀도} = \frac{16}{16 + 2 + 2} = \frac{16}{20} = 0.80$$

[예] 배열은 밀도가 1.0 (=20/20) 이다.

3. 연결 자료구조와 연결 리스트의 종류

(1) 단순 연결 자료구조와 단순 연결 리스트

1개의 노드에 1개의 데이터 필드와 1개의 포인터(연결 주소 값)를 갖는 특징이 있다. 처음 노드의 주소 값은 head에 있고, 마지막 노드의 주소 값은 널(null, nil, ^)로 표현한다.

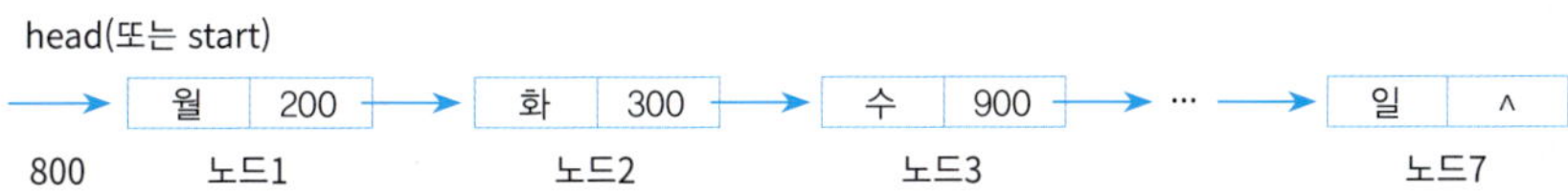

(2) 원형 연결 자료구조와 원형 연결 리스트

원형 연결 리스트(circular linked list)는 단순 연결 리스트의 마지막 노드가 영(null) 링크(link)를 갖는데, 이 영 링크(link) 대신에 리스트의 맨 처음 노드의 주소를 갖도록 구성할 수 있다. 그러면 연결 리스트가 닫힌 폐곡선 모양의 원형이 되는 것을 말한다.

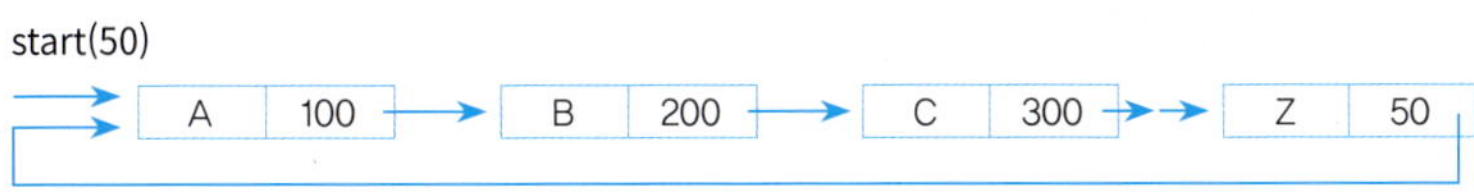

(3) 이중 연결 자료구조와 이중 연결 리스트

1개의 노드에 1개의 데이터 필드와 2개의 포인터(연결 주소 값)를 갖는 특징이 있다. 2개의 포인터 중 1개는 좌측 포인터이고, 1개는 우측 포인터이다. 좌측 포인터는 이전 노드의 주소, 우측 포인터는 이후 노드의 주소를 저장하게 된다. 이 때 자료의 검색은 양쪽 방향으로 진행 가능하다.

4. 연결 자료구조와 연결 리스트의 구현을 위하여 구조체와 포인터를 이용한 C 프로그래밍 표현

(1) 구조체 형식

```
struct 구조체명 {
    이전 노드의 연결할 포인터 저장변수;
    자료형 항목1;
    자료형 항목2;
    ...
    자료형 항목n-1;
    다음 노드의 연결할 포인터 저장변수;
};
```

[구조체의 예]

```
struct LinkedList {                // 구조체
    struct LinkedList *before;     // 포인터
    int suja;                      // 데이터
    struct LinkedList *next;       // 포인터
};
```

=〉 이중 연결 자료구조와 이중 연결 리스트를 위한 자기참조 구조체 표현

(2) 자기 참조 구조체(Self Reference Structure)

자기 참조 구조체란 '데이터형이 해당 구조체의 포인터 필드'가 포함되어 있는 구조체를 말한다.

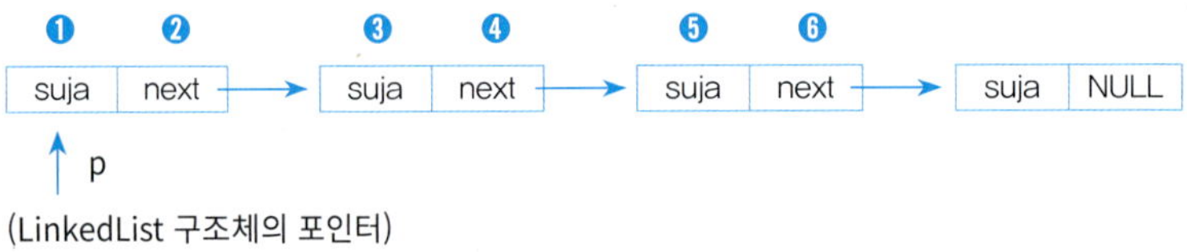

❶ p –〉 suja : p가 가리키는 구조체의 suja 필드

❷ p –〉 next : p가 가리키는 구조체의 next 필드

❸ p–〉 next –〉 suja : p가 가리키는 구조체의 1개 다음 구조체의 suja 필드

❹ p–〉 next –〉 next : p가 가리키는 구조체의 1개 다음 구조체의 next 필드

❺ p–〉 next –〉 next –〉 suja : p가 가리키는 구조체의 2개 다음 구조체의 suja 필드

❻ p–〉 next –〉 next –〉 next : p가 가리키는 구조체의 2개 다음 구조체의 next 필드

02 _ 단순 연결 자료구조와 단순 연결 리스트

1. 단순 연결 자료구조와 단순 연결 리스트의 개념

단순 연결 리스트(singly linked list)는 1개의 노드에 1개의 데이터 필드와 1개의 포인터(연결 주소 값)를 갖는 특징이 있다. 이 때 자료의 검색은 한쪽 방향으로만 진행된다. 제일 처음 노드의 주소 값은 head에 있고, 마지막 노드의 주소 값은 널(null, nil, ^)로 표현한다. 다음 그림에서 화살표는 포인터(주소 값)를 나타낸다. 다음 그림은 단순 연결 자료구조와 단순 연결 리스트의 논리적 표현이다.

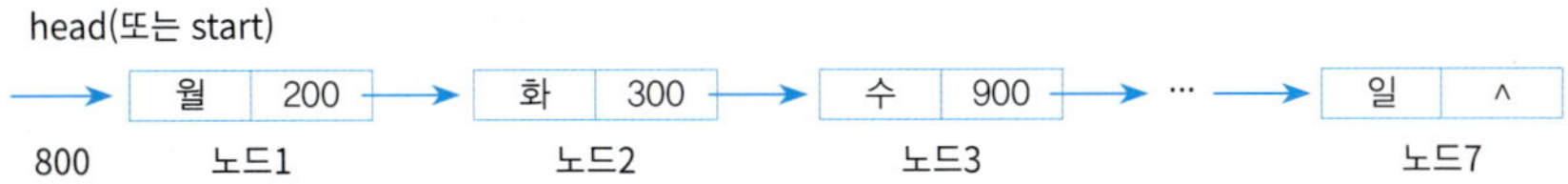

그림 4.6 단순 연결 자료구조와 단순 연결 리스트의 논리적 표현

단순 연결 자료구조와 단순 연결 리스트의 물리적 표현은 실제 주기억 장치(메모리)에서의 자리 차지할 때는 빈 공간을 가서 차지한다. 논리적 표현에 대응되는 메모리에서의 물리적 표현은 다음과 같다.

head(또는 start)
800 →

주소	DATA	LINK
100	금	110
200	화	300
300	수	900
400		
500		
600		
700	일	^(NULL)
800	월	200
900	목	100
100		
110	토	700

그림 4.7 단순 연결 자료구조와 단순 연결 리스트의 메모리에서의 물리적 표현

2. 단순 연결 자료구조와 단순 연결 리스트의 삽입 연산 알고리즘

(1) 단순 연결 자료구조와 단순 연결 리스트의 삽입 연산의 개념

단순 연결 자료구조와 단순 연결 리스트의 삽입 연산의 개념의 예를 들면, 순서가 A→B→D→... →Z에서 B와 D사이에 C를 삽입하기 위하여 B와 D사이의 링크를 끊고, B와 C를 연결하고, C와 D를 연결하는 그림이다.

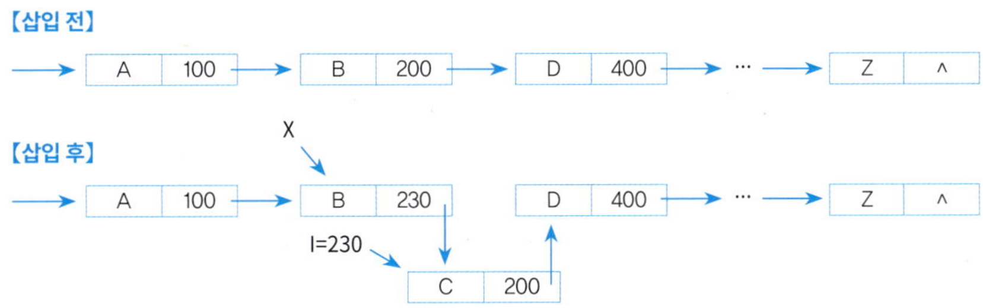

그림 4.8 단순 연결 자료구조와 단순 연결 리스트에서의 삽입 연산의 논리적 표현

(2) 단순 연결 자료구조와 단순 연결 리스트의 삽입 연산 알고리즘의 3가지 경우

단순 연결 자료구조와 단순 연결 리스트의 삽입 연산의 알고리즘(가상 코드)은 3가지 경우로 세분화하여 알고리즘 설계와 C 프로그래밍을 구현할 수 있다.

1. 단순 연결 리스트의 처음 위치로의 삽입과정
2. 단순 연결 리스트의 중간 노드를 입력하는 작업(i번째 삽입)
3. 단순 연결 리스트의 마지막에 한 개의 노드를 입력하는 작업

① 단순 연결 리스트의 처음 위치로의 삽입 과정

단순 연결 리스트에서 맨 처음의 위치로 새로운 노드를 하나 삽입하기 위한 알고리즘은 다음과 같다.

【AL 4_1 : 단순 연결 자료구조와 단순 연결 리스트의 처음 위치로의 삽입 과정】

```
01 /* start: 연결 리스트의 첫 번째 노드를 가리키는 포인터
02      new: 새로 삽입할 노드의 포인터
03      item: 새로 삽입하고자 하는 자료
04      start가 가리키는 노드에 item을 삽입하는 알고리즘 */
05
06 procedure  INSERT_F_Node(start, item, new)
07      new ← getnode();
08      data(new) ← item;
09      link(new) ← start;
10      start ← new;
11 end  INSERT_F_Node( )
```

【해설】

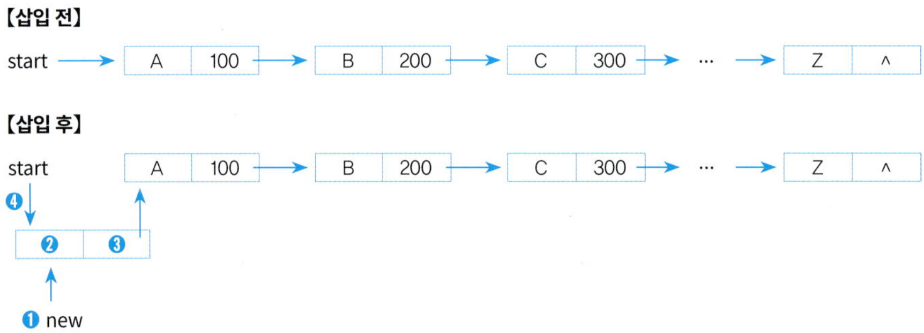

【삽입과정】

06. 사용되고 있지 않은 유용공간으로부터 새로운 노드(new) 하나를 할당받는다. 만약 사용할 공간이 없으면 별도의 처리를 해 주어야 한다.(①)

08. 이 새로운 노드 new의 data 영역에 원하는 자료를 넣는다.(②)

09. 새로운 노드 new의 link 영역에 이전의 첫 번째 노드의 주소를 기입한다.(③)

10. 새로운 노드의 주소 값이 연결 리스트의 선두가 되게 한다.(④)

② 단순 연결 리스트의 중간 노드를 입력하는 작업(i번째 다음에 삽입)

단순 연결 리스트에서 i번째 노드의 다음 위치에 새로운 노드를 입력하는 알고리즘은 다음과 같다.

【AL 4_2 : 단순 연결 리스트의 중간 노드를 입력하는 작업(i번째 삽입)】

구분	알고리즘
단순 연결 자료구조 선언	/* start: 연결 리스트의 첫 번째 노드를 가리키는 포인터 new: 새로 삽입할 노드의 포인터 item: 새로 삽입하고자 하는 자료 i: 임의의 노드를 가리키는 포인터 i가 가리키는 노드 다음에 item을 삽입하는 알고리즘 */

```
01 procedure INSERT_M_Node(new, item, i)
02     call getnode();
03     data(new) ← item;
04     link(new) ← link(i);
05     link(i) ← new
06 end INSERT_M_Node( )
```

【해설】

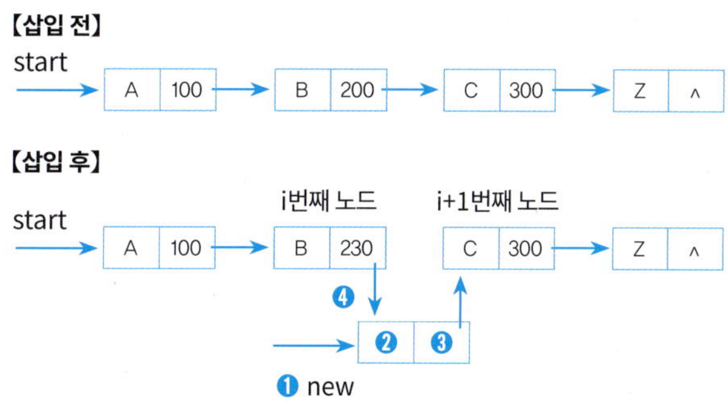

【삽입 과정】

02. 사용하고 있지 않은 빈 기억 공간으로부터 새로운 노드(new) 하나를 할당받는다(❶).

03. 이 새로운 노드의 data 필드에 원하는 자료를 넣는다(❷).

04. i번째 노드의 link 값을 new가 가리키는 노드의 link 필드에 넣는다(❸).

05. new가 가리키는 노드의 주소를 i번째 노드의 link 필드에 넣는다(❹).

③ 단순 연결 리스트의 마지막에 한 개의 노드를 입력하는 작업

단순 연결 리스트에서 맨 마지막에 한 개의 새로운 노드를 삽입하는 알고리즘은 다음과 같다.

[AL 4_3 : 단순 연결 리스트의 마지막에 한 개의 노드를 입력하는 작업 과정]

구분	알고리즘
단순 연결 자료구조 선언	/* start: 연결 리스트의 첫 번째 노드를 가리키는 포인터 new: 새로 삽입할 노드의 포인터 item: 새로 삽입하고자 하는 자료 end: 마지막 노드를 가리키는 포인터 end가 가리키는 노드 다음에 item을 삽입하는 알고리즘 */

```
01 procedure INSERT_L_Node
02              (start, item, end)
03     call getnode();
04     data(new) ← item;
05     link(new) ← ^;
06     link(end) ← new
07     end ←  new
08 end INSERT_L_Node ( )
```

[해설]

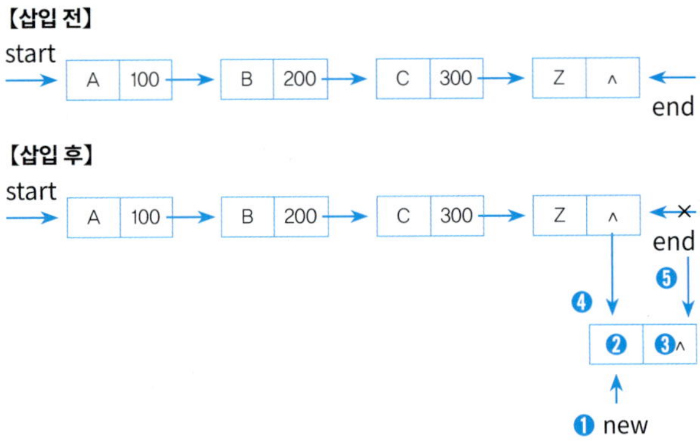

[삽입 과정]

03. 사용하고 있지 않은 빈 기억 공간으로부터 새로운 노드(new) 하나를 할당받는다.

04. 이 새로운 노드의 data 필드에 원하는 자료를 넣는다.

05. 새로운 노드의 link 필드에 NULL 저장한다.

06. new 주소를 end가 가리키고 있는 노드의 링크 필드에 저장한다.

07. new를 end에 넣는다.

3. 단순 연결 자료구조와 단순 연결 리스트의 삭제 연산 알고리즘

(1) 단순 연결 자료구조와 단순 연결 리스트의 삭제 연산의 개념

단순 연결 자료구조와 단순 연결 리스트의 삭제 연산의 개념의 예를 들면, 다음 그림은 순서가 A→B→C→ D →... →Z에서 A와 C사이에 B를 삭제하기 위하여 A와 B사이의 링크를 끊고, B와 C사이의 링크를 끊고, A와 C를 연결하는 그림이다.

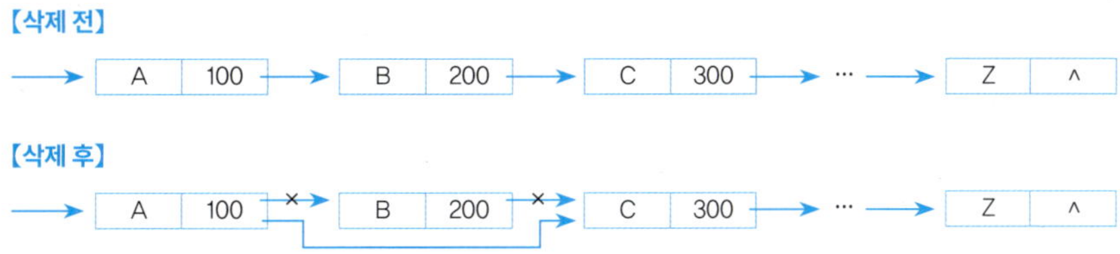

그림 4.9 단순 연결 자료구조와 단순 연결 리스트에서의 삭제 연산의 논리적 표현

(2) 단순 연결 자료구조와 단순 연결 리스트의 삭제 연산 알고리즘의 3가지 경우

단순 연결 자료구조와 단순 연결 리스트의 삭제 연산의 알고리즘(가상 코드)은 3가지 경우로 세분화하여 알고리즘 설계와 C 프로그래밍을 구현할 수 있다.

1. 단순 연결 리스트의 맨 처음 노드를 삭제하는 과정
2. 단순 연결 리스트의 중간 노드를 제거하는 과정(i번째 노드 삭제)
3. 단순 연결 리스트의 마지막 노드를 제거하는 과정

① 단순 연결 리스트의 맨 처음 노드를 삭제하는 과정

단순 연결 자료구조와 단순 연결 리스트의 맨 처음 노드를 제거하는 알고리즘(가상 코드)은 다음과 같다.

【AL 4_4 : 단순 연결 리스트의 맨 처음 노드를 제거하는 알고리즘】

```
01 procedure DELETE_F_Node(start, free)
02       checknull()
03       free ← start
04       process data(free)
05       start ← link(free)
06       putnode(free)
07 end DELETE_F_Node( )
```

【해설】

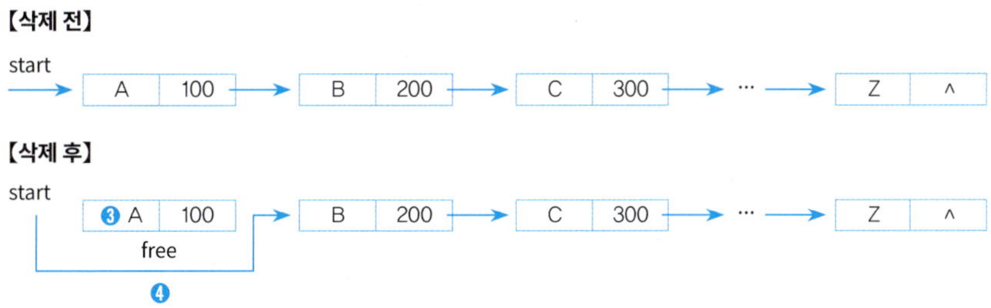

【삭제 과정】

02. 연결 리스트의 첫 번째 노드가 빈(null) 노드인지 아닌지 확인한다. 만약 빈 노드, 즉 리스트에 노드가 전혀 없는 경우에는 별도의 빈 리스트 처리 알고리즘(오류 처리)을 수행한다.

03. start 값을 free에 복사해 넣는다.

04. 제거되는 노드에 들어 있는 자료를 처리한다(❸).

05. 제거되는 노드(free주소가 가리키는 노드)의 link 값을 start에 대입한다(❹).

06. 제거되는 노드(free주소가 가리키는 노드)를 빈 기억 공간에 회수하여 다음에 사용할 수 있도록 준비한다(❺).

② 단순 연결 리스트의 중간 노드를 제거하는 과정(i번째 노드를 제거)

단순 연결 자료구조와 단순 연결 리스트의 i번째 노드를 제거하는 알고리즘(가상 코드) 구현은 다음과 같다.

【AL 4_5 : 단순 연결 자료구조와 단순 연결 리스트의 i번째 노드를 제거하는 알고리즘】

구분	알고리즘
단순 연결 자료구조 선언	/* X: 제거할 노드 Y: X가 가리키는 노드의 바로 앞 노드를 가리키는 포인터 Head: 연결 리스트의 첫 번째 노드를 가리키는 포인터 X가 첫 번째 노드일 경우 (Head==X) : Y = Nil 연결 리스트에서 노드 X를 제거하는 알고리즘 */

```
01 procedure DELETE_M_Node(start, free)
02       checknull()
03       free ← link(i-1)
04       process data(free)
05       link(i-1)←link(i)
06       putnode(free)
07 end DELETE_M_Node( )
```

【해설】

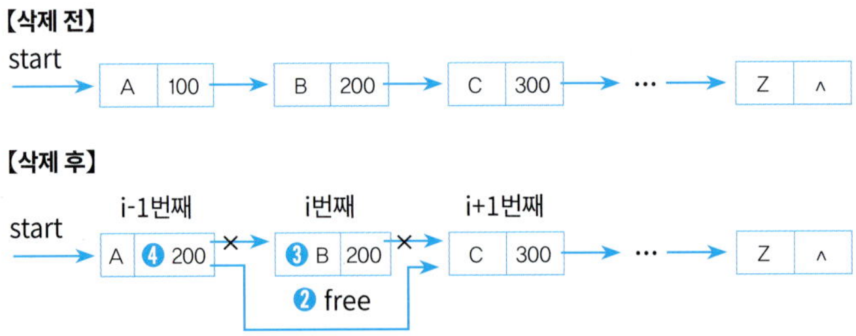

【삭제 과정】

03. 연결 리스트에서 i번째 노드의 유무를 확인하여 없는 경우에는 별도의 해당 노드 없음 알고리즘을 수행한다.

04. i-1번째 노드의 link값을 free 주소에 넣는다.

05. 제거되는 노드에 들어 있는 data를 처리한다.

06. i번째 노드의 link 값을 i-1번째 노드의 link 값에 넣는다.

07. 제거되는 노드(free주소가 가리키는 노드)를 빈 기억 공간에 회수하여 다음에 사용할 수 있도록 준비한다.

③ 단순 연결 리스트의 마지막 노드를 제거하는 과정

단순 연결 자료구조와 단순 연결 리스트의 맨 마지막 노드를 제거하는 알고리즘(가상 코드)은 다음과 같다.

【AL 4_6 : 단순 연결 자료구조와 단순 연결 리스트의 맨 마지막 노드를 제거하는 알고리즘】

```
01 procedure DELETE_Last_Node(start, free)
02      checknull()
03      free ← end
04      process data(free)
05      end ← end의 바로 전 노드의 주소
06      link(end) ← ^
07      putnode(free)
08 end DELETE_Last_Node()
```

【해설】

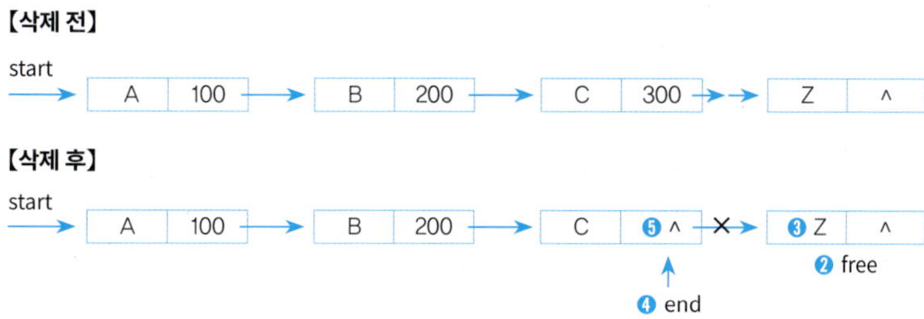

【삭제 과정】

02. 연결 리스트의 마지막 노드가 빈(null) 노드인지 아닌지 확인한다. 만약 빈 노드, 즉 리스트에 노드가 전혀 없는 경우에는 별도의 빈 리스트 알고리즘을 수행한다.

03. end 주소 값을 free에 넣는다(❷).

04. 제거되는 노드에 들어 있는 data를 처리한다(❸).

05. end가 가리키는 노드의 바로 전 노드의 주소 값을 end에 넣는다(❹).

06. end가 가리키는 노드의 link 값이 null이 되게 한다(❺).

07. 제거되는 노드(free주소가 가리키는 노드)를 빈 기억 공간에 회수하여 다음에 사용할 수 있도록 준비한다.

4. 단순 연결 자료구조와 단순 연결 리스트의 삽입/삭제 연산 C 프로그래밍

실습 4.1

구조체와 포인터를 이용하여 단순 연결 자료구조와 단순 연결 리스트의 삽입/삭제를 할 수 있는 프로그램을 작성하시오.

[출력]

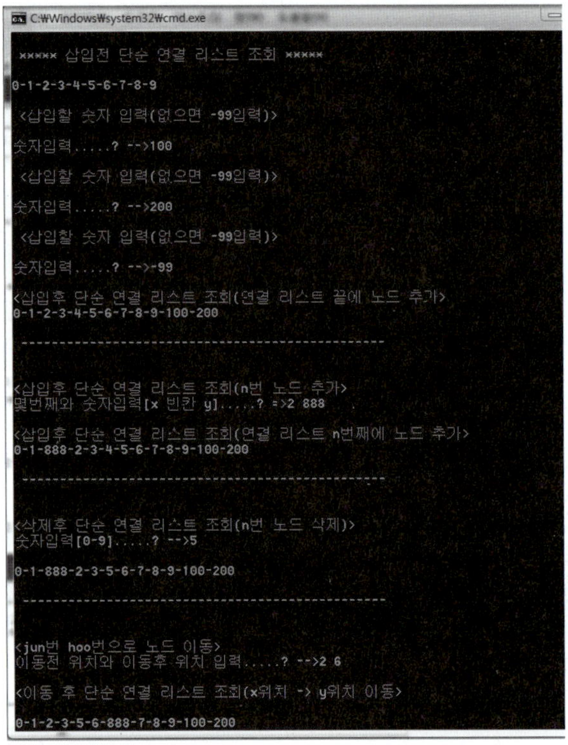

[입력]

① 키보드 입력을 받는 부분은 scanf() 함수를 사용하여 숫자를 입력받을 것.

② 키보드 입력받는 상태를 마치려면 −99를 입력할 것.

③ 삭제할 숫자(화면에 출력된 숫자만)를 입력할 것.

④ 화면에 보는 숫자들은 하나의 예이며, 다른 숫자도 입력 가능함.

[처리조건]

① 구조체와 포인터를 이용하여 단순 연결 자료구조와 단순 연결 리스트의 삽입/삭제를 할 수 있는 프로그램을 작성하며 노드 구현을 할 것.

```
struct SUJA_LIST {
   int  suja;
   struct SUJA_LIST  *daeum;
};
```

② 삽입 전 단순 연결 리스트의 상태와 삽입 후 단순 연결 리스트의 상태를 조회할 것
삭제 전 단순 연결 리스트의 상태와 삭제 후 단순 연결 리스트의 상태를 조회할 것

③ 단순 연결 리스트의 초기 자료는 `sj[N] = {0,1,2,3,4,5,6,7,8,9};`을 사용할 것

④ `#define NULL 0`과 `#define N 10`을 사용할 것

[프로그램: c_4_1.c]

```
#include <stdio.h>
#include <stdlib.h>

#define NULL 0
#define N    10

/* 자기 참조 구조체 */
struct SUJA_LIST {
    int  suja;
    struct SUJA_LIST  *daeum;
};

int bytesu;

struct SUJA_LIST  *node_chuga(int n, struct SUJA_LIST *sijak) {
    struct SUJA_LIST *p;

    p = sijak;
    while (p-> daeum != NULL)
        p = p-> daeum;
```

```
    p-> daeum = (struct SUJA_LIST *)malloc( bytesu );
    p-> daeum ->suja = n;
    p-> daeum -> daeum = NULL;

    return sijak;
}

void list_pyosi(struct SUJA_LIST *sijak) {
    struct SUJA_LIST *p;

    p = sijak;
    while (p -> daeum != NULL) {
        printf("%d-", p->suja);
        p = p->daeum;
    }
    printf("%d\n", p->suja);
}

struct SUJA_LIST *node_sakje(int n, struct SUJA_LIST *sijak) {
    int i;
    struct SUJA_LIST *sakjenodep, *p;

    p = sijak;

    for (i=0; i<n; i++)
        p = p -> daeum;

    sakjenodep = p -> daeum;
    p -> daeum = sakjenodep -> daeum;
    sakjenodep -> daeum = NULL;

    return (sakjenodep);
}

void node_sabip(int n, int suchi, struct SUJA_LIST * sijak) {
    int i;
    struct SUJA_LIST *bogwan, *p;

    p = sijak;
    for (i=0; i<n; i++)
        p = p -> daeum;

    bogwan = p -> daeum;
    p->daeum = (struct SUJA_LIST *)calloc(bytesu, 1);
    p->daeum->suja = suchi;
    p->daeum->daeum = bogwan;
```

```
}
void node_idong(int jun, int hoo, struct SUJA_LIST *sijak) {
    int i;
    struct SUJA_LIST *idongnodep, *p;

    idongnodep = node_sakje(jun, sijak);

    node_sabip(hoo, idongnodep->suja, sijak);
}

main() {
    int i, suja, n, sj[N] = {0,1,2,3,4,5,6,7,8,9};
    struct SUJA_LIST *sijakptr, *sakjeptr;

    bytesu = sizeof(struct SUJA_LIST);

    sijakptr = (struct SUJA_LIST *)malloc( bytesu );
    sijakptr -> daeum = NULL;

    for (i=0; i<N; i++)
        sijakptr = node_chuga(sj[i], sijakptr);

    printf("\n ***** 삽입전 단순 연결 리스트 조회 ***** \n\n");
        list_pyosi(sijakptr -> daeum);

    while (1) {
        printf("\n <삽입할 숫자 입력(없으면 -99입력)> \n\n");
        printf("숫자입력.....? -->"); scanf("%d", &suja);
        if ( suja == -99) break;
            node_chuga(suja, sijakptr);
    }
    printf("\n<삽입후 단순 연결 리스트 조회(연결 리스트 끝에 노드 추가> \n");
    list_pyosi(sijakptr -> daeum);
    printf("\n ---------------------------------------------------\n\n");

    printf("\n<삽입후 단순 연결 리스트 조회(n번 노드 추가> \n");
    printf("몇번째와 숫자입력[x 빈칸 y].....? =>"); scanf("%d %d", &n, &suja);
    node_sabip(n, suja, sijakptr);
    printf("\n<삽입후 단순 연결 리스트 조회(연결 리스트 n번째에 노드 추가> \n");
    list_pyosi(sijakptr -> daeum);

    printf("\n ---------------------------------------------------\n\n");
    printf("\n<삭제후 단순 연결 리스트 조회(n번 노드 삭제)> \n");
    printf("숫자입력[0-9].....? -->"); scanf("%d", &suja);
    if ( suja != -99) sakjeptr = node_sakje(suja, sijakptr);
    free( sakjeptr );
    printf("\n"); list_pyosi(sijakptr -> daeum);

```

```
116     printf("\n ------------------------------------------------\n\n");
117     printf("\n<jun번 hoo번으로 노드 이동> \n");
118     printf("이동전 위치와 이동후 위치 입력.....? -->"); scanf("%d %d", &n, &suja);
119     if ( suja != -99) node_idong(n, suja, sijakptr);
120     printf("\n<이동 후 단순 연결 리스트 조회(x위치 -> y위치 이동> \n");
121     printf("\n"); list_pyosi(sijakptr -> daeum);
122 
123     getchar();
124 }
```

[해설]

8-11. 자기 참조 구조체란 '데이터형이 해당 구조체의 포인터 필드'가 포함되어 있는 구조체를 말한다. 구조체 SUJA_LIST를 정의하면 1개의 노드에 1개의 데이터 필드와 1개의 포인터(연결 주소 값)를 갖는 특징이 있다.

① p->suja	: p가 가리키는 구조체의 suja 필드
② p->next	: p가 가리키는 구조체의 next 필드
③ p->next->suja	: p가 가리키는 구조체의 1개 다음 구조체의 suja 필드
④ p->next->next	: p가 가리키는 구조체의 1개 다음 구조체의 next 필드
⑤ p->next->next->suja	: p가 가리키는 구조체의 2개 다음 구조체의 suja 필드
⑥ p->next->next->next	: p가 가리키는 구조체의 2개 다음 구조체의 next 필드
⑦ p->next->next->next->suja	: p가 가리키는 구조체의 3개 다음 구조체의 suja 필드
⑧ p->next->next->next->next	: p가 가리키는 구조체의 3개 다음 구조체의 next 필드 여기서는 마지막이므로 NULL 값이 됨

82, 13. sizeof( ) 연산자는 변수나 타입의 크기를 숫자로 반환하며, 크기의 단위는 바이트이다. 대상은 식별자이거나 데이터 타입이 될 수 있으며, 여기서는 SUJA_LIST라는 구조체의 크기를 반환하여 bytesu라는 변수에 반환한다.

84-85. malloc() 함수는 메모리 블록을 할당하는 함수이다. bytesu에 들어 있는 숫자의 바이트 크기로 메모리를 할당한다. sijakptr -> daeum = NULL;에 의해서 처음에는 0인 NULL 값이 설정된다. NULL로 하지 않으면 단순 연결 리스트 앞에 쓰레기가 따라붙기도 한다.

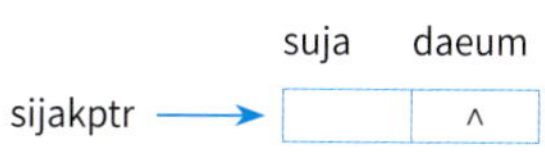

113. free( ) 함수는 동적으로 할당되었던 메모리 블록을 시스템에 반납하는 함수이다. sakjeptr은 할당되었던 메모리 블록을 가리키는 포인터 값이다.

91, 100, 107, 121, 29-38. list_pyosi(sijakptr -> daeum)은 첫 번째가 아니라 두 번째 노드부터 이후의 노드에 화면에 출력하는 함수이다. while() 함수 종료 후 포인터 p는 단순 연결 리스트의 마지막 노드를 가리킨다.

88, 97, 15-27. node_chuga( )함수는 단순 연결 리스트에서 새로운 노드를 추가하는 함수이다. 즉, 가매개변수 sijak이 가리키는 단순 연결 리스트의 뒷부분에 새로운 노드를 추가하며, 이 노드의 suja 멤버에 가매개변수 n을 저장한다. return sijak의 함수 값 sijak은 단순 연결 리스트의 첫 번째 노드를 가리키는 포인터이다.
node_chuga( ) 함수의 기능을 도식적으로 표현하면 다음과 같다.

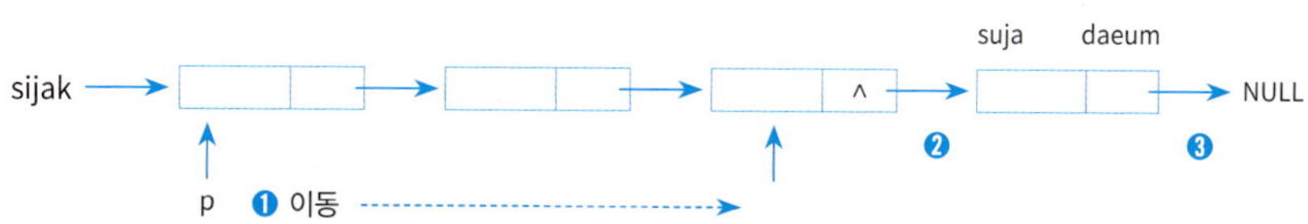

18-20. p가 가리키는 노드의 daeum 멤버의 값이 NULL이 될 때까지 포인터 p를 다음번 노드로 이동시켜 나간다(p = p-> daeum). 즉 p를 마지막 노드 위치로 이동한다(❶).

22. 메모리 상에 새로운 노드 영역을 할당하고(malloc()), 이 영역의 시작 주소를 마지막 노드의 daeum 멤버에 대입. 즉 그 값이 NULL이었던 마지막 노드의 daeum 필드로 하여금 새로 할당된 노드를 가리키게 한다(❷).

23, 24. 새로 할당된 노드의 suja 멤버에 데이터(n)을 저장하고, 마지막 노드의 daeum 멤버의 값을 NULL로 한다. NULL로 하지 않으면 단순 연결 리스트 앞에 쓰레기가 따라붙기도 한다. p-> daeum -> daeum = NULL;에서 p는 p가 가리키는 노드의 1개 다음번 노드(새로 추가된 노드)의 daeum 멤버의 값을 NULL(0)로 한다. 포인터 값을 NULL로 해주면, 이 노드 이후에는 더 이상 노드가 없는 상태가 되게 한다. NULL로 하지 않으면 단순 연결 리스트 뒤에 쓰레기가 따라붙기도 한다(❸).

88. suja 멤버에 0부터 9까지의 노드를 삽입(추가)한다.

97. 키보드에서 입력받은 숫자의 노드를 삽입(추가)한다.

105, 56-68. node_sabip( ) 함수는 n번 단순 연결 리스트 앞에 새로운 노드를 삽입하고, 이 노드의 suja 멤버에 suchi를 저장한다.

【삽입 후】 단순 연결 리스트 start가 공백이 아닌 경우

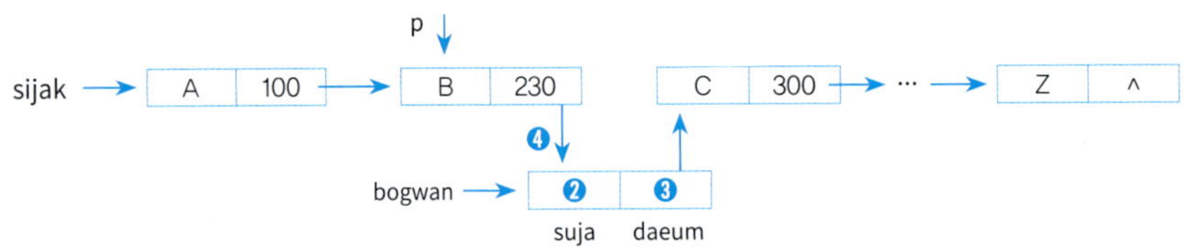

64-67. 새로운 노드를 삽입한다.

64. p의 daeum 필드에 새로 할당된 노드 bogwan를 가리키게 한다(❹).

66. 새로 할당된 노드의 suja 필드에 suchi를 대입한다(❷).

67. 새로 할당된 노드의 daeum 필드에 원래의 p 다음 노드를 가리키게 한다(❸).

65. calloc()와 malloc()는 메모리의 동적 할당 함수이다. malloc()의 인자는 전체 크기 표현이고, calloc()의 인자는 개수와 하나의 크기 표현이라는 것 외에는 거의 유사하다.
예를 들면, `int *a;`에서
`a = malloc(20 * sizeof(int));`하는 것이나,
`a = calloc(20, sizeof(int));`하는 것이나 그 결과는 똑같다.

112, 40-54. node_sakje( )함수는 sijak이 가리키는 단순 연결 리스트에서 n번 노드를 삭제하는 함수이다. return (sakjenodep)의 함수 값 sakjenodep는 단순 연결 리스트의 삭제 노드의 시작 주소를 가리키는 포인터이며, 삭제된 노드를 다른 곳에서 사용할 수 있다. node_sakje( ) 함수의 기능을 도식적으로 표현하면 다음과 같다.

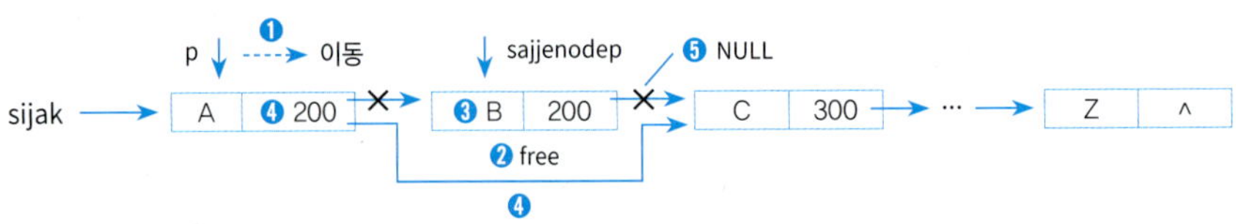

44-47. 포인터 p를 삭제 대상 노드 앞까지 이동한다(❶).

49. p의 다음 노드(삭제 대상 노드)의 위치(주소)를 sakjenodep에 저장한다(❷).

50. p의 daeum 필드가 sakjenodep의 다음 노드를 가리키게 한다(❹).

51. 삭제된 노드의 daeum 필드의 값을 NULL로 한다(❺).

03 _ 원형 연결 자료구조와 원형 연결 리스트

1. 원형 연결 자료구조와 원형 연결 리스트의 개념과 특징

원형 연결 리스트(circular linked list)는 단순 연결 리스트의 마지막 노드가 영(null) 링크(link)를 갖는데, 이 영 링크(link) 대신에 리스트의 맨 처음 노드의 주소를 갖도록 구성할 수 있다. 그러면 연결 리스트가 닫힌 폐곡선 모양의 원형이 되는 것을 말한다. 원형 연결 리스트 또는 환상 연결 리스트라고도 한다.

원형 연결 리스트의 장점은 결합, 분리 작업이 효율적이다. 또한, 원형으로 된 연결 리스트는 연결 리스트의 처음과 끝의 구별이 없어지게 되어 한 개의 노드에서 다른 노드로의 탐색 알고리즘이 단순해진다. 그러나 단점으로는 노드를 찾을 때 주의하지 않으면 무한수행(loop)에 빠질 염려가 있기 때문에 검색을 끝낼 수 있는 노드를 위하여 헤더 노드(header node)를 삽입하여 사용하는 경우가 많다. 헤더 노드는 데이터(data)를 가지고 있지 않으므로 데이터 영역은 공백이 들어가게 된다. 또 헤더 노드는 원형 연결 리스트의 처음과 동시에 끝을 구분해 주게 된다.

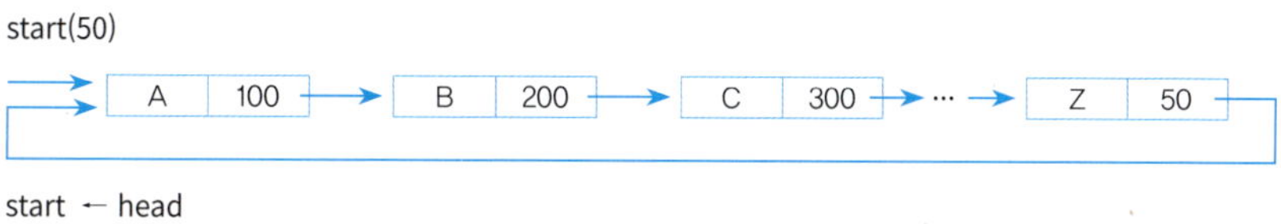

그림 4.10 원형 연결 자료구조와 원형 연결 리스트의 논리적 표현

2. 원형 연결 자료구조와 원형 연결 리스트의 삽입 연산 알고리즘

원형 연결 자료구조와 원형 연결 리스트의 삽입 연산의 알고리즘(가상 코드)은 2가지 경우로 세분화하여 알고리즘 설계와 C 프로그래밍을 구현할 수 있다.

1. 원형 연결 리스트의 처음 위치로의 삽입 과정
2. 원형 연결 리스트의 중간 노드를 입력하는 과정(i번째 삽입)

(1) 원형 연결 리스트의 처음 위치로의 삽입 과정

원형 연결 리스트에서 맨 처음의 위치로 새로운 노드를 하나 삽입하기 위한 알고리즘은 다음과 같다. 단순 연결 리스트에서의 맨 처음 노드에 삽입하는 알고리즘과 맨 마지막 노드에 삽입하는 알고리즘을 혼합한 형태처럼 된다. 원형 연결 리스트 상의 임의의 노드를 공백 리스트인 경우와 아닌 경우를 구분하여 삽입 과정을 알고리즘 한다.

【AL 4_7 : 원형 연결 자료구조와 원형 연결 리스트의 처음 위치로의 삽입 과정】

```
procedure C_INSERT_F_Node(ptr, x)
   new ← getnode();
   data(new) ← x;
```

```
04    if (ptr == NULL) then {
05         ptr ← new;
06         link(new) ← new;
07    }
08    else {
09         tmp ← ptr;
10         while (link(tmp) ≠ ptr) do
11                tmp ← link(tmp);
12                link(new) ← link(tmp);
13                link(tmp) ← new;
14                ptr ← new;
15         repeat
16 };
17 end C_INSERT_F_Node( )
```

【해설】

【삽입 전】

(경우 1) ptr이 NULL이 아닌 경우

(경우 2) ptr이 NULL인 경우

【삽입 후】

(경우 1) ptr이 NULL이 아닌 경우

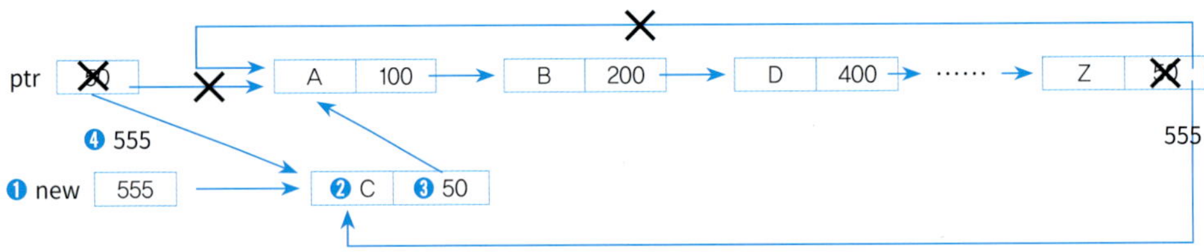

(경우 2) ptr이 NULL인 경우

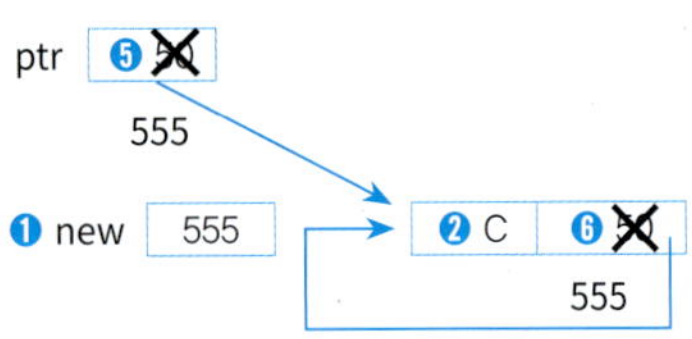

【삽입과정】

02. 유용공간으로부터 빈 노드(new) 하나를 할당받는다(❶).

03. 새로운 노드의 data 영역에 자료 x를 저장한다(❷).

04. ptr 주소는 원형 연결 리스트 상의 임의의 노드의 주소를 의미한다. 공백 리스트인 경우를 말한다.

05. 삽입할 새 노드의 주소 값을 포인터 ptr에 저장한다(❺).

06. 삽입할 새 노드 new의 주소 값을 노드 new의 링크에 저장한다. 즉, 자기 자신으로 연결하여 노드 new를 첫 번째 노드이면서 마지막 노드인 원형 연결 리스트가 되게 한다(❻).

08. 공백 리스트가 아닌 경우에 해당된다.

09. ptr 주소는 원형 연결 리스트 상의 임의의 노드의 주소를 의미한다. 임시 변수 tmp에 저장하여 노드 순회의 시작점을 설정한다.

10-15. 순회 포인터를 처음부터 마지막 링크까지 스캔하며 이동한다.

12. tmp의 링크 값을 삽입할 새 노드 new의 링크 값에 저장한다. 즉, new가 가리키는 노드의 link←ptr이 가리키는 노드의 link 값(❸).

13. 포인터 new의 값을 tmp의 링크에 저장한다. 즉, 마지막 노드의 링크에 저장(ptr이 가리키는 노드의 link ← new주소)하여 리스트의 마지막 노드가 노드 new로 연결하게 하여 원형 연결 리스트가 되게 한다.

14. 포인터 new의 값을 리스트의 시작 포인터 ptr에 저장한다. 즉, 노드 new가 원형 연결 리스트의 첫 번째 노드가 되게 한다(❹).

(2) 원형 연결 리스트의 중간 노드를 입력하는 작업(i번째 다음에 삽입)

원형 연결 리스트에서 i번째 노드의 다음 위치에 새로운 노드를 입력하는 알고리즘은 다음과 같다.

【AL 4_8 : 원형 연결 리스트의 중간 노드를 입력하는 작업(i번째 다음에 삽입)】

```
procedure  C_INSERT_Mid_Node(ptr, i, x)
  new ← getnode();
  data(new) ← x;
  if (ptr == NULL) then  {
     ptr ← new;
     link(new) ← new;
  }
  else  {
     link(new) ← link(i);
     link(i) ← new;
  };
end  C_INSERT_Mid_Node( )
```

【해설】

【삽입 전】

(경우 1) ptr이 NULL이 아닌 경우

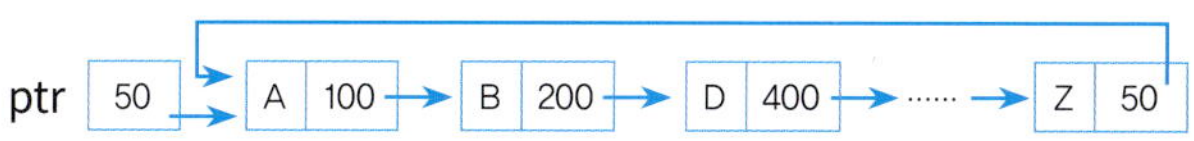

(경우 2) ptr이 NULL인 경우

【삽입 후】

(경우 1) ptr이 NULL이 아닌 경우

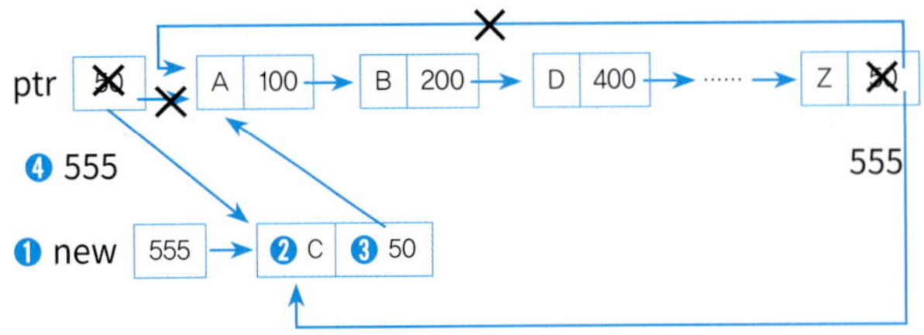

(경우 2) ptr이 NULL인 경우

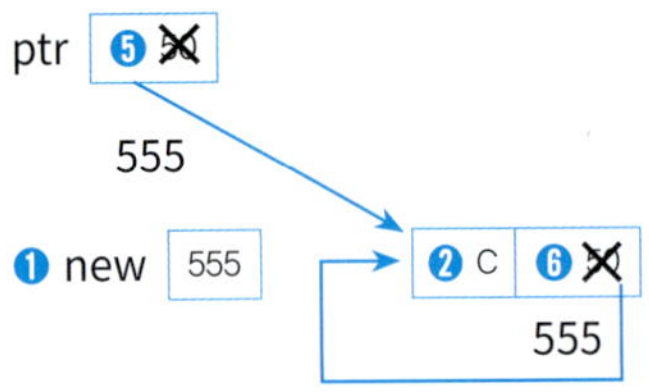

【삽입 과정】

02. 사용하고 있지 않은 빈 기억 공간으로부터 새로운 노드(new) 하나를 할당받는다(❶).

03. 이 새로운 노드의 data 필드에 원하는 자료를 넣는다(❷).

04-07. 원형 연결 리스트 ptr이 공백인 경우에 해당한다(❺).

05. ptr에 new의 주소를 저장하여 첫 번째 노드가 된다(❻).

08. new는 마지막 노드이므로 new의 링크 필드에 NULL 값이 아니라 new 값을 저장한다. 즉, 자기 자신으로 연결하여 노드 new를 첫 번째 노드이면서 마지막 노드인 원형 연결 리스트가 되게 한다(❼).

08-11. 원형 연결 리스트 ptr이 공백이 아닌 경우에 해당한다.

09. i번째 노드의 link 값을 new가 가리키는 노드의 link 필드에 넣는다(❸).

10. new가 가리키는 노드의 주소를 i번째 노드의 link 필드에 넣는다(❹).

3. 원형 연결 자료구조와 원형 연결 리스트의 삭제 연산 알고리즘

【AL 4_9 : 원형 연결 자료구조와 원형 연결 리스트의 삭제 연산 알고리즘】

원형 연결 자료구조와 원형 연결 리스트의 삭제 연산의 알고리즘(가상 코드)은 다음과 같다.

```
procedure DELETE(ptr, i)
  if (ptr == NULL) then error;
  else {
     free ← link(i);
     process data(free)
     link(i) ← link(free);
     if (free == ptr) then
        ptr ← link(free);
     returnNode(free);
  };
end DELETE ( )
```

[해설]

[삽입 전]

(경우 1) ptr이 NULL이 아닌 경우

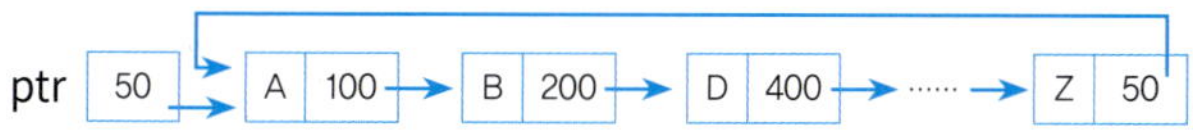

(경우 2) ptr이 NULL인 경우

[삽입 후]

(경우 1) ptr이 NULL이 아닌 경우

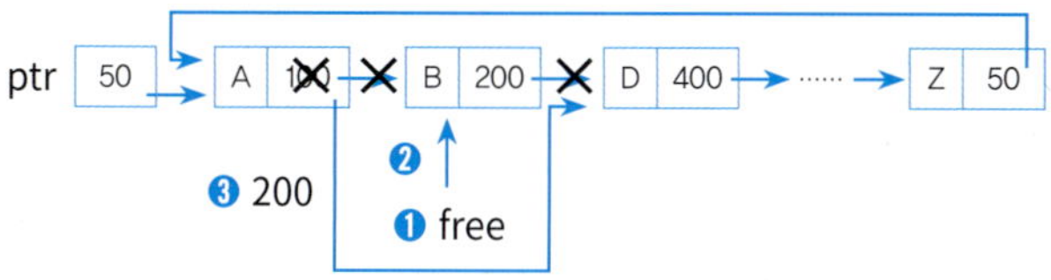

(경우 2) ptr이 NULL인 경우

삭제하려면 오류 처리한다.

[삭제 과정]

02. ptr이 NULL인 경우 오류가 발생한다.

03-10. ptr이 NULL이 아닌 경우에 해당한다.

04. 노드 i의 다음 노드를 삭제할 노드에 대한 포인터 free로 지정한다. 즉, free ← i가 가리키고 있는 노드의 링크 값을 의미한다(❶).

05. 삭제되는 노드 free에 들어 있는 data를 처리한다(❷).

06. 삭제할 노드 free의 링크 값을 노드 i 의 링크 값에 저장한다(❸).

07. 삭제할 노드 free가 리스트의 첫 번째 노드인지 확인한다. 첫 번째 노드이면, 삭제할 노드 free가 리스트 시작 포인터 ptr과 같다면 노드 free는 리스트의 첫 번째 노드가 된다.

08. 첫 번째 노드 free를 삭제하는 경우 리스트 포인터 ptr에 대한 연결 처리가 추가로 필요하며, 노드 free의 링크 값을 리스트 포인터 ptr에 저장한다. 즉, 두 번째 노드가 리스트의 첫 번째 노드가 되게 한다.

09. 삭제한 노드 free의 메모리를 반환한다.

4. 원형 연결 자료구조와 원형 연결 리스트의 삽입/삭제 연산 C 프로그래밍

실습 4.2

구조체와 포인터를 이용하여 원형 연결 자료구조와 원형 연결 리스트의 삽입/삭제를 할 수 있는 프로그램을 작성하시오.

【출력】

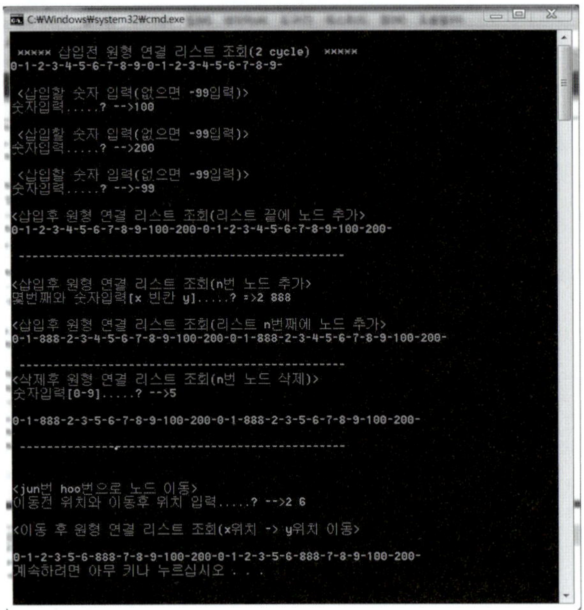

```
C:\Windows\system32\cmd.exe
 ***** 삽입전 원형 연결 리스트 조회(2 cycle)  *****
0-1-2-3-4-5-6-7-8-9-0-1-2-3-4-5-6-7-8-9-

 <삽입할 숫자 입력(없으면 -99입력)>
숫자입력.....? -->100

 <삽입할 숫자 입력(없으면 -99입력)>
숫자입력.....? -->200

 <삽입할 숫자 입력(없으면 -99입력)>
숫자입력.....? -->-99
<삽입후 원형 연결 리스트 조회(리스트 끝에 노드 추가>
0-1-2-3-4-5-6-7-8-9-100-200-0-1-2-3-4-5-6-7-8-9-100-200-

 ------------------------------------------------

<삽입후 원형 연결 리스트 조회(n번 노드 추가>
몇번째와 숫자입력[x 빈칸 y].....? =>2 888

<삽입후 원형 연결 리스트 조회(리스트 n번째에 노드 추가>
0-1-888-2-3-4-5-6-7-8-9-100-200-0-1-888-2-3-4-5-6-7-8-9-100-200-

 ------------------------------------------------
<삭제후 원형 연결 리스트 조회(n번 노드 삭제)>
숫자입력[0-9].....? -->5

0-1-888-2-3-5-6-7-8-9-100-200-0-1-888-2-3-5-6-7-8-9-100-200-

 ------------------------------------------------


<jun번 hoo번으로 노드 이동>
이동전 위치와 이동후 위치 입력.....? -->2 6

<이동 후 원형 연결 리스트 조회(x위치 -> y위치 이동>

0-1-2-3-5-6-888-7-8-9-100-200-0-1-2-3-5-6-888-7-8-9-100-200-
계속하려면 아무 키나 누르십시오 . . .
```

【처리조건】

① 구조체와 포인터를 이용하여 단순 연결 자료구조와 단순 연결 리스트의 삽입/삭제를 할 수 있는 프로그램을 작성하며 노드 구현을 할 것.

```
struct SUJA_LIST {
    int              suja;
    struct SUJA_LIST *daeum;
};
```

② 조회는 원형 연결 리스트의 특징을 보기 위해서 {0,1,2,3,4,5,6,7,8,9}을 2cycle 조회할 것

삽입 전 원형 연결 리스트의 상태와 삽입 후 단순 연결 리스트의 상태를 조회할 것

삭제 전 원형 연결 리스트의 상태와 삭제 후 단순 연결 리스트의 상태를 조회할 것

③ 원형 연결 리스트의 초기 자료는 sj[N] = {0,1,2,3,4,5,6,7,8,9};을 사용할 것

④ #define NULL 0과 #define N 10을 사용할 것

【입력】

① 키보드 입력을 받는 부분은 scanf() 함수 사용하여 숫자를 입력받을 것.

② 키보드 입력받는 상태를 마치려면 -99를 입력할 것.

③ 삭제할 숫자(화면에 출력된 숫자만)를 입력할 것.

④ 화면에 보는 숫자들은 하나의 예이며, 다른 숫자도 입력 가능함.

【프로그램: c_4_2.C】

```
#include <stdio.h>
#include <stdlib.h>

#define NULL 0
#define N    10

/* 자기 참조 구조체 */
struct SUJA_LIST {
    int suja;
    struct SUJA_LIST  *daeum;
};

int bytesu;

struct SUJA_LIST  *node_chuga(int n, struct SUJA_LIST *sijak) {
    struct SUJA_LIST *p;

    p = sijak;
    while (p-> daeum != NULL) {
        p = p-> daeum;
```

```
    };

    p-> daeum = (struct SUJA_LIST *)malloc( bytesu );
    p-> daeum -> suja = n;
    p-> daeum -> daeum = NULL;

    return sijak;
}

void list_pyosi_c(struct SUJA_LIST *sijak) {
    struct SUJA_LIST *p;
    int i;

    for (i = 0; i < 2; i++) {
      p = sijak;
      do {
        printf("%d-", p->suja);
        p = p->daeum;
      } while (p != NULL);
    }
    printf("\n");
}

struct SUJA_LIST *node_sakje(int n, struct SUJA_LIST *sijak) {
    int i;
    struct SUJA_LIST *sakjenodep, *p;

    p = sijak;

    for (i=0; i<n; i++)
        p = p -> daeum;

    sakjenodep = p -> daeum;
    p -> daeum = sakjenodep -> daeum;
    sakjenodep -> daeum = NULL;

    return (sakjenodep);
}
void node_sabip(int n, int suchi, struct SUJA_LIST * sijak) {
    int i;
    struct SUJA_LIST *bogwan, *p;

    p = sijak;
    for (i=0; i<n; i++)
        p = p -> daeum;

    bogwan = p -> daeum;
```

```
    p->daeum = (struct SUJA_LIST *)calloc(bytesu, 1);
    p->daeum->suja = suchi;
    p->daeum->daeum = bogwan;
}


void node_idong(int jun, int hoo, struct SUJA_LIST *sijak) {
    int i;
    struct SUJA_LIST *idongnodep, *p;

    idongnodep = node_sakje(jun, sijak);

    node_sabip(hoo, idongnodep->suja, sijak);
}

main() {
    int i, suja, n, sj[N] = {0,1,2,3,4,5,6,7,8,9};

    struct SUJA_LIST *sijakptr, *sakjeptr;;
    bytesu = sizeof(struct SUJA_LIST);
    sijakptr = (struct SUJA_LIST *)malloc( bytesu );
    sijakptr -> daeum = NULL;

    for (i=0; i<N; i++)
        sijakptr = node_chuga(sj[i], sijakptr);

    printf("\n ***** 삽입전 원형 연결 리스트 조회(2 cycle)  ***** \n");
        list_pyosi_c(sijakptr -> daeum);

    while (1) {
        printf("\n <삽입할 숫자 입력(없으면 -99입력)> \n");
        printf("숫자입력.....? -->"); scanf("%d", &suja);
        if ( suja == -99) break;
            node_chuga(suja, sijakptr);
    }
    printf("\n<삽입후 원형 연결 리스트 조회(리스트 끝에 노드 추가>\n");
    list_pyosi_c(sijakptr -> daeum);
    printf("\n -----------------------------------------------\n");

    printf("\n<삽입후 원형 연결 리스트 조회(n번 노드 추가> \n");
    printf("몇번째와 숫자입력[x 빈칸 y].....? =>"); scanf("%d %d", &n, &suja);
    node_sabip(n, suja, sijakptr);
    printf("\n<삽입후 원형 연결 리스트 조회(리스트 n번째에 노드 추가> \n");
    list_pyosi_c(sijakptr -> daeum);

    printf("\n -----------------------------------------------\n");
    printf("<삭제후 원형 연결 리스트 조회(n번 노드 삭제)> \n");
```

```
115     printf("숫자입력[0-9].....? -->"); scanf("%d", &suja);
116         if ( suja != -99) sakjeptr = node_sakje(suja, sijakptr);
117     free( sakjeptr );
118     printf("\n"); list_pyosi_c(sijakptr -> daeum);
119
120     printf("\n ---------------------------------------------\n\n");
121     printf("\n<jun번 hoo번으로 노드 이동> \n");
122     printf("이동전 위치와 이동후 위치 입력.....? -->"); scanf("%d %d", &n, &suja);
123     if ( suja != -99) node_idong(n, suja, sijakptr);
124     printf("\n<이동 후 원형 연결 리스트 조회(x위치 -> y위치 이동> \n");
125     printf("\n"); list_pyosi_c(sijakptr -> daeum);
126
127     getchar();
128 }
```

[해설]

8-11. 자기 참조 구조체란 '데이터형이 해당 구조체의 포인터 필드'가 포함되어 있는 구조체를 말한다. 구조체 SUJA_LIST를 정의하면 1개의 노드에 1개의 데이터 필드와 1개의 포인터(연결 주소 값)를 갖는 특징이 있다.

① p->suja	: p가 가리키는 구조체의 suja 필드
② p->daeum	: p가 가리키는 구조체의 daeum 필드
③ p->daeum->suja	: p가 가리키는 구조체의 1개 다음 구조체의 suja 필드
④ p->daeum->daeum	: p가 가리키는 구조체의 1개 다음 구조체의 daeum 필드
⑤ p->daeum->daeum->suja	: p가 가리키는 구조체의 2개 다음 구조체의 suja 필드
⑥ p->daeum->daeum->daeum	: p가 가리키는 구조체의 2개 다음 구조체의 daeum 필드
⑦ p->daeum->daeum->daeum->suja	: p가 가리키는 구조체의 3개 다음 구조체의 suja 필드
⑧ p->daeum->daeum->daeum->daeum	: p가 가리키는 구조체의 3개 다음 구조체의 daeum 필드

87, 13. sizeof( ) 연산자는 변수나 타입의 크기를 숫자로 반환하며, 크기의 단위는 바이트이다. 대상은 식별자이거나 데이터 타입이 될 수 있으며, 여기서는 SUJA_LIST라는 구조체의 크기를 반환하여 bytesu라는 변수에 반환한다.

88, 89. malloc() 함수는 메모리 블록을 할당하는 함수이다. bytesu에 들어 있는 숫자의 바이트 크기로 메모리를 할당한다. sijakptr -> daeum = NULL;에 의해서 처음에는 0인 NULL 값이 설정된다. NULL로 하지 않으면 원형 연결 리스트 앞에 쓰레기가 따라붙기도 한다.

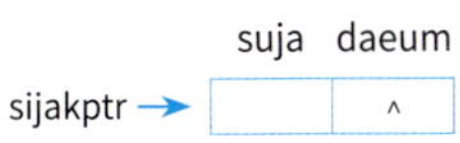

117. free( ) 함수는 동적으로 할당되었던 메모리 블록을 시스템에 반납하는 함수이다. sakjeptr은 할당되었던 메모리 블록을 가리키는 포인터 값이다.

95, 104, 111, 118, 30-42. list_pyosi_c(sijakptr -> daeum)은 첫 번째가 아니라 두 번째 노드부터 이후의 노드에 화면에 출력하는 함수이다. while() 함수 종료 후 포인터 p는 원형 연결 리스트의 마지막 노드를 가리킨다. 2cycle 반복한다.

88, 97, 15-28. node_chuga( ) 함수는 원형 연결 리스트에서 새로운 노드를 추가하는 함수이다. 즉, 가매개변수 sijak이 가리키는 단순 연결 리스트의 뒷부분에 새로운 노드를 추가하며, 이 노드의 suja 멤버에 가매개변수 n을 저장한다. return sijak의 함수값 sijak은 원형 연결 리스트의 첫 번째 노드를 가리키는 포인터이다.
node_chuga( )함수의 기능을 도식적으로 표현하면 다음과 같다.

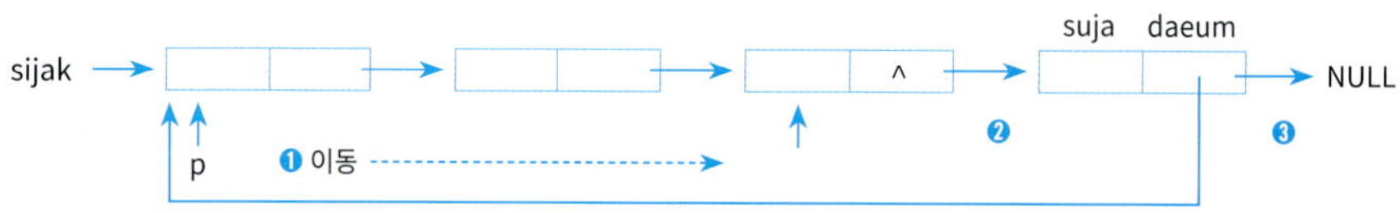

19-21. p가 가리키는 노드의 daeum 멤버의 값이 NULL이 될 때까지 포인터 p를 다음번 노드로 이동시켜 나간다(p = p-〉 daeum). 즉 p를 마지막 노드 위치로 이동한다(①).

22. 메모리 상에 새로운 노드 영역을 할당하고(malloc()), 이 영역의 시작 주소를 마지막 노드의 daeum 멤버에 대입. 즉 그 값이 NULL이었던 마지막 노드의 daeum 필드로 하여금 새로 할당된 노드를 가리키게 한다(②).

23, 25. 새로 할당된 노드의 suja 멤버에 데이터(n)을 저장하고, 마지막 노드의 daeum 멤버의 값을 NULL로 한다. NULL로 하지 않으면 단순 연결 리스트 앞에 쓰레기가 따라붙기도 한다. p-〉 daeum -〉 daeum = NULL;에서 p는 p가 가리키는 노드의 1개 다음번 노드(새로 추가된 노드)의 daeum 멤버의 값을 NULL(0)로 한다. 포인터 값을 NULL로 해주면, 이 노드 이후에는 더 이상 노드가 없는 상태가 되게 한다. NULL로 하지 않으면 단순 연결 리스트 뒤에 쓰레기가 따라붙기도 한다(③).

91, 92. suja 멤버에 0부터 9까지의 노드를 삽입(추가)한다.

99. 키보드에서 입력받은 숫자의 노드를 삽입(추가)한다.

109, 59-71. node_sabip( ) 함수는 n번 원형 연결 리스트 앞에 새로운 노드를 삽입하고, 이 노드의 suja 멤버에 suchi를 저장한다.

【삽입 후】 원형 연결 리스트 start가 공백이 아닌 경우

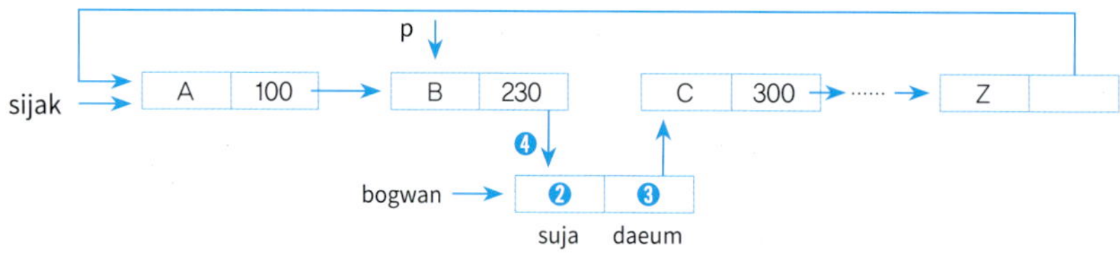

59-71. 새로운 노드를 삽입한다.

67. p의 daeum 필드에 새로 할당된 노드 bogwan을 가리키게 한다(④).

69. 새로 할당된 노드의 suja 필드에 suchi를 대입한다(②).

70. 새로 할당된 노드의 daeum 필드에 원래의 p 다음 노드를 가리키게 한다(③).

68. calloc()와 malloc()는 메모리의 동적 할당 함수이다. malloc()의 인자는 전체 크기 표현이고, calloc()의 인자는 개수와 하나의 크기 표현이라는 것 외에는 거의 유사하다.

예를 들면, int *a;에서

a = malloc(20 * sizeof(int));하는 것이나,

a = calloc(20, sizeof(int));하는 것이나 그 결과는 똑같다.

116, 44-58. node_sakje( ) 함수는 sijak이 가리키는 원형 연결 리스트에서 n번 노드를 삭제하는 함수이다. return (sakjenodep)의 함수 값 sakjenodep는 원형 연결 리스트의 삭제 노드의 시작 주소를 가리키는 포인터이며, 삭제된 노드를 다른 곳에서 사용할 수 있다. node_sakje( ) 함수의 기능을 도식적으로 표현하면 다음과 같다.

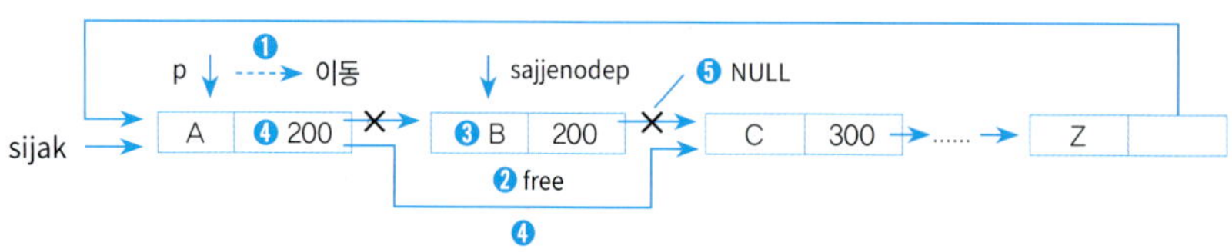

50-51. 포인터 p를 삭제 대상 노드 앞까지 이동한다(①).

53. p의 다음 노드(삭제 대상 노드)의 위치(주소)를 sakjenodep에 저장한다(②).

54. p의 daeum 필드가 sakjenodep의 다음 노드를 가리키게 한다(④).

55. 삭제된 노드의 daeum 필드의 값을 NULL로 한다(⑤).

04 _ 이중 연결 자료구조와 이중 연결 리스트

1. 이중 연결 자료구조와 이중 연결 리스트의 개념

이중 연결 리스트(doubly linked list)는 1개의 노드에 1개의 데이터 필드와 2개의 포인터(연결 주소값)를 갖는 특징이 있다. 2개의 포인터는 1개는 좌측 포인터이고, 1개는 우측 포인터이다. 좌측 포인터는 이전 노드의 주소, 우측 포인터는 이후 노드의 주소를 저장하게 된다. 이 때 자료의 검색은 양쪽 방향으로 진행 가능하다. 제일 처음 노드의 주소 값은 head에 있고, 마지막 노드의 좌측 주소 값과 우측 주소값은 널(null, nil, ^)로 표현한다. 다음 그림에서 화살표는 포인터(주소 값)를 나타낸다. 다음 그림은 이중 연결 자료구조와 이중 연결 리스트의 논리적 표현이다.

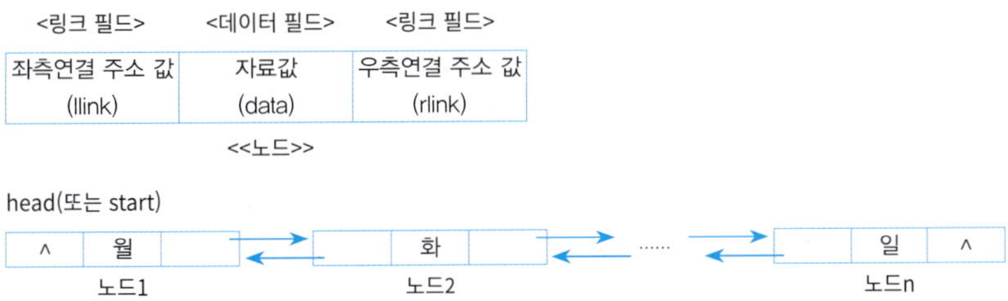

그림 4.11 이중 연결 자료구조와 이중 연결 리스트의 논리적 표현

단순 연결 리스트에 비하여 이중 연결 리스트가 갖는 장점은 임의의 노드를 기준으로 하여 이전 이후의 노드를 찾는 것이 쉽다는 것이지만 반대로 단점은 노드의 삽입과 삭제 시 많은 링크를 조정하는 과정이 필요하게 되고 이로 인해 작업시간이 더 걸릴 수 있다는 것이다.

2. 이중 연결 자료구조와 이중 연결 리스트의 삽입 연산 알고리즘

(1) 이중 연결 자료구조와 이중 연결 리스트의 삽입 연산의 개념

이중 연결 자료구조와 이중 연결 리스트의 삽입 연산의 개념의 예를 들면, 순서가 A→B→D→... →Z와 Z→ ... →D→B→A에서 B와 D사이에 C를 삽입하기 위하여 B와 D사이의 이중 링크를 끊고, B와 C를 이중 연결하고, C와 D를 이중 연결하는 그림이다.

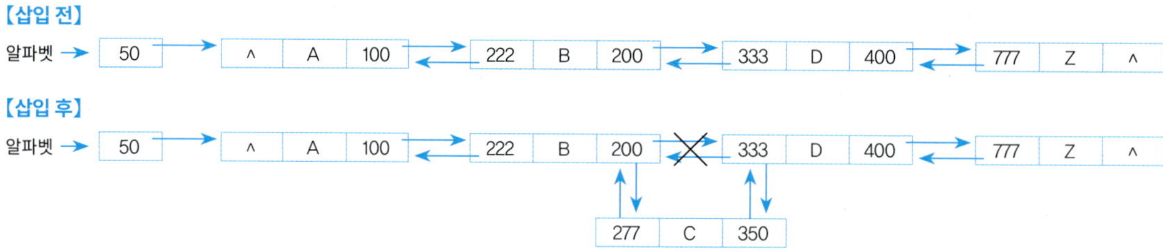

그림 4.12 이중 연결 자료구조와 이중 연결 리스트의 삽입/삭제 연산

(2) 이중 연결 자료구조와 이중 연결 리스트의 삽입 연산 알고리즘

이중 연결 자료구조와 이중 연결 리스트의 삽입 연산의 알고리즘(가상 코드)은 다음과 같다.

【AL 4_10 : 이중 연결 자료구조와 이중 연결 리스트의 삽입 연산 알고리즘】

구분	알고리즘
단순 연결 자료구조 선언	/* Head: 연결 리스트의 첫 번째 노드를 가리키는 포인터 item: 새로 삽입하고자하는 자료 X : 임의의 노드를 가리키는 포인터 Head == Nil : 공백조건 X가 가리키는 노드 다음에 item을 삽입하는 알고리즘 */

```
01 procedure INSERTD(Head, item, X)
02   call GETNODE(I);
03   DATA(I) ← item;
04   if(Head == Nil)
05     then { Head ←  I;
06            LLINK(I) ← Nil;
07            RLINK(I) ← Nil;}
08     else  {RLINK(I) ← RLINK(X);
09            RLINK(X) ← I;
10            LLINK(I) ← LLINK(RLINK(I));
11            LLINK(RLINK(I)) ← I;}
12 end INSERTD ( )
```

【삽입 과정】

02. 새롭게 사용할 공백 노드 한 개를 가져와서 삽입할 노드를 준비한다. 즉 메모리에서 새로 할당 받는다. I는 새로운 노드의 주소 값이다. 예를 들면, I에 들어 있는 주소 값이 230이라고 한다.

03. 새로운 노드 I의 데이터 필드에 값 item을 저장한다. 예를 들면 item의 값이 C라고 하면, C가 저장된다.

04-07. 이중 연결 리스트의 첫 번째 노드를 가리키는 포인터인 Head가 공백이면, 공백에 삽입하는 알고리즘이다.

16. 새로운 노드 I의 링크 필드에 값 X 노드의 우측 링크 값 RLINK(X)을 저장한다. 즉, X 노드의 링크 값 200을 저장한다.

08. 연결 리스트들 중 삽입할 앞 노드 X의 링크 필드에 값 새로운 노드의 주소 값 I를 저장한다. 예를 들면, I에 들어 있는 주소 값 230을 변경하여 저장한다.

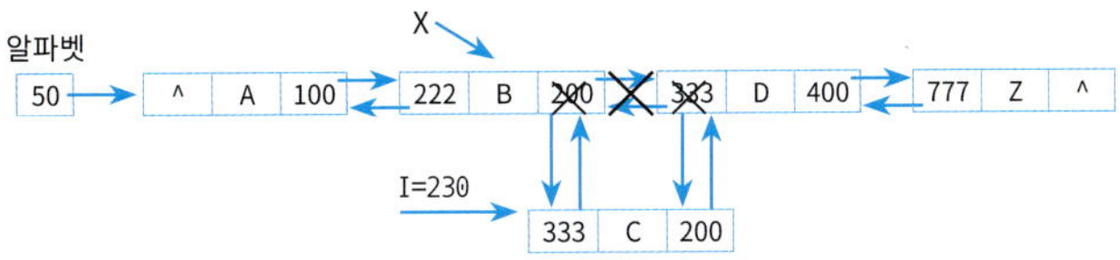

10. 새로운 노드 I의 우측 필드 값이 나타내는 좌측 필드 값(I 노드의 다음 노드의 우측 필드 값)을 새로운 노드 I의 좌측 필드에 값 (150)을 저장한다. 예를 들면, X의 값이 150이라고 하면, 이 값 150이 저장된다.

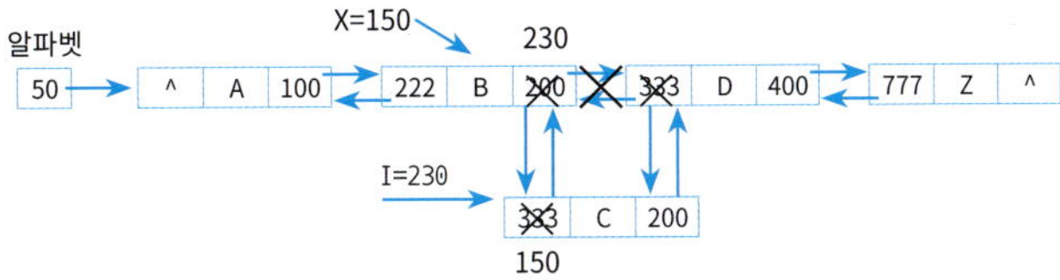

11. 새로운 노드 I의 값을 I의 오른쪽 링크 필드의 좌측 링크 필드에 저장한다. 예를 들면, I에 들어 있는 주소값이 230이면 이 값이 저장된다. 즉, 새로운 노드 I가 오른쪽에 있는 노드의 좌측 필드 값으로 연결된다.

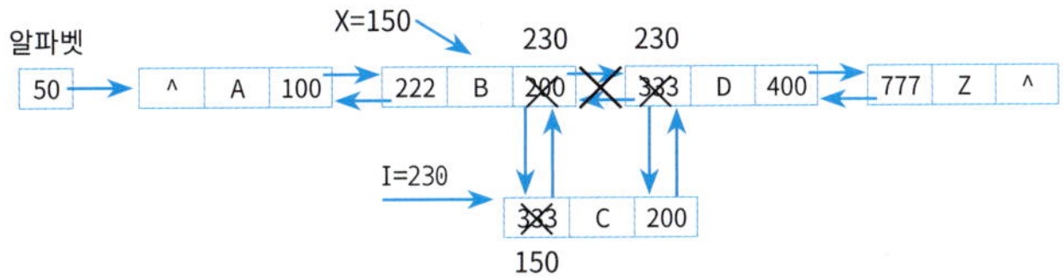

3. 이중 연결 자료구조와 이중 연결 리스트의 삭제 연산 알고리즘

(1) 이중 연결 자료구조와 이중 연결 리스트의 삭제 연산의 개념

이중 연결 자료구조와 이중 연결 리스트의 삭제 연산의 개념의 예를 들면, 순서가 A→B→D→... →Z와 Z→ ... →D→B→A에서 A와 D 사이에 B를 삭제하기 위하여 A와 B사이의 링크를 끊고, B와 C 사이의 링크를 끊고, A와 C를 연결하는 그림이다.

[삽입 전]

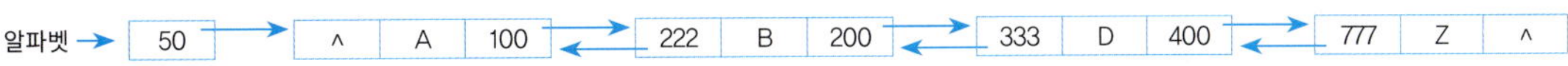

[삽입 후]

그림 4.13 이중 연결 자료구조와 이중 연결 리스트에서의 삭제 연산의 논리적 표현

(2) 이중 연결 자료구조와 이중 연결 리스트의 삭제 연산 알고리즘

이중 연결 자료구조와 이중 연결 리스트의 삭제 연산의 알고리즘(가상 코드)은 다음과 같다.

【AL 4_11 : 이중 연결 자료구조와 이중 연결 리스트의 삭제 연산 알고리즘】

구분	알고리즘
이중 연결 자료구조 선언	/* X: 제거할 노드 Y: X가 가리키는 노드의 바로 앞 노드를 가리키는 포인터 Head: 연결 리스트의 첫 번째 노드를 가리키는 포인터 X가 첫 번째 노드일 경우 Head==X이고 Y = Nil이 됨 이중 연결 리스트에서 노드 X를 제거하는 알고리즘 */

```
01 procedure DELETED(X, Y, Head)
02   if (Y == Nil)
03   then {Head ← LLINK(Head)}
04   else {RLINK(Y) ← RLINK(X);
05        LLINK(RLINK(X)) ← LLINK(X)};
06   call RET(X);
07 end DELETED ( )
```

【해설】

【삭제 전】

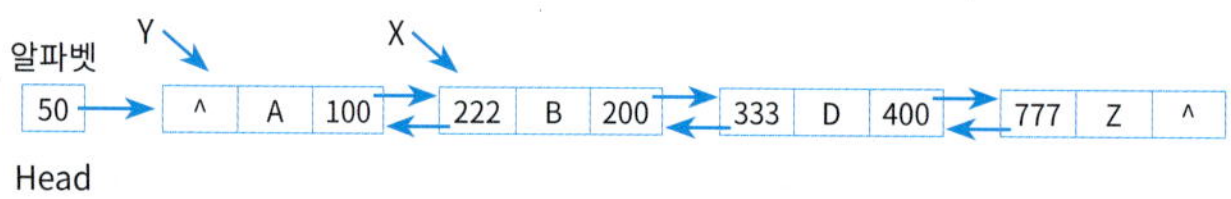

【삭제 후】

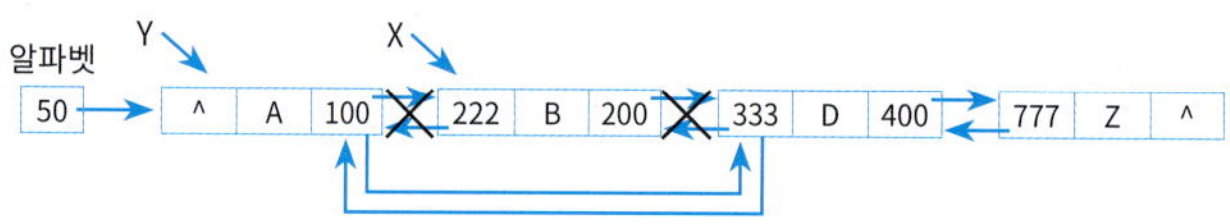

【삭제 과정】

02. X가 가리키는 노드의 바로 앞 노드를 가리키는 포인터가 공백인지를 묻는 명령문이다.

03. 처음 노드를 제거한다.

04. Y(X가 가리키는 노드의 바로 앞 노드를 가리키는 포인터)가 가리키는 노드의 우측 링크 필드에 X가 가리키는 노드의 값 200을 저장한다.

05. X가 가리키고 있는 노드(삭제할 노드)의 오른쪽 필드가 가리키고 있는 노드(X 다음 노드)의 좌측 필드에 X가 가리키고 있는 좌측 필드 값(LLINK(X)), 즉 Y 노드의 주소를 저장한다. 그러므로, 중간 노드를 제거한다.

06. 기억 장소 풀(storage pool)에 노드를 반환한다.

4. 이중 연결 자료구조와 이중 연결 리스트의 삽입/삭제 연산 C 프로그래밍

실습 4.3

구조체와 포인터를 이용하여 이중 연결 자료구조와 이중 연결 리스트의 삽입/삭제를 할 수 있는 프로그램을 작성하시오.

【출력】

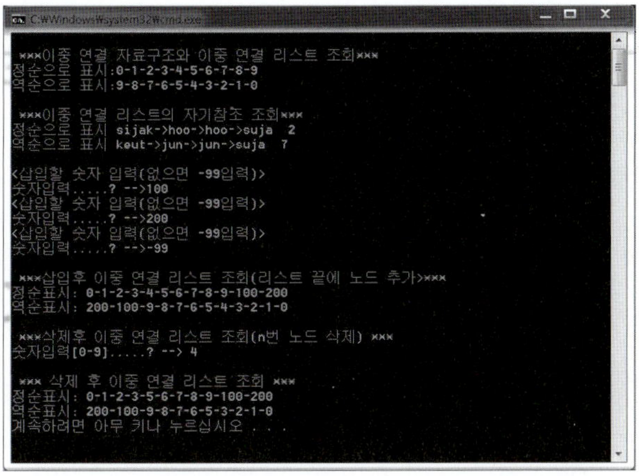

【처리조건】

① 구조체와 포인터를 이용하여 이중 연결 자료구조와 이중 연결 리스트의 삽입/삭제를 할 수 있는 프로그램을 작성하며 노드 구현을 할 것.

```
struct SUJA_LIST {
    struct SUJA_LIST *jun;
    int suja;
    struct SUJA_LIST *hoo;
} *sijak, *keut;
```

② 삽입 전 이중 연결 리스트의 상태와 삽입 후 이중 연결 리스트의 상태를 조회할 것

삭제 전 이중 연결 리스트의 상태와 삭제 후 이중 연결 리스트의 상태를 조회할 것

③ 이중 연결 리스트의 초기 자료는 `sj[N] = {0,1,2,3,4,5,6, 7,8,9};`을 사용할 것

④ `#define NULL 0`과 `#define N 10`을 사용할 것

【입력】

① 키보드 입력을 받는 부분은 scanf() 함수 사용하여 숫자를 입력받을 것.

② 키보드 입력받는 상태를 마치려면 –99를 입력할 것.

③ 삭제할 숫자(화면에 출력된 숫자만)를 입력할 것.

④ 화면에 보는 숫자들은 하나의 예이며, 다른 숫자도 입력 가능함.

【프로그램: c_4_3.c】

```
#include <stdio.h>
#include <stdlib.h>
#include <string.h>

#define NULL 0
#define N 10

struct SUJA_LIST {
    struct SUJA_LIST  *jun;
    int  suja;
    struct SUJA_LIST  *hoo;
} *sijak, *keut;

int bytesu;

void *node_chuga(int n) {
    struct SUJA_LIST *p;

    p = keut;

    p-> hoo = keut = (struct SUJA_LIST *)malloc( bytesu );
    keut->suja = n;
```

```
    keut->jun = p;
    keut-> hoo = NULL;
}

void jungsoon_pyosi(struct SUJA_LIST *pyosi_sijak) {
    struct SUJA_LIST *p;

    p = pyosi_sijak;
    while (p -> hoo != NULL) {
        printf("%d-", p->suja);
        p = p->hoo;
    }
    printf("%d\n", p->suja);
}

void yuksoon_pyosi(struct SUJA_LIST *pyosi_sijak) {
    struct SUJA_LIST *p;

    p = pyosi_sijak;
    while (p -> jun != NULL) {
        printf("%d-", p->suja);
        p = p->jun;
    }
    printf("%d\n", p->suja);
}

struct SUJA_LIST *node_sakje(int n, struct SUJA_LIST *sijak) {
    int i;
    struct SUJA_LIST *sakjenodep, *p;

    p = sijak;

    for (i=0; i<n; i++)
        p = p -> hoo;

    sakjenodep = p -> hoo;
    p -> hoo = sakjenodep -> hoo;
    sakjenodep -> hoo = NULL;
    p -> hoo -> jun = sakjenodep -> jun;

    return (sakjenodep);
}
main() {
    int i, n, suja;
    struct SUJA_LIST *sijak, *sakje;

    bytesu = sizeof(struct SUJA_LIST);

```

```
    sijak = keut = (struct SUJA_LIST *)malloc( bytesu );
    sijak -> suja = 0;
    sijak -> hoo = NULL;
    sijak -> jun = NULL;

    for (i=1; i<N; i++)
        node_chuga(i);

    printf("\n ***이중 연결 자료구조와 이중 연결 리스트 조회***\n");
    printf("정순으로 표시:"); jungsoon_pyosi(sijak);
    printf("역순으로 표시:"); yuksoon_pyosi(keut);

    printf("\n ***이중 연결 리스트의 자기참조 조회***\n");
    printf("정순으로 표시 sijak->hoo->hoo->suja  %d\n", sijak->hoo->hoo->suja);
    printf("역순으로 표시 keut->jun->jun->suja  %d\n\n",  keut->jun->jun->suja);

    while (1) {
        printf("<삽입할 숫자 입력(없으면 -99입력)> \n");
        printf("숫자입력.....? -->"); scanf("%d", &suja);
        if ( suja == -99) break;
            node_chuga(suja);
    }

    printf("\n ***삽입후 이중 연결 리스트 조회(리스트 끝에 노드 추가)*** \n");
    printf("정순표시: "); jungsoon_pyosi(sijak);
    printf("역순표시: "); yuksoon_pyosi(keut);

    printf("\n ***삭제후 이중 연결 리스트 조회(n번 노드 삭제) *** \n");
    printf("숫자입력[0-9].....? --> "); scanf("%d", &suja);
    if ( suja != -99) sakje = node_sakje((suja-1), sijak);
    free( sakje);

    printf("\n *** 삭제 후 이중 연결 리스트 조회 ***");
    printf("\n정순표시: "); jungsoon_pyosi(sijak);
    printf("역순표시: "); yuksoon_pyosi(keut);

    getchar();
}
```

[해설]

8-12. 자기 참조 구조체란 '데이터형이 해당 구조체의 포인터 필드'가 포함되어 있는 구조체를 말한다. 구조체 SUJA_LIST를 정의하면 1개의 노드에 1개의 데이터 필드와 1개의 포인터(연결 주소 값)를 갖는 특징이 있다.

① p->suja : p가 가리키는 구조체의 suja 필드
② p->hoo : p가 가리키는 구조체의 hoo 필드
③ p->hoo->suja : p가 가리키는 구조체의 1개 다음 구조체의 suja 필드

④ p->hoo->hoo : p가 가리키는 구조체의 1개 다음 구조체의 hoo 필드
⑤ p->hoo->hoo->suja : p가 가리키는 구조체의 2개 다음 구조체의 suja 필드
⑥ p->hoo->hoo->hoo : p가 가리키는 구조체의 2개 다음 구조체의 hoo 필드
⑦ p->hoo->hoo->hoo->hoo : p가 가리키는 구조체의 3개 다음 구조체의 suja 필드
⑧ p->hoo->hoo->hoo->hoo : p가 가리키는 구조체의 3개 다음 구조체의 hoo 필드
⑨ p->jun : p가 가리키는 구조체의 jun 필드
⑩ p->jun->suja : p가 가리키는 구조체의 1개 이전 구조체의 suja 필드
⑪ p->jun->jun : p가 가리키는 구조체의 1개 이전 구조체의 jun 필드

9, 11. 여기서는 이중 연결 자료구조와 이중 연결 리스트를 표현해야 하므로 좌측 필드와 우측 필드를 표현하는 자기 참조 구조체이다.

69, 14. sizeof( ) 연산자는 변수나 타입의 크기를 숫자로 반환하며, 크기의 단위는 바이트이다. 대상은 식별자이거나 데이터 타입이 될 수 있으며, 여기서는 SUJA_LIST라는 구조체의 크기를 반환하여 bytesu라는 변수에 반환한다.

71-74. malloc()함수는 메모리 블록을 할당하는 함수이다. bytesu에 들어 있는 숫자의 바이트 크기로 메모리를 할당한다. sijak -> suja = 0; sijak -> hoo = NULL; sijak -> jun = NULL;에 의해서 처음에는 0인 NULL 값이 설정된다. NULL로 하지 않으면 이중 연결 리스트 전과 후에 쓰레기가 따라붙기도 한다.

101. free() 함수는 동적으로 할당되었던 메모리 블록을 시스템에 반납하는 함수이다. sakje은 할당되었던 메모리 블록을 가리키는 포인터 값이다.

80, 95, 104, 27-36. jungsoon_pyosi(sijak);은 첫 번째 노드부터 이후의 마지막 노드까지 화면에 출력하는 함수이다. while() 함수 종료 후 포인터 p는 이중 연결 리스트의 우측 마지막 노드를 가리킨다.

81, 96, 105, 38-47. yuksoon_pyosi(keut);은 마지막 노드부터 이전의 첫 노드까지 화면에 출력하는 함수이다. while() 함수 종료 후 포인터 p는 이중 연결 리스트의 좌측 첫 노드를 가리킨다.

77, 91, 16-25. node_chuga( )함수는 이중 연결 리스트에서 새로운 노드를 추가하는 함수이다. 즉, 가매개변수 sijak이 가리키는 이중 연결 리스트의 뒷부분에 새로운 노드를 추가하며, 이 노드의 suja 멤버에 가매개변수 n을 저장한다. 추가된 마지막 노드의 우측 필드는 NULL을 저장하고, 좌측 필드에는 p를 저장한다.
node_chuga( )함수의 기능을 도식적으로 표현하면 다음과 같다.

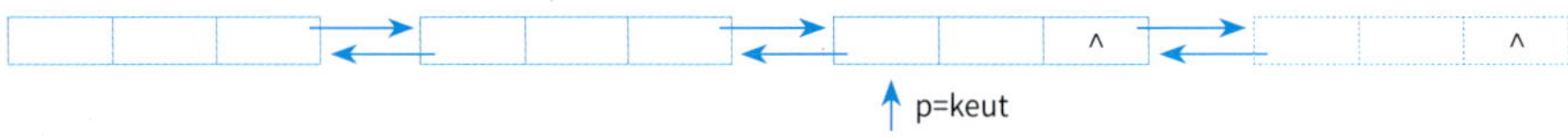

76-77. suja 멤버에 0부터 9까지의 노드를 삽입(추가)한다.

89. 키보드에서 입력받은 숫자의 노드를 삽입(추가)한다.

100, 49-64. node_sakje( )함수는 sijak이 가리키는 이중 연결 리스트에서 n번 노드를 삭제하는 함수이다. return (sakjenodep)의 함수 값 sakjenodep는 단순 연결 리스트의 삭제 노드의 시작 주소를 가리키는 포인터이며, 삭제된 노드를 다른 곳에서 사용할 수 있다. node_sakje( ) 함수의 기능을 도식적으로 표현하면 다음과 같다.

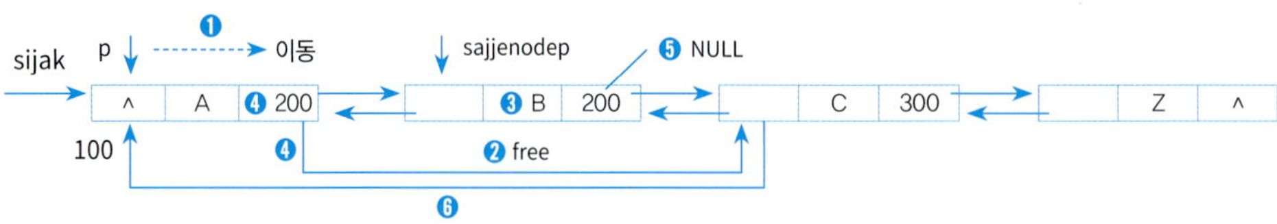

55-56. 포인터 p를 삭제 대상 노드 앞까지 이동한다(①).

58. p의 우측 링크인 다음 노드(삭제 대상 노드)의 위치(주소)를 sakjenodep에 저장한다(②).

59. p의 hoo 필드에 sakjenodep의 hoo 값(200)을 저장하여 sakjenodep의 다음 노드를 가리키게 한다(④).

60. 삭제된 노드 sakjenodep의 hoo 필드의 값을 NULL로 한다(⑤).

61. p의 hoo 필드가 가리키고 있는 jun 필드(p -> hoo -> jun)에 삭제할 노드의 이전 값(sakjenodep -> jun)으로 변경한다(⑥)

5. 이중 원형 연결 자료구조와 이중 원형 연결 리스트

이중 연결 리스트의 제일 처음과 마지막 노드에는 널링크(영링크)가 두 개 있게 된다. 이 중에서 제일 처음 노드의 좌 링크 값은 리스트의 마지막 노드의 주소를 가리키도록 하고 제일 마지막 노드의 우 링크 값은 리스트의 처음에 오는 노드의 주소를 가리키도록 하면 이중 원형 연결 리스트가 만들어진다. 이 리스트에 대한 입력과 출력 알고리즘은 원형 연결 리스트와 이중 연결 리스트에서 기술한 내용과 유사하므로 생략한다.

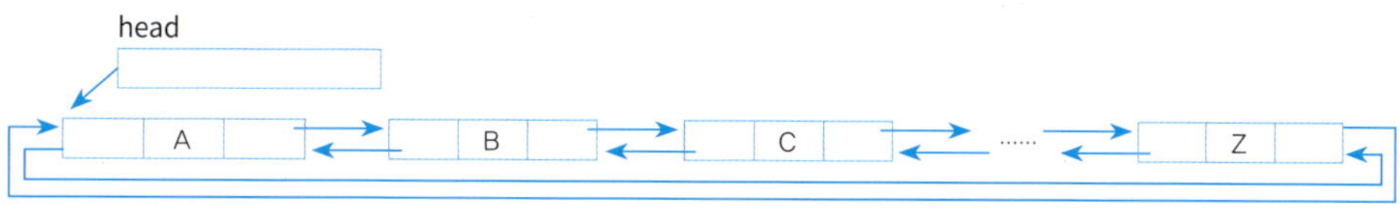

그림 4.14 이중 원형 연결 자료구조와 이중 원형 연결 리스트의 구조

05 연결 자료구조와 연결 리스트의 활용

1. 기억 장소 관리

자료구조 중에서 연결 리스트의 응용으로서 운영체제에 많이 사용되고 있는 기억 장소 관리(memory management)가 대표적인 예이다. 기억 공간을 효율적인 사용, 즉, 실제로 프로그램의 수행을 위해서는 기억 공간을 구체적으로 어떻게 할당시켜 주고 사용된 다음에는 어떻게 회수해야 하는지가 중요한 문제 중의 하나이다.

기억 장소의 관리는 크게 정적 기억 장소 관리(static storage management)와 동적 기억 장소 관리(dynamic storage management)로 나눌 수 있다. 전자는 기억 공간을 고정된 크기로 나누어 할당 관리하는 방법이고 후자는 작업에 필요한 만큼의 기억 공간을 할당 관리하는 방법이다.

(1) 정적 기억 장소 관리(Static Storage Management)

연결 리스트를 운영한다는 것은 이 리스트에 새로운 노드를 집어넣기도 하고 리스트로부터 삭제하기도 하는 것을 의미한다. 거꾸로 기억 공간을 위주로 생각해보면 빈 기억 공간에서 노드의 삭제는 연결 리스트로의 노드 삽입과 의미가 같아진다. 즉 빈 기억 공간으로부터 노드 한 개가 떨어져 나와 연결 리스트로 들어가는 것이다. 반대로 연결 리스트에서 노드의 삭제가 일어나면 그 노드는 빈 기억 공간 속으로 노드의 삽입을 수반하게 된다. 이와 같이 빈 기억 공간도 고정된 크기의 노드들을 하나의 연결 리스트로 만들어서 스택 방식으로 운영할 수 있다.

정적인 관리 방식은 기억 공간을 여러 개의 고정된 크기로 분할하여 사용 프로그램에 할당시켜주므로 기억 장소의 낭비가 발생할 가능성이 아주 많은 방식이다. 즉 크기가 고정된 한 개의 사용 가능 구간에서 사용된 부분과 사용되지 않은 부분이 있게 되는데, 이 사용되지 않은 부분을 다른 프로그램에서는 전혀 이용할 수 없으므로 낭비가 되는 것이다. 만약 분할된 구간이 많으면 많을수록 이러한 이용률은 대체적으로 더 떨어지게 된다.

【예】 전체 100K의 용량을 갖는 기억 공간이 16K, 20K, 24K, 40K 등의 크기로 고정 분할되어 사용되는 경우

- 사용 공간: 76K(=10+16+18+32), 비사용 공간: 24K(=6+4+6+8)

⇒ 비사용 공간(가용 공간, available space)을 하나의 연결 리스트로 만들 수 있다.

그림 4.15 정적 관리 장소를 위한 연결 자료구조와 연결 리스트의 활용

(2) 동적 기억 장소 관리(Dynamic Storage Management)

기억 공간을 각 프로그램에서 필요한 만큼씩 크기에 맞게 분할하여 사용하는 방법으로 이용률이 높아지게 된다.

1. **first-fit 방법**: 기억 장소가 필요할 경우 사용되지 않은 영역 중에서 순차적으로 자유 리스트를 차례로 검색하여, 빈 공간의 크기가 요청된 크기와 같거나 더 큰 첫 번째 자유 블록을 찾아 할당시켜 나가는 방법이다.
2. **best-fit 방법**: 크기가 같거나 더 큰 자유 블록들 중 가장 적은 것을 고른다. 이 방법은 매우 큰 자유 블록들을 분할시키지 않고 유지하여 큰 블록에 대한 요청을 만족시킬 수 있다는 장점이 있다
3. **worst-fit 방법**: 항상 가장 큰 자유 블록을 할당한다. 이 방법은 적은 수의 매우 큰 자유 블록들을 반복해서 사용하므로 대부분의 요청을 충족시키면서 중간 크기의 자유 블록들이 되도록 분할되지 않도록 하는 데 그 목적이 있다.

(3) 쓰레기 수집(garbage collection)

쓰레기 수집(garbage collection)은 동적 기억 장소 관리에서 할당과 회수를 반복하다보면 더 이상 사용되지 않고 작게 나누어진 남은 공간(fragment)이 생기는데 이들을 모아서 가용 공간으로 환원시켜 주는 것을 말한다. 운영체제는 유용할 수 있는 기억 공간이 적게 되거나 아주 없는 경우 혹은 중앙처리장치(CPU)가 쉬고 있는 동안에 쓰레기 수집을 할 수 있다. 여러 가지 방법의 예에서 사용한 결과를 생각해 보면 남은 기억 공간이 6K, 4K, 6K, 8K가 된다. 이것을 단편화(fragmentation)라 한다. 만약 여기서 20K의 용량이 필요하다면 운영체제는 이들 조각들을 모아서 24K를 만든 다음 프로그램에 기억 공간을 제공할 수 있을 것이다.

【예】 전체 100K의 용량을 갖는 기억 공간이 16K, 20K, 24K, 40K 등의 크기로 고정 분할되어 사용되는 경우

- 단편화를 모아서 쓰레기 수집

그림 4.16 단편화를 모아서 쓰레기 수집

2. 단순 연결 리스트를 활용한 다항식

(1) 수학에서 사용하는 다항식

수학에서 사용하는 다항식(polynomial)의 일반적인 표현은 다음과 같다.

$$p(x) = a_n x^n + a_{n-1} x^{n-1} + \cdots + a_1 x + a_0 = \sum_{i=0}^{n} a_i x^i$$

⇒ x: 변수(variable), n: 지수(exponent), a_i: 계수(coefficient), n: 최고차수(degree)

【예】 $A(x) = 7x^9 + 8x^3 + 11$

⇒ 변수: x, 지수: 9, 3, 0 계수: 7, 8, 11 최고차수: 9

(2) 다항식의 단순 연결 리스트를 이용한 표현

다항식의 표현으로 배열로 표현하는 방법은 [제3장]에서 이미 설명하고 있다. 여기서는 또 다른 표현인 단순 연결 리스트를 이용한 다항식의 표현을 설명한다. 예를 들면, 다항식 $A(x)=7x^9+8x^3+11$을 단순 연결 리스트로 논리적인 표현을 하면 다음과 같다.

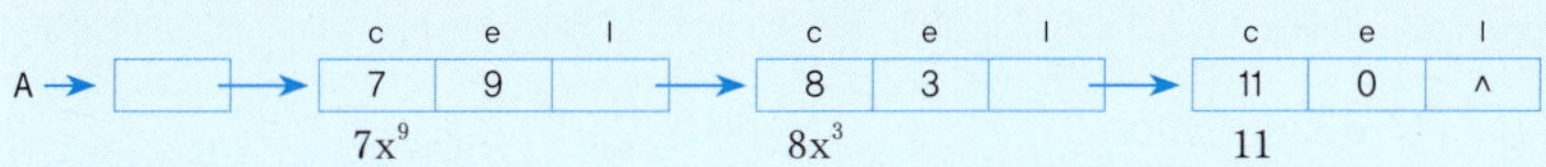

- 다항식의 각 항에 대한 노드 구조:

계수(C) Coefficient	지수(E) Exponent	연결(L) Link

그림 4.17 다항식의 단순 연결 리스트를 이용한 논리적인 표현

(3) 다항식의 구조체 표현

다항식의 자기 참조 구조체 표현은 다음과 같다.

```
struct L_node {
    int coef;
    int exp;
    struct L_node *link;
};
```

(4) 다항식의 덧셈 연산 알고리즘

다항식의 덧셈 연산 알고리즘(가상 코드)은 다음과 같다.

【AL 4_12 : 다항식의 덧셈 연산 알고리즘】

구분	알고리즘
단순 연결 자료구조 선언	/* A: 다항식 A(x)를 의미함 B: 다항식 B(x)를 의미함 C: 다항식 A(x)와 B(x)를 더한 결과의 다항식 pA: 다항식 A(x)에서 비교할 항의 시작 위치(주소) pB: 다항식 B(x)에서 비교할 항의 시작 위치(주소) c_suja: 계수 필드 e_suja: 지수 필드 daeum: 연결 필드 */

```
procedure addPoly(A, B)
 pA ← start(A);  pB ← start(B);

 while (pA≠NULL and pB ≠ NULL) do
  if (e_suja(pA) == e_suja(pB)) then
    hap←c_suja(pA)+c_suja(pB);
    call insert_T(C, hap, e_suja(pA));
    pA ← daeum(pA);
    pB ← daeum(pB);
  else if (e_suja(pA) > e_suja(pB)) then
    call insert_T(C,c_suja(pA),e_suja(pA));
    pA ← daeum(pA);
  else
    call insert_T(C,c_suja(pB),e_suja(pB));
    pB ← daeum(pA);

 for pA ← start(A) to pA ≠ NULL
                       by daeum(pA)) do
    call insert_T(C,c_suja(pA),e_suja(pA));
 repeat;

 for pB ← start(B) to pB ≠ NULL by daeum(pB)) do
    call insert_T(C,c_suja(pB),e_suja(pB));
 repeat;

 return C;
end addPoly( )
```

【해설】

01-27. 다항식 A와 다항식 B를 더하여 새로운 다항식 C를 만드는 함수이다.

02. pA와 pB 포인터는 각각 다항식 A(x), B(x)에서 비교할 항의 시작 위치(주소)를 나타낸다.

04. 다항식의 덧셈은 각 항에 대해서 지수가 같으면 계수를 더하고 지수가 다르면 지수가 큰 다항식부터 차례대로 저장한다. 덧셈 과정의 예는 다음과 같다.

$$
\begin{array}{llllllll}
\text{다항식 } A(x) = & 5x^{16} & & -\ 6x^{9} & & +\ 2x^{3} & \\
 & & & + & & & \\
B(x) = & 11x^{16} & -2x^{10} & & +\ 7x^{7} & & +\ 1x^{0} \\
\hline
C(x) = & 16x^{16} & -2x^{10} & -\ 6x^{9} & +\ 7x^{7} & +\ 2x^{3} & +\ 1x^{0}
\end{array}
$$

17-24. 다항식 A(x)와 다항식 B(x)가 모두 항목이 남아 있을 때까지 반복한다.

05-09. pA의 지수 필드와 pB의 지수 필드가 같은 경우(pA->e_suja == pB->e_suja)이다.

06. pA의 계수 필드의 값과 pB의 계수 필드의 값을 더하여 hap에 저장한다.

07. 연결 리스트에 노드를 추가하는 프로시저이다. 다항식에 항을 추가하기 위해서는 연결 리스트의 마지막 노드 다음에 새로운 노드를 추가한다.

08, 09. 다음 항목을 비교하기 위해서 pA와 pB를 각각 다음 항목(노드)으로 이동한다.

10-12. pA의 지수 필드가 pB의 지수 필드보다 큰 경우(pA->e_suja > pB->e_suja)이다.

11. 연결 리스트에 노드를 추가하는 함수이다. 다항식에 항을 추가하기 위해서는 연결 리스트의 마지막 노드 다음에 새로운 노드를 추가한다. 다항식 C에서는 c_suja(C의 계수 필드)에 A의 c_suja(계수 값)을 저장하며, e_suja(C의 지수 필드)에 A의 e_suja(지수 필드) 값을 사용한다. 포인터 pA가 가리키는 다항식 A(x)의 항목을 C(x) 항목으로 복사한다.

12. 다음 항목을 비교하기 위해서 pA를 다음 항목(노드)으로 이동한다.

13-15. pA의 지수 필드가 pB의 지수 필드보다 작은 경우(pA->e_suja < pB->e_suja)이다.

14. 연결 리스트에 노드를 추가하는 함수이다. 다항식에 항을 추가하기 위해서는 연결 리스트의 마지막 노드 다음에 새로운 노드를 추가한다. 다항식 C에서는 c_suja(C의 계수 필드)에 B의 c_suja(계수 값)을 저장하며, e_suja(C의 지수 필드)에 B의 e_suja(지수 필드) 값을 사용한다. 포인터 pB가 가리키는 다항식 B(x)의 항목을 C(x) 항목으로 복사한다.

15. 다음 항목을 비교하기 위해서 pB를 다음 항목(노드)으로 이동한다.

17-20. pA가 NULL될 때까지 다항식 A(x)에 남아 있는 나머지 모든 항목들을 다항식 C(x)에 복사한다.

22-24. pB가 NULL될 때까지 다항식 B(x)에 남아 있는 나머지 모든 항목들을 다항식 C(x)에 복사한다.

(5) 다항식의 덧셈 연산 C 프로그래밍

실습 4.4

단순 연결 리스트를 이용하여 2개의 다항식을 표현하고 2개의 다항식을 차수가 같은 것끼리 더하는 프로그램을 작성하시오.

【출력】

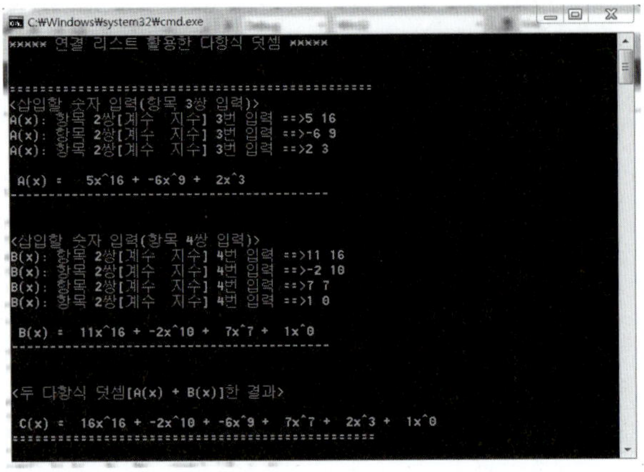

【입력】

① 1쌍(2개)의 키보드 데이터를 받아 다항식의 1개의 항목을 만들 것

② A(x) 다항식은 3쌍(계수/차수 숫자)의 데이터를 입력받을 것

③ B(x) 다항식은 4쌍(계수/차수 숫자)의 데이터를 입력받을 것

【처리조건】

① 자기 참조 구조체 사용하여 단순 연결 리스트를 표현할 것

```
typedef struct SUJA_LIST {
    int c_suja;
    int e_suja;
    struct SUJA_LIST  *daeum;
} SUJA_LIST;
```

② 구조체의 시작 포인터도 자기 참조 구조체 사용하여 단순 연결 리스트를 표현할 것

```
typedef struct startList {
    SUJA_LIST* start;
} startList;
```

③ 1개 다항식의 항목은 1쌍(계수와 지수)으로 여러 개 구성되며, 이때 단순 연결 리스트의 삽입 연산을 사용할 것

④ 2개의 다항식 덧셈 시 같은 차수가 있으면 계수끼리 더할 것

⑤ 키보드로 2개의 1쌍의 문자를 입력받은 것이 1 항목(계수와 차수 구성)이 되게 할 것

【프로그램: c_4_4.c】

```
#include <stdio.h>
#include <stdlib.h>

int c_suja;
typedef struct SUJA_LIST {
    int       c_suja;
    int       e_suja;
    struct SUJA_LIST  *daeum;
} SUJA_LIST;

typedef struct startList {
    SUJA_LIST* start;
} startList;

startList* get_L(void) {
    startList* L;
```

```
    L = (startList *)malloc(sizeof(startList));
    L->start = NULL;
    return L;
}

void insert_T(startList* L, int c_suja, int e_suja) {
    SUJA_LIST* new_N;
    SUJA_LIST* p;
    new_N = (SUJA_LIST *)malloc(sizeof(SUJA_LIST));
    new_N->c_suja = c_suja;
    new_N->e_suja = e_suja;
    new_N->daeum = NULL;

    if (L->start == NULL) {
        L->start = new_N;
        return;
    }
    else {
        p = L->start;
        while (p->daeum != NULL) {
            p = p->daeum;
        }
        p->daeum = new_N;
    }
}

void addPoly(startList* A, startList* B, startList* C) {
    struct SUJA_LIST* pA = A->start;
    struct SUJA_LIST* pB = B->start;
    int hap;

    while (pA && pB) {
        if (pA->e_suja == pB->e_suja) {
            hap = pA->c_suja + pB->c_suja;
            insert_T(C, hap, pA->e_suja);
            pA = pA->daeum; pB = pB->daeum;
        }
        else if (pA->e_suja > pB->e_suja) {
            insert_T(C, pA->c_suja, pA->e_suja);
            pA = pA->daeum;
        }
        else {
            insert_T(C, pB->c_suja, pB->e_suja);
            pB = pB->daeum;
        }
    }
    for (; pA != NULL; pA = pA->daeum)
```

```
        insert_T(C, pA->c_suja, pA->e_suja);

    for (; pB != NULL; pB = pB->daeum)
        insert_T(C, pB->c_suja, pB->e_suja);
}

void dis_P(startList* L) {
    SUJA_LIST* p = L->start;
    for (; p; p = p->daeum) {
        printf("%3dx^%d", p->c_suja, p->e_suja);
        if (p->daeum != NULL) printf(" +");
    }
}

main() {
    int c, e, i;
    startList *A, *B, *C;

    printf("***** 연결 리스트 활용한 다항식 덧셈 *****\n\n");
    printf("\n==================================================\n");
    A = get_L();
    printf("<삽입할 숫자 입력(항목 3쌍 입력)> \n");
    for (i=0; i < 3; i++) {
        printf("A(x): 항목 2쌍[계수  지수] 3번 입력 ==>");
        scanf("%d %d", &c, &e); insert_T(A, c, e);
    }
    printf("\n A(x) = "); dis_P(A);
    printf("\n------------------------------------------\n");

    B = get_L();
    printf("\n\n<삽입할 숫자 입력(항목 4쌍 입력)> \n");
    for (i=0; i < 4; i++) {
        printf("B(x): 항목 2쌍[계수  지수] 4번 입력 ==>");
        scanf("%d %d", &c, &e); insert_T(B, c, e);
    }
    printf("\n B(x) = "); dis_P(B);
    printf("\n------------------------------------------\n");

    printf("\n\n<두 다항식 덧셈[A(x) + B(x)]한 결과> \n");

    C = get_L();
    addPoly(A, B, C);
    printf("\n C(x) = "); dis_P(C);
    printf("\n==================================================\n\n");

    getchar();
}
```

【해설】

84, 93, 104. 연결 리스트를 초기화하는 함수인 get_L()를 호출하여 다항식 A와 B와 C의 헤더를 확보한다.

86-89. A(x) 다항식은 3쌍(계수/차수 숫자)의 데이터를 입력받는 for() 문이다.

95-98. B(x) 다항식은 4쌍(계수/차수 숫자)의 데이터를 입력받는 for() 문이다.

88, 97, 22-41. 연결 리스트에 노드를 추가하는 함수이다. 다항식에 항을 추가하기 위해서는 연결 리스트의 마지막 노드 다음에 새로운 노드를 추가한다. 즉, 다항식 리스트 포인터 L에 매개변수 계수를 저장하는 c_suja와 지수를 저장하는 e_suja 필드를 매개변수로 사용한다.

30-33. 리스트 L의 start가 null인 경우는 공백 연결 리스트를 의미한다.

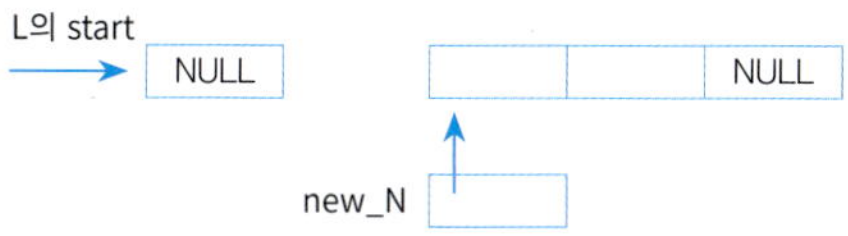

31. 공백 연결 리스트이면 포인터 new_N의 값을 리스트 포인터 L의 첫 번째 노드가 되도록 연결한다.

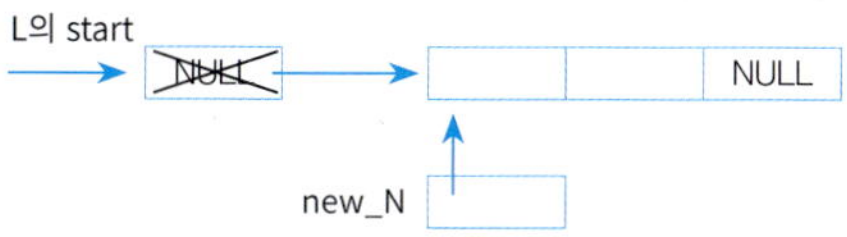

34-41. 공백 리스트가 아닌 경우에 해당된다.

35. 리스트 L의 start를 p에 저장한다.(①)

36-38. 리스트 L에 있는 항목(노드)에서 처음부터 끝까지 검색한다. p가 가리키는 노드의 daeum 필드의 값이 NULL이 될 때까지 포인터 p를 다음번 노드로 이동시켜 나간다(p = p–〉 daeum). 즉 p를 마지막 노드 위치로 이동한다(①).

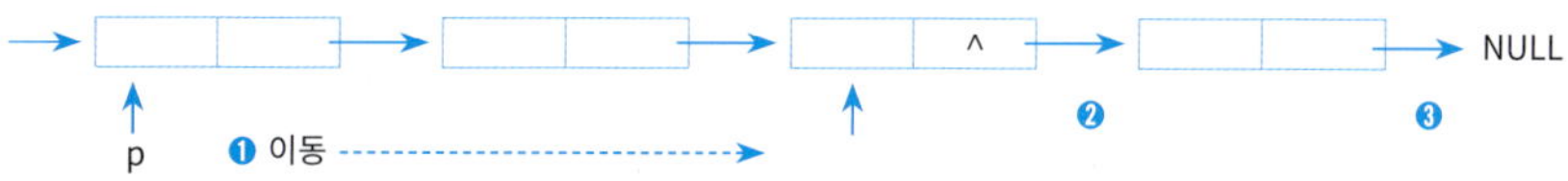

39. 새로운 노드 new_N를 리스트 L의 마지막 노드 다음 노드(p–〉daeum)로 삽입한다. 이 영역의 시작 주소를 마지막 노드의 daeum 필드에 대입, 즉 그 값이 NULL이었던 마지막 노드의 daeum 필드로 하여금 새로 할당된 노드를 가리키게 한다(②).

26, 27. 새로 할당된 노드의 c_suja, e_suja 필드에 데이터(계수와 지수)를 각각 저장한다.

28. 마지막 노드의 daeum 멤버의 값을 NULL로 한다. NULL로 하지 않으면 단순 연결 리스트 앞에 쓰레기가 따라붙기도 한다. new_N–〉daeum = NULL;에서 new_N는 new_N가 가리키는 노드의 1개 다음번 노드(새로 추가된 노드)의 daeum 필드의 값을 NULL(0)로 한다. 포인터 값을 NULL로 해주면, 이 노드 이후에는 더 이상 노드가 없는 상태가 되게 한다. NULL로 하지 않으면 단순 연결 리스트 뒤에 쓰레기가 따라붙기도 한다(③).

105, 43-68. 다항식 A와 다항식 B를 더하여 새로운 다항식 C를 만드는 함수이다.

43, 11-13. 매개변수 startList* A, startList* B, startList* C는 다항식 A와 다항식 B, 다항식 C의 구조체 startList의 start가 가리키고 있는 노드를 가리킨다.

44, 45. pA와 pB 포인터는 각각 다항식 A(x), B(x)에서 비교할 항의 시작 위치(주소)를 나타낸다.

48-68. 다항식의 덧셈은 각 항에 대해서 지수가 같으면 계수를 더하고 지수가 다르면 지수가 큰 다항식부터 차례대로 저장한다. 덧셈 과정의 예는 다음과 같다.

$$
\begin{array}{rl}
\text{다항식 } A(x) = & 5x^{16} \qquad\qquad\quad - 6x^{9} \quad + 2x^{3} \\
+ \quad B(x) = & 11x^{16} - 2x^{10} \qquad + 7x^{7} \quad + 1x^{0} \\
\hline
C(x) = & 16x^{16} - 2x^{10} - 6x^{9} + 7x^{7} + 2x^{3} + 1x^{0}
\end{array}
$$

[초기 상태]

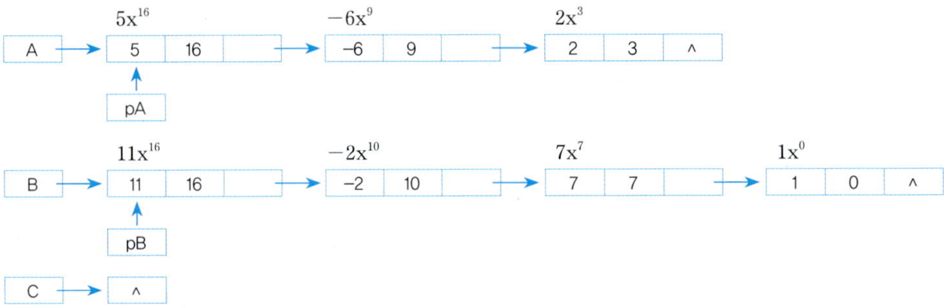

48. 다항식 A(x)와 다항식 B(x)가 모두 항목이 남아 있을 때까지 반복한다.

49-53. pA의 지수 필드와 pB의 지수 필드가 같은 경우(pA->e_suja == pB->e_suja)이다.

50. pA의 계수 필드의 값과 pB의 계수 필드의 값을 더하여 hap에 저장한다.

51, 22-41. 연결 리스트에 노드를 추가하는 함수이다. 다항식에 항을 추가하기 위해서는 연결 리스트의 마지막 노드 다음에 새로운 노드를 추가한다. 즉, 다항식 리스트 포인터 L에 매개변수 계수를 저장하는 c_suja와 지수를 저장하는 e_suja 필드를 매개변수로 사용한다. 즉, 다항식 C에서는 c_suja(C의 계수 필드)에 hap을 저장하며, e_suja(C의 지수 필드)에 A의 e_suja(지수 필드) 값을 사용한다.

52. 다음 항목을 비교하기 위해서 pA와 pB를 각각 다음 항목(노드)으로 이동한다.

[1 단계]

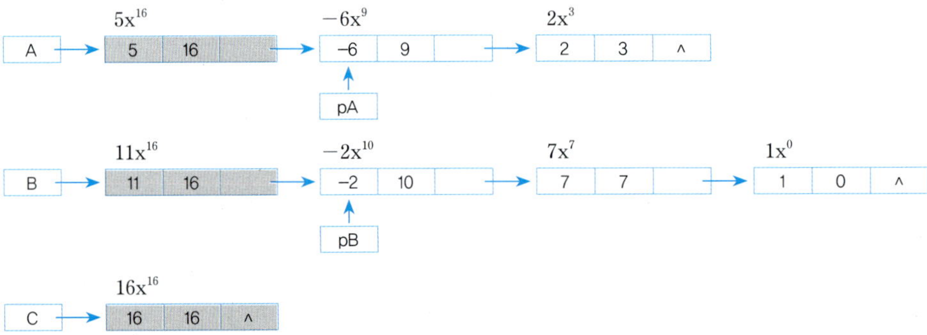

54-57. pA의 지수 필드가 pB의 지수 필드보다 큰 경우(pA->e_suja > pB->e_suja)이다.

55. 연결 리스트에 노드를 추가하는 함수이다. 다항식에 항을 추가하기 위해서는 연결 리스트의 마지막 노드 다음에 새로운 노드를 추가한다. 다항식 C에서는 c_suja(C의 계수 필드)에 A의 c_suja(계수 값)을 저장하며, e_suja(C의 지수 필드)에 A의 e_suja(지수 필드) 값을 사용한다. 포인터 pA가 가리키는 다항식 A(x)의 항목을 C(x) 항목으로 복사한다.

56. 다음 항목을 비교하기 위해서 pA를 다음 항목(노드)으로 이동한다.

[3 단계]

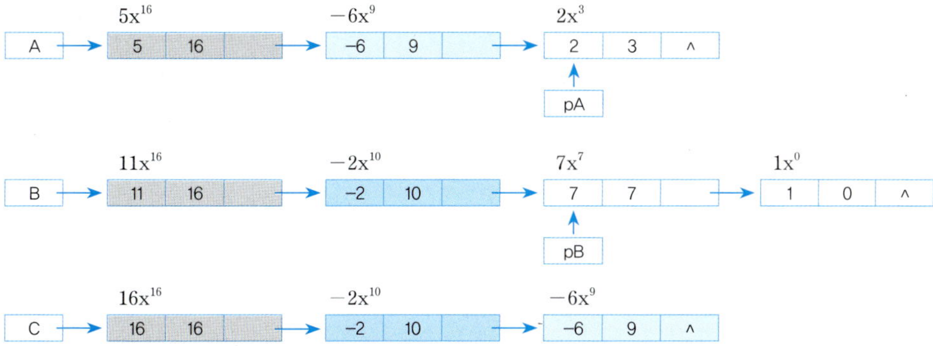

58-60. pA의 지수 필드가 pB의 지수 필드보다 작은 경우(pA->e_suja < pB->e_suja)이다.

59. 연결 리스트에 노드를 추가하는 함수이다. 다항식에 항을 추가하기 위해서는 연결 리스트의 마지막 노드 다음에 새로운 노드를 추가한다. 다항식 C에서는 c_suja(C의 계수 필드)에 B의 c_suja(계수 값)을 저장하며, e_suja(C의 지수 필드)에 B의 e_suja(지수 필드) 값을 사용한다. 포인터 pB가 가리키는 다항식 B(x)의 항목을 C(x) 항목으로 복사한다.

60. 다음 항목을 비교하기 위해서 pB를 다음 항목(노드)으로 이동한다.

[2 단계]

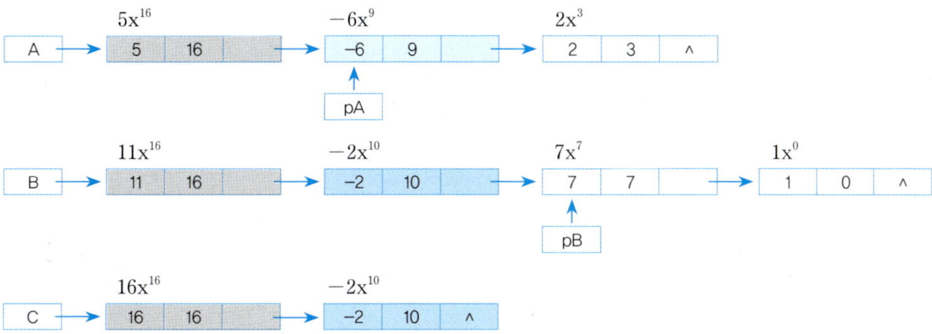

63-64. pA가 NULL이 될 때까지 다항식 A(x)에 남아 있는 나머지 모든 항목들을 다항식 C(x)에 복사한다.

66-67. pB가 NULL이 될 때까지 다항식 B(x)에 남아 있는 나머지 모든 항목들을 다항식 C(x)에 복사한다.

[결과]

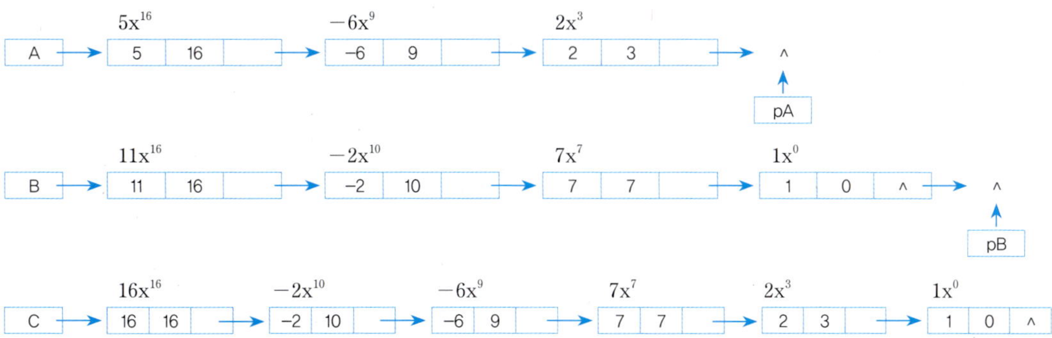

90, 99, 106, 70-75. dis_P(startList* L)은 첫 번째 노드부터 이후의 노드에 화면에 다항식 형식에 맞춰 출력하는 함수이다. while() 함수 종료 후 포인터 p는 단순 연결 리스트의 마지막 노드를 가리킨다.

요약

1. 연결 자료구조와 연결 리스트

기억 공간에 노드들을 연속적이지 않고 빈 공간에 저장하는 개념이며, 노드들끼리 연결하기 위해서 데이터 필드 외에 링크 필드가 하나씩 더 필요하다. 그림으로는 화살표로 표현하지만 C 프로그래밍에서는 포인터/구조체로 구현 가능하다.

2. 단순 연결 자료구조와 단순 연결 리스트

1개의 노드에 1개의 데이터 필드와 1개의 포인터(연결 주소 값)를 갖는 특징이 있다. 처음 노드의 주소 값은 head에 있고, 마지막 노드의 주소 값은 널(null, nil, ^)로 표현한다.

3. 원형 연결 자료구조와 원형 연결 리스트

원형 연결 리스트(circular linked list)는 단순 연결 리스트의 마지막 노드가 영(null) 링크(link)를 갖는데, 이 영 링크(link) 대신에 리스트의 맨 처음 노드의 주소를 갖도록 구성할 수 있다. 그러면 연결 리스트가 닫힌 폐곡선 모양의 원형이 되는 것을 말한다.

4. 이중 연결 자료구조와 이중 연결 리스트

1개의 노드에 1개의 데이터 필드와 2개의 포인터(연결 주소 값)를 갖는 특징이 있다. 2개의 포인터는 1개는 좌측 포인터이고, 1개는 우측 포인터이다. 좌측 포인터는 이전 노드의 주소, 우측 포인터는 이후 노드의 주소를 저장하게 된다. 이 때 자료의 검색은 양쪽 방향으로 진행 가능하다.

5. 연결 자료구조와 연결 리스트의 활용

자료구조 중에서 연결 리스트의 응용으로서 운영체제에 많이 사용되고 있는 기억 장소 관리(memory management)가 대표적인 예이다. 기억 공간을 효율적인 사용, 즉, 실제로 프로그램의 수행을 위해서는 기억 공간을 구체적으로 어떻게 할당시켜 주고 사용된 다음에는 어떻게 회수해야 하는지가 중요한 문제 중의 하나이다. 또한 다항식에도 활용 가능하다.

6. 연결 자료구조와 연결 리스트의 활용: 기억 장소 관리

기억 장소의 관리는 크게 정적 기억 장소 관리(static storage management)와 동적 기억 장소 관리(dynamic storage management)로 나눌 수 있다. 전자는 기억 공간을 고정된 크기로 나누어 할당 관리하는 방법이고 후자는 작업에 필요한 만큼의 기억 공간을 할당 관리하는 방법이다. 빈 기억 공간으로부터 노드 한 개가 떨어져 나와 연결 리스트로 들어가는 것이다. 반대로 연결 리스트에서 노드의 삭제가 일어나면 그 노드는 빈 기억 공간 속으로 노드의 삽입을 수반하게 된다.

7. 연결 자료구조와 연결 리스트의 활용: 다항식

단순 연결 자료구조와 단순 연결 리스트의 활용 중의 하나의 예인 다항식은 노드 1개를 표현하는데, 그 구성은 데이터 필드 2개(각 항의 계수와 지수)와 링크 필드 1개로 구성한다.

01. 물리적으로 이웃하지 않은 노드의 순서를 포인터에 의해서 연결하여 선형 구조를 만드는 것을 무엇이라 하는가?

① linked allocation ② field allocation ③ tree structure ④ stack

02. 다음은 링크드 할당(linked allocation)과 순차적 할당(sequential allocation)을 비교한 것이다. 설명이 틀린 것은?

① 링크드 할당은 포인터를 갖고 있어 밀도가 적다.

② 링크드 할당은 삽입(insert)에 용이하다.

③ 순차적 할당은 링크드 할당보다 호출 시간(access time)이 많이 걸린다.

④ 링크드 할당으로 작성된 2개 리스트를 분리하기가 용이하다.

03. 포인터의 설명 중 잘못된 것은?

① 포인터는 다음 atom의 위치를 지적해 준다.

② 하나의 atom이 2이상의 포인터를 가질 수 있다.

③ 포인터는 리스트가 연속적인 기억 공간이 없을 때 유효하게 이용된다.

④ 포인터는 연산 속도를 높일 수 있다.

04. 링크드 리스트의 구조는 어느 경우에 적합한가?

① 주어진 자료를 찾을 때 ② 정렬(sort)할 때

③ 새로운 자료를 추가시키거나 제거시킬 때 ④ 자료를 보조기억 장치에 출력할 때

05. 자료를 연결 리스트 구조로 메모리에 표현할 경우 다음 중 옳은 것은?

① 자료를 연속 기억 공간에 저장해야 한다.

② 밀도(density)는 가장 좋다.

③ 처음 atom부터 마지막 atom까지 추적이 빠르다.

④ atom의 저장 상태는 기억 공간 내에서 순서적이 아니어도 좋다.

06. 오더드 리스트(ordered list)를 표현하는 방법 중 링크드 리스트의 장점은?

① 임의의 atom 값을 찾기가 쉽다. ② 임의의 atom의 삽입, 제거가 쉽다.

③ 임의의 atom 값을 수정하기가 쉽다. ④ 스토리지(storage)의 낭비가 적다.

07. 다음에 주어진 표는 linked list이다. top pointer를 이용하여 이 list에서 'Henderson'이라는 name을 찾는데 name 비교를 몇 번 해야 하는가?

순	name	pointer
1	Harris	9
2	Bennett	8

	3	Morris	7
	4	Alan	2
	5	Martin	3
	6	Grant	1
top pointer →	7	Stone	^
	8	Evans	6
	9	Henderson	10
	10	Ing	5

① 4　　② 5　　③ 6　　④ 7

08. 다음은 링크를 이용한 연결 리스트를 표시하는 이름 리스트의 〈보기〉이다. 〈보기〉의 빈 칸에 번호 순서대로 맞게 쓰여진 것은? (단, ^는 null link임.)

【보기】

	주소	자료부분	링크부분
	100	명정규	(①)
	110	현정일	^
	(②)	이용우	(③)
	150	김대성	100
	170	우소영	(④)
	190	이영규	130
first →	210	갈정용	(⑤)
	230	.....	

① 190, 130, 120, 170, 150　　② 130, 110, 150, 190, 170

③ 170, 130, 110, 190, 150　　④ 110, 130, 150, 170, 190

09. 다음과 같은 배열이 2개씩 짝을 지어서 앞의 것은 인덱스 포인터(index pointer), 뒤의 것은 데이터를 나타낸다. 이 배열이 뜻하는 문자를 순서대로 표기하면 어떻게 되는가?(단, 끝나는 단어에는 포인터가 0이다.)

```
L(1) = 5   L(2) = D   L(3) = 9   L(4) = A   L(5) = 0   L(6) = F
L(7) = 1   L(8) = C   L(9) = 7   L(10) = B
```

① DAECB　② EDCBA　③ ABCDE　④ BCEAD

10. 다음 그림은 어떤 링크드 리스트를 저장 공간에 저장한 것이다. 첫 번째 노드는 "다"항이고, 한 노드는 2단어로 (자료, 주소) 형식을 갖는다. ^는 주소 값이 없는 표시이다. '바'를 '다'와 '가' 사이에 관념상 연결하고 실제 그 값은 20번지에 보관할 때 각 노드의 주소 부분의 값은 어떻게 바꿔야 하는가?

주소	10	11	12	13	14	15	16	17	18	19	20	21		
	라	16	하	^	다	18	아	12	가	10				
	노드													

① 16,^,18,20,10,12　　② 16,^,20,12,10,18　　③ 16,20,18,12,10,^　　④ 20,16,18,12,^,10

11. 아래 그림과 같이 레코드 A, B, C로 구성된 연결 리스트에서 B의 위치 X가 주어졌을 때 제거될 수 있는 레코드는?

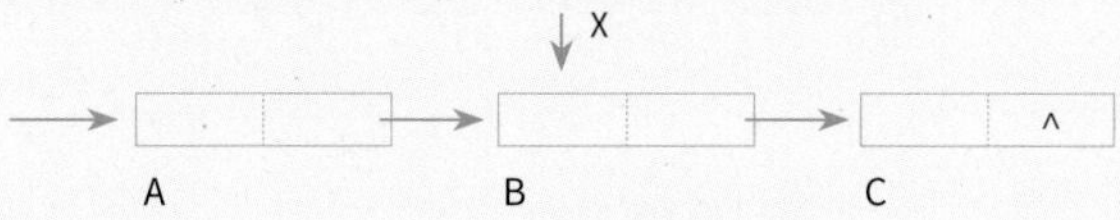

① A ② B ③ C ④ A, B 모두 가능하다.

12. 다음은 단순 연결 리스트를 표현한 예이다. 〈보기〉는 이 리스트에 대한 작업에 필요한 알고리즘의 한 부분이다. 다음 문항 중 〈보기〉의 알고리즘 부분을 이용하여 할 수 있는 작업은?

【보기】
```
T ← F
while LINK(T) ≠ NULL do
T ← LINK(T)
end
```

① 두 개의 선형 리스트로 분리한다.
② 마지막 노드를 찾는다.
③ 중간에 새로운 노드를 입력한다.
④ 새로운 노드를 첫 노드로 입력한다.

13. 다음 Null pointer에 관한 설명 중 틀린 것은?

① 정수 값으로는 0으로 표현된다.
② 관계 연산 시 true로 해석된다.
③ Null pointer를 위해 매크로가 정의되어야 한다.
④ 기억 장소 1비트를 차지한다.

14. 연결 리스트 구조에서 사용되지 않은 채 버려져 있는 모든 노드들을 모아 가용 공간에 반환하는 과정을 무엇이라고 하는가?

① Memory compaction ② String collection ③ Garbage collection ④ Scroll

15. 연결 리스트 구조와 가장 관련이 가장 적은 것은?

① Memory compaction ② Sparse matrix ③ Garbage collection ④ Buddy system

16. 연결 리스트 구조의 이점이 아닌 것은?

① 레코드의 전후 관계 설정이 쉽다.
② 레코드의 기억 장치를 신경 쓰지 않아도 된다.
③ 메모리를 절약할 수 있다.
④ 순차 구조보다 파일의 부분적인 처리가 용이하다.

17. 자료가 연결 리스트 구조로 기억 장치에 표현될 경우에 옳은 설명은?

① 포인터를 위한 추가적인 저장 공간이 요구된다.
② 연결 리스트 구조에서는 문자열만 기억하므로 정보는 문자로 저장되어야 한다.
③ 자료를 연속된 장소에 저장해야 한다.
④ 자료는 리스트 처음이나 끝에는 삽입될 수 없다.

18. 다음 연결 리스트에서 T 노드의 다음에 새로운 노드 A를 추가 시 알맞은 알고리즘은?

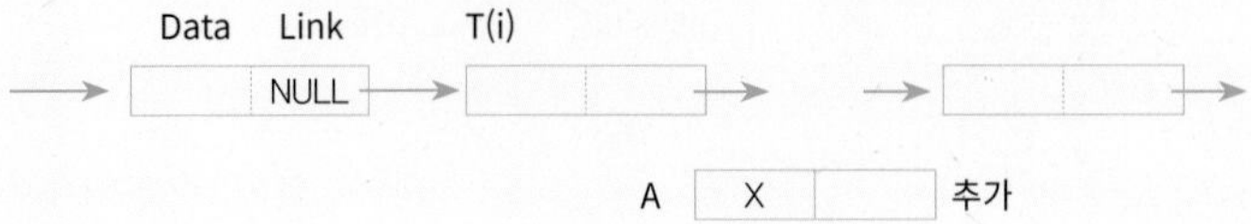

① DATA(A) ← X
LINK(A) ← LINK(T)
LINK(T) ← A

② DATA(A) ← X
LINK(A) ← LINK(T)
LINK(T) ← DATA(X)

③ DATA(A) ← X
LINK(T) ← A
LINK(A) ← LINK(T)

④ DATA(X) ← A
LINK(T) ← LINK(T)
LINK(T) ← A

19. 다음 연결 리스트에서 50을 삭제 시 알맞은 알고리즘은?

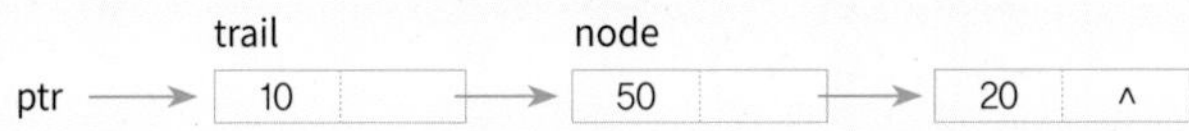

① trail = node
② trail → link = node → link
③ node → link = trail → link
④ trail → link = node

20. 일반적으로 다항식은 $A(X) = A_mX^n + A_{m-1}X^{n-1} + \ldots + A_1X^1 + A_0X^0$로 표시되며 아래와 같은 자료구조로 표현한다. $A=AX^3-5X+1$을 옳게 표현한 것은?

COEF	EXP	LINK

COEF: Coefficient, EXP: Exponent

① A → [4 | 3 |] → [0 | 0 |] → [5 | 1 | ^] → [1 | 0 | ^]

② A → [4 | 3 |] → [0 | 0 |] → [−5 | 1 | ^] → [1 | 0 | ^]

③ A → [4 | 3 |] → [−5 | 1 |] → [1 | 0 | ^]

④ A → [4 | 3 |] → [5 | 1 |] → [1 | 0 | ^]

21. 원형 연결 리스트에 대한 사항이다. 다음 중 관계가 없는 것은?

① 모든 노드(node)가 연결되어 있다.
② 삭제 과정이 간단하다.
③ 리스트 헤드(list head)를 가지고 있다.
④ 최종 노드 포인터(node pointer)가 공백이다.

22. 원형 연결 리스트의 장점과 단점에 대한 사항이다. 다음 중 틀린 것은?

① 원형 리스트는 어느 한 노드로부터 다른 모든 노드로 접근할 수 있다.
② 제거 동작의 경우 선행 노드부터 쉽게 찾는다.
③ 결합 작업 등에 효율적이다.
④ 한 노드를 찾을 때 loop에 빠질 우려가 있다.

23. 다음 중 이중 연결 리스트가 원형 연결 리스트보다 좋은 점은 선행 노드(predecessor)를 쉽게 알 수 있다는 점이다. 이것을 가장 적절히 이용한 것은?

① 한 리스트를 복사한다.
② 두 리스트를 연결한다.
③ 포인터가 파괴된 노드를 쉽게 연결한다.
④ 정렬에 적용시킨다.

24. 다음 중 이중 연결 리스트가 원형 연결 리스트보다 더 좋은 점은 무엇인가?

① 선행 노드를 쉽게 알 수 있다. ② 삭제하기가 쉽다.
③ 삽입하기가 쉽다. ④ 무한한 노드를 삽입시킬 수 있다.

25. 다음 중 이중 연결 리스트의 특징이 아닌 것은?

① 한 노드에 두 개의 link field가 있다. ② 다른 노드를 insert 하기 쉽다.
③ 한 노드를 delete 하기 쉽다. ④ 기억 장소를 작게 차지한다.

26. 다음 중 임의 노드가 파괴 되었을 때 이를 복구할 수 있는 구조는?

① 원형 링크드 리스트 ② 이중 링크드 리스트 ③ 리스트 구조 ④ 연접 리스트

27. 다음 중 이중 연결 리스트의 헤드 노드(head node)에 대한 것이 아닌 것은?

① 기본적으로 left link, right link, data의 세 부분으로 나누어 구성해야 한다.
② 데이터 부분에는 실제로 데이터 값이 들어가지 않는다.
③ 헤드 노드의 left link 부분은 자기 자신을 가리킬 수 없다.
④ empty list가 존재할 수 있다.

28. 다음 이중 연결 리스트이다. 노드 B를 삭제할 때의 알고리즘은 어느 것인가?

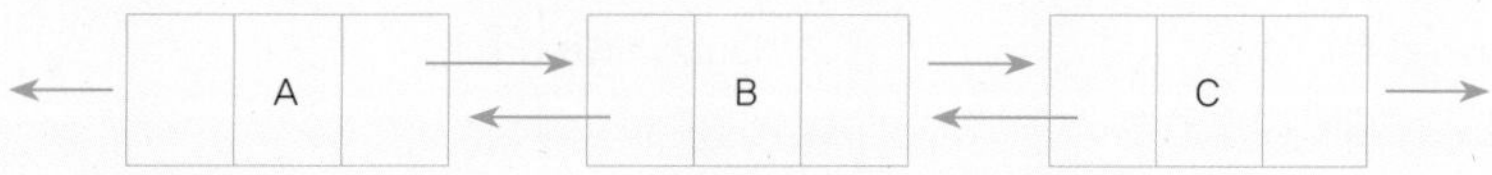

① RLINK(C) ← LLINK(B)
LLINK(A) ← RLINK(B)
② RLINK(C) ← LLINK(B)
LLINK(B) ← LLINK(B)
③ RLINK(A) ← RLINK(C)
LLINK(C) ← LLINK(B)
④ RLINK(A) ← RLINK(B)
LLINK(C) ← LLINK(B)

29. 다음 이중 연결 리스트이다. 노드 B의 번지를 올바르게 나타낸 것은?

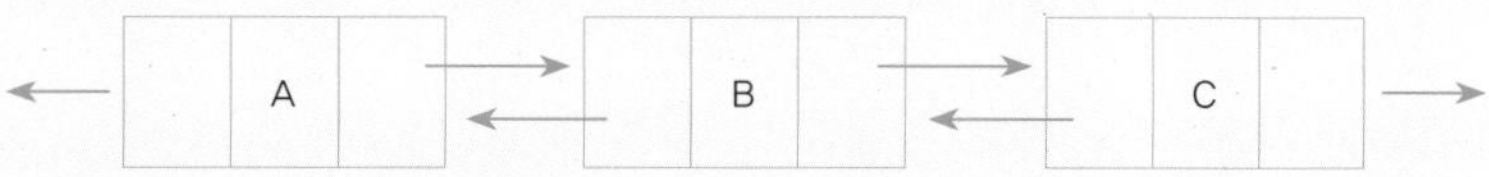

① LINK(A+1) ② LINK(A)+1 ③ RLINK(A) ④ LLINK(RLINK(C))

30. 데이터의 순환적 구조와 관계가 깊은 리스트는 어느 것인가?

① 다중 링크드 리스트 ② 원형 링크드 리스트 ③ 이중 링크드 리스트 ④ 단순 링크드 리스트

31. 원형 링크드 리스트에서 처리 과정의 반복을 방지하기 위해서는 무엇을 정해 주어야 하는가?

① link(head) ② head ③ new node ④ link(new)

연습문제

32. 이중 연결 원형 리스트에 대한 설명으로 옳지 않은 것은?

① 각 노드가 두 개의 링크 필드를 갖는다.

② 임의의 노드를 직접 엑세스 할 수 있다.

③ 일반적으로 헤드 노드를 갖는다.

④ 공백 리스트(empty list)인 경우도 실제로는 한 개의 노드를 갖는다.

33. Best fit 알고리즘을 바르게 설명한 것은?

① 메모리의 빈 공간에 작업을 load 시키는 것

② 메모리에 작업을 loading 시킬 때 단편(fragmentation)이 생기는 것

③ 메모리 공간의 주소가 낮은 부분부터 찾기 시작하여 요구되는 크기의 부분이 처음 발견된 부분에 작업을 loading 시키는 방법

④ 작업 크기와 똑같은 또는 좀 더 큰 기억 공간을 찾아서 loading 시키는 것

34. 기억 장소 압축(memory compaction)이 필요한 이유는?

① 디스크의 데이터 보안을 위하여
② 기억 공간의 효율적인 운영을 위하여
③ 디스크의 수명을 높이기 위하여
④ 기억 공간의 평균 검색 시간을 줄이기 위하여

35. 동적 메모리 관리(dynamic memory management)에 가장 적합한 자료구조는?

① circular linked list
② doubly linked list
③ doubly linked circular list
④ singly linked list

36. 노드의 back-tracking을 쉽게 하기 위하여 사용되는 자료구조는?

① 큐 ② 균형 트리 ③ 방향그래프 ④ 이중 연결 리스트

01. 가상 코드로 기술한 단순 연결 자료구조와 단순 연결 리스트의 삽입 알고리즘이다. 빈칸을 채우시오.

```
procedure INSERT(Head, item, X)
    call GETNODE(I);
    [        ❶        ]
    if(Head == Nil) then [Head ← I;
                          LINK(I) ← Nil]
                  else [[        ❷        ]
                          LINK(X) ← I]
end INSERT ( )
```

02. 가상 코드로 기술한 단순 연결 자료구조와 단순 연결 리스트의 삭제 알고리즘이다. 빈칸을 채우시오.

```
procedure DELETE(X, Y, Head)
   if (Y == Nil) then Head ← LINK(Head)
                 else [        ❶        ]
   call RET(X);
end DELETE( )
```

03. 다음은 연결 리스트로 기억 공간에 저장된 일부의 주소와 내용을 보여주고 있다. 빈칸에 적당한 숫자 혹은 문자를 적으시오.

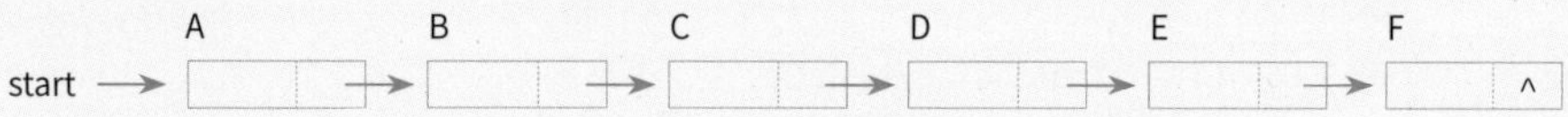

Address	Node	Link
10	C	60
20		
30	A	20
40		
50	E	
60		

04. 다음은 기억 공간 속에 저장된 자료와 링크를 나타내고 있다. 자료들 간에 연결된 상황을 연결 리스트로 표현하고 새로운 노드 '자'를 '더' 다음에 삽입하려면 어떻게 해야 하는가? 80에서 83번지가 비어있다.

주소	12	14	16	18	20	22	24	26		62	64	66	68	70	72	74	76	78	80	82
내용	가	62	나	70	다	^	라	12	...	거	20	너	16	더	24	러	66	머		

05. 다음은 이중 연결 자료구조와 이중 연결 리스트의 삭제 연산의 개념을 표현하는 그림의 예이다. 가상 코드를 사용하여 알고리즘을 작성하시오.

[삭제 전]

【삭제 후】

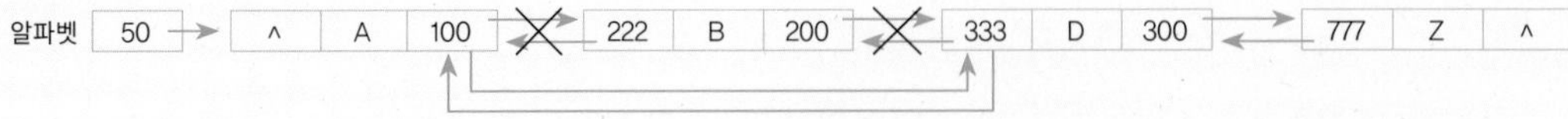

06. 원형 연결 리스트에서 i번째 노드의 다음 위치에 새로운 노드를 입력하는 알고리즘을 작성하시오.

07. 자료 저장용으로 16 바이트를 사용하고 전후 포인터로는 주소를 저장하기 위하여 2바이트씩 사용하는 이중 연결 리스트의 밀도는 얼마인가?

08. 다음은 단순 연결 리스트 뒤에 새로운 노드를 추가 하는 C 프로그램이다. 빈 칸을 채우시오. (sijak이 가리키고 있는 단순 연결 리스트의 다음에 새로운 노드를 추가)

```
struct SUJA_LIST {
  int suja;
  struct [    ❶    ] *daeum;
};

struct SUJA_LIST  *node_chuga(int n, struct SUJA_LIST *sijak) {
  struct SUJA_LIST *p;

  p = sijak;
  while (p-> daeum != NULL)
  p = [    ❷    ]
  p-> daeum = (struct SUJA_LIST *)malloc( bytesu );
  p-> daeum -> suja = n;
  [    ❸    ] = NULL;

  return sijak;
}
```

09. 다음은 이중 연결 리스트 오른쪽에 새로운 노드를 추가하는 C 프로그램이다. 빈 칸을 채우시오. (노드 new_node를 노드 before의 오른쪽에 삽입한다.)

```
typedef struct DlistNode {
  struct DlistNode *llink;
  int data;
  [    ❶    ] *rlink;
} DlistNode;

void dinsert_node(DlistNode *before, DlistNode *new_node)
{
  new_node->llink = before;
  new_node->rlink = [    ❷    ]
  [    ❸    ] = new_node;
  before->rlink = new_node;
}
```

연습문제

10. 다음은 이중 연결 리스트의 노드를 삭제하는 C 프로그램이다. 빈 칸을 채우시오. (노드 removed를 삭제한다.)

```
typedef struct DlistNode {
  struct DlistNode *llink;
  int data;
  struct DlistNode *rlink;
} DlistNode;

void dremove_node(DlistNode *phead_node, DlistNode *removed)
{
  if( removed == [    ❶    ] ) return;
     [    ❷    ] = removed->rlink;
     removed->rlink->llink = [    ❸    ]
     free(removed);
}
```

11. 다음은 원형 연결 리스트에 새로운 노드를 추가하는 C 프로그램이다. 빈 칸을 채우시오. (phead: 리스트의 헤드 포인터의 포인터, p : 선행 노드, node : 삽입될 노드)

```
typedef int element;
typedef struct ListNode {
  element data;
  struct ListNode *link;
} ListNode;

void insert_last(ListNode **phead, ListNode *node) {
  if( *phead == NULL ){
    *phead = node;
    [    ❶    ] = node;
  }
  else {
    node->link = [    ❷    ]
    (*phead)->link = node;
    *phead = [    ❸    ]
  }
}
```

12. 단순 연결 리스트 뒤에 새로운 노드를 추가하는 C 프로그램을 작성하시오.

【출력】

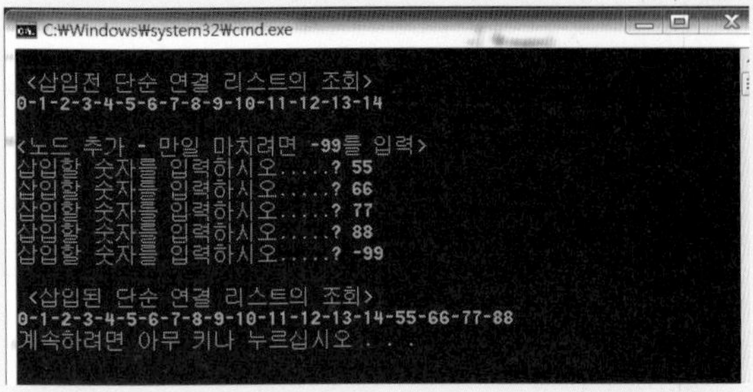

【입력】

① 키보드 입력을 받는 부분은 scanf() 함수를 사용하여 숫자를 입력받을 것.

② 키보드 입력받는 상태를 마치려면 −99를 입력할 것.

【처리조건】

① 구조체와 포인터를 사용하여 노드 구현을 할 것

```
/* 자기 참조 구조체 */
struct SUJA_LIST {
  int suja;
  struct SUJA_LIST  *daeum;
};
```

② 삽입 전 단순 연결 리스트의 상태와 삽입 후 단순 연결 리스트의 상태를 조회할 것

③ 단순 연결 리스트의 초기 자료는 sj[N] = {0,1,2,3,4,5,6,7,8,9,10,11,12,13,14};을 사용할 것

13. 단순 연결 리스트에서 지정한 노드를 삭제 하는 C 프로그램을 작성하시오.

【출력】

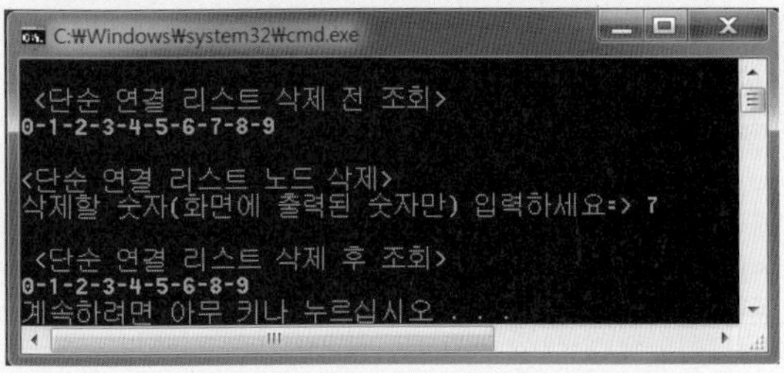

【입력】

① 키보드 입력을 받는 부분은 scanf() 함수를 사용하여 숫자를 입력받을 것.

② 삭제할 숫자(화면에 출력된 숫자만)를 입력할 것.

【처리조건】

① 구조체와 포인터를 사용하여 노드 구현을 할 것

```
/* 자기 참조 구조체 */
struct SUJA_LIST {
  int  suja;
  struct SUJA_LIST  *daeum;
};
```

② 삭제 전 단순 연결 리스트의 상태와 삭제 후 단순 연결 리스트의 상태를 조회할 것

③ 단순 연결 리스트의 초기 자료는 sj[N] = {0,1,2,3,4,5,6,7,8,9};을 사용할 것

14. 이중 연결 리스트에서 정순 / 역순으로 노드를 화면에 표시하는 C 프로그램을 작성하시오.

【출력】

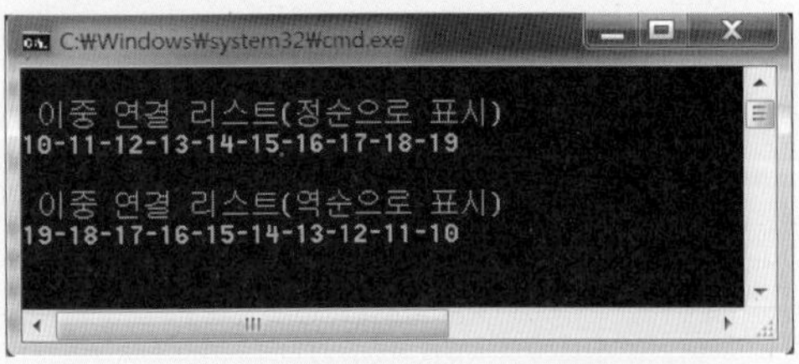

【처리조건】

① 구조체와 포인터를 사용하여 오른쪽 링크 필드와 좌측 링크 필드를 갖는 노드 구현을 할 것

```
struct SUJA_LIST {
  struct SUJA_LIST  *jun;
  int suja;
  struct SUJA_LIST  *hoo;
} *sijak, *keut;
```

② 이중 연결 리스트의 초기 자료는 10부터 19까지 출력할 것

③ 오른쪽 링크 필드를 사용하여 정순으로 표시할 것

④ 왼쪽 링크 필드를 사용하여 역순으로 표시할 것

PART II

제한된 선형 구조

05

스택(STACK)

[학습 단계]

00 개요

01 배열(순차 자료구조와 순차 리스트)을 이용한 스택

02 구조체와 포인터(연결 자료구조와 연결 리스트)를 이용한 스택

03 스택의 넘침(overflow)과 다중 스택

04 스택의 활용

요약

연습문제

[학습 목표]

- 스택의 개요에 대해서 알아본다.
- 배열(순차 자료구조와 순차 리스트)을 이용한 스택에 대해서 학습한다.
- 구조체와 포인터(연결 자료구조와 연결 리스트)를 이용한 스택에 대해서 학습한다.
- 스택의 넘침(overflow)과 다중 스택에 대해서 알아본다.
- 스택의 활용에 대해서 학습한다.

00 _ 개요

본 장에서는 알고리즘 중에서 가장 많이 사용되는 것 중의 하나인 스택 알고리즘(Stack Algorithm)에 대해서 설명하려고 한다.

1. 스택의 정의

스택(stack)은 어떤 리스트에서 모든 입력과 출력이 한쪽 끝에서만 일어나는 구조를 말한다. 즉, 새로운 항목을 리스트 안으로 입력하는 것(삽입)과 리스트 내에 이미 들어 있는 항목을 출력하는 것(삭제)이 모두 리스트의 한쪽 끝(top)에서만 일어나는 항목들의 순서 집합을 의미한다. 이러한 방식을 후입선출(LIFO, Last In First Out)이라 한다. 즉, 스택은 제한된 선형 구조의 특성을 갖고 있다는 것이다.

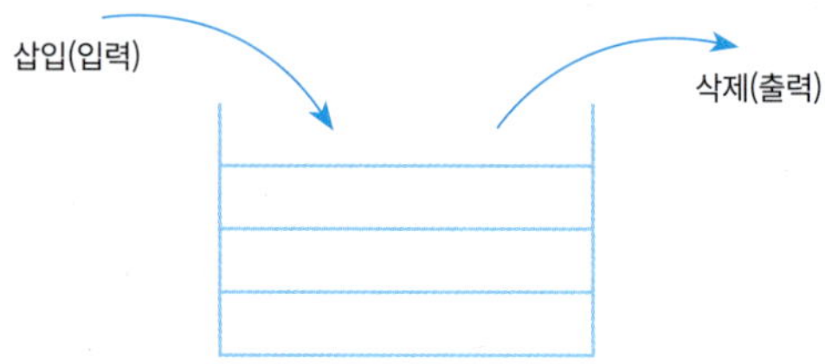

그림 5.1 스택의 개념

2. 일상생활에서 스택의 예

스택은 일상생활에서도 그 예를 많이 찾아 볼 수 있는 자료구조의 한 형태이다. 예를 들면 쌓아 올려진 접시들 혹은 잘 개어서 포개놓은 수건들, 쌓인 이불장, 일방적 통행의 막다른 골목에서의 차례로 주차된 자동차들 이러한 것들이 스택에 해당한다. 이들은 마지막에 넣어진 것, 즉 가장 위에 쌓여져 있는 것이 제일 먼저 꺼내어 사용되게 된다.

그림 5.2 다양한 스택의 예

그림과 같이 어떤 막다른 골목에 차를 주차하는 경우를 예를 들면, 골목길은 좁아서 차 한대 밖에 지나갈 수 없다고 가정 한다. 골목이 비어있을 때 1번 차가 제일 먼저 길의 안쪽에 주차하기 시작하여 2번, 그다음에 3번, 그리고 맨 마지막에 4번 순으로 주차하게 된다. 차를 빼내기 위해서는 주차했던 순서와는 반대로 4번 차가 제일 먼저 나오고 둘째로는 3번이 그리고 셋째로는 2번이 그리고 마지막으로 1번이 나올 수 밖에 없다. 여기서 4번 차는 제일 늦게 들어갔지만 나올 때에는 제일 먼저 나오게 되는데 이러한 구조를 스택 구조라 한다. 여기서 막다른 골목을 하나의 리스트로 보면 골목 입구는 출구로도 쓰이는 셈이 되는데 이 위치가 개념적으로는 스택의 꼭대기(top)에 해당된다.

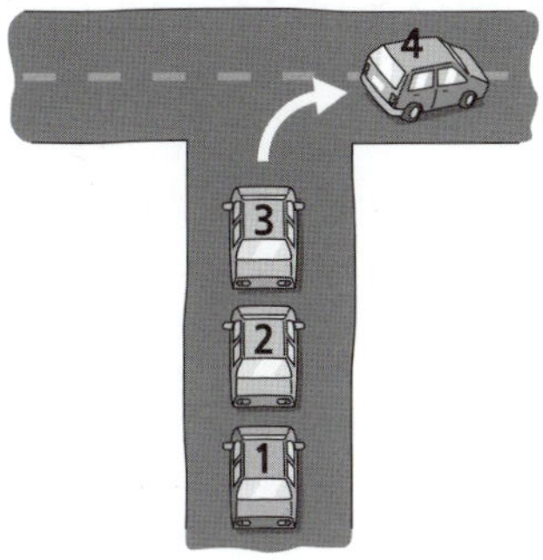

그림 5.3 막다른 골목에서의 차례로 주차된 자동차들

3. 컴퓨터 기억 공간에서의 스택의 구현

1. **배열(순차 자료구조와 순차 리스트)을 이용한 스택의 구현 방식**
   컴퓨터의 기억 공간은 1차원 배열로 구성되어 있는데 여기서 한쪽 끝, 즉 꼭대기(top)에서만 자료의 입력과 출력이 행해지는 구조가 바로 스택 구조인 것이다.
2. **구조체와 포인터(연결 자료구조와 연결 리스트)를 이용한 스택의 구현 방식**
   포인터를 이용한 스택은 연결 자료구조와 연결 리스트를 이용한 스택 표현을 말한다.

4. 컴퓨터 기억 공간에서의 스택의 활용

컴퓨터의 기억 공간에서의 스택의 활용은 산술식 연산(arithmetic operation)이나 함수 호출(function call), 함수의 순환, 인터럽트(interrupt) 등에서 사용된다.

01 _ 배열(순차 자료구조와 순차 리스트)을 이용한 스택

1. 배열을 이용한 스택 알고리즘

컴퓨터의 기억 공간은 1차원 배열로 구성되어 있는데 여기에서 구성되는 일련의 리스트는 끝이 양쪽에 하나씩 있게 된다. 여기서 한쪽 끝, 즉 꼭대기(top)에서만 자료의 입력과 출력이 행해지는 구조가 바로 이 스택 구조인 것이다. 입출력이 행해지지 않는 막혀 있는 다른 한쪽 끝을 바닥 또는 밑(bottom)이라고 한다. 바닥은 고정되어 있다. 만약 자료의 입력이 자주 발생되고 출력은 드물게 일어나는 경우에는 스택의 크기가 점점 커지게 되므로 기억 공간을 크게 점유하게 될 것이다. 그러나 스택은 입력 즉 저장만을 위해서 사용하는 경우는 거의 없다. 시간 차이는 있겠지만 반드시 입력이 있으면 출력이 수반된다.

2. 배열을 이용한 스택 알고리즘 예

배열을 이용한 스택의 예를 가장 쉽게 알 수 있는 것은 동전을 하나씩 쌓았다가 다시 위에서부터 밖으로 끄집어낸다고 생각하면 된다.

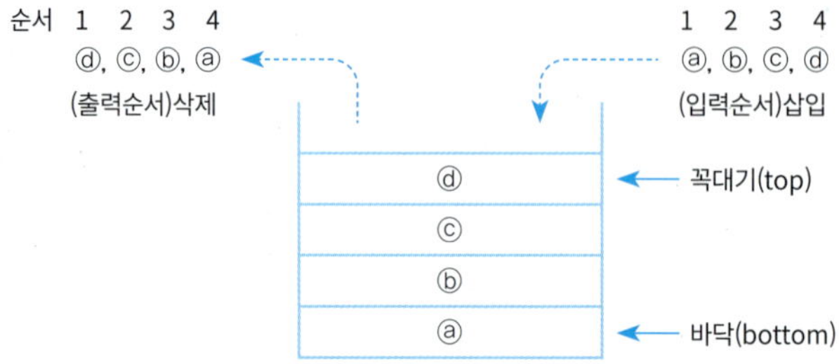

그림 5.4 배열을 이용한 스택의 예

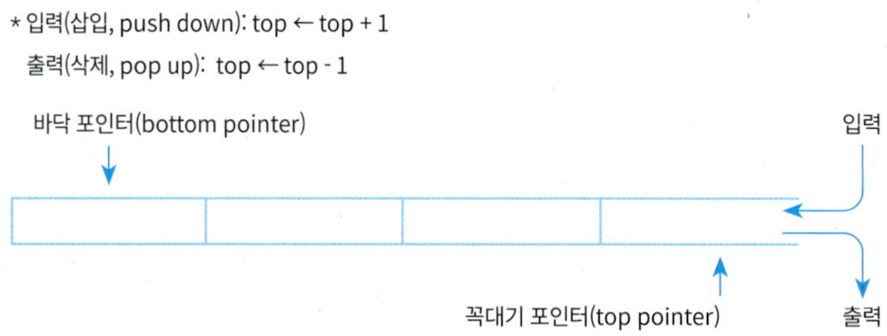

그림 5.5 배열을 이용한 스택 구조

3. 배열을 이용한 스택 알고리즘에서 삽입(입력)/삭제(출력)의 예

스택의 크기(n)보다 현재 스택에 있는 원소의 수의 위치(top)보다 크지 않으면 top을 1증가시킨 후에 스택의 top 위치에 입력한 문자를 삽입(입력, push)한다. 스택이 공백(top 〈= 0)이 아니면, 스택의 top 위치에 있는 문자를 삭제(출력, pop)한 후에 top을 1 감소시킨다.

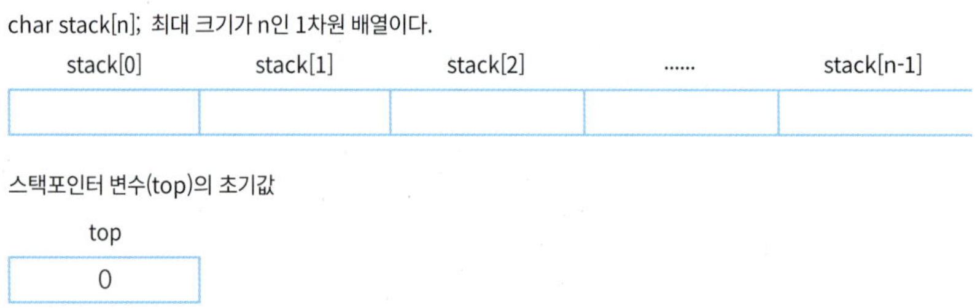

그림 5.6 C언어에서의 배열을 이용한 스택의 구조

입력(삽입)과 출력(삭제)이 임의로 일어날 때 스택 포인터에서 상태를 나타내고 있다. 스택 포인터에는 편의상 스택의 크기 값(top)이 표시되도록 하였다. 예를 들면, 순서는 빈 스택에서 A를 입력, A를 출력, B, C, D를 각각 입력 한 후에 D, C, B를 각각 출력한다.

초기 상태	스택포인터 값(top) 0 0 1 2 3 4	처음에는 스택이 빈 상태이다. 즉, 스택포인터의 값(top)도 0이다.
1단계	스택포인터 값(top) 1 0 1 2 3 4 A	스택에 A를 입력하기 위하여 스택 포인터 값을 먼저 1 증가(0에서 1로 , top ← top + 1) 시킨 후에 여기에 A를 입력(삽입, push down)한다.
2단계	0 1 2 3 4 스택포인터 값(top) 0	스택에 A를 출력하기 위하여 여기에 A를 먼저 출력(삭제, pop up) 시킨 후에 스택 포인터 값을 1 감소(1에서 0으로, top ← top − 1)한다.
3단계	스택포인터 값(top) 1 0 1 2 3 4 B	스택에 B를 입력하기 위하여 스택 포인터 값을 먼저 1 증가(0에서 1로 , top ← top + 1) 시킨 후에 여기에 B를 입력(삽입, push down)한다.
4단계	스택포인터 값(top) 2 0 1 2 3 4 B C	스택에 C를 입력하기 위하여 스택 포인터 값을 먼저 1 증가(1에서 2로 , top ← top + 1) 시킨 후에 여기에 C를 입력(삽입, push down)한다.
5단계	스택포인터 값(top) 3 0 1 2 3 4 B C D	스택에 D를 입력하기 위하여 스택 포인터 값을 먼저 1 증가(2에서 3으로, top ← top + 1) 시킨 후에 여기에 D를 입력(삽입, push down)한다.
6단계	0 1 2 3 4 B C 스택포인터 값(top) 2	스택에 D를 출력하기 위하여 여기에 D를 먼저 출력(삭제, pop up) 시킨 후에 스택 포인터 값을 1 감소(3에서 2로, top ← top − 1)한다.
7단계	0 1 2 3 4 B 스택포인터 값(top) 1	스택에 C를 출력하기 위하여 여기에 C를 먼저 출력(삭제, pop up) 시킨 후에 스택 포인터 값을 1 감소(2에서 1로, top ← top − 1)한다.

8단계

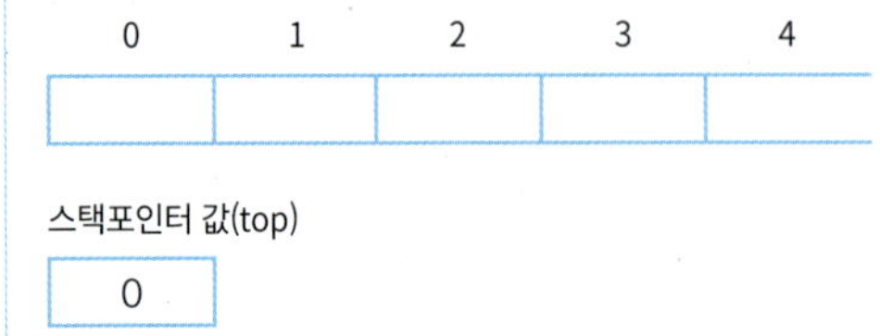

스택에 B를 출력하기 위하여 여기에 B를 먼저 출력(삭제, pop up) 시킨 후에 스택 포인터 값을 1 감소(1에서 0으로, top ← top – 1)한다.

그림 5.7 배열을 이용한 스택의 구조와 상태 변화의 예

4. 배열을 이용한 스택 알고리즘(가상 코드)과 분석

구체적으로 스택이 컴퓨터 내부에서 어떻게 운영이 되고 있는지 알아보면, 보통 스택에서 이루어지는 연산(operation)에는 입력(push down)과 출력(pop up) 두 가지가 있다. 이 둘은 결과적으로 임의의 시간차를 두고 항상 같은 횟수만큼 수행되어야만 한다. 결과적이라는 단어의 의미는 스택을 어떤 용도로 완전히 사용한 바로 다음을 의미한다. 먼저 한 항목의 입력(push라고도 함)이 이루어지면 얼마 후 이 항목의 출력(pop이라고도 함)이 일어나게 된다. 이때 입력의 횟수와 출력의 횟수가 서로 틀리면 비정상적인 상태가 되어 스택이 비게(under-flow) 되거나 반대로 넘치게(over-flow) 되면서 컴퓨터가 오동작하게 된다.

(1) 스택의 추상 자료형

【ADT 5_1 : 스택의 추상 자료형 】

```
01 ADT Stack
02   자료(Data): 0개 이상의 원소를 가진 유한 순서 리스트
03   연산(Operation): S ∈ Stack, item ∈ Element
04
05   createStack( ) ::= 공백 스택 S를 생성하는 연산;
06   isEmpty(S) ::= 스택 S가 공백인지 확인하는 연산;
07   push(S, item) ::= 스택 S의 top에 item(원소)을 삽입하는 연산;
08   pop(S) ::= 스택 S의 top에 item(원소)을 삭제하는 연산;
09   peek(S) ::= 스택 S의 top에 item(원소)을 반환하는 연산;
10 End Stack
```

【해설】

03. 스택의 입력과 출력이 일어나는 주소를 가리키는 스택 포인터(stack pointer 혹은 top 이라고도 지칭함)가 있어야만 한다. 스택에 입력이 일어나면 상대적인 관점에서 스택 포인터의 값이 증가하게 되고 반대로 출력이 일어나면 그 값이 감소하게 된다.

05. 공백 스택 S를 생성하는 연산, 스택을 운영하려면 컴퓨터의 주기억 공간에 필요한 만큼의 스택 용량이 먼저 할당되어 있어야 한다.

06. 스택 S가 공백인지 확인하는 연산이다.

07. 스택 S의 top에 item(원소)을 삽입하는 연산이다.

08. 스택 S의 top에 item(원소)을 삭제하는 연산이다.

09. 스택 S의 top에 item(원소)을 반환하는 연산이다.

(2) 삽입(Push Down) 스택 알고리즘

【AL 5_1 : 삽입(Push Down) 스택 알고리즘 】

```
01 procedure ADD(item, STACK, n, top)
02  /* - item: STACK에 삽입하려는 데이터를 저장하고 있는 변수
03     - STACK: 최대 크기가 n인 배열
04     - n: 스택의 최대 크기를 나타내기 위한 변수
05     - top: 스택의 동작 위치를 나타내는 변수
06     스택의 크기(n)보다 현재 스택에 있는 원소의 수의 위치(top)보다 크지 않으면
07     top을 1증가시킨 후에 스택의 top 위치에 item을 삽입한다. */
08
09     if  top >= n then call STACK_FULL
10        top ← top+1;
11        STACK(top) ← item;
12 end ADD ( )
```

【해설】

09. 스택이 허용된 크기와 같거나 보다크면 스택내용–초과–알고리즘을 수행한다.(스택 포인터의 값을 스택의 최대 크기 n 과 비교하여 판정한다)

10. 스택의 크기(스택 포인터의 값)를 1 만큼 증가시킨다.

11. 저장할 항목을 스택에 입력한다.(항목을 스택 포인터가 가리키는 곳에 저장한다)

(3) 삭제(Pop Up) 스택 알고리즘

【AL 5_2 : 삭제(Pop Up) 스택 알고리즘 】

```
01 procedure DELETE(item, STACK, top)
02 /*  - item: STACK에서 자료를 삭제하여 저장할 변수
03      - STACK: 최대 크기가 n인 배열
04      - top: 스택의 동작 위치를 나타내는 변수
05      - top <= 0: Stack이 공백(empty)인 상태
06      스택이 공백(top <= 0)이 아니면, 스택의 top 위치에 있는 item을 삭제한 후에
07      top을 1 감소시킨다. */
08
09      if  top <= 0 then call STACK_EMPTY
10         item ← STACK(top);
11         top ← top-1;
12 end DELETE ( )
```

【해설】

09. 스택이 비었으면 스택내용–없음–알고리즘을 수행한다.(스택 포인터의 값을 0과 비교하여 판정한다)

10. 스택 포인터가 가리키고 있는 곳의 항목을 출력시킨다.

11. 스택의 크기(스택 포인터의 값)를 1만큼 감소시킨다.

5. 배열을 이용한 스택의 C 언어 프로그래밍 실습 예

실습 5.1

배열을 이용하여 스택에서의 삽입 삭제 할 수 있는 프로그램을 작성하시오.

[출력]

```
C:\Windows\system32\cmd.exe
<<배열 이용한 스택(stack)에서의 삽입 삭제>>

---- Selection number(1, or 2, or 0) ----
  1.push     2.pop     0.end
-----------------------------------------
PUSH: a
 current STACK state: a

---- Selection number(1, or 2, or 0) ----
  1.push     2.pop     0.end
-----------------------------------------
POP:  a
 current STACK state:

---- Selection number(1, or 2, or 0) ----
  1.push     2.pop     0.end
-----------------------------------------
PUSH: b
 current STACK state: b

---- Selection number(1, or 2, or 0) ----
  1.push     2.pop     0.end
-----------------------------------------
PUSH: c
 current STACK state: bc

---- Selection number(1, or 2, or 0) ----
  1.push     2.pop     0.end
-----------------------------------------
PUSH: d
 current STACK state: bcd

---- Selection number(1, or 2, or 0) ----
  1.push     2.pop     0.end
-----------------------------------------
POP:  d
 current STACK state: bc

---- Selection number(1, or 2, or 0) ----
  1.push     2.pop     0.end
-----------------------------------------
POP:  c
 current STACK state: b

---- Selection number(1, or 2, or 0) ----
  1.push     2.pop     0.end
-----------------------------------------
POP:  b
 current STACK state:

---- Selection number(1, or 2, or 0) ----
  1.push     2.pop     0.end
-----------------------------------------
```

[입력]

① 번호 1을 누르면 화면에 표시되고 키 입력을 받는 상태가 된다.
② 번호 1을 누른 후 PUSH가 화면에 출력되며, 여기서 PUSH에서 문자 'a'를 입력하면 화면에 PUSH한 'a'와 현재의 스택 상태 'a'가 화면에 출력된다.
③ 화면에서 2를 누르면 스택 제일 위(top)에 있는 'a'가 삭제된 POP 'a'가 출력되고, 현재의 스택 상태 ' '가 화면에 출력된다.
④ 번호 1을 누른 후 PUSH가 화면에 출력되며, 여기서 PUSH에서 문자 'b'를 입력하면 화면에 PUSH한 'b'와 현재의 스택 상태 'b'가 화면에 출력된다.
⑤ 번호 1을 누른 후 PUSH가 화면에 출력되며, 여기서 PUSH에서 문자 'c'를 입력하면 화면에 PUSH한 'c'와 현재의 스택 상태 'bc'가 화면에 출력된다.
⑥ 번호 1을 누른 후 PUSH가 화면에 출력되며, 여기서 PUSH에서 문자 'd'를 입력하면 화면에 PUSH한 'd'와 현재의 스택 상태 'bcd'가 화면에 출력된다.
⑦ 화면에서 2를 누르면 스택 제일 위(top)에 있는 'd'가 삭제된 POP 'd'가 출력되고, 현재의 스택 상태 'bc'가 화면에 출력된다.
⑧ 화면에서 2를 누르면 스택 제일 위(top)에 있는 'c'가 삭제된 POP 'c'가 출력되고, 현재의 스택 상태 'b'가 화면에 출력된다.
⑨ 화면에서 2를 누르면 스택 제일 위(top)에 있는 'b'가 삭제된 POP 'b'가 출력되고, 현재의 스택 상태 ' '가 화면에 출력된다.

[처리조건]

① 배열을 이용하여 스택에서의 삽입 삭제 함수 작성
② #define MAX 20 사용하여 스택의 크기를 20으로 할 것
③ 처음에 스택의 높이를 –1로 할 것: int top = –1;
④ 키보드로 1문자를 입력받아서 스택에 삽입하는 함수 작성 할 것
⑤ 현재의 누적된 스택에 쌓여 있는 문자열을 보여주는 함수 작성할 것
⑥ 스택에 쌓여 있는 제일 위에 있는 문자를 자동적으로 삭제하는 함수 작성할 것

【프로그램: c_5_1.c】

```
#include <stdio.h>
#define MAX 20
char stackMAX];
int top = -1;
char pop();

void main()
{
    printf("<<배열 이용한 스택(stack)에서의 삽입 삭제>>\n\n");
    while(1) {
        printf("\n---- Selection number(1, or 2, or 0) ---\n");
        printf("  1.push    2.pop    0.end \n");
        printf("----------------------------------------\n\n");
        switch(getch()) {
            printf("----- Press character ------------------\n");
            case '1': printf("PUSH: ");
                    push(getche());
                    d_stack();
                    break;
            case '2': printf("POP:  ");
                    printf("%c", pop());
                    d_stack();
                    break;
            case '0': return;
        }
    }
}

push(char push_in)
{
    if (top==MAX) puts("stack is full! Insertion is impossible!");
    else
    {     top++;
          stacktop]=push_in;
    }
}

d_stack()
{
    int i;
    printf("\n current STACK state: ");

    for(i=0; i<=top; i++)
        putch(stacki]);
    printf("\n");
}
```

```
47
48 char pop()
49 {
50     char pop_result;
51
52     if (top==-1) puts("stack is empty! Deletion is impossible!");
53     else
54     {
55         pop_result = stacktop];
56         top--;
57     }
58     return pop_result;
59 }
```

[해설]

10-27. while(1) 문

1이 참이므로, 즉 항상 조건식이 참이므로 무한 루프가 되는 것이다. 1대신에 2를 넣어도 되고 100을 넣어도 상관없다. 그래도 조건식이 참이 되므로 무한 루프가 된다. 0이 되는 순간 그 while문은 거짓이 된다. while은 참일 때만 반복문을 수행하므로, 0이 아닌 1을 보통 넣는다. 0이 아니면 모두 참값으로 보니 2,3 등 다른 수를 써도 상관없다.

14. getch() 문

키보드 받는 함수이다.

14, 16, 20, 24. switch case 문

다중 선택 시 사용하는 명령문이다. 1인 경우 삽입(입력), 2인 경우 삭제(출력), 0인 경우 종료한다.

02. 스택의 크기 선언, 20개까지 삽입 가능하다.

03. char stack[20]; 최대 크기가 20인 1차원 배열이다.

stack[0]	stack[1]	stack[2]	......	stack[20]

04. 스택포인터 변수(top)의 초기값

top
−1

17, 29-36. 키보드로 1문자를 입력받아서 스택에 삽입하는 함수이다.

스택의 크기(20)보다 현재 스택에 있는 원소의 수의 위치(top)보다 크지 않으면 top을 1 증가시킨 후에 스택의 top 위치에 입력한 문자를 삽입한다.

18, 38-46. 현재의 누적된 스택에 쌓여 있는 문자열을 보여주는 함수이다.

21, 48-59. 스택에 쌓여있는 제일 위에 있는 문자를 자동적으로 삭제하는 함수이다.

스택이 공백(top 〈= 0)이 아니면, 스택의 top 위치에 있는 문자를 삭제한 후에 top을 1 감소시킨다.

02 _ 구조체와 포인터(연결 자료구조와 연결 리스트)를 이용한 스택

1. 구조체와 포인터를 이용한 스택 알고리즘

(1) 포인터를 이용한 스택 알고리즘의 개념

포인터를 이용한 스택은 연결 자료구조와 연결 리스트를 이용한 스택 표현을 말한다. 즉, 다음 그림처럼 연결 리스트의 노드 처리 문제 중에서 단순 연결 리스트나 이중 연결 리스트의 선두 위치에 노드를 삽입하는 경우와 삭제하는 경우이다.

선두에 노드를 삽입하는 것을 push 알고리즘으로 하고 선두에 있는 노드를 제거하는 것을 pop 알고리즘으로 사용하면 연결 리스트가 스택으로 구현되게 된다. 이 경우 스택포인터는 연결 리스트의 처음을 가리키는 연결 리스트의 헤드(head)가 시작(start) 포인터인 top이 된다. 만약 거꾸로 연결 리스트의 끝을 노드가 삽입 혹은 삭제가 일어나는 위치로 보아도 역시 스택 구조의 운영이 되는데 이런 경우 이 연결 리스트의 끝을 가리키는 헤드(head)가 마침(end) 포인터인 top이 되는 것이다.

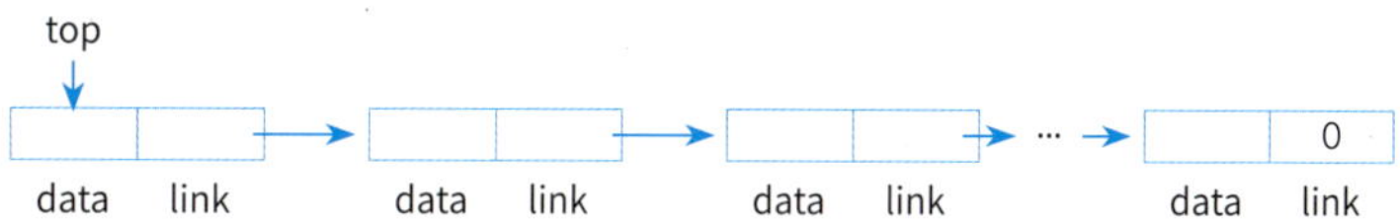

그림 5.8 포인터를 이용한 스택의 기본 구조

(2) 포인터를 이용한 스택 알고리즘의 특징과 사용하는 이유

배열(선형 리스트)는 기억 장소의 이용률이 매우 높다(밀도가 1). 반면에 노드의 삽입과 삭제가 빈번히 발생하는 때에는 순차적인 리스트의 유지 때문에 후속 노드들을 이동시켜야 하는 등 수행시간이 아주 길어지게 된다. 이에 대한 개선책으로 연결 리스트의 사용이 요구된다.

또한, 배열의 크기가 넘쳐 조정할 때도 배열(선형 자료구조와 선형 리스트)을 이용한 스택의 크기(고정된 크기)를 조정하기가 어려우므로 미리 크게 스택의 고정된 크기를 메모리에 할당해 놓고 사용해야 하므로 메모리 사용의 효율성이 낮아진다는 단점이 있다. 이를 극복하기 위하여 포인터(연결 자료구조와 연결 리스트)를 이용한 스택을 사용한다.

또한, 단일 스택인 경우에는 배열(선형 자료구조와 선형 리스트)을 이용한 스택이 효율적이나 여러 개의 스택이 동시에 존재하는 경우에는 포인터(연결 자료구조와 연결 리스트)를 이용한 스택이 더 효율적이다.

연결 리스트는 한 개의 노드에 포인터를 몇 개 사용하느냐에 따라 그리고 전체적으로 어떤 모양을 이루느냐에 따라서 크게 다음과 같이 분류한다. 한 개의 포인터만 이용하는 방식인 단순 연결 리스트와 두 개의 포인터를 이용하는 이중 연결 리스트로 분류할 수 있고 연결 모양이 원 형태를 이루고 있는 환상 연결 리스트가 있다. 그리고 리스트에 대한 정보와 처음 노드의 주소를 알려주는 용도로 헤더(header)를 사용하는데 리스트의 맨 처음의 위치에 있게 된다.

2. 구조체와 포인터를 이용한 스택 알고리즘 예

스택의 예를 가장 쉽게 알 수 있는 것은 동전을 하나씩 쌓았다가 다시 위에서부터 끄집어낸다고 생각하면 된다.

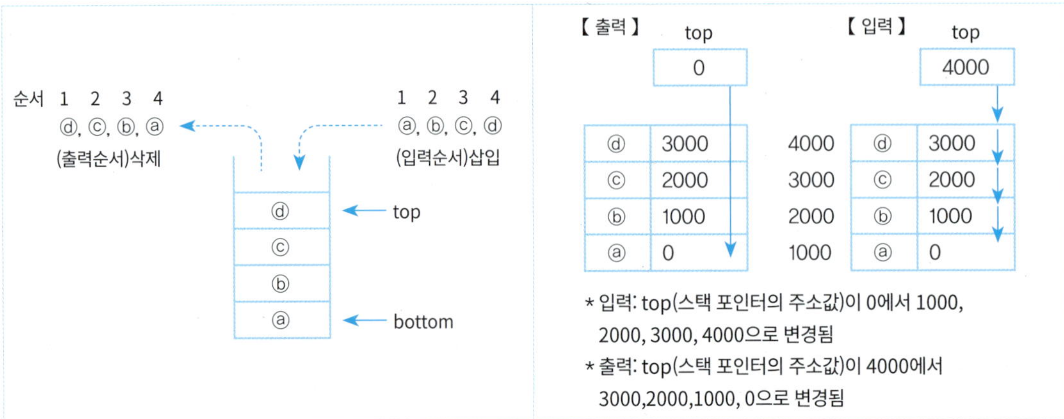

그림 5.9 배열 / 구조체와 포인터를 이용한 스택의 구조 비교

3. 구조체와 포인터를 이용한 스택의 C 언어 프로그래밍 실습 예

실습 5.2

포인터를 이용하여 스택에서의 삽입 삭제 할 수 있는 프로그램을 작성하시오.

【출력】

```
C:\Windows\system32\cmd.exe
<<포인터 이용한 스택(stack)에서의 삽입 삭제>>

---- Selection number(1, or 2, or 0) ----
 1.push    2.pop    0.end
-----------------------------------------
PUSH:  영문자 key pressed ==> a
 current STACK state(top==>bottom): a

     영문자 key pressed ==> b
 current STACK state(top==>bottom): ba

     영문자 key pressed ==> c
 current STACK state(top==>bottom): cba

 영문자 key pressed ==> d
 current STACK state(top==>bottom): dcba

     영문자 key pressed ==> e
 current STACK state(top==>bottom): edcba

---- Selection number(1, or 2, or 0) ----
 1.push    2.pop    0.end
-----------------------------------------
POP:  e
 current STACK state(top==>bottom): dcba

POP:  d
 current STACK state(top==>bottom): cba

POP:  c
 current STACK state(top==>bottom): ba

POP:  b
 current STACK state(top==>bottom): a

POP:  a
 current STACK state(top==>bottom):

---- Selection number(1, or 2, or 0) ----
 1.push    2.pop    0.end
-----------------------------------------
계속하려면 아무 키나 누르십시오 . . .
```

【처리조건】

① 스택의 노드를 표현하기 위하여 구조체로 정의할 것
② 스택의 top 노드를 지정하기 위해 포인터 top 변수를 선언하여 주소 값을 저장할 수 있을 것
③ 스택이 공백 상태인지 확인하는 연산 작성할 것
④ 스택의 top에 원소를 삽입하는 연산 작성할 것
⑤ 스택의 top에서 원소를 삭제하는 연산 작성할 것
⑥ 삭제된 노드의 메모리 반환할 것

【입력】

① 번호 1을 누르면 화면에 표시되고 키 입력받는 상태가 된다.

② 번호 1을 누른 후 PUSH가 출력되며, 여기서 PUSH에서 문자 'a'를 입력하면 화면에 현재의 PUSH 상태 'a'가 화면에 출력된다.

③ 번호 1을 누른 후 문자 'b'를 입력하면 현재의 PUSH 상태 'ba'가 화면에 출력된다.

④ 번호 1을 누른 후 문자 'c'를 입력하면 현재의 PUSH 상태 'cba'가 화면에 출력된다.

⑤ 번호 1을 누른 후 문자 'd'를 입력하면 현재의 PUSH 상태 'dcba'가 화면에 출력된다.

⑥ 번호 1을 누른 후 문자 'e'를 입력하면 현재의 PUSH 상태 'edcba'가 화면에 출력 된다.

⑦ 화면에서 2를 누르면 제일 위에 있는 현재의 e가 POP 상태(삭제)인 'dcba'가 있는 화면이 표시된다.

⑧ 또한, 현재의 d가 POP 상태(삭제)인 'cba'가 있는 화면이 표시된다.

⑨ 또한, 현재의 c가 POP 상태(삭제)인 'ba'가 있는 화면이 표시된다.

⑩ 또한, 현재의 b가 POP 상태(삭제)인 'a'가 있는 화면이 표시된다.

⑪ 또한, 현재의 a가 POP 상태(삭제)인 화면이 표시된다.

⑫ 번호 0을 누르면 종료된다.

【프로그램: c_5_2.c】

```c
#include <stdio.h>
#include <stdlib.h>
#include <string.h>

typedef struct stackNode {
    int data;
    struct stackNode *link;
} stackNode;

stackNode *top;

int isEmpty() {
    if (top == NULL) return 1;
    else return 0;
}

void push(int item) {
    stackNode* temp = (stackNode *)malloc(sizeof(stackNode));
    temp->data = item;
    temp->link = top;
    top = temp;
}

int pop() {
    int item;
    stackNode* temp = top;

    if (top == NULL) {
        printf("\n\n Stack is empty !\n");
        return 0;
    }
```

```
    else {
        item = temp->data;
        top = temp->link;
        free(temp);
        return item;
    }
}

void d_stack() {
    stackNode* p = top;
    int i;
    printf("\n current STACK state(top==>bottom): ");
    while(p) {
        putch(p->data);
        p = p->link;
    }
    printf("\n");
}
void main(void) {
    int item;
    top = NULL;

    printf("<<포인터 이용한 스택(stack)에서의 삽입 삭제>>\n\n");
    while(1) {
      printf("\n---- Selection number(1, or 2, or 0) ---\n");
      printf("  1.push    2.pop    0.end \n");
      printf("----------------------------------------\n\n");
      switch(getch()) {
           printf("----- Press character ------------------\n");
           case '1': printf("PUSH: ");
              printf(" 영문자 key pressed ==> "); push(getche()); d_stack();
              printf("\n");
              printf("     영문자 key pressed ==> "); push(getche()); d_stack();
              printf("\n");
              printf("     영문자 key pressed ==> "); push(getche()); d_stack();
              printf("\n");
              printf(" 영문자 key pressed ==> "); push(getche()); d_stack();
              printf("\n");
              printf("     영문자 key pressed ==> "); push(getche()); d_stack();
              printf("\n");
              break;
           case '2': printf("POP:  ");
              putch(pop()); d_stack();
              printf("\n");
              printf("POP:  ");
              putch(pop()); d_stack();
              printf("\n");
```

```
79                  printf("POP:  ");
80                  putch(pop()); d_stack();
81                  printf("\n");
82                  printf("POP:  ");
83                  putch(pop()); d_stack();
84                  printf("\n");
85                  printf("POP:  ");
86                  putch(pop()); d_stack();
87                  printf("\n");
88                  break;
89              case '0': return;
90          }
91      }
92  }
```

[해설]

05. 스택의 노드를 구조체로 정의한다.

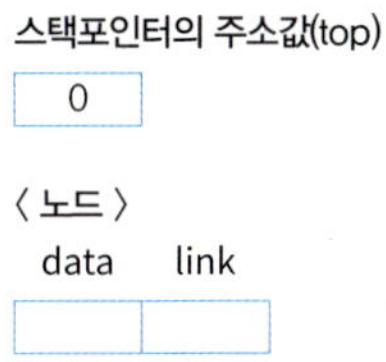

10. 스택의 top 노드를 지정하기 위해 포인터 변수 top 선언하고 여기에 포인터 스택의 주소값 저장 가능하다.

12. 스택이 공백 상태인 경우 처리하는 함수이다.

17-22, 62-70. 스택의 top에 원소를 삽입하는 함수이다.
getch() 문은 키보드 받는 함수이다.

02, 18. malloc() 함수는 메모리의 재할당이나 동적 할당할 경우에 많이 사용한다. malloc은 함수이기 때문에 stdlib.h를 반드시 포함해야한다. 객체 생성 시 malloc같은 경우 메모리를 해당 크기를 지정해줘서 잡아만 줄뿐 해당 객체의 생성자는 호출하지 않는다. 즉, 초기화가 일어나지 않는다. 따로 초기화를 해줘야한다. 또한, 구조체 sizeof(stackNode) 크기만큼 메모리 영역을 할당하고 그 시작 주소 값을 temp에 반환한다.

19-21. 스택의 top에 원소를 삽입하는 예이다.
처음에는 스택이 빈 상태이다. 즉, 스택포인터의 주소값(top)이 0(NULL) 이다.

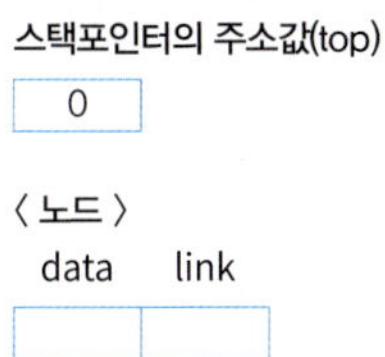

스택에 A를 입력하기 위하여 예를 들면, 스택 포인터의 주소값이 1000이라고 가정하면 1000이 가리키고 있는 노드의 data에 A를 입력(삽입, push down)한다.

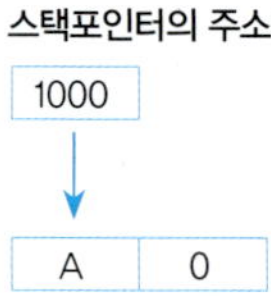

스택에 B를 입력하기 위하여 예를 들면, 스택 포인터의 주소값이 2000이라고 가정하면 2000이 가리키고 있는 노드의 data에 B를 입력(삽입, push down)한다. link에는 top의 주소값을 0에서 1000으로 변경한다.

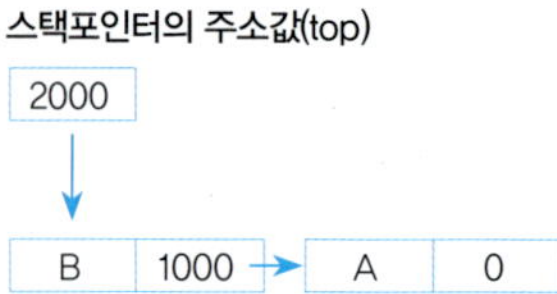

20. 삽입 노드를 top의 위에 연결한다.

21. top 위치를 삽입 노드로 이동한다.

24-38. 스택의 top에서 원소를 삭제하는 함수이다.
예를 들면, 스택에 E를 출력하기 위하여 스택 포인터의 주소값이 5000이라고 가정하면 5000이 가리키고 있는 노드의 data에 E를 출력(삭제, pop up)한다. top의 주소값을 5000에서 4000으로 변경한다. link에는 top의 주소값을 4000에서 3000으로 변경한다.

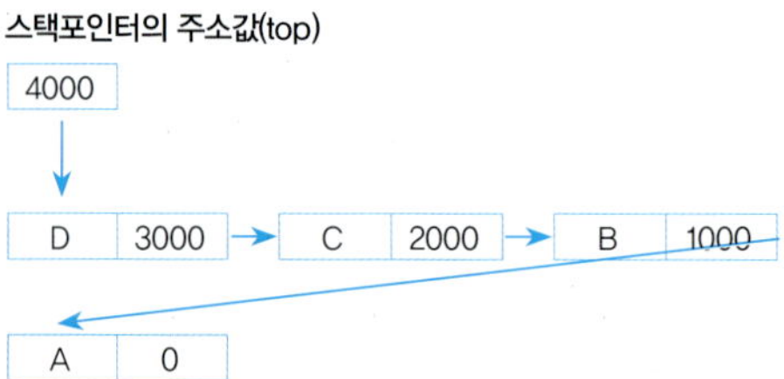

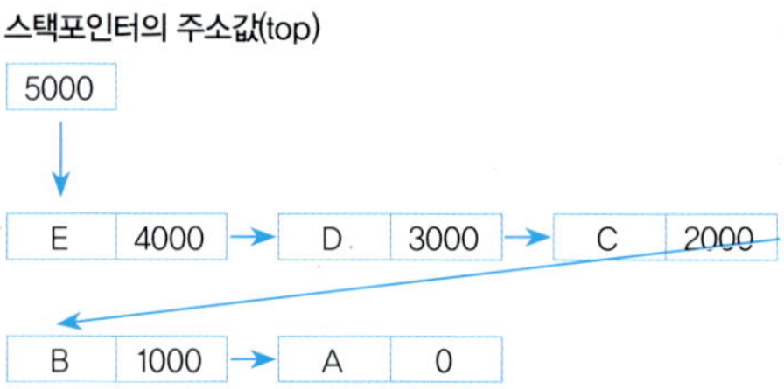

36. 삭제된 원소를 반환한다.

40-49, 74-86. 스택의 원소를 top에서 bottom 순서로 출력하는 함수이다.

89. switch-case 문을 종료한다.

03 _ 스택의 넘침(overflow)과 다중스택

1. 다중 스택의 개념

다중 스택이란 일반적으로 스택의 넘침(overflow)을 방지하기 위해 사용한다. 배열을 한 개 이상으로 쪼개서 공간을 할당하여 저장하는 방식이다. 이 방법을 이용하면 크기가 정해져있는 공간에서 여러 개의 스택을 활용할 때, 좀 더 효율적으로 공간을 이용할 수 있다. 다중 스택을 구현 할 때는 최상단의 위치, 최하단의 위치, 데이터를 저장할 공간이 필요하다.

2. 다중 스택의 종류

다중스택은 배열을 이용하여 표현할 수 있다.

(1) 2개의 스택 사용하는 방법

스택을 2개로 다음과 같이 운영한다. 스택의 바닥(bottom)은 고정되어 있고 삽입 삭제가 일어남에 따라 꼭대기(top) 포인터 두 개가 좌우로 움직이게 된다. 이렇게 하면 스택의 초과(overflow) 문제를 어느 정도 해결할 수 있는데 이것은 두 개의 스택이 동시에 커지는 경우가 확률적으로 희박하기 때문이다. 예를 들면, 하나의 연속된 기억 공간 속에 두 개의 스택을 넣어 사용하는 경우로 스택의 내용의 증감에 따라 이동하는 포인터 top1과 top2가 서로 이웃하도록 배치하는 경우이다.

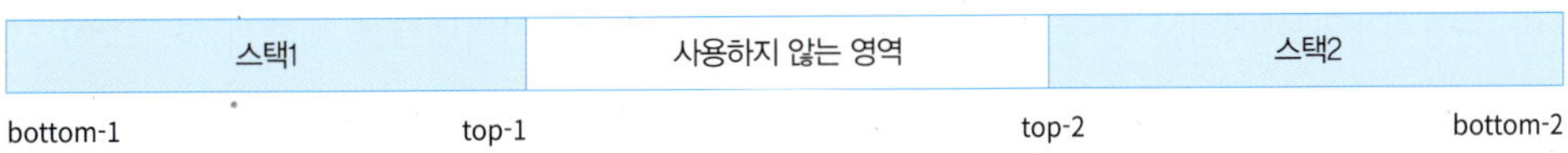

그림 5.10 2개 스택의 구조

(2) 하나의 저장 공간에 n개의 스택을 연결시켜 처리하는 방법

컴퓨터의 주기억 장치는 대부분의 경우 일차원 방식을 취하고 있는데 이러한 선형 영역 내에 여러 개의 스택을 준비하여 운영할 수 있는 경우가 다음 그림처럼 표현되어 있다. 이 경우 n개의 스택을 사용한다.

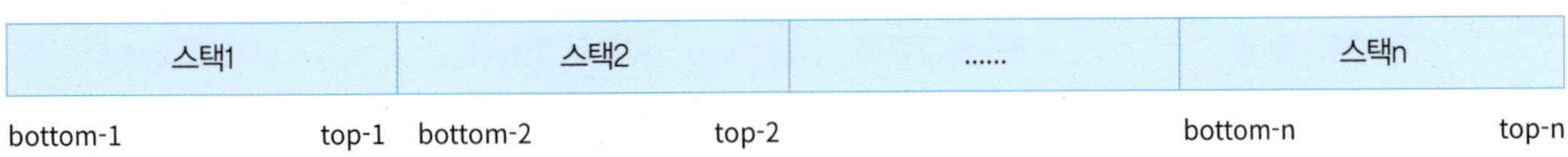

그림 5.11 다중 스택의 구조

3. 다중 스택의 운영

이와 같은 다중스택의 운영에서 반드시 공통적으로 필요한 것은 스택의 용량초과(overflow)에 대한 처리 문제이다. 이것은 서로 이웃한 n−1번째 스택의 top과 n번째 스택의 bottom이 서로 충돌하는 경우로 이러할 때에는 n−1번째 스택에 공간이 더 필요하므로 n번째 스택을 우측으로 평행이동 시켜야 할 것이다. 이와 같이 bottom, top 포인터 그리고 스택 내에 보관된 자료를 평행 이동시켜 기억 공간을 재배치하는 것을 조정(repacking) 작업이라 한다.

04 _ 스택의 활용

스택은 컴파일러, 운영체제 등의 시스템 프로그램과 계산기 등 응용 프로그램에서 없어서는 안 되는 중요한 도구이다. 스택이 응용되는 분야에는 수식의 표기와 계산, 연산 우선순위, 함수 호출, 순환함수 호출, 인터럽트 등을 기술한다.

1. C언어에서의 함수 호출(function call)과 부프로그램 호출(subroutine call)

(1) 함수 호출과 부프로그램 호출, 스택의 사용

일반적으로 프로그램은 한 개의 주프로그램과 여러 개의 부프로그램들로 구성되어 있는 경우가 대부분이라고 할 수 있다. 이렇게 호출 프로그램에서 피호출 프로그램으로 실행순서가 바뀔 때, 호출 프로그램에서는 피호출 프로그램의 수행이 완료된 뒤 수행해야 할 위치(호출 프로그램에서의 복귀 주소)를 스택에 저장시켜 순서를 기억하게 된다. 또 프로그램 간에 인수의 교환을 행할 때에도 스택을 사용하게 된다. 자기 자신의 함수가 아닌 다른 함수를 호출하여 작동하는 함수를 반복 함수(Iterative Function)이라고도 한다. 특히 운영체제의 예에서는 함수 호출이나 부프로그램의 처리, 인터럽트를 위해서 자신만이 사용하는 스택을 가지고 있다.

(2) 함수와 부프로그램 호출과 스택 사용의 예

다음과 같이 4 개의 함수의 프로그램이 있을 경우에의 예를 보여준다. 그 실행순서와 스택의 변화를 나타내며, 편의 상 프로그램의 각 명령문이나 함수 호출 시에 문 번호(주소 값)를 나타낸다. 프로그램의 실행 위치를 알리는 프로그램 실행 내용과 해당 명령문을 수행한 후 스택의 상태를 보여준다.

	주프로그램 A	부프로그램 B	부프로그램 C	부프로그램 D

프로그램 본문	A( ) {
	① A-1;
	② CALL B();
	③ A-2;
	④ CALL D();
	⑤ A-4;
	⑥ END;
	}
		B( ) {
		⑦ B-1;
		⑧ CALL C();
		⑨ B-2;
		⑩ END;
		}
			C( ) {
			⑪ C-1;
			⑫ END;
			}
				D( ) {
				⑬ D-1;
				⑭ END;
				}

	* ①②③④⑤⑥⑦⑧⑨⑩⑪⑫⑬⑭ : 각 명령문이나 함수가 차지하는 주소 값을 나타냄			

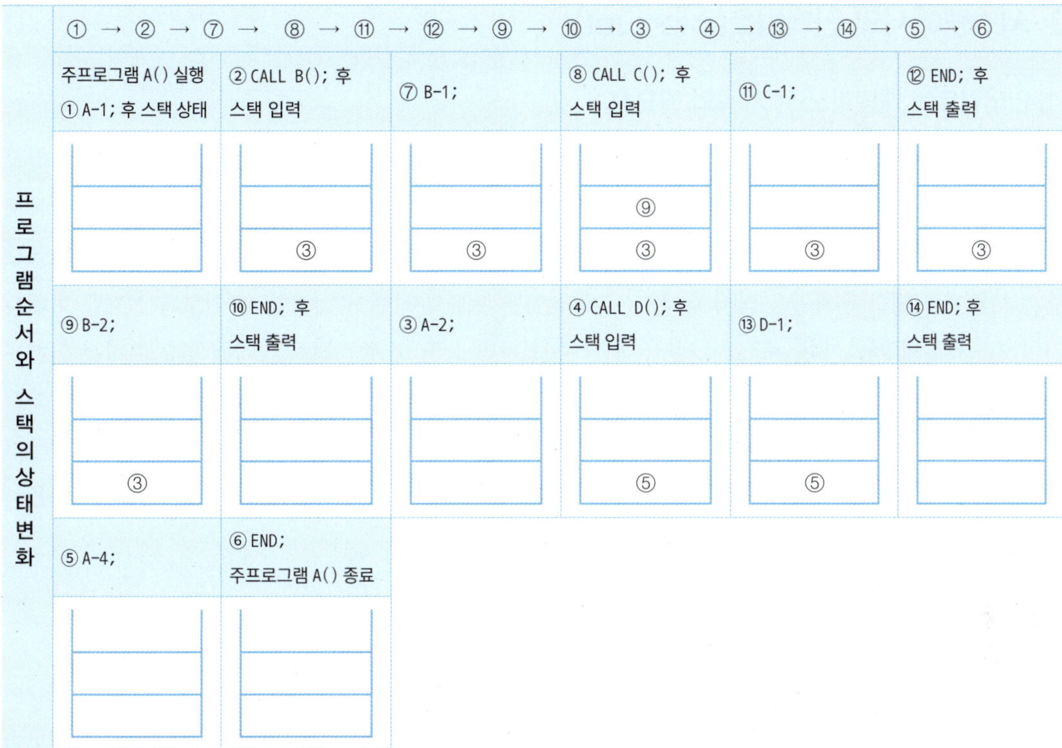

그림 5.12 함수와 부프로그램 호출과 스택 사용의 예

2. 순환 함수(recursive function)

(1) 순환 함수의 개념과 스택 사용

순환 함수는 자기 자신의 함수를 다시 호출하는 함수를 순환함수라 한다. 순환 함수를 사용함에 있어 얻어 질 수 있는 장점으로는 프로그램이 간결해지고, 일정한 규칙으로 반복처리 되어 쉬운 표현이 가능하다. 순환 함수는 함수의 호출과 부프로그램의 호출과 같은 방식을 사용하는데, 순환문의 수행 시 중간 수행 값과 복귀 주소를 저장하는데 스택을 이용한다. 순환 함수를 되부름 함수 또는 재귀 호출 함수라고도 한다.

(2) 순환 함수와 스택 사용의 예

순환 함수	코드	설명

순환
함수
	`P() {`
	`  P-1;`
	`  P-2; //조건이 맞으면 P-3로 이동함`
	`  CALL P();`
	`  P-3;`
	`}`
		여기서 P-2문장에는 순환의 무한 호출이 발생하지 않도록 탈출 조건을 넣었다. 즉 어떤 조건(condition)이 만족되면 순환 호출이 더 이상 이루어지지 않고 P-3 문으로 수행이 옮겨지게 된다. 순환문의 수행 시 중간 수행 값과 복귀 주소를 저장하는데 스택을 이용한다.

3. 시스템에서의 인터럽트(interrupt)

(1) 인터럽트의 개념과 스택 사용의 필요성

중앙 처리 장치(CPU)는 한 번에 하나의 작업만 할 수 있다. 여러 가지 작업 프로그램이 있다면 여러 작업을 작게 나누어 하나씩 빠르게 처리한다. 그러나 여러 가지 프로그램 중 어느 하나에 갑작스럽게 문제가 생긴다면 문제가 되는 부분을 빨리 해결하기 위하여 급한 그 프로그램을 먼저 접근하고 다른 프로그램은 기존에 진행하던 작업을 잠시 멈추고 문제가 있는 프로그램 먼저 해결할 수 있도록 신호를 보내는 것이 인터럽트의 개념이다. 즉, 프로세서(CPU, 중앙 처리 장치)의 즉각적인 처리를 필요로 하는 이벤트를 알리기 위해 발생하는 주변 하드웨어나 소프트웨어로부터 요청을 말한다. 인터럽트가 발생하면 그 순간 운영체계 내의 제어프로그램에 있는 인터럽트 처리 루틴(routine)이 작동하여 응급사태를 해결하고 인터럽트가 생기기 이전의 상태로 복귀시킨다. 이때 복귀시킬 주소의 기억시키는 장소로 스택의 사용이 요구된다.

(2) 인터럽트의 대표적인 예와 필요성

인터럽트가 일어나는 대표적인 예로는 갑작스러운 정전, 컴퓨터 고장, 데이터를 처리할 수 있는 컴퓨터 자원의 부족, 입출력 오류, 프로그램의 오류 등이 있다. 0으로 나눗셈을 한다거나 존재하지 않는 메모리에 접근을 하는 경우와 같이 컴퓨터가 명령을 받아들이는 것이 불가능한 상황에도 인터럽트가 일어난다. 인터럽트는 이처럼 CPU를 효율적으로 이용하기 위하여 필요한 기능이다. 문제 상황을 빠르게 처리할 수 있고, 프로그램의 이상 현상을 보다 쉽게 파악할 수 있으며, 거의 모든 컴퓨터가 효율적인 자료 처리를 위해 인터럽트 기능을 가지고 있다.

작업을 진행하다가 다음 그림처럼 급한 작업을 만났을 때 현재의 작업 위치(복구 주소)를 기억하기 위하여 스택을 사용한다.

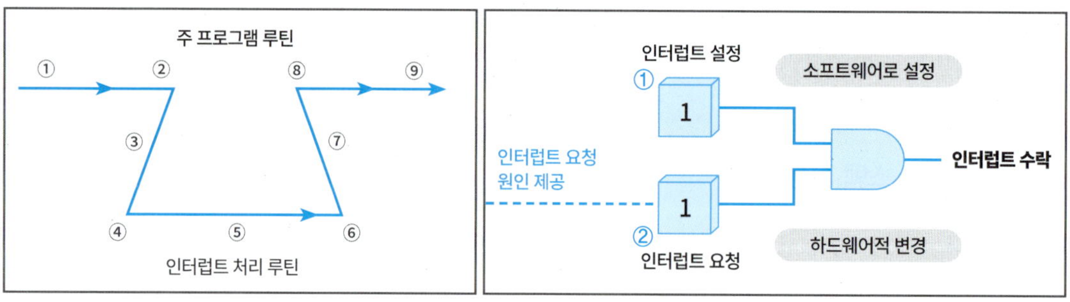

그림 5.13 인터럽트 발생과 스택의 사용

4. C언어에서의 산술 표현식과 스택 이용한 수식의 표현법(notation)

(1) 수식의 표기법

프로그램의 구성 성분 중 계산(evaluation)이 수행되어 결과 값을 갖는 모든 표현을 표현식 (또는 연산식, expression) 이라 한다. 산술적, 논리적, 비교적 연산과 함수 등을 들 수 있다. 프로그램에서 산술 표현식이 존재할 경우, 컴파일 시 이들을 평가하는 방법으로 스택을 응용하는데, 이러한 표현식은 다양하게 표기(notation) 되고 또한 여러 방법으로 계산(evaluation)될 수 있다. 먼저 표현식의 다양한 표기 방법을 알아보고, 표현식의 계산 시에 스택의 활용 방법을 기술한다.

① 중위 표기법

중위 표기법(infix notation)이란 일상적인 표기 방식인 a−b와 같이 연산을 수행할 2개의 자료인 a와 b 사이에 연산자를 위치시키는 표현을 말한다. 중위 표기는 일상적인 표현으로, C 언어와 같은 고급 프로그램 언어에서 산술, 논리, 비교 연산 등에 가장 많이 사용된다. 중위 표기는 연산자의 앞과 뒤에 위치하는 2개의 자료에 대한 이항 연산만을 표현할 수 있으므로 3개 이상의 자료에 대한 연산은 a+b+c+d 와 같이 동일한 연산자를 여러 번 사용해야 한다. 연산자의 정해진 우선순위와 다른 순서로 연산하고자 할 때에 괄호 등을 사용하여 우선순위를 변경시켜야만 한다. 여기서 중위 표기법이란 연산자가 피연산자들 사이에 위치하는 것을 말한다. 즉 A / B + C * D 는 (A / B) + (C * D)를 의미한다. 그러나 A / (B + C) * D의 계산은 괄호가 없을 때와는 전혀 다른 계산순서가 되는 것이다. 중위 표기법은 인간이 주로 사용하고 프로그래밍 언어에서사용 하는 표기법이다.

② 전위 표기법

전위 표기법(prefix notation)이란 연산자를 해당 피연산자들 보다 앞에 표기하는 방식을 말한다. 위에서 예로 든 A / B + C * D 를 전위 표기법으로 나타내면 + / A B * C D 와 같이 된다. 표현식의 표기 시에 실제 수행 내용을 나타내는 연산자를 그 연산을 수행할 자료들 앞에 위치시키는 표현을 전위 표기라 한다. 괄호의 사용이 필요 없을 뿐만 아니라 연산자의 우선순위도 고려할 필요가 없게 된다. POLISH 방법이라고도 한다. 전위 표기법은 LISP라는 컴퓨터 프로그래밍 언어에서 사용되고 있다.

③ 후위 표기법

후위 표기법(postfix notation)이란 자료들을 표현식의 앞에 위치시키고 그 자료들에 수행할 연산자를 그 뒤에 위치시키는 표기 방식을 말한다. 이의 실 예는 ab+와 같이 표기하는 것이다. reverse POLISH 표기 방법이라고도 한다. 후위 표기법은 주로 프로그램에서의 표현 방식보다는 계산 과정에서 활용되는 경우가 많다.

표 5.1 수식의 3가지 표기법 예

표기법의 종류	중위 표기법	전위 표기법	후위 표기법
예1)	A + B	+ A B	A B +
예2)	A / B + C * D	+ / A B * C D	A B / C D * +
예3)	A / (B + C) * D	* / A + B C D	A B C + / D *

(2) 스택을 이용하여 중위 표기법을 후위 표기법으로 변환하는 알고리즘

컴파일러는 주어진 언어의 문법에 맞도록 프로그램을 컴파일 하기 위해서 스택을 사용한다. 스택을 이용한 중위 표기법을 후위 표기법으로 변환하는 알고리즘은 다음과 같다.

- 인간이 중위 표기법으로 기술하여 입력시킨 수식을 컴퓨터는 먼저 후위 표기법으로 변경한다(이 경우에 스택을 사용).
- 이렇게 표기된 후위 표기법으로 계산에 들어가는 방식을 하는 경우가 많다(이 경우에 스택을 사용).

① 일반적으로 수식을 변환하는 방법(중위 표기법 → 후위 표기법)

1. 중위 표기법으로 표시된 수식을 연산자와 피연산자를 연산의 우선순위를 고려하여 모두 괄호로 묶어서 표현한다.
2. 괄호안의 모든 연산자들을 그에 대응하는 괄호의 오른쪽 밖으로 모두 이동한다(만일, 이때 전위 표기법으로 표현하려면 왼쪽 괄호 밖으로 이동한다).
3. 괄호를 모두 없앤다.

【예 1】 일반적으로 수식을 변환하는 방법(중위 표기법 → 후위 표기법)

A / B + C * D → ((A / B) + (C * D)) → ((A B) / + (C D) *) →
((A B) / (C D) *) + → A B / C D * +

【예2】 일반적으로 수식을 변환하는 방법(중위 표기법 → 후위 표기법)

A / (B + C) * D → ((A / (B + C)) * D) → ((A / (B C) +) * D) →
((A (B C) +) / * D) → ((A (B C) +) / D) * → A B C + / D *

【예3】 일반적으로 수식을 변환하는 방법(중위 표기법 → 전위 표기법)

A / B + C * D → ((A / B) + (C * D)) → (/ (A B) + * (C D)) →
+ (/ (A B) * (C D)) → + / A B * C D

【예4】 일반적으로 수식을 변환하는 방법(중위 표기법 → 전위 표기법)

A / (B + C) * D → ((A / (B + C)) * D) → ((A / + (B C)) * D) →
(/ (A +(B C)) * D) → *(/(A + (B C)) D) → * / A + B C D

② 스택을 사용하여 수식을 변환하는 방법(중위 표기법 → 후위 표기법)

1. 중위 표기법의 산술식을 왼쪽에서 오른쪽으로 스캔하여 한 문자씩 읽는다. 단, 새로이 만들어지는 수식은 후위 표기법 P(postfix expression)로 출력되는 것으로 가정한다.
2. (왼쪽 괄호를 만나면 무조건 스택에 삽입한다.

3.) 오른쪽 괄호를 만나면 스택의 연산자 내용을 pop하여 P로 출력한다. 이때 오른쪽 괄호는 출력하지 않고 무시하여 버린다.

4. 연산자(operator)를 만나면 스택에 입력한다. 단, 주의할 점은 연산자를 만나면 스택에 입력하기 전에 비교하여 이것과 동등하거나 더 높은 우선순위의 연산자를 스택에서 pop하여 P로 출력한 후에 입력한다. 만일 비교하여 스택에 있는 것보다 낮은 연산자이면 그대로 입력한다.

5. 피연산자(operand)를 만나면 P로 출력한다.

6. 수식이 스캔이 다 마치게 되면 스택에 있는 연산자들을 하나씩 모두 pop하여 출력한다. 단, 괄호들은 후위 표기법 산술식에 출력하지 않고 무시하여 버린다.

■ 스택을 사용하여 수식을 변환하는 방법(중위 표기법 → 후위 표기법)의 예

A / (B + C) * D → A B C + / D * 과정을 설명

단계	중위 표기법	스택의 상태 변화	후위 표기법
1 (⑤)	→ 방향으로 한 개씩 스캔하여 읽는다. ↓ **A** / (B + C) * D		A
2 (④)	↓ A **/** (B + C) * D	/	A
3 (②)	↓ A / **(** B + C) * D	(/	A
4 (⑤)	↓ A / (**B** + C) * D	(/	A B
5 (④)	↓ A / (B **+** C) * D	+ (/	A B
6 (⑤)	↓ A / (B + **C**) * D	+ (/	A B C

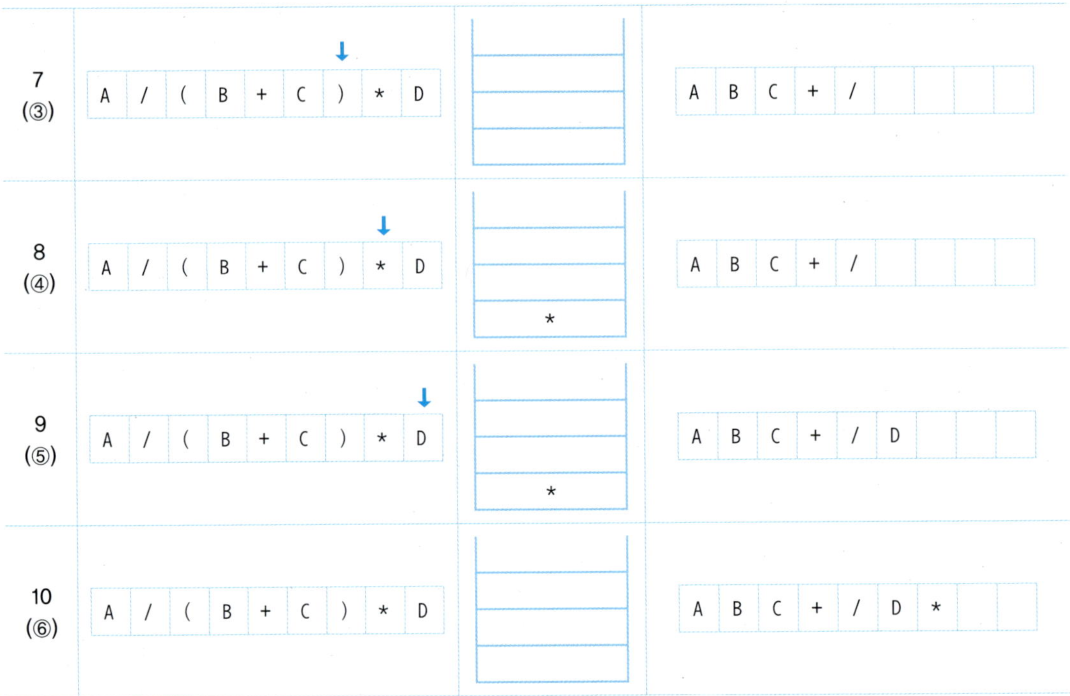

그림 5.14 스택을 사용하여 수식을 변환하는 방법(중위 표기법 → 후위 표기법)의 예

■ **스택을 사용하여 수식을 변환하는 방법(중위 표기법 → 후위 표기법) 알고리즘(가상 코드)과 분석**

가상 코드로 기술한 스택을 사용하여 수식을 변환하는 방법(중위 표기법 → 후위 표기법) 알고리즘(가상 코드)은 다음과 같다.

【AL 5_3 : 스택을 사용하여 수식을 변환하는 방법(중위 표기법 → 후위 표기법) 알고리즘】

```
procedure trans_infix_postfix(char s_ep])
    static char postExp256] ← " ";
    int len ← 0; pre_order token;
    char  symbol; int n ← 0;
    top ← NULL; symbol ← expn];
    token ← getToken(symbol);

    while(token ≠ eos) do
       if(token == operand) then {
         postExplen++] ← symbol;
         postExplen] ←'\0';
       }
       else if (token == lparen) then {
         push(symbol);
       }
       else if(token == rparen) then {
         while(getToken(peek()) ≠ lparen) do
           postExplen++] ←pop();
```

```
19            postExplen] ←'\0';
20          repeat;
21          pop();
22        }
23      else {
24            while(isEmpty() == 0 && prec(getToken(peek())) >= prec(token)) do
25              postExplen++] ← pop();
26              postExplen] ←'\0';
27            repeat;
28           push(symbol);
29        }
30
31        symbol ← exp++n];
32        token ← getToken(expn]);
33      repeat;
34
35      while (isEmpty() == 0 ) do
36        postExplen++] ← pop();
37        postExplen] ← '\0';
38      repeat;
39     return postExp;
40 end trans_infix_postfix( )
```

【해설】

01. trans_infix_postfix() 프로시저에서 매개변수로 들어오는 값의 형태가 문자형 배열 형태이다.

02-06. trans_infix_postfix() 프로시저에서 사용되는 변수들이다.

08-33. token이 NULL이 아니면 실행을 반복하고 NUUL이면 중단한다.

09-11. 피연산자(operand)를 만나면 postExp로 저장한다(⑤).

13-14. (왼쪽 괄호를 만나면 무조건 스택에 삽입한다(②).

14. push() 함수 – 스택의 삽입 연산이다.
스택의 크기(스택 포인터의 값)를 1 만큼 증가시킨다. 또한, 저장할 항목을 스택에 입력한다(항목을 스택 포인터가 가리키는 곳에 저장한다).

18, 25, 36. pop() 함수 – 스택의 삭제 연산이다.
스택이 비었으면 스택내용–없음–알고리즘을 수행한다(스택 포인터의 값을 0 과 비교하여 판정한다). 스택 포인터가 가리키고 있는 곳의 항목을 출력시킨다. 스택의 크기(스택 포인터의 값)를 1 만큼 감소시킨다.

16-22.) 오른쪽 괄호를 만나면 스택의 연산자 내용을 pop하여 postExp로 저장한다(③).

17, 24. peek() 함수 – 스택의 삭제 연산이다.
스택이 비었으면 스택내용–없음–알고리즘을 수행한다(스택 포인터의 값을 0 과 비교하여 판정한다). 스택 포인터가 가리키고 있는 곳의 항목을 출력시킨다.
getToken(peek())에 의해서 문자를 각각의 값인 0–8까지의 숫자로 변환하여 token에 반환한다. NULL인 경우 7의 값이 반환된다.

21. 이때 오른쪽 괄호는 postExp로 저장하지 않고 무시하여 버린다(③).

24. pre() 함수 – 좌괄호와 우괄호는 0, +와 – 연산자는 1, *와 / 연산자는 2를 반환한다. 즉, 우선순위의 연산자를 분류하여 만든다.

24-29. 연산자(operator)를 만나면 스택에 입력한다(④).

단, 스택에 입력하기 전에 비교하여 이것과 동등하거나 더 높은 우선순위의 연산자이면 스택에서 pop하여 postExp로 저장한 후에 스택에 입력한다. 만일 비교하여 스택에 있는 것보다 낮은 연산자이면 그대로 입력한다.

31-38. 수식이 스캔이 다 마치게 되면 스택에 있는 연산자들을 하나씩 모두 pop하여 postExp로 저장한다. 괄호들은 후위 표기법 산술식에 저장하지 않고 무시하여 버린다(⑥).

■ **스택을 사용하여 수식을 변환하는 방법(중위 표기법 → 후위 표기법)의 C 언어 프로그래밍 실습 예**

실습 5.3

스택을 사용하여 수식을 변환하는 방법(중위 표기법 → 후위 표기법)의 C 언어 프로그래밍 실습하는 프로그램을 작성하시오.

【출력】

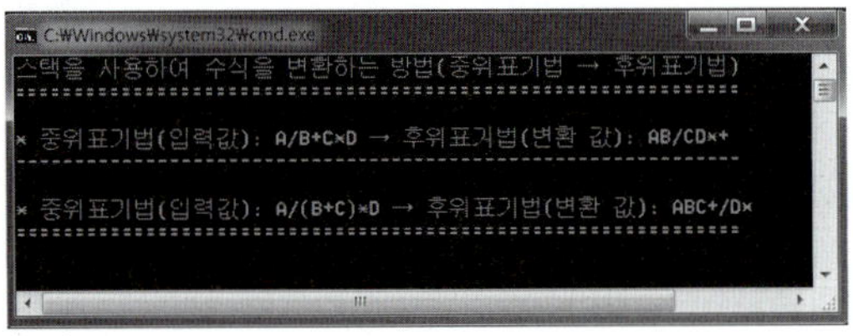

【처리조건】

① 자기 참조 구조체 사용하여 스택을 표현할 것

```
typedef struct S_Node {
    char  data;
    struct S_Node  *link;
}S_Node;
S_Node* top;
```

② 스택을 사용하여 수식을 변환하는 방법(중위 표기법 → 후위 표기법)의 C 언어 프로그래밍을 구현할 것

③ 중위 표기법의 산술식을 왼쪽에서 오른쪽으로 스캔하여 한 문자씩 읽는다.
단, 새로이 만들어지는 수식은 후위 표기법 P (postfix expression)로 출력되는 것으로 가정한다.

④ (왼쪽 괄호를 만나면 무조건 스택에 삽입한다.

⑤) 오른쪽 괄호를 만나면 스택의 연산자 내용을 pop하여 P로 출력한다. 이때 오른쪽 괄호는 출력하지 않고 무시하여 버린다.

⑥ 연산자(operator)를 만나면 스택에 입력한다.
단, 주의할 점은 연산자를 만나면 스택에 입력하기 전에 비교하여 이것과 동등하거나 더 높은 우선순위의 연산자를 스택에서 pop하여 P로 출력한 후에 입력한다.

⑦ 만일 비교하여 스택에 있는 것보다 낮은 연산자이면 그대로 입력한다.

⑧ 피연산자(operand)를 만나면 P로 출력한다.

⑨ 수식이 스캔이 다 마치게 되면 스택에 있는 연산자들을 하나씩 모두 pop하여 출력한다. 단, 괄호들은 후위 표기법 산술식에 출력하지 않고 무시하여 버린다.

【프로그램: c_5_3.C】

```
#include <stdio.h>
#include <stdlib.h>
#include <string.h>

typedef struct S_Node {
  char data;
  struct S_Node *link;
}S_Node;

S_Node* top;

int isEmpty()
{
  return (top == NULL);
}

void push(char x)
{
  S_Node* tmp=(S_Node *)malloc(sizeof(S_Node));
  tmp->data = x;
  tmp->link = top;
  top = tmp;
}

char pop()
{
  char x;
  S_Node* tmp=top;
  if(top == NULL) {
    printf("\n\n Stack is empty !\n");
    return 0;
  }
  else {
    x = tmp->data;
    top = tmp->link;
    free(tmp);
    return x;
  }
}

char peek()
{
  char x;
  if(top == NULL) {
    printf("\n\n Stack is empty !\n");
```

```
      return 0;
    }
    else {
      x = top->data;
      return x;
    }
}

typedef enum{lparen, rparen, plus, minus, multiply,
             divide, mod, eos, operand} pre_order;
pre_order getToken(char c)
{
  pre_order token;
  switch(c){
    case '('  : token=lparen;   break;
    case ')'  : token=rparen;   break;
    case '+'  : token=plus;     break;
    case '-'  : token=minus;    break;
    case '*'  : token=multiply; break;
    case '/'  : token=divide;   break;
    case '%'  : token=mod;      break;
    case NULL : token=eos;      break;
    default   : token=operand;
  }
  return token;
}

int prec(pre_order symbol){
  switch(symbol){
    case lparen   :
    case rparen   : return 0;
    case plus     :
    case minus    : return 1;
    case multiply :
    case divide   :
    case mod     : return 2;
  }
}

char* trans_Infix_Postfix(char *exp)
{
  static char postExp256]="";
  int len=0;
  pre_order token;
  char  symbol;

```

```
  int n=0;

  top = NULL;

  symbol = expn];
  token = getToken(symbol);

  while(token != eos){
    if(token == operand){
      postExplen++]=symbol;
      postExplen]='\0';
    }
    else if(token == lparen){
      push(symbol);
    }
    else if(token == rparen){
      while(getToken(peek()) != lparen){
        postExplen++]=pop();
        postExplen]='\0';
      }
      pop();
    }
     else {
        while(isEmpty() == 0 && prec(getToken(peek())) >= prec(token)){
        postExplen++]=pop();
        postExplen]='\0';
      }
      push(symbol);
    }

    symbol = exp++n];
    token = getToken(expn]);
  }

  while( isEmpty() == 0 )
    postExplen++]=pop();

  postExplen]='\0';

  return postExp;
}

int main(void)
{
  char* s1 = "A/B+C*D";
  char* s2 = "A/(B+C)*D";
  char* postE;

```

```
140   printf("스택을 사용하여 수식을 변환하는 방법(중위표기법 → 후위표기법)\n");
141   printf("=================================================================");
142   printf("\n\n");
143   printf("* 중위표기법(입력값): A/B+C*D → ");
144   postE = trans_Infix_Postfix(s1);
145   printf("후위표기법(변환 값): %s", postE);
146
147   printf("\n");
148   printf("-------------------------------------------------------------\n");
149   printf("\n");
150   printf("* 중위표기법(입력값): A/(B+C)*D → ");
151   postE = trans_Infix_Postfix(s2);
152   printf("후위표기법(변환 값): %s", postE);
153   printf("\n");
154   printf("=================================================================\n");
155
156   getchar();
157 }
```

[해설]

136, 137. 중위 표기법인 문자열이다.

138. 스택을 사용하여 수식을 변환(중위 표기법 → 후위 표기법) 한 후의 후위 표기법인 문자열 결과를 받을 수 있는 문자열이다.

144, 151, 85-132. 스택을 사용하여 수식을 변환(중위 표기법 → 후위 표기법)하는 함수이다.

05-10. 자기 참조 구조체 사용하여 스택을 표현한다.

85. trans_infix_postfix() 프로시저에서 매개변수로 들어오는 값의 형태가 문자형 배열 형태이다.

96. 중위 표기법의 산술식 expn.을 왼쪽에서 오른쪽으로 스캔하여 한 문자씩 읽어서 symbol에 저장한다(①).

87, 131. 새로이 만들어지는 수식은 후위 표기법 postExp로 저장 반환된다.

87-97. trans_infix_postfix() 프로시저에서 사용되는 변수들이다.

54, 55. enum은 서로 관련있는 상수들을 모아놓은 것이며, 열거된 순서에 따라 0부터 index값을 가진다. 즉, lparen은 0, rparen은 1, plus는 2 ....eos는 7, operand는 8의 값을 갖는다.

97, 56-71. 문자를 각각의 값인 0-8까지의 숫자로 변환하여 token에 반환한다. NULL인 경우 7의 값이 반환된다.

100-120. 다음 알고리즘이 적용된다.

① 중위 표기법의 산술식을 왼쪽에서 오른쪽으로 스캔하여 한 문자씩 읽는다.
단, 새로이 만들어지는 수식은 후위 표기법 P (postfix expression)로 출력되는 것으로 가정한다.

② (왼쪽 괄호를 만나면 무조건 스택에 삽입한다.

③) 오른쪽 괄호를 만나면 스택의 연산자 내용을 pop하여 P로 출력한다. 이때 오른쪽 괄호는 출력하지 않고 무시하여 버린다.

④ 연산자(operator)를 만나면 스택에 입력한다.
단, 주의할 점은 연산자를 만나면 스택에 입력하기 전에 비교하여 이것과 동등하거나 더 높은 우선순위의 연산자를 스택에서 pop하여 P로 출력한 후에 입력한다.

만일 비교하여 스택에 있는 것보다 낮은 연산자이면 그대로 입력한다.

⑤ 피연산자(operand)를 만나면 P로 출력한다.

⑥ 수식이 스캔이 다 마치게 되면 스택에 있는 연산자들을 하나씩 모두 pop하여 출력한다. 단, 괄호들은 후위 표기법 산술식에 출력하지 않고 무시하여 버린다.

99-132. token이 NULL이 아니면 실행을 반복하고 NUUL이면 중단한다.

100-103. 피연산자(operand)를 만나면 postExp로 저장한다(⑤).

104-106. (왼쪽 괄호를 만나면 무조건 스택에 삽입한다(②).

105, 119, 17-23. push() 함수 – 스택의 삽입 연산이다.
스택의 크기(스택 포인터의 값)를 1 만큼 증가시킨다. 또한, 저장할 항목을 스택에 입력한다(항목을 스택 포인터가 가리키는 곳에 저장한다).

109, 112, 116, 127, 25-39. pop() 함수 – 스택의 삭제 연산이다.
스택이 비었으면 스택내용-없음-알고리즘을 수행한다(스택 포인터의 값을 0 과 비교하여 판정한다). 스택 포인터가 가리키고 있는 곳의 항목을 출력시킨다. 스택의 크기(스택 포인터의 값)를 1 만큼 감소시킨다.

107-113.) 오른쪽 괄호를 만나면 스택의 연산자 내용을 pop하여 postExp로 저장한다(③).

108, 115. peek() 함수 – 스택의 삭제 연산이다.
스택이 비었으면 스택내용-없음-알고리즘을 수행한다(스택 포인터의 값을 0과 비교하여 판정한다). 스택 포인터가 가리키고 있는 곳의 항목을 출력시킨다.
getToken(peek())에 의해서 문자를 각각의 값인 0-8까지의 숫자로 변환하여 token에 반환한다. NULL인 경우 7의 값이 반환된다.

112. 이때 오른쪽 괄호는 postExp로 저장하지 않고 무시하여 버린다(③).

115, 73-83. pre() 함수 – 좌괄호와 우괄호는 0, +와 – 연산자는 1, *와 / 연산자는 2를 반환한다. 즉, 우선순위의 연산자를 분류하여 만든다.

114-119. 연산자(operator)를 만나면 스택에 입력한다(④).
단, 스택에 입력하기 전에 비교하여 이것과 동등하거나 더 높은 우선순위의 연산자이면 스택에서 pop하여 postExp로 저장한 후에 스택에 입력한다. 만일 비교하여 스택에 있는 것보다 낮은 연산자이면 그대로 입력한다.

122-131. 수식이 스캔이 다 마치게 되면 스택에 있는 연산자들을 하나씩 모두 pop하여 postExp로 저장한다. 괄호들은 후위 표기법 산술식에 저장하지 않고 무시하여 버린다(⑥).

(3) 스택을 이용하여 후위 표기법에서의 계산 알고리즘

1. 빈 스택을 준비한다.
2. 후위 표기법으로 기술되어 있는 산술식을 왼쪽부터 오른쪽으로 차례대로 하나씩 스캔하여 읽어간다.
3. 피연산자(operand)이면 스택에 입력(push down)시킨다.
4. 연산자(operator)가 오면 스택에서 출력(pop)을 두 번 하여 얻은 두 개의 피연산자와 이 연산자를 가지고 연산하여 값을 구한다.
5. 위에서 구한 값을 스택에 입력(push)한다.

6. 이러한 과정을 다시 반복하는데 모든 수식을 스캔하여 다 읽은 경우에는 계산을 종료한다.

7. 만일 연산을 하려고 할 때 연산자와 피연산자의 짝이 맞지 않으면 오류이다.

8. 종료 후에는 스택에 있는 값을 출력(pop)한다.

① 스택을 사용하여 후위 표기법 수식을 계산하는 방식의 예

A B C + / D * 의 계산 과정을 설명

단계	스택의 상태 변화	후위 표기법	설명
1 (①) (②)	(빈 스택)	A B C + / D *	초기 상태는 빈스택이며, 후위 표기법 산술식이다. 왼쪽에서 오른쪽으로 스캔하여 하나씩 읽는다.
2 (③)	A	↓A B C + / D *	A는 피연산자이므로 스택에 입력(push down)한다.
3 (③)	B A	A ↓B C + / D *	B는 피연산자이므로 스택에 입력(push down)한다.
4 (③)	C B A	A B ↓C + / D *	C는 피연산자이므로 스택에 입력(push down)한다.
5 (④)	(B+C) A	A B C ↓+ / D *	+은 연산자이므로 연산자가 오면 스택에서 출력(pop up)을 두 번 하여 얻은 두 개의 피연산자와 이 연산자를 가지고 연산하여 값을 구한다. 위에서 구한 값(B+C)을 스택에 입력(push down)한다.
6 (④)	A/(B+C)	A B C + ↓/ D *	/은 연산자이므로 연산자가 오면 스택에서 출력(pop up)을 두 번 하여 얻은 두 개의 피연산자와 이 연산자를 가지고 연산하여 값을 구한다. 위에서 구한 값A/(B+C)을 스택에 입력(push down)한다.
7 (③)	D A/(B+C)	A B C + / ↓D *	D는 피연산자이므로 스택에 입력(push down)한다.

8 (④) (⑥) (⑦) (⑧)	A/(B+C)*D	A B C + / D * (↓ *)	*는 연산자이므로 연산자가 오면 스택에서 출력(pop up)을 두 번 하여 얻은 두 개의 피연산자와 이 연산자를 가지고 연산하여 값을 구한다. 위에서 구한 값 A/(B+C)*D을 스택에 입력(push down)한다. 이 값이 전체 산술식의 결과 값이 된다. 만일 연산을 하려고 할 때 연산자와 피연산자의 짝이 맞지 않으면 오류이다.

그림 5.15 스택을 사용하여 후위 표기법 수식을 계산하는 예

② 스택을 이용한 후위 표기법에서의 계산 알고리즘(가상 코드)과 분석

가상 코드로 기술한 스택을 이용하여 후위 표기법에서의 계산 알고리즘(가상 코드)은 다음과 같다.

【AL 5_4 : 스택을 이용한 후위 표기법에서의 계산 알고리즘】

```
procedure evalPostfix(char *exp) {
  pre_order token;      //연산자의 종류를 기록하는 변수 선언
  char  symbol;
  int op1, op2;
  int n=0;              //수식 스트링을 카운트하기 위한 변수
  top = NULL;

  symbol = expn]; token = getToken(symbol);
  while(token != eos) do
    if(token == operand) then {
      push(expn] - '0');
    }
    else {
      op2 = pop();
      op1 = pop();
      case (token) {
        : plus     : push(op1 + op2); break;
        : minus    : push(op1 - op2); break;
        : multiply : push(op1 * op2); break;
        : divide   : push(op1 / op2); break;
        : mod      : push(op1 % op2);
      end case
    }
    ++n;
    symbol = expn]; token = getToken(symbol);
  repeat
  return pop();
evalPostfix ( )
```

【해설】

02-06. 스택을 사용하여 후위 표기법 수식을 계산하는 함수 내에서 사용되는 변수들이다.

09-28. token이 NULL이 아니면 실행을 반복하고 NUUL이면 중단한다.
빈 스택을 준비한다. 후위 표기법으로 기술되어 있는 산술식을 왼쪽부터 오른쪽으로 차례대로 하나씩 스캔하여 읽어간다(①)(②).

10-12. 피연산자(operand)이면 문자를 숫자로 변환하여 스택에 입력(push down)시킨다(③).

13-23. 연산자(operator)가 오면 스택에서 출력(pop)을 두 번 하여 얻은 두 개의 피연산자와 이 연산자를 가지고 연산하여 값을 구한다. 위에서 구한 값을 스택에 입력(push)한다(④)(⑤). 만일 연산을 하려고 할 때 연산자와 피연산자의 짝이 맞지 않으면 오류이다(⑦).

16-22. 다중 선택문이다.

24. 이러한 과정을 다시 반복하는데 모든 수식을 스캔하여 다 읽은 경우에는 계산을 종료한다(⑥).

27. 종료 후에는 스택에 있는 값을 출력(pop)한다(⑧).

③ 스택을 이용하여 후위 표기법에서의 계산 알고리즘의 C 언어 프로그래밍 실습 예

실습 5.4

스택을 사용하여 후위 표기법에서의 계산 알고리즘의 C 언어 프로그래밍 실습하는 프로그램을 작성하시오.

【출력】

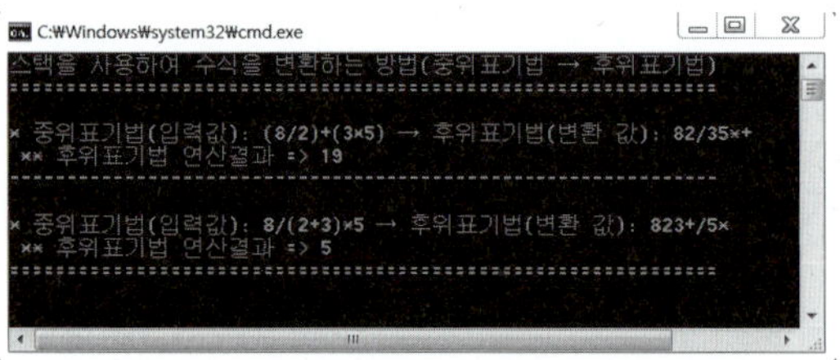

그림 5.16 스택을 사용하여 후위 표기법 수식을 계산하는 결과

【처리조건】

① 자기 참조 구조체 사용하여 스택을 표현할 것

```
typedef struct S_Node {
    char  data;
    struct S_Node  *link;
}S_Node;
S_Node* top;
```

② 스택을 사용하여 수식을 변환하는 방법(중위 표기법 → 후위 표기법)의 C 언어 프로그래밍을 구현할 것 ==〉 프로그램 [5.3] 반드시 이용할 것

③ 스택을 사용하여 후위 표기법 수식을 계산하는 C 언어 프로그래밍을 구현할 것

④ 다음 알고리즘 사용할 것

- 빈 스택을 준비한다.
- 후위 표기법으로 기술되어 있는 산술식을 왼쪽부터 오른쪽으로 차례대로 하나씩 스캔하여 읽어간다.
- 피연산자(operand)이면 스택에 입력(push down)시킨다.
- 연산자(operator)가 오면 스택에서 출력(pop)을 두 번 하여 얻은 두 개의 피연산자와 이 연산자를 가지고 연산하여 값을 구한다.
- 위에서 구한 값을 스택에 입력(push)한다.
- 이러한 과정을 다시 반복하는데 모든 수식을 스캔하여 다 읽은 경우에는 계산을 종료한다.
- 만일 연산을 하려고 할 때 연산자와 피연산자의 짝이 맞지 않으면 오류이다.
- 종료 후에는 스택에 있는 값을 출력(pop)한다.

【프로그램: c_5_4.C】

```
// 프로그램 [5.3]을 여기에 포함시킴(1- 132 줄)

int evalPostfix(char *exp) {
  pre_order token;      //연산자의 종류를 기록하는 변수 선언
  char  symbol;
  int op1, op2;
  int n=0;              //수식 스트링을 카운트하기 위한 변수
  top = NULL;

  symbol = expn]; token = getToken(symbol);
  while(token != eos){
    if(token == operand){
      push(expn] - '0');
    }
    else{
      op2 = pop();
      op1 = pop();
      switch(token){
        case plus     : push(op1 + op2); break;
        case minus    : push(op1 - op2); break;
        case multiply : push(op1 * op2); break;
        case divide   : push(op1 / op2); break;
        case mod      : push(op1 % op2);
      }
    }
    ++n;
    symbol = expn]; token = getToken(symbol);
  }
  return pop();
}


int main(void)
{
```

```
35    char* s1 = "(8/2)+(3*5)";          //숫자는 반드시 1자리 정수만 해당됨
36    char* s2 = "(8/(2+3))*5";          //숫자는 반드시 1자리 정수만 해당됨
37    char* postE;
38    int result;
39
40    printf("스택을 사용하여 수식을 변환하는 방법(중위표기법 → 후위표기법)\n");
41    printf("=================================================================");
42    printf("\n\n");
43    printf("* 중위표기법(입력값): (8/2)+(3*5) → ");
44    postE = trans_Infix_Postfix(s1);
45    printf("후위표기법(변환 값): %s", postE);
46    result = evalPostfix(postE);
47    printf("\n ** 후위표기법 연산결과 => %d", result);
48
49    printf("\n");
50    printf("---------------------------------------------------------------\n");
51    printf("\n");
52    printf("* 중위표기법(입력값): 8/(2+3)*5 → ");
53    postE = trans_Infix_Postfix(s2);
54    printf("후위표기법(변환 값): %s", postE);
55    result = evalPostfix(postE);
56    printf("\n ** 후위표기법 연산결과 => %d", result);
57    printf("\n");
58    printf("=================================================================\n");
59
60    getchar();
61 }
```

[해설]

35, 36 중위 표기법인 문자열이다. 숫자는 반드시 1자리 정수만 해당된다.

44, 53 프로그램 [5.3]의 함수를 동일하게 사용한다.
스택을 사용하여 수식을 변환(중위 표기법 → 후위 표기법)하는 함수이다.

46, 55, 03-30 스택을 사용하여 후위 표기법 수식을 계산하는 함수이다.

03-30 다음 알고리즘이 적용된다.

① 빈 스택을 준비한다.
② 후위 표기법으로 기술되어 있는 산술식을 왼쪽부터 오른쪽으로 차례대로 하나씩 스캔하여 읽어간다.
③ 피연산자(operand)이면 스택에 입력(push down)시킨다.
④ 연산자(operator)가 오면 스택에서 출력(pop)을 두 번 하여 얻은 두 개의 피연산자와 이 연산자를 가지고 연산하여 값을 구한다.
⑤ 위에서 구한 값을 스택에 입력(push)한다.
⑥ 이러한 과정을 다시 반복하는데 모든 수식을 스캔하여 다 읽은 경우에는 계산을 종료한다.
⑦ 만일 연산을 하려고 할 때 연산자와 피연산자의 짝이 맞지 않으면 오류이다.
⑧ 종료 후에는 스택에 있는 값을 출력(pop)한다.

04-10 스택을 사용하여 후위 표기법 수식을 계산하는 함수 내에서 사용되는 변수들이다.

11-30 token이 NULL이 아니면 실행을 반복하고 NUUL이면 중단한다.

빈 스택을 준비한다. 후위 표기법으로 기술되어 있는 산술식을 왼쪽부터 오른쪽으로 차례대로 하나씩 스캔하여 읽어간다(①)(②).

12-14 피연산자(operand)이면 문자를 숫자로 변환하여 스택에 입력(push down)시킨다(③).

15-25 연산자(operator)가 오면 스택에서 출력(pop)을 두 번 하여 얻은 두 개의 피연산자와 이 연산자를 가지고 연산하여 값을 구한다. 위에서 구한 값을 스택에 입력(push)한다(④)(⑤). 만일 연산을 하려고 할 때 연산자와 피연산자의 짝이 맞지 않으면 오류이다(⑦).

26 이러한 과정을 다시 반복하는데 모든 수식을 스캔하여 다 읽은 경우에는 계산을 종료한다(⑥).

29 종료 후에는 스택에 있는 값을 출력(pop)한다(⑧).

요약

1. 스택의 정의

스택(stack)은 어떤 리스트에서 모든 입력과 출력이 한쪽 끝에서만 일어나는 구조를 말한다. 이러한 방식은 나중 입력된 자료가 먼저 출력되는 구조를 후입선출(LIFO, Last In First Out)이라 한다. 즉, 스택은 제한된 선형 구조의 특성을 갖고 있다는 것이다.

2. 스택의 연산: 삽입과 삭제

꼭대기(top)에서만 자료의 입력과 출력이 행해지는 구조가 바로 이 스택 구조인 것이다. 입출력이 행해지지 않는 막혀 있는 다른 한쪽 끝을 바닥 또는 밑(bottom)이라고 한다. 입력(삽입, push down): top ← top + 1, 출력(삭제, pop up): top ← top – 1)으로 표현한다.

3. 컴퓨터 기억 공간에서의 스택의 구현 방식

(1) 배열(순차 자료구조와 순차 리스트)을 이용한 스택의 구현 방식

(2) 구조체와 포인터(연결 자료구조와 연결 리스트)를 이용한 스택의 구현 방식

4. 배열(선형 자료구조와 선형 리스트)을 이용한 스택의 구현 방식

컴퓨터의 기억 공간은 1차원 배열로 구성되어 있는데 여기에서 구성되는 일련의 리스트는 끝이 양쪽에 하나씩 있게 된다. 여기서 한쪽 끝, 예를 들면, char stack[n];은 최대 크기가 n인 1차원 배열이다. 여기에서 스택의 크기(n)보다 현재 스택에 있는 원소의 수의 위치(top)보다 크지 않으면 top을 1증가시킨 후에 스택의 top 위치에 입력한 문자를 삽입한다. 스택이 공백(top <= 0)이 아니면, 스택의 top 위치에 있는 문자를 삭제한 후에 top을 1 감소시킨다.

5. 구조체와 포인터(연결 자료구조와 연결 리스트)를 이용한 스택의 구현 방식

구조체와 포인터를 이용한 스택은 연결 자료구조와 연결 리스트를 이용한 스택 표현을 말한다. 즉, 연결 리스트의 노드 처리 문제 중에서 단순 연결 리스트나 이중 연결 리스트의 선두 위치에 노드를 삽입하는 경우와 삭제하는 경우이다. 선두에 노드를 삽입하는 것을 push 알고리즘으로 하고 선두에 있는 노드를 제거하는 것을 pop 알고리즘으로 사용하면 연결 리스트가 스택으로 구현되게 된다. 이 경우 스택포인터는 연결 리스트의 처음을 가리키는 연결 리스트의 헤드(head)가 시작(start) 포인터인 top이 된다.

6. 스택의 넘침(overflow)과 다중 스택

다중 스택이란 일반적으로 스택의 넘침(overflow)을 방지하기 위해 사용한다. 배열을 한 개 이상으로 쪼개서 공간을 할당하여 저장하는 방식이다. 이 방법을 이용하면 크기가 정해져있는 공간에서 여러 개의 스택을 활용할 때, 좀 더 효율적으로 공간을 이용할 수 있다.

7. 컴퓨터 기억 공간에서의 스택의 활용

스택은 컴파일러, 운영체제 등의 시스템 프로그램과 계산기 등 응용 프로그램에서 없어서는 안 되는 중요한 도구이다. 스택이 응용되는 분야에는 수식의 표기와 계산, 연산 우선순위, 함수 호출, 순환함수 호출, 인터럽트 등을 기술한다.

01. 다음 중 Last In First Out(LIFO)로 알려진 구조는?

① 배열 ② 데크 ③ 스택 ④ 큐

02. 다음 중 입력 순서와 출력 순서가 바뀌는 구조는?

① stack ② deque ③ queue ④ stack and queue

03. 스택에 대한 설명 중 틀린 것은?

① LIFO 구조이다.

② 2개의 포인터를 둔다.

③ 입출력이 한쪽 끝으로만 제한된 리스트이다.

④ 오버플로우를 방지하기 위해 하나의 저장 공간에 2개의 스택을 설정할 수 있다.

04. 스택에서 A, B, C, D로 순서가 정해진 입력 자료를 push–push–push–pop–pop–push–pop–pop의 연산을 했을 때의 출력은?

① C,B,A,D ② B,C,A,D ③ C,B,D,A ④ D,C,B,A

05. 다음 중 관련이 가장 깊은 것끼리 짝지어진 것은?

① 스택(stack), 푸시다운(push down) ② 큐(queue), 데크(deque)

③ LIFO, FIFO ④ 스택(stack), 큐(queue).

06. 다음 중 성격이 다른 하나는?

① 스택(stack) ② 데크(deque) ③ 큐(queue) ④ 트리(tree)

07. 서브루틴 레벨에서 복귀번지(return address)를 기억시키는 것은 어느 구조를 이용하는가?

① 큐 ② 단순 원형 리스트 ③ 스택 ④ 데크

08. stack을 이용하여 다섯 개의 자료 1,2,3,4,5의 순열 중 하나인 3,4,2,5,1을 얻고자 한다. 입력(insert) 동작을 I, 제거(delete) 동작을 O라 하면 동작 순서는?

① IIOIOIIOOO ② IOIIOOIOIO ③ IIIOIOOIOO ④ IIOIIOIOOO

09. 다음 중 스택이 사용되는 경우가 아닌 것은?

① 서브루틴(sub–routine)이 처리될 때

② 인터럽트(interrupt)가 처리될 때

③ 출력되는 파일이 디스크에서 스풀(spool)될 때

④ 산술문이 인픽스(infix) 표시에서 포스트픽스(postfix) 표시로 변환될 때

연습문제

10. 스택에 대한 설명 중 옳지 못한 것은?

① 서브루틴 연결에 중요하다.
② 블록 구조를 갖는 언어의 구현에 이용된다.
③ postfix로 표시된 수식 계산에 편리하다.
④ dynamic storage allocation을 위한 garbage collection에 이용된다.

11. 산술 표현의 evaluation에 사용되는 자료구조는?

① queue ② stack ③ ring ④ string

12. 스택(stack)에 자료를 삽입할 때 포인터의 변화 시기는?

① 포인터 증가 후 자료 삽입 ② 자료 삽입 후 포인터 증가
③ 자료 삽입 후 포인터 감소 ④ 포인터 감소 후 자료 삽입

13. 다음의 스택(stack) 알고리즘에서 m은 무엇을 나타내는가?

```
T ← T + 1
if T > m then goto OVER else X(T) ← Y
T: 스택포인터
```

① Stack의 Bottom 위치 ② 저장 공간의 주소
③ Stack의 length ④ multiple stack

14. 스택(stack)의 제거 알고리즘 순서를 바로 나타낸 것은?

```
(1) if TOP = 0 then TOP ← nil;
(2) remove STACK(TOP);
(3) if TOP ← nil then underflow so exit;
(4) TOP ← TOP-1
TOP: 스택포인터
```

① 3,2,4,1 ② 1,2,3,4 ③ 3,4,2,1 ④ 1,4,2,3

15. 선형 자료구조로서 자료의 삽입과 삭제가 후입 선출 방식으로 적용되는 것은?

① 스택 ② 큐 ③ 원형 큐 ④ 데크

16. 스택에서 사용하는 top은 무엇을 가리키는 것인가?

① 스택 원소 중 가장 큰 값을 가리킨다. ② 스택에 가장 늦게 삽입된 원소를 가리킨다.
③ 스택에 가장 먼저 삽입된 원소를 가리킨다. ④ 스택 원소 중 가장 적은 값을 가리킨다.

17. 스택과 가장 관련이 적은 것은?

① Push Down ② LIFO ③ FIFO ④ Pop Up

연습문제

18. 자료 Pop Up과 가장 관계가 깊은 것은?

① 데크 ② 큐 ③ 삽입 ④ 스택

19. 관련이 가장 깊은 것끼리 짝지어진 것은?

① 스택, Push Down ② LIFO, FIFO ③ 큐, 데크 ④ 스택, 큐

20. 순서가 A, B, C, D로 정해진 입력 자료를 스택에 입력하였다가 출력한 결과로 될 수 없는 것은?

① B,A,D,C ② C,B,A,D ③ B,C,D,A ④ D,B,C,A

21. 산술 연산식 처리에 적용될 수 있는 구조는 다음 중 어느 stack에서 삽입 작업이 발생하면 TOP의 값은?

① TOP=0 ② TOP=1 ③ TOP ← TOP−1 ④ TOP ← TOP +1

22. 다음의 infix형의 산술식을 postfix형 산술식 변환 작업에 이용할 수 있는 자료구조는?

```
infix형: X+Y*Z
postfix형: XYZ*+
```

① queue ② stack ③ deque ④ scroll

23. 다음은 무엇을 처리하는 과정이며, 이 때 A는 무엇을 의미하는가?

```
(1) A가 nil이면 underflow이므로
(2) A가 지적한 내용을 재 이동
(3) A ← A-1
(4) 만일 A=0이면 A ← nil
```

① 스택의 입력 과정으로 A는 TOP pointer
② 스택의 출력 과정으로 A는 TOP pointer
③ 큐의 입력 과정으로 A는 HEAD pointer
④ 큐의 출력 과정으로 A는 HEAD pointer

24. P를 포인터(pointer), X[P]는 기억 장소, Y를 요소(element)라고 할 때 스택(stack)에 새로운 요소를 집어넣는 알고리즘(algorithm)은? (단, 스택이 비어 있을 때 p=0임)

① P ← P + 1, X[P] ← Y
② Y ← X[P], P ← P − 1
③ X[P] ← Y, P ← P + 1
④ Y ← X[P], P ← P + 1

25. 다음은 스택을 링크드 리스트로 표현한 것이다. 여기서 제거(delete)했을 경우 무엇이 제거되고 변경해야 될 것은 무엇인가?

top	100		C	200		A	50		D	^		B	150
			50번지			100번지			150번지			20번지	

① D가 제거되고 top pointer를 200으로 변경
② C가 제거되고 top pointer를 200으로 변경
③ A가 제거되고 top pointer를 50으로 변경
④ A가 제거되고 top pointer를 200으로 변경

26. linked stack에서 새로운 노드 X의 원소 Y를 top에 i 번째 stack 삽입하려고 할 때의 알고리즘은?

① DATA(X) ← Y; LINK(X) ← T(i); T(i) ← X;

② X ← T(i); Y ← DATA(X); T(i) ← LINK(Y);

③ DATA(X) ← Y; T(i) ← X; LINK(X) ← T(i);

④ Y ← T(i); X ← DATA(Y); T(i) ← LINK(Y);

27. A/B^C+D*E−A*C의 식을 후위 표기법으로 변환한 것은? (^: 지수승을 의미함)

① ABC^/DE*+AC*− ② ABC/^DE+*CA−* ③ /A^BC+*DE−*AC ④ A/BD^DE*+AC*−

28. 6*1/3를 전위 표기법으로 표시하면?

① *61/3 ② 6*13/ ③ 61*/3 ④ /*613

29. 스택의 overflow의 발생에 대한 것으로 잘못된 것은?

① 저장 공간이 부족하므로 작업이 중단된다.

② 저장 공간의 재배치 처리로 해결 가능하다.

③ top이 0의 상태에서 발생한다.

④ 두 개의 스택을 하나의 저장 공간에 공용하여 양끝에 bottom을 두어 개선할 수 있다.

30. 다음 중 스택이 사용되는 경우가 아닌 것은?

① 서브루틴이 처리될 때

② 인터럽트가 처리될 때

③ 출력되는 파일이 디스크에서 스풀된 때

④ 산술문이 인픽스 표시에서 포스트픽스 표시로 변환될 때

01. 일반적으로 괄호를 사용하여 수식을 변환하는 방법(중위 표기법 → 후위 표기법)을 기술하시오.

(1) A * B + C / D

(2) A * (B + C) / D

02. 스택을 사용하여 수식을 변환하는 방법(중위 표기법 → 후위 표기법)을 사용하여 기술하시오.

(1) A * B + C / D

(2) A * (B + C) / D

03. 스택을 사용하여 후위 표기법 수식을 계산하는 방식을 기술하시오.

(1) A B * C D / +

(2) A B C + * D /

04. 가상 코드로 기술한 배열을 이용한 스택 알고리즘은 다음과 같다. 빈칸을 채우시오.

4-1 가상 코드로 삽입(Push Down) 스택 알고리즘을 작성하시오.

```
procedure ADD(item, STACK, n, top)
 /* - item: STACK에 삽입하려는 데이터를 저장하고 있는 변수
    - STACK: 최대 크기가 n인 배열
    - n: 스택의 최대 크기를 나타내기 위한 변수
    - top: 스택의 동작 위치를 나타내는 변수
    스택의 크기(n)보다 현재 스택에 있는 원소의 수의 위치(top)보다 크지 않으면
    top을 1증가시킨 후에 스택의 top 위치에 item을 삽입한다. */
    if [    ❶    ] then call STACK_FULL
       top ← [    ❷    ]
       STACK(top) ← [    ❸    ]
end ADD
```

4-2 가상 코드로 삭제(Pop Up) 스택 알고리즘을 작성하시오.

```
procedure DELETE(item, STACK, top)
/*  - item: STACK에서 자료를 삭제하여 저장할 변수
    - STACK: 최대 크기가 n인 배열
    - top: 스택의 동작 위치를 나타내는 변수
    - top <= 0: Stack이 공백(empty)인 상태
    스택이 공백(top <= 0)이 아니면, 스택의 top 위치에 있는 item을 삭제한 후에
    top을 1 감소시킨다. */
    if [    ❶    ] then call STACK_EMPTY
       item ← [    ❷    ]
       top ← [    ❸    ]
end DELETE
```

연습문제

05. 스택을 사용하여 수식을 변환하는 방법(중위 표기법 → 후위 표기법)을 문장으로 기술하시오.

06. 스택을 이용하여 후위 표기법에서의 계산 알고리즘을 문장으로 기술하시오.

07. 다음 수식을 다음 조건에 맞게 C 프로그램을 1개의 프로그램으로 작성하시오.

중위 표기법: 7*3+6

중위 표기법: 6/2+5*2

【출력】

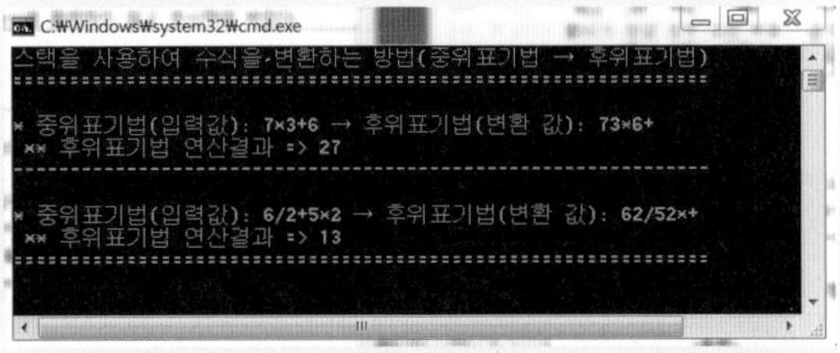

【처리조건】

① 중위 표기법을 후위 표기법으로 바꾸는 함수 작성할 것

② 후위 표기법 식으로 계산하는 프로그램을 작성 작성할 것

③ 초기 데이터 숫자는 1자리만 사용할 것(예: 0–9까지, 10 이상은 사용불가)

```
char* s1 = "7*3+6";  char* s2 = "6/2+5*2";
```

④ 〈출력〉을 참고할 것

06

큐(QUEUE)

[학습 단계]

[학습 목표]

- 큐의 개요에 대해서 알아본다.
- 배열(순차 자료구조와 순차 리스트)을 이용한 큐에 대해서 학습한다.
- 구조체와 포인터(연결 자료구조와 연결 리스트)를 이용한 큐에 대해서 학습한다.
- 큐의 종류에 대해서 학습한다.
- 데크(deque)에 대해서 학습한다.
- 큐의 활용에 대해서 학습한다.

00 _ 개요

본 장에서는 알고리즘 중에서 가장 많이 사용되는 것 중의 하나인 큐 알고리즘(Queue Algorithm)에 대해서 설명하려고 한다.

1. 큐의 정의

큐(queue)는 리스트의 한 쪽 끝에서 자료의 입력이 이루어지고, 다른 쪽(반대 쪽) 끝에서 자료의 출력이 이루어지도록 구성된 구조를 의미한다. 따라서 큐는 선입선출(FIFO, First In First Out)이라고 하며 이는 먼저 들어간 것이 먼저 나오다는 것을 의미한다. 예를 들면, 왼쪽 방향에서 Ⓐ Ⓑ Ⓒ Ⓓ Ⓔ 순서로 입력하면, 오른쪽에서 Ⓐ Ⓑ Ⓒ Ⓓ Ⓔ 순서로 출력한다. 즉, 큐는 제한된 선형 구조의 특성을 갖고 있다는 것이다.

(입력) → Ⓔ Ⓓ Ⓒ Ⓑ Ⓐ → (출력)

그림 6.1 큐의 개념

2. 일상생활에서 큐의 예

큐는 일상생활에서도 그 예를 많이 찾아 볼 수 있는 자료구조의 한 형태이다.

그림 6.2 일방 통로 터널에서의 차량들

그림 6.3 차례를 기다리는 줄지어 서있는 사람

그림 6.4 톨 게이트에 차례로 늘어선 차량의 행렬

그림 6.5 파이프의 구슬

3. 컴퓨터 기억 공간에서의 큐의 구현

컴퓨터의 기억 공간에서의 큐는 2가지 방식으로 구현할 수 있다. 큐를 나타내기 위해서는 필요한 만큼의 기억 공간과 포인터 두 개가 필요하다. 기억 공간에는 리스트 형식으로 자료가 연결되는데 이 리스트의 운영은 배열(선형 리스트) 혹은 구조체와 포인터(연결 리스트) 어느 것을 이용해도 상관없다.

1. 배열(순차 자료구조와 순차 리스트)을 이용한 큐의 구현 방식
2. 구조체와 포인터(연결 자료구조와 연결 리스트)를 이용한 큐의 구현 방식

4. 큐의 종류

1. **이동 큐**(Remove Queue)
   큐의 구조상 큐에 기억 공간에 남아 있어도 새로운 노드를 삽입시킬 수 없게 된다. 따라서 이를 해결하기 위하여 기억 공간을 정리(REMOVE)하여 새로운 노드를 삽입할 수 있도록 하는 방식이다.
2. **원형 큐**(Circular Queue)
   이동 큐가 가지고 있는 불리한 점을 개선한 방법이며, 큐의 마지막 부분과 처음 부분이 서로 이웃하도록 원형으로 만들고 이를 운영하는 방식이다.
3. **데크**(Deque)
   데크(deque)는 양쪽 끝에서 삽입과 삭제가 가능한 구조이다. 선형 리스트의 일종이면서 삽입과 삭제가 일어나는 곳이 리스트의 한쪽 끝으로 고정된 것이 아니고 양쪽 끝에서 발생할 수 있는 형태의 리스트를 말한다. 이것은 스택과 큐를 합쳐놓은 것으로 볼 수도 있다.

5. 컴퓨터 기억 공간에서의 큐의 활용

개인용 컴퓨터(PC)로 프린팅을 하는 경우 여러 개의 파일을 프린트하는 경우에는 명령을 받은 순서대로 프린트 큐에 저장되었다가 하나씩 차례대로 수행되는 상황을 모니터 상에서 볼 수 있다. 이것은 출력용 큐의 한 예이다. 또한 우리가 키보드(keyboard)를 통해 입력하는 경우에도 마찬가지로 큐가 쓰이는데 그것은 먼저 친 문자가 먼저 컴퓨터에 입력되는 것이다. 이런 것은 입력 큐의 한 예이다. 또한, 컴퓨터 운영체제에서 쓰이는 시분할 방식도 큐를 사용한다. 큐는 운영체제의 작업 스케줄링, 대기 행렬을 모델링하는 시뮬레이션 등 응용 프로그램에서 없어서는 안 되는 중요한 기술이다.

01 _ 배열(순차 자료구조와 순차 리스트)을 이용한 큐

1. 배열을 이용한 큐 알고리즘

큐는 배열의 특수한 예로 볼 수 있는데 그래서 큐를 배열인데 배열의 앞에서만 자료 삭제가 이루어지고, 배열의 끝에서만 자료의 삽입이 이루어지는 자료구조라고 볼 수 있다. 여기서는 큐에서의 두 위치를 가리키는 포인터를 각각 rear(새로운 자료의 삽입 위치, 정거장에서의 줄의 뒤)와 front(자료의 삭제 위치, 정거장에서의 술의 앞)라 하고 한다. 즉, 선형 리스트의 안으로 자료가 입력(insert)되는 것은 리스트의 한쪽 끝(tail 혹은 rear)에서 이루어지게 되고, 이 리스트의 밖으로 자료가 출력(delete)되는 것은 이 리스트의 다른 끝(head 혹은 front)에서 이루어지는 자료구조를 말한다. 다른 말로는 선입선출(FIFO, First In First Out)이라고도 하는데 먼저 들어간 것이 먼저 나오는 것을 의미한다.

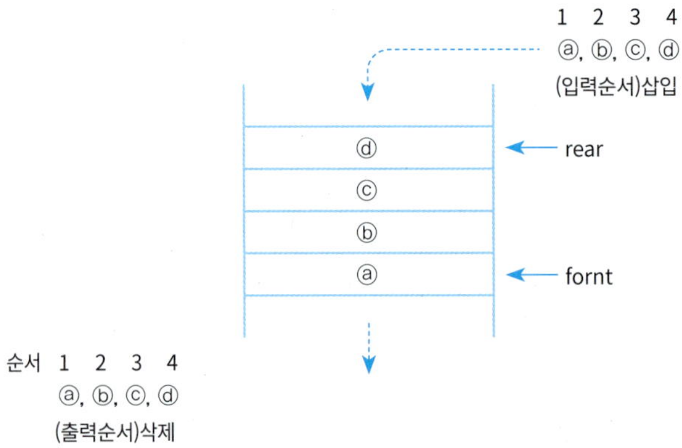

그림 6.6 배열을 이용한 큐의 예

2. 배열을 이용한 큐 연산(삽입/삭제) 알고리즘 예

(1) Rear 또는 Tail 포인터

큐의 구조에서 큐에 삽입될 노드가 어느 위치에 삽입될 지를 알려주는 포인터이며, 먼저 큐가 꽉 차 있는지를 점검한 후 큐의 rear(또는 tail) 포인터를 하나 증가시킨다.(rear = rear + 1 또는 tail = tail +1)

(2) Front 또는 Head 포인터

큐의 구조에서 큐에 들어온 노드들 중 바로 다음에 삭제 처리를 알려주는 포인터이며, 먼저 큐가 비어 있는 가를 점검한 후 큐의 front(또는 head) 포인터를 하나 증가시킨다.(front = front + 1 또는 head = head +1)

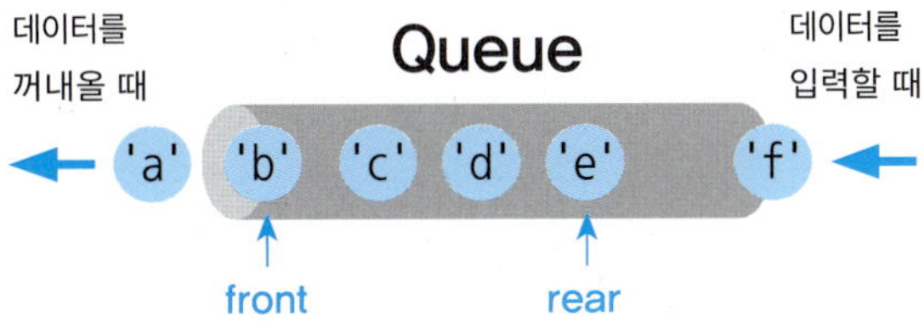

* 입력 연산(enQueue()) 순서: a → b → c → d → e → f (rear의 값이 증가한다.)
  입력(삽입, tail) 포인터 저장 변수(rear): rear ← rear + 1
* 출력 연산(deQueue()) 순서: a → b → c → d → e → f (front의 값이 증가한다.)
  출력(삭제, head) 포인터 저장 변수(front): front ← front + 1

그림 6.7 배열을 이용한 큐 구조

char queue[n]; 최대 크기가 n인 1차원 배열이다.

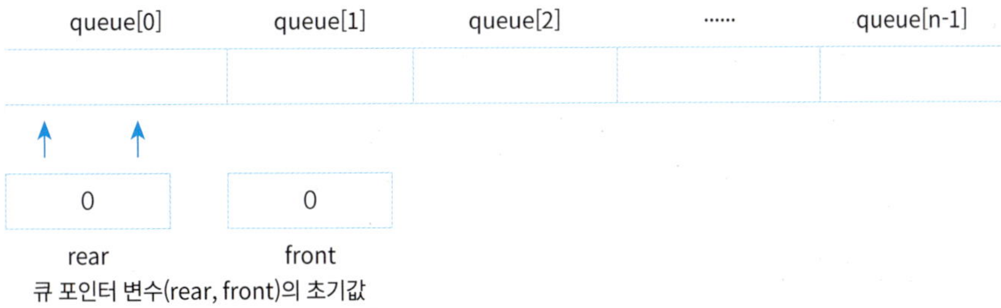

큐의 크기(n)에서 삽입하려면 rear 포인터 값을 1 증가시킨다. 삭제하려면 front 포인터 값을 1 증가시킨다.

그림 6.8 C언어에서의 배열을 이용한 큐의 구조

입력(삽입)과 출력(삭제)이 임의로 일어날 때 큐 포인터 상태를 나타내고 있다. 큐 포인터에는 편의상 큐 크기 값(rear, front)이 표시되도록 하였다. 예를 들면, 순서는 빈 큐에서 A를 입력, A를 출력, B, C, D를 각각 입력 한 후에 B, C, D를 각각 출력한다.

초기 상태	front: 0, rear: 0 0 1 2 3 4 [ ][ ][ ][ ]	처음에는 큐가 빈 상태이다. 즉, 큐 포인터의 값들(rear, front)도 각각 0이다.
1 단계	front: 0, rear: 1 1 2 3 4 [A][ ][ ][ ]	큐에 A를 입력하기 위하여 큐 포인터 값을 먼저 1증가(0에서 1로, rear ← rear + 1) 시킨 후에 여기에 A를 입력(삽입)한다.
2 단계	front: 1, rear: 1 1 2 3 4 [ ][ ][ ][ ]	큐에 A를 출력하기 위하여 큐 포인터 값을 먼저 1증가(0에서 1로, front ← front + 1) 시킨 후에 여기에 A를 출력(삭제)한다.

단계	큐 상태	설명
3 단계	front: 1, rear: 2 1: , 2: B, 3: , 4:	큐에 B를 입력하기 위하여 큐 포인터 값을 먼저 1증가(1에서 2로, rear ← rear + 1) 시킨 후에 여기에 B를 입력(삽입)한다.
4 단계	front: 1, rear: 3 1: , 2: B, 3: C, 4:	큐에 C를 입력하기 위하여 큐 포인터 값을 먼저 1증가(2에서 3으로, rear ← rear + 1) 시킨 후에 여기에 C를 입력(삽입)한다.
5 단계	front: 1, rear: 4 1: , 2: B, 3: C, 4: D	큐에 D를 입력하기 위하여 큐 포인터 값을 먼저 1증가(3에서 4로, rear ← rear + 1) 시킨 후에 여기에 D를 입력(삽입)한다.
6 단계	front: 2, rear: 4 1: , 2: , 3: C, 4: D	큐에 B를 출력하기 위하여 큐 포인터 값을 먼저 1증가(1에서 2로, front ← front + 1) 시킨 후에 여기에 B를 출력(삭제)한다.
7 단계	front: 3, rear: 4 1: , 2: , 3: , 4: D	큐에 C를 출력하기 위하여 큐 포인터 값을 먼저 1증가(2에서 3으로, front ← front + 1) 시킨 후에 여기에 C를 출력(삭제)한다.
8 단계	front: 4, rear: 4 1: , 2: , 3: , 4:	큐에 D를 출력하기 위하여 큐 포인터 값을 먼저 1증가(3에서 4로, front ← front + 1) 시킨 후에 여기에 D를 출력(삭제)한다. ⇨ **front와 rear의 위치가 마지막에 있으며, 큐가 비어있지만 포화상태로 잘못 인식되어질 수 있음** ⇨ **큐의 문제점**

그림 6.9 입력(삽입)과 출력(삭제)이 발생 시 배열을 이용한 큐 상태의 예

3. 배열을 이용한 큐 알고리즘(가상 코드)과 분석

(1) 배열을 이용한 큐의 추상 자료형

【ADT 6_1 : 큐의 추상 자료형】

```
ADT Queue ( )
  자료(Data): 0개 이상의 원소를 가진 유한 순서 리스트
  연산(Operation): Q ∈ 스택(Stack), item ∈ 원소(Element)

```

```
05  CreateQueue(int MaxQueueSize=DefaultSize) ::= 최대 크기가 MaxQueueSize인 빈 큐인 Q를 생성;
06  Boolean IsFull() ::= 큐 내의 원소의 수가 최대 크기와 같은 경우 True(1)을 반환하고,
07                       그렇지 않은 경우 False(0)를 반환;
08  Boolean IsEmpty() ::= 큐 내의 원소의 수가 0인 경우 True(1)을 반환하고,
09                        그렇지 않은 경우 False(0)를 반환;
10  void InsertQueue(Type item) ::= 만약 큐가 가득 차 있으면 QueueFull()을 호출하고,
11                                  그렇지 않으면 큐의 맨 뒤에 원소를 삽입;
12  Type DeleteQueue() ::= 만약 Q가 비어 있다면, QueueEmpty()를 호출한 다음 0을 반환하고,
13                         그렇지 않을 경우 큐의 맨 앞에 있는 원소를 삭제하고 반환;
14  void QueueFull() ::= 큐가 가득차 있음을 나타내는 오류 메시지를 출력;
15  void QueueEmpty() ::= 큐가 비어 있음을 나타내는 오류 메시지를 출력;
16 End Queue( )
```

【해설】

05. 공백 큐 Q를 생성하는 연산, 데크를 운영하려면 컴퓨터의 주기억 공간에 필요한 만큼의 데크 용량이 먼저 할당되어 있어야 한다.

06-07. 큐 내의 원소의 수가 최대 크기와 같은 경우 True(1)을 반환하고, 그렇지 않은 경우 False(0)를 반환한다.

08-09. 큐 내의 원소의 수가 0인 경우 True(1)을 반환하고, 그렇지 않은 경우 False(0)를 반환한다. 즉, 큐 Q가 공백인지 확인하는 연산이다.

10-11. 만약 큐가 가득 차 있으면 QueueFull()을 호출하고, 그렇지 않으면 큐의 맨 뒤에 원소를 삽입한다. 즉, 큐 Q의 rear에 item(원소)을 삽입하는 연산이다.

12-13. 만약 Q가 비어 있다면, QueueEmpty()를 호출한 다음 0을 반환하고, 그렇지 않을 경우 큐의 맨 앞에 있는 원소를 삭제하고 반환한다. 즉, 큐 Q의 front에 있는 item(원소)을 삭제하는 연산이다.

14. 큐가 가득 차 있음을 나타내는 오류 메시지를 출력한다.

15. 큐가 비어 있음을 나타내는 오류 메시지를 출력한다.

(2) 배열을 이용한 큐의 삽입 알고리즘

【AL 6_1 : 큐의 삽입 알고리즘】

```
procedure insertQueue(item, Q, n, rear)
    /* item: 삽입할 자료를 저장하고 있는 변수
       Q: 최대 크기가 n인 배열
       n: 큐의 최대 크기를 나타내기 위한 변수
       rear: 큐에 마지막으로 삽입된 원소의 위치를 가리키며 새로운 원소를 삽입하려면 1을 증가시켜야 한다.
       rear = n: Q에 자료가 n개 있으므로 FULL 상태가 됨.
       크기가 n인 Q에 item을 삽입하는 알고리즘 */

if rear == n then call queue_full;
   rear ← rear + 1;
   Q(rear) ← item;
end insertQueue( )
```

[해설]

09. 만일 rear 포인터 값 = 큐의 최대 크기 n이면 큐–초과–알고리즘을 수행한다.

10. rear 포인터 값을 1 만큼 증가시킨다.

11. 항목을 rear 포인터가 가리키는 곳에 저장한다.

가상 코드로 기술한 배열을 이용한 큐의 삽입 알고리즘은 다음과 같다.

(3) 배열을 이용한 큐의 삭제 알고리즘

[AL 6_2 : 큐의 삭제 알고리즘]

```
01 procedure deletetQueue(item, Q, front, rear)
02       /* item: 삽입할 자료를 삭제하여 저장할 변수
03          Q: 최대 크기가 n인 배열
04          n: 큐의 최대 크기를 나타내기 위한 변수
05          front: Q에서 자료를 삭제할 위치보다 하나 앞을 지정
06          rear: 큐에 마지막으로 삽입된 원소의 위치를 가킴
07          front = n: Q가 공백인 상태
08          Q의 front 위치에 있는 자료를 삭제하여 item에 저장하는 알고리즘 */
09
10     if front == rear then call queue_empty
11       front  ← front + 1
12       item  ← Q(front)
13 end deletetQueue( )
```

[해설]

큐의 삽입 포인터는 rear이며, 삭제 포인터는 front이다. 여기서 삭제 가능하다. front 포인터 값이 rear 포인터 값과 같다는 것은 큐가 이미 비어있다는 것을 의미하므로 별도로 준비된 큐–공백–알고리즘을 수행해야 한다. 출력이 행해진 경우 항목이 지워진 것으로 나타나 있으나 실제로는 그대로 큐 안에 있지만 front 포인터가 이동되었으므로 삭제된 것 처럼 보인다.

10. 만일 front 값 = rear 포인터 값이면 현재 Q에 삭제할 자료가 없으므로 큐–공백–알고리즘을 수행한다.

11. front 포인터 값을 1 만큼 증가시킨다.

12. front 포인터가 가리키는 곳에 있는 항목을 출력(삭제)한다.

가상 코드로 기술한 배열을 이용한 큐의 삭제 알고리즘은 다음과 같다.

4. 배열을 이용한 큐의 C 언어 프로그래밍 실습 예

실습 6.1

배열을 이용하여 큐에서의 삽입 삭제 할 수 있는 프로그램을 작성하시오.

[출력]

```
C:\Windows\system32\cmd.exe
<<배열 이용한 큐(queue)에서의 삽입 삭제>>

---- Selection number(1, or 2, or 0) ---
  1.insertion    2.deletion  0.end
Queue Insertion:    current QUEUE state: a

---- Selection number(1, or 2, or 0) ---
  1.insertion    2.deletion  0.end
Queue Deletion: a   current QUEUE state:

---- Selection number(1, or 2, or 0) ---
  1.insertion    2.deletion  0.end
Queue Insertion:    current QUEUE state: b

---- Selection number(1, or 2, or 0) ---
  1.insertion    2.deletion  0.end
Queue Insertion:    current QUEUE state: bc

---- Selection number(1, or 2, or 0) ---
  1.insertion    2.deletion  0.end
Queue Insertion:    current QUEUE state: bcd

---- Selection number(1, or 2, or 0) ---
  1.insertion    2.deletion  0.end
Queue Deletion: b   current QUEUE state: cd

---- Selection number(1, or 2, or 0) ---
  1.insertion    2.deletion  0.end
Queue Deletion: c   current QUEUE state: d

---- Selection number(1, or 2, or 0) ---
  1.insertion    2.deletion  0.end
QUEUE is empty! Deletion is impossible!
계속하려면 아무 키나 누르십시오 . . .
```

[처리조건]

① 배열을 이용하여 큐에서의 삽입 삭제 함수 작성

② #define MAX 4 사용하여 스택의 크기를 4로 할 것

③ 처음에 큐의 앞과 뒤 초기 주소 값: int front=0; int rear=-1;로 할 것

④ 키보드로 1 문자를 입력받아서 큐에 삽입하는 함수 작성 할 것

⑤ 키보드로 2 문자를 입력받아서 큐에 삭제하는 함수 작성 할 것

⑥ 현재의 누적된 큐에 쌓여 있는 문자열을 보여주는 함수 작성할 것

⑦ 만일 큐에 쌓여져 있는 순서대로 삭제순서도 맞지 않으면 반응하지 말 것

⑧ 만일 rear 포인터 값 = 큐의 최대 크기 n이면 큐-초과-알고리즘을 수행한다. 여기서는 "QUEUE is full! Insertion is impossible!"이라는 문자열을 화면에 출력.

[입력]

① 키 입력받는 상태를 표시하여 번호를 선택하는 메뉴가 화면에 표시된다.

② 번호 1을 누른 후 여기서 문자 'a'를 입력하면 Queue insertion 'a'가 출력되며, 화면에 현재의 큐 상태 'a'가 화면에 출력된다.

③ 번호 2을 누른 후 여기서 문자 'a'를 입력하면 Queue deletion된 문자 'a'와 현재의 큐 상태 ' '가 화면에 출력된다.

④ 번호 1을 누른 후 여기서 문자 'b'를 입력하면 Queue insertion 'b'가 출력되며, 화면에 현재의 큐 상태 'b'가 화면에 출력된다.

⑤ 번호 1을 누른 후 여기서 문자 'c'를 입력하면 Queue insertion 'c'가 출력되며, 화면에 현재의 큐 상태 'bc'가 화면에 출력된다.

⑥ 번호 1을 누른 후 여기서 문자 'd'를 입력하면 Queue insertion 'd'가 출력되며, 화면에 현재의 큐 상태 'bcd'가 화면에 출력된다.

⑦ 번호 2을 누르면 Queue deletion된 문자 'b'와 현재의 큐 상태 'cd'가 화면에 출력.

⑧ 번호 2을 누르면 Queue deletion된 문자 'c'와 현재의 큐 상태 'd'가 화면에 출력

⑨ 번호 2을 누르면 Queue deletion된 문자 'd'와 현재의 큐 상태 ' '가 화면에 출력

⑩ 번호 2을 누르면 "QUEUE is empty! Deletion is impossible!"가 화면에 출력

[프로그램: c_6_1.C]

```
#include <stdio.h>
#include <stdlib.h>
#include <string.h>

#define MAX 4
int queue[MAX];
int front=0;
int rear=-1;
char deletion();
```

```
char insertQueue(int q_in);
char deleteQueue();

void main()
{
    printf("<<배열 이용한 큐(queue)에서의 삽입 삭제>>\n\n");
    while(1) {
         printf("\n---- Selection number(1, or 2, or 0) ---\n");
         printf(" 1.insertion   2.deletion  0.end \n");
         switch(getch()) {
              printf("----- Press character ---------------\n");
              case '1': printf("Queue Insertion:    ");
                   insertQueue(getch());
                   deleteQueue();
                   break;
              case '2': printf("Queue Deletion: %c   ", deletion());
                   deleteQueue();
                   break;
              case '0': return;
         }
    }
}

char insertQueue(int q_in)
{
    rear++;
    if (rear>=MAX) {
       puts("QUEUE is full! Insertion is impossible!");
       exit(1);
    }
    queue[rear] = q_in;
}

char deleteQueue()
{
    int i;
    printf("current QUEUE state: ");
    for(i=front; i<=rear; i++)
         putchar(queue[i]);
    printf("\n");
}

char deletion()
{
    char q_out;
    if (front >= MAX-1) {
```

```
56            puts("QUEUE is empty! Deletion is impossible!");
57            exit(1);
58        }
59          q_out = queue[front];
60        front++;
61        return q_out;
62  }
```

【해설】

16-31. while(1) 문

1이 참이므로, 즉 항상 조건식이 참이므로 무한 루프가 되는 것이다. 1대신에 2를 넣어도 되고 100을 넣어도 상관없다. 그래도 조건식이 참이 되므로 무한 루프가 된다. 0이 되는 순간 그 while문은 거짓이 된다. while은 참일 때만 반복문을 수행하므로, 0이 아닌 1을 보통 넣는다. 0이 아니면 모두 참값으로 보니 2,3 등 다른 수를 써도 상관없다.

19. getch() 문

키보드 받는 함수이다.

19-29. switch case 문

다중 선택 시 사용하는 명령문이다. 1인 경우 삽입(입력), 2인 경우 삭제(출력), 0인 경우 종료한다.

05. 큐의 크기 선언, 4개까지 삽입 가능하다.

06. char queue4.; 최대 크기가 4개인 1차원 배열이다.

queue[0]	queue[1]	queue[2]	queue[3]

07, 08. 큐 포인터 변수(front, rear)의 초기값

front	rear
0	–1

22, 33-41. 키보드로 1문자를 입력받아서 큐에 삽입하는 함수이다. rear 포인터 값을 1만큼 증가시킨다. 만일 rear 포인터 값 = 큐의 최대 크기 n이면 큐–초과–알고리즘을 수행한다. 여기서는 “QUEUE is full! Insertion is impossible!”이라는 문자열을 화면에 출력한다. 그 다음에 항목을 rear 포인터가 가리키는 곳에 저장한다.

23, 43-50. 현재의 누적된 큐에 쌓여 있는 문자열을 보여주는 함수이다.

25, 52-62. 큐에 쌓여있는 제일 위에 있는 문자를 자동적으로 삭제하는 함수이다. 만일 front 값 = rear 포인터 값이 면 큐–공백–알고리즘을 수행한다. 여기서는 “QUEUE is empty! Deletion is impossible!”이라는 문자열을 화면에 출력한다. 그다음에 front 포인터가 가리키는 곳에 있는 항목을 출력한다. 그리고 front 포인터 값을 1만큼 증가시킨다.

02 _ 구조체와 포인터(연결 자료구조와 연결 리스트)를 이용한 큐

1. 구조체와 포인터를 이용한 큐 알고리즘

(1) 구조체와 포인터를 이용한 큐 알고리즘의 개념

스택이 구조체와 포인터를 이용한 것처럼 큐도 연결 자료구조와 연결 리스트를 이용한 큐 표현을 말한다. 즉, 다음 그림처럼 연결 리스트의 노드 처리 문제 중에서 단순 연결 리스트나 이중 연결 리스트의 위치에서 노드를 삽입하는 경우와 삭제하는 경우이다.

스택은 삽입과 삭제의 위치가 top의 위치에서 이루어지지만, 큐는 rear(또는 tail)와 front(또는 head) 2개가 된다. 구조체와 포인터를 이용한 큐는 연결 자료구조와 연결 리스트를 이용한 큐 표현을 말한다. 즉, 연결 리스트의 노드 처리 문제 중에서 단순 연결 리스트나 이중 연결 리스트의 2가지 위치(rear와 front)에 노드를 삽입하는 경우와 삭제하는 경우이다. 연결 큐는 크기에 제한이 없으며, 데이터 필드와 링크 필드를 포함한 구조체인 노드를 사용한다. 이 경우 큐 포인터는 연결 리스트의 처음을 가리키는 연결 리스트의 공백(rear == front)으로 시작(start) 포인터가 된다.

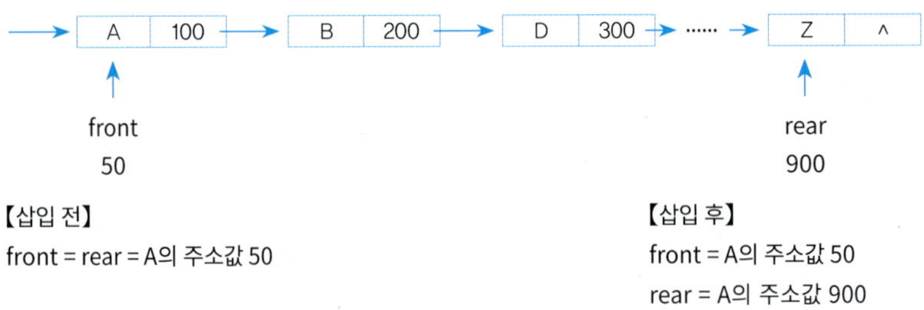

그림 6.10 구조체와 포인터를 이용한 큐의 기본 구조와 삽입/삭제의 예

(2) C언어에서의 구조체와 포인터를 이용한 큐의 구조

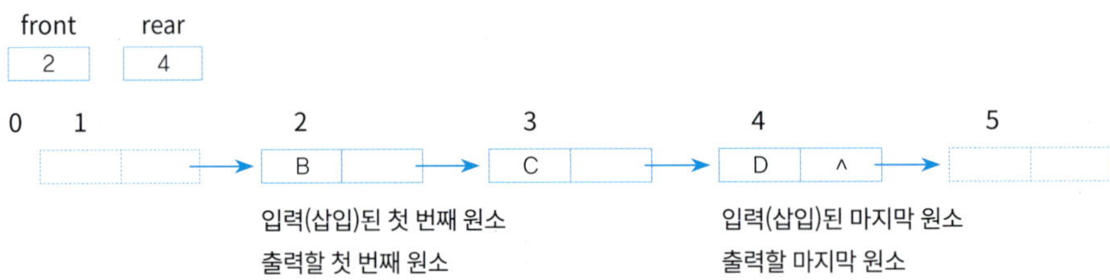

* 입력 연산(enQueue()) 순서: A → B → C → D (rear의 값이 증가한다.)
  입력(삽입, tail) 포인터 저장 변수(rear): rear ← rear + 1

* 출력 연산(deQueue()) 순서: A → B → C → D (front의 값이 증가한다.)
  출력(삭제, head) 포인터 저장 변수(front): front ← front + 1

그림 6.11 구조체와 포인터를 이용한 큐 구조

큐의 표현은 자기 참조 구조체에서 front 포인터와 rear 포인터를 표현한다.

```
typedef struct Q_Node {
    char data;
    struct Q_Node *link;
} Q_Node;

typedef struct {
    Q_Node *front, *rear;
} LQ_Type;
```

(3) 구조체와 포인터를 이용한 큐 알고리즘의 특징과 사용하는 이유

배열(순차 리스트)의 큐는 기억 장소의 이용률이 매우 높다(밀도가 1). 반면에 노드의 삽입과 삭제가 빈번히 발생하는 때에는 순차적인 리스트의 유지 때문에 후속 노드들을 이동시켜야 하는 등 수행시간이 아주 길어지게 된다. 이에 대한 개선책으로 연결 리스트의 사용이 요구된다.

또한, 배열의 크기가 넘쳐 조정할 때도 배열(순차 자료구조와 순차 리스트)을 이용한 큐의 크기(고정된 크기)를 조정하기가 어려우므로 미리 크게 큐의 고정된 크기를 메모리에 할당해 놓고 사용해야 하므로 메모리 사용의 효율성이 낮아진다는 단점이 있다. 이를 극복하기 위하여 구조체와 포인터(연결 자료구조와 연결 리스트)를 이용한 큐를 사용한다. 즉, 동적 메모리 할당을 하기 때문에 크기가 제한 받지 않아 얼마든지 원소를 추가할 수 있다는 장점이 있다. 링크 필드로 인하여 메모리 공간을 많이 차지하고 알고리즘 구현이 어렵다는 단점도 갖고 있다.

연결 리스트는 한 개의 노드에 포인터를 몇 개 사용하느냐에 따라 그리고 전체적으로 어떤 모양을 이루느냐에 따라서 크게 다음과 같이 분류한다. 한 개의 포인터만 이용하는 방식인 단순 연결 리스트와 두 개의 포인터를 이용하는 이중 연결 리스트로 분류할 수 있고 연결 모양이 원 형태를 이루고 있는 원형 연결 리스트가 있다. 그리고 리스트에 대한 정보와 처음 노드의 주소를 알려주는 용도로 rear와 front)를 사용하는데 리스트의 맨 처음의 위치에 있게 된다.

2. 구조체와 포인터를 이용한 큐 알고리즘 예

큐의 예를 가장 쉽게 알 수 있는 것은 일방 통로 터널에서의 차량들을 생각하면 된다. 먼저 터널에 진입한 차가 먼저 터널에서 나온다.

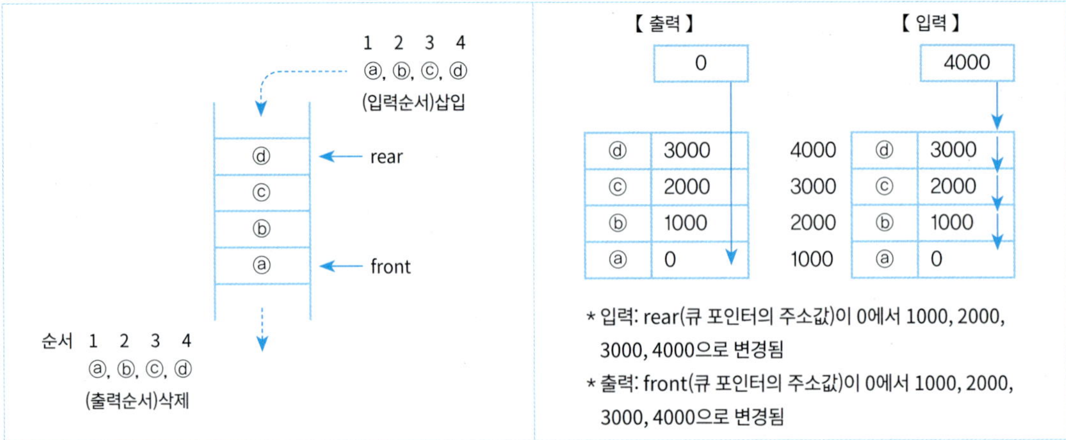

그림 6.12 배열 큐와 포인터 큐의 구조 비교

입력(삽입)과 출력(삭제)이 임의로 일어날 때 큐 포인터 상태를 나타내고 있다. 큐 포인터에는 편의상 큐 크기 값(rear, front)이 표시되도록 하였다. 예를 들면, 순서는 빈 큐에서 A를 입력, A를 출력, B, C, D를 각각 입력 한 후에 B, C, D를 각각 출력한다.

초기 상태	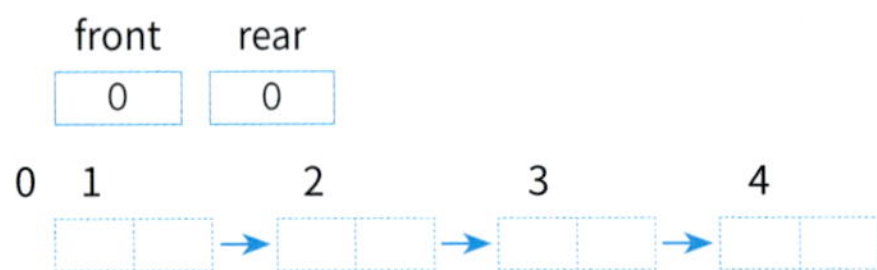	처음에는 큐가 빈 상태이다. 즉, 큐 포인터의 값들(rear, front)도 각각 0이다.
1 단계	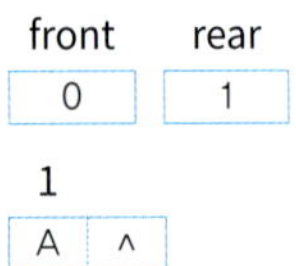	큐에 A를 입력하기 위하여 큐 포인터 값을 먼저 1증가(0에서 1로, rear ← rear + 1) 시킨 후에 여기에 A를 입력(삽입)한다.
2 단계	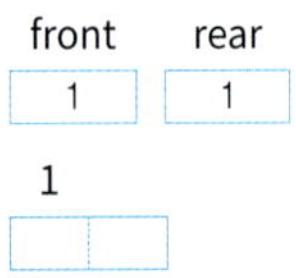	큐에 A를 출력하기 위하여 큐 포인터 값을 먼저 1증가(0에서 1로, front ← front + 1) 시킨 후에 여기에 A를 출력(삭제)한다.
3 단계	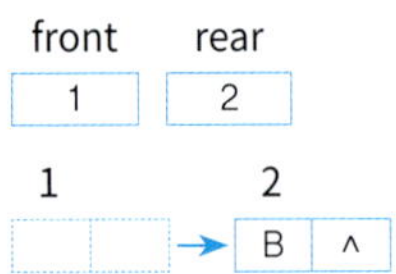	큐에 B를 입력하기 위하여 큐 포인터 값을 먼저 1증가(1에서 2로, rear ← rear + 1) 시킨 후에 여기에 B를 입력(삽입)한다.
4 단계	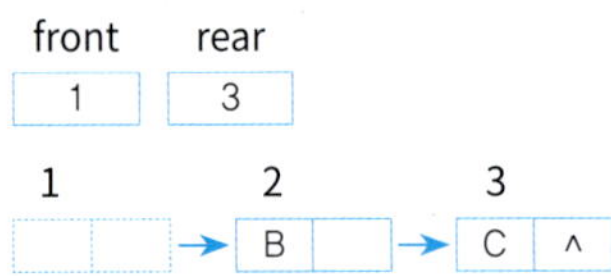	큐에 C를 입력하기 위하여 큐 포인터 값을 먼저 1증가(2에서 3으로, rear ← rear + 1) 시킨 후에 여기에 C를 입력(삽입)한다.
5 단계	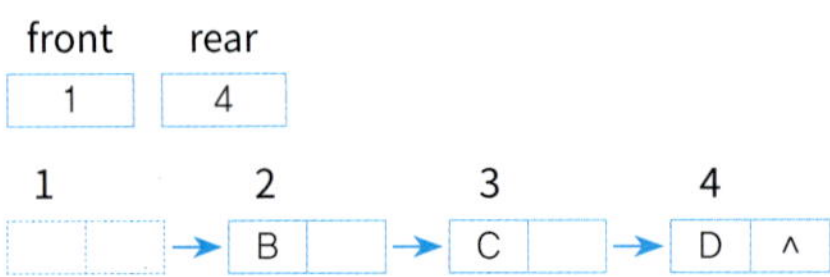	큐에 D를 입력하기 위하여 큐 포인터 값을 먼저 1증가(3에서 4로, rear ← rear + 1) 시킨 후에 여기에 D를 입력(삽입)한다.

6 단계

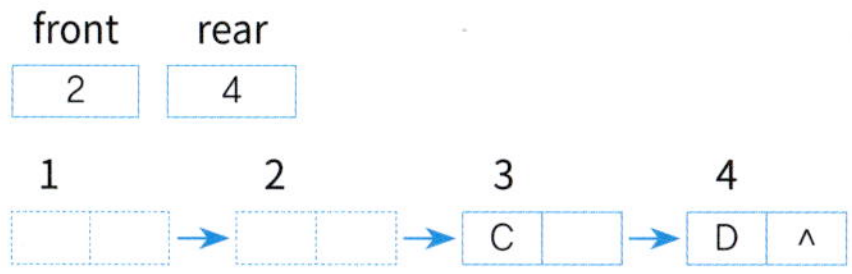

큐에 B를 출력하기 위하여 큐 포인터 값을 먼저 1증가(1에서 2로, front ← front + 1) 시킨 후에 여기에 B를 출력(삭제)한다.

7 단계

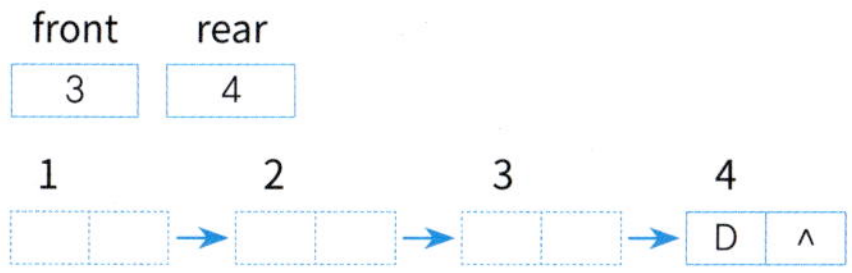

큐에 C를 출력하기 위하여 큐 포인터 값을 먼저 1증가(2에서 3으로, front ← front + 1) 시킨 후에 여기에 C를 출력(삭제)한다.

8 단계

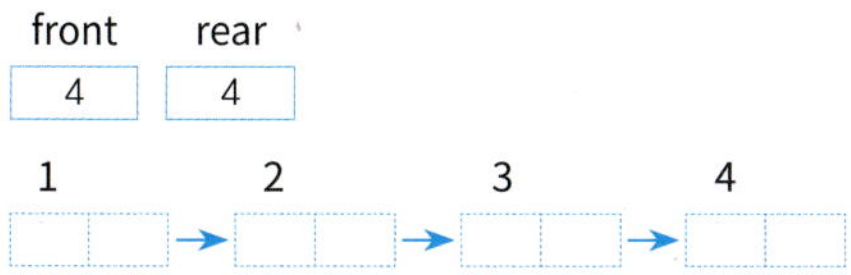

큐에 D를 출력하기 위하여 큐 포인터 값을 먼저 1증가(3에서 4로, front ← front + 1) 시킨 후에 여기에 D를 출력(삭제)한다.

그림 6.13 입력(삽입)과 출력(삭제)이 발생 시 구조체와 포인터를 이용한 큐 상태의 예

3. 구조체와 포인터(단순 연결 자료구조와 단순 연결 리스트)를 이용한 큐 알고리즘(가상 코드)과 분석

(1) 구조체와 포인터(단순 연결 자료구조와 연결 리스트)를 이용한 큐의 삽입 알고리즘

가상 코드로 기술한 구조체와 포인터를 이용한 큐의 삽입 알고리즘은 다음과 같다.

【AL 6_3 : 구조체와 포인터(단순 연결 자료구조와 단순 연결 리스트)를 이용한 큐의 삽입 알고리즘】

```
01 procedure insertLQ(LQ, x)
02     newNode ← getNode( );
03     data(newNode) ← x;
04     link(newNode) ← NULL;
05     if (front(LQ) == NULL)  then {
06             front(LQ) ← newNode;
07             rear(LQ) ← newNode;
08     }
09     else {
10             link(rear(LQ)) ← newNode;
11             rear (LQ) ← newNode;
12     }
13 end  insertLQ( )
```

【해설】

01, 13. 큐의 rear에 원소를 삽입하는 함수이다.

02-04. 새 노드 newNode를 메모리에서 할당받아서 생성한다. 새 노드 newNode는 연결 큐의 마지막 노드가 되어야 하므로 데이터 필드에 x를 저장하고, 링크 필드에 NULL을 저장한다.

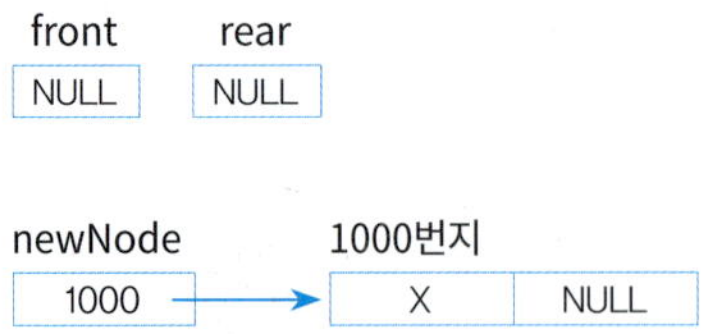

05, 07. 연결 큐가 공백인지 아닌지를 검사한다. 연결 큐가 공백인 경우에는 삽입할 새 노드가 1개이므로 큐의 첫 번째 노드이면서 마지막 노드가 되는 셈이다. 그러므로 포인터 rear와 front가 모두 새 노드를 가리키도록 설정한다.

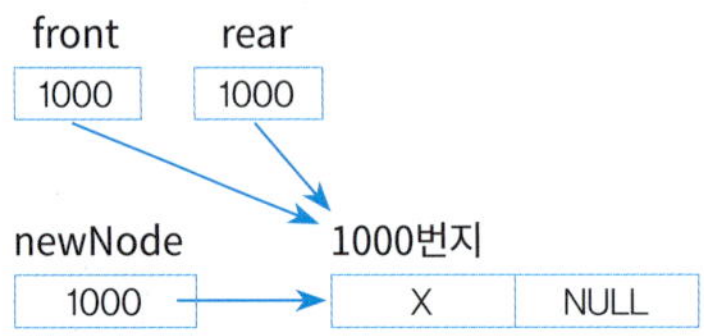

09, 10. 연결 큐가 공백이 아닌 경우에 해당된다. 현재 있는 노드의 마지막 노드에 rear가 가리키고 있는 노드의 링크 필드에 새로운 노드의 주소(예, 1000)를 저장한다. 또한, rear의 값도 새로운 노드의 주소(예, 1000)를 저장한다

【삽입 전】

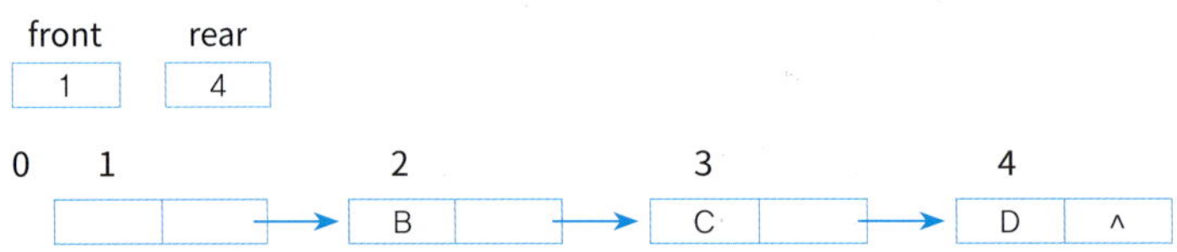

【삽입 후】

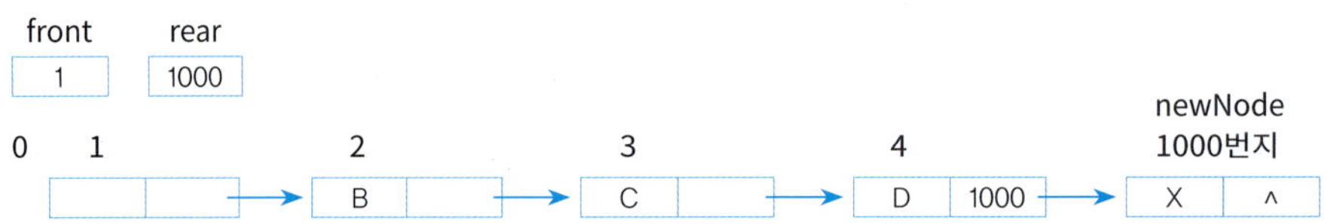

(2) 구조체와 포인터(단순 연결 자료구조와 연결 리스트)를 이용한 큐의 삭제 알고리즘

가상 코드로 기술한 구조체와 포인터를 이용한 큐의 삭제 알고리즘은 다음과 같다.

【AL 6_4 : 구조체와 포인터(단순 연결 자료구조와 단순 연결 리스트)를 이용한 큐의 삭제 알고리즘】

```
procedure deleteLQ(LQ, x)
    old ← front(LQ);
    if (isEmpty(LQ)) return 0;
    else {
         x ← data(old);
         front(LQ) ← link(front(LQ));
         if (front(LQ) == NULL)
              rear(LQ) ← NULL;
         free(old);
         return x;
    }
end deleteLQ( )
```

【해설】

01-11. 큐의 front에서 원소를 삭제하는 함수이다.

02. LQ라는 큐의 front의 값은 포인터 old가 가리키고 있는 값으로 지정한다.

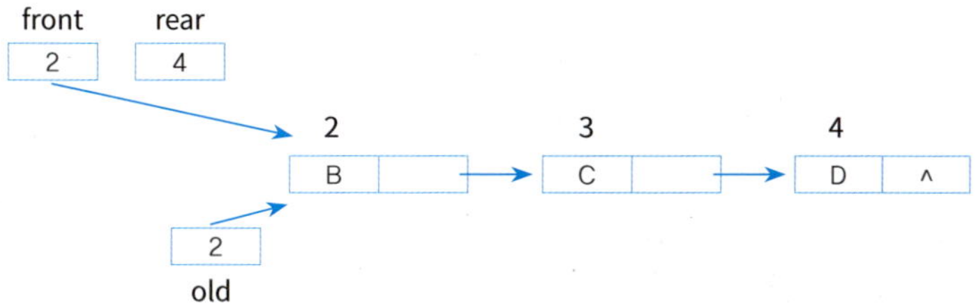

03. LQ라는 큐가 공백이면 비정상 종료를 한다. 공백인 경우에 삭제를 할 수 없기 때문이다.

05-10. 큐가 공백 리스트가 아닌 경우 처리한다.

05. old의 데이터 필드의 값을 x에 저장한다.

06. 삭제 연산 후에는 포인터 front에 있는 값을 변경(2에서 3으로) 시킨다.

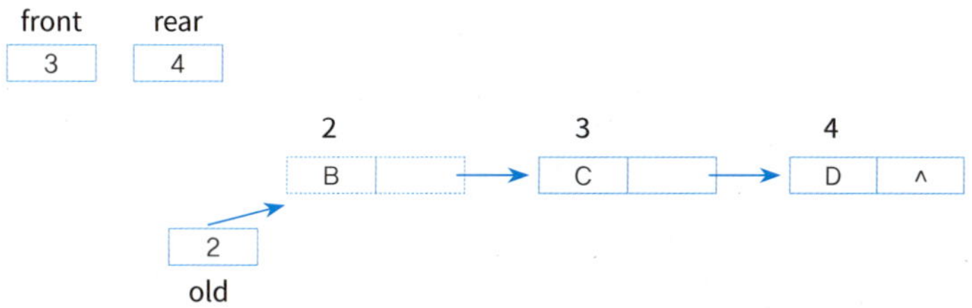

07, 08. 현재 큐에 노드가 하나 있는 경우에는 삭제 연산 후에는 공백 큐가 되므로 front가 NULL이므로, rear도 NULL로 변경한다.

09. 삭제된 노드 old의 메모리를 반환한다.

10. 삭제된 원소 x를 반환한다.

4. 구조체와 포인터를 이용한 큐의 C 언어 프로그래밍 실습 예

실습 6.2

구조체와 포인터를 이용하여 노드를 구성하며, 단순 연결 리스트 큐를 만들고, 여기서 삽입/삭제 할 수 있는 프로그램을 작성하시오.

[출력]

```
C:\Windows\system32\cmd.exe
<<구조체와 포인터 이용한 큐(queue)에서의 삽입 삭제>>

---- Selection number(1, or 2, or 0) ---
 1.insertion    2.deletion   0.end
------------------------------------------
연결 리스트 큐 삽입:  [   a ]
---- Selection number(1, or 2, or 0) ---
 1.insertion    2.deletion   0.end
------------------------------------------
삭제할 검색 데이터: a
 [  ]   연결 리스트 큐 삭제: a
---- Selection number(1, or 2, or 0) ---
 1.insertion    2.deletion   0.end
------------------------------------------
연결 리스트 큐 삽입:  [   b ]
---- Selection number(1, or 2, or 0) ---
 1.insertion    2.deletion   0.end
------------------------------------------
연결 리스트 큐 삽입:  [   b  c ]
---- Selection number(1, or 2, or 0) ---
 1.insertion    2.deletion   0.end
------------------------------------------
연결 리스트 큐 삽입:  [   b  c  d ]
---- Selection number(1, or 2, or 0) ---
 1.insertion    2.deletion   0.end
------------------------------------------
삭제할 검색 데이터: b
 [   c  d ]    연결 리스트 큐 삭제: b
---- Selection number(1, or 2, or 0) ---
 1.insertion    2.deletion   0.end
------------------------------------------
삭제할 검색 데이터: c
 [   d ]       연결 리스트 큐 삭제: c
---- Selection number(1, or 2, or 0) ---
 1.insertion    2.deletion   0.end
------------------------------------------
삭제할 검색 데이터: d
 [  ]   연결 리스트 큐 삭제: d
---- Selection number(1, or 2, or 0) ---
 1.insertion    2.deletion   0.end
------------------------------------------
 Linked Queue is empty! 삭제할 검색 데이터:
 Linked Queue is empty!  [  ]  연결 리스트 큐 삭제:
---- Selection number(1, or 2, or 0) ---
 1.insertion    2.deletion   0.end
------------------------------------------
```

[입력]

① 키 입력받는 상태를 표시하여 번호를 선택하는 메뉴가 화면에 표시된다.

② 번호 1을 누른 후 문자 'a'를 입력하면 현재의 큐 삽입 상태 'a'가 화면에 출력된다.

③ 화면에서 2를 누르면 선입선출(FIFO) 방식에 따라 삭제된 a가 화면에 표시되며 큐에 ' '가 남아 있는 상태를 화면에 표시한다.

④ 번호 1을 누른 후 문자 'b'를 입력하면 현재의 큐 삽입 상태 'b'가 화면에 출력된다.

⑤ 번호 1을 누른 후 문자 'c'를 입력하면 현재의 큐 삽입 상태 'b c'가 화면에 출력된다.

⑥ 번호 1을 누른 후 문자 'd'를 입력하면 현재의 큐 삽입 상태 'b c d'가 화면에 출력된다.

⑦ 화면에서 2를 누르면 선입선출(FIFO) 방식에 따라 삭제된 b가 화면에 표시되며 큐에 'c d'가 남아 있는 상태를 화면에 표시한다.

⑧ 화면에서 2를 누르면 선입선출(FIFO) 방식에 따라 삭제된 c가 화면에 표시되며 큐에 'd'가 남아 있는 상태를 화면에 표시한다.

⑨ 화면에서 2를 누르면 선입선출(FIFO) 방식에 따라 삭제된 d가 화면에 표시되며 큐에 ' '가 남아 있는 상태를 화면에 표시한다.

⑩ 화면에서 2를 누르면 선입선출(FIFO) 방식에 따라 삭제된 데이터가 없으므로 "Linked Queue is empty!" 메시지를 화면에 표시한다.

⑪ 화면에서 0을 누르면 프로그램이 종료된다.

[처리조건]

① 큐의 노드를 표현하기 위하여 구조체로 정의할 것

② 큐의 front와 rear 포인터를 선언하여 사용할 것

③ 큐가 공백 상태인지 확인하는 연산 작성할 것

④ 큐의 rear에 원소를 삽입하는 연산 작성할 것

⑤ 큐의 front에 원소를 삭제하는 연산 작성할 것

[프로그램: c_6_2.c]

```c
#include <stdio.h>
#include <stdlib.h>
#include <malloc.h>

typedef struct Q_Node {
    char data;
    struct Q_Node *link;
} Q_Node;

```

```
typedef struct {
    Q_Node *front, *rear;
} LQ_Type;

LQ_Type *get_LQueue() {
    LQ_Type *LQ;
    LQ = (LQ_Type *)malloc(sizeof(LQ_Type));
    LQ->front = NULL;
    LQ->rear = NULL;
    return LQ;
}

int isEmpty(LQ_Type *LQ) {
    if (LQ->front == NULL) {
        printf(" Linked Queue is empty! ");
        return 1;
    }
    else return 0;
}

void insertLQ(LQ_Type *LQ, char x) {
    Q_Node *newNode = (Q_Node *)malloc(sizeof(Q_Node));
    newNode->data = x;
    newNode->link = NULL;
    if (LQ->front == NULL) {
        LQ->front = newNode;
        LQ->rear = newNode;
    }
    else {
        LQ->rear->link = newNode;
        LQ->rear = newNode;
    }
}

char deleteLQ(LQ_Type *LQ) {
    Q_Node *old = LQ->front;
    char x;
    if (isEmpty(LQ)) return 0;
    else {
        x = old->data;
        LQ->front = LQ->front->link;
        if (LQ->front == NULL)
            LQ->rear = NULL;
        free(old);
        return x;
    }
}
```

```
char peekLQ(LQ_Type *LQ) {
    char item;
    if (isEmpty(LQ)) return 0;
    else {
        item = LQ->front->data;
        return item;
    }
}

void printLQ(LQ_Type *LQ) {
    Q_Node *tmp = LQ->front;
    printf(" [ ");
    while (tmp) {
        printf("%3c", tmp->data);
        tmp = tmp->link;
    }
    printf(" ] ");
}

void main(void) {
    LQ_Type *LQ = get_LQueue();
    char data;

    printf("<<구조체와 포인터 이용한 큐(queue)에서의 삽입 삭제>>\n");

    while(1) {
        printf("\n---- Selection number(1, or 2, or 0) ---\n");
        printf("  1.insertion    2.deletion  0.end \n");
        printf("----------------------------------------\n");

        switch(getch()) {
            printf("----- Press character ------------------\n");
        case '1': printf("연결 리스트 큐 삽입: ");
            data = getch();
            insertLQ(LQ, data); printLQ(LQ);
            break;
        case '2': data = peekLQ(LQ);
            printf("삭제할 검색 데이터: %c \n", data);
            data = deleteLQ(LQ); printLQ(LQ);
            printf("\t연결 리스트 큐 삭제: %c", data);
            break;
        case '0': return;
        }
    }
    getchar();
}
```

[해설]

05-08. 큐의 노드를 구조체로 정의한다.

10-12. 큐의 노드를 지정하기 위해 포인터 변수 rear, fornt 선언하고 여기에 포인터 큐의 주소 값 저장 가능하다.

14, 20. malloc() 함수는 메모리의 재할당이나 동적 할당할 경우에 많이 사용한다. malloc은 함수이기 때문에 stdlib.h를 반드시 포함해야한다. 객체 생성 시 malloc같은 경우 메모리를 해당 크기를 지정해줘서 잡아만 줄뿐 해당 객체의 생성자는 호출하지 않는다. 즉, 초기화가 일어나지 않는다. 따로 초기화를 해줘야한다. 또한, 구조체 sizeof(LQ_Type) 크기만큼 메모리 영역을 할당하고 그 시작 주소 값을 LQ에 반환한다.

22-28, 47, 59. 큐가 공백 상태인 경우를 확인하는 함수이다.

87, 90. getch() 문은 키보드 받는 함수이다.

91, 30-42. 큐의 rear에 원소를 삽입하는 함수이다.

35-36. 큐의 rear에 원소를 삽입하는 예이다. 처음에는 큐가 빈 상태이다. 즉, 큐 포인터의 주소값(rear)이 0(NULL) 이다.

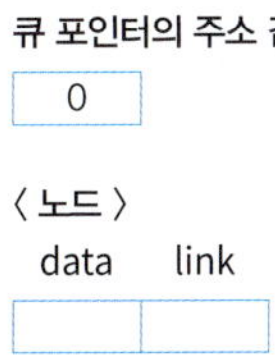

큐에 A를 입력하기 위하여 예를 들면, 큐 포인터의 주소 값이 1000이라고 가정하면 1000이 가리키고 있는 노드의 data에 A를 입력(삽입, inserQueue)한다.

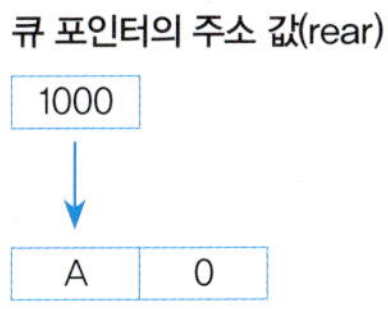

큐에 B를 입력하기 위하여 예를 들면, 큐 포인터의 주소 값이 2000이라고 가정하면 2000이 가리키고 있는 노드의 data에 B를 입력(삽입, inserQueue)한다. link에는 rear의 주소 값을 0에서 1000으로 변경한다.

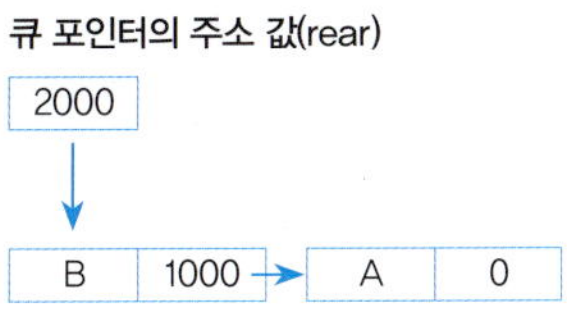

39, 40. 삽입 노드를 rear에 연결한다. rear 위치를 삽입 노드로 이동한다.

95, 44-56. 큐의 front에서 원소를 삭제하는 함수이다.

예를 들면, 큐에서 E를 출력하기 위하여 큐 포인터의 주소 값이 5000이라고 가정하면 5000이 가리키고 있는 노드의 data에 E를 출력(삭제, deleteQueue)한다. front의 주소 값을 5000에서 4000으로 변경한다. 삭제 연산 후에는 포인터 front에 있는 값을 변경(4000에서 3000으로) 시킨다.

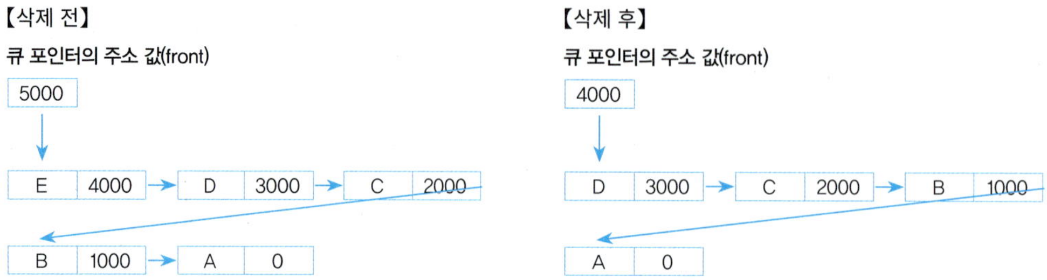

47. 큐가 공백 리스트인 경우에 처리한다. 공백인 경우에 삭제를 할 수 없기 때문이다.

49-54. 큐가 공백 리스트가 아닌 경우 처리한다.

50. front 위치를 삭제 다음 노드의 위치로 이동한다.

53. 삭제된 노드의 메모리를 반환한다.

54. 삭제된 원소를 반환한다.

91, 95, 66-74. 큐의 남아 있는 원소(front에서 rear가 같아질 때까지)를 출력하는 함수이다.

03 _ 큐의 종류

1. 큐의 넘침(Overflow)과 해결 방식

(1) 큐의 넘침

1차원 배열 큐의 삽입 삭제의 예인 (그림 6.9)에서 보듯이 rear가 배열의 마지막에 있기 때문에 이전 공백이 있음에도 불구하고 포화 상태로 잘못 인식할 수 있다는 단점을 갖고 있다.

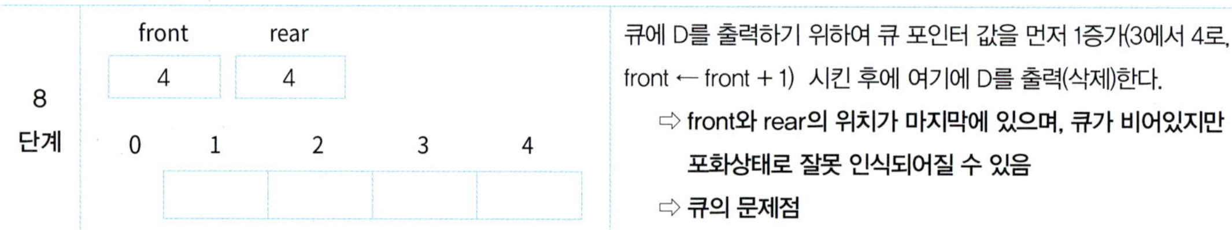

그림 6.14 큐의 넘침(overflow)의 예

(2) 큐의 넘침과 해결 방식

일반적으로 큐의 넘침(overflow)을 방지하기 위해 사용하는 방식에는 3가지가 있다.

① 삭제를 할 때마다 데이터 압축

front 포인터의 위치를 맨 앞에 고정시키고 삭제 작업이 발생할 때마다 뒤의 자료를 앞으로 한 자리씩 이동시키는 방법이 있다. 이러한 경우 만약 rear가 큐의 크기와 같게 되면 확실히 넘침(overflow)이 된다.

이 경우는 삭제될 때마다 삽입되어 있던 자료를 앞으로 이동시키는 작업이 빈번히 발생하므로 해서 쓸데없는 작업상 손실을 가져오는 단점이 있다.

② rear의 포인터가 큐의 크기와 같을 때 데이터 압축

rear의 포인터가 큐의 크기가 같아졌을 때 그 때 전체적으로 front의 포인터를 맨 앞으로 보내고 데이터를 앞쪽으로부터 재구성하도록 압축하고 rear의 포인터도 조정함으로 해서 넘침(overflow)을 해결한다. 만약 front의 위치가 맨 앞이면서 rear의 포인터가 큐의 크기가 같을 때 확실한 넘침이 된다. 이 때 front와 rear의 값을 조정한다.

8 단계

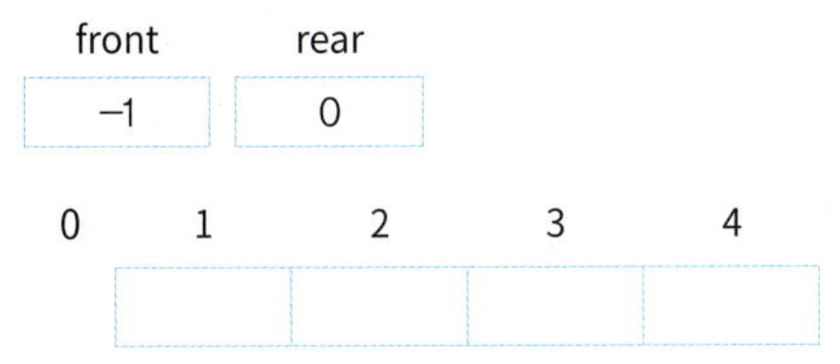

큐에 D를 출력하기 위하여 큐 포인터 값을 먼저 1증가(3에서 4로, front ← front + 1) 시킨 후에 여기에 D를 출력(삭제)한다.

⇨ **front와 rear의 위치가 마지막에 있으며, 큐가 비어있지만 포화상태로 잘못 인식되어질 수 있음**

⇨ **큐의 문제점 발생**

⇨ **이 때 front와 rear의 값을 조정한다.**

그림 6.15 rear의 포인터가 큐의 크기가 같아졌을 때 front와 rear의 값 조정의 예

③ 원형 큐로 해결

현재 큐의 구조는 마치 철로의 구조처럼 시작과 끝이 분명하면 기차가 끝 지점에 가게 되면 다시 시작 지점에 가져다 놓고 다시 시작해야 하는 불편한 점이 있다. 이를 원형으로 시작과 끝을 연결해 놓으면 해결된다. 원형 큐는 순차적인 배열 큐인 1차원 배열을 사용하지만 논리적으로 배열의 처음과 끝이 연결시켜 원형 구조로 사용한다.

8 단계

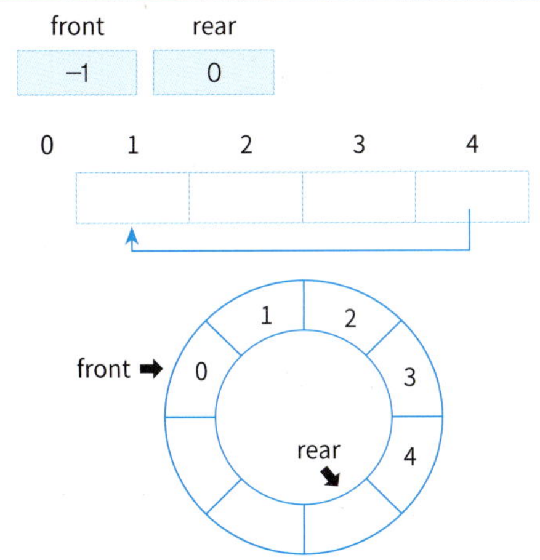

큐에 D를 출력하기 위하여 큐 포인터 값을 먼저 1증가(3에서 4로, front ← front + 1) 시킨 후에 여기에 D를 출력(삭제)한다.

⇨ **front와 rear의 위치가 마지막에 있으며, 큐가 비어있지만 포화상태로 잘못 인식되어질 수 있음**

⇨ **큐의 문제점 발생**

⇨ **이 때 원형 큐로 해결한다.**

그림 6.16 원형 큐의 예

2. 큐의 종류

(1) 이동 큐(Remove Queue)

큐의 구조상 큐에 기억 공간에 남아 있어도 새로운 노드를 삽입시킬 수 없게 된다. 따라서 이를 해결하기 위하여 기억 공간을 정리(REMOVE)하여 새로운 노드를 삽입할 수 있도록 하는 방식이다.

(2) 원형 큐(Circular Queue)

이동 큐가 가지고 있는 불리한 점을 개선한 방법이며, 큐의 마지막 부분과 처음 부분이 서로 이웃하도록 원형으로 만들고 이를 운영하는 방식이다.

3. 배열을 이용한 원형 큐

(1) 원형 큐(circular queue)의 개념

큐의 운영에 있어서 front와 rear 포인터의 계산에 모듈로 연산(modulo) 연산(나눗셈의 나머지를 계산하는 수학적 연산)을 적용하거나 이와 유사한 알고리즘을 적용하면, 큐의 양 끝이 물리적으로는 연결되어 있지 않지만 논리적으로는 서로 연결되어 있는 것처럼 만들 수 있다.

【예】 modulo 3

modulo 연산이란 정수의 나눗셈에서 나머지를 답으로 하는 것으로 아래와 같이 계산한다.

```
0 mod 3 = 0        4 mod 3 = 1
1 mod 3 = 1        5 mod 3 = 2
2 mod 3 = 2        6 mod 3 = 0
3 mod 3 = 0        7 mod 3 = 1
```

【예】 modulo n

큐에 입력이 많이 발생하여 rear 포인터가 큐의 물리적인 주소의 최대치까지 된 후 다음 항목의 입력이 요청되는 경우에 modulo 연산을 적용하면 물리적인 주소가 큐의 범위 중에서 최소치로 되어 입력이 가능하게 된다. front 포인터의 이동에도 같은 방식을 적용한다.

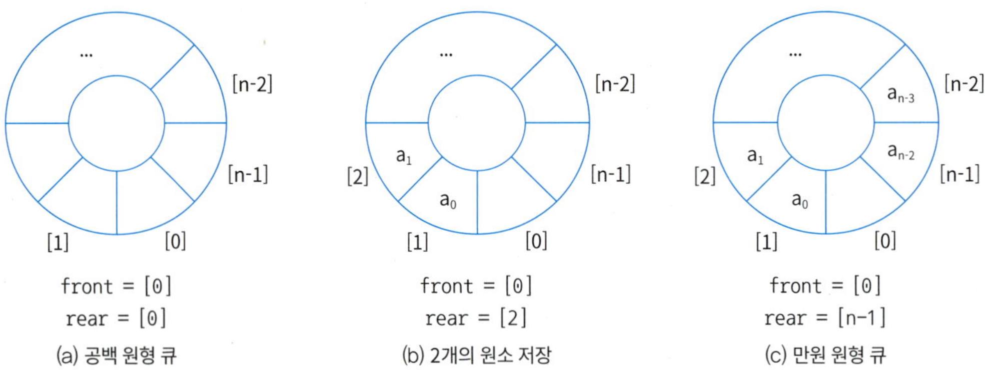

그림 6.17 원형 큐에서 모듈로(modulo)의 예

(2) 원형 큐의 연산 알고리즘의 예

원형 큐에서는 front와 rear 값이 동일해지는 경우가 2가지 있다. 큐가 비어있거나 아니면 큐가 가득 찼거나 이다. 원형 큐에서 초기 값을 같은 값으로 지정하는 이유는 큐가 비어있음을 의미한다. rear가 증가하여 front 와 동일해지면 큐가 가득찬 것이고, front가 증가하여 rear와 동일해지면 큐가 비어있는 것이다. 그리고 front 와 rear 의 값이 다르면 하나 이상의 자료가 있음을 의미한다. front와 rear는 시계방향으로 진행되며, front = rear가 되면 큐에는 데이터가 저장되어있지 않은 빈 상태를 뜻한다. 원형 큐를 유지하기 위해서 mod 연산을 해 주는 %를 이용한다. 데이터를 큐에 삽입하기 위해서는 rear를 하나씩 증가시킬 때 다음을 사용한다. 큐의 앞부분이 빈 공간이고 rear값이 큐의 마지막 원소를 가리킬 때, 새로운 원소의 삽입은 큐의 첫 부분에서 다시 시작될 수 있다. front와 rear의 초기 값은 0으로 설정한다.

(1) rear 포인터: 데이터를 큐로부터 삽입할 때 사용

```
rear = ( rear + 1 ) % maxNum;
```

rear의 값은 maxNum –1 에서 하나 증가할 때 0으로 다시 돌아가게 된다.

(2) front 포인터 사용: 데이터를 큐로부터 삭제할 때 사용

```
front = ( front + 1 ) % maxNum;
```

front의 값은 maxNum – 1 다음에 0이 되어 원형 큐를 유지

(3) 원형 큐의 연산 알고리즘

원형 큐에 적용되는 연산 알고리즘은 다음과 같다. 가상 코드(pseudo) 코드로 나타낸 알고리즘이다.

① 배열을 이용한 원형 큐의 삽입 알고리즘

가상 코드로 기술한 배열을 이용한 원형 큐의 삽입 알고리즘은 다음과 같다.

【AL 6_5 : 배열을 이용한 원형 큐의 삽입 알고리즘 】

```
procedure insertCQueue(item, Q, n, front, rear)
      /* item: 삽입할 자료를 저장하고 있는 변수
         Q: 최대 크기가 n인 배열
         n: 큐의 크기 Q(0: n-1)를 나타내기 위한 변수
         rear: 큐에 마지막으로 삽입된 원소의 위치를 가리키며 새로운 원소를 삽입하려면 1을
                증가시켜야 한다. 모듈로 n을 적용한다.
         front: 큐에 삭제하는 원소의 위치를 가리키며 새로운 원소를 삭제하려면 반시계 방향으로 1을
                 증가시켜야 한다. 모듈로 n을 적용한다.
         원형 Q(0: n-1)에 item을 삽입하는 알고리즘 */

    if(rear == n-1) then rear ← 0
    else rear ← rear + 1 mod n;
    if(front == rear) then call QUEUE-FULL;
    Q(rear) ← item;
end insertCQueue( )
```

[해설]

11. 만일 rear 포인터 값 = 큐의 최대 크기 n–1이면 rear 포인터 값을 0으로 한다.
12. rear 포인터 값을 1 만큼 시계 방향으로 증가시킨다.
13. front의 값과 rear의 값이 같으면 큐의 초과 알고리즘을 처리한다.
14. 항목을 Q의 rear 포인터가 가리키는 곳에 저장한다.

② 배열을 이용한 원형 큐의 삭제 알고리즘

가상 코드로 기술한 배열을 이용한 원형 큐의 삭제 알고리즘은 다음과 같다.

[AL 6_6 : 배열을 이용한 원형 큐의 삭제 알고리즘]

```
01 procedure deleteCQueue(item, Q, n, front, rear)
02       /* item: 삭제할 자료를 저장하고 있는 변수
03          Q: 최대 크기가 n인 배열
04          n: 큐의 크기 Q(0: n-1)를 나타내기 위한 변수
05          rear: 큐에 마지막으로 삽입된 원소의 위치를 가리키며 새로운 원소를 삽입하려면 1을
06                증가시켜야 한다. 모듈로 n을 적용한다.
07          front: 큐에 삭제하는 원소의 위치를 가리키며 새로운 원소를 삭제하려면 1을 증가시켜야 한다.
08                 모듈로 n을 적용한다.
09          원형 Q(0: n-1)에 item을 삭제하는 알고리즘 */
10
11     if (front == rear) then call QUEUE-EMPTY;
12       front  ← (front + 1) mod n;
13       item  ← Q(front);
14 end deleteCQueue( )
```

[해설]

큐의 삽입 포인터는 rear이며, 삭제 포인터는 front이다. 여기서 삭제 가능하다. front 포인터 값이 rear 포인터 값과 같다는 것은 큐가 이미 비어있다는 것을 의미하므로 별도로 준비된 큐–공백–알고리즘을 수행해야 한다. 출력이 행해진 경우 항목이 지워진 것으로 나타나 있으나 실제로는 그대로 큐 안에 있지만 front 포인터가 이동되었으므로 삭제된 것 처럼 보인다.

11. 만일 front 값 = rear 포인터 값이면 현재 Q에 삭제할 자료가 없으므로 큐–공백–알고리즘을 수행한다.
12. front 포인터 값을 n–1까지 증가시키고, n이 되면 0으로 변경시킨다. 참고적으로 일반 큐는 mod n이 없으므로 증가만 시키지만, 원형 큐에서는 n–1까지만 증가하고 다시 0부터 시작한다.
13. Q의 front 포인터를 item에 저장한다.

(4) 배열을 이용한 원형 큐의 C 언어 프로그래밍 실습 예

실습 6.3

배열을 이용하여 원형 큐에서의 삽입 삭제 할 수 있는 프로그램을 작성하시오.

【출력】

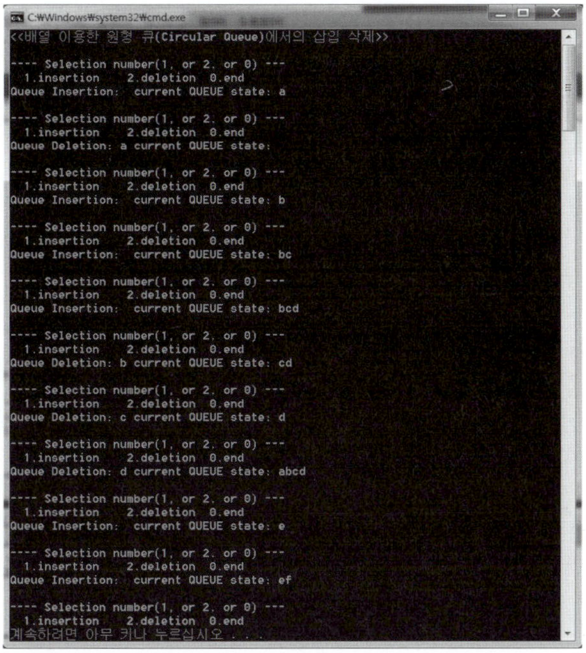

【처리조건】

① 배열을 이용하여 큐에서의 삽입 삭제 함수 작성
② #define MAX 4 사용하여 스택의 크기를 4로 할 것
③ 처음에 큐의 앞과 뒤 초기 주소 값: int front=0; int rear=-1;로 할 것
④ 키보드로 1 문자를 입력받아서 큐에 삽입하는 함수 작성할 것
⑤ 키보드로 2 문자를 입력받아서 큐에 삭제하는 함수 작성할 것
⑥ 현재의 누적된 큐에 쌓여 있는 문자열을 보여주는 함수 작성할 것
⑦ 만일 큐에 쌓여져 있는 순서대로 삭제 순서도 출력할 것
⑧ 만일 rear 포인터 값 = 큐의 최대 크기 n이더라도 큐-초과-알고리즘을 수행하지 않고 원형 큐인 MOD(%) 연산자 사용하여 처리 할 것

【입력】

① 키 입력받는 상태를 표시하여 번호를 선택하는 메뉴가 화면에 표시된다.
② 번호 1을 누른 후 문자 'a'를 입력하면 현재의 큐 삽입 상태 'a'가 화면에 출력된다.
③ 화면에서 2를 누르면 선입선출(FIFO) 방식에 따라 삭제된 a가 화면에 표시되며 큐에 ' ' 가 남아 있는 상태를 화면에 표시한다.
④ 번호 1을 누른 후 문자 'b'를 입력하면 현재의 큐 삽입 상태 'b'가 화면에 출력된다.
⑤ 번호 1을 누른 후 문자 'c'를 입력하면 현재의 큐 삽입 상태 'b c'가 화면에 출력된다.
⑥ 번호 1을 누른 후 문자 'd'를 입력하면 현재의 큐 삽입 상태 'b c d'가 화면에 출력된다.
⑦ 화면에서 2를 누르면 선입선출(FIFO) 방식에 따라 삭제된 b가 화면에 표시되며 큐에 'c d'가 남아 있는 상태를 화면에 표시한다.
⑧ 화면에서 2를 누르면 선입선출(FIFO) 방식에 따라 삭제된 c가 화면에 표시되며 큐에 'd'가 남아 있는 상태를 화면에 표시한다.
⑨ 화면에서 2를 누르면 선입선출(FIFO) 방식에 따라 삭제된 d가 화면에 표시되며 큐에 ' '가 남아 있는 상태를 화면에 표시한다.
⑩ 번호 1을 누른 후 문자 'e'를 입력하면 현재의 원형 큐 삽입 상태 'e'가 화면에 출력된다.
⑪ 번호 1을 누른 후 문자 'f'를 입력하면 현재의 원형 큐 삽입 상태 'e f'가 화면에 출력된다.

【프로그램: c_6_3.c】

```
#include <stdio.h>
#include <stdlib.h>
#include <string.h>

#define MAX 4
int queue[MAX];
int front=0;
int rear=-1;
char deletion();
char insertCQueue(int q_in);
```

```
char deleteCQueue();

void main()
{
    printf("<<배열 이용한 원형 큐(Circular Queue)에서의 삽입 삭제>>\n");
    while(1) {
        printf("\n--- Selection number(1, or 2, or 0) ---\n");
        printf("  1.insertion    2.deletion  0.end \n");
        switch(getch()) {
            printf("----- Press character ------------------\n");
            case '1': printf("Queue Insertion: ");
                      insertCQueue(getch());
                      deleteCQueue();
                      break;
            case '2': printf("Queue Deletion: %c", deletion());
                      deleteCQueue();
                      break;
            case '0': return;
        }
    }
}

char insertCQueue(int q_in)
{
    rear = (rear +1) % MAX;
    queue[rear] = q_in;
}

char deleteCQueue()
{
    int i;
    printf(" current QUEUE state: ");
    front = front % MAX;
    for(i=front; i<=rear; i++)
        putchar(queue[i]);
    printf("\n");
}

char deletion()
{
    char q_out;
    q_out = queue[front];
    front = (front + 1) % MAX;

    return q_out;
}
```

【해설】

* 프로그램 〈c_6_1.c〉와 거의 유사하고 큐가 꽉 찬 상태일 때 삽입 시 불가 메시지 화면에 출력하지 않고 %(MOD) 연산자 처리를 하여 원형으로 다시 처음 큐의 삽입 위치부터 시작한다.

16-31. while(1) 문

1이 참이므로, 즉 항상 조건식이 참이므로 무한 루프가 되는 것이다. 1대신에 2를 넣어도 되고 100을 넣어도 상관없다. 그래도 조건식이 참이 되므로 무한 루프가 된다. 0이 되는 순간 그 while문은 거짓이 된다. while은 참일 때만 반복문을 수행하므로, 0이 아닌 1을 보통 넣는다. 0이 아니면 모두 참값으로 보니 2,3 등 다른 수를 써도 상관 없다.

19. getch() 문

키보드 받는 함수이다.

19-29. switch case 문

다중 선택 시 사용하는 명령문이다. 1인 경우 삽입(입력), 2인 경우 삭제(출력), 0인 경우 종료한다.

05. 큐의 크기 선언, 4개까지 삽입 가능하지만 5번째는 % 적용하여 1번째(5%4=1)로 삽입한다.

06. char queue4.; 최대 크기가 4개인 1차원 배열이다.

queue[0]	queue[1]	queue[2]	queue[3]

07, 08. 큐 포인터 변수(front, rear)의 초기값

front	rear
0	–1

22, 33-41. 키보드로 1문자를 입력받아서 큐에 삽입하는 함수이다. rear 포인터 값을 1만큼 증가시킨다. 만일 rear 포인터 값 = 큐의 최대 크기 n이더라도 큐–초과–알고리즘을 수행하지 않고 원형 큐인 MOD(%) 연산자 사용하여 처리한다.

23, 43-50. 현재의 누적된 큐에 쌓여 있는 문자열을 보여주는 함수이다.

25, 52-62. 큐에 쌓여있는 제일 위에 있는 문자를 자동적으로 삭제하는 함수이다. 만일 front 값 = rear 포인터 값이 면 큐–공백–알고리즘을 수행하지 않고 원형 큐인 MOD(%) 연산자 사용하여 처리한다.

04 _ 데크(deque)

1. 데크의 개념과 종류

(1) 데크의 정의

데크(deque, double ended queue)는 리스트의 양쪽에서 정보를 삽입하거나 삭제할 수 있는 선형 리스트이다. 서로 반대 방향의 큐 2개를 합성한 방식(또는 큐와 스택을 합성한 방식)이다.

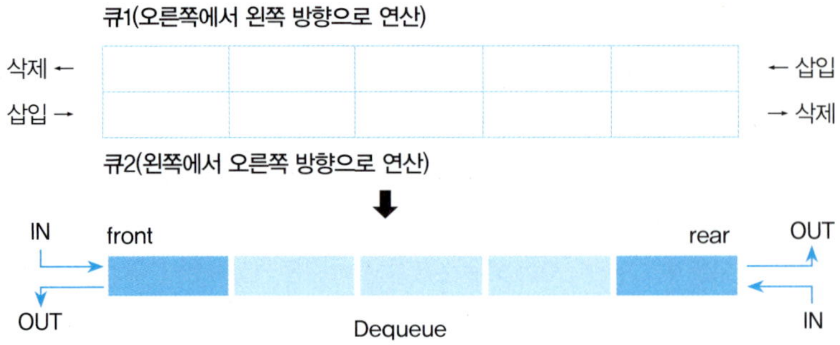

그림 6.18 데크의 구조

(2) 데크의 종류

데크에는 두 가지 종류가 있다

1. **입력 제한 데크(Scroll)**: 데크의 특수한 형태
   입력은 한 쪽 끝에서 제한되며, 출력은 양쪽 끝에서 가능한 구조이다.
2. **출력 제한 데크(Shelf)**: 데크의 특수한 형태
   입력은 양쪽 끝에서, 출력은 한 쪽 끝에서만 제한되는 구조이다.

그림 6.19 데크의 종류

2. 데크의 구현 방식의 예

데크를 컴퓨터상에 구현시키는 방법은 여러 가지가 있다. 본서에서는 원형 이중 연결 리스트의 경우를 예를 든다.

원형 자료구조와 원형 리스트 사용하고 이것의 양끝은 두 개의 포인터 LEFT 와 RIGHT 로 나타내는 경우를 생각해 보기로 한다. 8개의 항목이 들어갈 수 있는 원형 큐에서 각각 항목이 세 개, 네 개 들어가 있는 경우의 데크를 보여주고 있다. LEFT = NULL 이 되면 데크가 빈 상태임을 의미한다.

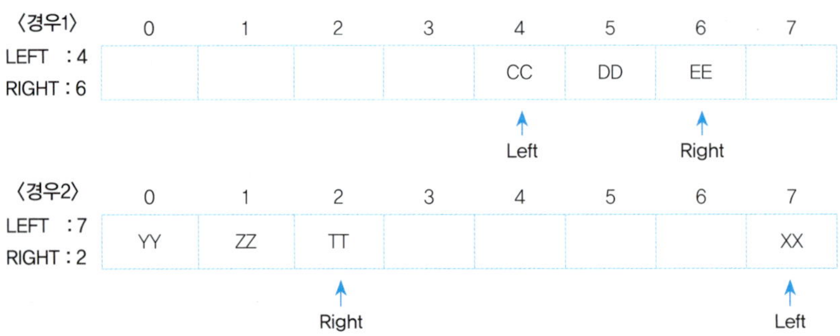

그림 6.20 데크의 예

05 _ 큐의 활용

큐는 운영체제의 작업 스케쥴링, 대기 행렬을 모델링하는 시뮬레이션 등 응용 프로그램에서 중요한 도구이다.

1. 운영체제와 큐의 응용

(1) 작업의 계획(scheduling)

새로운 작업은 큐의 뒤(rear)에 들어가게 하고, 수행되던 작업이 끝나고 다음 작업을 고를 때에는 큐의 앞(front)에 있는 것을 큐에서 삭제하고 수행시키면 된다. 단순 연결 리스트로 작업의 계획을 하는 경우 만약 작업들 사이의 우선순위가 동일하여 먼저 신청된 것이 먼저 처리되어야 한다면 다음 그림과 같은 경우로 계획을 실현시켜 나아갈 수 있다. 이것은 B 라는 작업이 C 라는 작업 보다는 먼저 요청되었기 때문에 먼저 처리되는 것을 암시하고 있다. 오른쪽으로 갈수록 나중에 큐에 입력된 것을 의미하며 제일 마지막의 것이 최후에 처리될 것이다. 이것은 또 단순 연결 리스트에 의한 큐의 운영을 보여주는 것이기도 하다. 운영체제에서 활용되는 기술이다.

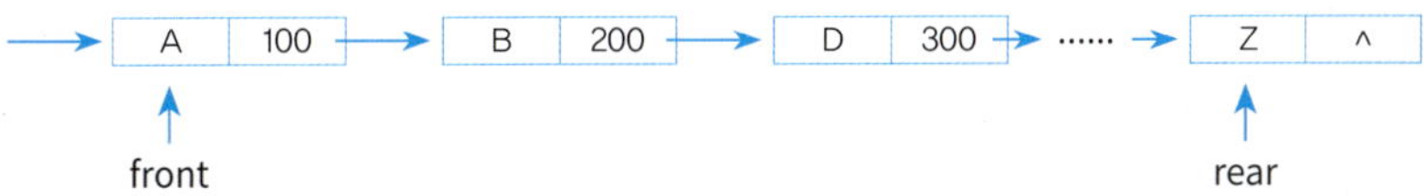

그림 6.21 작업의 스케쥴링

(2) 운영체제와 스풀링(spooling)

스풀링은 컴퓨팅 임시 저장소에 항목을 배치하는 작업을 말하며, 컴퓨터의 중앙 처리 장치(CPU)와 주변 장치 사이에서 데이터를 주고받을 때, 저속의 주변 장치의 처리를 기다리지 않고 지체 없이 프로그램의 처리를 계속하는 기술을 말한다. 개인용 컴퓨터(PC)로 프린팅을 하는 경우 여러 개의 파일을 프린트하는 경우에는 명령을 받은 순서대로 프린트 큐에 저장되었다가 하나씩 차례대로 수행되는 상황을 모니터 상에서 볼 수 있다. 이것은 출력용 큐의 한 예이다. 운영체제에서 활용되는 기술이다.

(3) 운영체제의 프로세스와 자원관리

여러 프로세스가 공유 데이터를 접근할 경우 운영체제는 각종 자원 관리를 큐를 이용하여 관리한다.

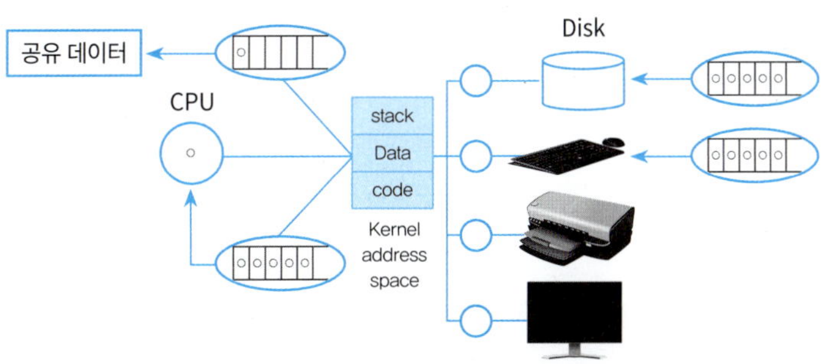

그림 6.22 프로세스의 상태 변화 큐

또한 우리가 키보드(keyboard)를 통해 입력하는 경우에도 마찬가지로 큐가 쓰이는데 그것은 먼저 친 문자가 먼저 컴퓨터에 입력되는 것이다. 이런 것은 입력 큐의 한 예이다. 또한, 컴퓨터 운영체제에서 쓰이는 시분할 방식도 큐를 사용한다.

2. 인터넷에서의 큐의 적용

(1) 클라이언트와 서버 구조에서의 메시지 큐

인터넷 서비스를 위한 기본 구조로서 클라이언트와 서버(C/S, Client와 Server) 구조를 말한다. 서비스를 이용하는 측을 클라이언트(client)라고 하고, 서비스를 실행하는 측을 서버(server)라고 하여 양자가 결합하여 하나의 기능을 실현하는 제어 방식을 말한다. 웹 서버를 구성하게 되면 성능에 대한 고려가 중요하다. 데이터 처리를 하다보면 너무 많은 처리로 인해 대기하는 요청이 쌓이게 된다. 그러면 서버의 성능이 저하되는데, 최악의 경우에는 서버가 다운되는 상황까지 직면하게 된다. 좀 더 빠르고 원활한 서비스를 위해 비동기 메시지 처리 방식을 구성하게 되는데 이때 메시지 큐(message queue) 방식을 사용한다.

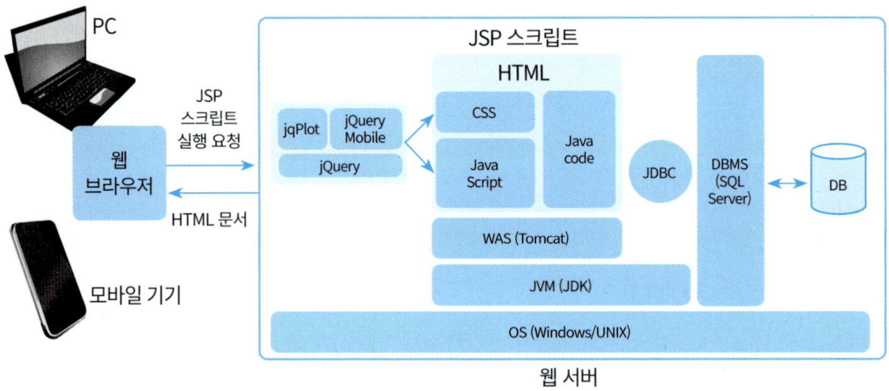

그림 6.23 클라이언트와 서버 구조에서의 메시지 큐 사용

(2) 생산자와 소비자 개념에서의 메시지 큐

하나의 미들웨어에 메시지를 위임하여 순차적으로 처리를 하는 것이다. 개념은 Producer(생산자)가 Message를 Queue에 넣어두면, Consumer가 Message를 가져와 처리하는 방식이다. 클라이언트와 동기방식으로 많은 데이터 통신을 하게 되면 병목현상이 생기게 되며, 서버의 성능이 저하된다. 이런 현상을 막고자하여 또 하나의 미들웨어에 메시지를 위임하여 순차적으로 처리를 하는 것이다. 즉, 큐는 저장(보관) 장소로 쓰이는데 먼저 입력한 것이 먼저 출력되는 경우에 특히 자주 쓰인다.

그림 6.24 클라이언트와 서버 구조(생산자와 소비자)에서의 메시지 큐 사용

3. 큐잉 이론

(1) 무선 네트워크에서의 큐잉 이론

큐잉(Queuing theory) 이론은 1962년에 G. Gordon에 의해 개발되었다. 한 예는 무선 네트워크에서 한 셀에서의 신규 신호의 발생과 이러한 셀에 채널을 할당하는 과정을 수학적으로 표현한 것이다. 하나의 상태(state)에 데이터가 머무는 시간이 짧아야 많은 데이터를 빠르게 처리 할 수 있으며, 효율이 높다는 의미이다. 실생활의 예를 들면, 특정 레스토랑의 예에서, 레스토랑의 한 달 매출의 증가를 위해선 회전률이 빨라야 한다. 즉, 많은 손님들이 음식을 먹고, 계산하고, 나가는 과정이 빠르게 반복되어야 큰 매출을 달성할 수 있다. 그러기 위해선 레스토랑에 머무는 시간이 작아야 된다는 의미이다.

(2) 실생활에서의 큐잉 이론

또 다른 예는 시뮬레이션에서 큐잉 이론(queuing theory)에 기초하여 큐잉 과정에서의 현상을 모의(simulate)하면, 생활주변에서도 흔히 보는 줄서기이다. 예를 들어 차표를 사려고 줄을 서거나 병원이나 약국에서 또는 식당에서 자리를 잡으려고 줄을 선다. 은행 창구나 ATM 기기 앞에 줄을 서기도 한다. 대형 슈퍼마켓의 예로 더 자세히 알아보자. 계산대 앞에 카트를 끌고서 줄을 서서 계산할 순서를 기다린다. 서비스를 제공하는 창구가 몇 개 있다. 고객이 창구로 찾아 온다. 고객은 창구를 선택한다. 그런데 빈 창구가 없으면 가장 짧은 데를 선택하여 줄을 서게 된다. 이것이 대기행렬이라하는 의미이다. 그리고는 차례가 되기를 기다린다. 선착순으로 서비스를 받는 원칙이 존재한다. 대기행렬에서는 선입 선출법(FIFO)이 적용된다.

4. 우선순위 큐(Priority)와 시분할 시스템

우선순위 큐는 큐의 특별한 형태로, 큐에서는 선입선출(FIFO, 먼저 들어온 것이 먼저 나감) 방법인데 반해,우선순위 큐에서는 순위가 높은 데이터가 먼저 나간다. 즉, 이것은 다중 큐의 대표적인 경우로서 각각 고유한 우선순위를 갖는 여러 개의 큐가 모여진 것인데 이들 간에는 다음과 같은 성질이 있다. 우선순위가 높은 큐에 들어있는 일이 낮은 우선순위 큐에 들어 있는 일보다 먼저 처리된다. 한 우선순위 큐에 들어 있는 여러 가지 일들 중에서는 먼저 큐에 들어온 일이 먼저 처리된다.

전형적인 우선순위 큐의 예는 시분할 시스템(time sharing system)을 들 수 있다. 또 다른 예로서는 병원에 들어온 환자의 치료 방법이다. 통상적으로는 먼저 들어 온 환자가 먼저 치료를 받아야 한다. 그러나 응급 환자가 발생한 경우에는 먼저 온 환자와 관계없이 응급 환자를 먼저 치료한다. 이것이 우선순위 큐의 개념이다.

높은 우선순위의 프로그램이 먼저 처리되고 같은 우선순위가 되는 프로그램은 일반적인 큐의 성질에 따라 선입선출의 원리로 처리되는 것이다. 우선순위 큐를 구현하는 데는 여러 가지 방법이 있다.

(1) 2차원 배열을 이용하여 다중 큐를 사용하는 방법

각 정보를 보관한 2차원 배열과 그 배열의 행(row)을 원형 큐로 이용하여 각 큐의 처음과 끝을 나타내는 두 개의 포인터 front와 rear를 사용하는 방법이 있다. 2차원 배열의 각 행은 위에서 아래 순으로 우선순위가 정해져 있고 한 행은 같은 우선순위의 처리 데이터가 원형 큐 형태로 들어 있게 된다. 여기서 배열의 행 번호와 우선순위 번호가 일치하므로 입력 알고리즘은 간단하게 된다.

* **입력 알고리즘** : 삽입하고자 하는 노드(N)의 우선순위와 같은 번호의 행(배열의 원형 큐)을 찾아서 그 행의 뒤로 입력한다.
* **출력 및 처리 알고리즘** : 배열의 제일 첫 번째 행부터 조사하여 비어있지 않은 행을 찾아서 큐의 순서대로 출력한 다음 처리한다.

우선순위	Front		Rear		0	1	2	3	4	5 ← 원형 큐의 주소
1 순위	1	…	1	…			A			
2	1	…	1	…						
3	0	…	0	…		B	C	D		
4	5	…	5	…						
5	3	…	3	…					E	
6	2	…	2	…						
…	5	…	5	…	S					

그림 6.25 2차원 배열 이용한 우선순위 큐의 예

(2) 단순 연결 리스트에 의한 방법

단순 연결 리스트의 운영은 우선순위가 높은 노드가 낮은 것보다 앞에 오도록 리스트를 유지한다. 동일 우선순위를 가지는 노드인 경우에는 나중에 리스트에 입력되는 것이 그것과 동일 순위의 노드들 바로 뒤에 오도록 리스트를 관리한다. 이렇게 함으로써 전체적인 리스트가 우선순위를 갖는 큐 상태가 되어 이 리스트의 제일 선두에 있는 노드가 가장 높은 우선순위를 가지므로 먼저 처리되게 하는 것이다.

(3) 히프를 사용하는 방법 => [제 10장] 참고

우선순위 큐를 구현하는 또 하나의 방법은 히프(heap)를 사용한다. 히프는 완전 이진 트리이면서, 우선순위 큐를 위해 만들어진 자료구조이다. 히프는 일종의 반정렬 상태를 유지하면서 우선순위 큐를 구현한다.

1. 큐의 정의

큐(queue)는 어떤 리스트에서 한쪽 끝에서는 입력(삽입), 다른 한쪽에서는 출력(삭제)가 이루어지며, 먼저 입력된 자료가 먼저 출력되는 구조를 말한다. 이러한 방식을 선입선출(FIFO, First In First Out)이라 한다. 즉, 큐는 제한된 선형 구조의 특성을 갖고 있다는 것이다.

2. 큐의 연산: 삽입과 삭제

(1) Rear 또는 Tail: 큐의 구조에서 큐에 삽입될 노드가 어느 위치에 삽입될 지를 알려주는 포인터이며, 먼저 큐가 꽉 차 있는 지를 점검한 후 큐의 rear(또는 tail) 포인터를 하나 증가시킨다. (rear = rear + 1 또는 tail = tail +1)

(2) Front 또는 Head: 큐의 구조에서 큐에 들어온 노드들 중 바로 다음에 삭제 처리를 알려주는 포인터이며, 먼저 큐가 비어 있는 가를 점검한 후 큐의 front(또는 head) 포인터를 하나 증가시킨다. (front = front + 1 또는 head = head +1)

3. 컴퓨터 기억 공간에서의 큐의 구현 방식

(1) 배열(순차 자료구조와 순차 리스트)을 이용한 큐의 구현 방식

(2) 구조체와 포인터(연결 자료구조와 연결 리스트)를 이용한 큐의 구현 방식

4. 배열(순차 자료구조와 순차 리스트)을 이용한 큐의 구현 방식

컴퓨터의 기억 공간은 1차원 배열로 구성되어 있는데 여기에서 구성되는 일련의 리스트는 끝이 양쪽에 하나씩 있게 된다. 여기서 양끝, 한쪽 끝에서는 입력(삽입), 다른 한쪽에서는 출력(삭제)가 이루어지며, 먼저 입력된 자료가 먼저 출력되는 구조를 말한다. 예를 들면, char stack[n];은 최대 크기가 n인 1차원 배열이다. 여기에서 큐의 크기(n)보다 현재 큐에 있는 원소의 수의 위치(rear)보다 크지 않으면 rear를 1증가시킨 후에 큐의 rear 위치에 입력한 문자를 삽입한다. 큐가 공백(rear == front)이 아니면, 큐의 front 위치에 있는 문자를 삭제한 후에 front를 1 증가시킨다.

5. 구조체와 포인터(연결 자료구조와 연결 리스트)를 이용한 큐의 구현 방식

구조체와 포인터를 이용한 큐는 연결 자료구조와 연결 리스트를 이용한 큐 표현을 말한다. 즉, 연결 리스트의 노드 처리 문제 중에서 단순 연결 리스트나 이중 연결 리스트의 2가지 위치(rear와 front)에 노드를 삽입하는 경우와 삭제하는 경우이다. 연결 큐는 크기에 제한이 없으며, 데이터 필드와 링크 필드를 포함한 구조체인 노드를 사용한다. 이 경우 큐 포인터는 연결 리스트의 처음을 가리키는 연결 리스트의 공백(rear == front)으로 시작(start) 포인터가 된다.

6. 이동 큐(Remove Queue)

큐의 구조상 큐에 기억 공간에 남아 있어도 새로운 노드를 삽입시킬 수 없게 된다. 따라서 이를 해결하기 위하여 기억 공간을 정리(REMOVE)하여 새로운 노드를 삽입할 수 있도록 하는 방식이다.

7. 원형 큐(Circular Queue)

이동 큐가 가지고 있는 불리한 점을 개선한 방법이며, 큐의 마지막 부분과 처음 부분이 서로 이웃하도록 원형으로 만들고 이를 운영하는 방식이다.

8. 데크(Deque)

데크는 리스트의 양쪽에서 정보를 삽입하거나 삭제할 수 있는 선형 리스트이며, 큐와 스택을 합성한 방식이다.

9. 입력 제한 데크(Scroll)

데크의 한 종류이며, 입력은 한 쪽 끝에서 제한되며, 출력은 양쪽 끝에서 가능한 구조이다.

10. 출력 제한 데크(Shelf)

데크의 한 종류이며, 입력은 양쪽 끝에서, 출력은 한 쪽 끝에서만 제한되는 구조이다.

11. 큐의 넘침(overflow)과 해결 방식

(1) 삭제를 할 때마다 데이터 압축

front 포인터의 위치를 맨 앞에 고정시키고 삭제 작업이 발생할 때마다 뒤의 자료를 앞으로 한 자리씩 이동시키는 방법이 있다. 이러한 경우 만약 rear가 큐의 크기와 같게 되면 확실히 넘침(overflow)이 된다. 이 경우는 삭제 될 때마다 삽입되어 있던 자료를 앞으로 이동시키는 작업이 빈번히 발생하므로 해서 쓸데없는 작업상 손실을 가져오는 단점이 있다.

(2) rear의 포인터가 큐의 크기와 같을 때 데이터 압축

rear의 포인터가 큐의 크기가 같아졌을 때 그 때 전체적으로 front의 포인터를 맨 앞으로 보내고 데이터를 앞쪽으로부터 재구성하도록 압축하고 rear의 포인터도 조정함으로 해서 넘침(overflow)을 해결한다. 만약 front의 위치가 맨 앞이면서 rear의 포인터가 큐의 크기가 같을 때 확실한 넘침이 된다.

(3) 원형 큐로 해결

현재 큐의 구조는 마치 철로의 구조처럼 시작과 끝이 분명하면 기차가 끝지점에 가게되면 다시 시작 지점에 가져다 놓고 다시 시작해야 하는 불편한 점이 있다. 이를 원형으로 시작과 끝을 연결해 놓으면 해결된다.

12. 컴퓨터 기억 공간에서의 큐의 활용

개인용 컴퓨터(PC)로 프린팅을 하는 경우 여러 개의 파일을 프린트하는 경우에는 명령을 받은 순서대로 프린트 큐에 저장되었다가 하나씩 차례대로 수행되는 상황을 모니터 상에서 볼 수 있다. 이것은 출력용 큐의 한 예이다. 또한 우리가 키보드(keyboard)를 통해 입력하는 경우에도 마찬가지로 큐가 쓰이는데 그것은 먼저 친 문자가 먼저 컴퓨터에 입력되는 것이다. 이런 것은 입력 큐의 한 예이다. 또한, 컴퓨터 운영체제에서 쓰이는 시분할 방식도 큐를 사용한다. 큐는 운영체제의 작업 스케쥴링, 대기 행렬을 모델링하는 시뮬레이션 등 응용 프로그램에서 중요한 도구이다.

01. 다음 중 First In First Out(FIFO)로 알려진 구조는?

① 배열 ② 데크 ③ 스택 ④ 큐

02. 다음 중 입력 장소와 출력 장소가 다르고 입력 순서와 출력 순서가 동일한 구조는?

① stack ② deque ③ queue ④ stack and queue

03. 프로그램 수행 결과를 print out하고자 할 때 프린터가 사용 중이라면 처리 내용을 디스크에 기억시켰다가 프린터가 사용 가능한 시점에서 디스크 내용을 출력시킬 수 있다. 이 때 디스크는 무엇으로 사용되는가?

① output queue ② output stack ③ output deque ④ 입력제한 deque

04. 다음에서 큐(queue)에 해당되는 선형 리스트는 어느 것인가?

① 선로가 한 개로 끝나는 종착역에서 빠져 나오는 두 개의 선로
② 행선지가 같은 손님을 태우고, 출입문이 한 개뿐인 버스
③ 기차역의 개찰구
④ 주머니 속에 든 동전

05. 큐(queue)를 이용하는 것은 다음 중 어느 것인가?

① recursion ② OS의 job scheduling ③ polish notation ④ subroutine의 복귀주소

06. 길이가 n인 queue의 헤드(head) 포인터를 h, 테일(tail) 포인터를 t라 할 때 출력(deletion) 작업이 이루어지면 어떻게 변경되어야 하는가?

① h ← h−1 ② h ← h+1 ③ t ← t−1 ④ t ← t+1

07. 다음 그림은 큐(queue)의 일반적인 구성을 보인 것이다. 여기서 4번째 입력되고 4번째 제거될 데이터는 어느 것인가?

(입력) →	Ⓔ	Ⓓ	Ⓒ	Ⓑ	Ⓐ	→ (출력)
	rear				front	

① B와 E ② E와 B ③ D ④ C

08. 자료의 삽입 순서에 따라 삭제가 이루어지는 자료구조는?

① 스택 ② 큐 ③ 데크 ④ 트리

09. 큐에 입력을 A, B, C, D 순으로 하였을 때, 출력 순서는?

① D, C, B, A ② A, B, C, D ③ A, C, D, B ④ B, C, A, D

10. 큐에서 공백 조건은 다음 중 어느 것인가?

① front == rear ② front == 0 ③ rear == n ④ rear == 0

11. 큐의 초기 값 설정으로 맞는 것은?

① front == n ② front == rear == n ③ front == rear == 0 ④ rear == n

12. 크기가 n인 큐의 앞 뒤 포인터를 front, rear라 하면 삽입 작업의 진행은?

① front ← front−1 ② front ← front+1 ③ rear ← rear−1 ④ rear ← rear+1

13. 컴퓨터 운영체제에서 수행할 작업들을 스케줄링 시에 사용 가능한 자료구조는?

① 스택 ② 큐 ③ 데크 ④ 그래프

14. 큐의 응용 분야가 아닌 것은?

① 작업스케줄링 ② 입출력버퍼 ③ 컴파일러 ④ 라인 프린터와 스풀

15. 데크(Deque) 자료구조의 알고리즘은?

① LIFO ② FIFO ③ LIFIFO ④ FILO

16. 데크(Deque)에서 입력을 한쪽 끝으로 제한한 것은?

① Shelf ② Scroll ③ Spool ④ Ideque

17. 데크(Deque)의 설명 중 틀린 곳은?

① 입력 제한 데크를 "shelf"이라 하며, 출력 제한 데크를 "scroll"이라고 한다.
② Double_Ended Queue의 약어이다.
③ 리스트의 양쪽에서 삽입, 삭제가 가능하다.
④ 스택과 큐의 내용을 복합한 방식이다.

18. 큐를 사용하는 예로 알맞은 것은?

① 인터럽트 처리 시 ② 우선순위를 고려한 작업 스케줄링 시
③ 순환 호출의 순서 제어 시 ④ 수식 계산 시

19. 큐에서의 오버플로우 처리 시에 오버 헤드를 없애주기 위하여 사용하는 자료구조는?

① 스택 ② 데크 ③ 원형 큐 ④ 그래프

20. 다음 알고리즘은 무엇을 나타내는가?

```
if head =nil then underflow 이므로 exit
Queue[head]를 제거
head = head +1
if head > tail then head =nil, tail=nil
```

① 원형 리스트로 운영되는 큐에서의 삭제

② 원형 리스트로 운영되는 큐에서의 삽입

③ 이동 큐 방식의 삽입

④ 이동 큐 방식의 삭제

연습문제

21. 큐에서 오버플로우 발생 시의 처리 절차가 옳은 것은?

① 첫 번째 자료를 Q(1)로 이동한다.
front ← 0으로 조정한다.
rear 위치를 조정한다.

② 첫 번째 자료를 Q(n)으로 이동한다.
front ← n으로 조정한다.
rear ← 0으로 조정한다.

③ 첫 번째 자료를 Q(0)으로 이동한다.
front ← n으로 조정한다.
rear 위치를 조정한다.

④ 첫 번째 자료를 Q(n−1)로 이동한다.
front ← n으로 조정한다.
rear ← 0으로 조정한다.

22. 크기가 n인 원형 큐의 앞 뒤 포인터를 front, rear라 하면 삽입 작업의 진행은?

① rear ← (rear + 1) mod n ② front ← (front + 1) mod n

③ rear ← (rear − 1) mod n ④ front ← (front − 1) mod n

23. 크기가 n인 원형 큐의 앞 뒤 포인터를 front, rear라 하면 삭제 작업의 진행은?

① rear ← (rear + 1) mod n ② front ← (front + 1) mod n

③ rear ← (rear − 1) mod n ④ front ← (front − 1) mod n

24. 큐의 상태가 다음 그림과 같을 때 이를 원형 리스트로 운영할 경우, 다음 ① ~ ④의 실행 결과 front와 rear는 어떻게 수정되는가?

1	
2	
3	B
4	A
5	C

① D를 추가
② E를 추가
③ 제거
④ F를 추가

front: 3, rear: 5

① front=1, rear=5 ② front=3, rear=4 ③ front=4, rear=3 ④ front=5, rear=4

25. 다음 선형 구조의 처리 과정은 어떤 구조인가?

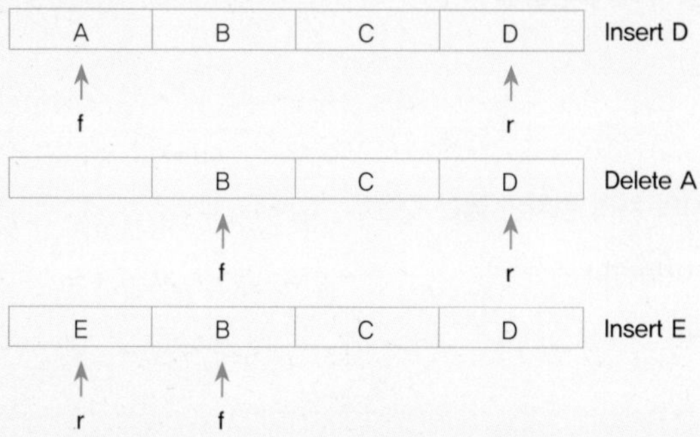

① 스택구조 ② 원형 리스트 ③ 트리구조 ④ 연결할당

26. 선형 리스트 중 가장 일반적이며 큐와 스택을 합성한 것과 같은 방식은?

① 스택 ② 큐 ③ 데크 ④ 그래프

27. 리스트의 양쪽에서 정보를 삽입하거나 삭제할 수 있는 선형 리스트는?

① 스택 ② 큐 ③ 데크 ④ 원형 리스트

28. 다음 설명 중 잘못된 것은?

① 데크는 자료를 삭제하든가 삽입하는 위치가 일정하지 않다.

② 큐가 공백이면 원형 큐에서도 front와 rear가 같다.

③ 모든 자료구조는 스택이나 큐를 임의로 작용할 수 있도록 하는 성질이 있다.

④ 원형 큐에서 front나 rear은 임의로 선정할 수 있도록 되어 있다.

29. 큐에서 사용하는 front의 의미는 무엇인가?

① 큐의 실제 앞보다 1이 작은 위치를 가리킨다.

② 큐의 실제 앞을 가리킨다.

③ 큐의 실제 앞보다 1 큰 위치를 가리킨다.

④ 큐에 마지막으로 삽입된 원소를 가리킨다.

30. 원형 큐에서 언더플로우가 발생되는 경우는?

① front = 0 ② front = rear

③ front = (rear +1) mod n ④ front = (front + 1) mod n

31. 선형 링크드 리스트(linked list) 구조 중 큐(Queue)가 비어 있을 때 각 포인터의 관계가 옳은 것은? (단, front는 출력 포인터이며, rear는 입력 포인터로 한다.)

① front ≤ rear ② front = rear = 1 ③ rear 〉 front ④ rear = front

32. 네 개의 저장 공간을 갖는 큐가 있다. 다음과 같은 순서로 추가와 삭제가 이루어진다고 할 때 어느 것이 들어올 경우 오버플로우가 되겠는가?

```
A 입력 → B 입력 → C 입력 → D 입력 → A 제거 → B 제거 →  E 입력
```

① C 항목을 추가시킬 때 오버플로우가 발생한다.

② B 항목을 삭제될 때 오버플로우가 발생한다.

③ E 항목을 삭제될 때 오버플로우가 발생한다.

④ E 항목을 추가시킬 때 오버플로우가 발생한다.

33. 선형 링크드 알고리즘 중에서 추가나 삭제 과정에서 modular operator를 사용하는 것은?

① linked stack ② linked queue ③ circular queue ④ double linked

34. 큐를 순환 리스트 형태로 운영하고 있다. 새로운 atom을 입력할 때 다음 중 틀린 사항은(단 q의 길이는 n이다)?

① head=n에서 입력하면 오버플로우이다.

② tail−head+1 = n에서 입력하면 오버플로우이다.

③ tail−head+1 = 0에서 입력하면 오버플로우이다.

④ tail=n 상태에서 입력하려면 첫 번째 인덱스를 검토해야 오버플로우 여부를 알 수 있다.

35. 다음 알고리즘은 무엇을 수행하는 알고리즘인가?

```
Procedure AA
   if front ==rear then call EMPTY
   front ← (front +1) mod n
   item ← POOL(front)
end
```

① 큐 Delete ② 원형 큐 Delete ③ 큐 ADD ④ 원형 큐 ADD

주관식 문제

01. 큐의 추상 자료형을 가상 코드로 기술하시오.

02. 원형 큐의 삽입 알고리즘을 가상 코드로 기술하시오.

03. 입력(삽입)과 출력(삭제)이 임의로 일어날 때 큐 포인터 rear와 front는 상태를 나타낸다. 여기서 초기 값은 각각 0으로 한다. 큐 포인터에는 편의상 큐 크기 값(rear, front)이 표시되도록 하였다. 예를 들면, 순서는 빈 큐에서 A를 입력, A를 출력, B, C, D를 각각 입력 한 후에 B, C, D를 각각 출력한다. 배열과 rear, front의 변화를 각 단계별로 그림을 그려서 설명하시오. 또한 큐의 문제점을 제시하시오.

초기 상태	front: 0	rear: 0			처음에는 큐가 빈 상태이다. 즉, 큐 포인터의 값들(rear, front)도 각각 0이다. 1, 2, 3, 4는 배열의 주소 값을 나타낸다.
	0	1	2	3	

04. 가상 코드로 기술한 배열을 이용한 큐의 알고리즘은 다음과 같다. 빈칸을 채우시오.

04-1 가상 코드로 기술한 배열을 이용한 큐의 삽입 알고리즘

```
procedure insertQueue(item, Q, n, rear)
 if rear == n then call [ ❶ ]
    rear ← rear + 1;
    [ ❷ ]
end insertQueue( )
```

04-2 가상 코드로 기술한 배열을 이용한 큐의 삭제 알고리즘

```
procedure deletetQueue(item, Q, front, rear)
    if front == rear then call queue_empty
      [ ❸ ]
      item  ← Q(front)
end deletetQueue( )
```

05. 가상 코드로 기술한 큐의 알고리즘은 다음과 같다. 빈칸을 채우시오.

05-1 가상 코드로 단순 연결 자료구조와 연결 리스트를 이용한 큐의 삽입 알고리즘

```
procedure insertLQ(LQ, x)
  [ ❶ ]
  data(newNode) ← x;
  link(newNode) ← NULL;
  if (front(LQ) == NULL)  then {
       front(LQ) ← newNode;
       [ ❷ ]
  }
```

```
  else {
        [ ❸ ]
        rear (LQ) ← newNode;
  }
end  insertLQ( )
```

05-2 가상 코드로 기술한 배열을 이용한 원형 큐의 삭제 알고리즘

```
procedure deleteCQueue(item, Q, n, front, rear)
      if (front == rear) then call QUEUE-EMPTY;
      front  ←  [ ❹ ]
      item  ← Q(front);
end deleteCQueue( )
```

06. 큐에서 삽입 삭제할 수 있는 프로그램 2가지 방법으로 각각 작성하시오.

06-1 C언어로 배열을 이용하여 큐에서의 삽입 삭제 할 수 있는 프로그램을 작성하시오.

06-2 C언어로 구조체와 포인터를 이용하여 노드를 구성하며, 단순 연결 리스트 큐를 만들고, 여기서 삽입/삭제 할 수 있는 프로그램을 작성하시오.

【입력】

① 번호 1을 누르면 화면에 표시되고 키 입력받는 상태가 된다.

② 번호 1을 누른 후 여기서 문자 'a'를 입력하면 Queue insertion 'a'가 출력되며, 화면에 현재의 큐 상태 'a'가 화면에 출력된다.

③ 번호 2을 누른 후 여기서 문자 'b'를 입력하면 Queue deletion된 문자 'b'와 현재의 큐 상태 'ab'가 화면에 출력된다.

④ 번호 1을 누른 후 여기서 문자 'c'를 입력하면 Queue insertion 'c'가 출력되며, 화면에 현재의 큐 상태 'abc'가 화면에 출력된다.

⑤ 번호 2을 누르면 Queue deletion된 문자 'a'와 현재의 큐 상태 'bc'가 화면에 출력된다.

⑥ 번호 2을 누르면 Queue deletion된 문자 'b'와 현재의 큐 상태 'c'가 화면에 출력된다.

⑦ 번호 2을 누르면 Queue deletion된 문자 'c'와 현재의 큐 상태 ' '가 화면에 출력된다.

⑧ 번호 2을 누른 후 여기서 QUEUE is empty! Deletion is impossible! 메시지가 화면에 출력된다.

⑨ 화면에서 0을 누르면 프로그램이 종료된다.

【처리조건】

(06-1)

① 배열을 이용하여 큐에서의 삽입/삭제 함수 작성

② #define MAX 4 사용하여 스택의 크기를 4로 할 것

③ 처음에 큐의 앞과 뒤 초기 주소 값: int front=0; int rear=-1;로 할 것

④ 키보드로 1 문자를 입력받아서 큐에 삽입하는 함수 작성할 것

⑤ 키보드로 2 문자를 입력받아서 큐에 삭제하는 함수 작성할 것

⑥ 현재의 누적된 큐에 쌓여 있는 문자열을 보여주는 함수 작성할 것

⑦ 만일 rear 포인터 값 = 큐의 최대 크기 n이면 큐-초과-알고리즘을 수행한다. 여기서는 "QUEUE is full! Insertion is impossible!"이라는 문자열을 화면에 출력한다.

(06-2)

① 큐의 노드를 표현하기 위하여 구조체로 정의할 것

② 큐의 front와 rear 포인터를 선언하여 사용할 것

③ 큐가 공백 상태인지 확인하는 연산 작성할 것

④ 큐의 rear에 원소를 삽입하는 연산 작성할 것

⑤ 큐의 front에 원소를 삭제하는 연산 작성할 것

【출력】

```
C:\Windows\system32\cmd.exe
<<배열 이용한 큐(queue)에서의 삽입 삭제>>

---- Selection number(1, or 2, or 3) ---
 1.insertion    2.deletion  0.end
-----------------------------------------
Queue Insertion:
 current QUEUE state: a

---- Selection number(1, or 2, or 3) ---
 1.insertion    2.deletion  0.end
-----------------------------------------
Queue Insertion:
 current QUEUE state: ab

---- Selection number(1, or 2, or 3) ---
 1.insertion    2.deletion  0.end
-----------------------------------------
Queue Insertion:
 current QUEUE state: abc

---- Selection number(1, or 2, or 3) ---
 1.insertion    2.deletion  0.end
-----------------------------------------
Queue Deletion: a
 current QUEUE state: bc

---- Selection number(1, or 2, or 3) ---
 1.insertion    2.deletion  0.end
-----------------------------------------
Queue Deletion: b
 current QUEUE state: c

---- Selection number(1, or 2, or 3) ---
 1.insertion    2.deletion  0.end
-----------------------------------------
Queue Deletion: c
 current QUEUE state:

---- Selection number(1, or 2, or 3) ---
 1.insertion    2.deletion  0.end
-----------------------------------------
QUEUE is empty! Deletion is impossible!
계속하려면 아무 키나 누르십시오 . . .
```

(06-1) 배열 이용한 큐에서의 삽입/삭제

```
C:\Windows\system32\cmd.exe
<<구조체와 포인터 이용한 큐(queue)에서의 삽입 삭제>>

---- Selection number(1, or 2, or 3) ---
 1.insertion    2.deletion  0.end
-----------------------------------------
연결 리스트 큐 삽입: [  a ]
---- Selection number(1, or 2, or 3) ---
 1.insertion    2.deletion  0.end
-----------------------------------------
연결 리스트 큐 삽입: [  a  b ]
---- Selection number(1, or 2, or 3) ---
 1.insertion    2.deletion  0.end
-----------------------------------------
연결 리스트 큐 삽입: [  a  b  c ]
---- Selection number(1, or 2, or 3) ---
 1.insertion    2.deletion  0.end
-----------------------------------------
삭제할 검색 데이터: a
 [  b  c ]     연결 리스트 큐 삭제: a
---- Selection number(1, or 2, or 3) ---
 1.insertion    2.deletion  0.end
-----------------------------------------
삭제할 검색 데이터: b
 [  c ]        연결 리스트 큐 삭제: b
---- Selection number(1, or 2, or 3) ---
 1.insertion    2.deletion  0.end
-----------------------------------------
삭제할 검색 데이터: c
 [ ]  연결 리스트 큐 삭제: c
---- Selection number(1, or 2, or 3) ---
 1.insertion    2.deletion  0.end
-----------------------------------------
 Linked Queue is empty! 삭제할 검색 데이터:
 Linked Queue is empty!  [ ]  연결 리스트 큐 삭제:
---- Selection number(1, or 2, or 3) ---
 1.insertion    2.deletion  0.end
-----------------------------------------
계속하려면 아무 키나 누르십시오 . . .
```

(06-2) 구조체와 포인터를 이용한 큐에서의 삽입/삭제

07. 배열을 이용하여 원형 큐에서의 삽입 삭제 할 수 있는 프로그램을 작성하시오.

【출력】

```
C:\Windows\system32\cmd.exe
<<배열 이용한 원형 큐(Circular Queue)에서의 삽입 삭제>>


---- Selection number(1, or 2, or 0) ---
 1.insertion    2.deletion  0.end
Queue Insertion:
 current QUEUE state: x

---- Selection number(1, or 2, or 0) ---
 1.insertion    2.deletion  0.end
Queue Insertion:
 current QUEUE state: xy

---- Selection number(1, or 2, or 0) ---
 1.insertion    2.deletion  0.end
Queue Insertion:
 current QUEUE state: xyz

---- Selection number(1, or 2, or 0) ---
 1.insertion    2.deletion  0.end
Queue Insertion:
 current QUEUE state: a

---- Selection number(1, or 2, or 0) ---
 1.insertion    2.deletion  0.end
Queue Deletion: a
 current QUEUE state:

---- Selection number(1, or 2, or 0) ---
 1.insertion    2.deletion  0.end
Queue Deletion: y
 current QUEUE state:

---- Selection number(1, or 2, or 0) ---
 1.insertion    2.deletion  0.end
Queue Deletion: z
 current QUEUE state: a

---- Selection number(1, or 2, or 0) ---
 1.insertion    2.deletion  0.end
계속하려면 아무 키나 누르십시오 . . .
```

【처리조건】

① 배열을 이용하여 큐에서의 삽입 삭제 함수 작성

② #define MAX 3 사용하여 스택의 크기를 3으로 할 것

③ 처음에 큐의 앞과 뒤 초기 주소 값: int front=0; int rear=-1;로 할 것

④ 키보드로 1 문자를 입력받아서 큐에 삽입하는 함수 작성할 것

⑤ 키보드로 2 문자를 입력받아서 큐에 삭제하는 함수 작성할 것

⑥ 현재의 누적된 큐에 쌓여 있는 문자열을 보여주는 함수 작성할 것

⑦ 만일 큐에 쌓여져 있는 순서대로 삭제 순서도 출력할 것

⑧ 만일 rear 포인터 값 = 큐의 최대 크기 n이더라도 큐-초과-알고리즘을 수행하지 않고 원형 큐인 MOD(%) 연산자 사용하여 처리할 것

【입력】

① 키 입력받는 상태를 표시하여 번호를 선택하는 메뉴가 화면에 표시된다.
② 번호 1을 누른 후 문자 'x'를 입력하면 현재의 큐 삽입 상태 'x'가 화면에 출력된다.
③ 번호 1을 누른 후 문자 'y'를 입력하면 현재의 큐 삽입 상태 'x y'가 화면에 출력된다.
④ 번호 1을 누른 후 문자 'z'를 입력하면 현재의 큐 삽입 상태 'x y z'가 화면에 출력된다.
⑤ 번호 1을 누른 후 문자 'a'를 입력하면 현재의 원형 큐 삽입 상태에서 넘치지 않고 원형 큐 성질에 의해 다시 처음으로 가서 'x'가 들어 있는 곳을 덮어 씌어 'a'가 화면에 출력된다. 실제 큐에는 'a y z' 상태로 남아 있다.
⑥ 화면에서 2를 누르면 선입선출(FIFO) 방식에 따라 삭제된 a가 화면에 표시되며 큐에 ' '가 남아 있는 상태를 화면에 표시한다.

08. 이중 연결 리스트를 이용하여 데크에서의 삽입 삭제 할 수 있는 프로그램을 작성하시오.

【출력】

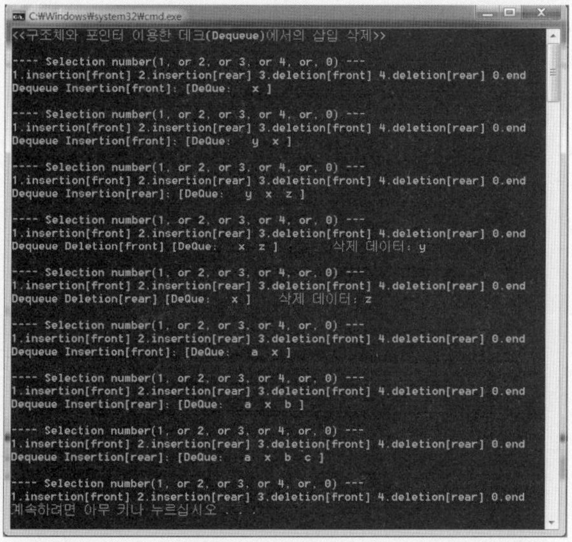

【처리조건】

① 이중 연결 리스트(구조체와 포인터)를 이용하여 데크에서의 삽입 삭제 함수 작성
② 데크의 front와 rear 포인터를 선언하여 사용할 것
③ 데크가 공백 상태인지 확인하는 연산 작성할 것
④ 데크의 rear에 원소를 삽입/삭제하는 연산 작성할 것
⑤ 데크의 front에 원소를 삽입/삭제하는 연산 작성할 것

【입력】

① 키 입력받는 상태를 표시하여 번호를 선택하는 메뉴가 화면에 표시된다.
② 번호 1을 누른 후 여기서 문자 'x'를 입력하면 'Dequeue insertion[front]: [Deque: x]'가 화면에 출력된다.
③ 번호 1을 누른 후 여기서 문자 'y'를 입력하면 'Dequeue insertion[front]: [Deque: y x]'가 화면에 출력된다.
④ 번호 2을 누른 후 여기서 문자 'z'를 입력하면 'Dequeue insertion[rear]: [Deque: y x z]'가 화면에 출력된다.
⑤ 번호 3을 누르면 'Dequeue deletion[front]: [Deque: x z] 삭제데이터: y'가 화면에 출력된다.
⑥ 번호 4를 누르면 'Dequeue deletion[rear]: [Deque: x] 삭제데이터: z'가 화면에 출력된다.
⑦ 번호 1을 누른 후 여기서 문자 'a'를 입력하면 'Dequeue insertion[front]: [Deque: a x]'가 화면에 출력된다.
⑧ 번호 2을 누른 후 여기서 문자 'b'를 입력하면 'Dequeue insertion[rear]: [Deque: a x b]'가 화면에 출력된다.
⑨ 번호 2을 누른 후 여기서 문자 'c'를 입력하면 'Dequeue insertion[rear]: [Deque: a x b c]'가 화면에 출력된다.
⑩ 0을 누르면 종료된다.

PART III

비선형 구조

07

트리(TREE)

[학습 단계]

[학습 목표]

- 트리의 개요에 대해서 알아본다.
- 트리의 개념과 용어에 대해서 알아본다.
- 이진 트리의 개념과 특성에 대해서 알아본다.
- 이진 트리의 표현법에 대해서 학습한다.
- 이진 트리의 운행(traversal) 방식에 대해서 학습한다.
- 이진 트리의 활용에 대해서 학습한다.

00 _ 개요

본 장에서는 알고리즘 중에서 가장 많이 사용되는 것 중의 하나인 트리(Tree)에 대해서 설명하려고 한다.

1. 트리의 개념

트리는 비선형 구조로서 정보의 항목들이 가지(branch)로 연결되어 자료가 구성되고, 노드 사이의 관계가 계층적 관련성을 갖는다. 그래프의 부분적 표현이다. 공백 트리가 없고 순서가 없는 비순서 트리이다. 그래프는 트리의 일반화된 표현이며, 트리는 그래프의 부분적 표현이다.

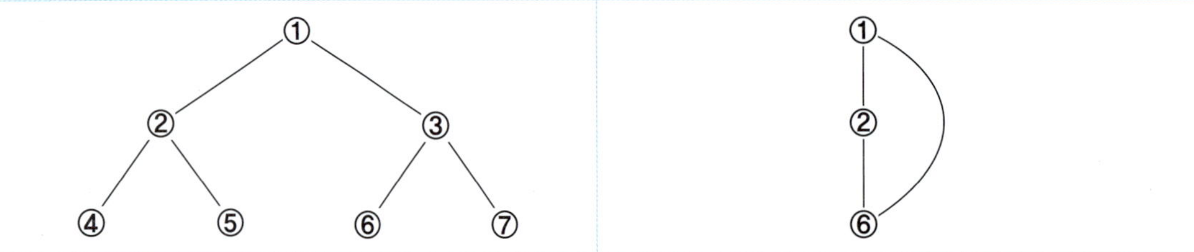

그림 7.1 트리와 그래프의 예

2. 일상생활에서 트리의 예

트리는 일상생활에서 그 예를 많이 찾아 볼 수 있는 자료구조의 한 형태이다. 예를 들면, 회사의 조직 문제 등이다.

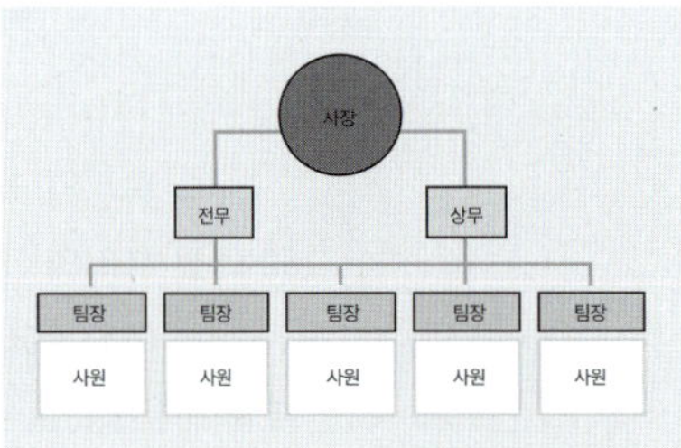

그림 7.2 어떤 회사의 조직도

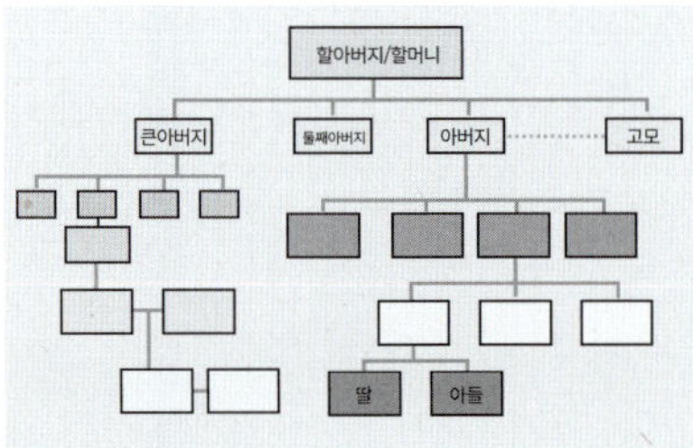

그림 7.3 가족의 족보

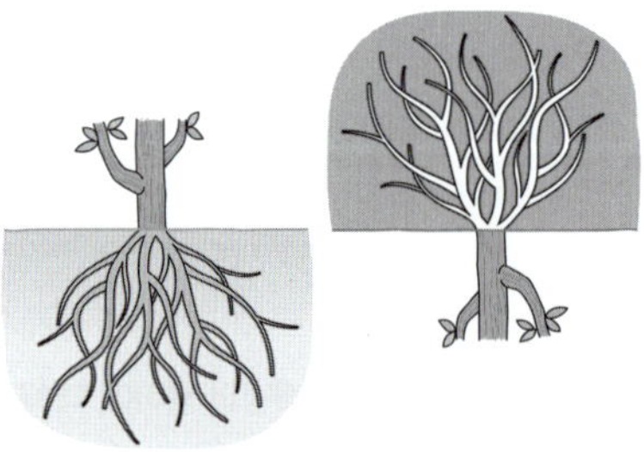

그림 7.4 나무의 예

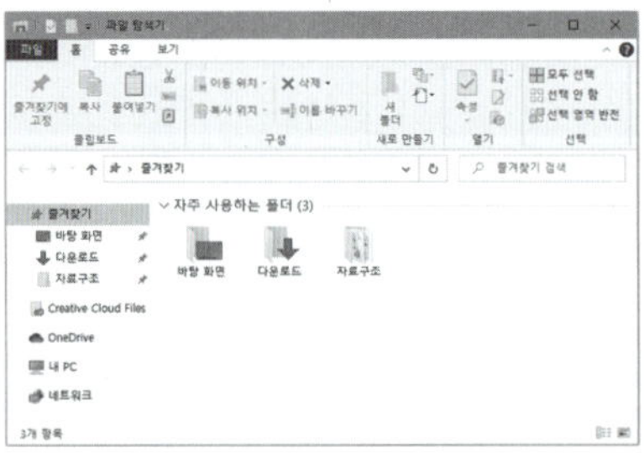

그림 7.5 운영체제의 폴더 및 파일 탐색기

3. 이진 트리

각 노드의 차수 가지의 개수가 2 이하인 트리를 말한다. 공백 트리이거나 근 노드와 서로 분리된 두 개의 이진 트리(왼쪽 서브 트리와 오른쪽 서브 트리)로 구성된다. 순서를 갖는 특성이 있다.

이진 트리	일반 트리
* 공백 이진 트리가 존재한다. * 자식 노드의 순서를 구분한다(왼쪽 →오른쪽). * 차수는 어느 노드에서의 부 트리의 개수 혹은 가지의 개수이며, 2이하인 트리	* 0개의 노드를 가진 트리는 없다. * 자식 노드의 순서를 구분하지 않는다. * 차수의 제한이 없다.
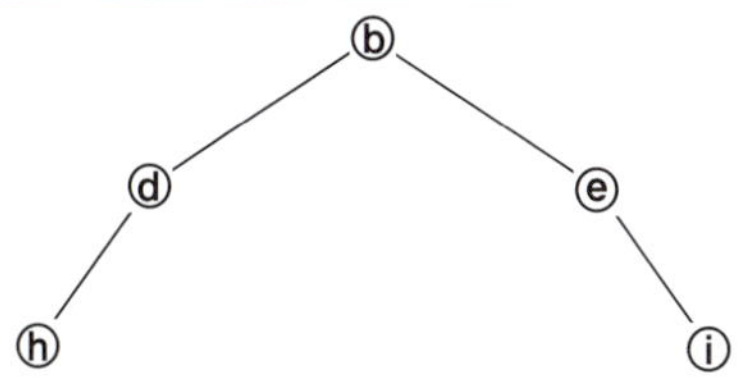	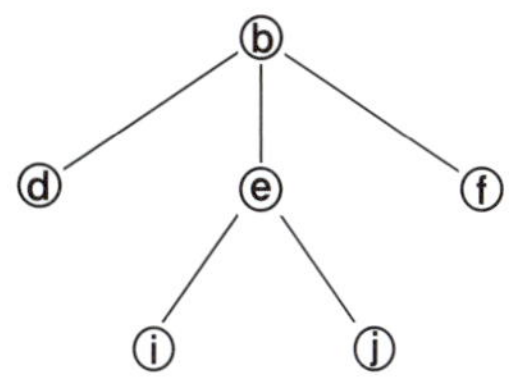

그림 7.6 이진 트리와 일반 트리의 비교 예

4. 이진 트리를 주로 사용하는 이유

트리 구조는 다양한 저장과 운행 방식이 있지만 기억 장소의 손실이 많다 것이 증명되었다. 이를 개선하기 위한 방안은 결국 트리의 특성을 지키면서 차수를 최소로 줄이는 것만이 최선임을 알 수 있다. 이러한 이유로 차수를 2이하로 제한하는 이진 트리가 될 때 가장 효율적이 된다.

5. 이진 트리 구조의 표현

1. 배열(순차 자료구조와 순차 리스트)로 표현
2. 구조체와 포인터(연결 자료구조와 연결 리스트)로 표현

6. 이진 트리의 운행(traversal) 방식의 종류

1. **중위 운행법**: 왼쪽 노드를 방문 후 근 노드 방문하고 오른쪽 노드를 방문
2. **전위 운행법**: 근 노드 방문 후 왼쪽 노드 방문하고 후에 오른쪽 노드 방문
3. **후위 운행법**: 왼쪽 노드 방문 후 오른쪽 노드를 방문하고 근 노드를 방문

7. 이진 트리의 활용

이진 트리는 비선형 자료구조이며 시스템 내부의 기억 공간을 할당하는데 있어서 중요하고 기본적인 역할을 담당한다. 컴퓨터에서는 수식 트리(parse Tree), 운영체제의 폴더 구조, 컴파일러 심볼 테이블, 정렬(sort) 및 검색(search) 등에 많이 응용되고 있다. 또한, 인간은 매순간 선택하는 결정적인 순간이 있다. 이와 관련된 결정 트리(Decision Tree), 다양한 형태의 사전 등에도 활용된다. 그러므로 이진 트리는 계층적 구조를 갖는 자료구조 표현에 적합하다.

01 _ 트리의 개념과 용어

1. 트리의 개념

트리는 정점인 노드와 각각의 노드를 연결시켜 주는 선분인 가지로 형성된 구조를 말한다. 즉, 근 노드(root node)라 불리는 노드를 가장 상위로하여 계층적으로 구성되며 근 노드로부터 자식들이 있으며 자식 노드들은 자신들의 자식 노드(children node)들을 갖는 구조를 말한다.

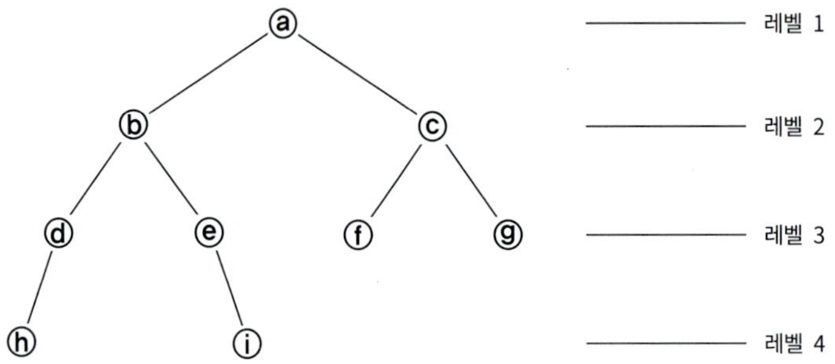

그림 7.7 트리의 계층 구조

2. 트리의 정의와 특성

일반적으로 트리는 다음 조건을 만족하는 하나 이상의 노드(node)들로 구성된 유한 집합 T를 말한다.

1. T의 원소 중 근 노드(root node)라 불리우는 특정한 1개의 노드가 존재한다.

   【예】 a

2. 근 노드를 제외한 나머지 나머지 노드들은 서로 분리된 부분 집합이다.

   【예】 〈트리 T_1〉과 〈트리 T_2〉는 ⓐ 노드의 부 트리(subtree)이다.

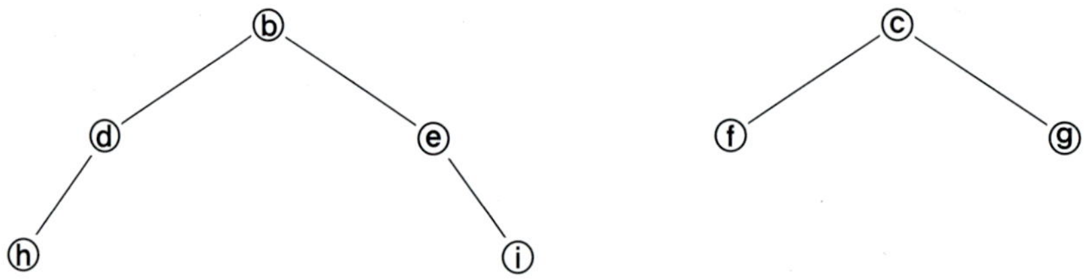

<트리 T_1> <트리 T_2>

그림 7.8 ⓐ 노드의 부 트리(subtree)의 예

3. 순환(cycle)을 허용하지 않는다. 처음과 끝의 경로가 같은 단순 경로를 사이클(cycle)이라 한다.
   트리는 그래프의 부분 집합으로서, 그래프를 형성하는 정점 가운데서 어떠한 두 정점 사이에도 사이클을 형성되지 않은 연속된 그래프(conntected graph)라고도 할 수 있다.

   【예】 h와 i , f와 g 각각은 선분으로 연결되어 있지 않다.

3. 트리의 용어

트리 분야에서 정의되어 사용되는 용어는 다음과 같이 요약할 수 있다. (그림 7.1)에 나타난 트리를 기준으로 설명하기로 한다.

1. **노드(node)**: 트리를 구성하는 기본 요소이며 레코드, 원소, 데이터 필드 등과 같이 단위 정보를 나타내는 항목을 말한다.

   【예】 a, b, c, d, e, f, g, h, i, j

2. **근 노드(root node)**: 트리의 제일 상위 계층에 속하는 노드이며, 1 레벨에 있는 단 한 개의 노드이다.

   【예】 a

3. **서브 트리(subtree)**: 트리에서 근 노드를 제거했을 때 생기는 하위 계층의 트리를 말한다. 각 서브 트리의 근 노드를 제거하면 다시 새로운 서브 트리가 생성된다.

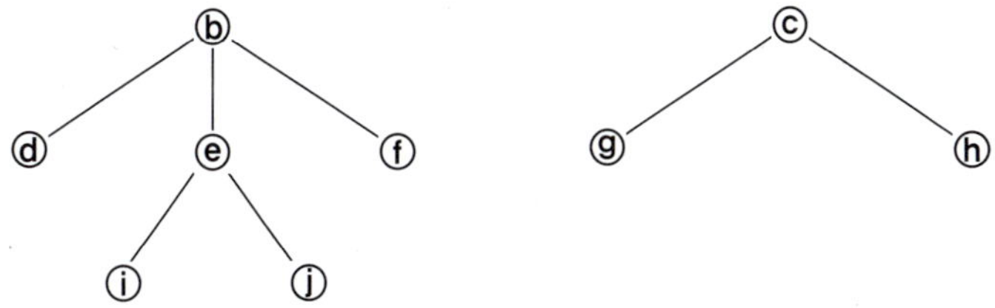

그림 7.9 ⓐ 노드의 서브 트리(subtree)의 예

4. **차수(degree)**: 어느 노드에서의 부 트리의 개수 혹은 가지의 개수이다.

   【예】 노드 a의 차수는 2차, 노드 b의 차수는 3차, 노드 d는 0차, 노드 i는 0차이다.

5. **트리의 차수**: 트리를 형성하는 모든 노드의 차수 중에서 최대치를 말한다.

   【예】 노드 b의 차수는 3차이고 가장 크므로 트리의 차수는 3차가 된다.

6. **단 노드 또는 단말 노드(terminal node 혹은 leaf)**: 차수가 0인 노드 즉 서브 트리가 없는 노드를 의미한다.

   【예】 단말 노드는 d, f, g, h, i, j가 된다.

7. **간 노드 혹은 가지 노드(nonterminal node)**: 차수가 0이 아닌 노드 즉 부 트리가 있는 노드이다. 단말 노드를 제외한 모든 노드가 해당이 된다.

   【예】 a, b, c, e

8. **부모 노드 또는 부 노드(parent node)**: 임의의 노드에서 바로 상위의 계층에 있는 노드가 된다.

   【예】 e의 부모 노드는 b이다.

9. **형제 노드 또는 제 노드 (brother node)**: 부모 노드가 같은 노드들의 집합이다.

   【예】 e의 형제 노드는 d, f이다.

10. **자식 노드 또는 자 노드(children node)**: 임의의 노드에서 바로 하위의 계층에 있는 노드를 말한다.

    【예】 e의 자 노드는 i, j이다.

11. **조상(ancestors)**: 특정 노드에서 근 노드에 이르기까지의 경로 상에 존재하는 모든 노드들의 집합을 말한다.

    【예】 j의 조상은 e, b, a이다.

12. **자손(descendants)**: 특정 노드의 하위의 계층에 있는 모든 노드들의 집합이다.

    【예】 노드 c의 자손은 g와 h이다.

13. **레벨(level)**: 근 노드를 레벨 1로 하여 하위계층으로 내려가면서 1씩 증가하는 번호이다. 레벨 m인 노드의 자 노드는 레벨 m+1로 정의 하는데 계층 번호가 된다.

14. **높이(height) 혹은 깊이(depth)**: 트리의 단말 노드의 레벨 중에서 최대인 레벨수이다.
   【예】 트리의 깊이는 4이다.

15. **숲 또는 트리군(forest)**: 서로 독립된 즉 분리된 트리들의 집합이다.

4. 트리의 종류

(1) 위치에 의한 분류

1. **순서 트리(ordered tree)**
   레벨이 같은 노드들의 배열 순서(좌우)가 고정되어 위치상 의미가 중요한 트리이다.
   【예】 두 개의 트리가 모두 순서 트리라면 이 두 개가 서로 같지 않다.

그림 7.10 순서 트리의 예

2. **비순서 트리(oriented tree)**
   순서 트리와는 반대로 위치상의 의미가 중요하지 않은 트리이다.
   【예】 (그림 7.10)에서 **두 개의 트리가 모두 비순서 트리라면 이 둘은 서로 동일한 트리로** 취급된다.

(2) 모양에 의한 분류

1. **닮은 트리(similar tree)**
   트리의 구조 혹은 모양이 동일하나 노드의 내용이 서로 다른 트리이다.
   【예】 두 개의 트리는 모양이 서로 같지만 노드의 데이터가 다르므로 서로 닮은 트리가 된다.

2. **대등한 트리(equivalent tree)**
   트리의 구조 혹은 모양이 동일하고 노드의 내용도 동일한 트리이다.

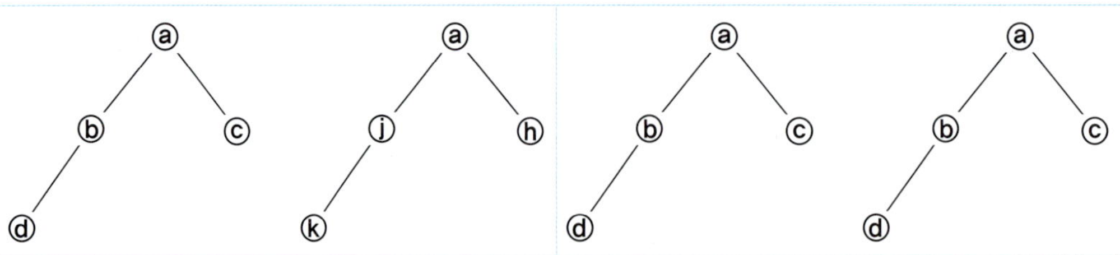

그림 7.11 닮은 트리와 대등한 트리의 예

(3) 차수에 의한 분류

1. **이진 트리(binary tree)**

   순서 트리(ordered tree)의 일종으로서 각 노드의 차수가 2 이하인 트리이다. 모든 노드의 차수가 0, 1, 또는 2 인 트리는 모두 해당이 된다. 이진이라는 낱말의 뜻에 포함되어 있듯이 차수가 3 이상인 노드가 존재하지 않는다.

2. **트리**

   트리는 정점인 노드와 각각의 노드를 연결시켜 주는 선분인 가지로 형성된 구조를 말한다. 차수가 여러 개여도 된다.

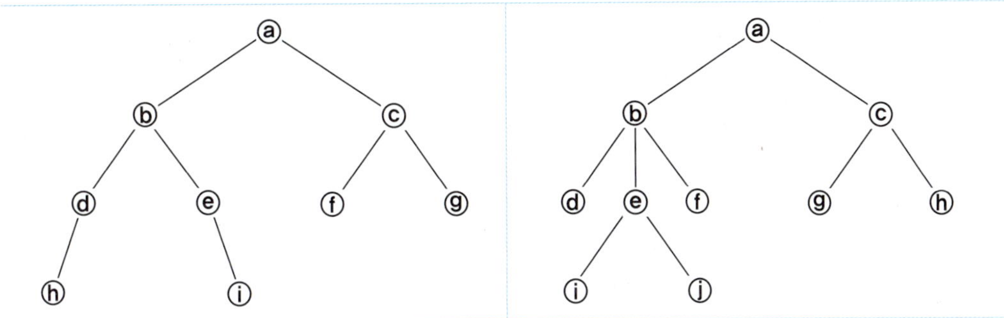

그림 7.12 이진 트리와 트리의 예

02 _ 이진 트리의 개념과 특성

1. 이진 트리의 정의

순서 트리(ordered tree)의 일종으로서 각 노드의 차수가 2 이하인 트리이다. 모든 노드의 차수가 0, 1, 또는 2인 트리는 모두 해당이 된다.

2. 이진 트리의 종류

1. **엄밀한 이진 트리(strictly binary tree)**

   각 노드의 차수가 2 혹은 0인 이진 트리이다. 노드의 차수가 1인 것은 존재하지 않으므로 단말 노드를 제외한 모든 노드가 좌우 부 트리를 가져야 한다.

   【예】 〈1〉, 〈2〉

2. **정 또는 포화 이진 트리(full binary tree)**

   깊이가 K인 이진 트리의 모든 노드의 수를 N 이라 하면 $N = (2^K - 1)$ 의 관계식이 성립하는 트리이다. 곧 주어진 깊이에서 N이 최대가 되는 이진 트리가 된다. 이런 경우 같은 레벨 l에 속하는 노드들의 개수는 최대인 $2^{(l-1)}$이 된다.

   【예】 〈2〉

3. **전 또는 완전 이진 트리(complete binary tree)**

   깊이가 k인 어떤 이진 트리의 노드 수가 n일 때 $2^{k-1}-1 < n < 2^k-1$인 트리를 말한다.

   【예】 〈1〉, 〈3〉, 〈6〉

4. **사향 이진 트리(skewed binary tree)**

왼쪽 부 트리나 오른쪽 부 트리가 없이 한쪽으로 치우친 이진 트리이다.

【예】〈4〉, 〈5〉

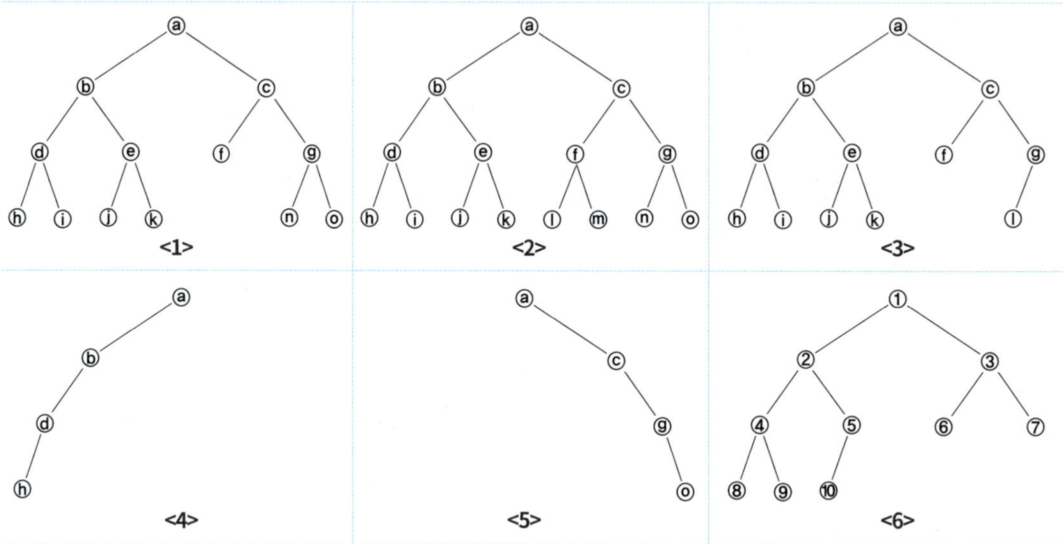

그림 7.13 이진 트리 종류의 예

3. 이진 트리의 성질

1. 임의의 이진 트리에서 단말 노드(terminal node)의 수 n_0와 차수가 2인 간 노드(nonterminal node)의 수 n_2 사이에는 $n_0 = n_2 + 1$ 의 관계가 성립한다.

   【예】 이진 트리에서 간 노드는 3(a, b, c)개이다. 단말 노드는 4(d, e, f, g)개이다. 그러므로 4 = 3 +1, 즉 $n_0 = n_2 + 1$이 성립한다.

2. 모든 노드의 수가 n인 완전 이진 트리의 i번째 노드에 대해 다음 성질이 있다.

   ㉠ parent(i)는 i=1이 아니면 $\lfloor i/2 \rfloor$에 위치한다. i=1일 때는 근을 나타내므로 부모 노드가 존재하지 않는다. $\lfloor\ \rfloor$로 표시된 연산은 소수점 이하는 버리는 것이다.

   ㉡ lchild(i)는 2i≤n이면 2i번째에 위치한다. 만약 2i〉n이면, i의 왼쪽 밑에 존재하는 노드는 없다.

   ㉢ rchild(i)는 2i+1≤n이면 2i+1번째에 위치한다. 2i+1〉n이면 i의 오른쪽 밑에 존재하는 노드가 없다.

   ㉣ i의 좌측 형제 노드 i가 1이 아닌 홀수이면 i–1이 되고, i가 짝수이면 존재하지 않는다.

   ㉤ i의 우측 형제 노드 i가 짝수이면 i 〈 n일 때 i+1이 되고, i가 홀수이면 존재하지 않는다.

   【예】 임의의 노드 5를 기준으로 살펴보면 다음과 같다.

   부모 노드: 2 ($\lfloor 5/2 \rfloor$=2이므로)

   좌측 자식 노드: 10 (2*5=10〈=10이므로)

   우측 자식 노드: 존재하지 않음 (2*5+1=11 〉 10이므로)

   좌측 형제 노드: 4 (5–1=4이고 5는 홀수이므로)

   우측 형제 노드: 존재하지 않음 (5가 홀수이므로)

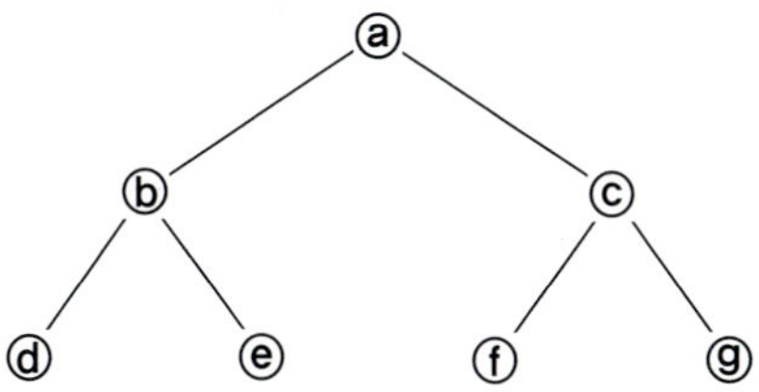

그림 7.14 정이진 트리의 예

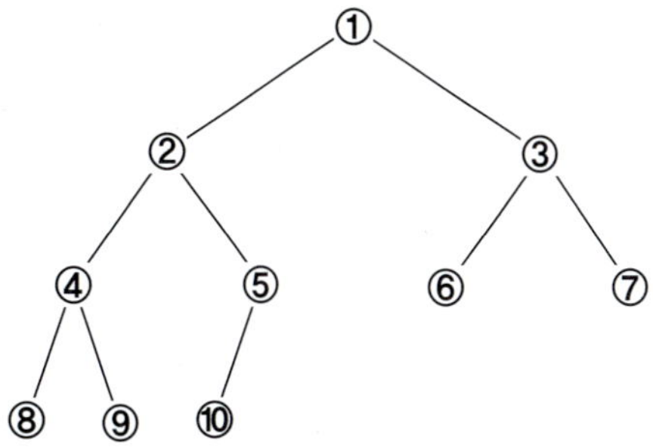

그림 7.15 완전 이진 트리의 예

3. 노드의 수가 n인 임의의 이진 트리를 두 개의 링크를 사용하여 기억 공간에 저장했을 때 링크의 내용이 0인 영 링크(null link)의 전체 개수는 n+1이 된다.

【예】 노드 수: 9, 영 링크 수(∧의 개수) : 10개 이므로 9+1 = 10이 된다.

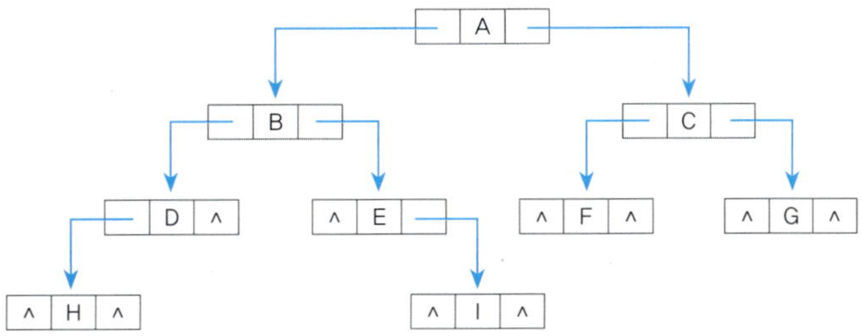

그림 7.16 연결 리스트의 표현 방식에 의한 트리

4. 이진 트리와 트리의 차이점

1. 이진 트리는 차수가 반드시 2이하이지만 트리는 3이상 구성이 가능하다.
2. 이진 트리는 공백 트리(empty tree)가 있지만 트리에는 없다.
3. 이진 트리는 자식 노드가 의미가 있지만 트리는 자식 노드의 위치가 의미가 없다.

【예】 이진 트리에서는 사향 이진 트리가 위치에 따라 서로 다른 이진 트리가 된다

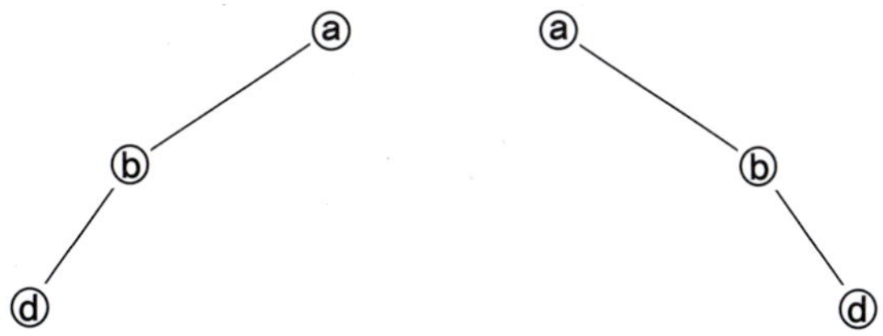

그림 7.17 사향 이진 트리의 예

5. 이진 트리를 많이 사용하는 이유

1. 일반 트리에서는 트리의 각 노드의 차수가 다르기 때문에 저장을 비롯한 여러 가지 트리 운영 문제에서 효율성을 얻기가 매우 어렵다. 만약 어떤 트리의 차수가 m이고 노드의 개수가 n이라면 이 트리를 연결 리스트로 기억 공간에 저장하기 위하여 노드 한 개당 m개의 링크가 필요하고 전체의 링크 수는 mn이 된다.

2. 이 중에서 영(null)링크의 개수는

$$\begin{aligned}\text{영 링크의 개수} &= \text{전체 링크 수} - \text{영이 아닌 링크의 수}\\ &= m \times n - (n-1)\\ &= (m-1) \times n + 1\end{aligned}$$

이 된다.

3. 전체 링크 수를 기준으로 하여 영 링크의 비율을 구해보면 다음과 같다.

$$\text{영 링크의 비율} = \frac{(m-1) \times n + 1}{m \times n}$$

m과 n은 양의 정수이고 n이 큰 경우에는 위식에서 분자의 상수항 1을 무시할 수 있게 되고 분자와 분모를 약분하여 정리하면

$$\text{영 링크의 비율} \simeq 1 - 1/m$$

이 된다. 이 식으로부터 알 수 있는 것은 m이 커짐에 따라 영 링크의 비율이 1에 가까워 진다는 점이다. 이것은 기억공간의 낭비를 바로 의미하는 것이 된다. 또한 이것은 트리의 운행에 있어서 수행시간이 커지게 되는 것을 의미하기도 한다. 따라서 이러한 비효율적인 일반 트리를 이진 트리로 바꾸어 운영하는 것이 여러 가지 이점을 많이 가지고 있다.

6. 트리를 이진 트리로 변환하는 방법

1. 같은 부모 노드를 가지는 형제 노드를 서로 연결한다.
2. 같은 부모 노드에 연결된 가지 중 맨 좌측 자식 노드와 연결된 가지를 제외한 나머지 가지는 제거한다.
3. 근 노드를 맨 위에 두고 가지들이 경사지도록 다시 그림을 그린다.

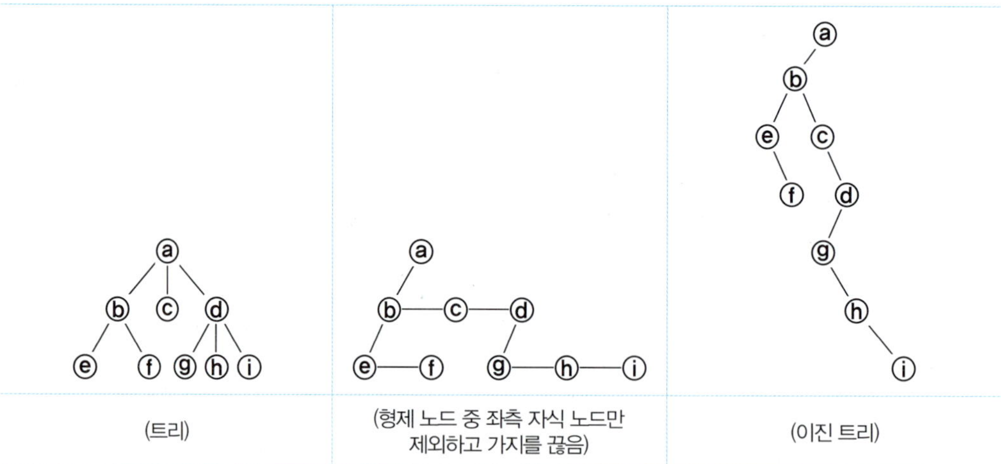

그림 7.18 트리를 이진 트리로 변환하는 방법의 예

7. 이진 트리의 추상 자료형

【ADT 7_1: 이진 트리의 추상 자료형】

```
01 ADT BinaryTree
02   자료(Data): 공백이거나 루트 노드, 왼쪽 서브 트리, 오른쪽 서브 트리로 구성된 노드들의 유한 집합
03   연산(Operation): bt, bt1, bt2 ∈ 이진 트리, item ∈ 요소
04
05   createEmptytBT( );  ::= 공백 이진 트리를 생성;
06   Boolean isEmpty();  ::= 이진 트리가 공백이면 true 반환하고, 그렇지 않으면 false를 반환;
07   makeBT(item, bt1, bt2) ::= item을 루트로 하고 bt1을 왼쪽 서브 트리,
08                              bt1를 오른쪽 서브 트리로 하는 이진 트리;
09   leftSubtree(b) ::= bt가 공백이면 NULL을 반환하고, 그렇지 않으면 왼쪽 서브 트리를 반환;
10   rightSubtree(b) ::= bt가 공백이면 NULL을 반환하고, 그렇지 않으면 으른쪽 서브 트리를 반환;
11   data(bt) ::= bt가 공백이면 NULL을 반환하고, 그렇지 않으면 근 노드의 데이터를 반환;
12 End BinaryTree
```

【해설】

05. 공백 이진 트리를 생성하는 연산이다.

06. 이진 트리가 공백인지 확인하는 연산이다.

07. 두 개의 이진 서브 트리를 연결하여 하나로 만드는 연산이다.

09. 이진 트리의 왼쪽 서브 트리를 구하는 연산이다.

10. 이진 트리의 오른쪽 서브 트리를 구하는 연산이다.

11. 이진 트리에서 루트 노드의 데이터(item)를 구하는 연산이다.

12. 이진 트리를 반환하는 연산이다.

03 _ 이진 트리의 표현법

이진 트리 구조나 트리 구조를 기억 장치에 저장하는 방법에는 2가지가 있다. 선형 구조와 마찬가지로 연속 배열 저장법과 연결 리스트에 의한 저장법이 있다.

1. 연속 배열 저장법

(1) 방법

연속 배열 저장법은 기억시키고자 하는 트리를 정 이진 트리라고 가정하고 근 노드로부터 레벨 순으로 좌에서 우로 저장하는 방법이다. 이진 트리의 깊이가 k이면 2^k-1개의 노드 영역을 연속적으로 할당한다.

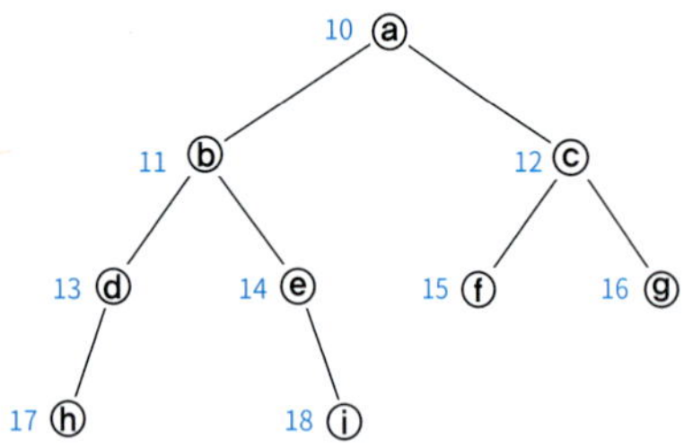

전이진 트리

노드의 주소	DATA
10	a
11	b
12	c
13	d
14	e
15	f
16	g
17	h
18	-
19	-
20	i

연속 배열에 의한 저장

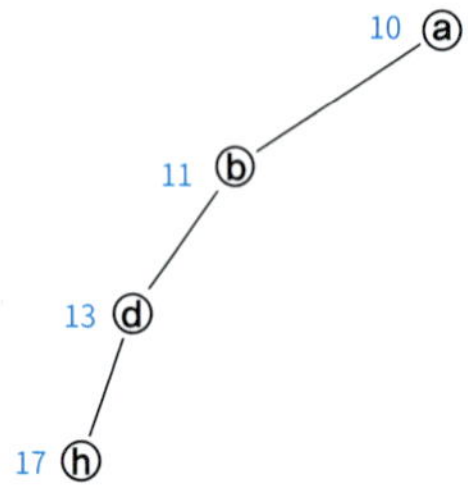

사향 이진 트리

노드의 주소	DATA
10	a
11	b
12	-
13	d
14	-
15	-
16	-
17	h

연속 배열에 의한 저장

그림 7.19 이진 트리의 연속 배열 저장의 예

(2) 특징

1. **장점** : 노드에 접근(access)하는 시간이 짧다.
2. **단점** : 전이진 트리의 경우는 기억 공간이 낭비되지 않지만 다른 이진 트리의 경우에는 낭비된다. 특히 사향 이진 트리인 경우에는 기억 공간의 낭비가 크다. 배열의 경우처럼 노드의 삽입 및 제거에 시간을 낭비할 수 있다. 그리고 연속된 기억 공간에 저장해야 한다는 제약 때문에 전체적인 기억 공간의 활용도가 낮아질 수 있다.

2. 연결 리스트에 의한 저장법

(1) 연결 리스트에 의한 저장법

1. **방법 1**

연결 리스트에 의한 저장법은 트리의 차수(degree)만큼 포인터를 각 노드에 준비하여 저장하는 방법이다. 즉, 이것은 각 노드의 세 가지 정보를 모두 구분하여 기억하는 방식이다. 세 가지란 데이터와 왼쪽 링크(link) 값과 오른쪽 링크 값을 의미한다. 왼쪽 링크 값으로는 왼쪽 부트리를 가리키는 포인터를 그리고 오른쪽 링크 값은 오른쪽 부 트리를 가리키는 포인터를 각각 저장하므로 노드가 저장되는 기억 공간에서의 위치에 관계없이 자유롭게 저장이 가능하다.

LCHILD	DATA	RCHILD

노드 1개의 정보

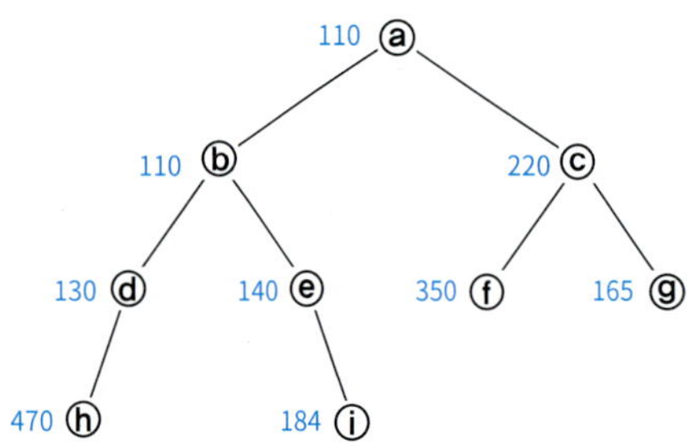

이진 트리

노드의 주소	LCHILD	DATA	RCHILD
100	110	a	220
110	130	b	140
220	350	c	165
130	470	d	-
140	-	e	184
350	-	f	-
165	-	g	-
470	-	h	-
184	-	i	-

연속 배열에 의한 저장　　* -는 null임

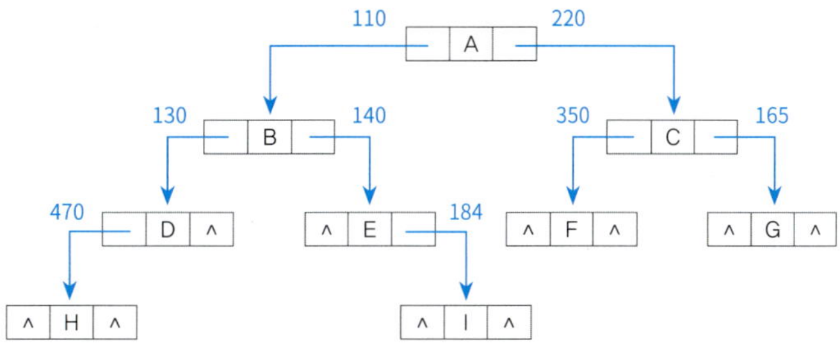

연결 리스트의 표현 방식에 의한 그림

그림 7.20 연결 리스트의 저장의 예

2. 방법 2

노드 1개의 정보를 네 가지 항목으로 구성한다. 사용한 DATA, LCHILD, RCHILD 의 세 가지 값에 부모 노드를 가리키는 포인터 PARENT 하나를 더 추가하여 트리를 나타내면 상위 및 하위 계층으로의 노드의 접근이 용이하게 된다.

LCHILD	DATA	RCHILD	PARENT

노드 1개의 정보

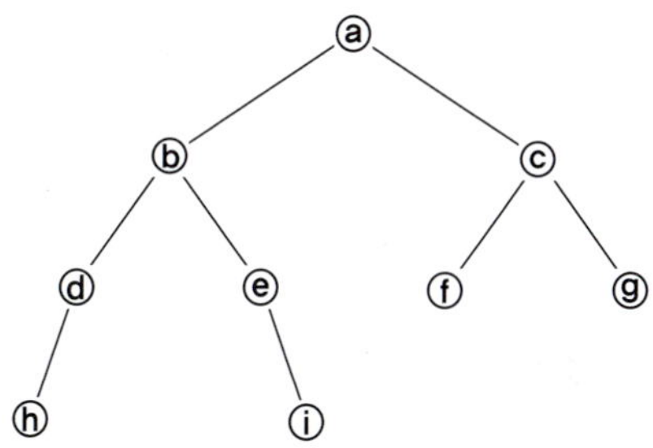

이진 트리

노드의 주소	LCHILD	DATA	RCHILD	PARENT
100	110	a	220	-
110	130	b	140	100
220	350	c	165	100
130	470	d	-	110
140	-	e	184	110
350	-	f	-	220
165	-	g	-	220
470	-	h	-	130
184	-	i	-	140

연속 배열에 의한 저장 * -는 null임

그림 7.21 연결 리스트의 다른 저장법의 예

(2) 특징

1. **장점** : 기억 장소를 절약할 수 있고, 노드의 삽입과 삭제가 용이하다.
2. **단점** : 이진 트리가 아닌 일반 트리를 연결 리스트로 표현하려면 각 노드의 차수만큼 가변적인 링크들을 가져야 하므로 저장된 트리를 운용하는 방법이 복잡하게 되어 실용성이 없다. 차수가 2이하인 이진 트리의 표현이 현재로서는 공간 활용도가 높다. 두 가지 링크를 이용하는 경우에는 어떤 노드의 부모 노드를 찾는 것이 쉽지 않다. 이것을 해결하기 위해서는 부모 노드의 주소를 갖는 또 다른 링크가 필요하다.

(3) C 프로그래밍 구현

다음과 같이 구조체로 정의 할 수 있다. 데이터를 저장하는 데이터 항목(field)과 왼쪽 자식 노드를 연결하는 왼쪽 링크 필드, 오른쪽 자식 노드를 연결하는 오른쪽 링크 필드로 구성한다. 자식 노드가 없으면 NULL을 저장하여 NULL포인터로 설정한다.

[예] 구조체

```
struct tree_node
  {
    int lchild;
    char name[10];
    int rchild;
};
```

[예] 자기 참조 구조체

```
struct tree_node
  {
    struct tree_node *left;
    char data;
    struct tree_node *right;
};
```

실습 7.1

이진 트리를 연결 리스트의 저장법을 이용하여 배열로 표현한 후에 검색하는 프로그램을 작성하시오.

[출력]

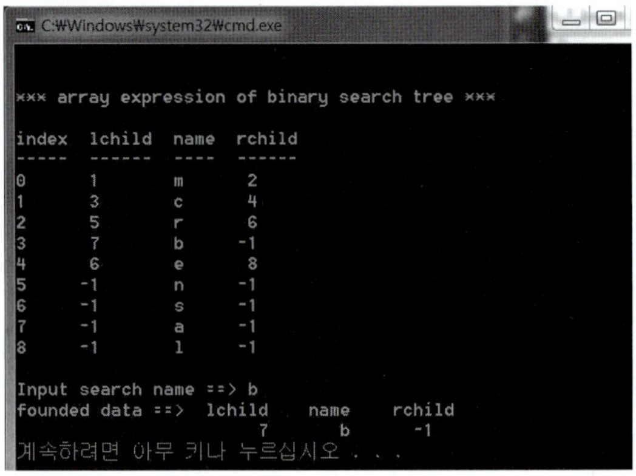

```
C:\Windows\system32\cmd.exe

*** array expression of binary search tree ***

index  lchild  name  rchild
-----  ------  ----  ------
0      1       m      2
1      3       c      4
2      5       r      6
3      7       b     -1
4      6       e      8
5     -1       n     -1
6     -1       s     -1
7     -1       a     -1
8     -1       l     -1

Input search name ==> b
founded data ==>  lchild    name    rchild
                     7        b       -1
계속하려면 아무 키나 누르십시오 . . .
```

[입력]

name 중 1개의 알파벳을 입력받으며, scanf() 함수 사용할 것

[처리조건]

① 연결 리스트의 표현 방식에 의한 그림

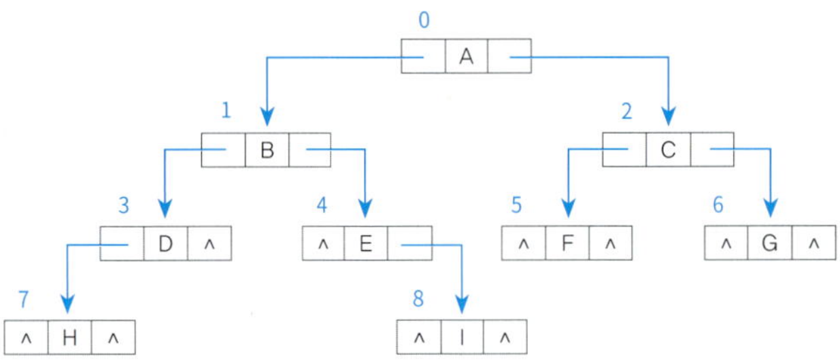

② 연결 리스트의 표현 방식에 의한 그림

노드의 주소	LCHILD	DATA	RCHILD
0	1	m	2
1	3	c	4
2	5	r	6
3	7	b	-
4	6	e	8
5	-	n	-
6	-	s	-
7	-	a	-
8	-	l	-

* -는 null임

③ 이진 트리의 배열 표현은 구조체 배열 사용할 것

④ 검색은 키보드에서 scanf() 함수 사용할 것

⑤ 검색 시에 strcmp() 함수 사용할 것

⑥ NULL 포인터는 편의상 -1을 사용할 것

[프로그램: c_7_1.c]

```
#include <stdio.h>
#include <string.h>
#define NIL -1
#define MSIZE 9

struct tree_node
  {
    int lchild;
    char name[10];
    int rchild;
  };

main()
{
  struct tree_node ken[MSIZE] = {{1, "m", 2},
                                 {3, "c", 4},
                                 {5, "r", 6},
                                 {7, "b", NIL},
                                 {6, "e", 8},
                                 {NIL, "n", NIL},
                                 {NIL, "s", NIL},
                                 {NIL, "a", NIL},
                                 {NIL, "l", NIL}};
  char key[20];
  int p;
  int flag = 0;
  int i;

  printf("\n\n*** array expression of binary search tree ***\n\n");
  printf("index  lchild  name  rchild\n");
  printf("-----  ------  ----  ------\n");
  for(i=0; i<MSIZE; i++)
    {
     printf("%d%7d%8s%7d\n", i, ken[i].lchild, \
          ken[i].name, ken[i].rchild);
    }
  printf("\nInput search name ==> "); scanf("%s", key);
  p=0;
  while (p != NIL)
    {
     if ( strcmp(key, ken[p].name) == 0 )
       {
         printf("founded data ==>  ");
         printf("lchild    name    rchild\n");
```

```
45          printf("\t\t %7d %7s %7d\n", ken[p].lchild,\
46               ken[p].name, ken[p].rchild);
47          flag = 1;
48          break;
49        }
50      else if ( strcmp(key, ken[p].name) < 0 )
51          p=ken[p].lchild;
52      else
53          p=ken[p].rchild;
54    }
55
56  if (flag == 0)
57     printf("NOT FOUND!!!!!\n" );
58
59  getchar();
60 }
```

[해설]

03. NULL 포인터는 편의상 -1을 사용한다.

04. 이진 트리의 노드 수는 9이다.

06-11. 이진 트리를 구조체 선언하여 표현한 것이다.

15-23. 이진 트리의 구조체 배열 표현을 사용한 것이며, 초기화 선언하여 초기 값을 주고 있다.

32-36. 구조체의 모든 자료를 화면에 출력한다.

37. name 중 1개의 알파벳을 입력받으며, scanf() 함수 사용한다.

41. 입력받은 키 데이터와 연결 리스트의 데이터의 값을 비교하는 함수이다.

42-49. 찾으면 화면에 출력한다.

50-51. 발견되지 않으면 왼쪽 자식 노드를 연결하는 왼쪽 링크 필드의 데이터와 비교한다.

52. 발견되지 않으면 오른쪽 자식 노드를 연결하는 오른쪽 링크 필드의 데이터와 비교한다.

56-57. 모두 검색한 후에 발견되지 않은 경우이다.

04 _ 이진 트리의 운행(traversal) 방식

트리의 운행(Tree Traversal)이란 트리에 있는 모든 정점을 한 번씩 방문하는 것을 말한다. 트리의 순회 또는 트리의 검색, 트리의 탐색이라고도 한다. 선형 자료구조(순차 리스트, 연결 리스트, 스택, 큐)에서는 노드(원소)들 간의 관계가 1:1이므로 운행(또는 순회) 알고리즘이 필요 없지만, 트리는 비선형 자료구조이므로 1:n 관계, 이진 트리는 1:2의 관계이므로 운행 알고리즘이 필요하다.

1. 이진 트리의 운행 방식의 종류

이진 트리는 디그리가 2이하이므로 근 노드, 좌측 서브 트리 및 우측 서브 트리로 나눌 수 있다. 근 노드의 운행(traversal)을 ROOT라 하고, 좌측 서브 트리의 운행(traversal)을 LEFT, 우측 서브 트리의 운행(traversal)을 RIGHT라 칭하기로 가정한다.

1. **전위 운행**(preorder traversal): ROOT, LEFT, RIGHT 순으로 진행한다(편의상 약칭: Ⓣ→Ⓛ→Ⓡ).
2. **중위 운행**(inorder traversal): LEFT, ROOT, RIGHT 순으로 진행한다(편의상 약칭: Ⓛ→Ⓣ→Ⓡ).
3. **후위 운행**(postorder traversal): LEFT, RIGHT, ROOT 순으로 진행한다(편의상 약칭: Ⓛ→Ⓡ→Ⓣ).

【예】

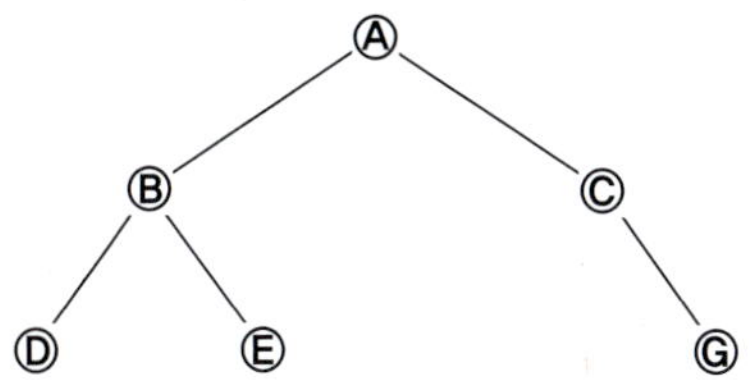

그림 7.22 이진 트리 운행의 예

1. **전위 운행**(preorder traversal): A, B, D, E, C, G
2. **중위 운행**(inorder traversal): D, B, E, A, C, G
3. **후위 운행**(postorder traversal): D, E, B, G, C, A

전위, 중위, 후위 각각의 방식에는 여러 가지 구현 방식이 있다. 여기서는 순환(또는 재귀적, recursion)을 이용한 방법과 스택(stack)을 이용한 방법에 대하여 기술한다.

2. 전위 운행(preorder traversal)

(1) 순환(recursion)을 이용한 방법

【AL 7_1 : 이진 트리에서의 전위 운행 알고리즘(순환 이용)】

```
01 procedure preorder(T)
02         /* 순환에 의한 방법 : 다음 procedure에서 T는 처음에는 근 노드가 된다.
03            다음에는 트리의 임의의 노드로 된다. */
04     if T = null then end;
05     else {
06       process(data(T));
07       preorder(lchild(T));
08       preorder(rchild(T));
09     }
10 end preorder()
```

【해설】

04. 만약 T가 null이면 끝낸다.

06. 근 노드를 처리한다.

07. 근 노드의 왼쪽 서브 트리를 preorder방식으로 운행한다.

08. 근 노드의 오른쪽 서브 트리를 preorder방식으로 운행한다.

[예] 전위 운행을 위하여 순환 방법을 적용하면 다음과 같은 순서로 된다.

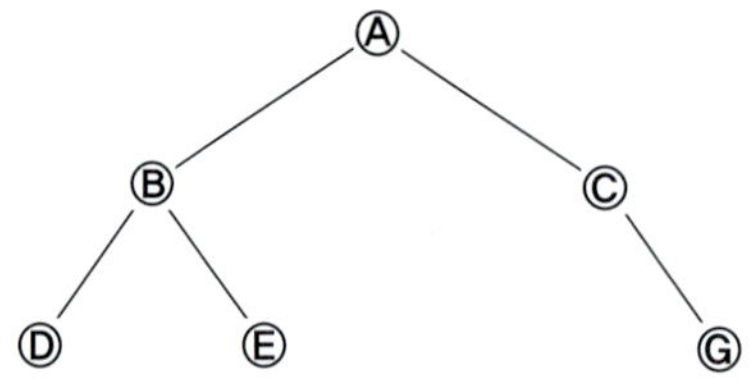

1. 이진 트리의 모든 노드를 Ⓣ→Ⓛ→Ⓡ(ROOT, LEFT, RIGHT) 순으로 운행한다.
2. 근 노드에서 왼쪽 서브 트리로 이동해서도 Ⓣ→Ⓛ→Ⓡ 순으로 운행된다.
3. 근 노드에서 오른쪽 서브 트리로 이동해서도 Ⓣ→Ⓛ→Ⓡ 순으로 운행된다.
4. 즉, 순환적(또는 재귀적)으로 이러한 전위 운행을 반복한다.
5. 전위 운행(preorder traversal)의 결과: A, B, D, E, C, G

단계	운행순서(노드 이동 순서) -> 중복 방문 제외	내용
1	노드 Ⓐ	근 노드 Ⓐ에서 이동하여 시작한다. Ⓣ에 해당되는 Ⓐ를 처리한다. 전위 운행(Ⓣ→Ⓛ→Ⓡ)을 한다. Ⓛ(왼쪽 서브 트리)에 해당되는 것이 Ⓑ이다.
2	노드 Ⓑ	노드 Ⓑ로 이동한다. Ⓑ를 처리한다. 전위 운행(Ⓣ→Ⓛ→Ⓡ)을 한다. Ⓛ(왼쪽 서브 트리)에 해당되는 것이 Ⓓ이다.
3	노드 Ⓓ	노드 Ⓓ로 이동한다. Ⓓ를 처리한다. 전위 운행(Ⓣ→Ⓛ→Ⓡ)을 한다. Ⓓ가 단말 노드이므로 Ⓛ(왼쪽 서브 트리)에 해당되는 것이 없으므로 Ⓛ(왼쪽 서브 트리)에 해당되는 운행을 마친다.
4	노드 Ⓑ / Ⓔ (Ⓑ는 제외: 중복 방문)	Ⓓ의 부모 노드인 Ⓑ로 되돌아간다. 전위 운행(Ⓣ→Ⓛ→Ⓡ)을 한다. Ⓡ(오른쪽 서브 트리)에 해당되는 것이 Ⓔ이다. 노드 Ⓔ로 이동한다. Ⓔ를 처리한다. Ⓔ가 단말 노드이므로 Ⓡ(오른쪽 서브 트리)에 해당되는 것이 없으므로 Ⓡ(오른쪽 서브 트리)에 해당되는 운행을 마친다.
5	노드 Ⓑ (중복 방문)	Ⓔ의 부모 노드인 Ⓑ로 되돌아간다. 전위 운행(Ⓣ→Ⓛ→Ⓡ)을 한다. Ⓛ(왼쪽 서브 트리)와 Ⓡ(오른쪽 서브 트리)에 해당되는 운행을 전부 마쳤으므로 노드 Ⓐ로 되돌아간다.
6	노드 Ⓐ (중복 방문)	근 노드 Ⓐ에서 이동하여 전위 운행(Ⓣ→Ⓛ→Ⓡ)을 한다. Ⓡ(오른쪽 서브 트리)에 해당되는 것이 Ⓒ이다.
7	노드 Ⓒ	노드 Ⓒ로 이동한다. Ⓒ를 처리한다. 전위 운행(Ⓣ→Ⓛ→Ⓡ)을 한다. Ⓛ(왼쪽 서브 트리)에 해당되는 것은 없다. Ⓡ(오른쪽 서브 트리)에 해당되는 것이 Ⓖ이다.
8	노드 Ⓖ	노드 Ⓖ로 이동한다. Ⓖ를 처리한다. 전위 운행(Ⓣ→Ⓛ→Ⓡ)을 한다. Ⓖ가 단말 노드이므로 운행을 마친다.
9	노드 Ⓒ / Ⓐ (중복 방문)	Ⓖ의 부모 노드인 Ⓒ로 되돌아간다. 전위 운행(Ⓣ→Ⓛ→Ⓡ)을 한다. Ⓛ(왼쪽 서브 트리)와 Ⓡ(오른쪽 서브 트리)에 해당되는 운행을 전부 마쳤으므로 노드 Ⓐ로 되돌아간다.

(2) 스택(stack)을 이용한 방법

【AL 7_2 : 이진 트리에서의 전위 운행 알고리즘(스택 이용)】

㉠ 스택에 null 을 push한다.

㉡ ptr에 근 노드를 대입한다.

㉢ 다음의 ⓐ에서 ⓓ를 ptr이 null이 될 때까지 반복한다.

ⓐ ptr이 가리키는 노드를 처리(process: traversal의 구체적인 작업) 한다.

ⓑ 만약 ptr이 가리키는 노드의 오른쪽 자 노드가 있으면 그 자 노드를 스택에 push 한다.

ⓒ ptr이 가리키는 노드의 왼쪽 자 노드를 ptr값이 되도록 한 다음 ⓐ번으로 간다. 만약 왼쪽 자 노드가 없으면 아래 ⓓ과정으로 간다.

ⓓ 스택을 pop하여 ptr에 대입한다. 만약 ptr이 null이면 수행을 멈춘다. 그렇지 않으면 ⓐ번으로 간다.

【해설】

04. 만약 T가 null이면 끝낸다.

06. 근 노드를 처리한다.

07. 근 노드의 왼쪽 서브 트리를 preorder방식으로 운행한다.

08. 근 노드의 오른쪽 서브 트리를 preorder방식으로 운행한다.

【예】 전위 운행을 위하여 스택에 의한 방법을 적용하면 다음과 같은 순서로 된다.

1단계	2단계	3단계	4단계
▪ 스택의 내용: null ▪ ptr의 내용: A ▪ 처리 순서: A	▪ 스택의 내용: null, C ▪ ptr의 내용: B ▪ 처리 순서: A,B	▪ 스택의 내용: null, C, E ▪ ptr의 내용: D ▪ 처리 순서: A,B,D	▪ 스택의 내용: null, C ▪ ptr의 내용: E ▪ 처리 순서: A,B,D,E
5단계	**6단계**	**7단계**	**8단계**
▪ 스택의 내용: null ▪ ptr의 내용: C ▪ 처리 순서: A,B,D,E,C	▪ 스택의 내용:null, G ▪ ptr의 내용: C ▪ 처리 순서: A,B,D,E,C	▪ 스택의 내용: null ▪ ptr의 내용: G ▪ 처리 순서: A,B,D,E,C,G	▪ 스택의 내용: null ▪ ptr의 내용: null ▪ 처리 순서: A,B,D,E,C,G

3. 중위 운행(inorder traversal)

(1) 순환(recursion)을 이용한 방법

【AL 7_3 : 이진 트리에서의 중위 운행 알고리즘(순환 이용)】

```
procedure inorder(T)
    if T = 0 then end;
    else {
        inorder(lchild(T));
        process(data(T));
        inorder(rchild(T));
```

```
07      }
08 end inorder();
```

[해설]

02. 만약 T가 null이면 끝낸다.

04. 근 노드의 왼쪽 서브 트리를 inorder 방식으로 운행한다.

05. 근 노드를 처리한다.

06. 근 노드의 오른쪽 서브 트리를 inorder 방식으로 운행한다.

[예] 중위 운행을 위하여 순환 방법을 적용하면 다음과 같은 순서로 된다.

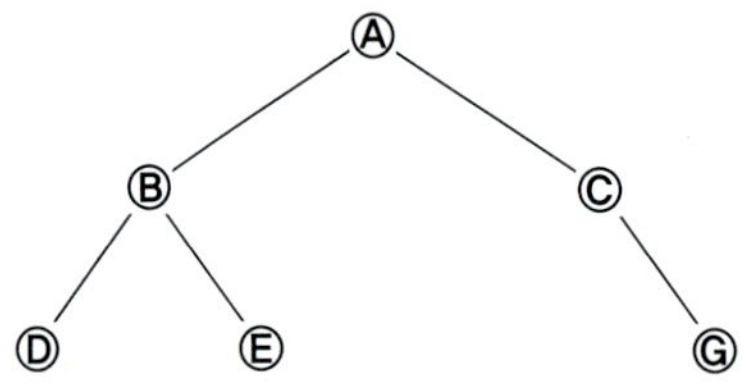

1. 이진 트리의 모든 노드를 Ⓛ→Ⓣ→Ⓡ(LEFT, ROOT, RIGHT) 순으로 운행한다.
2. 왼쪽 서브 트리로 이동한 후 근 노드로 Ⓛ→Ⓣ→Ⓡ 순으로 운행된다.
3. 근 노드에서 오른쪽 서브 트리로 이동해서도 Ⓛ→Ⓣ→Ⓡ 순으로 운행된다.
4. 즉, 순환적(또는 재귀적)으로 이러한 중위 운행을 반복한다.
5. 중위 운행(inorder traversal)의 결과: D, B, E, A, C, G

(2) 스택(stack)을 이용한 방법

[AL 7_4 : 이진 트리에서의 중위 운행 알고리즘(스택 이용)]

㉠ 스택에 null 을 push한다.

㉡ ptr에 근 노드를 대입한다.

㉢ 다음의 ⓐ 에서 ⓓ 를 ptr이 null이 될 때까지 반복한다.

ⓐ ptr이 가리키는 노드를 스택에 push한다.

ⓑ ptr이 가리키는 노드의 왼쪽 자 노드를 ptr에 대입한 다음 ⓐ로 간다. 만약 왼쪽 자 노드가 없을 때에는 ⓒ로 간다.

ⓒ 스택에서 pop하여 얻어지는 노드를 ptr에 대입한다. 이 노드를 처리(process)한 다음 ⓓ로 간다. 만약 ptr이 null이면 수행을 멈춘다.

ⓓ ptr의 오른쪽 자 노드가 있는지 검사하여 없으면 ⓒ로 간다. 만약 있으면 그 오른쪽 자 노드를 ptr에 대입한 다음 ⓐ로 간다.

4. 후위 운행(postorder traversal)

(1) 순환(recursion)을 이용한 방법

【AL 7_5 : 이진 트리에서의 후위 운행 알고리즘(순환 이용)】

```
01    procedure postorder(T);
02      if T = 0 then end;
03      else {
04         postorder(lchild(T));
05         postorder(rchild(T));
06         process(data(T));
07      }
08  end postorder();
```

【해설】

02. 만약 T가 null이면 끝낸다.

04. 근 노드의 왼쪽 서브 트리를 postorder방식으로 운행한다.

05. 근 노드의 오른쪽 서브 트리를 postorder방식으로 운행한다.

06. 근 노드를 처리한다.

【예】 후위 운행을 위하여 순환 방법을 적용하면 다음과 같은 순서로 된다.

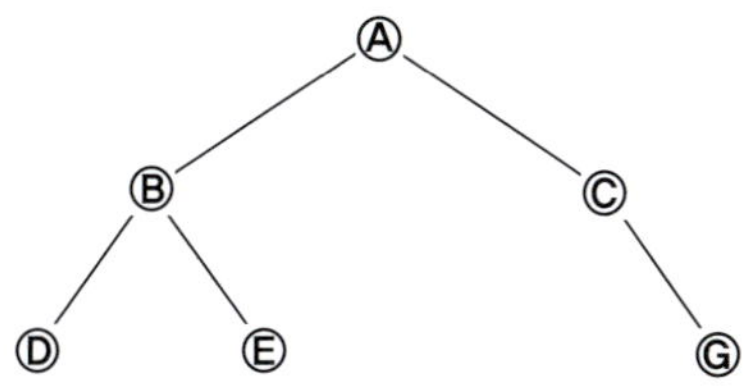

1. 이진 트리의 모든 노드를 Ⓛ→Ⓡ→Ⓣ(LEFT, RIGHT, ROOT) 순으로 운행한다.
2. 왼쪽 서브 트리에서 오른쪽 서브로 이동해서도 Ⓛ→Ⓡ→Ⓣ 순으로 운행된다.
3. 오른쪽 서브 트리에서 근 노드로 이동해서도 Ⓛ→Ⓡ→Ⓣ 순으로 운행된다.
4. 즉, 순환적(또는 재귀적)으로 이러한 후위 운행을 반복한다.
5. 후위 운행(postorder traversal): D, E, B, G, C, A

(2) 스택(stack)을 이용한 방법

【AL 7_6 : 이진 트리에서의 후위 운행 알고리즘(스택 이용)】

㉠ 스택에 null 을 push한다.

㉡ ptr에 근 노드를 대입한다.

㉢ 다음의 ⓐ 에서 ⓓ 를 ptr이 null이 될 때까지 반복한다.

　ⓐ ptr이 가리키는 노드를 스택에 push한다.

ⓑ ptr이 가리키는 노드의 오른쪽 자 노드가 있으면 –기호를 앞에 붙여 스택에 push한다.

ⓒ ptr이 가리키는 노드의 왼쪽 자 노드를 ptr에 대입한 다음 ⓐ로 간다. 만약 왼쪽 자 노드가 없을 때에는 ⓓ로 간다.

ⓓ 스택에서 pop하여 얻어지는 노드를 ptr에 대입한다. 만약 –기호가 없으면 이 노드를 처리(process)한 다음 ⓓ로 간다. 만약 ptr이 null이면 수행을 멈춘다. 만약 – 기호가 있으면 기호를 뺀 노드 정보를 ptr에 대입하여 ⓐ로 간다.

실습 7.2

구조체와 포인터(연결 자료구조와 연결 리스트)를 사용하여 이진 트리를 생성하고 되부름(recursion)을 사용하며, inorder, preorder, postorder 운행 법을 사용하여 방문하는 프로그램을 작성하시오.

【출력】

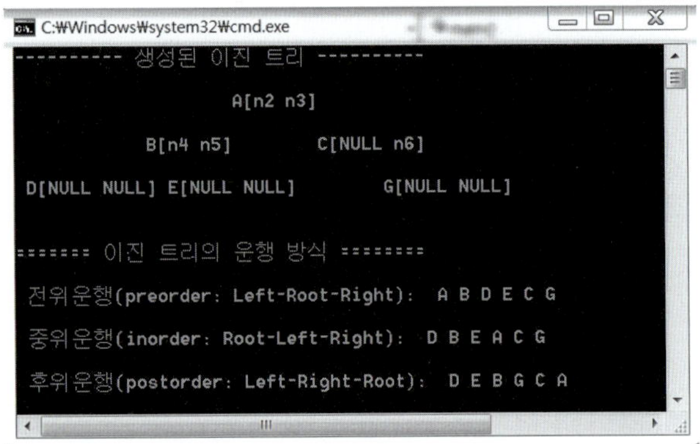

【처리조건】

① 운행 방식은 반드시 recursion을 사용한다.

② 노드의 형식은 구조체를 사용한다.

③ 2진 검색은 다음과 같이 구성한 후에 운행한다.

④ 〈연결 리스트의 표현 방식에 의한 그림〉

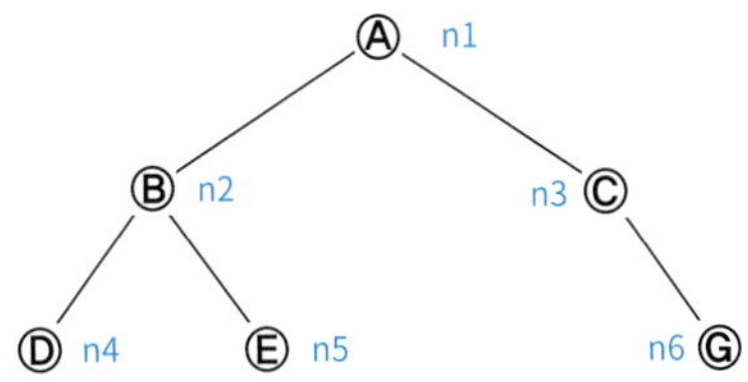

【프로그램: c_7_2.c】

```c
#include <stdio.h>
#include <stdlib.h>
#include <memory.h>

typedef struct tNode {
    struct tNode *left;
    char data;
    struct tNode *right;
} tNode;

tNode* makeBT(char data, tNode* leftN, tNode* rightN) {
    tNode* rt = (tNode *)malloc(sizeof(tNode));
    rt->data = data;
    rt->left = leftN;
    rt->right = rightN;
    return rt;
}

void preOrder(tNode* ptr) {
```

```
    if (ptr) {
        printf(" %c", ptr->data);
        preOrder(ptr->left);
        preOrder(ptr->right);
    }
}

void inOrder(tNode* ptr) {
    if (ptr) {
        inOrder(ptr->left);
        printf(" %c", ptr->data);
        inOrder(ptr->right);
    }
}

void postOrder(tNode* ptr) {
    if (ptr) {
        postOrder(ptr->left);
        postOrder(ptr->right);
        printf(" %c", ptr->data);
    }
}

void main() {
    tNode *n1, *n2, *n3, *n4, *n5, *n6;

    n6 = makeBT('G', NULL, NULL);
    n5 = makeBT('E', NULL, NULL);
    n4 = makeBT('D', NULL, NULL);
    n3 = makeBT('C', NULL, n6);
    n2 = makeBT('B', n4, n5);
    n1 = makeBT('A', n2, n3);

    printf("---------- 생성된 이진 트리 ----------\n");
    printf(" \n                   A[n2 n3] \n");
    printf(" \n           B[n4 n5]       C[NULL n6]\n");
    printf(" \n D[NULL NULL] E[NULL NULL]       G[NULL NULL] \n");

    printf("\n\n======= 이진 트리의 운행 방식 ========");
    printf("\n\n 전위운행(preorder: Left-Root-Right): ");
    preOrder(n1);

    printf("\n\n 중위운행(inorder: Root-Left-Right): ");
    inOrder(n1);

    printf("\n\n 후위운행(postorder: Left-Right-Root): ");
```

```
66      postOrder(n1);
67
68      printf("\n");
69      getchar();
70  }
```

[해설]

44-51, 11-17. 이진 트리를 만드는 함수이다. 데이터와 좌측 포인터와 우측 포인터를 입력 매개변수로 하여 처리한다.

46. 데이터 항목은 'G'이며, 왼쪽 포인터와 오른쪽 포인터 각각은 NULL로 저장한다. 이러한 이진 트리 노드는 n6 가리키고 주소에 자리하고 있다.

47. 데이터 항목은 'E'이며, 왼쪽 포인터와 오른쪽 포인터 각각은 NULL로 저장한다. 이러한 이진 트리 노드는 n5 가리키고 주소에 자리하고 있다.

48. 데이터 항목은 'D'이며, 왼쪽 포인터와 오른쪽 포인터 각각은 NULL로 저장한다. 이러한 이진 트리 노드는 n4 가리키고 주소에 자리하고 있다.

49. n3를 주소 값으로 하는 데이터 항목에 'C'가 저장되어 있으며, 좌측 포인터는 NULL, 우측 포인터는 n6을 가리킨다. 즉, 데이터 항목 G를 가리키고 있는 연결 리스트가 된다.

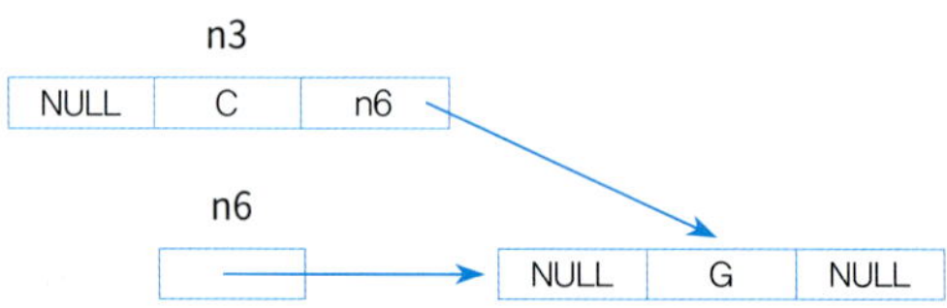

50. n2를 주소 값으로 하는 데이터 항목에 'B'가 저장되어 있으며, 좌측 포인터는 n4, 우측 포인터는 n5을 가리킨다. 즉, 데이터 항목 D와 데이터 항목 E를 가리키고 있는 연결 리스트가 된다.

51. 주소 값이 n1이며 데이터 항목이 'A'이며, 좌측 포인터는 n2, 우측 포인터는 n3를 가리킨다. 즉, 데이터 항목 B와 데이터 항목 C를 가리키고 있는 연결 리스트가 된다. 전체적으로 이진 트리인 연결 리스트가 완성된다.

53-56. 이진 트리의 개략적인 구조를 화면에 보여 준다.

60, 19-25. 이진 트리에 대한 전위 운행 방식이다. 즉, ROOT, LEFT, RIGHT 순으로 진행한다.

21. 현재 노드의 데이터 항목을 출력한다.

22. 순환(또는 재귀 호출)을 이용하여 현재 노드의 왼쪽 서브 트리로 ROOT, LEFT, RIGHT순으로 전위 운행을 계속한다.

23. 순환(또는 재귀 호출)을 이용하여 현재 노드의 오른쪽 서브 트리로 ROOT, LEFT, RIGHT 순으로 전위 운행을 계속한다.

63, 27-33. 이진 트리에 대한 중위 운행 방식이다. 즉, LEFT, ROOT, RIGHT 순으로 진행한다.

29. 순환(또는 재귀 호출)을 이용하여 현재 노드의 왼쪽 서브 트리로 LEFT, ROOT, RIGHT 순으로 중위 운행을 계속한다.

30. 현재 노드의 데이터 항목을 출력한다.

31. 순환(또는 재귀 호출)을 이용하여 현재 노드의 오른쪽 서브 트리로 LEFT, ROOT, RIGHT 순으로 중위 운행을 계속한다.

66, 35-41. 이진 트리에 대한 후위 운행 방식이다. 즉, LEFT, RIGHT, ROOT 순으로 진행한다.

37. 순환(또는 재귀 호출)을 이용하여 현재 노드의 왼쪽 서브 트리로 LEFT, RIGHT, ROOT순으로 후위 운행을 계속한다.

38. 순환(또는 재귀 호출)을 이용하여 현재 노드의 오른쪽 서브 트리로 LEFT, RIGHT,ROOT 순으로 후위 운행을 계속한다.

39. 현재 노드의 데이터 항목을 출력한다.

05 _ 이진 트리의 활용

트리는 비선형 자료구조이며 시스템 내부의 기억 공간을 할당하는데 있어서 중요하고 기본적인 역할을 담당한다. 컴퓨터에서는 수식 트리(parse Tree), 운영체제의 폴더 구조, 컴파일러 심볼 테이블, 정렬(sort) 및 검색(search) 등에 많이 응용되고 있다. 또한, 인간은 매순간 선택하는 결정적인 순간이 있다. 이와 관련된 결정 트리(Decision Tree), 다양한 형태의 사전 등에도 활용된다. 그러므로 트리는 계층적 구조를 갖는 자료구조 표현에 적합하다.

1. 이진 트리의 운행과 대수식과의 관계

대수식 (a + b) * c − d / (e − f) 을 예로 들어서 연산되는 과정을 트리로 나타내면 다음 그림과 같이 된다. 이 이진 트리를 전위, 중위, 후위 운행 방식으로 운행하면 그 순서가 다음과 같이 된다.

전위 운행(preorder traversal) : - * + a b c / d - e f
중위 운행(inorder traversal) : a + b * c - d / e - f ①
후위 운행(postorder traversal) : a b + c * d e f - / -

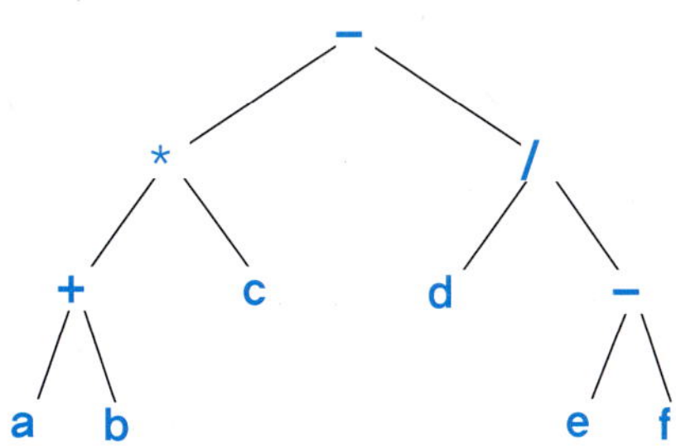

그림 7.23 대수식의 이진 트리 표현

한편 똑같은 수식 (a + b) * c − d / (e − f)를 [제 5장]과 같이 스택의 산술계산의 이용에서와 같은 prefix, infix, postfix 표기법으로 나타내면 다음과 같이 된다.

```
prefix(전위)  : - * + a b c / d - e f  ┐
infix(중위)   : a + b * c - d / e - f  ├── ②
postfix(후위) : a b + c * d e f - / -  ┘
```

위 ①식과 ②식은 정확히 같은데, 이로부터 알 수 있는 것은 이진 트리를 전위 운행에 의한 것과 수식을 prefix 방식으로 나타낸 것이 서로 일치한다는 것이다. 후위 운행방식과 postfix 방식도 마찬가지로 그 순서가 동일하다. 모든 다른 대수식에 있어서도 위 결과는 마찬가지이다.

2. 컴퓨터 파일의 폴더(디렉토리) 용량 계산

이진 트리의 운행은 컴퓨터 내부의 파일들이 차지하고 있는 폴더(또는 디렉토리)의 용량을 계산할 수 있다. 컴퓨터 내부 폴더의 전체 용량을 계산하기 위해서는 가장 하위 폴더의 용량의 합을 계산하고, 그 상위 폴더의 용량을, 상위 폴더는 그보다 더욱 상위 계층인 폴더의 용량의 합을 전부 누적시키면 전체 폴더의 용량의 합이 계산된다. 그러므로 후위 운행 방식(순환)을 사용하면 된다. 이 때 순환 호출되는 함수가 계산된 용량을 반환하도록 해야 한다.

【예】

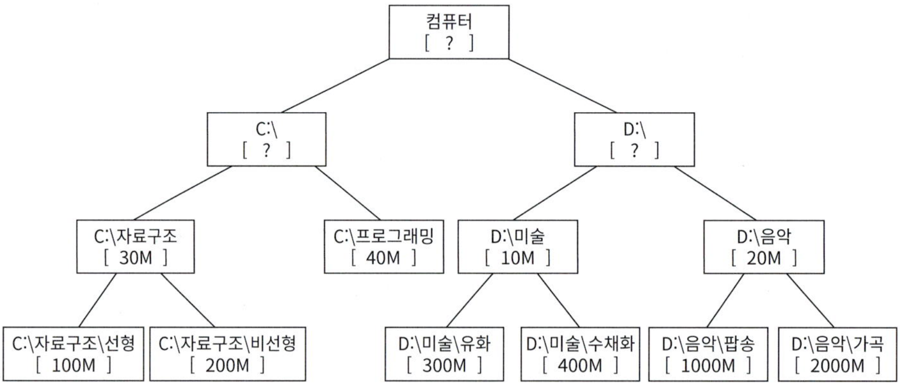

=> C:\의 전체 용량 = 100[선형] + 200[비선형] + 30[자료구조] + 40[프로그래밍] M
= 370 M 바이트

D:\의 전체 용량 = 300[유화] + 400[수채화] + 10[미술] + 1000[팝송] + 2000[가곡] + 20[음악] M
= 3730 M 바이트

=> 컴퓨터 전체 용량 = 370 M + 3730 M = 4100 M 바이트

그림 7.24 컴퓨터 파일의 폴더 용량 계산의 예

3. 허프만(Huffman) 이진 트리

근 노드로부터 각 노드에 이르는 거리의 합계가 트리의 경로 길이가 된다. 이진 트리에서 경로 길이는 내부 경로 길이와 외부 경로 길이 2종류가 있다. 이것은 트리 구조를 사용하는 컴퓨터의 알고리즘 수행시간과 아주 밀접한 관계가 있다.

(1) 이진 트리의 내부 및 외부 경로 길이

1. **내부 경로 길이(I)**: 주어진 이진 트리에서 모든 가지를 1로 보았을 때 각 노드에 이르는 경로 길이의 합을 말한다.
2. **외부 경로 길이(E)**: 각 단말(terminal) 노드에는 두 개의 가상적인 새로운 자 노드(외부 노드라 함)를 추가하고 차수가 1인 노드에는 한 개의 새로운 자 노드를 추가한 다음, 근 노드에서 이들 외부 노드까지의 거리의 총합으로 계산된다.

이진 트리의 노드의 수를 n이라 하면 내부 경로 길이와 외부 경로 길이 사이에는 다음과 같은 관계식이 성립한다.

$$E = I + 2n$$

【예】 이진 트리의 내부 및 외부 경로 길이

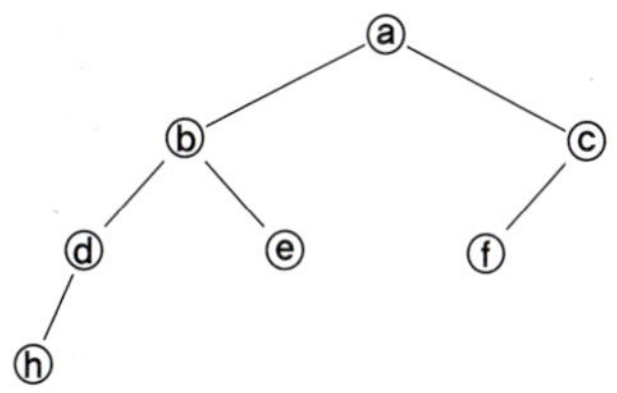

이진 트리

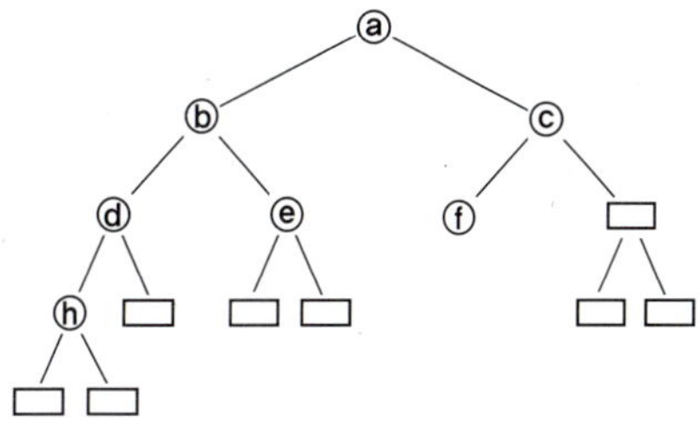

이진 트리 + 외부 노드

* 이진 트리에서 내부 경로 길이는

I = ⓐ + ⓑ + ⓒ + ⓓ + ⓔ + ⓕ + ⓗ

= 0 + 1 + 1 + 2 + 2 + 2 + 3

= 11

* 이진 트리에 새로운 외부 노드를 추가한 그림에서 외부길이를 구하면 다음과 같다.

E = 4 + 4 + 3 + 3 + 3 + 3 + 3 + 2

= 25

* 전체 노드의 개수는 7개 이므로 $2n$ 은 14가 된다. 따라서 식 $E = I + 2n$에서 $25 = 11 + 2 * 7$이 성립한다.

그림 7.25 이진 트리의 내부 및 외부 경로 길이의 예

(2) 이진 트리의 가중 경로 길이

만일 (그림 7.25)에서 외부 노드에 가중치가 있는 것을 생각해 볼 수 있는데 이러한 경우가 (그림 7.26)에 나타나 있다. 가중치가 의미하는 바는 상황에 따라서 여러 가지일 수 있는데 임의의 알고리즘을 수행하는데 있어서 비용(cost)일 수도 있고 시간일 수도 있다. 이 외부 노드의 가중치를 그 외부 노드의 근 노드로부터의 거리에 곱한 것을 전 외부 노드에 대하여 합한 것이 이진 트리의 가중 경로 길이가 된다.

【예】 가중 경로 길이

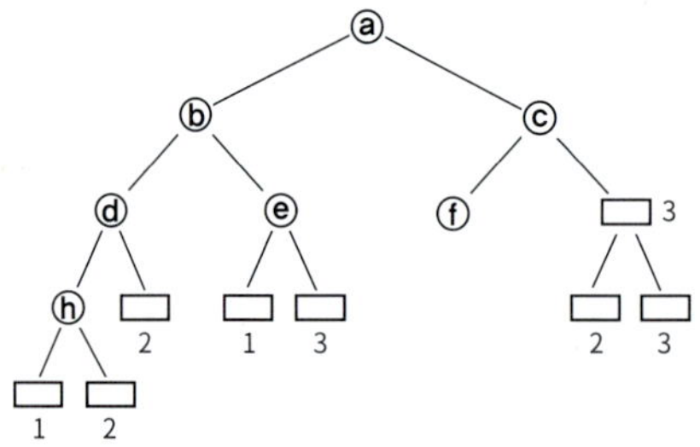

* 가중 경로 길이 = 1x4 + 2x4 + 2x3 + 1x3 + 3x3 + 2x3 + 3x3 + 3x2
= 51

그림 7.26 가중 경로 길이의 예

(3) 허프만 이진 트리

외부 노드의 개수와 가중치를 변하지 않게 하고 이진 트리의 내부 길이를 적절히 바꿀 수가 있는데 여러 가지의 가중 경로 길이가 산출될 수 있다. 이중에서 가중 경로 길이가 최소가 되는 이진 트리를 만들 수 있는데 대표적인 것으로 허프만(Huffman) 알고리즘이 있다.

다음은 이 알고리즘의 순서를 간략하게 나타낸 것이다.

【AL 7_7 : 허프만 이진 트리에서의 알고리즘】

① n개의 가중치가 주어졌을 때 한 개의 가중치로 이루어진 n개의 독립된 외부 노드를 먼저 만든다.

② 새로운 내부 노드(r)를 한 개를 만든다.

③ 가중치 중에서 가장 작은 값(a)을 선택하여 내부 노드(r)의 좌측 서브 트리가 되게 한다.

④ 두 번째로 가중치가 작은 것(b)을 골라 내부 노드(r)의 우측 서브 트리가 되게 한다.

⑤ 내부 노드(r)의 각 서브 트리에 있는 외부 노드의 가중치의 총합이 그 트리의 가중치가 되게 하여 다음번 가중치 비교 시 사용한다(a와 b는 더 이상 사용하지 않는다).

⑥ 더 이상의 외부 가중치가 없을 때까지 위 ②로 간다.

【예】 허프만 이진 트리의 예

외부 노드의 가중치는 1, 2, 3, 4, 5로 하고 편의상 내부 노드는 보통 숫자로 외부 노드는 괄호숫자로 나타내기로 한다.

1. 초기 상태

(1) (2) (3) (4) (5)

2. 새로운 내부 노드를 한 개 생성한다. 다섯 개의 가중치 중에서 가장 작은 두 개는 1과 2이므로 내부 노드의 자 노드로 만든다.

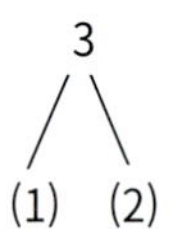

(3) (4) (5)

3. 가중치 3, 3, 4, 5 중에서 가장 작은 값은 3, 3 이므로 이들을 자 노드로 하는 새로운 내부 노드를 만든다.

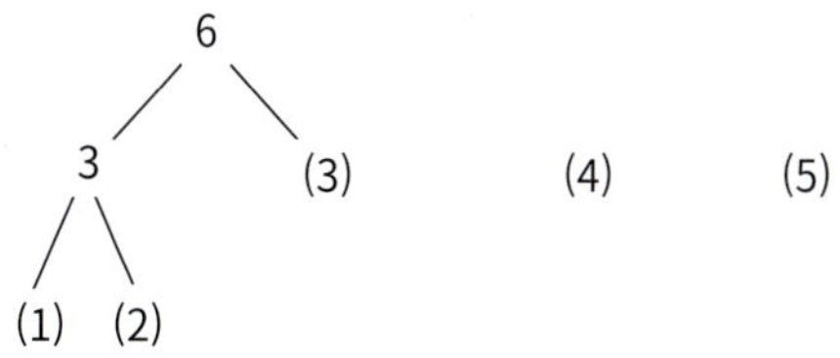

4. 가중치 6, 4, 5 중에서 가장 작은 값이 4, 5 이므로 이들을 자 노드로 하는 새로운 내부 노드를 만든다.

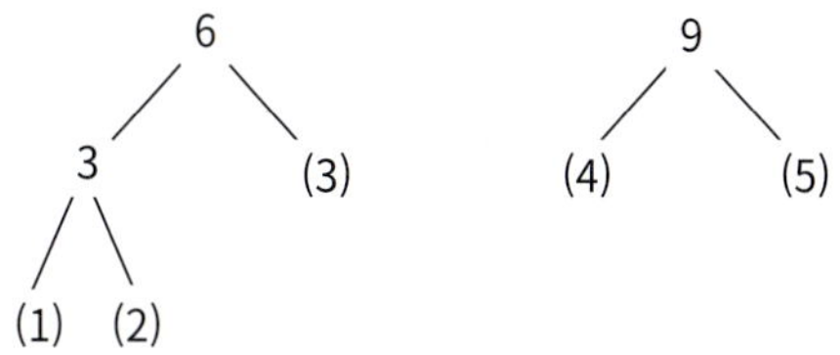

5. 내부 노드 6과 9를 자 노드로 하는 내부 노드를 생성한다.

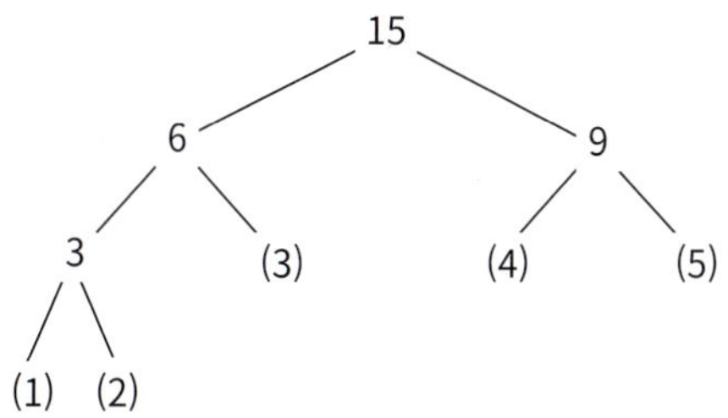

6. 최종으로 구성된 이진 트리가 나와 있는데 가중 경로 길이를 계산해보면 다음과 같다.

1 x 3 + 2 x 3 + (3 + 4 + 5) x 2 = 9 + 24 = 33

4. 스레드(threaded) 이진 트리

스레드 이진 트리(Thread Binary Tree)란 자식 노드가 없는 경우에 널 포인터가 들어 있는 링크 필드를 널 포인터 대신에 운행 방식의 순서상의 다른 노드의 주소 값을 가리키도록 설정한다. 이 때 이러한 링크 필드를 스레드(Thread)라고 한다.

여기 스레드 이진 트리는 노드 수가 n인 이진 트리를 2개의 포인터를 사용해서 저장할 때 n+1개의 null pointer가 생긴다. 이것은 기억 공간의 낭비로 볼 수 있다. 따라서 영(null)값 대신에 더 의미있는 정보를 링크 값으로 사용하는 방안을 고려해 볼 수 있는데 이로써 더 효율적인 트리의 운영을 할 수 있게 되는 것이다.

널이 좌측 포인터이면 그 운행 전 노드의 포인터 값을 설정하고 우측 포인터이면 그 운행 다음 노드의 포인터 값을 설정한다. 각 노드에 2개의 비트를 추가하여 좌우 두 링크의 상태를 나타내도록 한다. 즉, 스레드이면 비트를 0으로 하고 정상 포인터이면 1로 한다. 순환(또는 재귀 호출) 방식을 이용하면 이진 트리의 깊이가 깊어 질수록 더욱 비효율적이 될 수 있다. 이러한 점을 개선하여 순환하지 않고 운행할 수 있도록 이진 트리를 수정한 이진 트리가 스레드 이진 트리이다. 스레드(thread)란 구슬을 실로 꿰어 연결하는 의미를 가지고 있다.

LBIT	LCHILD	DATA	RCHILD	RBIT

* LBIT
RBIT
= 1 : 정상 포인터
0 : 스레드 포인터

* 스레드 이진 트리를 구성하기 위한 노드 표현한 C 구조체

```
struct treeThreadNode {
    int isThreadLeft;
    struct treeThreadNode *left;
    char data;
    struct treeThreadNode *right;
    int isThreadRight;
} treeThreadNode;
```

그림 7.27 스레드 이진 트리의 노드 1개 정보의 예

스레드 이진 트리로 운행할 예는 다음과 같다.

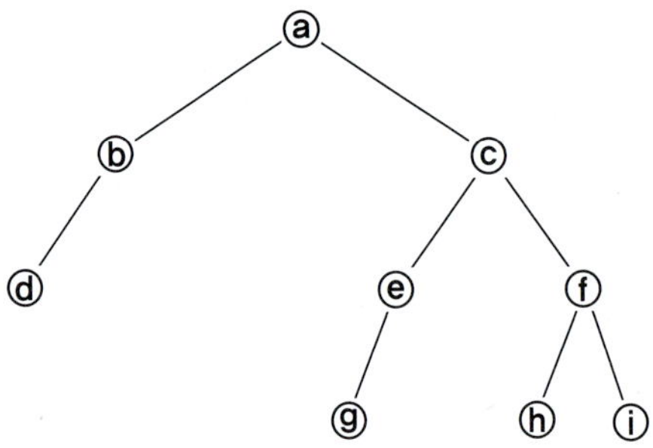

그림 7.28 스레드 이진 트리 운행의 예

(1) 전위 운행(preorder traversal)에서의 스레드 이진 트리

1. 이진 트리의 각 노드의 전위 운행 순서는 다음과 같이 된다.
   (a, b, d, c, e, g, f, h, I)
   예를 들면, 스레드의 전위 운행에서 e의 후속자는 gc이며, 선행자는 c이다.

2. 이 순서를 참고로 스레드 이진 트리를 표현하면 다음과 같다.

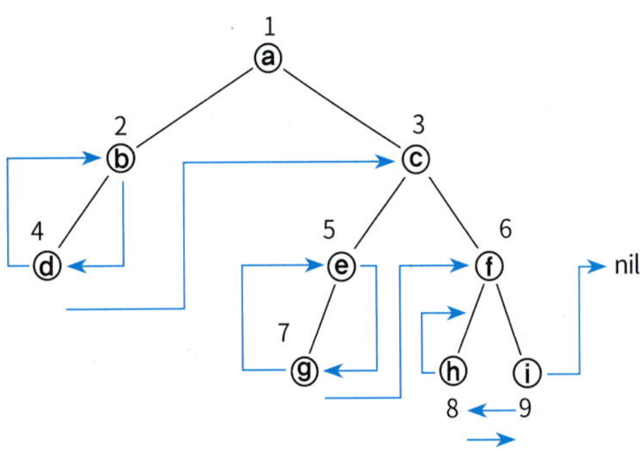

노드의 주소	LBIT	LCHILD	DATA	RCHILD	RBIT
1	1	2	a	3	1
2	1	4	b	4	0
3	1	5	c	6	1
4	0	2	d	3	0
5	1	7	e	7	0
6	1	8	f	9	1
7	0	5	g	6	0
8	0	6	h	9	0
9	0	8	i	-	0

그림 7.29 전위 운행에서의 스레드 이진 트리

(2) 중위 운행(inorder traversal)에서의 스레드 이진 트리

1. 이진 트리의 각 노드의 중위 운행 순서는 다음과 같이 된다.

   (d, b, a, g, e, c, h, f, l)

   예를 들면, 스레드의 중위 운행에서 e의 후속자는 c이며, 선행자는 g이다.

2. 이 순서를 참고로 스레드 이진 트리를 표현하면 다음과 같다.

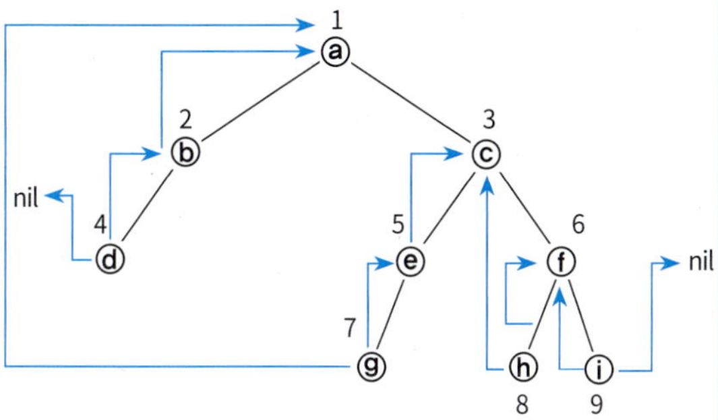

노드의 주소	LBIT	LCHILD	DATA	RCHILD	RBIT
1	1	2	a	3	1
2	1	4	b	1	0
3	1	5	d	6	1
4	0	-	d	2	0
5	1	7	e	3	0
6	1	8	f	9	1
7	0	1	g	5	0
8	0	3	h	6	0
9	0	6	i	-	0

그림 7.30 중위 운행에서의 스레드 이진 트리

(3) 후위 운행(postorder traversal)에서의 스레드 이진 트리

1. 이진 트리의 각 노드의 후위 운행 순서는 다음과 같이 된다.

   (d, b, g, e, h, l, f, c, a)

   예를 들면, 스레드의 후위 운행에서 e의 후속자는 h이며, 선행자는 g이다.

2. 이 순서를 참고로 스레드 이진 트리를 표현하면 다음과 같다.

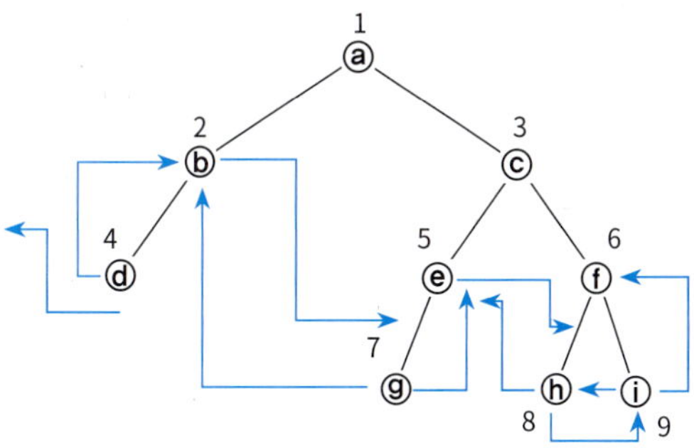

노드의 주소	LBIT	LCHILD	DATA	RCHILD	RBIT
1	1	2	a	3	1
2	1	4	b	7	0
3	1	5	c	6	1
4	0	-	d	2	0
5	1	7	e	8	0
6	1	8	f	9	1
7	0	2	g	5	0
8	0	5	h	9	0
9	0	8	i	6	0

그림 7.31 후위 운행에서의 스레드 이진 트리

실습 7.3

구조체 배열(순차 자료구조와 순차 리스트)을 사용하여 스레드(threaded) 이진 트리에서 중위 운행(inorder) 방법과 어떤 위치의 우측 노드에 삽입하는 프로그램을 작성하시오.

【출력】

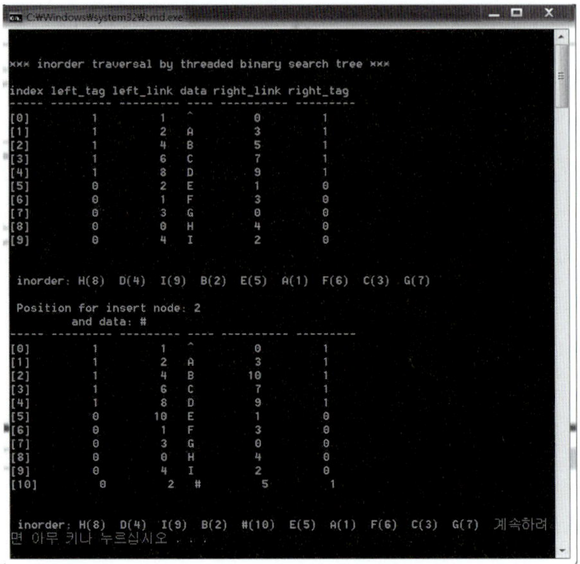

【입력】

① 키보드 입력은 scanf()와 getche() 함수 사용할 것

② 삽입할 노드의 위치와 데이터를 각각 입력받게 할 것

【처리조건】

① 운행 방식은 반드시 순환(recursion)을 사용하지 않고 스레드 방식으로 사용할 것.

② 노드의 형식은 구조체를 사용할 것.

③ 입력받은 후에도 추가된 데이터를 화면에 표시하고 중위 운행 방식 사용하여 화면에 표시할 것

④ 스레드 이진 트리의 구조는 다음과 같은 구조체 형식을 사용할 것

```
struct threaded_node
  {
    unsigned int left_tag;
    int left_link;
    char data;
    int right_link;
    unsigned int right_tag;
  };
```

⑤ 정상 포인터는 1, 스레드 포인터는 0을 사용할 것

⑥ 스레드 이진 트리의 자료구조는 다음 형식을 사용할 것

```
struct threaded_node
    tree[11]={{1,1,'^',0,1},
      {1,2,'A',3,1},
            {1,4,'B',5,1},
            {1,6,'C',7,1},
            {1,8,'D',9,1},
```

```
{0,2,'E',1,0},
{0,1,'F',3,0},
{0,3,'G',0,0},
{0,0,'H',4,0},
{0,4,'I',2,0}};
```

⑦ 헤드 노드의 데이터는 ^를 사용할 것

⑧ inorder 운행은 스택을 사용하지 말고 후속자 알고리즘을 사용할 것

【프로그램: c_7_3.C】

```
#include <stdio.h>
#include <conio.h>
#include <ctype.h>

#define null 0

struct threaded_node
  {
    unsigned int left_tag;
    int left_link;
    char data;
    int right_link;
    unsigned int right_tag;
  };

struct threaded_node tree[11]={{1,1,'^',0,1},
                               {1,2,'A',3,1},
                               {1,4,'B',5,1},
                               {1,6,'C',7,1},
                               {1,8,'D',9,1},
                               {0,2,'E',1,0},
                               {0,1,'F',3,0},
                               {0,3,'G',0,0},
                               {0,0,'H',4,0},
                               {0,4,'I',2,0}};

void threaded_inorder(int p);
int t_successor(int p);
void threaded_insert(int ken, int boo);

main()
{
  int p, i;

  printf("\n\n*** inorder traversal by threaded binary search tree ***\n\n");

```

```
  printf(" index left_tag left_link data right_link right_tag\n");
  printf(" ----- --------- --------- ---- ---------- ---------\n");
  for(i=0; i<10; i++)
     printf(" [%d] %9d %9d   %c %9d %9d\n", i, tree[i].left_tag,\
          tree[i].left_link,tree[i].data, tree[i].right_link,\
          tree[i].right_tag);
  threaded_inorder(0);

  printf(" \n\n Position for insert node: "); scanf(" %d", &p);
  printf(" \t and data: "); tree[10].data=getche();
  threaded_insert(p, 10);

  printf(" \n----- --------- --------- ---- ---------- ---------\n");
  for(i=0; i<11; i++)
     printf(" [%d] %9d %9d   %c %9d %9d\n", i, tree[i].left_tag,\
          tree[i].left_link,tree[i].data, tree[i].right_link,\
          tree[i].right_tag);

  threaded_inorder(0);

  getchar();
}
void threaded_inorder(int p)
{
  int hd;

  hd=p;
  printf(" \n\n inorder: ");

  do {
       p=t_successor(p);
       if(p!=hd)
     printf(" %c(%d)  ", tree[p].data, p);
  } while(p != hd);
}

int t_successor(int p)
{
   int m;
   m=tree[p].right_link;
   if(tree[p].right_tag==1)
     while(tree[m].left_tag==1)
     m=tree[m].left_link;
   return(m);
}
```

```
83 void threaded_insert(int ken, int boo)
84 {
85   int w;
86 
87   tree[boo].right_link = tree[ken].right_link;
88   tree[boo].right_tag = tree[ken].right_tag;
89   tree[boo].left_link = ken;
90   tree[boo].left_tag = 0;
91   tree[ken].right_link = boo;
92   tree[ken].right_tag = 1;
93   if(tree[boo].right_tag == 1)
94      {
95        w = t_successor(boo);
96        tree[w].left_link = boo;
97      }
98 }
```

【해설】

07-14. 스레드 이진 트리의 구조는 left_tag와 right_tag가 있는 구조체 형식을 사용한다.

16-25. 구조체 배열 초기화한 내용이다.

37-42. 구조체 배열 초기화한 내용을 화면에 출력한다.

73-81. 후속자 노드를 반환하는 함수이다.

43, 59-71. 스레드 이진 트리의 중위 운행 방식이다.

45. 삽입할 위치를 입력받게 하기 위하여 scanf() 사용한다.

46. 삽입할 노드의 데이터를 입력받게 하기 위하여 getche() 사용한다.

47, 83-98. 예를 들어, 2번째 위치에 데이터 #이 삽입된다면, 전 후에 스레드 포인터 전후 값이 조정된다.

5. 정렬(Sort)과 검색(Search)에 응용되는 이진 트리의 확장

이진 트리는 정렬과 검색에도 많이 활용된다. 이진 트리의 변형 및 확장 자료구조 및 알고리즘에 대해서는 본 서 뒷장에 나오는 정렬과 검색 관련 장에서 자세히 기술한다. 여기서는 간단하게 설명한다.

> 정렬(sort)은 컴퓨터 기억 공간 내에서 순서 없이 배열된 자료를 키(key)라고 불리는 특정한 부분을 중심으로 일정한 순서(작은 수에서 큰 수 순 또는 큰 수에서 작은 수 순)로 재배열하는 것을 말한다. 이 때 키란 어떤 자료를 정렬하는 데 사용하는 기준이 되는 특정 값을 말한다. ==〉 [제9장], [제10장]

> 검색(또는 탐색, search)은 컴퓨터 기억 공간 내에 저장된 자료들 중에서 어떤 조건을 만족하는 자료를 찾아내는 작업을 말한다. ==〉 [제11장], [제12장]

(1) 이진 검색 트리(또는 이진 탐색 트리, Binary Search Tree)=〉[제10장],[제12장] 참고

공백이 가능한 이진 트리 구조를 갖으며, 자료의 검색, 삽입, 삭제에 효율적이게 한 트리 자료구조를 말한다. 만일 공백이 아니면, 모든 원소의 키는 유일한 값을 가지며, 왼쪽 서브 트리 키들은 그 서브 트리의 루트 키보다 작다. 또한, 오른쪽 서브 트리 키들은 그 서브 트리의 루트 키보다 크며, 왼쪽과 오른쪽 서브 트리도 이진 탐색 트리인 성질을 갖는 자료구조이다.

(2) 균형 이진 탐색 트리(AVL: Adelson-Velski Landis) =〉 [제12장] 참고

AVL 트리는 전체 트리의 구조가 균형이 맞도록 하여 탐색 시간을 줄이는 이진 트리이다. 즉, 트리 구조가 한쪽으로 쏠리는 것을 막자는 것이 가장 기본적인 개념이다. 1962년 G.M Adelson-Velski와 E.M Landi 두 사람의 이름 첫 글자를 모아 AVL 트리라고 이름 지어졌다.

(3) 히프 =〉 [제10장] 참고

히프는 여러 개의 값들 중에서 가장 큰 값이나 가장 작은 값을 빠르게 찾아내도록 만들어진 자료구조이다. 히프는 간단히 말하면 부모 노드의 키 값이 자식 노드의 키 값보다 항상 큰(또는 작은) 완전 이진 트리(Complete Binary Tree)를 말한다. 히프 트리에서는 중복된 값을 허용한다.

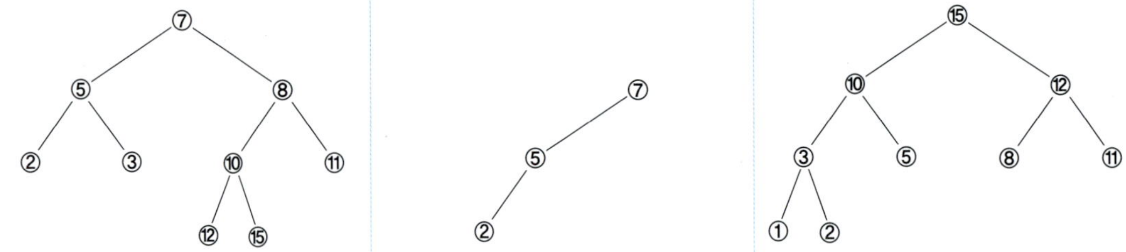

이진 검색 트리의 예	AVL 아닌 예	최대 히프의 예
왼쪽 서브 트리〈루트 키 값 루트 키 값〈오른쪽 서브 트리 2,3,5 〈 7 〈 8,10,11,12,15	왼쪽 서브 트리 높이=2 오른쪽 서브 트리 높이=0 2-0=2(차이가 2이므로 AVL아님. 2미만이면 AVL)	자식 노드의 키 값 〈부모 노드의 키 값

그림 7.32 이진 검색 / AVL / 히프의 예

요약

1. 트리의 개념

트리는 비선형 구조로서 정보의 항목들이 가지(branch)로 연결되어 자료가 구성되고, 노드 사이의 관계가 계층적 관련성을 갖는다. 그래프의 부분적 표현이다. 공백 트리가 없고 순서가 없는 비순서 트리이다.

2. 트리의 종류

(1) 순서 트리: 위치 상의 의미가 중요한 트리

(2) 방향성 트리: 왼쪽이나 오른쪽과 같이 위치 상의 구분이 별 의미가 없는 트리

(3) 닮은 트리: 구조 형태는 같으나 트리를 구성하는 노드의 내용이 다른 트리

(4) 이진 트리: 각 노드의 차수가 2 이하인 트리

(5) 사향 트리: 한쪽 방향으로만 서브 트리가 존재하는 트리(기억 공간의 낭비 가장 심함)

3. 이진 트리의 개념

각 노드의 차수가 2 이하인 트리를 말한다. 공백 트리이거나 근 노드와 서로 분리된 두 개의 이진 트리(왼쪽 서브 트리와 오른쪽 서브 트리)로 구성된다. 순서를 갖는 특성이 있다.

4. 이진 트리의 종류

(1) 엄밀한 이진 트리: 각 노드의 차수가 2 혹은 0인 이진 트리이다. 노드의 차수가 1인 것은 존재하지 않으므로 단말 노드를 제외한 모든 노드가 좌우 부 트리를 가져야 한다.

(2) 포화(정) 이진 트리: 깊이가 K인 이진 트리의 모든 노드의 수를 N 이라 하면 $N = (2^K - 1)$ 의 관계식이 성립하는 트리이다.

(3) 완전(전) 이진 트리: 깊이가 k인 어떤 이진 트리의 노드수가 n일 때 $2^{k-1}-1 < n < 2^k-1$인 트리를 말한다.

(4) 사향 이진 트리: 왼쪽 부 트리나 오른쪽 부 트리가 없이 한쪽으로 치우친 이진 트리이다.

5. 일반 트리의 이진 트리 변환법, 주 사용하는 이유

일반 트리에서 자신의 맨 좌측 자 노드를 왼쪽 가지에 자신의 오른쪽 가지에 형제 노드를 붙여서 구성한다. 트리 구조는 다양한 저장과 운행 방식이 있지만 기억 장소의 손실이 많다. 이러한 이유로 차수를 2이하로 제한하는 이진 트리가 될 때 가장 효율적이 된다.

6. 이진 트리와 일반 트리의 차이점

이진 트리	일반 트리
공백 이진 트리가 존재한다. 자식 노드의 순서를 구분한다(왼쪽 →오른쪽). 차수가 2이하이다.	0개의 노드를 가진 트리는 없다. 자식 노드의 순서를 구분하지 않는다. 차수 제한이 없다.

7. 이진 트리 구조의 표현

(1) 배열(순차 자료구조와 순차 리스트)로 표현

(2) 구조체와 포인터(연결 자료구조와 연결 리스트)로 표현

8. 이진 트리의 운행(traversal) 방식의 종류

(1) 중위 운행법: 왼쪽 노드를 방문 후 근 노드 방문하고 오른쪽 노드를 방문

(2) 전위 운행법: 근 노드 방문 후 왼쪽 노드 방문하고 후에 오른쪽 노드를 방문

(3) 후위 운행법: 왼쪽 노드 방문 후 오른쪽 노드를 방문하고 근 노드를 방문

9. 트리의 경로 길이

(1) 내부 경로 길이: 주어진 이진 트리에서 모든 가지를 1로 보았을 때 각 노드에 이르는 경로 길이의 합을 말한다.

(2) 외부 경로 길이: 각 단말(terminal) 노드에는 두 개의 가상적인 새로운 자 노드(외부 노드라 함)를 추가하고 차수가 1인 노드에는 한 개의 새로운 자 노드를 추가한 다음, 근 노드에서 이들 외부 노드까지의 거리의 총합으로 계산된다.

(3) 트리의 가중 경로 길이: 외부 노드의 가중치를 그 외부 노드의 근 노드로부터의 거리에 곱한 것을 전 외부 노드에 대하여 합한 것이 이진 트리의 가중경로 길이가 된다.

10. 허프만 트리(Huffman Tree)

가중 외부 경로 길이가 최소인 이진 트리를 찾는 자료구조이다.

11. 스레드 이진 트리(Threaded Binary Tree)

이진 트리에서 자신의 가지에 붙은 것이 없으면 NULL 값으로 표현되는데 이러한 NULL 값들을 효율적으로 이용하기 위하여 NULL 값들 대신에 트리를 운행하는 데 필요한 포인터 정보를 집어넣어 사용하도록 한 것을 말한다.

12. 이진 탐색 트리(Binary Search Tree)

공백이 가능한 이진 트리 구조를 갖으며, 자료의 검색,삽입, 삭제에 효율적이게 한 트리 자료구조를 말한다. 만일 공백이 아니면, 모든 원소의 키는 유일한 값을 가지며, 왼쪽 서브 트리 키들은 그 서브 트리의 루트 키보다 작다. 또한, 오른쪽 서브 트리 키들은 그 서브 트리의 루트 키보다 크며, 왼쪽과 오른쪽 서브 트리도 이진 탐색 트리인 성질을 갖는 자료구조이다.

13. 균형 이진 탐색 트리(AVL: Adelson-Velski Landis)

AVL 트리는 전체 트리의 구조가 균형이 맞도록 하여 탐색 시간을 줄이는 이진 트리이다. 즉, 트리 구조가 한쪽으로 쏠리는 것을 막자는 것이 가장 기본적인 개념이다. 1962년 G.M Adelson-Velski와 E.M Landi 두 사람의 이름 첫 글자를 모아 AVL 트리라고 이름 지어졌다.

14. 히프

히프는 여러 개의 값들 중에서 가장 큰 값이나 가장 작은 값을 빠르게 찾아내도록 만들어진 자료구조이다. 히프는 간단히 말하면 부모 노드의 키 값이 자식 노드의 키 값보다 항상 큰(작은) 완전 이진 트리(Complete Binary Tree)를 말한다. 히프 트리에서는 중복된 값을 허용한다.

01. 트리(tree)의 정의로서 틀린 것은?

① 트리는 노드가 한 개 이상 모인 유한 집합이다.
② 근 노드(root)라고 불리우는 한 개의 노드가 있다.
③ 근 노드 이외의 노드 T_1, T_2, ..., T_n(n>=0)은 서로 중복되지 않는 부분 집합으로 이들을 각각 부분 트리(subtree)라 한다.
④ 이진 트리는 2개의 근 노드(root)를 가진다.

02. 다음에서 tree structure로 그리기에 적합하지 않는 것은?

① 가족의 계보 ② 행렬 ③ 연산 수식 ④ 회사 종업원에 대한 직제상의 상하 관계

03. 레벨 i 노드의 개수가 정확히 2^{i-1}인 이진 트리를 특별히 무슨 트리라고 하는가?

① 전 이진 트리 ② 사향 이진 트리 ③ Knuth의 이진 트리 ④ 정 이진 트리

04. 레벨을 i, 노드 수를 n이라 할 때 정 이진 트리(full binary tree)의 노드 수 n은?

① 2^i ② 2^{i-1} ③ 2^i-1 ④ 2^i+1

05. binary tree에서 depth가 5이면 tree에는 최대 몇 개의 node를 가질 수 있는가?

① 16개 ② 6개 ③ 32개 ④ 31개

06. 다음 그림에서 이진 트리의 노드 형태를 나타냈을 때, LLINK나 RLINK는 무엇을 나타내는가?

LLINK	DATA	RLINK

① 이진 트리임을 나타낸다.
② 좌,우측 자 노드를 가리키는 화살표이다.
③ 좌,우측 자 노드가 적재된 기억 장소의 주소 값을 나타낸다.
④ 좌, 우측 자 노드와의 거리를 나타낸다.

07. 이진 트리(binary tree)를 연속 배열 저장법으로 기억시킬 때 가장 효율적인 트리는 어느 것인가?

① 오더드(ordered) 트리 ② 정이진(full binary) 트리
③ 경사 이진(skewed binary) 트리 ④ 오리엔티드(oriented) 트리

08. 이진 트리에서 근 노드의 레벨이 0이라 할 때 레벨 3에서 최대 노드 수는 얼마인가?

① 7개 ② 8개 ③ 15개 ④ 16개

09. 다음 트리를 컴퓨터의 기억 공간에 저장할 때 자 노드를 가리키는 link들을 두어 저장한다면 어느 한 노드의 link의 개수는 몇 개인가?

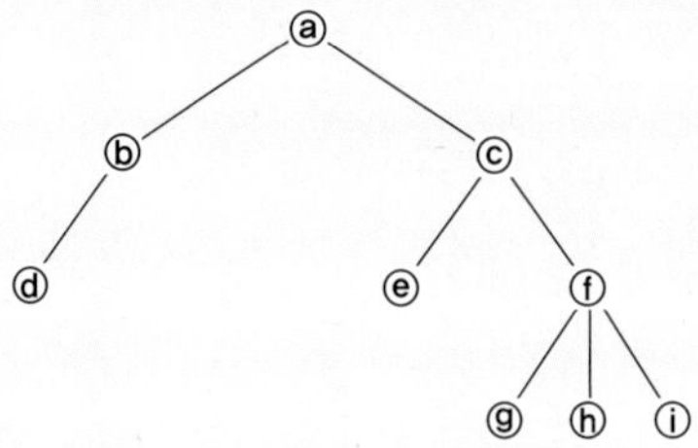

① 2개 ② 1개 ③ 3개 ④ 4개

10. 다음 이진 트리를 postorder 운행을 한 결과는?

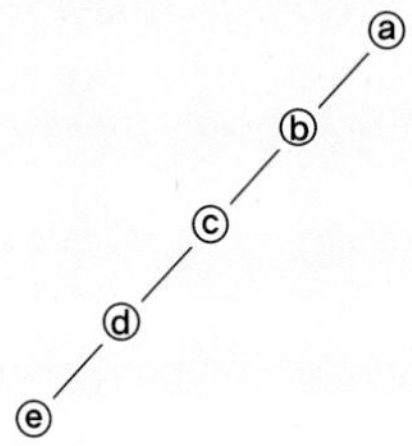

① a, b, d, c, e ② c, d, e, b, a

③ a, b, c, d, e ④ e, d, c, b, a

11. 다음 그림과 같은 이진 트리에 preorder 운행법은?

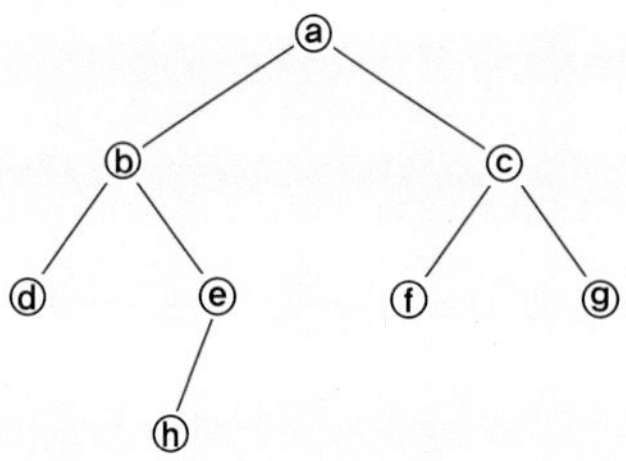

① abdehcfg ② dbheafcg ③ dhebfgca ④ abcdefgh

12. binary tree 구조로 저장된 정보를 운행 검색하는 방식과 가장 관계가 먼 것은?

① preorder 운행법 ② inorder 운행법 ③ postorder 운행법 ④ family order 운행법

13. 다음 트리를 포스트오더(postorder)로 운행할 때 노드 h는 몇 번째로 검사되는가?

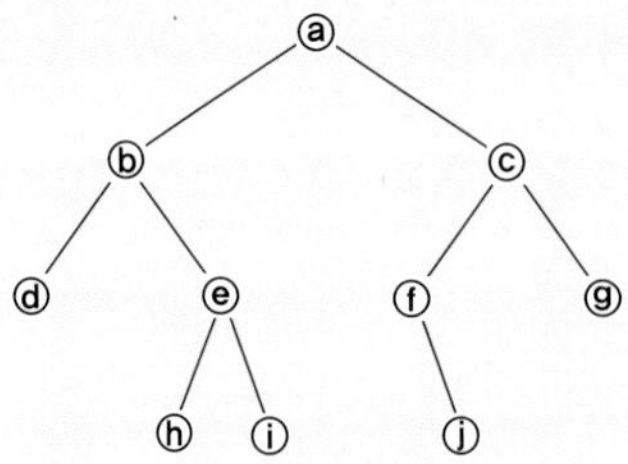

① 5 ② 3 ③ 4 ④ 2

14. 다음 그림의 트리를 이진 트리로 변환시킨 후 inorder 운행을 한 결과는?

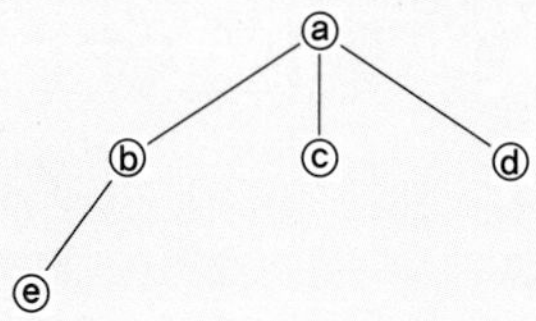

① e, b, c, d, a ② a, b, e, c, d ③ e, d, c, b, a ④ a, b, c, d, e

15. 다음 트리를 프리오더(preorder)로 운행하되 threaded 이진 트리를 이용하려 한다. 노드 e의 좌측 및 우측 포인터는 어느 노드를 지정하여야 하는가?

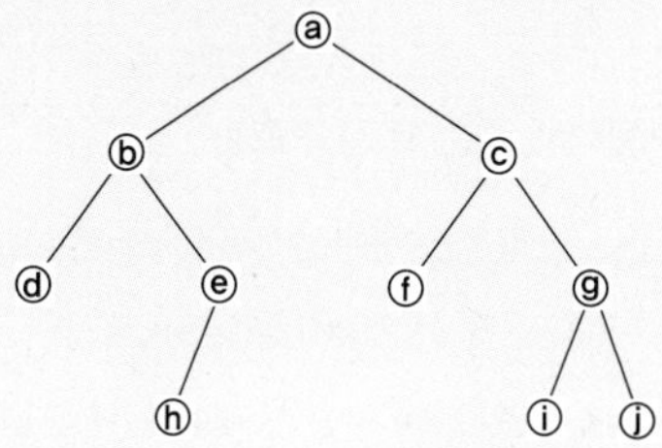

① 좌측: d, 우측: a ② 좌측: b, 우측: a ③ 좌측: h, 우측: nil ④ 좌측: h, 우측: h

16. 다음 트리를 이진 트리로 변환시킨 후 링크드 리스트로 기억시킨 것이 표와 같다. ㉠, ㉡에 표시된 값은 각각 얼마인가?

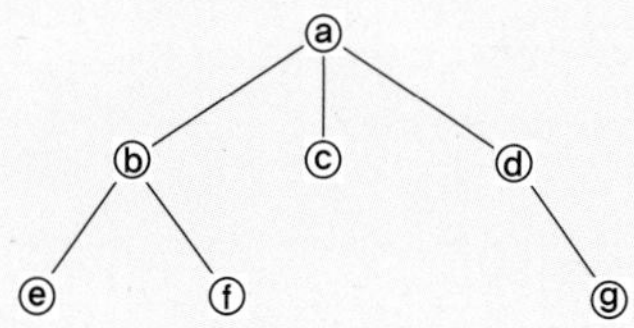

index	atom	좌측포인터	우측포인터
1	a	2	-
2	b	5	3
3	c	-	㉠
4	d	7	-
5	e	㉠	6
6	f	-	-
7	g	-	-

① ㉠=1, ㉡=nil ② ㉠=nil, ㉡=4 ③ ㉠=nil, ㉡=nil ④ ㉠=4, ㉡=nil

17. 다음 infix 표기법을 postfix 표기법으로 표시한 것은?

```
A*(B+C)*D
```

① ABC+*D* ② **A+BCD ③ AB*AC*+D* ④ A*B+C*D

18. A*B+C/D를 prefix notation으로 표기하면?

① A*BCD/+ ② +*CD/AB ③ +*AB/CD ④ *=/ABCD

19. 다음은 prefix 표현을 스택에 저장한 것이다. 이 때 최초로 연산되는 내용은?

=	X	+	A	*	+	B	/	C	D	E

BOTTOM　　　　　　　　　　　　　　　　　　　　TOP

① C/D　　② E/F　　③ X+A　　④ B/C

20. 다음은 postfix 표현을 스택에 저장한 것이다. 이 때 최초로 수행되는 연산은?

· · ·	D	B	*	E	+	A	−	=

BOTTOM　　　　　　　　　　　　　　　　　　　　TOP

① B+E　　② E+A　　③ D*B　　④ B*E

21. 앞의 노드(higher node)를 가장 잘 지적해 주는 트리 구조는?

① 이진(binary) 트리　　② 피보나치(fibonacci) 트리

③ 일반적인(general) 트리　　④ 스레이드(threaded) 트리

22. 산술문을 나타내는 트리 구조이다. 이 트리 구조에 해당되는 것은?

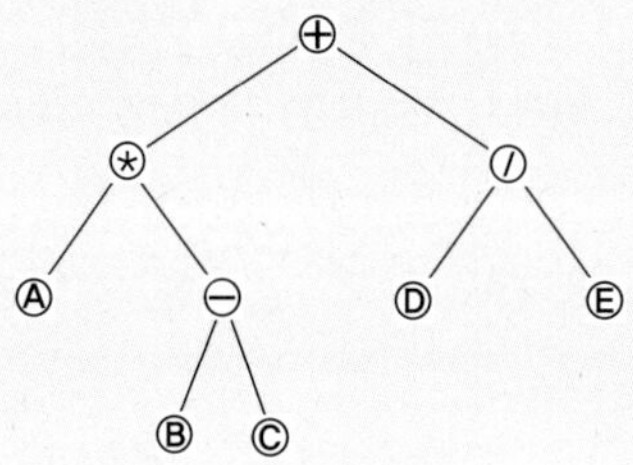

① B−C*A+D/E　　② B−C*(A+D/E)　　③ A*B−C+D/E　　④ A*(B−C)+D/E

23. 트리(tree) 조작을 위해 흔히 스택(stack)을 사용한다. 그 이유는?

① 조작에 사용되는 기억 장소를 절약하기 위해서 사용한다.

② 근 노드로의 반복 검조(backtracking)를 위해 사용한다.

③ 조작 절차로 재귀적 호출(recursive call)을 위해 사용한다.

④ 부분 트리에 대한 포인터(pointer)의 대용으로 사용한다.

24. 전위 운행한 결과 ABCDE인 이진 트리 구조를 후위 운행으로 바르게 표현한 리스트는?

① (((CDB)E)A)　　② ((((CD)B)E)A)　　③ (BCDAE)　　④ (((BE)CD)A)

25. 다음 이진 트리를 중위 운행하여 알파벳(A-Z) 순으로 정렬되게 하려면 K는 어느 곳에 삽입되어야 하는가?

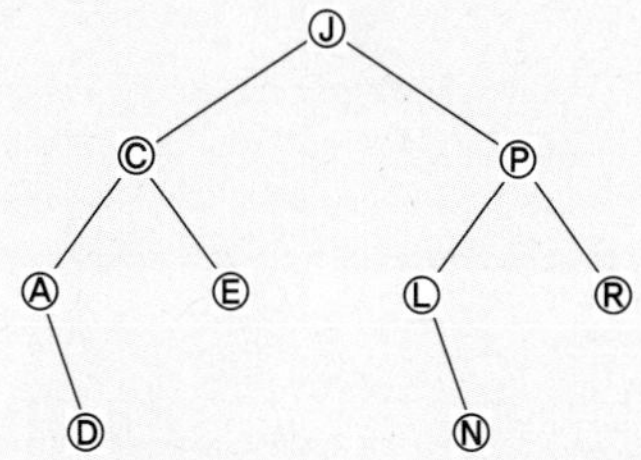

① L의 왼쪽 자 노드　② N의 오른쪽 자 노드　③ E의 오른쪽 자 노드　④ D의 왼쪽 자 노드

26. 스레드 이진 트리를 이용하여 다음 트리를 전위 운행할 때 노드 E의 왼쪽 및 오른쪽 포인터는 각각 어느 노드를 가리켜야 하는가?

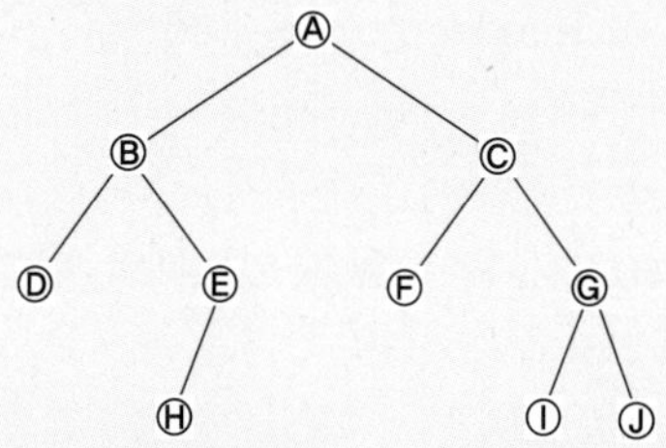

① 왼쪽:B, 오른쪽:A　② 왼쪽:H, 오른쪽:nil　③ 왼쪽:D, 오른쪽:H　④ 왼쪽:D, 오른쪽:B

27. 다음 중 Huffman 코드에 대한 설명 중 옳은 것은?

① 모든 메시지에 대한 코드의 길이가 일정하므로 사용이 편리하다.

② 메시지의 사용 빈도에 따라 해독 트리를 조정하여 해독 시간을 최소화 한다.

③ 모든 메시지에 대한 해독 시간이 일정하다.

④ 메시지의 삽입과 삭제가 많은 경우 편리하다.

28. 다음 그림은 이진 트리를 이중 연결 리스트로 표현한 석이다. 중위 운행이 가능하도록 스레드를 이용하여 스레드 이진 트리로 만들었을 때 *가 가리켜야 할 노드는?

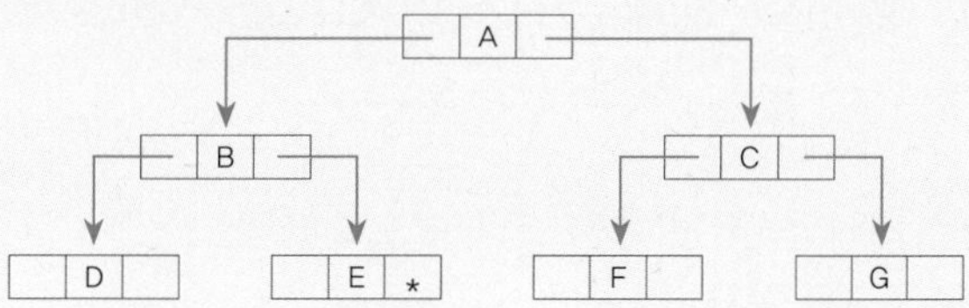

① A　② B　③ C　④ D

29. 다음 트리에 대해 스택을 이용하여 전위 운행(preorder traversal)할 때 스택에 push할 노드의 순서는?

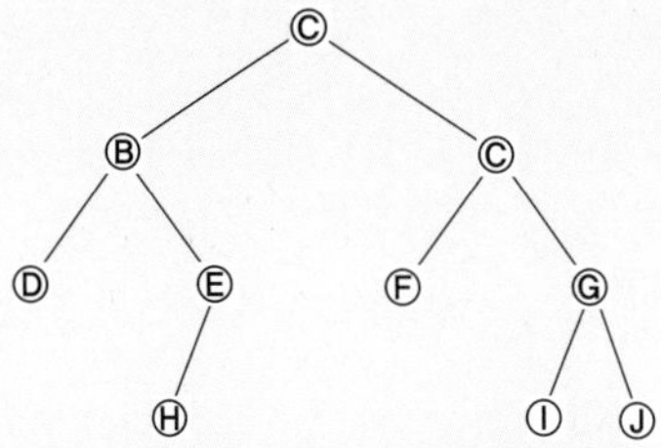

① ABDE ② AFIJ ③ DHIJ ④ CEGJ

30. n개의 노드를 가진 이진 트리에서는 (n+1)개의 null pointer가 생겨 이 pointer를 이진 트리의 순회에 사용하는 트리는?

① Skewed binary tree ② Threaded binary tree

③ Linked binary tree ④ Knuth binary tree

31. 경사 이진 트리(skewed binary tree)가 아래와 같을 때 연속 배열 저장을 알맞게 표현 한 것은?

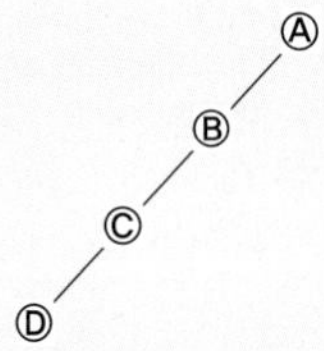

①	②	③	④
A	A	A	A
B	B	B	–
–	C	–	B
C	D	C	–
–	–	–	C
–	–	D	–
–	–	–	D
D	–	–	–

32. 이진 트리를 1차원 배열로 저장했을 때, i번째 노드의 오른쪽 자식 노드는 배열의 몇 번째에 저장되는가?

① 2i ② 2i–1 ③ 2i+1 ④ 2(i+1)

33. 이진 트리를 배열로 표현할 때 배열에서 i번째 원소의 부모 노드 위치는?

(⌊ ⌋: 편의상 소수점 이하는 버림을 의미)

① i/2 ② ⌊ i/2+1 ⌋ ③ ⌊ i/2 ⌋ ④ (i+1)/2

01. 다음 트리에 대해서 답하시오.

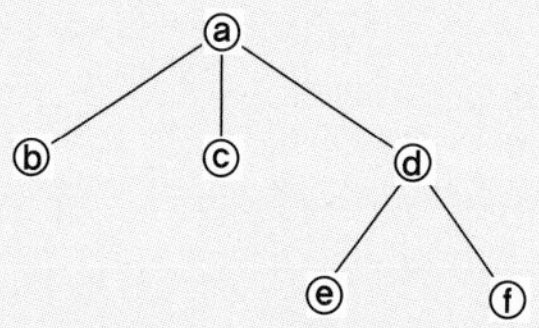

① 노드의 수 ② 근 노드 ③ 각 노드의 차수(degree)
④ 단말 노드 및 노드의 수 ⑤ 비단말 노드 및 노드의 수
⑥ e의 조상 ⑦ d의 자식 노드 ⑧ d의 부모 노드
⑨ 제 노드 ⑩ 레벨 ⑪ 트리의 깊이
⑫ 포리스트의 수 ⑬ 트리의 차수(degree)

02. 다음 수식에 대해서 답하시오.

```
A*B/C-D*E
```

(1) 이진 트리로 표현하시오.

(2) 전위, 중위, 후위 운행 방식으로 운행하면 그 순서는?

(3) 산술 계산에서 이용되는 prefix, infix, postfix 표기법으로 나타낸 식은?

(4) 이진 트리의 운행법과 대수식과의 관계를 설명하시오.

03. 다음에 주어진 이진 트리를 사용하여 아래 물음에 답하시오.

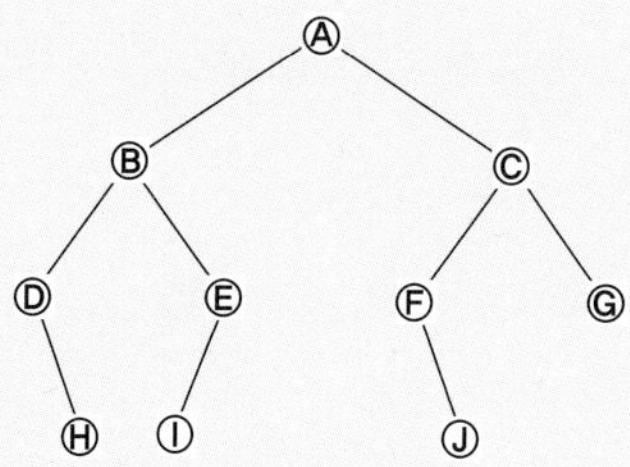

(1) 연속 배열 방식으로 저장하시오.

(2) 두 개의 링크를 사용하여 저장하시오.

(3) 스레드 이진 트리로 저장하시오(후위 운행 방식으로 한다).

04. 다음에 있는 표는 어떤 이진 트리를 스레드 이진 트리 방식으로 저장한 것인데 후위 방식으로 순회하는 순서로 되어 있다. 주어진 표로부터 먼저 이진 트리를 그린다음 스레디드 포인터의 값을 정하시오. 그 다음 표의 빈칸을 적절하게 채우시오(단 RBIT 이나 LBIT 은 0이면 스레디 포인터를 나타내고 1이면 정상 포인터가 된다).

노드의 주소	LBIT	LCHILD	DATA	RCHILD	RBIT
10	1	11	ⓐ	12	1
11	1	13	ⓑ	( )	( )
12	1	14	ⓒ	15	1
13	( )	( )	ⓓ	( )	( )
14	( )	( )	ⓔ	16	1
15	1	17	ⓕ	18	1
16	( )	( )	ⓖ	( )	( )
17	( )	( )	ⓗ	( )	( )
18	( )	( )	ⓘ	( )	( )

05. 다음 이진 트리에 대해서 답하시오.

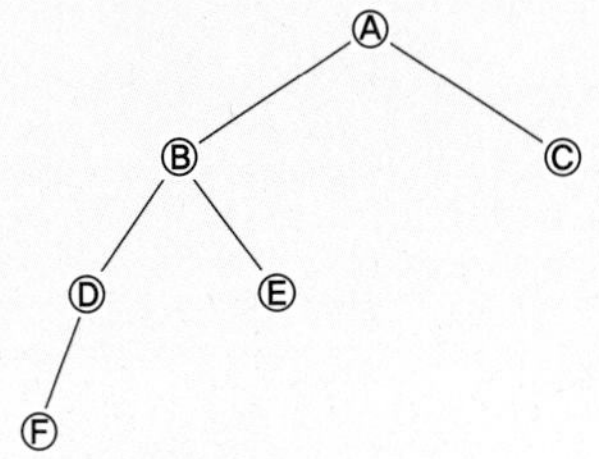

(1) 내부 경로 길이(internal path length)를 구하시오.

(2) 외부 경로 길이(external path length)를 구하시오.

(3) 내부 경로 길이(I)와 외부 경로 길이(E) 사이에는 E = I + 2n의 관계식이 성립함을 밝히시오.

06. 다음 이진 트리를 preorder, inorder, postorder 운행한 결과를 쓰시오.

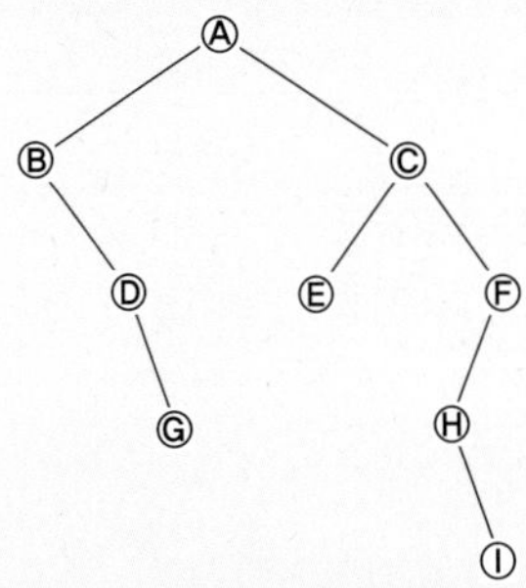

07. 가중치가 1, 3, 7, 8, 10 와 같이 주어졌을 때 가중 경로 길이가 최소로 되는 이진 트리를 huffman의 알고리즘을 이용하여 만드시오. 그다음 이 트리의 가중 경로 길이를 구한 후, 다음 트리의 가중 경로 길이와 비교하시오.

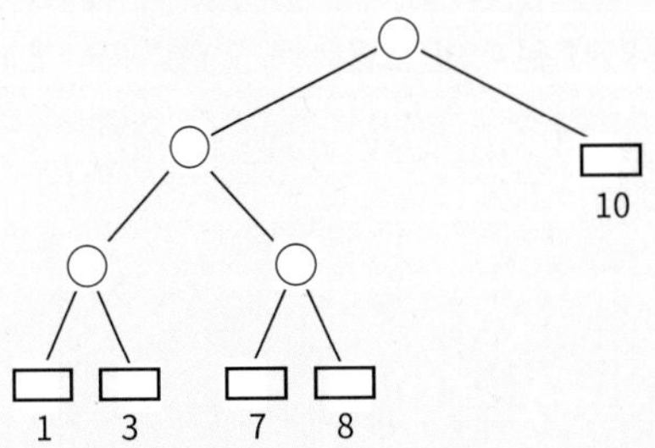

08. 다음 트리에서 각 노드를 트리의 차수만큼 링크 필드를 사용하여 기억 공간에 표현할 때 null link 점유율은 얼마인지 수식으로 나타내시오.

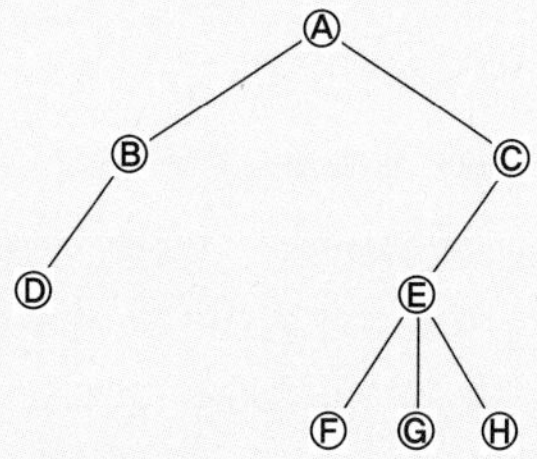

09. 가상 코드로 기술한 트리에서의 전위 운행 알고리즘은 다음과 같다. 순환에 의한 방법이며 다음 procedure에서 T는 처음에는 근 노드가 된다. 다음에는 트리의 임의의 노드로 된다. 빈칸을 채우시오.

```
procedure preorder(T)
    if T = null then end;
    else {
      process(data(T));
      preorder(      ❶      );
      preorder(      ❷      );
    }
end preorder()
```

10. 가상 코드로 기술한 트리에서의 중위 운행 알고리즘은 다음과 같다. 순환에 의한 방법이며 다음 procedure에서 T는 처음에는 근 노드가 된다. 다음에는 트리의 임의의 노드로 된다. 빈칸을 채우시오.

```
procedure inorder(T)
    if T = 0 then end;
    else {
      inorder(      ❶      );
      process(data(T));
      inorder(      ❷      );
    }
end inorder();
```

11. 가상 코드로 기술한 트리에서의 후위 운행 알고리즘은 다음과 같다. 순환에 의한 방법이며 다음 procedure에서 T는 처음에는 근 노드가 된다. 다음에는 트리의 임의의 노드로 된다. 빈칸을 채우시오.

```
procedure postorder(T);
    if T = 0 then end;
    else {
      postorder(      ❶      );
      postorder(      ❷      );
      process(data(T));
    }
end postorder();
```

12. 가상 코드로 기술한 트리에서의 전위 운행 알고리즘은 다음과 같다. 이진 트리에서의 전위 운행 알고리즘(스택 이용)은 다음과 같다. 빈칸을 채우시오.

㉠ 스택에 null 을 push한다.
㉡ ptr에 근 노드를 대입한다.
㉢ 다음의 ⓐ에서 ⓓ를 ptr이 null이 될 때까지 반복한다.
　ⓐ ptr이 가리키는 노드를 처리(process: traversal의 구체적인 작업) 한다.
　ⓑ 만약 ptr이 가리키는 노드의 오른쪽 자 노드가 있으면 그 자 노드를 스택에 (❶) 한다.
　ⓒ ptr이 가리키는 노드의 왼쪽 자 노드를 ptr값이 되도록 한 다음 ⓐ번으로 간다. 만약 (❷) 가 없으면 아래 ⓓ과정으로 간다.
　ⓓ 스택을 (❸) 하여 ptr에 대입한다. 만약 ptr이 null이면 수행을 멈춘다. 그렇지 않으면 ⓐ번으로 간다.

13. 외부 노드의 개수와 가중치를 변하지 않게 하고 이진 트리의 내부 길이를 적절히 바꿀 수가 있는데 여러 가지의 가중 경로 길이가 산출될 수 있다. 이중에서 가중 경로 길이가 최소가 되는 이진 트리를 만들 수 있는데 대표적인 것으로 허프만(Huffman) 알고리즘이 있다.
다음은 이 알고리즘의 순서를 간략하게 나타낸 것이다. 빈칸을 채우시오.

① n개의 가중치가 주어졌을 때 한 개의 가중치로 이루어진 n개의 독립된 (❶) 를 먼저 만든다.
② 새로운 내부 노드(r)를 한 개를 만든다.
③ 가중치 중에서 가장 작은 값(a)을 선택하여 (❷) (r)의 좌측 서브 트리가 되게 한다.
④ 두 번째로 가중치가 작은 것(b)을 골라 내부 노드(r)의 우측 서브 트리가 되게 한다.
⑤ 내부 노드(r)의 각 서브 트리에 있는 외부 노드의 가중치의 총합이 그 트리의 가중치가 되게 하여 다음번 가중치 비교 시 사용한다(a와 b는 더 이상 사용하지 않는다).
⑥ 더 이상의 (❸) 가 없을 때까지 위 ②로 간다.

14. 이진 검색 트리를 생성하고 되부름(recursion)을 사용하며, inorder, preorder, postorder 운행 법을 사용하여 방문하는 프로그램을 작성하시오.

【출력】

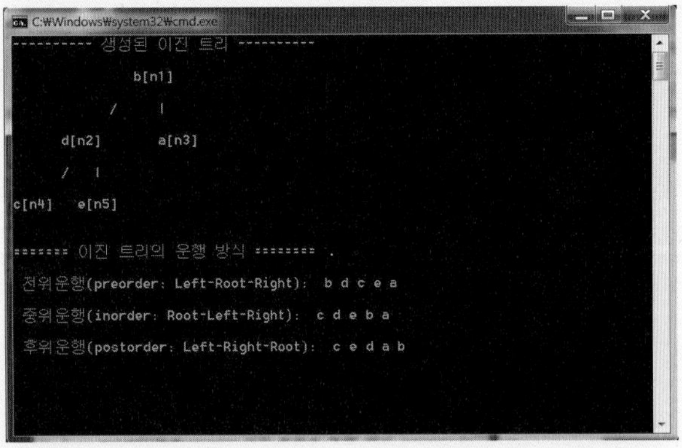

【처리조건】
① 운행 방식은 반드시 순환(recursion)을 사용한다.
② 노드의 형식은 구조체를 사용한다.

15. 이진 트리를 생성하고 스택(stack)을 사용하며, inorder 운행 법을 사용하여 방문하는 프로그램을 작성하시오.

【출력】

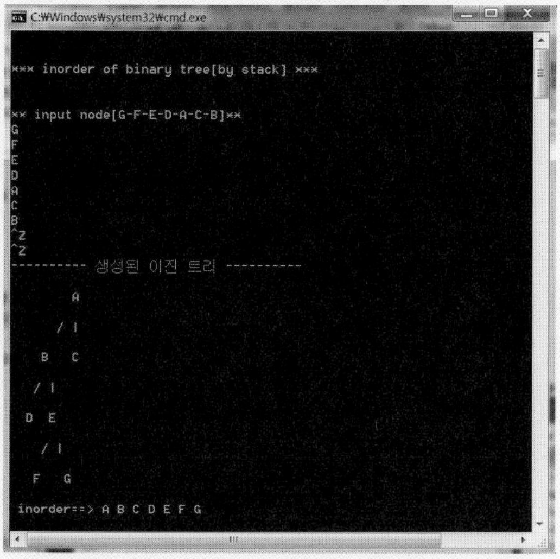

【입력】

키보드로 입력할 내용은 다음 순으로 할 것

G F E D A C B ^Z ^Z(Ctrl+Z를 의미함)

【처리조건】

① 운행 방식은 반드시 스택을 사용한다.

② 노드의 형식은 구조체를 사용한다.

③ 트리 구조

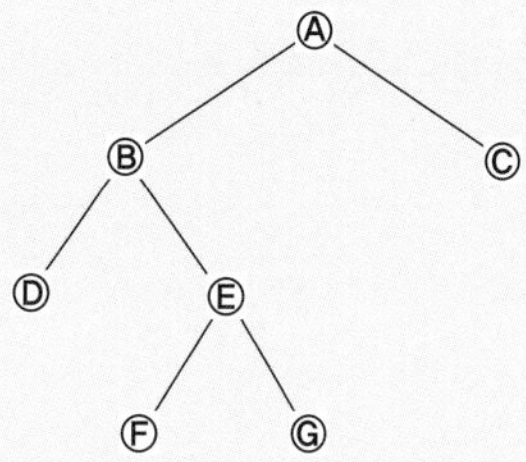

- 자기 호출을 사용하지말고 스택을 이용한다.
- 종료 조건: 스택이 비어 있고 동시에 오른쪽 끝일 경우에 종료한다.
- 왼쪽 자식으로 갈 수 있는 만큼 진행한다. 이때 부모의 위치는 스택에 보관한다.
- 부모 노드로 되돌아갈 시는 스택의 포인터를 이용한다.
- 우측 자 노드로 진행한다.

16. 대수식의 이진 트리를 생성하고 되부름(recursion)을 사용하여 inorder, preorder, postorder 운행 법을 사용하여 방문하는 프로그램을 작성하시오.

【출력】

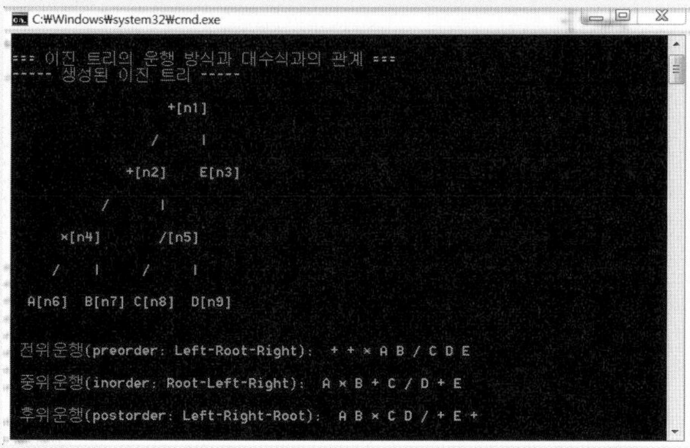

【처리조건】

① 운행 방식은 반드시 순환(recursion)을 사용할 것.

② 노드의 형식은 구조체를 사용할 것.

③ 2진 검색은 〈출력〉처럼 각각 생성하여 운행한다.

④ 대수식에서 이진 트리를 생성하고 되부름(recursion)을 사용하여 inorder, preorder, postorder 운행 법을 사용하여 방문하는 프로그램 결과를 작성할 것.

08

그래프(GRAPH)

[학습 단계]

[학습 목표]

- 그래프의 개요에 대해서 알아본다.
- 그래프의 개념과 용어에 대해서 알아본다.
- 그래프의 표현법에 대해서 학습한다.
- 그래프의 운행(traversal) 방식에 대해서 학습한다.
- 그래프의 활용에 대해서 학습한다.

00 _ 개요

본 장에서는 알고리즘 중에서 가장 많이 사용되는 것 중의 하나인 그래프(Graph)에 대해서 설명하려고 한다.

1. 그래프의 개념과 의의

그래프는 객체를 표현하는 공집합이 아닌 정점(Vertex)과 객체를 연결하는 간선(Edge)으로 구성하는 비선형 자료구조이다. 선형 구조와 다르게 그래프와 트리 구조는 비선형 구조로 이루어진다. 그래프는 트리의 일반화된 표현이며, 트리는 그래프의 부분적 표현이다.

그림 8.1 그래프의 개념과 예

2. 일상생활에서 그래프의 예

그래프는 일상생활에서도 그 예를 많이 찾아 볼 수 있는 자료구조의 한 형태이다. 예를 들면 수도권 지하철 노선도와 전국 시외버스 노선 망, 전 세계의 국제공항 비행 노선도와 경로에서의 비용문제, 수도 배관, 구글의 지도를 이용하여 빠른 길 찾기, 지하철 요금 계산하기, 컴퓨터 내부의 메인 보드의 전기회로, 운영체제의 프로세스 자원 관리, 대학에서의 교과과정에서의 선수 과목과 후수 과목의 연결 관계도, 인간 네트워크를 통한 인맥 관리도 등이다.

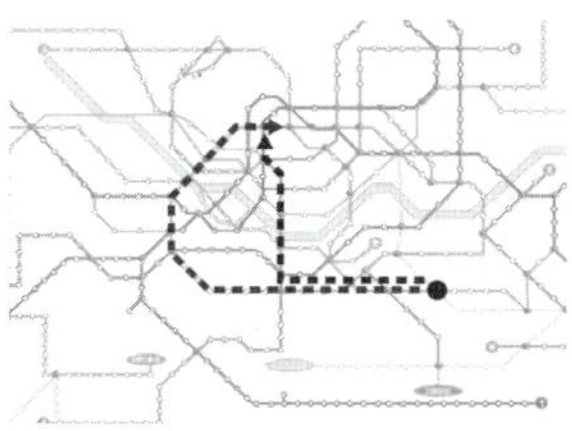

그림 8.2 수도권 지하철 노선도

그림 8.3 전 세계의 국제 공항 비행 노선도

그림 8.4 구글 지도에서의 최단 경로 찾기

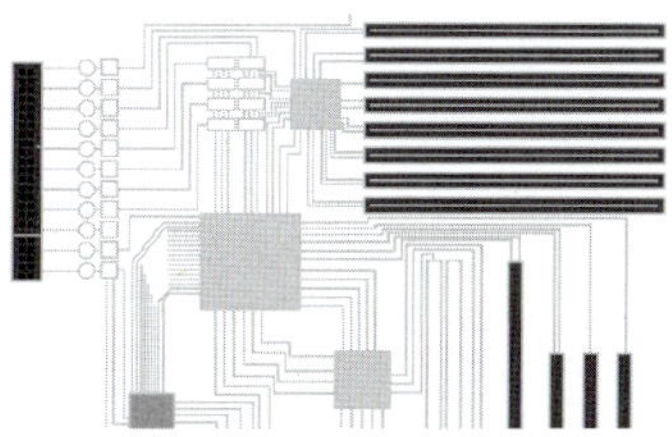

그림 8.5 컴퓨터 내부의 메인 보드의 전기회로

3. 그래프 이론의 도입과 오일러

그래프의 개념을 처음 사용한 것은 1736년 오일러(Euler)가 Koenigsberg 다리 문제를 해결하기 위해서였다. 다음 그림에서와 같이 Pregal 강이 2개의 Kneiphof 섬을 지나 흐르는데, 7개의 다리가 있다. 어떤 곳에서 시작하든지 7개의 다리를 모두 한 번만 지나서 원래 위치로 되돌아 올 수 있도록 할 수 있는가 하는 문제가 있었다. 이것을 오일러가 불가능함을 증명하였다. 섬을 정점(vertics), 다리를 연결선(vertics)으로 한 그래프 개념을 도입하였다. 우선 정점의 차수가 짝수 또는 홀수인가에 따라 우정점 또는 기정점이 된다는 생각을 하고, 우정점인 경우는 어떤 정점에서 시작하든지 한 번씩 거쳐서 원래 상태로 돌아올 수 있지만, 기정점인 경우는 원상태로 돌아올 수 없다. 쾨니히스베르크(Koenigsberg) 다리 문제는 기정점이므로 불가능함을 오일러는 제시 하였다. 이것이 그래프의 첫 번째 이용이었으며 많은 곳에서 이용되고 있다. 이것을 오일러의 경로(Euler Path)라고도 하며, 확장하여 그래프 이론(Graph Theory)이 생겨났다.

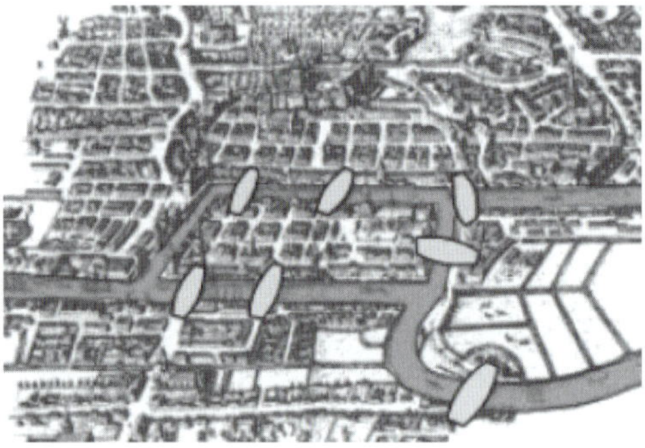

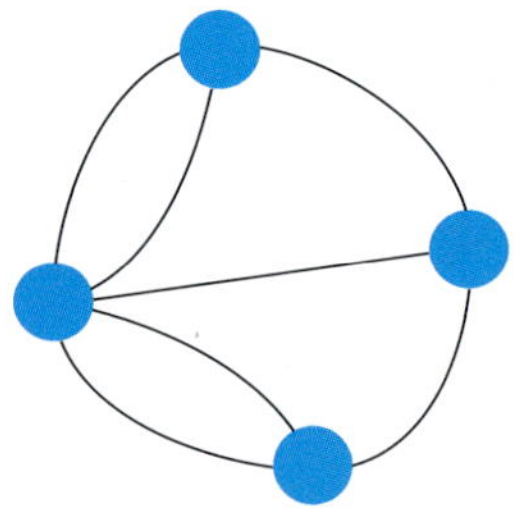

⇒ 오일러의 그래프로 육지의 지점을 정점, 다리를 간선으로 간결하게 추상화

그림 8.6 Koenigsberg 다리와 오일러 그래프

4. 그래프의 표현

1. 배열(순차 자료구조와 순차 리스트)로 표현
2. 구조체와 포인터(연결 자료구조와 연결 리스트)로 표현

5. 그래프의 응용

그래프의 응용으로는 최단 경로 찾는 문제, 운영체제의 프로세스 관리, 전기 회로 분석, 화학물질 결합 방법, 수학에서의 대수적 기하학과 위상 수학, 조합론, 통계학, 인공 지능, 연구 계획 분석, 언어학, 사회과학 분야 등 광범위한 분야에서 응용되고 있는 자료구조이다. 여기에 사용되는 것이 신장 트리와 최소 비용 신장 트리, 가중치 그래프, 최단 경로 알고리즘 등이있다.

01 _ 그래프의 개념과 용어

1. 그래프의 정의

그래프는 객체를 표현하는 정점(Vertex)과 객체를 연결하는 간선(Edge)으로 구성한다. G = (V, E)로 표현하는데 V와 E의 두 집합으로 구성되어 진다. 여기서 V는 공집합이 아닌 정점(Vertex)들의 유한 집합, E는 두 정점을 잇는 간선(Edge)들의 집합이다. V(G)는 그래프 G의 정점들의 집합, E(G)는 그래프 G의 간선들의 집합을 의미한다.

G_1 = (V, E)
V(G_1)={1, 2, 3, 4}
E(G_1)={(1,2),(1,3),(1,4),(2,3),(2,4),(3,4)}

G_2 = (V, E)
V(G_2)={1, 2, 3}
E(G_2)={(1,2),(1,3),(2,3)}

그림 8.7 그래프와 정점, 간선에 대한 예

2. 그래프의 종류

(1) 무방향 그래프(undirected graph)

간선을 나타내는 정점의 쌍은 순서가 없는 그래프이다. 간선 (v_i, v_j)와 간선 (v_j, v_i)는 동일한 간선으로 간주한다.

(2) 방향 그래프(directed graph)

각 간선은 방향이 표시된 정점의 쌍 (v_i,v_j)로 나타낸다. 간선 (v_i, v_j)와 간선 (v_j, v_i)는 서로 다른 간선으로 간주한다. 간선 (v_i, v_j)에서 v_i를 꼬리(tail), v_j를 머리(head)라 한다. 표현은 〈v_i, v_j〉 또는 $v_i \rightarrow v_j$로 표현한다.

(3) 다중 그래프(multigraph)

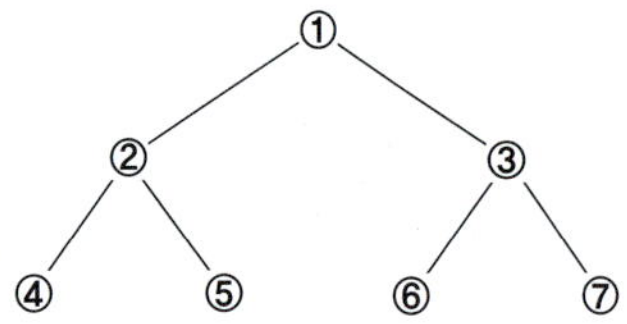

G_3 = (V, E)
$V(G_3)$={1,2,3,4,5,6,7}
$E(G_3)$={(1,2),(1,3),(2,4),(2,5),(3,6),(3,7)}
⇒ E(G_3)에서 (1,2)와 (2,1)은 동일한 간선이고, (1,3)과 (3,1)은 동일한 간선이다. (2,4)와 (4,2), (2,5)와 (5,2), (3,6)과 (6,3), (3,7)과 (7,3)은 각각 동일한 간선들이다.

그림 8.8 무방향 그래프의 예

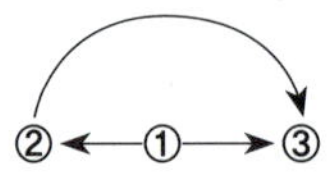

G_4 = (V, E)
$V(G_4)$={1,2,3}
$E(G_4)$={〈1,2〉,〈1,3〉,〈2,3〉}
=> E(G_4)에서 〈1,2〉와 〈2,1〉방향성이 있으므로 서로 다른 간선이다.
〈1,3〉과 〈3,1〉은 서로 다른 간선,
〈2,3〉과 〈3,2〉도 서로 다른 간선이다.

그림 8.9 방향 그래프의 예

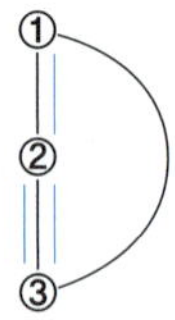

=> 정점 1와 2 사이에 2개, 정점 2와 3 사이에 3개의 간선이 존재하는 다중그래프이다.

그림 8.10 다중 그래프의 예

두 정점 사이에 2개 이상의 간선이 존재하는 그래프이다. 보통 그래프라고하면 간선을 중복한 다중 그래프는 포함하지 않는다.

(4) 완전 그래프(complete graph)

정점이 n개인 무방향 그래프에서 최대 간선의 수가 n(n−1)/2인 그래프를 의미하며 방향 그래프에서는 최대 간선의 수가 n(n−1)인 그래프를 의미한다.

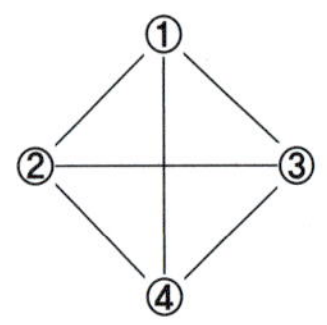

G_1 = (V, E)
$V(G_1)$={1, 2, 3, 4}
$E(G_1)$={(1,2),(1,3),(1,4),(2,3),(2,4),(3,4)}
⇒ 정점이 4개인 무방향 그래프에서 최대 간선의 수는 4(4−1)/2 = 6개이다. 즉 완전 그래프이다.

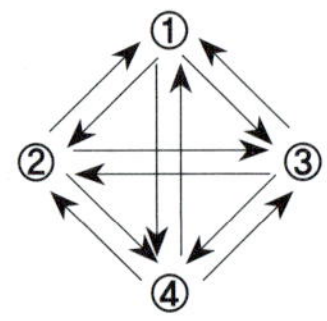

⇒ 정점이 4개인 방향 그래프에서 최대 간선의 수는 4(4−1) = 12개이다. 즉 완전 그래프이다.(다중 그래프 인정할 경우에 해당된다.)

그림 8.11 완전 그래프의 예

(5) 부 그래프(sub graph)

원래 그래프에서 정점이나 간선의 일부를 제외하여 만든 그래프이다. V(G') ⊆ V(G) 이고 E(G') ⊆ E(G) 인 그래프 G'를 그래프 G의 부 그래프(또는 서브 그래프)라 한다.

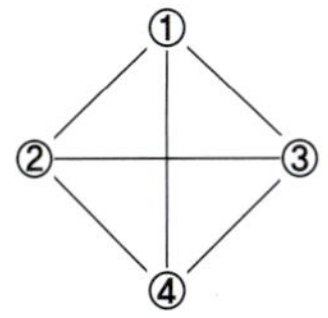

$G_1 = (V, E)$

$V(G_1)=\{1, 2, 3, 4\}$

$E(G_1)=\{(1,2),(1,3),(1,4),(2,3),(2,4),(3,4)\}$

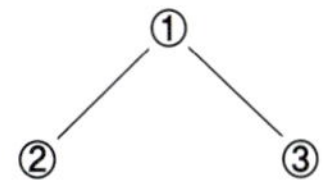

$G_1' = (V, E)$

$V(G_1')=\{1, 2, 3\}$

$E(G_1')=\{(1,2),(1,3)\}$

$\Rightarrow V(G_1') \subseteq V(GG_1)\ E(G_1') \subseteq E(G_1)$

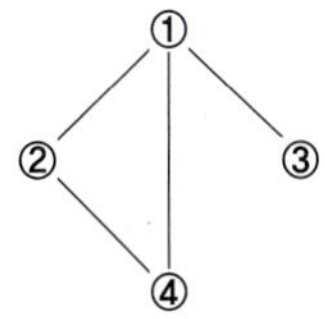

$V(G_1')=\{1, 2, 3, 4\}$

$E(G_1')=\{(1,2),(1,3),(1,4),(2,4)\}$

$\Rightarrow V(G_1') \subseteq V(GG_1)\ E(G_1') \subseteq E(G_1)$

그림 8.12 부 그래프의 예

(6) 가중 그래프(weight graph)

정점을 연결하는 간선에 가중치를 부여한 그래프이다.

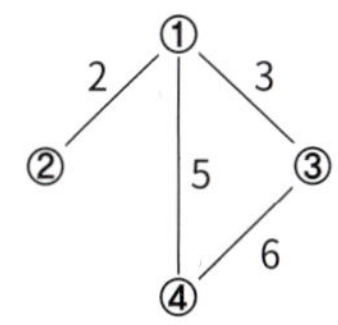

그림 8.13 가중 그래프의 예

(7) 연결 그래프(connected graph)

무방향 그래프 G는 서로 다른 두 정점 V_i, V_j의 모든 쌍에 대해 V_i에서 V_j에 이르는 경로가 존재하는 그래프이다.

(8) 비연결 그래프(disconnected graph)

연결 그래프가 아닌 그래프이다.

(9) 강력 연결 그래프(strongly connected graph)

방향 그래프 G는 서로 다른 두 정점 V_i, V_j의 모든 쌍에 대해 V_i에서 V_j로, V_j에서 V_i로 방향 경로가 존재하는 그래프이다.

[예]

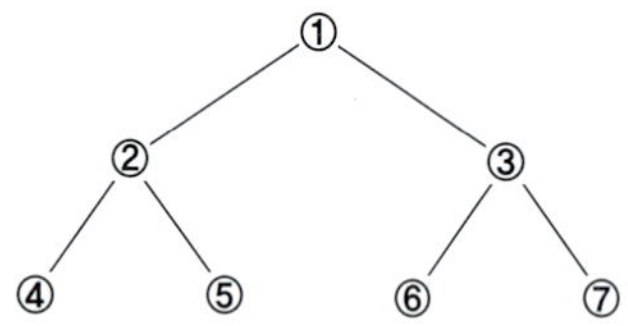

G_3 = (V, E)

⇒ 연결 그래프

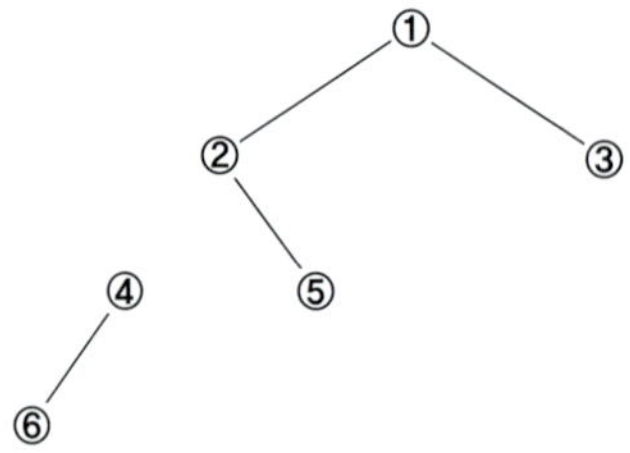

⇒ 정점 2와 정점 4사이에 경로가 없으므로 비연결 그래프이다.

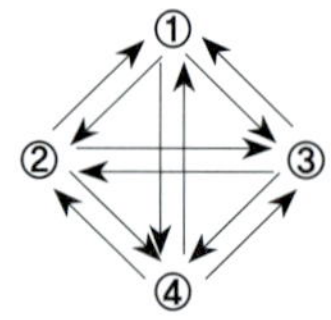

⇒ 모든 쌍에 대해 방향 경로가 존재하는 강력 연결 그래프이다.

그림 8.14 연결 그래프와 비연결 그래프의 예

(10) 정규 그래프(regular graph)

그래프 G = (V, E)의 모든 정점 차수가 같은 그래프이다. 또한 모든 정점의 차수가 K인 그래프 G를 K-정규 그래프라고 한다.

0-정규 그래프

1-정규 그래프

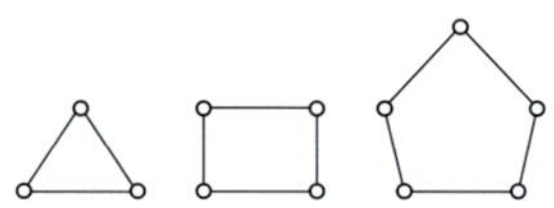

2-정규 그래프

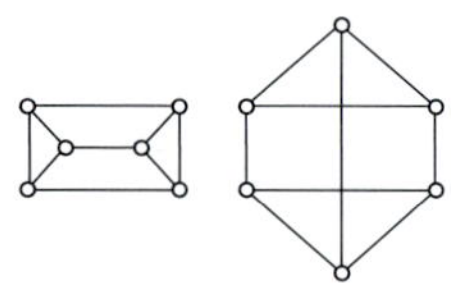

3-정규 그래프

그림 8.15 정규 그래프의 예

3. 그래프에 관련된 용어

(1) 경로(path)

그래프 G의 정점 Vi에서 Vj에 이르는 순서를 경로라 한다.

1. **단순 경로**(simple path)
   한 경로 상에 있는 모든 정점들이 서로 다를 때 이 경로를 단순 경로라 한다. 단 처음과 끝의 정점은 같아도 무방하다.
2. **사이클**(cycle)
   처음과 끝의 경로가 같은 단순 경로를 사이클이라 한다.

[예]

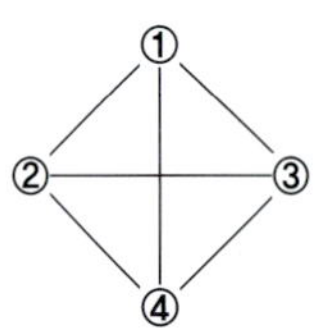

그래프 G_1에서 1,2,4,3은 단순 경로이다.

[예]

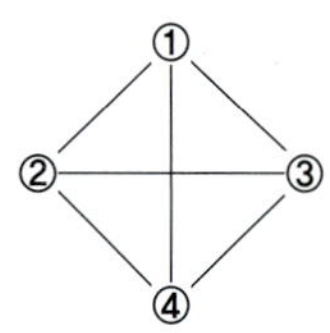

그래프 G_1에서 1,2,3,1은 사이클이다.

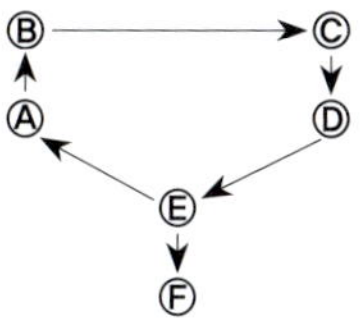

그래프 G_9에서 길이가 4인 단순 경로는 모두 6개이다.
ABCDE / BCDEA / BCDEF / CDEAB / DEABC / EABCD

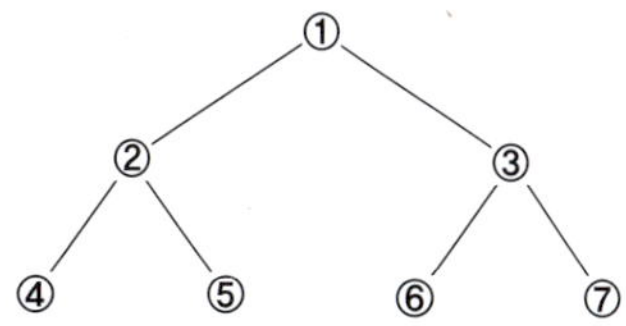

그래프 G_3는 트리(tree) 구조로서 사이클(cycle)이 없는 그래프이다.

그림 8.16 그래프의 단순 경로와 사이클의 예

(2) 차수(degree)

정점에 부속한 간선의 수를 차수(degree)라 한다.

1. **진입 차수(indegree)**
   그래프 G가 방향 그래프인 경우 임의의 정점 V가 머리(head)가 되는 간선들의 수를 말한다.

2. **진출 차수(outdegree)**
   그래프 G가 방향 그래프인 경우 임의의 정점 V가 꼬리(tail)가 되는 간선들의 수를 말한다.

그래프 G가 n개의 정점, e개의 간선, 정점 i의 차수를 di라 하면 그래프의 간선의 수는 다음과 같은 차수에 의해서 구할 수 있다.

$$e=\frac{1}{2}\sum_{i=1}^{n}d_i$$

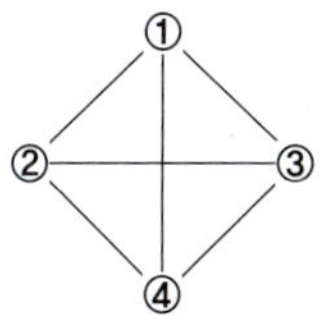

그래프 G_1에서 간선의 수와 각 정점의 차수와의 관계는 e = 1/2 ($d_1 + d_2 + d_3 + d_4$) 이므로 그래프 간선의 수 e = 1/2 (3 + 3 + 3 + 3) = 6 이다.

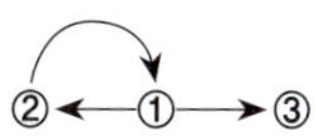

방향 그래프 G_4에서 정점 1의 진입 차수는 1, 진출 차수는 2, 차수는 3이다.

그림 8.17 그래프의 차수의 예

(3) 연결 요소(connected component)

무방향 그래프에서 최대 연결 부그래프(maximum connected subgraph)를 연결 요소(connected component)라 한다.

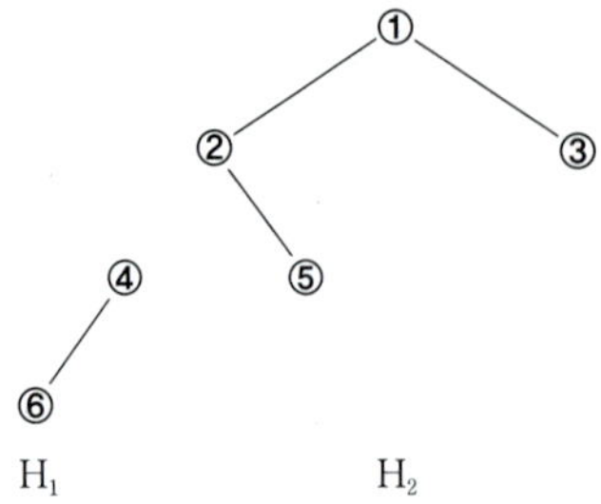

그래프 G

⇒ 정점 2와 정점 4사이에 경로가 없으므로 비연결 그래프이다. 그래프 G는 H_1, H_2 2개의 연결 요소를 가지고 있다.

그림 8.18 그래프의 연결 요소의 예

(4) 인접(adjacent)과 부속(incident)

그래프 G에서 간선 (v_i, v_j)가 E(G)에 있는 간선이면 정점들 v_i와 v_j는 인접(adjacent)해 있다고 한다. 또한 정점 v_i, v_j가 인접해 있을 때 간선 (v_i, v_j)는 정점 v_i, v_j에 부속(incident)되어 있다고 한다.

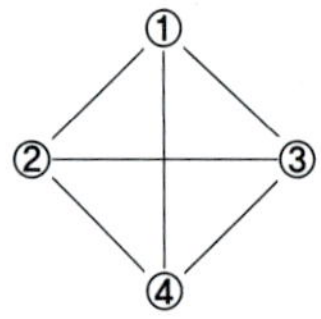

⇒ 그래프 G_1에서 정점 1에 인접한 정점들은 2,3,4이다. 또한 정점 4에 부속된 간선들은 (4,1), (4,2), (4,3)이다.

그림 8.19 그래프의 인접과 부속의 예

4. 그래프의 추상 자료형

【ADT 8_1: 그래프의 추상 자료형】

```
ADT Graph
  자료(Data): 공백이 아닌 정점의 집합과 간선의 집합
  연산(Operation): g ∈ 그래프,  x, y ∈ 정점,  (x, y) ∈ 간선

  getGraph( ) ::= 공백 그래프 생성;
  isEmpty(g) ::= 그래프 g가 정점을 갖고 있지 않으면 true를 반환하고,
                 그렇지 않으면 false를 반환;
  insertVertex(g, x) ::= 그래프 g에서 정점 x를 삽입;
  deleteVertex(g, x) ::= 그래프 g에서 정점 x와 x에 부속된 모든 간선을 삭제;
  insertEdge(g, x, y) ::= 그래프 g에서 간선(x, y)를 삽입;
  deleteEdge(g, x, y) ::= 그래프 g에서 간선(x, y)를 삭제;
  returnAdjacent(g, x) ::= 그래프 g의 정점 x에 인접한 모든 정점을 반환;
End Graph
```

[해설]

05. 공백 그래프를 생성하는 연산이다.

06. 그래프 g가 정점이 없는 그래프인지 확인하는 연산이다.

08. 그래프 g의 정점 x를 삽입하는 연산이다.

09. 그래프 g의 정점 x와 x에 부속된 모든 간선을 삭제하는 연산이다.

10. 그래프 g의 간선 (x, y)를 삽입하는 연산이다.

11. 그래프 g의 간선 (x, y)를 삭제하는 연산이다.

12. 그래프 g의 정점 x에 인접한 모든 정점을 반환하는 연산이다.

02 _ 그래프의 표현법

그래프 이론은 인공지능 등 여러 분야에서 응용되고 있다. 이러한 그래프를 응용하고 표현하는 방법에 따라서 인접 행렬(adjacency matrix), 인접 리스트(adjacency list), 인접 다중 리스트(adjacency multilist), 역 인접 리스트(inverse adjacency list) 등으로 표현한다.

1. 인접 행렬(adjacency matrix)

(1) 정의

G=(V,E)를 정점의 수가 n(n>=1)인 그래프라 할 때 G의 인접행렬은 n x n의 2차원 행렬로 표시한다. 이때 그 행렬을 A라고 하면 간선 (v_i, v_j)가 E(G)에 속하면 A(i,j)=1이 되며, E(G)에 속하지 않으면 A(i,j)=0으로 표시된다. 그러므로 n개의 정점을 갖는 그래프를 인접 행렬로 표현할 경우에 n^2개의 비트가 필요하다. 즉, 정점과 정점의 관계가 인접하면 1, 아니면 0으로 행렬에 표현한다.

(2) 인접 행렬의 예

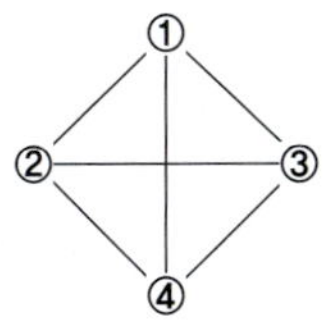

G_1 = (V, E) ⇒ 인접행렬

(정점 2의 차수: 1+0+1+1 = 3) – 행의 합

(정점 2가 정점 3과 연결)

$$\begin{array}{c|cccc} & 1 & 2 & 3 & 4 \\ \hline 1 & 0 & 1 & 1 & 1 \\ 2 & 1 & 0 & 1 & 1 \\ 3 & 1 & 1 & 0 & 1 \\ 4 & 1 & 1 & 1 & 0 \end{array}$$

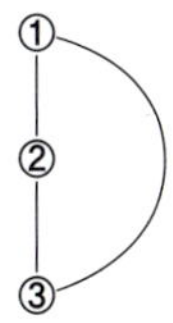

G_2 = (V, E) ⇒ 인접행렬

(정점 2의 차수: 1+0+1 = 2) – 행의 합

$$\begin{array}{c|ccc} & 1 & 2 & 3 \\ \hline 1 & 0 & 1 & 1 \\ 2 & 1 & 0 & 1 \\ 3 & 1 & 1 & 0 \end{array}$$

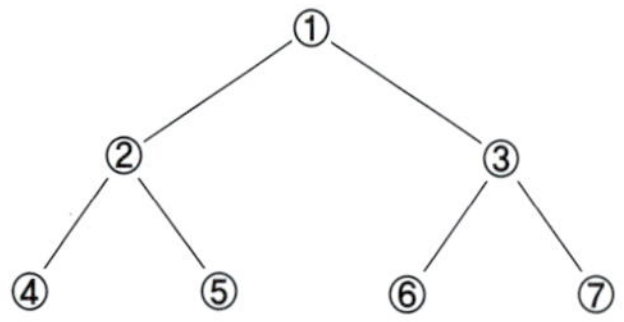

G_3 = (V, E) ⇒ 인접 행렬

(정점 2의 차수:0+0+0+1+1+0+0=2)– 행의 합

	1	2	3	4	5	6	7
1	0	1	1	0	0	0	0
2	0	0	0	1	1	0	0
3	0	0	0	0	0	1	1
4	0	1	0	0	0	0	0
5	0	1	0	0	0	0	0
6	0	0	1	0	0	0	0
7	0	0	1	0	0	0	0

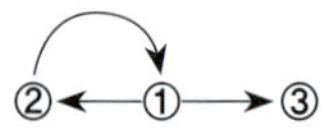

G_4 = (V, E) ⇒ 인접 행렬

(정점 1의 진출 차수: 0+1+1 = 2) – 행의 합

(정점 2의 진출 차수: 1+0+0 = 1) – 행의 합

(정점 3의 진출 차수: 0+0+0 = 0) – 행의 합

(정점 1의 진입 차수: 0+1+0 = 1) – 열의 합

(정점 2의 진입 차수: 1+0+0 = 1) – 열의 합

(정점 3의 진입 차수: 1+0+0 = 1) – 열의 합

	1	2	3
1	0	1	1
2	1	0	0
3	0	0	0

그림 8.20 그래프의 인접 행렬 표현 예

(3) 인접 행렬에서의 정점의 차수

1. **무방향 그래프**: 정점 i의 차수 $=\sum_{j=1}^{n} A(i,\ j)$ (인접 행렬의 그 행들의 합)

2. **방향 그래프**: • 정점 i의 진출 차수 $=\sum_{j=1}^{n} A(i,\ j)$ (행들의 합)

   • 정점 i의 진입 차수 $=\sum_{j=1}^{n} A(j,\ i)$ (열들의 합)

(4) 배열을 이용한 그래프 표현(인접 행렬)의 C 프로그래밍 실습 예

실습 8.1

배열(순차 자료구조와 순차 리스트)을 이용하여 그래프 표현(인접 행렬)을 할 수 있는 프로그램을 작성하시오.

[출력]

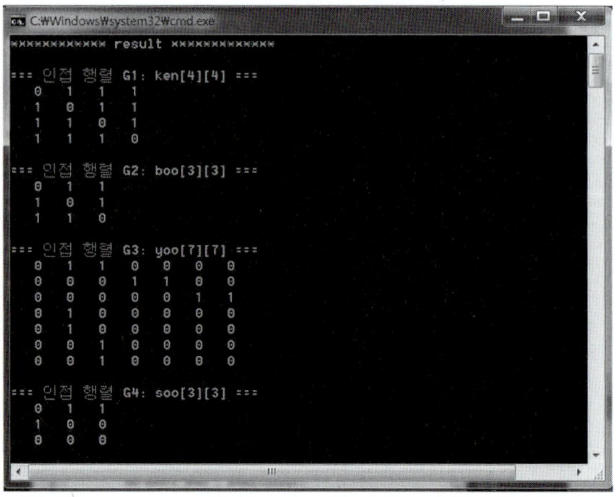

[처리조건]

① 다음 그래프 각각을 배열을 이용하여 그래프 표현(인접 행렬) 작성할 것

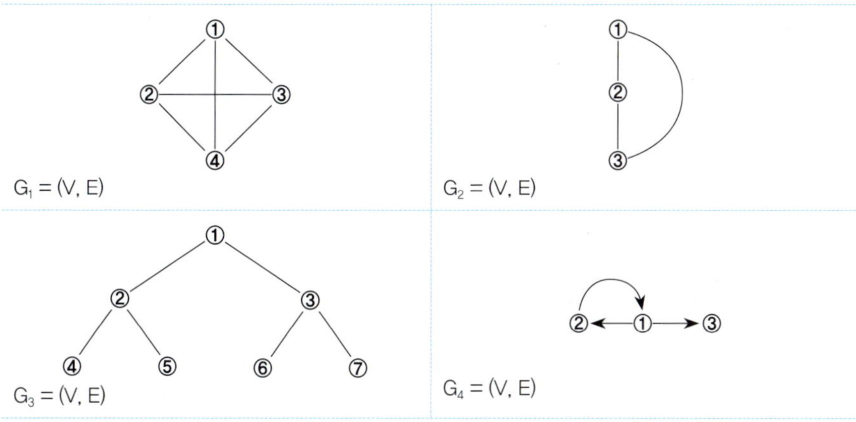

[프로그램: c_8_1.C]

```
#include <stdio.h>
#define N 4
#define M 3
#define S 7
#define P 3

void main(void)
{
    int i, j;
    int ken[N][N] = {{0,1,1,1}, {1,0,1,1}, {1,1,0,1}, {1,1,1,0}};
    int boo[M][M] = {{0,1,1}, {1,0,1}, {1,1,0}};
    int yoo[S][S] = {{0,1,1,0,0,0,0},
                     {0,0,0,1,1,0,0},
                     {0,0,0,0,0,1,1},
                     {0,1,0,0,0,0,0},
                     {0,1,0,0,0,0,0},
                     {0,0,1,0,0,0,0},
                     {0,0,1,0,0,0,0}};
    int soo[P][P] = {{0,1,1}, {1,0,0}, {0,0,0}};

  printf("************ result *************\n");
  printf("\n=== 인접 행렬 G1: ken[4][4] ===\n");
   for(i=0; i<N; i++) {
     for(j=0; j<N; j++)
        printf("%4d", ken[i][j]);
     printf("\n");
   }

    printf("\n=== 인접 행렬 G2: boo[3][3] ===\n");
   for(i=0; i<M; i++) {
```

```
        for(j=0; j<M; j++)
          printf("%4d", boo[i][j]);
        printf("\n");
      }

      printf("\n=== 인접 행렬 G3: yoo[7][7] ===\n");
      for(i=0; i<S; i++) {
        for(j=0; j<S; j++)
          printf("%4d", yoo[i][j]);
        printf("\n");
      }

      printf("\n=== 인접 행렬 G4: soo[3][3] ===\n");
      for(i=0; i<P; i++) {
        for(j=0; j<P; j++)
          printf("%4d", soo[i][j]);
        printf("\n");
      }

      getchar();
}
```

【해설】

10-19. 그래프 4개를 인접 행렬로 표현하면 다음과 같다. 이것을 배열로 표현한 것이다.

$G_1 = (V, E) \Rightarrow$ 인접행렬

(정점 2의 차수: 1+0+1+1 = 3) – 행의 합

(정점 2가 정점 3과 연결)

	1	2	3	4
1	0	1	1	1
2	1	0	1	1
3	1	1	0	1
4	1	1	1	0

$G_2 = (V, E) \Rightarrow$ 인접행렬

(정점 2의 차수: 1+0+1 = 2) – 행의 합

	1	2	3
1	0	1	1
2	1	0	1
3	1	1	0

$G_3 = (V, E) \Rightarrow$ 인접행렬

(정점 2의 차수:0+0+0+1+1+0+0=2) – 행의 합

	1	2	3	4	5	6	7
1	0	1	1	0	0	0	0
2	0	0	0	1	1	0	0
3	0	0	0	0	0	1	1
4	0	1	0	0	0	0	0
5	0	1	0	0	0	0	0
6	0	0	1	0	0	0	0
7	0	0	1	0	0	0	0

$G_4 = (V, E) \Rightarrow$ 인접행렬

(정점 1의 진출 차수: 0+1+1 = 2) – 행의 합

(정점 2의 진출 차수: 1+0+0 = 1) – 행의 합

	1	2	3
1	0	1	1
2	1	0	0
3	0	0	0

2. 인접 리스트(adjacency list)

(1) 정의

그래프를 연결 리스트(linked list)를 이용하여 표현하는 방법이다. 그래프 G의 각 정점마다 1개의 리스트가 존재하는데, 각 리스트에 대한 포인터를 1차원 배열로 저장한 구조이다. 그러므로 n개의 정점을 갖는 그래프를 인접 리스트로 표현할 경우에 n개의 연결 리스트가 필요하다.

(2) 인접 리스트의 예

그래프 각각의 인접 리스트는 다음과 같이 표현된다.

그래프		인접 리스트
G_1	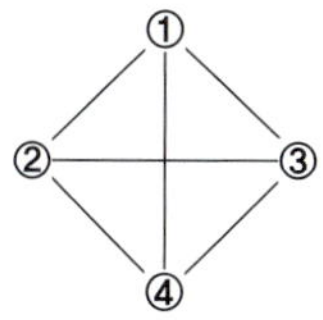	[0] 정점 1헤드 → 2 → 3 → 4 ∧ [1] 정점 2헤드 → 1 → 3 → 4 ∧ [2] 정점 3헤드 → 1 → 2 → 4 ∧ [3] 정점 4헤드 → 1 → 2 → 3 ∧
G_2	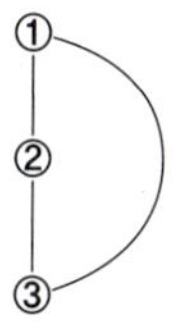	[0] 정점 1헤드 → 2 → 3 ∧ [1] 정점 2헤드 → 1 → 3 ∧ [2] 정점 3헤드 → 1 → 2 ∧
G_3	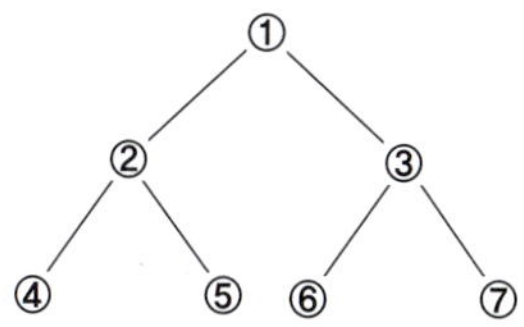	[0] 정점 1헤드 → 2 → 3 ∧ [1] 정점 2헤드 → 4 → 5 ∧ [2] 정점 3헤드 → 6 → 7 ∧ [3] 정점 4헤드 → 2 ∧ [4] 정점 5헤드 → 2 ∧ [5] 정점 6헤드 → 3 ∧ [6] 정점 7헤드 → 3 ∧
G_4	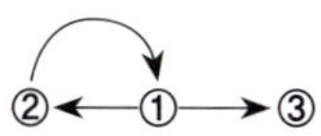	[0] 정점 1헤드 → 2 → 1 → 3 ∧ [1] 정점 2헤드 → 1 → 3 ∧ [2] 정점 3헤드 ∧

그림 8.21 그래프의 인접 리스트 표현 예

(3) 구조체와 포인터를 이용한 그래프 표현의 C 프로그래밍 실습 예

실습 8.2

구조체와 포인터(연결 자료구조와 연결 리스트)을 이용한 그래프 표현(인접 리스트)을 할 수 있는 프로그램을 작성하시오.

[출력]

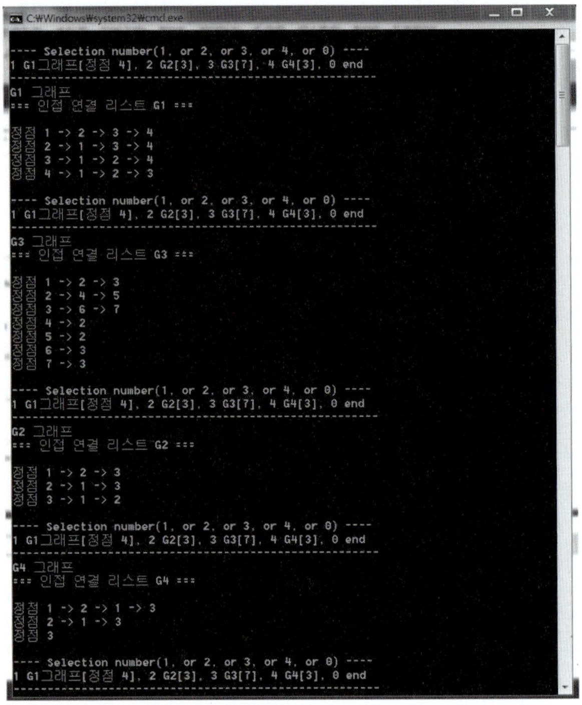

[입력]

① 그래프 4개를 키보드로 번호 순서(1/3/2/4)로 입력 받고, 종료 시 0을 선택할 수 있도록 할 것

② 헤드 포인터 배열의 최대 크기는 20으로 한다.

[처리조건]

① 그래프 표현(인접 리스트)을 자기 참조 구조체 프로그램 구현을 할 것

② 다음 그래프 각각을 구조체와 포인터(연결 자료구조와 연결 리스트)를 이용하여 그래프 표현(인접 리스트)을 작성할 것

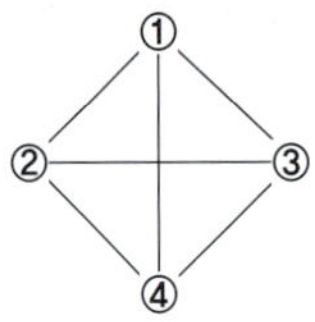

$G_1 = (V, E)$

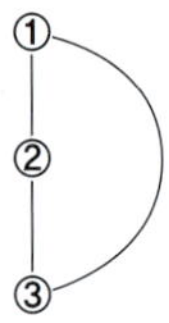

$G_2 = (V, E)$

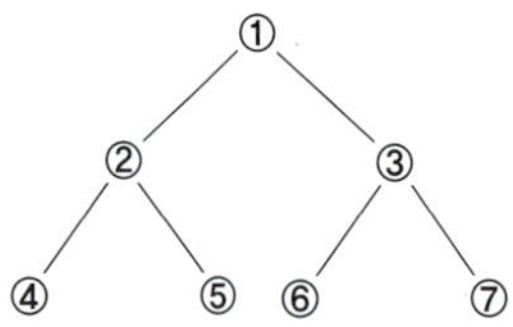

$G_3 = (V, E)$

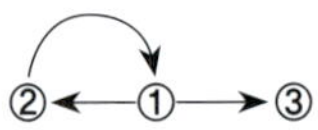

$G_4 = (V, E)$

[프로그램: c_8_2.c]

```
#include <stdio.h>
#include <stdlib.h>
#define MAX_V 20
#define N 4
#define M 3
#define S 7
#define P 3
```

```
typedef struct g_adjNode {
    int vertex;
    struct g_adjNode* link;
} g_adjNode;

typedef struct gKind {
    int n;
    g_adjNode* adjHead[MAX_V];
} gKind;

void getGraph(gKind* g) {
    int i;
    g->n = 0;
    for (i = 0; i<MAX_V; i++)
        g->adjHead[i] = NULL;
}

void add_V(gKind* g, int v) {
    if (((g->n) + 1)>MAX_V) {
        printf("\n 그래프 정점 수의 범위 벗어남!");
        return;
    }
    g->n++;
}

void add_E(gKind* g, int x, int y) {
    g_adjNode* n;

    if (x >= g->n || y >= g->n) {
        printf("\n 그래프 정점 범위 벗어남");
        return;
    }
    n = (g_adjNode *)malloc(sizeof(g_adjNode));
    n->vertex = y;
    n->link = g->adjHead[x];
    g->adjHead[x] = n;
}

void print_adjL(gKind* g) {
    int i;
    g_adjNode* p;
    for (i = 0; i<g->n; i++) {
        printf("\n정점 %d", i+1);
        p = g->adjHead[i];
        while (p) {
```

```
            printf(" -> %d", p->vertex+1);
            p = p->link;
        }
    }
}
void main() {
    int i;
    gKind *G1, *G2, *G3, *G4;

    while(1) {
      printf("\n--- Selection number(1, or 2, or 3, or 4, or 0) ---\n");
      printf("1 G1그래프[정점 4], 2 G2[3], 3 G3[7], 4 G4[3], 0 end \n");
      printf("-------------------------------------------\n");
      G1 = (gKind *)malloc(sizeof(gKind)); getGraph(G1);
      G2 = (gKind *)malloc(sizeof(gKind)); getGraph(G2);
      G3 = (gKind *)malloc(sizeof(gKind)); getGraph(G3);
      G4 = (gKind *)malloc(sizeof(gKind)); getGraph(G4);

      switch(getch()) {
            case '1': printf("G1 그래프 ");
                  for (i = 0; i<N; i++)
                        add_V(G1, i);
                  add_E(G1, 0, 3); add_E(G1, 0, 2); add_E(G1, 0, 1);
                  add_E(G1, 1, 3); add_E(G1, 1, 2); add_E(G1, 1, 0);
                  add_E(G1, 2, 3); add_E(G1, 2, 1); add_E(G1, 2, 0);
                  add_E(G1, 3, 2); add_E(G1, 3, 1); add_E(G1, 3, 0);
                  printf("\n=== 인접 연결 리스트 G1 ===\n");
                  print_adjL(G1); printf("\n");
                  break;
          case '2': printf("G2 그래프 ");
                  for (i = 0; i<M; i++)
                            add_V(G2, i);
                  add_E(G2, 0, 2); add_E(G2, 0, 1);
                  add_E(G2, 1, 2); add_E(G2, 1, 0);
                  add_E(G2, 2, 1); add_E(G2, 2, 0);
                  printf("\n=== 인접 연결 리스트 G2 ===\n");
                  print_adjL(G2); printf("\n");
                  break;
          case '3': printf("G3 그래프 ");
                  for (i = 0; i<S; i++)
                         add_V(G3, i);
                  add_E(G3, 0, 2); add_E(G3, 0, 1);
                  add_E(G3, 1, 4); add_E(G3, 1, 3);
                  add_E(G3, 2, 6); add_E(G3, 2, 5);
                  add_E(G3, 3, 1); add_E(G3, 4, 1);
```

```
99                  add_E(G3, 5, 2); add_E(G3, 6, 2);
100                 printf("\n=== 인접 연결 리스트 G3 ===\n");
101                 print_adjL(G3); printf("\n");
102                 break;
103         case '4': printf("G4 그래프 ");
104                 for (i = 0; i<P; i++)
105                         add_V(G4, i);
106                 add_E(G4, 0, 2); add_E(G4, 0, 0); add_E(G4, 0, 1);
107                 add_E(G4, 1, 2); add_E(G4, 1, 0);
108                 printf("\n=== 인접 연결 리스트 G4 ===\n");
109                 print_adjL(G4); printf("\n");
110                 break;
111          case '0': return;
112         }
113     }
114  getchar();
115 }
```

【해설】

02-05. 그래프 G1, G2, G3, G4 각각에 대한 정점의 개수를 나타낸다.

67-70. 그래프 G1, G2, G3, G4에 대하여 메모리를 할당한다.

19-24. 헤드 포인터 배열을 NULL 값을 저장하여 초기화한다.

03. 헤드 포인터 배열의 최대 크기 20을 나타낸다.

72-113. 키보드를 받아 4가지 그래프 선택 가능한 switch...case 문이다.

74-75, 26-32. 그래프 G1에 정점 4개를 삽입하여 인접 리스트 일부를 구성한다. 배열의 첨자 값은 0~3까지이지만 정점 헤드의 값은 1~4까지이다.

adjHead

0	정점 1헤드	• NULL
1	정점 2헤드	• NULL
2	정점 3헤드	• NULL
3	정점 4헤드	• NULL
...	...	• NULL
19	...	• NULL

그래프 G1

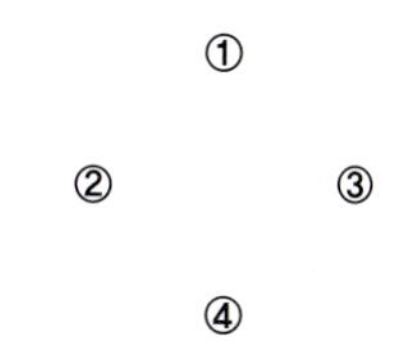

그래프 G1

76.-79, 34.-45. 그래프 G1에 간선 12개를 삽입하여 인접 리스트 일부분을 1개씩 구성해 나가서 12개 모두를 완성한다.

76. 그래프 G1에서 간선(0, 3), 간선 (0, 2), 간선 (0, 1)을 각각 삽입한다. 구조체의 요소 배열에는 간선 (0, 3)이지만 화면에 출력은 편의 상 각각 1을 더한 값 (1, 4)가 출력된다. 간선 (0, 2), (0, 1)도 마찬가지이다.

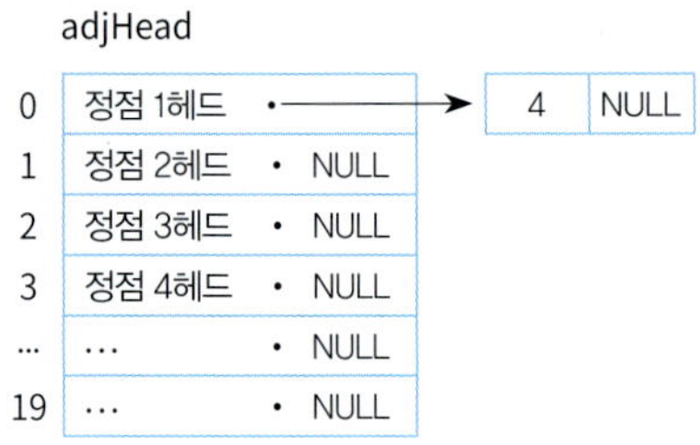

그래프 G1

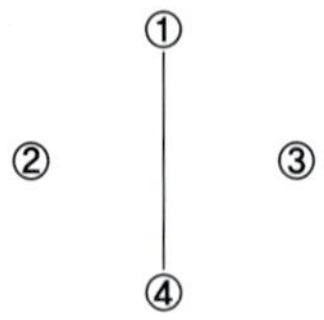

그래프 G1

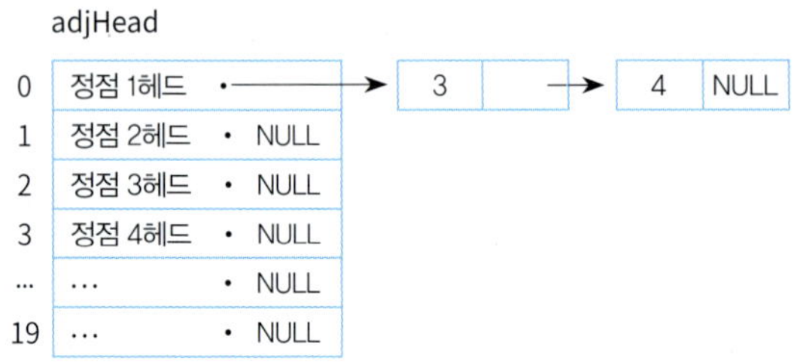

그래프 G1

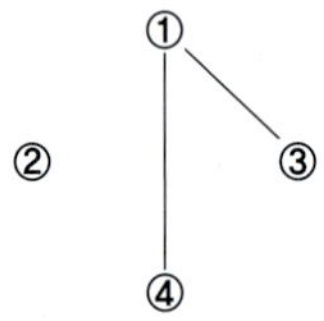

그래프 G1

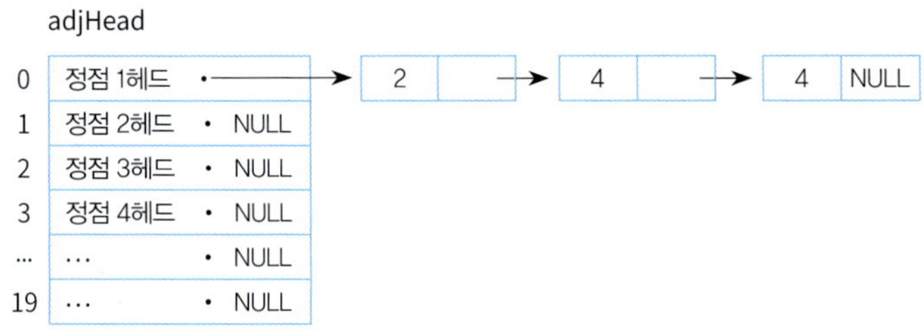

그래프 G1

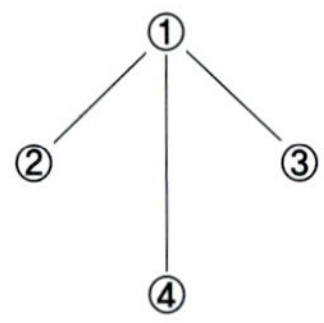

그래프 G1

77. 그래프 G1에서 간선(1, 3), 간선 (1, 2), 간선 (1, 0)을 각각 삽입한다. 구조체의 요소 배열에는 간선 (1, 3)이지만 화면에 출력은 편의 상 각각 1을 더한 값 (2, 4)가 출력된다. 간선 (2, 3), (2, 1)도 마찬가지이다.

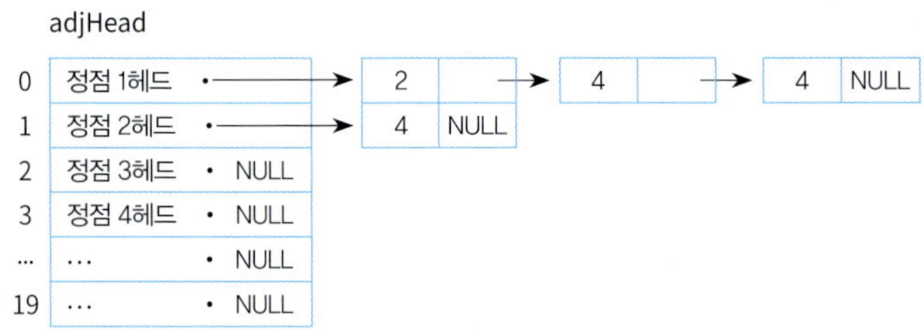

그래프 G1

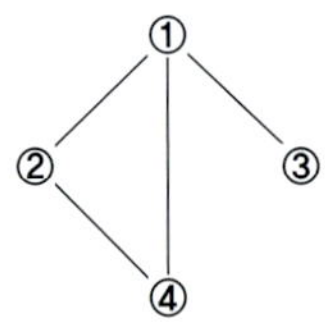

그래프 G1

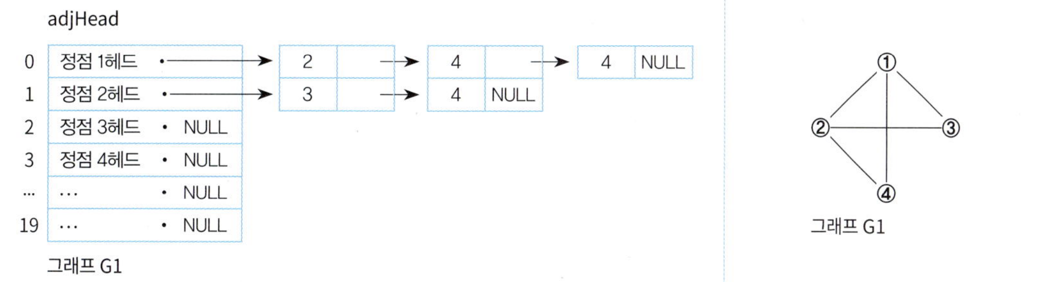

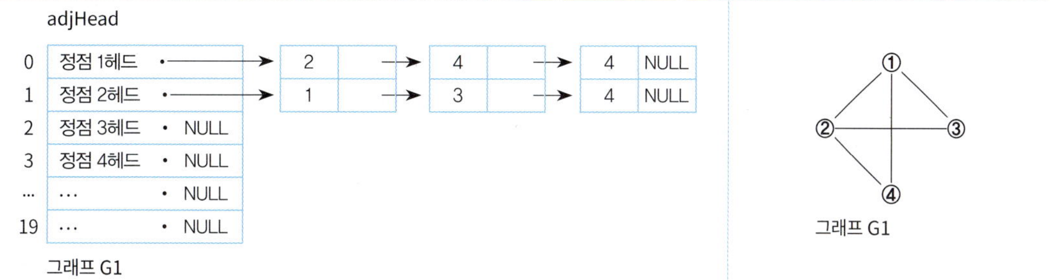

78. 그래프 G1에서 간선(2, 3), 간선 (2, 1), 간선 (2, 0)을 각각 삽입한다. 구조체의 요소 배열에는 간선 (2, 3)이지만 화면에 출력은 편의 상 각각 1을 더한 값 (3, 4)가 출력된다. 간선 (3, 2), (3, 1)도 마찬가지이다. 나머지도 동일한 방법이 사용된다.

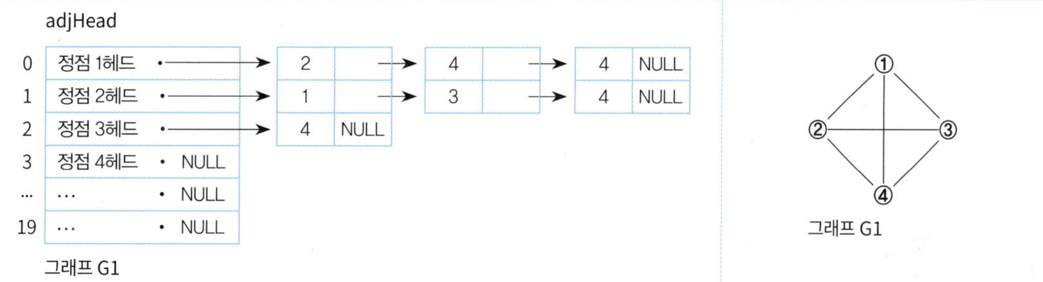

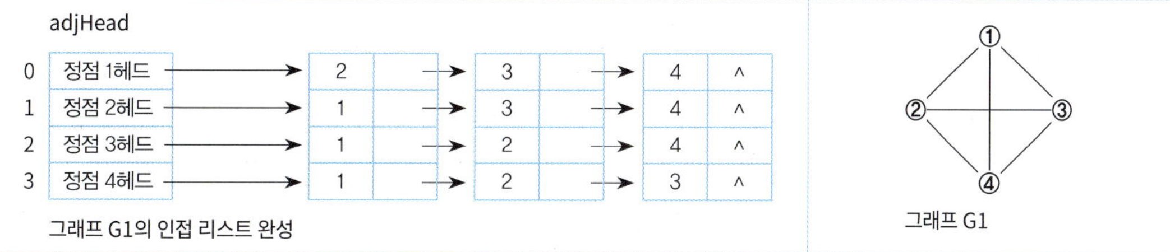

81. 완성되어진 그래프 G1에 대한 인접 리스트 모두를 출력한다.

83-91. 그래프 G2에서 그래프 G1과 동일한 방법으로 인접 리스트를 생성 및 출력한다.

92-102. 그래프 G3에서 그래프 G1과 동일한 방법으로 인접 리스트를 생성 및 출력한다.

103-110. 그래프 G4에서 그래프 G1과 동일한 방법으로 인접 리스트를 생성 및 출력한다.

03 _ 그래프의 운행(Graph Traversal) 방식

그래프의 운행(Graph Traversal)이란 그래프에 있는 모든 정점을 한 번씩 방문하는 것을 말한다. 즉, 무방향성 그래프 G(V,E)에서 V(G)에 속한 정점 V가 주어졌을 때 V에 연결된 모든 정점을 방문할 필요가 있다. 다수의 그래프 문제들에서 체계적으로 그래프의 정점들을 방문하는 방법을 말한다. 그래프의 순회 또는 그래프의 검색, 그래프의 탐색이라고도 한다.

그래프의 운행 방식에는 깊이 우선 검색(DFS: Depth First Search)과 너비 우선 검색(BFS: Breadth First Search)의 두 가지 방법이 있다.

1. 깊이 우선 검색(DFS: Depth First Search)

무방향성 그래프에서 깊이 우선 검색(DFS) 방식은 다음과 같다.

(1) 방식

무방향성 그래프 G(V,E)에서 시작 정점 V를 결정하여 검색한다. 정점 V에 인접된 정점 중에서 검색되지 않은 정점 W를 선택한다. 모든 인접 정점을 검색한 정점 V를 만나면 검색되지 않은 인접 정점을 가졌던 마지막 정점으로 되돌아가서 시작한다. 더 이상 검색할 정점이 없으면 종료한다. 즉, 한 정점으로부터 시작하여 그 것에 인접한 노드를 방문하고 그 노드에서 다 방문하지 않는 노드를 계속 방문하여 전 노드를 방문한다.

(2) 특징

- DFS 알고리즘은 순환적(recursive)이다.
- DFS 방식은 스택(stack)을 이용한다.

(3) 예

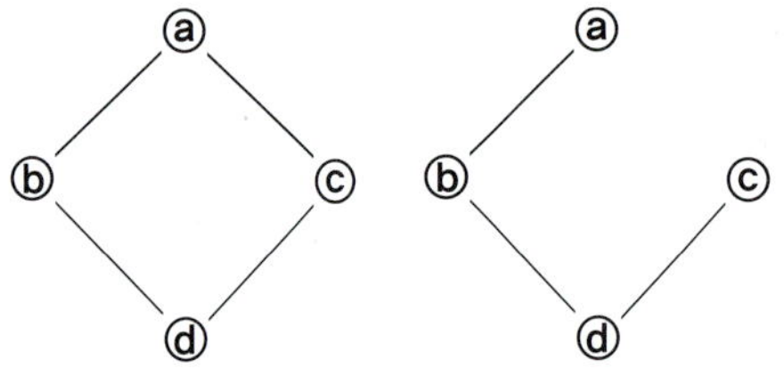

무방향 그래프 G_6　　DFS: a→b→d→c

⇒ 무방향 그래프 G에서 시작 정점 a를 출발점으로 하여 DFS 방식을 이용하면 a → b → d → c 순서로 검색하게 된다.

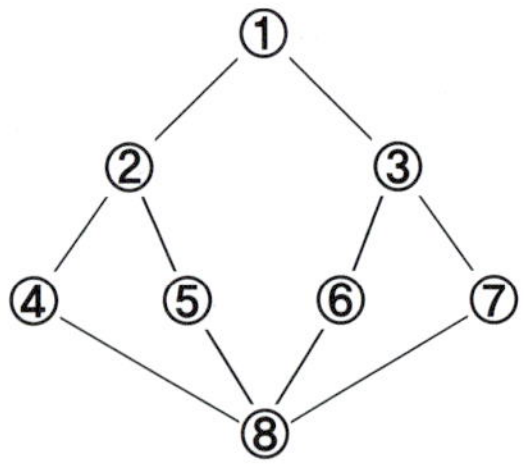

⇒ 무방향 그래프 G_7에서 시작 정점 1을 출발점으로 하여 DFS 방식을 이용하면 1 → 2 → 4 → 8 → 5 → 6 → 3 → 7 순서로 검색하게 된다.

그림 8.22 깊이 우선 검색(DFS)의 예

[예]

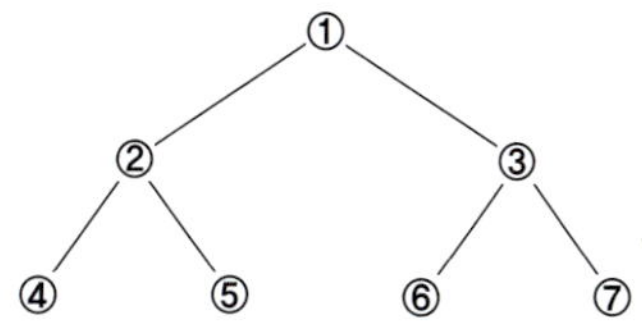

무방향 그래프 G_3에서 시작 정점 1을 출발점으로 하여 DFS 방식을 이용하면 1 → 2 → 4 → 5 → 3 → 6 → 7 순서로 검색하게 된다. 검색하는 알고리즘 과정은 다음과 같다.

스택 알고리즘이 적용된다. top은 삽입(push)과 삭제(pop)이 임의로 일어날 때 스택 포인터에서 상태를 나타내고 있다. 또한, check_v[]은 정점이 방문하였는지를 확인하는 배열이다. 처음에는 FALSE이었다가 방문하면 TRUE로 변경한다. 여기에서 변경하면서 화면에 출력하므로 check_v[]의 변경 순서가 화면에 출력되는 검색 순서가 된다.

(4) 알고리즘

[AL 8_1 : 그래프에서의 깊이 우선 검색(DFS) 알고리즘]

```
01  procedure DFS(v)
02                      /* G=(V,E)는 n개의 정점을 가진 무방향 그래프,
03                         정점 v를 시작으로 DFS를 수행,
04                         VISITED는 전역변수,
05                         VISITED(n) 배열은 0으로 초기화 */
06           for i  ← 0 to n by i do
07               VISITED(i) ← 0;
08           repeat
09           stack ←  createStack();
10           VISITED(v) ← 1;
11           v 방문;
12         for (v에 인접한 정점 w) do
13                 if (VISITED(w)=0) then
14                  { push(stack, v);
15                     call DFS(w);}
16                 else
17                    v ← pop(stack);
18           repeat;
19  end DFS()
```

[해설]

06-08. 배열 VISITED(v)는 각 정점을 방문 여부를 확인하여 표시하는 배열이다. 정점 개수를 배열의 크기로 하며, 처음에는 false(0)로 초기화한다.

09. 새로운 스택을 생성한다.

10. 정점을 방문하면 true(1)로 변경한다.

11. 시작되는 정점 v가 결정되어 방문된다.

13-15. v에 인접한 정점 w가 아직 방문하지 않은 정점이면 정점 v를 스택에 삽입(push)하고 DFS 방식을 실행하여 방문한다.

12-17. v에 인접한 정점이 모두 방문한 정점이면 스택을 삭제(pop)한다. 또한, 가장 마지막 방문한 정점을 v로 설정한 다음 다시 스택이 공백이 될 때까지 반복 실행한다.

19. 더 이상 방문할 정점이 없으면 DFS는 종료한다.

(5) 구조체와 포인터을 이용한 그래프 표현을 하고 깊이 우선 검색을 할 수 있는 C 프로그래밍 실습 예

실습 8.3

구조체와 포인터(연결 자료구조와 연결 리스트)을 이용한 그래프 표현(인접 리스트)을 하고 깊이 우선 검색을 할 수 있는 프로그램을 작성하시오.

【출력】

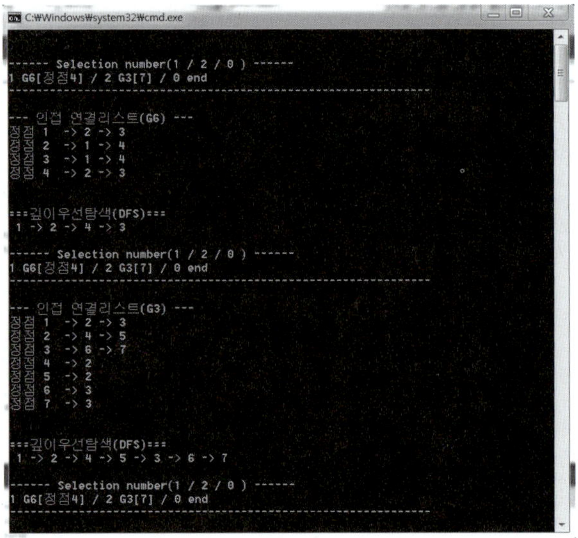

【입력】

① 그래프 2개를 키보드로 번호 순서(1/2)로 입력 받고, 종료 시 0을 선택할 수 있도록 할 것

② 헤드 포인터 배열의 최대 크기는 10으로 할 것

【처리조건】

① 그래프 표현(인접 리스트)을 자기 참조 구조체 프로그램 구현을 할 것

② 다음 그래프 각각을 구조체와 포인터(연결 자료구조와 연결 리스트)를 이용하여 그래프 표현(인접 리스트)을 작성할 것

③ DFS 방식을 사용하여 1부터 검색할 것

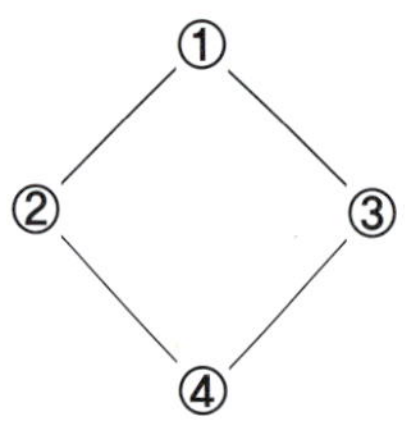

$G_6 = (V, E)$

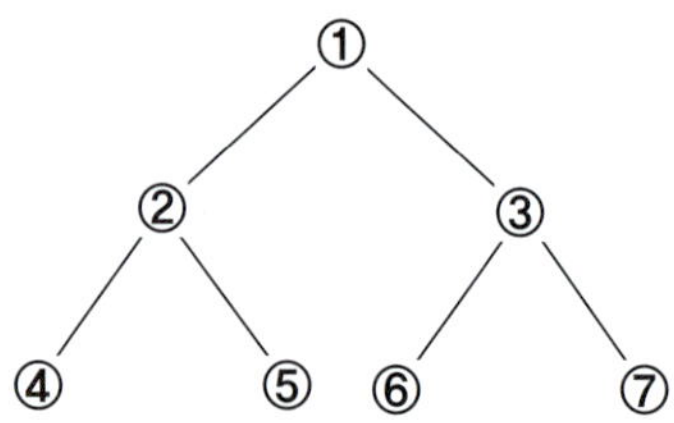

$G_3 = (V, E)$

[프로그램: c_8_3.c]

```c
#include <stdio.h>
#include <memory.h>
#include <stdlib.h>
#define MAX_V 10
#define N 4
#define S 7

#define FALSE 0
#define TRUE 1

typedef struct g_adjNode {
   int vertex;
   struct g_adjNode* link;
}g_adjNode;

typedef struct gKind {
   int n;
   g_adjNode* adjHead[MAX_V];
   int check_v[MAX_V];
}gKind;

void getGraph(gKind* g) {
   int v;
   g->n = 0;
   for (v = 0; v<MAX_V; v++) {
      g->check_v[v] = FALSE;
      g->adjHead[v] = NULL;
   }
}

void add_V(gKind* g, int v) {
   if (((g->n) + 1)>MAX_V) {
      printf("\n 그래프 정점 초과 상태!");
      return;
   }
   g->n++;
}


void add_E(gKind* g, int x, int y) {
   g_adjNode* node;
   if (x >= g->n || y >= g->n) {
      printf("\n 그래프에 없는 정점!");
      return;
   }
```

```
    node = (g_adjNode *)malloc(sizeof(g_adjNode));
    node->vertex = y;
    node->link = g->adjHead[x];
    g->adjHead[x] = node;
}

void print_adjL(gKind* g) {
    int i;
    g_adjNode* p;
    for (i = 0; i<g->n; i++) {
        printf("\n정점 %d ", i + 1);
        p = g->adjHead[i];
        while (p) {
            printf(" -> %d", p->vertex + 1);
            p = p->link;
        }
    }
}
typedef int element;

typedef struct sNode {
    int data;
    struct sNode *link;
} sNode;

sNode* top;

int isEmpty() {
    if (top == NULL) return 1;
    else return 0;
}

void push_Stack(int item) {
    sNode* temp = (sNode *)malloc(sizeof(sNode));
    temp->data = item;
    temp->link = top;
    top = temp;
}

int pop_Stack() {
    int x;
    sNode* tmp = top;

    if (isEmpty()) {
        printf("\n\n 스택 빈 상태!\n");
        return 0;
    }
```

```
    else {
        x = tmp->data;
        top = tmp->link;
        free(tmp);
        return x;
    }
}

void DFS_adjL(gKind* g, int v) {
    g_adjNode* w;
    top = NULL;
    push_Stack(v);
    g->check_v[v] = TRUE;
    printf(" %d", v + 1);

    while (!isEmpty()) {
        v = pop_Stack();
        w = g->adjHead[v];
        while (w) {
            if (!g->check_v[w->vertex]) {
                if(isEmpty()) push_Stack(v);
                push_Stack(w->vertex);
                g->check_v[w->vertex] = TRUE;
                printf(" -> %d", w->vertex + 1);
                v = w->vertex;
                w = g->adjHead[v];
            }
            else w = w->link;
        }
    }
}
void main() {
    int i;
    gKind *G6, *G3;

    while(1) {
      printf("\n\n------ Selection number(1 / 2 / 0 ) ------\n");
      printf("1 G6[정점4] / 2 G3[7] / 0 end \n");

      printf("-----------------------------------------------------------\n");
      G6 = (gKind *)malloc(sizeof(gKind)); getGraph(G6);
      G3 = (gKind *)malloc(sizeof(gKind)); getGraph(G3);

      switch(getch()) {
          case '1': printf("\n--- 인접 연결리스트(G6) ---");
                    for (i = 0; i<N; i++)
                        add_V(G6, i);
```

```
140            add_E(G6, 0, 2); add_E(G6, 0, 1);
141            add_E(G6, 1, 3); add_E(G6, 1, 0);
142            add_E(G6, 2, 3); add_E(G6, 2, 0);
143            add_E(G6, 3, 2); add_E(G6, 3, 1);
144            print_adjL(G6); printf("\n");
145            printf("\n\n===깊이우선탐색(DFS)===\n");
146            DFS_adjL(G6, 0);
147            break;
148        case '2': printf("\n--- 인접 연결리스트(G3) ---");
149            for (i = 0; i<S; i++)
150              add_V(G3, i);
151            add_E(G3, 0, 2); add_E(G3, 0, 1);
152            add_E(G3, 1, 4); add_E(G3, 1, 3);
153            add_E(G3, 2, 6); add_E(G3, 2, 5);
154            add_E(G3, 3, 1); add_E(G3, 4, 1);
155            add_E(G3, 5, 2); add_E(G3, 6, 2);
156            print_adjL(G3); printf("\n");
157            printf("\n\n===깊이우선탐색(DFS)===\n");
158            DFS_adjL(G3, 0);
159            break;
160        case '0': return;
161      }
162
163    }
164    getchar();
165 }
```

【해설】

05-06. 그래프 G6, G3 각각에 대한 정점의 개수를 나타낸다.

134, 135. 그래프 G6, G3에 대하여 메모리를 할당한다.

137-144. 그래프 G6에 대한 인접 연결 리스트를 생성 및 출력한다.

148-157. 그래프 G3에 대한 인접 연결 리스트를 생성 및 출력한다.

136-161. 키보드를 받아 2가지 그래프 선택 가능한 switch...case 문이다.

78-83. 스택의 삽입(push) 함수이다.

85-99. 스택의 삭제(pop) 함수이다.

146, 101-123. 그래프 G6에 대한 DFS 방식을 수행한다.

158, 101-123. 그래프 G3에 대한 DFS 방식을 수행한다.

19, 26. 구조체의 check_vv.는 각 정점을 방문 여부를 확인하여 표시하는 배열이다. 정점 개수를 배열의 크기로 하며, 처음에는 false(0)로 초기화한다.

103. 공백 스택 생성한다.

104. 정점 v를 스택에 삽입(push) 한다.

105. 정점을 방문하면 true(1)로 변경한다.

108, 109-122. 스택이 공백이 아닌 경우에 깊이 우선 탐색(DFS)을 반복 실행한다. 즉, v에 인접한 정점이 모두 방문한 정점이면 스택을 삭제(pop)한다. 또한, 가장 마지막 방문한 정점을 v로 설정한 다음 다시 스택이 공백이 될 때까지 반복 실행한다.

112-119. v에 인접한 정점 w가 아직 방문하지 않은 정점이면 정점 v를 스택에 삽입(push)하고 DFS 방식을 실행하여 방문한다.

114. 현재 정점 w를 스택에 삽입(push)한다.

115. 정점 w에 대하여 배열 값을 true로 설정한다.

116. 현재 정점들의 값보다 1증가시킨 숫자로 화면에 출력한다.

120. 현재 정점 w가 이미 방문된 경우에 해당된다.

122. 스택이 공백이면 DFS 종료한다.

123. 더 이상 방문할 정점이 없으면 DFS는 종료한다.

2. 너비 우선 검색(BFS: Breadth First Search)

무방향성 그래프에서 너비 우선 검색(BFS) 방식은 다음과 같다.

(1) 방식

무 방향성 그래프 G(V,E)에서 시작 정점 V를 결정하여 검색한다. 정점 V에 인접된 정점 중에서 검색하지 않은 모든 정점을 검색하고, 다시 이 정점에 대하여 인접하여 검색하지 않은 모든 정점에 대하여 검색을 계속한다. 더 이상 검색할 정점이 없으면 종료한다.

(2) 특징

- BFS 알고리즘은 반복적(iterative)이다.
- BFS 방식은 큐(queue)를 이용한다.

(3) 예

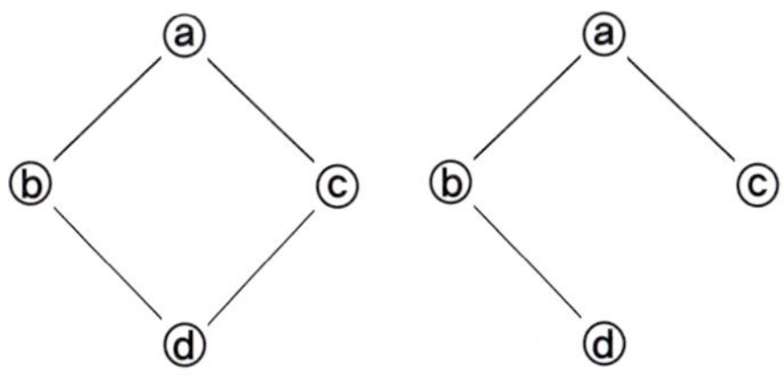

무방향 그래프 G　　　DFS: a→b→d→c

⇒ 무방향 그래프 G에서 시작 정점 a를 출발점으로하여 BFS 방식을 이용하면 a → b → c → d 순서로 검색하게 된다.

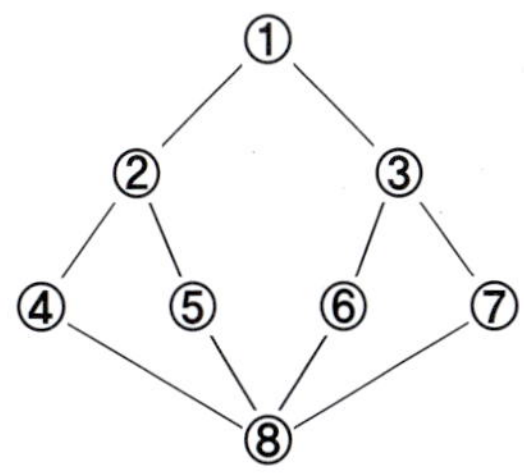

⇒ 무방향 그래프 G에서 시작 정점 1를 출발점으로 하여 BFS 방식을 이용하면 1 → 2 → 3 → 4 → 5 → 6 → 7 → 8 순서로 검색하게 된다.

그림 8.23 BFS의 예

【예】

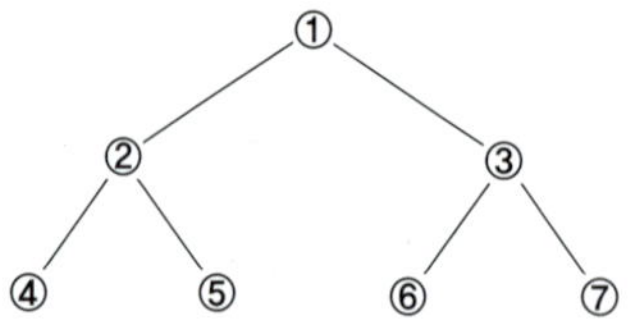

무방향 그래프 G_3에서 시작 정점 1을 출발점으로 하여 BFS 방식을 이용하면 1 → 2 → 3 → 4 → 5 → 6 → 7 순서로 검색하게 된다. 검색하는 과정은 다음과 같다.

큐 알고리즘이 적용된다. 삽입(push)과 삭제(pop)이 임의로 일어날 때 큐 포인터(rear, front)에서 상태를 나타내고 있다. 또한, check_v[]은 정점이 방문하였는지를 확인하는 배열이다. 처음에는 FALSE이었다가 방문하면 TRUE로 변경한다. 여기에서 변경하면서 화면에 출력하므로 check_v[]에 변경 순서가 검색 순서가 된다.

(4) 알고리즘

【AL 8_2 : 그래프에서의 너비 우선 검색(BFS) 알고리즘】

```
01  procedure BFS(v)
02          /* G=(V,E)는 n개의 정점을 가진 무방향 그래프,
03             정점 v를 시작으로 BFS를 수행,
04             VISITED는 전역변수,
05             검색된 정점들 VISITED(i)=1 로 표시 */
06          for i  ← 0 to n by i do
07                VISITED(i) ← 0;
08          repeat
09          EMPTY Queue(q);
10          VISITED(v) ← 1;
11          v 방문;
12          while(not isEmpty(Q)) do
13             while (v에 인접한 모든 정점 w) do
14               if (VISITED(w)=0)  then {
15                   call addQueue(w,q);
16                   VISITED(w) ← 1;
17             repeat;
18                 if q=EMPTY return;
19                     call deleteQueue(v,q);
20        repeat;
21  end BFS()
```

【해설】

06-08. 배열 VISITED(v)는 각 정점을 방문 여부를 확인하여 표시하는 배열이다. 정점 개수를 배열의 크기로 하며, 처음에는 false(0)로 초기화한다.

09. 큐를 초기화한다.

10. 정점을 방문하면 true(1)로 변경한다.

11. 시작되는 정점 v가 결정되어 방문된다.

14-15. v에 인접한 모든 정점 w에 대해서 아직 방문하지 않은 정점인 경우에 차례로 방문하면서 큐에 삽입한다.

16. 정점을 방문하면 true(1)로 변경한다.

12-20. 큐가 공백이 될 때까지 반복 실행한다.

18-19. 모든 인접 정점을 방문한 경우에, 방문했던 정점에서 인접한 정점을 다시 차례로 방문하기 위해서 큐에서 삭제하여 받은 정점을 v로 설정하고 큐가 공백이 될 때까지 반복 실행한다.

21. 더 이상 방문할 정점이 없으면 BFS는 종료한다.

(5) 구조체와 포인터을 이용한 그래프 표현을 하고 너비 우선 검색을 할 수 있는 C 프로그래밍 실습 예

실습 8.4

구조체와 포인터(연결 자료구조와 연결 리스트)을 이용한 그래프 표현(인접 리스트)을 하고 너비 우선 검색을 할 수 있는 프로그램을 작성하시오.

【출력】

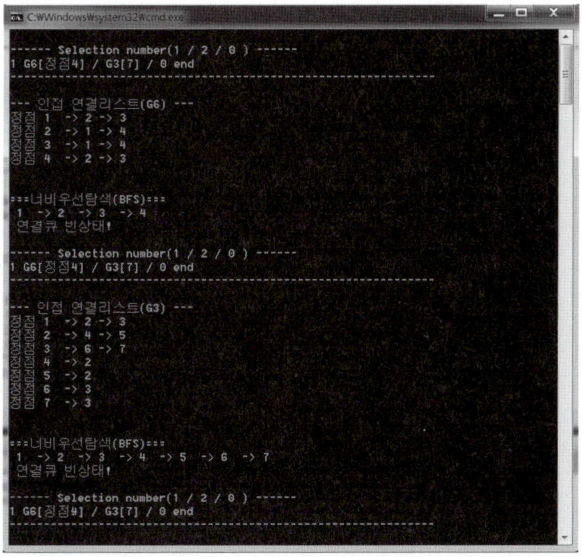

【입력】

① 그래프 2개를 키보드로 번호 순서(1/2)로 입력받고, 종료 시 0을 선택할 수 있도록 할 것

② 헤드 포인터 배열의 최대 크기는 10으로 할 것

【처리조건】

① 그래프 표현(인접 리스트)을 자기 참조 구조체 프로그램 구현을 할 것

② 다음 그래프 각각을 구조체와 포인터(연결 자료구조와 연결 리스트)를 이용하여 그래프 표현(인접 리스트)을 작성할 것

③ BFS 방식을 사용하여 1부터 검색할 것

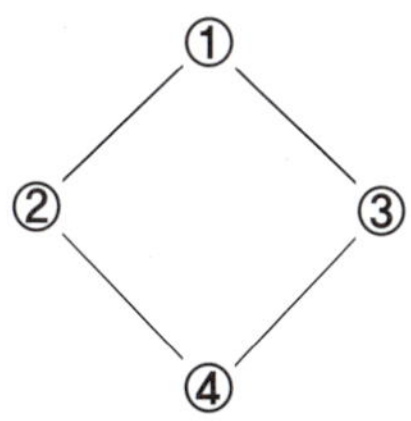

$G_6 = (V, E)$

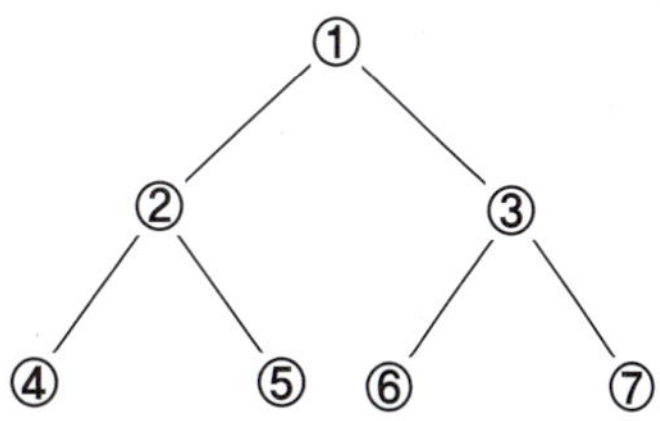

$G_3 = (V, E)$

[프로그램: c_8_4.C]

```
#include <stdio.h>
#include <memory.h>
#include <stdlib.h>
#define MAX_V 10
#define N 4
#define S 7

#define FALSE 0
#define TRUE 1

typedef struct g_adjNode {
    int vertex;
    struct g_adjNode* link;
}g_adjNode;

typedef struct gKind {
    int n;
    g_adjNode* adjHead[MAX_V];
    int check_v[MAX_V];
}gKind;

void getGraph(gKind* g) {
    int v;
    g->n = 0;
    for (v = 0; v<MAX_V; v++) {
        g->check_v[v] = FALSE;
        g->adjHead[v] = NULL;
    }
}

void add_V(gKind* g, int v) {
    if (((g->n) + 1)>MAX_V) {
        printf("\n 그래프 정점의 개수 초과!");
        return;
    }
    g->n++;
}

void add_E(gKind* g, int x, int y) {
    g_adjNode* node;
    if (x >= g->n || y >= g->n) {
        printf("\n 그래프에 없는 정점!");
        return;
    }
    node = (g_adjNode *)malloc(sizeof(g_adjNode));
    node->vertex = y;
```

```
    node->link = g->adjHead[x];
    g->adjHead[x] = node;
}

void print_adjL(gKind* g) {
    int i;
    g_adjNode* p;
    for (i = 0; i<g->n; i++) {
        printf("\n정점 %d ", i + 1);
        p = g->adjHead[i];
        while (p) {
            printf(" -> %d", p->vertex + 1);
            p = p->link;
        }
    }
}
typedef int element;

typedef struct QNode {
    int data;
    struct QNode *link;
} QNode;

typedef struct {
    QNode *front, *rear;
} Q_Kind;

Q_Kind *getLQ() {
    Q_Kind *LQ;
    LQ = (Q_Kind *)malloc(sizeof(Q_Kind));
    LQ->front = NULL;
    LQ->rear = NULL;
    return LQ;
}

int isEmpty(Q_Kind *LQ) {
    if (LQ->front == NULL) {
        printf("\n 연결큐 빈상태! \n");
        return 1;
    }
    else return 0;
}

void insertQ(Q_Kind *LQ, int item) {
    QNode *newNode = (QNode *)malloc(sizeof(QNode));
    newNode->data = item;
    newNode->link = NULL;
```

```
    if (LQ->front == NULL) {
        LQ->front = newNode;
        LQ->rear = newNode;
    }
    else {
        LQ->rear->link = newNode;
        LQ->rear = newNode;
    }
}

int deleteQ(Q_Kind *LQ) {
    QNode *old = LQ->front;
    int item;
    if (isEmpty(LQ)) return 0;
    else {
        item = old->data;
        LQ->front = LQ->front->link;
        if (LQ->front == NULL)
            LQ->rear = NULL;
        free(old);
        return item;
    }
}
void BFS_adjL(gKind* g, int v) {
    g_adjNode* w;
    Q_Kind* Q;
    Q = getLQ();
    g->check_v[v] = TRUE;
    printf(" %d ", v + 1);
    insertQ(Q, v);

    while (!isEmpty(Q)) {
        v = deleteQ(Q);
        for (w = g->adjHead[v]; w; w = w->link)
            if (!g->check_v[w->vertex]) {
                g->check_v[w->vertex] = TRUE;
                printf(" -> %d ", w->vertex + 1);
                insertQ(Q, w->vertex);
            }
    }
}

void main() {
    int i;
    gKind *G3, *G6;

```

```
140    while(1) {
141       printf("\n------ Selection number(1 / 2 / 0 ) ------\n");
142       printf("1 G6[정점4] / G3[7] / 0 end \n");
143       printf("----------------------------------------------------------------\n");
144
145       G3 = (gKind *)malloc(sizeof(gKind)); getGraph(G3);
146       G6 = (gKind *)malloc(sizeof(gKind)); getGraph(G6);
147
148       switch(getch()) {
149          case '1': printf("\n--- 인접 연결리스트(G6) ---");
150                   for (i = 0; i<N; i++)
151                          add_V(G6, i);
152                   add_E(G6, 0, 2); add_E(G6, 0, 1);
153                   add_E(G6, 1, 3); add_E(G6, 1, 0);
154                   add_E(G6, 2, 3); add_E(G6, 2, 0);
155                   add_E(G6, 3, 2); add_E(G6, 3, 1);
156                   print_adjL(G6); printf("\n");
157                   printf("\n\n===너비우선탐색(BFS)===\n");
158                   BFS_adjL(G6, 0);
159                   break;
160          case '2': printf("\n--- 인접 연결리스트(G3) ---");
161                   for (i = 0; i<S; i++)
162                          add_V(G3, i);
163                   add_E(G3, 0, 2); add_E(G3, 0, 1);
164                   add_E(G3, 1, 4); add_E(G3, 1, 3);
165                   add_E(G3, 2, 6); add_E(G3, 2, 5);
166                   add_E(G3, 3, 1); add_E(G3, 4, 1);
167                   add_E(G3, 5, 2); add_E(G3, 6, 2);
168                   print_adjL(G3); printf("\n");
169                   printf("\n\n===너비우선탐색(BFS)===\n");
170                   BFS_adjL(G3, 0);
171                   break;
172          case '0': return;
173       }
174    }
175    getchar();
176 }
```

【해설】

05-06. 그래프 G6, G3 각각에 대한 정점의 개수를 나타낸다.

145, 146. 그래프 G6, G3에 대하여 메모리를 할당한다.

149-156. 그래프 G6에 대한 인접 연결 리스트를 생성 및 출력한다.

160-168. 그래프 G3에 대한 인접 연결 리스트를 생성 및 출력한다.

148-173. 키보드를 받아 2가지 그래프 선택 가능한 switch...case 문이다.

90-102. 큐의 삽입(insertQ) 함수이다.

104-116. 스택의 삭제(deleteQ) 함수이다.

158, 117-134. 그래프 G6에 대한 BFS 방식을 수행한다.

170, 117-134. 그래프 G3에 대한 BFS 방식을 수행한다.

16-20. 구조체의 check_vv.는 각 정점을 방문 여부를 확인하여 표시하는 배열이다. 정점 개수를 배열의 크기로 하며, 처음에는 false(0)로 초기화한다.

74-80, 120. 공백 큐를 생성하며, 큐를 초기화한다.

121. 정점을 방문하면 true(1)로 변경한다.

121. 시작되는 정점 v가 결정되어 방문된다.

123, 90-102. v에 인접한 모든 정점 w에 대해서 아직 방문하지 않은 정점인 경우에 차례로 방문하면서 큐에 삽입한다.

129. 정점을 방문하면 true(1)로 변경한다.

125-133. 큐가 공백이 될 때까지 반복 실행한다. 큐가 공백이 아닌 동안 BFS 실행한다.

127-132. 현재 정점 w를 방문하지 않은 경우에 해당된다.

127. 인접 정점이 있는 동안에 실행된다.

128. 정점 w가 방문하지 않은 정점인 경우에 해당된다.

130. 정점 0~6을 정점 1~7로 변환하여 출력한다.

133. 큐가 공백이 되면 종료한다.

134. 더 이상 방문할 정점이 없으면 BFS는 종료한다.

04 _ 그래프의 활용

그래프의 응용으로는 최단 경로 찾는 문제, 운영체제의 프로세스 관리, 전기 회로 분석, 화학물질 결합 방법, 수학에서의 대수적 기하학과 위상 수학, 조합론, 통계학, 인공 지능, 연구 계획 분석, 언어학, 사회 과학 분야 등 광범위한 분야에서 응용되고 있는 자료구조이다. 여기에 사용되는 것이 신장 트리와 가중치 그래프를 기반으로 최소 비용 신장 트리, 최단 경로 알고리즘 등이 있다.

1. 신장 트리(Spanning Tree)

(1) 정의

그래프 G가 연결되어 있을 때, DFS나 BFS 등 그래프에서의 운행 법을 실행하면 어떤 점에서 시작하든 G에 있는 모든 정점을 방문한다. 이 경우에 G의 간선들은 2개의 집합 T와 B로 나눌 수 있는데, 여기서 T는 검색 중에 순회된 간선들의 집합이고, B는 나머지 간선들의 집합이다. 집합 T에 있는 간선들은 G의 모든 정점을 포함하는 트리를 형성한다. 이때 G에 있는 간선과 G의 모든 정점으로 구성된 트리를 신장 트리(Spanning Tree)라고 한다. 즉, 정점이 n개이고 간선이 n−1개인 사이클이 없는 단순 연결 그래프를 말하며, 그래프에 있는 간선과 모든 정점으로 구성된 트리로 모든 노드는 적어도 하나의 간선에 연결되어 있어야 한다.

(2) 종류

1. **깊이 우선 신장 트리(depth first spanning tree)**
   DFS를 호출해서 만들어진 신장 트리를 깊이 우선 신장 트리라고 한다.
2. **너비 우선 신장 트리(breadth first spanning tree)**
   BFS를 호출해서 만들어진 신장 트리를 너비 우선 신장 트리라고 한다.

(3) 예

1. 완전 그래프 G의 신장 트리는 다음과 같다.

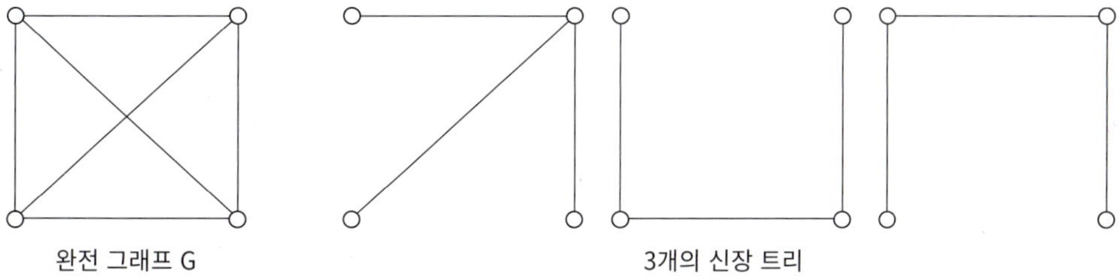

그림 8.24 신장 트리의 예

2. 무방향 그래프 G의 깊이 우선 신장 트리와 너비 우선 신장 트리는 다음과 같다.

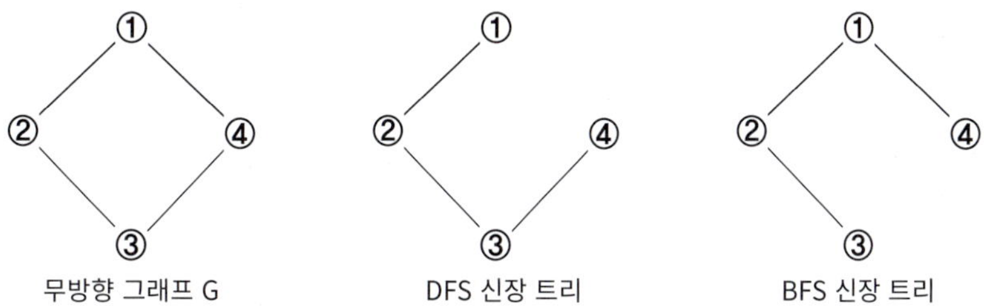

그림 8.25 깊이 우선 신장 트리와 너비 우선 신장 트리의 예

(4) 응용

신장 트리의 응용은 전기 회로망에서의 최초 방정식의 독립 집합을 구하는데 사용한다.

2. 최소 비용 신장 트리(MST: Minimum-cost Spanning Tree)

(1) 정의

간선이 가중값(weight)을 갖는 그래프를 네트워크(network)라고 한다. 간선에 비용이 부여되어 있을 때 신장 트리의 비용이란 그 트리의 모든 간선 비용의 총합을 말한다. 다수의 신장 트리 중에서 그 비용의 총합이 최소가 되는 트리를 최소 비용 신장 트리(MST: Minimum-cost Spanning Tree)라고 한다.

(2) 응용

1. 최소 비용 신장 트리는 최단 경로의 변형으로서 통신망 설계 등에 이용하게 된다. 예를 들면 그래프의 정점은 지역을 나타내고 연결선은 지역들 사이에 통신 연결을 나타낸다고 했을 경우 최소 비용 신장 트리를 이용하여 최소의 비용 연결선으로 모든 지역을 연결할 수 있다.
2. 전기회로에서 단자들 간에 모두 연결하면서 가장 최소가 되도록 하는 문제도 응용된다.
3. 지하도에 배관 설계에도 응용된다. 파이프를 모두 연결하면서 최소 비용이 되도록 하는 내용이다.
4. 도시 간의 도로 연결을 위한 도로 건설에 있어서도 모두 연결하면서 최소 비용이 드는 문제 해결 등이다.

(3) 최소 비용 신장 트리를 찾는 방법의 종류

1. **크루스칼 알고리즘**(Kruskal Algorithm)

   그래프 G=(V, E)에 대하여 매 단계에서 최소 가중치를 갖는 가중치를 갖는 간선을 택하여 신장 트리의 간선이 되게 한다. 이 때 선택된 간선이 사이클이 되면 배제시킨다. 이와 같은 과정을 n–1개의 간선이 신장 트리에 포함될 때까지 수행한다.

   ① 가중 값이 작은 간선부터 선택하여 트리를 구성하며, 사이클이 생성되지 않도록 한다.

   ② 간선의 수가 n–1개가 되면 중단한다.

   ③ 생성된 트리가 최소 신장 트리이다.

2. **프림 알고리즘**(Prim Algorithm)

   그래프 G=(V, E)에 대하여 어떤 시작 정점에서부터 출발하여 신장 트리의 집합을 확장해 나가는 방법이다. n개의 정점을 가진 신장 트리의 집합에서 처음에는 시작 정점만을 신장 트리 집합에 포함시키며, 인접한 정점들과의 최소 비용 간선을 선택하고 그 간선을 포함하는 정점을 선택해 나가서 트리가 n–1개의 간선을 가질 때까지 완성시키는 방식이다.

   ① 시작할 정점을 임의로 선택한다.

   ② 선택된 정점들에 부속된 간선들 중 가중치가 가장 적은 간선을 선택한다.

   ③ 선택된 간선에 인접한 두 정점에 대해 그 것을 반복한다.

   ④ 만약 사이클이 발생되면 그 전에 방문된 정점에서 방문 되지 않은 간선 중 적은 것을 선택한다.

   ⑤ 모든 정점이 연결되면 알고리즘이 끝나게 된다.

(4) 예

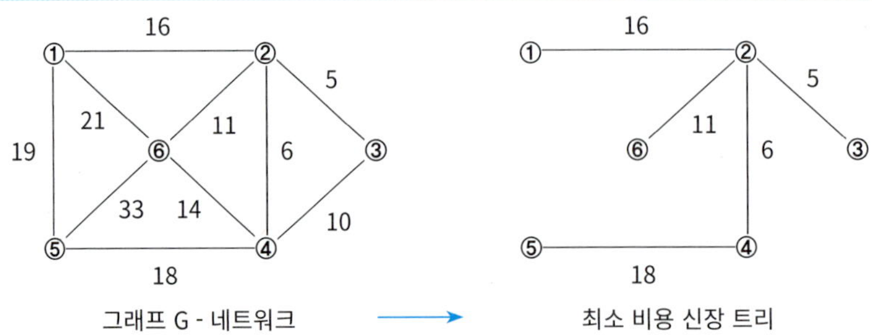

⇒ 이 알고리즘에 의해 찾아진 총 비용은 5+6+11+16+18 = 56이다.

그림 8.26 네트워크와 최소 비용 신장 트리의 예

1. 크루스칼 알고리즘(Kruskal Algorithm)의 수행 순서

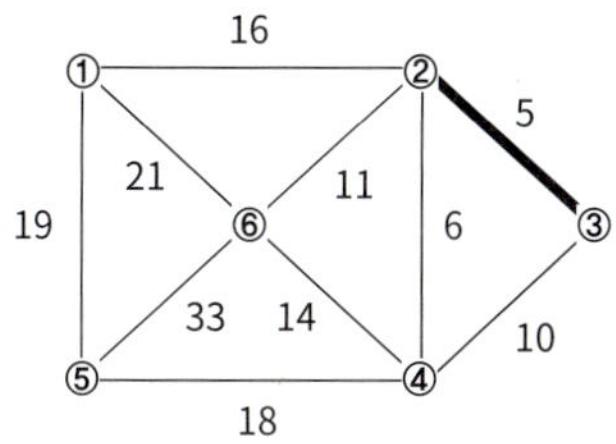

1) 가장 적은 가중치 5를 선택

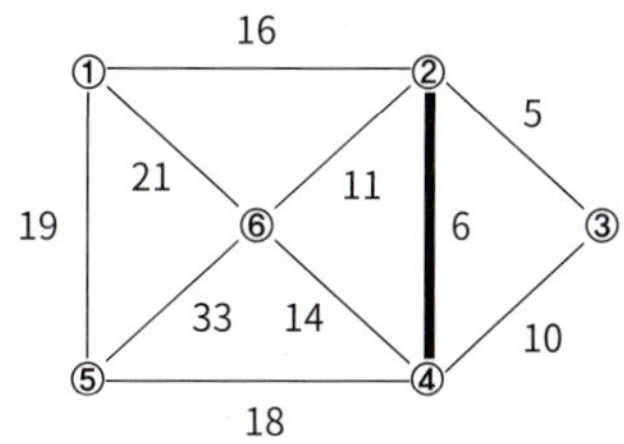

2) 두 번째 적은 가중치 6을 선택

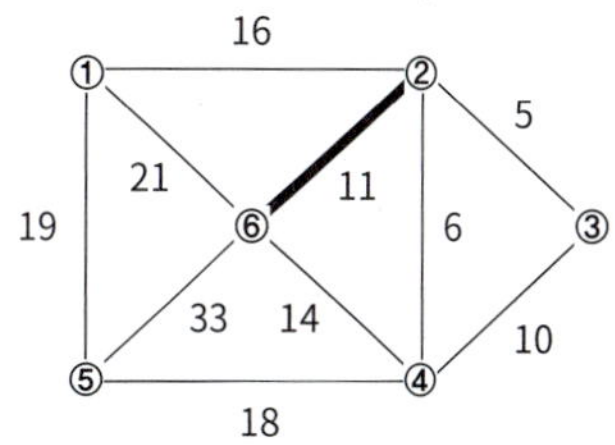

3) 세 번째 적은 10을 선택하면 사이클이 발생하여 제외 네 번째 적은 11을 선택

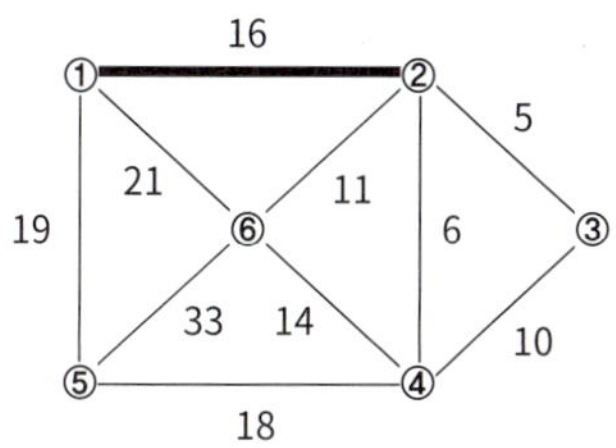

4) 다섯 번째 적은 14를 선택하면 사이클이 발생하여, 여섯 번째 적은 16을 선택

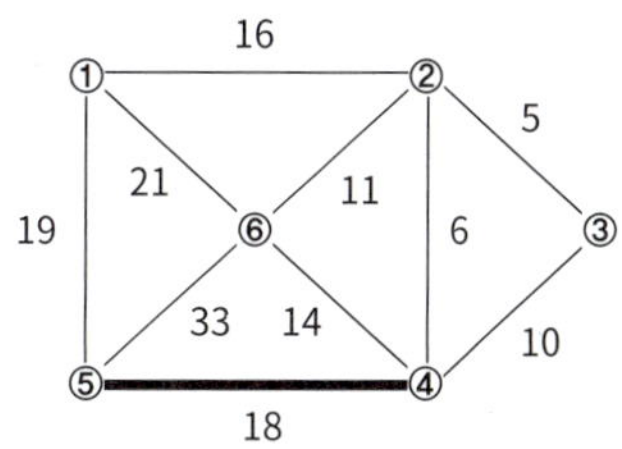

5) 일곱 번째 적은 18을 선택

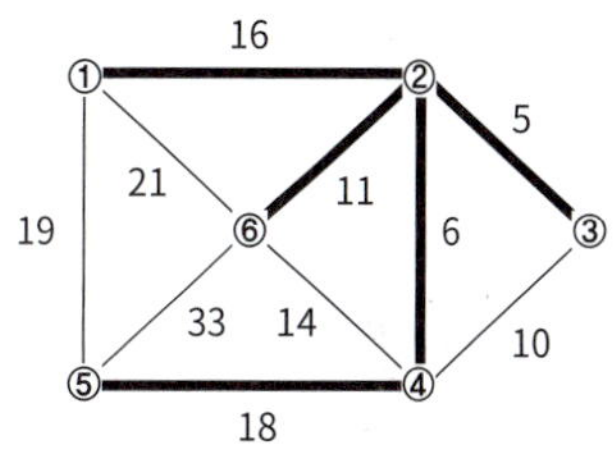

6) 모든 정점이 연결된 최소 비용 신장 트리가 완성

그림 8.27 크루스칼 알고리즘의 수행 순서의 예

2. 프림 알고리즘(Prim Algorithm)의 수행 순서

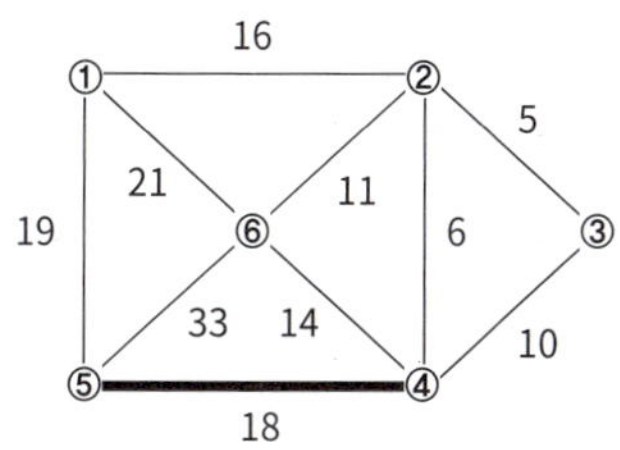

1) 우선 임의의 정점 v를 선택 여기서는 5를 선택하면 정점 5에 부속된 간선 중에서 가중치가 적은 18을 선택

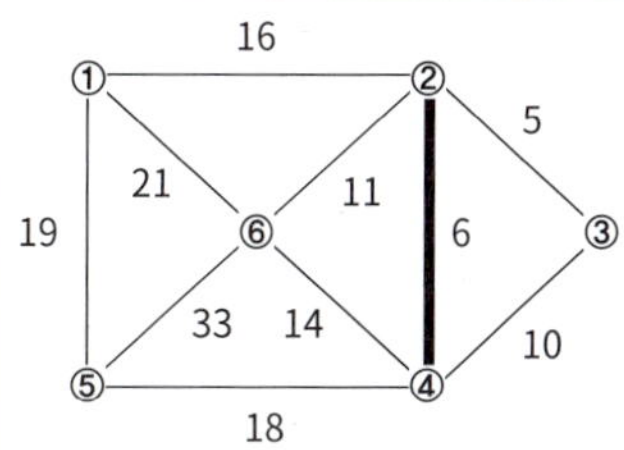

2) 정점 4에 대해 가장 가중치가 적은 간선 6을 선택

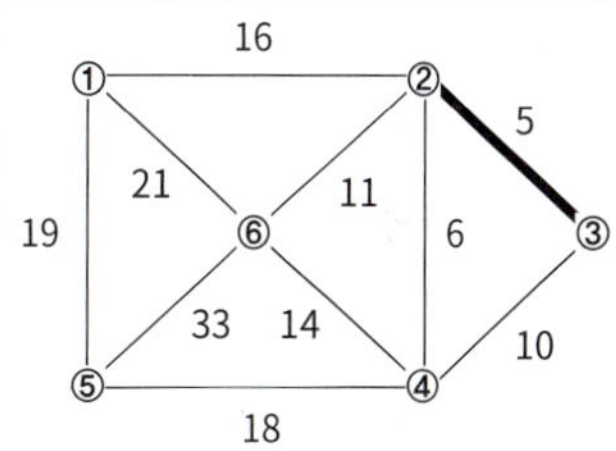

3) 정점 2에 대해 가장 적은 간선 5를 선택

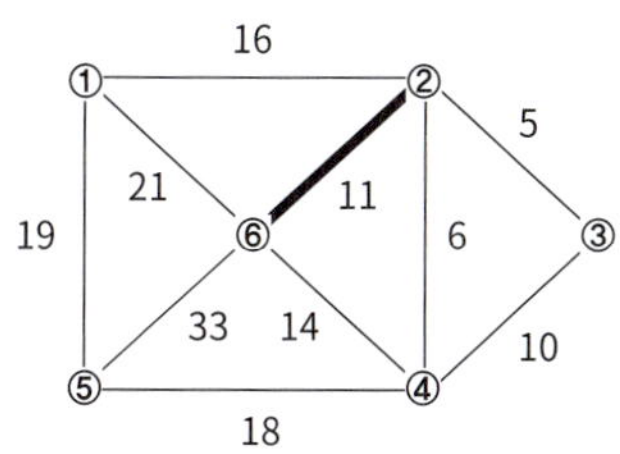

4) 정점 3에서 남는 간선 10을 선택하면 사이클이 되므로 그 전의 정점 2로 되돌아가 정점 2에 선택되지 않은 간선 중 적은 간선인 11을 선택

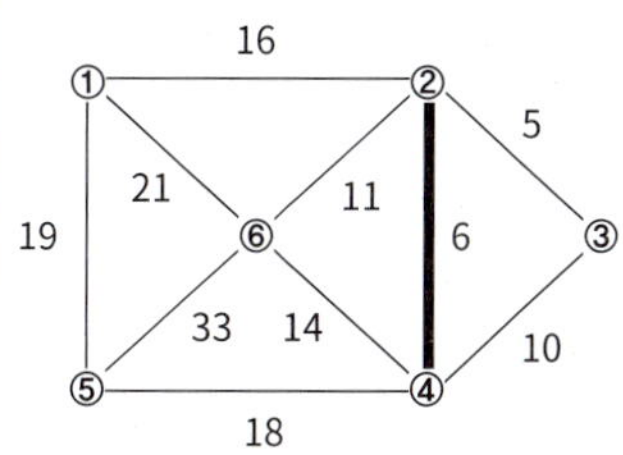

5) 정점 2와 정점 6에 부속된 간선 중 적은 값인 14를 선택하면 사이클이 발생하므로 16을 선택

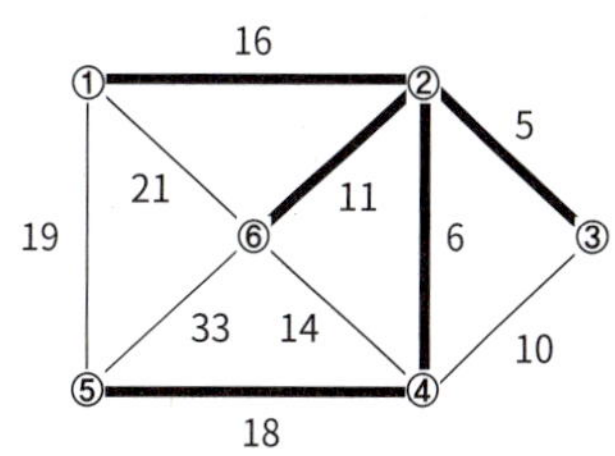

6) 모든 정점이 연결된 최소 비용 신장 트리가 완성

그림 8.28 프림 알고리즘의 수행 순서의 예

(5) 알고리즘

【AL 8_3 : 프림 알고리즘(Prim Algorithm)】

```
01 procedure primSpanning(s, n)
02       /* 변수: i, u, v, sum을 사용, INF: 무한대를 의미하는 값,
03          VERT: 그래프정점의 최개 개수, adj_M(u, v): 2차원 배열,
04          printf(): C에서의 화면 출력 함수  */
05
06     for u ← 0 to n by u++ do
07              distanceV(u) ← INF;
08         repeat;
09     distanceV(s) ← 0;
10
11     for i ← 0 to <n by i++) do
12              u ← get_min_V(n);
13              s_V(u) ← TRUE;
14
15              if( distanceV(u) == INF ) return;
16                 printf("\n 정점: %d ==>", u+1);
17
18              for v ← 0 to n by v++) do
19                        if( adj_M(u, v) ≠ INF)
20                                  if( !s_V(v) && adj_M(u, v)< distanceV(v) ) {
21                                      distanceV(v) = adj_M(u, v);
22                                      printf(" 가중치: %d", distanceV(v));
23                                  }
24              repeat;
25          repeat;
26
27    for i←0 to <VERT by i++ do
28        sum += distanceV(i);
29    printf(" 신장트리 완성: 총비용== %d", sum);
30 end primSpanning()
```

【해설】

09. 시작할 정점을 임의로 선택할 수 있는데, 여기서는 0을 선택한다. 출력 시는 1로 한다.

18, 25. 선택된 정점들에 부속된 간선들 중 가중치가 가장 적은 간선을 선택한다.

선택된 간선에 인접한 두 정점에 대해 그 것을 반복한다. 약 사이클이 발생되면 그 전에 방문된 정점에서 방문되지 않은 간선 중 적은 것을 선택한다.

27-28. 선택된 가중치를 전부 더하여 총 비용을 구한다.

30. 모든 정점이 연결되면 알고리즘이 끝나게 된다.

(6) 배열(순차 자료구조와 순차 리스트)을 이용한 그래프 표현(인접 행렬)을 하고 최소 비용 신장 트리를 만들기 위하여 프림 알고리즘을 구현 할 수 있는 C 프로그래밍 실습 예

실습 8.5

배열(순차 자료구조와 순차 리스트)을 이용한 그래프 표현(인접 행렬)을 하고 최소 비용 신장 트리를 만들기 위하여 프림 알고리즘을 구현 할 수 있는 프로그램을 작성하시오.

【출력】

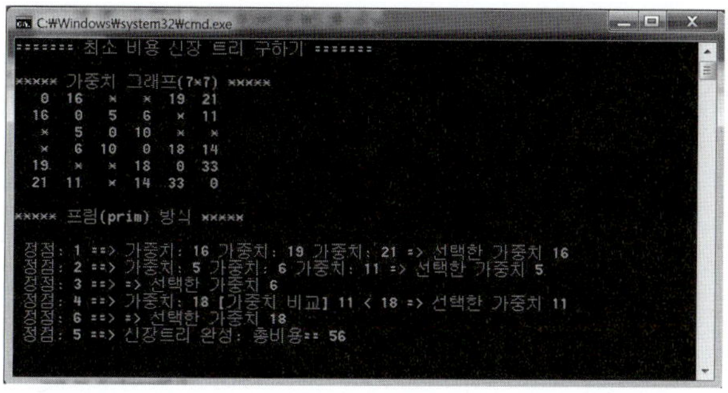

【처리조건】

① 그래프 표현(인접 행렬)을 배열(6*6)으로 하여 프로그램 구현을 할 것

② 다음 그래프를 최소 비용 신장 트리 작성할 것

③ 프림 알고리즘을 사용할 것

④ 시작 정점은 무엇으로 하든 상관없지만 여기서는 ①로 시작할 것

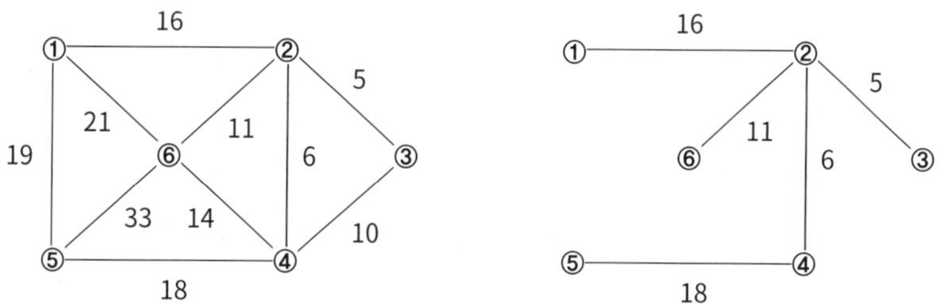

그래프 G - 네트워크 → 최소 비용 신장 트리

【프로그램: c_8_5.c】

```c
#include <stdio.h>

#define TRUE 1
#define FALSE 0

#define VERT 6
#define INF 50000L

int adj_M[VERT][VERT]={
{ 0, 16, INF, INF, 19, 21},
```

```
{ 16,  0, 5, 6, INF, 11 },
{ INF, 5, 0, 10, INF, INF },
{ INF, 6, 10, 0, 18,14 },
{ 19, INF, INF, 18, 0, 33 },
{ 21, 11, INF, 14, 33, 0 }};

int s_V[VERT];
int distanceV[VERT];

int get_min_V(int n)
{
  int v,i, j;
  for (i = 0; i <n; i++)
    if (!s_V[i]) {
      v = i;
     break;
    }

  for (i = 0; i < n; i++)
    if ( !s_V[i] && (distanceV[i] < distanceV[v]))
      { printf(" [가중치 비교] %d < %d",distanceV[i], distanceV[v]);
        v = i;}

  if (v != 0)
      printf(" => 선택한 가중치 %d",distanceV[v]);

  return (v);
}

void primSpanning(int s, int n)
{
   int i, u, v, sum=0;

   for(u=0;u<n;u++)
      distanceV[u]=INF;

   distanceV[s]=0;

   for(i=0;i<n;i++){
      u = get_min_V(n);
      s_V[u]=TRUE;

      if( distanceV[u] == INF ) return;
      printf("\n 정점: %d ==>", u+1);
      for( v=0; v<n; v++) {
          if( adj_M[u][v]!= INF)
```

```
57              if( !s_V[v] && adj_M[u][v]< distanceV[v] ) {
58                  distanceV[v] = adj_M[u][v];
59                  printf(" 가중치: %d", distanceV[v]);
60              }
61          }
62      }
63 }
64
65 for(i=0; i<VERT; i++)
66         sum += distanceV[i];
67    printf(" 신장트리 완성: 총비용== %d", sum);
68 }
69
70 main()
71 {
72    int i, j;
73
74     printf("======= 최소 비용 신장 트리 구하기 =======\n");
75     printf("\n***** 가중치 그래프(7*7) *****\n");
76     for (i = 0; i < VERT; i++) {
77         for (j = 0; j < VERT; j++) {
78             if (adj_M[i][j] == 50000L)
79                 printf("%4c", '*');
80             else printf("%4d", adj_M[i][j]);
81         }
82         printf("\n");
83     }
84     printf("\n***** 프림(prim) 방식 *****\n");
85     primSpanning(0, VERT);
86
87     getchar();
88 }
```

[해설]

09-15, 75-82. 비용 인접 행렬을 생성한다.

06. 그래프 정점의 최대 개수는 6개이다.

84, 40-67. 프림(prim) 방식을 수행한다.

47. 시작할 정점을 임의로 선택할 수 있는데, 여기서는 0을 선택한다. 출력 시는 1로 한다.

50, 20-38. 선택된 정점들에 부속된 간선들 중 가중치가 가장 적은 간선을 선택한다.
선택된 간선에 인접한 두 정점에 대해 그 것을 반복한다. 약 사이클이 발생되면 그 전에 방문된 정점에서 방문되지 않은 간선 중 적은 것을 선택한다.

64. 선택된 가중치를 전부 더하여 총 비용을 구한다.

66. 모든 정점이 연결되면 알고리즘이 끝나게 된다.

3. 최단 경로(Shortest Paths)

(1) 정의

그래프에서 두 정점 사이에 있는 각 간선에 가중 값(weight)이 주어지고 정점 V_i와 V_j 사이에 하나 이상의 경로가 존재할 때 그 경로 중에서 값의 합계가 최소인 경로를 최단 경로라고 한다.

(2) 응용

여행 지도에서 지정된 지역을 통과하기 위하여 가장 가까운 코스를 결정하는데 최단 경로가 필요하다. 또한, 지하철 노선도에서 최단 경로 찾기, 길 안내 내비게이션에서의 최단 경로 찾기, 국제 공항 비행기 노선도에서의 최단 경로 찾기 등이다.

(3) 종류

(가) 다익스트라(Dijkstra) 최단 경로 알고리즘

① 개념

하나의 출발점에서 모든 종착점(Single Source All Destination)을 구하는 방식이며, 방향 그래프 G=(V,E)에서 두 정점 사이의 각 간선에 가중값(weight)이 주어지고 출발 정점 V_0가 주어졌을 때 V_0부터 시작하여 그래프 G의 남은 정점들로 가는 각각의 경로들 중에서 가장 짧은 경로들을 찾는 문제이다. 가장 많이 사용되는 알고리즘 중의 하나이다.

② 예

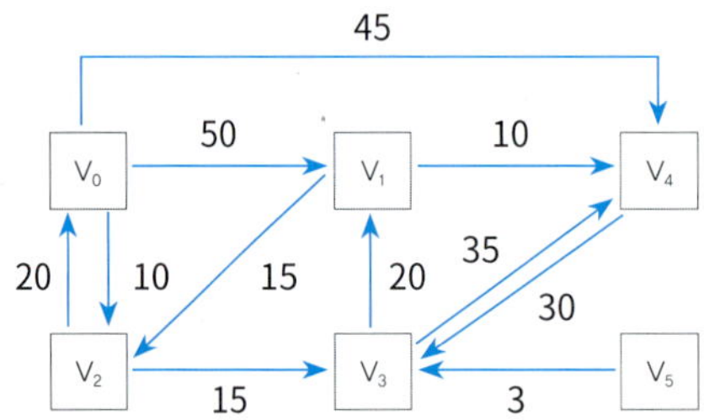

그림 8.29 최단 경로의 예

위 방향 그래프 G에서 하나의 출발점에서 모든 종착점(Single Source All Destination)의 최단 경로를 구하면 다음과 같다.

- 경로: (가) $V_0 \rightarrow V_2$ (길이 10)
  (나) $V_0 \rightarrow V_2 \rightarrow V_3$ (길이 25)
  (다) $V_0 \rightarrow V_2 \rightarrow V_3 \rightarrow V_1$ (길이 45)
  (라) $V_0 \rightarrow V_4$ (길이 45)

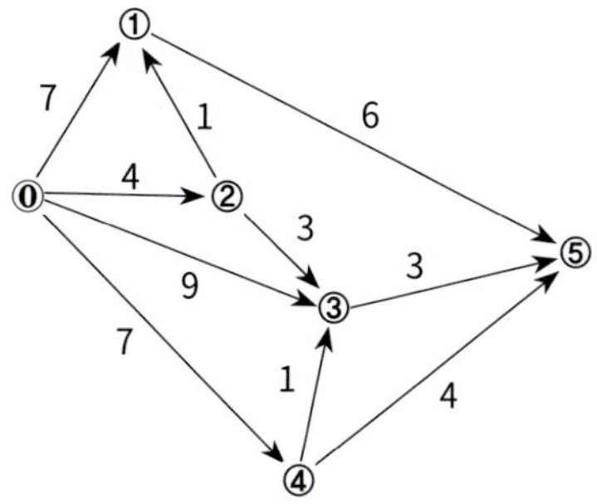

【예】 방향 그래프 G21

방향 그래프 G_{21}에서 다익스트라(Dijkstra) 알고리즘을 사용하여 정점 0에서 다른 모든 정점까지의 최단 경로 길이를 구하는 과정은 다음과 같다.

1. 비용 인접 행렬을 생성한다.

2. 다익스트라(Dijkstra) 알고리즘을 수행 과정

$$
\begin{bmatrix}
0 & 7 & 4 & 9 & 7 & \infty \\
\infty & 0 & \infty & \infty & \infty & 6 \\
\infty & 1 & 0 & 3 & \infty & \infty \\
\infty & \infty & \infty & 0 & \infty & 3 \\
\infty & \infty & \infty & 1 & 0 & 4 \\
\infty & \infty & \infty & \infty & \infty & 0
\end{bmatrix}
$$

반복	S	w	dist[0]	dist[1]	dist[2]	dist[3]	dist[4]	dist[5]
초기단계	{0}	–	0	7	4	9	7	∞
1	{0,2}	2	0	5	4	7	7	∞
2	{0,2,1}	1	0	5	4	7	7	11
3	{0,2,1,3}	3	0	5	4	7	7	10
4	{0,2,1,3,4}	4	0	5	4	7	7	10
5	{0,2,1,3,4,5}	5	0	5	4	7	7	10

초기 단계에서는 먼저 시작 정점 0을 집합 S의 초기 값으로 설정한다. 즉, {0}이다. 시작 정점 0에서의 인접 정점에 대한 가중치 값을 인접 행렬 weight에서 얻어서 배열 dist[]의 초기값으로 설정한다.

정점 u로부터 하나의 간선에 도달 가능한 모든 정점 w를 조사하여 dist[]의 값을 계산한다.

```
dist[w] = min(dist[w], dist[u]+cost[u][w])
```

이 과정을 모든 정점들에 대하여 최단 경로 길이가 구해질 때까지 반복한다.

① 1 단계

0과 인접되어 있는 정점들(4 / 2 / 1) 중에서 간선 비용이 가장 작은 것은 정점 2와의 연결이다. 즉, S = {0, 2} 이다. 여기서 0과 2를 제외한 모든 정점(1, 3, 4, 5)에 대하여 dist[] 값을 다시 계산한다. 다음과 같이 dist[] 값이 정점 0으로부터 계산된다.

```
dist[1] = min(dist[1], dist[2]+cost[2][1]) = min(7, 4+1) = 5
dist[3] = min(dist[3], dist[2]+cost[2][3]) = min(9, 4+3) = 7
dist[4] = min(dist[4], dist[3]+cost[3][4]) = min(7, 9+1) = 7
dist[5] = ∞, 그 이유는 2와 5는 직접 연결이 없기 때문이다.
```

② 2 단계, 3단계, 4단계, 5단계 각각은 1단계와 유사한 과정을 거친다.

그림 8.30 다익스트라(Dijkstra) 최단 경로 알고리즘 수행 과정의 예

③ 알고리즘

【AL 8_4 : 다익스트라(Dijkstra) 최단 경로 알고리즘】

```
procedure Dijkstra_sPath(int start, int n)
  /* u, w, i, step: 변수, n: 그래프의 정점 개수, w_D( ):인접행렬  */
        step ← 0;
     for i ← 1 to n by i++)      do
              dis_D(i) ← w_D(start](i));
              S_D(i) ← FALSE;
     repeat;
     S_D(start) ← TRUE;
     dis_D(start) ← 0;
     step ← pStep_D(0);
     for i ← 0 to n-1 by i++  do
              u ← nextVertex_D(n);
              S_D(u) ← TRUE;
              for w ← 0 to n by w++ do
                       if (!S_D[w]) then
                                if (dis_D(u) + w_D(u, w) < dis_D(w)) then
                                   dis_D(w) = dis_D(u) + w_D(u, w);
                      step ← pStep_D(step);
               repeat;
     repeat;
end Dijkstra_sPath()
```

(나) 플로이드(Floyd) 최단 경로 알고리즘

① 개념

모든 쌍의 최단 경로(All Pair Shortest Paths)를 구하는 방식이며, 방향 그래프 G=(V,E)에서 i ≠ j인 모든 정점들의 쌍 Vi,Vj 사이에 최단 경로를 찾는 문제이다. 일명 k-최단 경로라고도 한다.

② 예

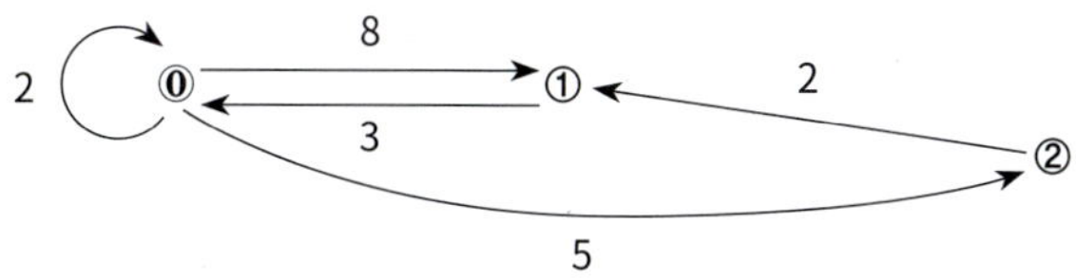

【예】 방향 그래프 G_{22}

방향 그래프 G_{22}에서 플로이드(Floyd) 최단 경로 알고리즘을 사용하여 모든 정점 쌍들 간에 최단 경로 길이를 구하는 과정은 다음과 같다.

1. 비용 인접 행렬을 생성한다.

$$\begin{bmatrix} 2 & 8 & 5 \\ 3 & 0 & \infty \\ \infty & 2 & 0 \end{bmatrix}$$

2. 플로이드(Floyd) 알고리즘을 수행 과정
   초기 단계에서는 인접 행렬 weight를 배열 A에 복사하여 초기화 한다. 즉, A^{-1} 이다.

그다음에 모든 행렬 A^{-1}, A^{0} , A , A^{n-1}을 연속적으로 구하는 과정을 거친다.
그 다음에 다음 규칙이 적용된다.

> 임의의 정점 쌍 v, w에 대해 A^{k}는 A^{k-1}로부터 다음의 2규칙 중 하나를 적용 가능하다. 인덱스가 k보다 큰 정점을 통과하지 않는 정점 v에서 w까지의 최단 경로가 인덱스 k인 정점을 통과하지 않으면 $A^{k}[v][w] = A^{k-1}[v][w]$ 이다.
>
> 인덱스 k인 정점을 통과하는 최단 경로는 다음 규칙처럼 $A^{k}[v][w] = \min(A^{k-1}[v][w],\ A^{k-1}[v][k] + A^{k-1}[k][w])$이 적용된다.

① 1 단계

$$A^{-1}\begin{bmatrix} 2 & 8 & 5 \\ 3 & 0 & \infty \\ \infty & 2 & 0 \end{bmatrix} \longrightarrow A^{0}\begin{bmatrix} 2 & 8 & 5 \\ 3 & 0 & \textcircled{8} \\ \infty & 2 & 0 \end{bmatrix}$$

$$\begin{aligned} A^{0}[1][2] &= \min(A^{-1}[1][2],\ A^{-1}[1][0] + A^{-1}[0][2]) \\ &= \min(\infty,\ 3+5) \\ &= 8 \end{aligned}$$

② 2 단계

$$A^{0}\begin{bmatrix} 2 & 8 & 5 \\ 3 & 0 & \textcircled{8} \\ \infty & 2 & 0 \end{bmatrix} \longrightarrow A^{1}\begin{bmatrix} 2 & 8 & 5 \\ 3 & 0 & \textcircled{8} \\ \textcircled{5} & 2 & 0 \end{bmatrix}$$

$$\begin{aligned} A^{1}[2][0] &= \min(A^{0}[2][0],\ A^{0}[2][1] + A^{0}[1][0]) \\ &= \min(\infty,\ 2+3) \\ &= 5 \end{aligned}$$

③ 3 단계

$$A^1 \begin{bmatrix} 2 & 8 & 5 \\ 3 & 0 & ⑧ \\ ⑤ & 2 & 0 \end{bmatrix} \longrightarrow A^2 \begin{bmatrix} 2 & ⑦ & 5 \\ 3 & 0 & ⑧ \\ ⑤ & 2 & 0 \end{bmatrix}$$

$$\begin{aligned} A^2[0][1] &= \min(\ A^1[0][1],\ \ A^1[0][2] + A^1[2][1]\ ) \\ &= \min(8,\ 5+2) \\ &= 7 \end{aligned}$$

그림 8.31 플로이드(Floyd) 최단 경로 알고리즘 수행 과정의 예

③ 알고리즘

【AL 8_5 : 플로이드(Floyd) 최단 경로 알고리즘】

```
01  procedure Floyd_sPath(n)
02   /* v, w, k, step: 변수, n: 그래프의 정점 개수, w_F(v, w):인접행렬 2차원배열 */
03          step ← -1;
04
05      for v ← 0 to n by v++ do
06          for w ← 0 to n by w++ do
07              A_F(v, w) ← w_F(v, w);
08                  repeat;
09          repeat;
10
11      call pStep_F(step);
12
13      for k ← 0 to n by k++ do
14          for v ← 0 to n by v++ do
15              for w ← 0 to n by w++ do
16                  if (A_F(v, k) + A_F(k, w) < A_F(v, w)) then
17                      A_F(v, w) ← A_F(v, k) + A_F(k, w);
18                          repeat;
19          call pStep_F(++step);
20                  repeat;
21      repeat;
22  end Floyd_sPath()
```

【해설】

05-09. 초기 단계에서는 인접 행렬 weight를 배열 A에 복사하여 초기화 한다. 즉, A^{-1} 이다.

11. 모든 행렬 A^{-1}, A^0 , A , ... , A^{n-1}을 연속적으로 구하는 과정이다.

13-19. 임의의 정점 쌍 v, w에 대해 A^k는 A^{k-1}로부터 다음의 2규칙 중 하나를 적용 가능하다. 인덱스가 k보다 큰 정점을 통과하지 않는 정점 v에서 w까지의 최단 경로가 인덱스 k인 정점을 통과하지 않으면 $A^k[v][w] = A^{k-1}[v][w]$ 이다.

인덱스 k인 정점을 통과하는 최단 경로는 다음 규칙처럼 $A^k[v][w] = \min(\ A^{k-1}[v][w],\ \ A^{k-1}[v][k] + A^{k-1}[k][w]\ )$이 적용된다.

(다) 배열(순차 자료구조와 순차 리스트)을 이용한 그래프 표현(인접 행렬)을 하고 최단 경로 구하기 할 수 있는 C 프로그래밍 실습 예

실습 8.6

배열(순차 자료구조와 순차 리스트)을 이용한 그래프 표현(인접 행렬)을 하고 최단 경로 구하기 프로그램을 작성하시오.

【출력】

```
C:\Windows\system32\cmd.exe

********** 최단 경로(Shortest Path) 구하기 **********
------ Selection number(1 / 2 / 0 ) ------
1 다익스트라 방식 / 2 플로이드 방식 / 0 end
------------------------------------------------------------
********** 가중치 인접 행렬(6*6) **********
  0  7  4  9  7  *
  *  0  *  *  *  6
  *  1  0  3  *  *
  *  *  *  0  *  3
  *  *  *  1  0  4
  *  *  *  *  *  0
***** 다익스트라 방식 *****
   0 step: S={  a }                       distance :[   0  7  4  9  7  *  ]
   1 step: S={  a  c }                    distance :[   0  5  4  7  7  *  ]
   2 step: S={  a  b  c }                 distance :[   0  5  4  7  7 11  ]
   3 step: S={  a  b  c  d }              distance :[   0  5  4  7  7 10  ]
   4 step: S={  a  b  c  d  e }           distance :[   0  5  4  7  7 10  ]
   5 step: S={  a  b  c  d  e  f }        distance :[   0  5  4  7  7 10  ]

********** 최단 경로(Shortest Path) 구하기 **********
------ Selection number(1 / 2 / 0 ) ------
1 다익스트라 방식 / 2 플로이드 방식 / 0 end
------------------------------------------------------------
********** 가중치 인접 행렬(3*3) **********
  2  8  5
  3  0  *
  *  2  0
***** 플로이드 방식 *****
 A-1 :      2   8   5
            3   0   *
            *   2   0
 A0 :       2   8   5
            3   0   8
            *   2   0
 A1 :       2   8   5
            3   0   8
            5   2   0
 A2 :       2   7   5
            3   0   8
            5   2   0

********** 최단 경로(Shortest Path) 구하기 **********
------ Selection number(1 / 2 / 0 ) ------
1 다익스트라 방식 / 2 플로이드 방식 / 0 end
------------------------------------------------------------
```

【입력】

① 그래프 2개를 키보드로 번호 순서(1/2)로 입력받고, 종료 시 0을 선택할 수 있도록 할 것

【처리조건】

① 그래프 표현(인접 행렬)을 배열로 프로그램 구현 할 것

② 최단 경로 구하기 방식은 다익스트라 방식 / 플로이드 방식 2가지 전부 선택할 수 있도록 할 것. 그래프 G21은 다익스트라 방식으로 구현, 그래프 G22은 플로이드 방식 사용할 것

③ 무한대는 편의상 50000으로 정의하여 사용할 것

```
#define INF  50000
```

④ 정점 0,1, 2, 3, 4, 5는 알파벳 ⓐ ⓑ ⓒ ⓓ ⓔ ⓕ와 각각 일대일 대응되도록 할 것

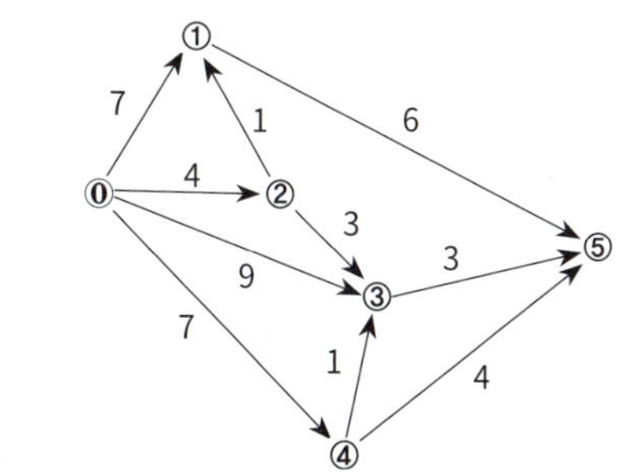

$G_{21} = (V, E)$

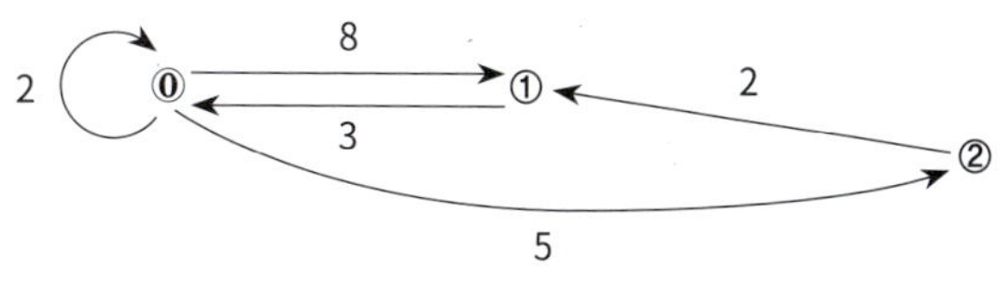

$G_{22} = (V, E)$

【프로그램: c_8_6.c】

```c
#include <stdio.h>
#include <limits.h>

#define TRUE  1
#define FALSE 0
#define MAX_V_D 6
#define MAX_V_F 3
#define INF  50000

int w_D[MAX_V_D][MAX_V_D] = {
    { 0, 7, 4, 9, 7, INF },
    { INF, 0, INF, INF, INF, 6},
    { INF, 1, 0, 3, INF, INF},
    { INF, INF, INF, 0, INF,3},
    { INF, INF, INF, 1, 0, 4},
    { INF, INF, INF, INF, INF, 0},
};

int w_F[MAX_V_F][MAX_V_F] = {
    { 2, 8, 5},
    { 3, 0, INF },
    { INF, 2, 0},
};

int dis_D[MAX_V_D];
int S_D[MAX_V_D];
int A_F[MAX_V_F][MAX_V_F];

int nextVertex_D(int n) {
    int i, min, minPos;
    min = INT_MAX;
    minPos = -1;
    for (i = 0; i< n; i++)
        if ((dis_D[i] < min) && !S_D[i]) {
            min = dis_D[i];
            minPos = i;
        }
    return minPos;
}

int pStep_D(int step) {
    int i;
    printf("\n %3d step: S={", step);
    for (i = 0; i < MAX_V_D; i++)
        if (S_D[i] == TRUE)
            printf("%3c", i + 97);
```

```

    if (step<2) printf(" } \t\t\t");
    else if (step<4) printf(" } \t\t");
    else printf(" } \t");
    printf(" distance :[ ");
    for (i = 0; i < MAX_V_D; i++)
        if (dis_D[i] == 50000)
            printf("%3c", '*');
        else printf("%3d", dis_D[i]);
        printf("%3c", ']');
        return ++step;
   printf("\n");
}
void Dijkstra_sPath(int start, int n) {
    int i, u, w, step = 0;

    for (i = 1; i < n; i++) {
        dis_D[i] = w_D[start][i];
        S_D[i] = FALSE;
    }

    S_D[start] = TRUE;
    dis_D[start] = 0;

    step = pStep_D(0);

    for (i = 0; i < n - 1; i++) {
        u = nextVertex_D(n);
        S_D[u] = TRUE;
        for (w = 0; w < n; w++)
            if (!S_D[w])
                if (dis_D[u] + w_D[u][w] < dis_D[w])
                    dis_D[w] = dis_D[u] + w_D[u][w];

        step = pStep_D(step);
    }
}

void pStep_F(int step) {
    int i, j;
    printf(" A%d : ", step);
    for (i = 0; i < MAX_V_F; i++) {
        printf("\t");
        for (j = 0; j < MAX_V_F; j++) {
            if (A_F[i][j] == 50000)
                printf("%4c", '*');
            else printf("%4d", A_F[i][j]);
        }
```

```
        printf("\n");
    }
}

void Floyd_sPath(int n) {
    int v, w, k, step = -1;

    for (v = 0; v < n; v++)
        for (w = 0; w < n; w++)
            A_F[v][w] = w_F[v][w];

    pStep_F(step);

    for (k = 0; k < n; k++) {
        for (v = 0; v < n; v++)
            for (w = 0; w < n; w++)
                if (A_F[v][k] + A_F[k][w] < A_F[v][w])
                    A_F[v][w] = A_F[v][k] + A_F[k][w];
        pStep_F(++step);
    }
}
void main(void) {
    int i, j;

     while(1) {
         printf("\n\n********** 최단 경로(Shortest Path) 구하기 **********\n");
     printf("------ Selection number(1 / 2 / 0 ) ------\n");
     printf("1 다익스트라 방식 / 2 플로이드 방식 / 0 end \n");

          printf("----------------------------------------------------------\n");
      switch(getch()) {
            case '1': printf("********** 가중치 인접 행렬(6*6) **********\n");
                      for (i = 0; i < MAX_V_D; i++) {
                          for (j = 0; j < MAX_V_D; j++) {
                              if (w_D[i][j] == 50000)
                                  printf("%3c", '*');
                              else printf("%3d", w_D[i][j]);
                          }
                      printf("\n");
                      }
                      printf("***** 다익스트라 방식 *****");
                      Dijkstra_sPath(0, MAX_V_D);
                      break;
           case '2': printf("********** 가중치 인접 행렬(3*3) **********\n");
                      for (i = 0; i < MAX_V_F; i++) {
                          for (j = 0; j < MAX_V_F; j++) {
```

```
141                     if (w_F[i][j] == 50000)
142                         printf("%3c", '*');
143                     else printf("%3d", w_F[i][j]);
144                 }
145                 printf("\n");
146             }
147             printf("***** 플로이드 방식 *****\n");
148             Floyd_sPath(MAX_V_F);
149             break;
150         case '0': return;
151     }
152   }
153   getchar();
154 }
```

【해설】

128-135. 비용 인접 행렬을 생성한다.

136, 60-83. 다익스트라 방식을 수행한다.

반복	S	w	dist[0]	dist[1]	dist[2]	dist[3]	dist[4]	dist[5]
초기단계	{0}	–	0	7	4	9	7	∞
1	{0,2}	2	0	5	4	7	7	∞
2	{0,2,1}	1	0	5	4	7	7	11
3	{0,2,1,3}	3	0	5	4	7	7	10
4	{0,2,1,3,4}	4	0	5	4	7	7	10
5	{0,2,1,3,4,5}	5	0	5	4	7	7	10

71, 41-59. 초기 단계에서는 먼저 시작 정점 0을 집합 S의 초기 값으로 설정한다. 즉, {0}이다. 시작 정점 0에서의 인접 정점에 대한 가중치 값을 인접 행렬 weight에서 얻어서 배열 dist[]의 초기 값으로 설정한다.

73-83. 다음 규칙이 적용된다.

정점 u로부터 하나의 간선에 도달 가능한 모든 정점 w를 조사하여 dist[]의 값을 계산한다.

```
dist[w] = min(dist[w], dist[u]+cost[u][w])
```

이 과정을 모든 정점들에 대하여 최단 경로 길이가 구해질 때까지 반복한다.

① 1 단계

0과 인접되어 있는 정점들(4 / 2 / 1) 중에서 간선 비용이 가장 작은 것은 정점 2와의 연결이다. 즉, S = {0, 2} 이다. 여기서 0과 2를 제외한 모든 정점(1, 3, 4, 5)에 대하여 dist[] 값을 다시 계산한다. 다음과 같이 dist[] 값이 정점 0으로부터 계산된다.

```
dist[1] = min(dist[1], dist[2]+cost[2][1]) = min(7, 4+1) = 5
dist[3] = min(dist[3], dist[2]+cost[2][3]) = min(9, 4+3) = 7
dist[4] = min(dist[4], dist[3]+cost[3][4]) = min(7, 9+1) = 7
dist[5] = ∞, 그 이유는 2와 5는 직접 연결이 없기 때문이다.
```

② 2 단계, 3단 계, 4단계, 5단계 각각은 1단계와 유사한 과정을 거친다.

148, 99-115. 플로이드 방식을 수행한다.

102-104, 19-23. 초기 단계에서는 인접 행렬 weight를 배열 A에 복사하여 초기화 한다. 즉, A^{-1} 이다.

106, 85-97. 모든 행렬 A^{-1}, A^{0} , A , A^{n-1}을 연속적으로 구하는 과정이다.

108-114. 임의의 정점 쌍 v, w에 대해 A^{k}는 A^{k-1}로부터 다음의 2규칙 중 하나를 적용 가능하다. 인덱스가 k보다 큰 정점을 통과하지 않는 정점 v에서 w까지의 최단 경로가 인덱스 k인 정점을 통과하지 않으면 $A^{k}[v][w] = A^{k-1}[v][w]$ 이다. 인덱스 k인 정점을 통과하는 최단 경로는 다음 규칙처럼 $A^{k}[v][w] = \min (A^{k-1}[v][w],\ A^{k-1}[v][k] + A^{k-1}[k][w])$이 적용된다.

① 1 단계

$A^{0}[1][2] = \min (A^{-1}[1][2],\ A^{-1}[1][0] + A^{-1}[0][2])$

$= \min (\infty, 3+5)$

$= 8$

② 2 단계

$A^{1}[2][0] = \min (A^{0}[2][0],\ A^{0}[2][1] + A^{0}[1][0])$

$= \min (\infty, 2+3)$

$= 5$

③ 2 단계

$A^{2}[0][1] = \min (A^{1}[0][1],\ A^{1}[0][2] + A^{1}[2][1])$

$= \min (8, 5+2)$

$= 7$

4. 이행적 폐쇄(Transitive Closure)

모든 쌍 최단 경로에 관련된 문제는 모든 쌍의 노드 i,j에 대해 i에서 j로 가는 경로가 존재하는 지를 결정하는 문제이다. 2가지 종류가 있는데 하나는 모든 경로의 길이가 양수인 경우이고, 다른 하나는 경로의 길이가 음수가 아닌 경우이다.

(1) 이행적 폐쇄 행렬(Transitive Closure Matrix)

① 정의

A가 그래프 G의 인접 행렬일 때 길이가 양인 경로에서

- i에서 j로 가는 경로가 존재하는 경우: $A^{+}(i,j) = 1$
- i에서 j로 가는 경로가 존재하지 않는 경우: $A^{+}(i,j) = 0$

이 되는 성질을 갖는 행렬 A^{+}를 그래프 G의 이행적 폐쇄 행렬(Transitive Closure Matrix)이라 한다.

② 예

그래프 G에 대한 인접 행렬 A와 이행적 폐쇄 행렬 A^{+}는 다음과 같다.

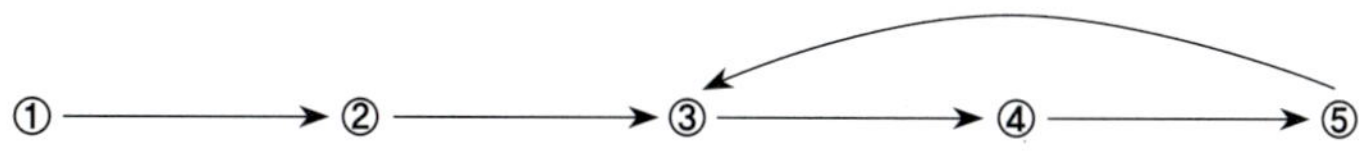

(그래프 G)

$$\begin{array}{c|ccccc} & 1 & 2 & 3 & 4 & 5 \\ \hline 1 & 0 & 1 & 0 & 0 & 0 \\ 2 & 0 & 0 & 1 & 0 & 0 \\ 3 & 0 & 0 & 0 & 1 & 0 \\ 4 & 0 & 0 & 0 & 0 & 1 \\ 5 & 0 & 0 & 1 & 0 & 0 \end{array} \longrightarrow \begin{array}{c|ccccc} & 1 & 2 & 3 & 4 & 5 \\ \hline 1 & 0 & 1 & 1 & 1 & 1 \\ 2 & 0 & 0 & 1 & 1 & 1 \\ 3 & 0 & 0 & 1 & 1 & 1 \\ 4 & 0 & 0 & 1 & 1 & 1 \\ 5 & 0 & 0 & 1 & 1 & 1 \end{array}$$

인접 행렬 A　　　　이행적 폐쇄 행렬 A^+

그림 8.32 이행적 폐쇄 행렬의 예

(2) 반사 이행적 폐쇄 행렬(Reflexive Transitive Closure Matrix)

① 정의

A가 그래프 G의 인접 행렬일 때 길이가 0보다 크거나 양인 경로에서

- i에서 j로 가는 경로가 존재하는 경우: $A^*(i,j) = 1$
- i에서 j로 가는 경로가 존재하지 않는 경우: $A^*(i,j) = 0$

이 되는 성질을 갖는 행렬 A^*를 그래프 G의 반사 이행적 폐쇄 행렬(Reflexive Transitive Closure Matrix)이라 한다. 정점 자기 자신을 1로 만든다.

② 예

그래프 G에 대한 인접 행렬 A와 반사 이행적 폐쇄 행렬 A^*는 다음과 같다.

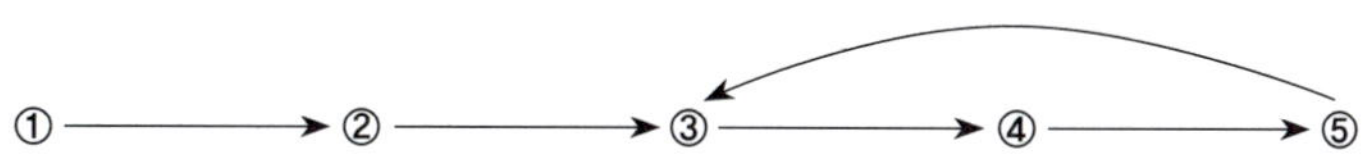

(그래프 G)

$$\begin{array}{c|ccccc} & 1 & 2 & 3 & 4 & 5 \\ \hline 1 & 0 & 1 & 0 & 0 & 0 \\ 2 & 0 & 0 & 1 & 0 & 0 \\ 3 & 0 & 0 & 0 & 1 & 0 \\ 4 & 0 & 0 & 0 & 0 & 1 \\ 5 & 0 & 0 & 1 & 0 & 0 \end{array} \longrightarrow \begin{array}{c|ccccc} & 1 & 2 & 3 & 4 & 5 \\ \hline 1 & 1 & 1 & 1 & 1 & 1 \\ 2 & 0 & 1 & 1 & 1 & 1 \\ 3 & 0 & 0 & 1 & 1 & 1 \\ 4 & 0 & 0 & 1 & 1 & 1 \\ 5 & 0 & 0 & 1 & 1 & 1 \end{array}$$

인접 행렬 A　　　　반사 이행적 폐쇄 행렬 A*

그림 8.33 반사 이행적 폐쇄 행렬의 예

5. 위상 순서(Topological Order)

(1) 정의

다음 그래프에서 Ⓘ → Ⓙ 일때 I는 J의 선행자(predecessor)라고 하고 J는 I의 후속자(successor)라고 한다. 네트워크에서 I가 J의 선행자라면 I가 선형 순서에서도 J보다 앞선다는 특징을 위상 순서(topological order)라고 한다.

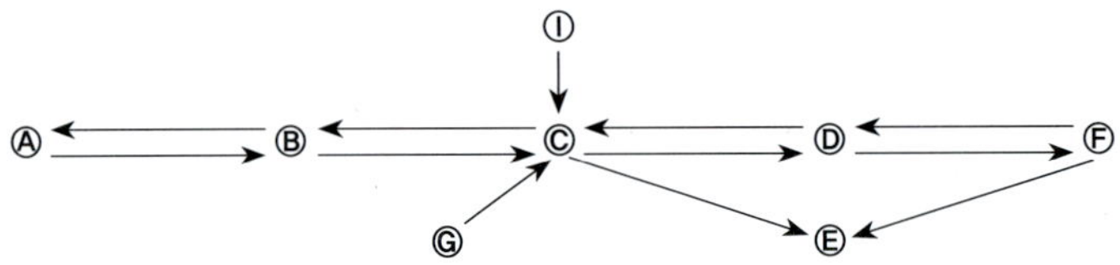

* 방향성 그래프에서 정점 I의 후속자는 {A, B, C, D, E, F}이다.

그림 8.34 위상 순서의 예

(2) 응용과 예: 위상 정렬 => [제10장] 참고

위상 정렬(topological sort)이란 방향 있는 그래프에서 연결된 마디를 어떤 규칙으로 정렬하는 것을 말한다. 즉, 반 순서 관계(partial order)가 있는 그래프의 데이터에 대해서, 제일 먼저 하는 업무부터 마지막으로 하는 업무까지 나열하는 것이므로 해법은 하나라고는 할 수 없다. 위상 정렬은 PERT에서 많이 사용하는 정렬 방법이다.

1부터 8까지의 노드들을 하나의 업무 단위라고 본다면, 1의 업무를 하기 위해서는 선행 업무로서 2가 가능해야 한다. 3의 업무를 위헤서는 1의 업무가 가능해야 한다. 7의 업무가 가능하려면 3, 6, 8의 업무가 가능해야 한다. 이러한 관계를 표현한 것이 방향성 그래프이다.

예를 든 그래프에서 업무 흐름 A(2,1,4,3,7)와 업무 흐름 B(2,5,4,6,7,8)는 다르다. 어느 업무를 먼저 해도 된다. 이것을 반순서 관계라고 한다. 반 순서 관계가 있는 그래프의 데이터에 대해서, 제일 먼저 하는 업무부터 마지막으로 하는 업무까지 나열하는 것을 위상 정렬이라고 한다. 해법은 하나라고는 할 수 없다.

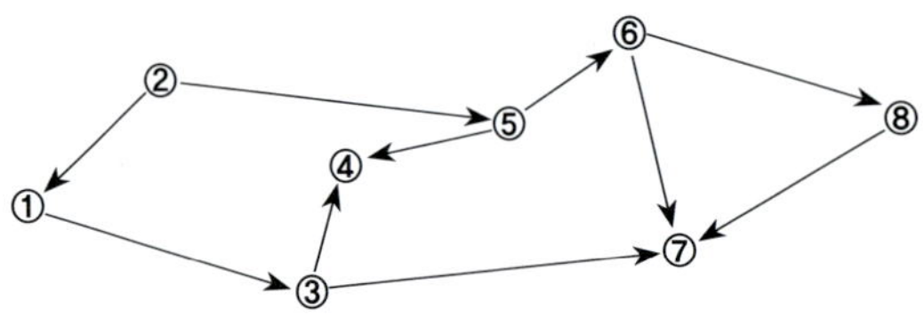

그림 8.35 위상 정렬과 반 순서 관계의 그래프

위상 순서, 위상 정렬의 한 예는 대학교에서의 교과 과정에서 선수과목과 후수 과목을 수강 신청하는 것과 유사하다. 어떤 교과목은 독립적으로 수강 가능하지만, 자료구조라는 과목은

"이산 수학 → 자료구조 → 알고리즘 → 데이터베이스"처럼 연결되어 있다. 이 때 이산 수학은 자료구조의 선수과목, 알고리즘은 자료구조의 후수 과목이라고 한다.

정렬(sort)은 컴퓨터 기억 공간 내에서 순서 없이 배열된 자료를 키(key)라고 불리는 특정한 부분을 중심으로 일정한 순서(작은 수에서 큰 수 순 또는 큰 수에서 작은 수 순)로 재배열하는 것을 말한다. 이 때 키란 어떤 자료를 정렬하는 데 사용하는 기준이 되는 특정 값을 말한다. ==〉 [제9장], [제10장]

6. 간선 작업 네트워크(AOE: Activity On Edge-network)

(1) 정의

어떤 프로젝트를 위해 수행되는 작업들을 방향 간선으로 표현하고, 공정(어떤 작업의 완료)들을 정점으로 표현한 그래프를 간선 작업 네트워크(AOE: Activity On Edge-network)라고 한다.

(2) 응용

1. PERT(Performance Evaluation and Review Technique)
   1958년 미해군 폴라리스 프로젝트(polaris project)에 관련되어 개발된 미사일 시스템이다. 최근에는 건설 공사 연구 개발 계획 등 많은 활동에 관련되어 이용되는데 네트워크 모델을 평가하기 위한 그래프로 나타낸 순서도이다.

2. CPM(Critical Path Method)
   듀퐁사에서 개발한 CPM은 비용과 관련시킨 방법으로 첫 단계부터 마지막 단계까지의 임계 경로(critical path)를 이용하여 최단 경로를 찾는 방법이다.

3. RAMPS(Resource Allocation and Multi-Project Scheduling)
   자금 할당과 복합 프로젝트 스케줄링 하는 방법이다.

7. 정점 작업 네트워크(AOV: Activity On Vertex-network)

(1) 정의

정점이 작업을 나타내고 그 간선이 작업간의 우선 관계를 나타내는 그래프를 정점 작업 네트워크(AOV: Activity On Vertex-network)라고 한다.

(2) 예

다음 그래프는 활동 시간을 포함한 그래프, 즉 AOV 네트워크이다.

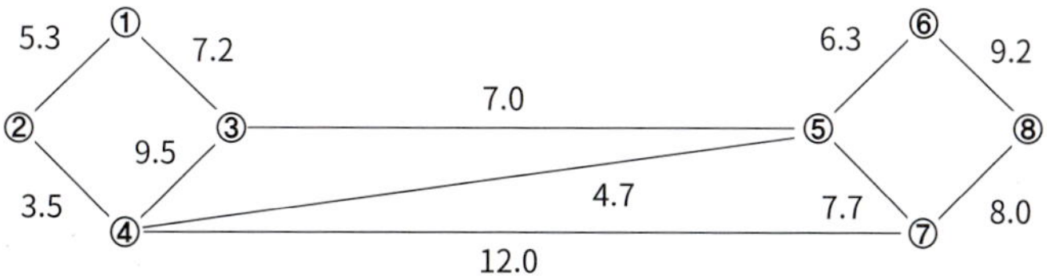

그림 8.36 정점 작업 네트워크(AOV)의 예

8. 임계 경로(Critical Path)

(1) 정의

임계 경로란 작업 공정 그래프의 경우 한 작업의 공정이 다른 작업에 직접적인 영향을 주게 될 때 주로 작업에 직접적으로 영향을 주는 경로를 임계 경로라고 한다. 시작점에서 끝점까지 가장 긴 경로이다.

(2) 내용

- early(i): 사건 v_i가 발생할 수 있는 가장 이른(earlist) 시간이다.
- late(i): v_i에서 시작하는 작업 a_i의 가장 늦은(latest) 시간이다.
- 임계 작업의 값 = early(i) – late(i)
- 작업의 임계도(criticality) = late(i) – early(i)

(3) 목적

임계 경로 분석의 목적은 임계 경로를 미리 발견하여 자원들을 미리 적절하게 배치시켜 작업 기간을 단축하는 데에 있다.

9. 오일러의 공식

(1) 공식

그래프 G에서 정점의 수를 V, 연결선의 수를 E, 영역의 수를 R이라고 하면 V – E + R = 2 의 등식이 성립한다.

(2) 예

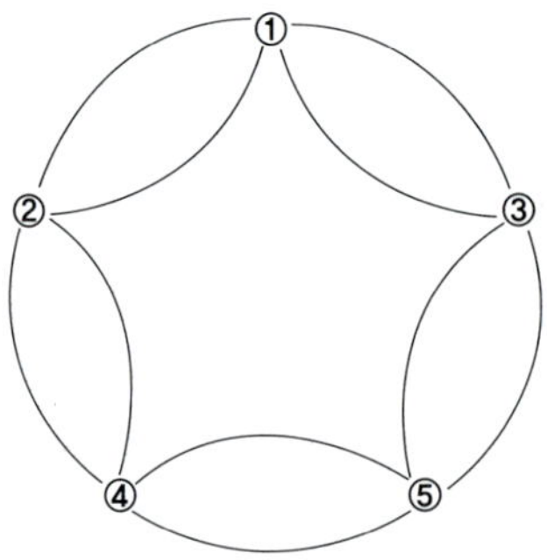

그래프 G에서 V = 5 E = 10 R = 7

오일러의 공식: 5 - 10 + 7 = 2

그림 8.37 오일러 공식의 예

1. 그래프의 정의

그래프는 객체를 표현하는 공집합이 아닌 정점(Vertex)과 객체를 연결하는 간선(Edge)으로 구성하는 비선형 자료구조이다. 그래프의 정의는 G = (V, E)로 표현한다.

2. 그래프의 표현의 종류

그래프를 응용하고 표현하는 방법에 따라서 인접 행렬, 인접 리스트, 인접 다중 리스트, 역 인접 리스트 등으로 표현한다.

3. 인접 행렬(adjacency matrix)

G=(V,E)를 정점의 수가 n(n>=1)인 그래프라 할 때 정점과 정점의 관계가 인접하면 1, 아니면 0으로 2차원 행렬에 표현한다.

4. 인접 리스트(adjacency list)

그래프를 연결 리스트(linked list)를 이용하여 표현하는 방법이다. 그래프 G의 각 정점마다 1개의 리스트가 존재하는데, 각 리스트에 대한 포인터를 1차원 배열로 저장한 구조이다. 그러므로 n개의 정점을 갖는 그래프를 표현할 경우에 n개의 연결 리스트가 필요하다.

5. 인접 다중 리스트(adjacency multi-list)

인접 리스트의 비효율성을 제거하며, 각 간선에 대해 하나의 노드를 설정하고 간선에 붙어 있는 두 개의 정점에 대해 다중으로 지정되도록 만든 인접 다중 리스트이다.

6. 역 인접 리스트(inverse adjacency list)

다른 정점에 인접한 모든 정점들을 반복하여 접근할 필요가 있는 경우에는 인접 리스트 외에 또 다른 리스트의 집합이 필요한데 이 것이 역 인접 리스트이다.

7. 그래프의 운행(traversal) 방식의 종류

그래프의 운행 방식에는 깊이 우선 검색(DFS: Depth First Search)과 너비 우선 검색(BFS: Breadth First Search)의 두 가지 방법이 있다.

8. 깊이 우선 검색(DFS: Depth First Search)

한 정점으로부터 시작하여 그 것에 인접한 노드를 방문하고 그 노드에서 다 방문하지 않는 노드를 계속 방문하여 전 노드를 방문한다. 이 때 스택을 이용한다.

9. 너비 우선 검색(BFS: Breadth First Search)

한 노드에 인접되어진 노드를 전부 방문한 후 그 다음 레벨의 노드들을 방문하는 방법으로 각 방문되어진 노드를 큐(queue)를 이용한다.

10. 그래프의 활용

그래프의 응용으로는 최단 경로 찾는 문제, 운영체제의 프로세스 관리, 전기 회로 분석, 화학물질 결합 방법, 수학에서의 대수적 기하학과 위상 수학, 조합론, 통계학, 인공 지능, 연구 계획 분석, 언어학, 사회과학 분야 등 광범위한 분야에서 응용되고 있는 자료구조이다.

객관식 문제

01. 그래프를 활용하는 목적은?

① 프로그램의 구성을 간결하게 설명하는데에 그 목적이 있다.
② 파일의 구성을 일목 요연하게 볼 수 있게 하는데 그 목적이 있다.
③ 프로그램의 instruction 관계를 설명할 수 있게 하는데 그 목적이 있다.
④ 위의 모든 항이 해당된다.

02. 다음 그래프 G의 설명 중 틀린 것은?

① E는 정점의 쌍으로 된 간선(edge)의 집합이다.
② 그래프 G를 G=V,E 라고 쓴다.
③ V는 정점(vertex)의 집합으로 V≠0이고 유한집합이다.
④ 그래프 G는 두 집합 V(정점), E(간선)로 구성된다.

03. 다음 중 그래프의 설명과 관계가 없는 것은?

① 그래프는 트리와 관계가 있으며 이항관계는 그래프 이론과는 관련이 없다.
② 그래프 이론은 최단 거리 찾기, 작업 계획의 분석, 화학결합 표시, 유전학 등에 응용된다.
③ 스위스의 수학자 오일러(Euler)는 그래프의 모든 정점들이 짝수의 차수를 가지는 것을 밝혔다.
④ 그래프의 이론은 1736년 koenigsberg에 있는 2개의 섬과 7개의 다리에서 비롯되었다.

04. 다음에서 그래프를 잘못 설명한 것은?

① 간선(edge)에 가중값(weight)이 주어지면 weighed graph라 한다.
② 간선(edge)에 방향이 주어지면 방향성 그래프(directed graph)라 한다.
③ 정점(vertex)과 정점을 연결한 선을 간선(edge)이라 한다.
④ 그래프(graph)와 트리(tree)는 아무런 연관이 없다.

05. 그래프 구조를 그릴 필요가 없는 것은?

① 화학 구조 ② network 구조 ③ link 구조 ④ tree 구조

06. 다음 그래프 중에서 완전 그래프(complete graph)는 ?

① $G_1 = (V, E)$ 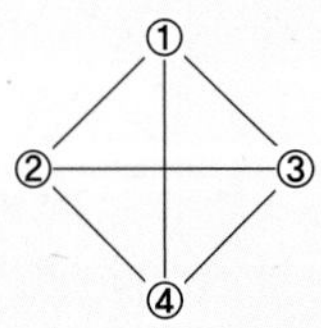	② $G_2 = (V, E)$ 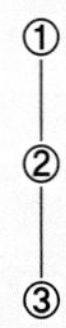
③ $G_3 = (V, E)$ 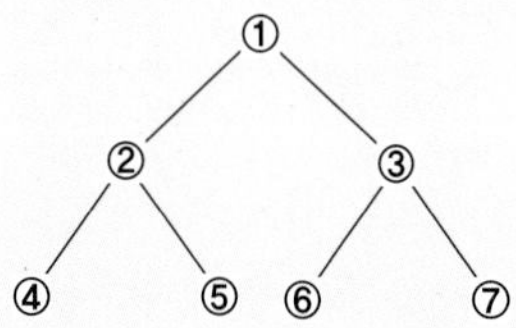	④ $G_4 = (V, E)$ 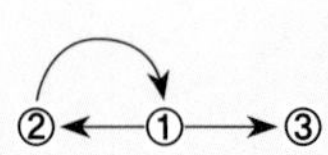

07. 다음 정규 그래프의 종류는?

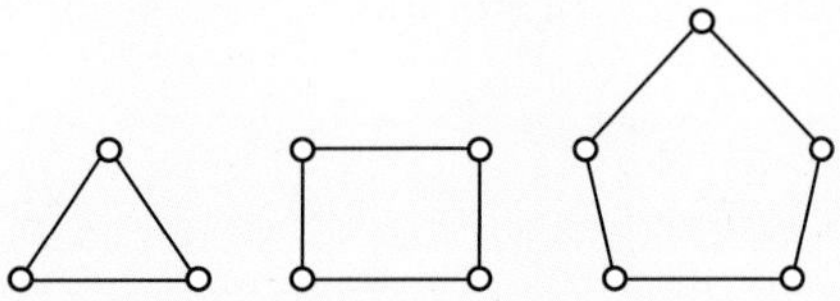

① 1-정규 그래프　　② 2-정규 그래프　　③ 3-정규 그래프　　④ 4-정규 그래프

08. 다음에서 강력 연결 그래프(strongly connected graph)는?

①

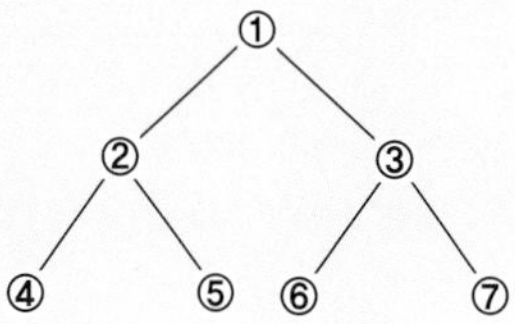

②

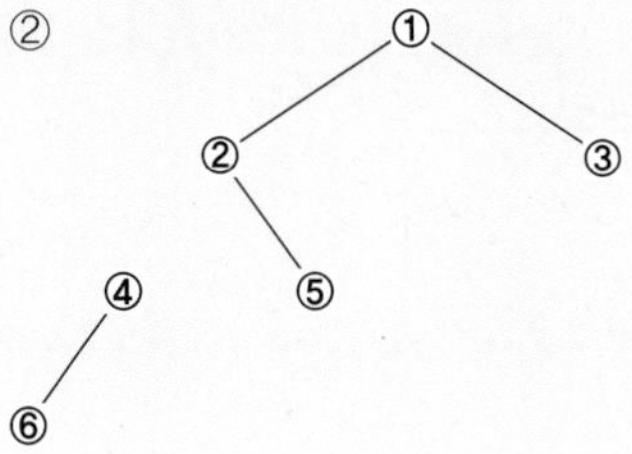

③

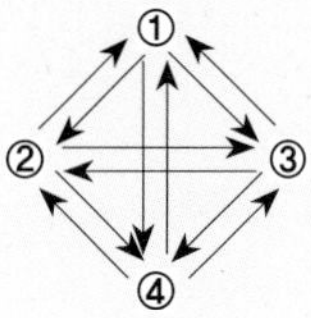

④

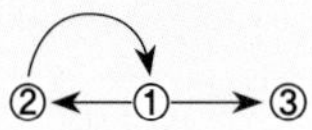

09. 다음 그래프의 종류는?

⇒ 정점 1와 2 사이에 2개, 정점 2와 3 사이에 3개의 간선이 존재하는 그래프이다.

① 정규 그래프　　② 다중 그래프　　③ 이분 그래프　　④ 방향성 그래프

10. 다음 방향 그래프 G_3에서 정점과 간선의 집합을 바르게 표시한 것은?

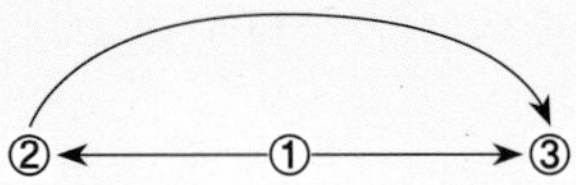

G_3 = (V, E)

① $V(G_3)=\{1,2,3\}$, $E(G_3)=\{\langle 2,1\rangle, \langle 3,1\rangle\}$　　② $V(G_3)=\{1,2,3\}$, $E(G_3)=\{(1,2),(1,3)\}$

③ $V(G_3)=\{1,2,3\}$, $E(G_3)=\{\langle 1,2\rangle,\langle 1,3\rangle,\langle 2,3\rangle\}$　　④ $V(G_3)=\{1,2,3\}$, $E(G_3)=\{(1,2),(1,3),(2,3)\}$

11. 다음 방향 그래프에서 정점 1의 차수의 합은 얼마인가?

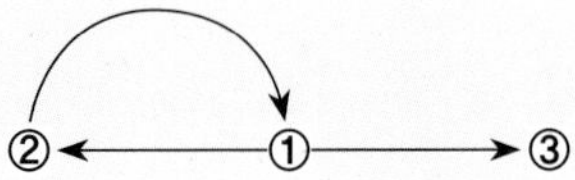

① 1　　② 2　　③ 3　　④ 4

12. 정점이 n개인 무방향 완전 그래프(complete graph)에서 최대 간선의 수는?

① (n+1)/2 ② n(n+1)/2 ③ (n−1)/2 ④ n(n−1)/2

13. 다음 인접 행렬의 정점 3의 차수(degree)는 ?

$$\begin{bmatrix} 0 & 1 & 1 & 1 \\ 1 & 0 & 1 & 0 \\ 1 & 1 & 0 & 1 \\ 1 & 0 & 0 & 0 \end{bmatrix}$$

① 1 ② 2 ③ 3 ④ 4

14. 다음 그래프의 인접 행렬 표현이 바르게 된 것은?

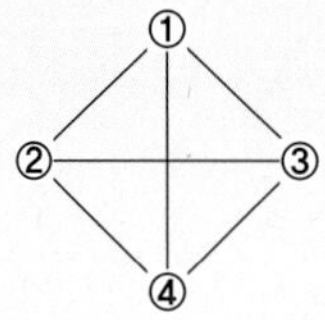

① $\begin{bmatrix} 0 & 1 & 1 & 0 \\ 1 & 0 & 1 & 1 \\ 1 & 1 & 0 & 1 \\ 0 & 1 & 1 & 0 \end{bmatrix}$ ② $\begin{bmatrix} 0 & 1 & 1 & 1 \\ 1 & 0 & 1 & 1 \\ 1 & 1 & 0 & 1 \\ 1 & 1 & 1 & 0 \end{bmatrix}$ ③ $\begin{bmatrix} 1 & 0 & 0 & 0 \\ 0 & 1 & 0 & 0 \\ 0 & 0 & 1 & 0 \\ 0 & 0 & 0 & 1 \end{bmatrix}$ ④ $\begin{bmatrix} 0 & 1 & 0 & 0 \\ 1 & 0 & 1 & 0 \\ 0 & 1 & 0 & 1 \\ 0 & 0 & 1 & 0 \end{bmatrix}$

15. 다음 인접 행렬에 맞는 그래프는?

$$\begin{bmatrix} 0 & 1 & 0 & 1 \\ 1 & 0 & 1 & 0 \\ 0 & 1 & 0 & 1 \\ 1 & 0 & 1 & 0 \end{bmatrix}$$

①
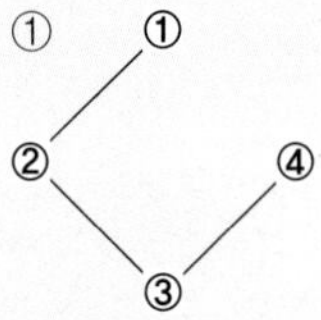
②
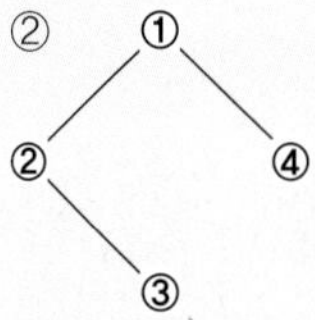
③
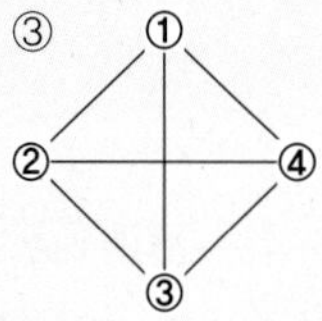
④
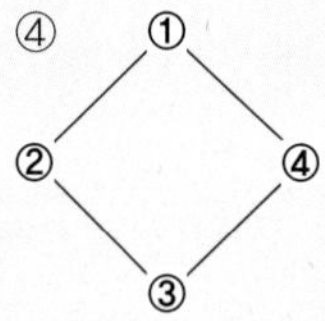

16. 다음 그래프의 인접 행렬 표현이 바르게 된 것은?

① $\begin{bmatrix} 0 & 1 & 1 \\ 1 & 0 & 1 \\ 1 & 1 & 0 \end{bmatrix}$ ② $\begin{bmatrix} 0 & 1 & 0 \\ 1 & 0 & 1 \\ 0 & 1 & 0 \end{bmatrix}$ ③ $\begin{bmatrix} 1 & 0 & 0 \\ 0 & 1 & 0 \\ 0 & 0 & 1 \end{bmatrix}$ ④ $\begin{bmatrix} 0 & 1 & 0 \\ 1 & 0 & 1 \\ 1 & 1 & 1 \end{bmatrix}$

17. 그래프 G_2를 인접 리스트(adjacency list)로 표현하였을 때 알맞은 것은?

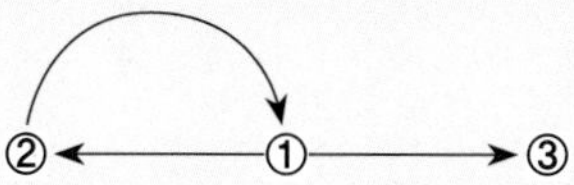

①
[0] 정점 1헤드 → 2 → 3 → 4 ^
[1] 정점 2헤드 → 1 → 3 → 4 ^
[2] 정점 3헤드 → 1 → 2 → 4 ^
[3] 정점 4헤드 → 1 → 2 → 3 ^

②
[0] 정점 1헤드 → 2 → 3 ^
[1] 정점 2헤드 → 1 → 3 ^
[2] 정점 3헤드 → 1 → 2 ^

③
[0] 정점 1헤드 → 2 → 3 ^
[1] 정점 2헤드 → 4 → 5 ^
[2] 정점 3헤드 → 6 → 7 ^
[3] 정점 4헤드 → 2 ^
[4] 정점 5헤드 → 2 ^
[5] 정점 6헤드 → 3 ^
[6] 정점 7헤드 → 3 ^

④
[0] 정점 1헤드 → 2 → 1 → 3 ^
[1] 정점 2헤드 → 1 → 3 ^
[2] 정점 3헤드 ^

18. 다음 그래프를 깊이 우선 검색(DFS)으로 운행(traverse)했을 때 그 순서는?

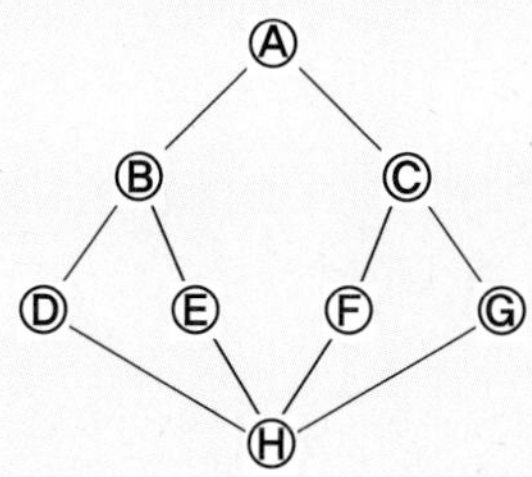

① A B D E C F G H　② A B C D E F G H　③ A B D H E F C G　④ A B D E H C F G

19. 다음 그래프를 너비 우선 검색(BFS)으로 운행(traverse)했을 때 그 순서는?

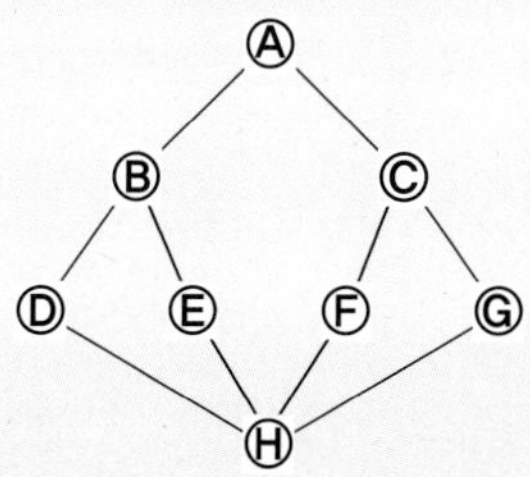

① A B D E C F G H　② A B C D E F G H　③ A B D H E F C G　④ A B D E H C F G

연습문제

20. 다음 그래프에서 경로의 길이가 3인 단순 경로의 개수는 ?

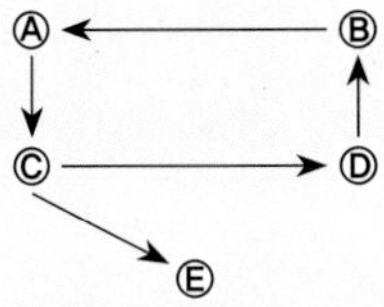

① 3 ② 4 ③ 5 ④ 6

21. 다음 그래프에서 노드 I의 후속자(successor)의 집합을 나열한 것은?

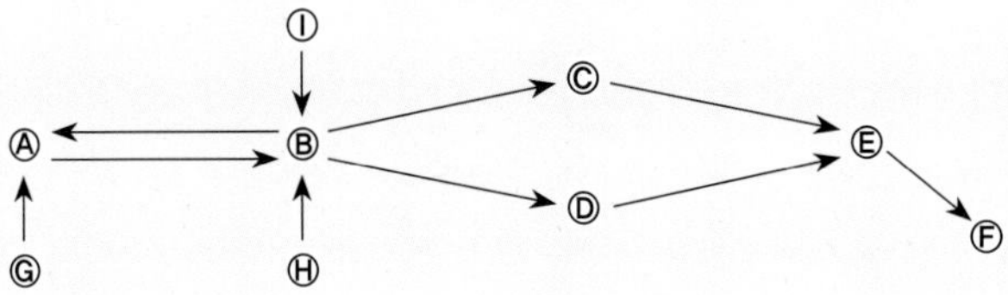

① {ABCDEF} ② {ABCEF} ③ {BCDEF} ④ {ABCDEFGH}

22. 다음 네트워크(network)의 위상적 순서(topological order)로서 맞지 않는 것은?

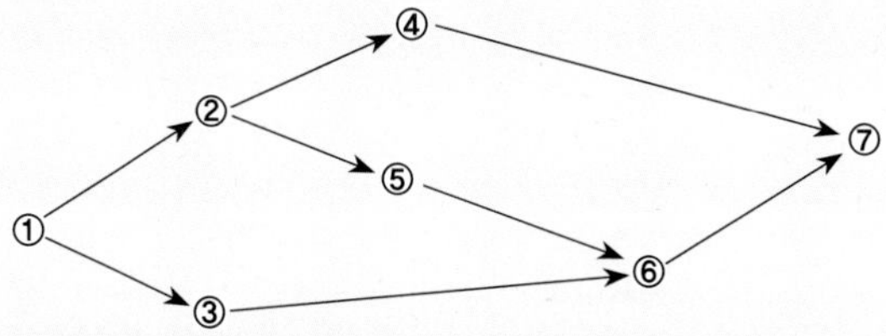

① (1,3,6,2,4,5,7) ② (1,2,3,4,5,6,7) ③ (1,3,2,5,6,4,7) ④ (1,2,4,5,3,6,7)

23. 다음 그래프에서 오일러의 공식을 사용할 때 사용하는 정점의 수, 간선의수, 표면의 수를 맞게 서술한 것은?

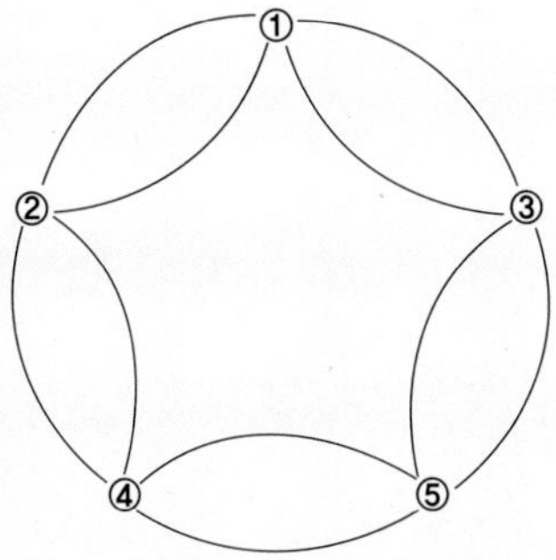

① 정점:5, 간선:8, 표면:8 ② 정점:5, 간선:10, 표면:7

③ 정점:5, 간선:13, 표면:7 ④ 정점:5, 간선:10, 표면:8

24. 그래프 G=(V,E)에서 정점은 N개, 간선은 M개, 표면은 K개일 때 오일러의 공식 을 맞게 표현한 것은?

① (N−M)*2=1 ② N+M+K=5 ③ N−M+K=2 ④ N/2+M−K=1

25. 다음 그래프에 대한 반사 이행적 폐쇄 행렬은 어느 것인가?

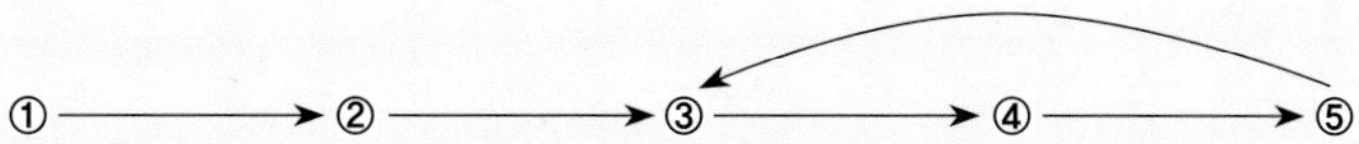

①

	1	2	3	4	5
1	0	1	0	0	0
2	0	0	1	0	0
3	0	0	0	1	0
4	0	0	0	0	1
5	0	0	1	0	0

②

	1	2	3	4	5
1	1	1	1	1	1
2	0	1	1	1	1
3	0	0	1	1	1
4	0	0	1	1	1
5	0	0	1	1	1

③

	1	2	3	4	5
1	0	1	0	1	1
2	0	0	1	0	0
3	0	0	0	1	0
4	0	0	0	0	1
5	0	0	1	1	1

④

	1	2	3	4	5
1	1	1	1	1	1
2	1	1	1	1	1
3	1	0	1	1	1
4	1	0	1	1	1
5	1	0	1	1	1

26. 다음 무방향 그래프의 깊이우선 신장 트리(DFS spanning tree)에 속하는 것은 ?

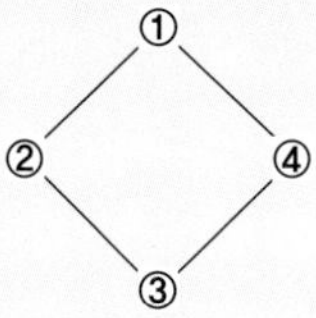

무방향 그래프 G

① 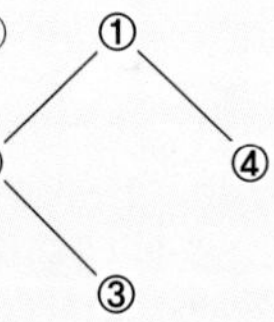

② 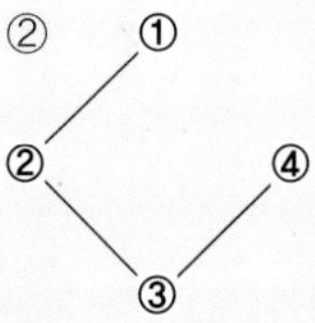

③ 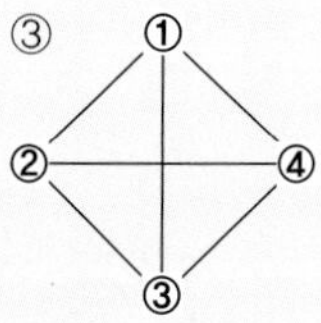

④ 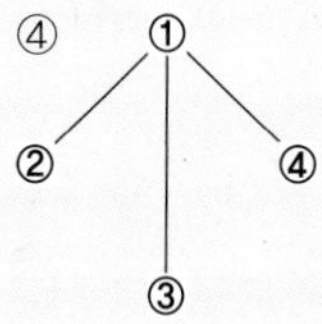

27. 다음 완전그래프(complete graph)에 해당되지 않는 신장 트리(spanning tree)는?

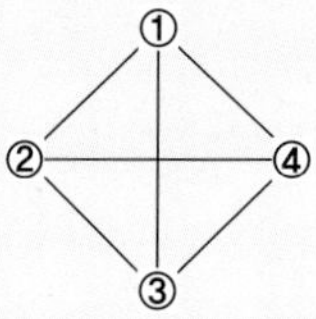

① 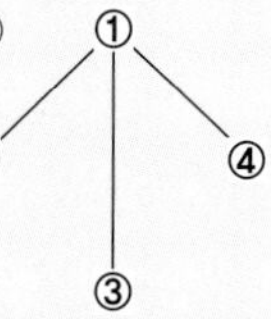

② 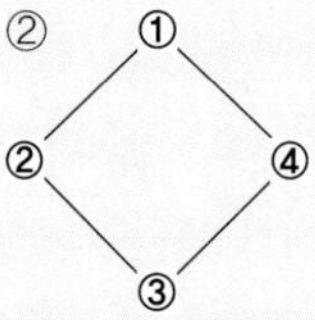

③ 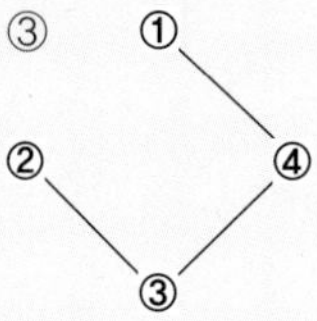

④ 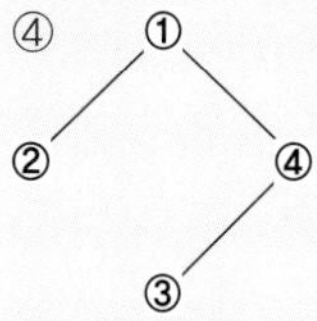

28. 다음 그래프의 최소 비용 신장 트리(minimum cost spanning tree)의 총 비용은?

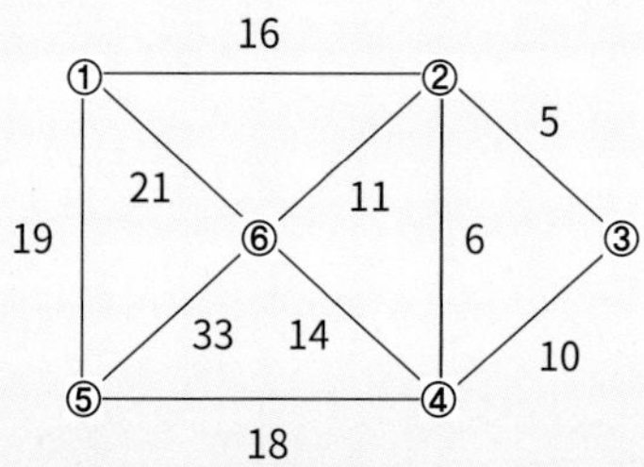

① 46 ② 60 ③ 50 ④ 56

29. 다음 그래프 G의 1에서부터의 DFS(Depth First Search) 신장 트리를 구하면? (단 인접 리스트는 각 정점 마다 1 ~ 10 순으로 표현되어 있다.)

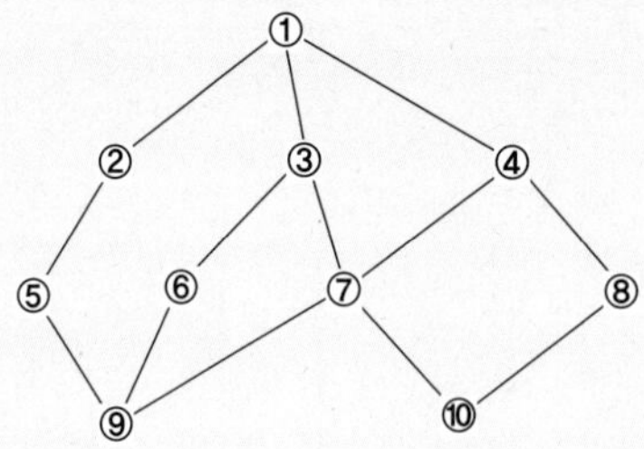

①

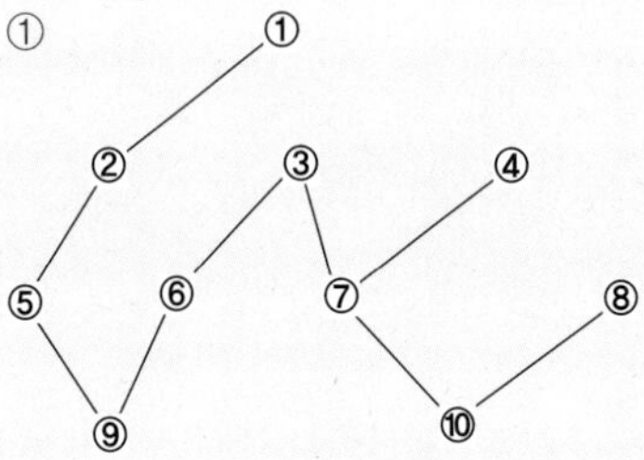

②

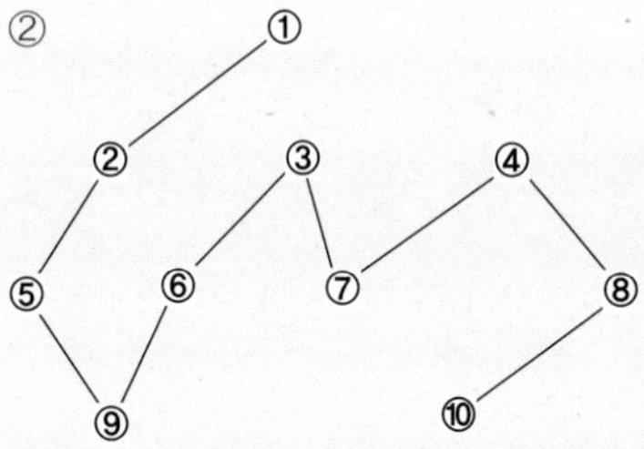

③

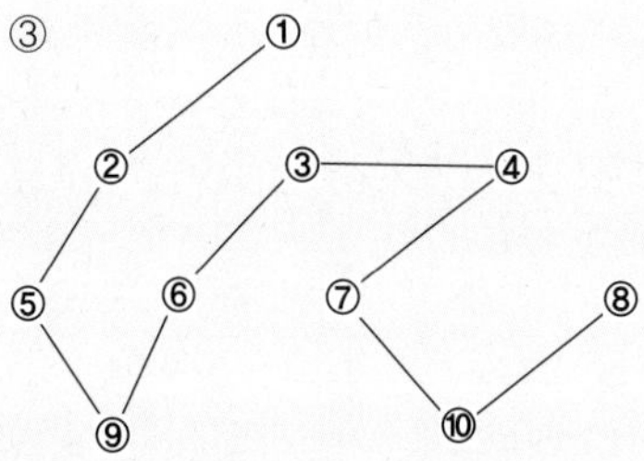

④

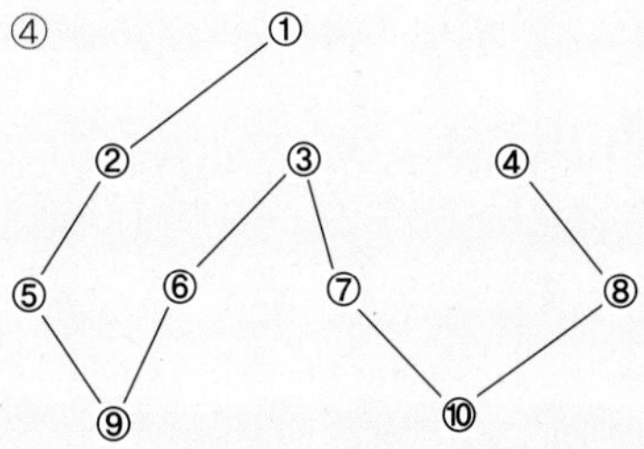

01. 다음 그래프를 인접 리스트로 그림을 그려 표현하시오.

02. 다음 그래프를 인접 행렬로 표현하시오.

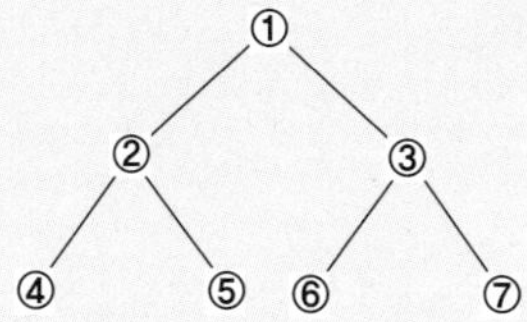

03. 다음 가중치 그래프를 최소 비용 신장 트리로 표현하시오.

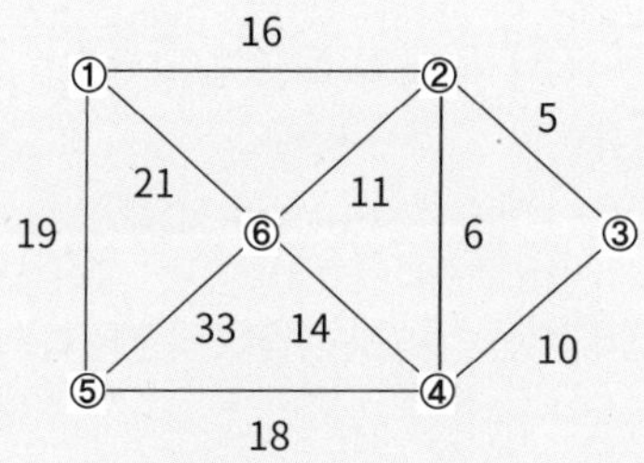

그래프 G - 네트워크

04. 그래프 G에 대한 인접 행렬 A와 이행적 폐쇄 행렬 A^+를 표현하시오.

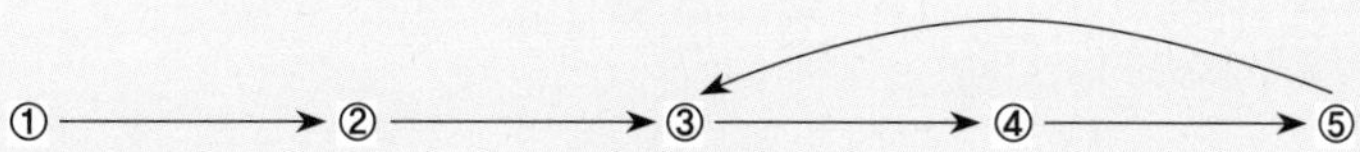

(그래프 G)

05. 그래프 G에 대한 반사 이행적 폐쇄 행렬 A^*를 표현하시오.

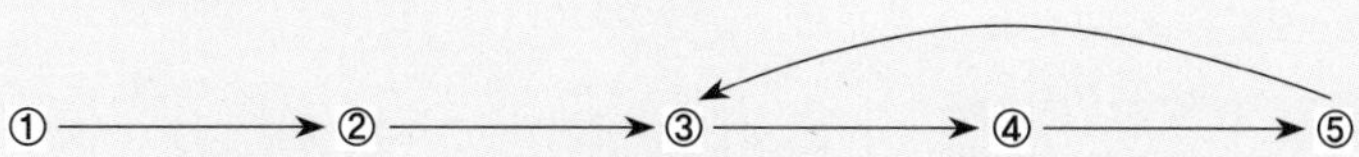

(그래프 G)

06. 다음 방향성 그래프에서 위상적 순서(topological order)를 위한 정점 I의 후속자의 집합을 표현하시오.

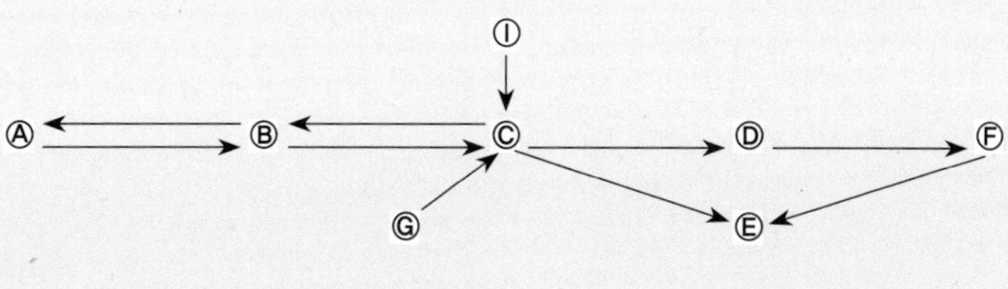

07. 다음 그래프를 오일러의 공식을 사용하여 적용하시오. (그래프 G에서 정점의 수를 V, 연결선의 수를 E, 영역의 수를 R)

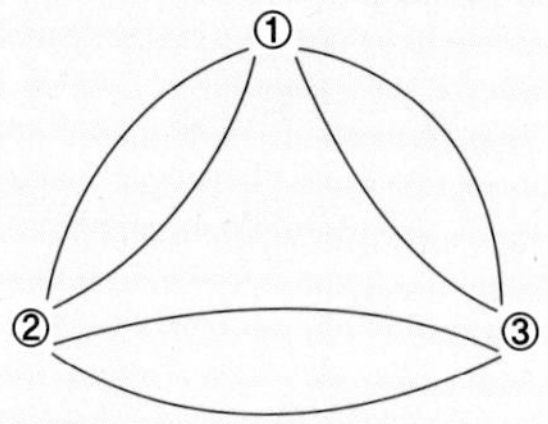

08. 네트워크와 최소 비용 신장 트리의 예는 다음과 같다. 크루스칼 알고리즘(Kruskal Algorithm)을 사용했을 때 수행 순서 과정의 예를 그림을 그려 설명하시오.

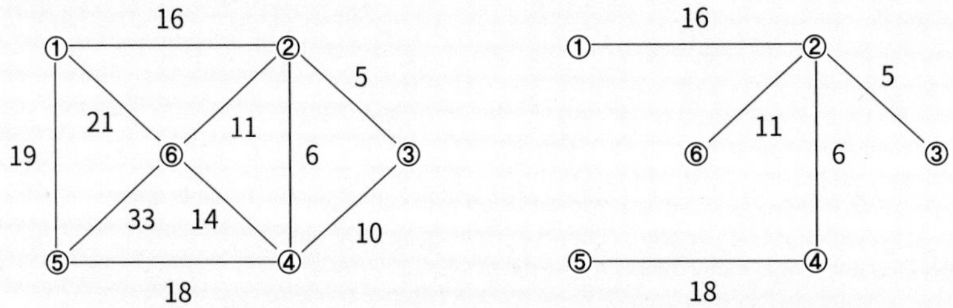

그래프 G - 네트워크 ⟶ 최소 비용 신장 트리

⇒ 이 알고리즘에 의해 찾아진 총 비용은 5+6+11+16+18 = 56이다.

09. 가상 코드로 기술한 그래프에서의 너비 우선 검색(BFS) 알고리즘은 다음과 같다. 빈칸을 채우시오.

```
procedure BFS(v)
        /* G=(V,E)는 n개의 정점을 가진 무방향 그래프,
           정점 v를 시작으로 BFS를 수행,
           VISITED는 전역변수,
           검색된 정점들 VISITED(i)=1 로 표시 */
        for i  ← 0 to n by i do
              [ ❶ ]
        repeat
        EMPTY Queue(q);
           [ ❷ ]
        v 방문;
        while(not isEmpty(Q)) do
           while (v에 인접한 모든 정점 w) do
             if (VISITED(w)=0)  then {
                 call addQueue(w,q);
                 [ ❸ ]
             repeat;
                 if q=EMPTY return;
                    call deleteQueue(v,q);
      repeat;
end BFS()
```

10. 가상 코드로 기술한 그래프에서의 플로이드(Floyd) 최단 경로 알고리즘은 다음과 같다. 빈칸을 채우시오.

```
procedure Floyd_sPath(n)
 /* v, w, k, step: 변수, n: 그래프의 정점 개수, w_F(v, w):인접행렬 2차원배열 */
    step ← -1;

    for v ← 0 to n by v++ do
        for w ← 0 to n by w++ do
              [ ❶ ]
        repeat;
    repeat;

    call pStep_F(step);

    for k ← 0 to n by k++ do
        for v ← 0 to n by v++ do
            for w ← 0 to n by w++ do
                if (A_F(v, k) + A_F(k, w) < A_F(v, w)) then
                    [ ❷ ]
            repeat;
        call pStep_F(++step);
        repeat;
    repeat;
end Floyd_sPath()
```

11. 구조체와 포인터(연결 자료구조와 연결 리스트)을 이용한 그래프 표현(인접 리스트)을 하고 깊이 우선 검색을 할 수 있는 프로그램을 작성하시오.

【출력】

【처리조건】

① 그래프 표현(인접 리스트)을 자기 참조 구조체 프로그램 구현을 할 것

② 다음 그래프 각각을 구조체와 포인터(연결 자료구조와 연결 리스트)를 이용하여 그래프 표현(인접 리스트)을 작성할 것

③ DFS 방식을 사용하여 1부터 검색할 것

$G_{10} = (V, E)$

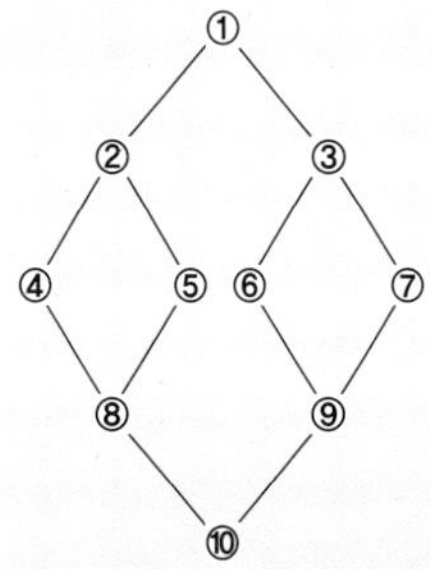

12. 배열(순차 자료구조와 순차 리스트)을 이용한 그래프 표현(인접 행렬)을 하고 최단 경로 구하기 프로그램을 작성하시오.

【출력】

【처리조건】

① 그래프 표현(인접 행렬)을 배열로 프로그램 구현할 것

② 최단 경로 구하기 방식은 다익스트라 방식 사용할 것

③ 무한대는 편의상 50000으로 정의하여 사용할 것

```
#define INF 50000
```

④ 정점 0,1, 2, 3, 4, 5, 6은 알파벳 ⓐ ⓑ ⓒ ⓓ ⓔ ⓕ ⓖ와 각각 일대일 대응되도록 할 것

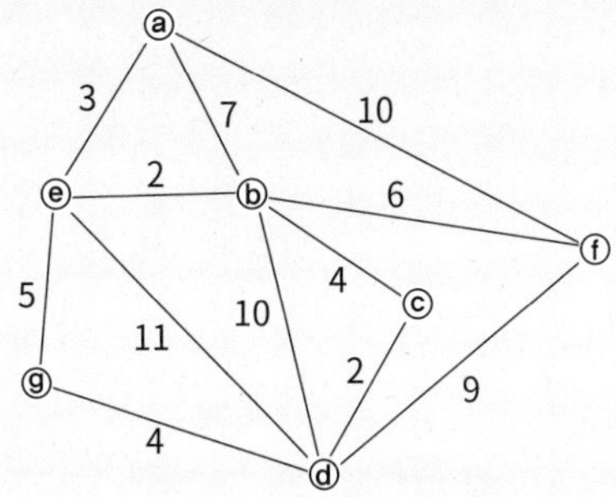

PART IV

자료구조의 응용

09

정렬(SORT) 1

[학습 단계]

00 개요
01 배열을 이용한 선택 정렬
02 배열을 이용한 삽입 정렬
03 배열을 이용한 버블 정렬
04 배열을 이용한 쉘 정렬
05 배열을 이용한 퀵 정렬
요약
연습문제

[학습 목표]

- 정렬의 개념과 종류에 대해서 학습한다.
- 배열을 이용한 선택 정렬에 대해서 학습한다.
- 배열을 이용한 삽입 정렬에 대해서 학습한다.
- 배열을 이용한 버블 정렬에 대해서 학습한다.
- 배열을 이용한 쉘 정렬에 대해서 학습한다.
- 배열을 이용한 퀵 정렬에 대해서 학습한다.

00 _ 개요

본 장([제9장] ~ [제10장])에서는 알고리즘 중에서 가장 많이 사용되는 정렬 알고리즘(Sort Algorithm)에 대해서 설명하려고 한다.

1. 정렬의 정의

정렬(sort)은 컴퓨터 기억 공간 내에서 순서 없이 배열된 자료를 키(key)라고 불리는 특정한 부분을 중심으로 일정한 순서(작은 수에서 큰 수 순 또는 큰 수에서 작은 수 순)로 재배열하는 것을 말한다. 이 때 키란 어떤 자료를 정렬하는 데 사용하는 기준이 되는 특정 값을 말한다.

2. 정렬의 활용성(정렬과 검색의 관련성)과 예

자료가 정렬되어 있는 경우에는 그렇지 않은 경우보다 더 빨리 검색할 수 있다. 즉, 정렬과 검색 알고리즘은 밀접한 관계가 있다. 예를 들면 출석부에서 '부창미'라는 이름을 찾으려고 할 경우 정렬되어 있지 않은 출석부에서 그 이름을 찾으려면 하나하나 이름을 대조하여 비교해야 하기 때문에 어렵지만 가,나,다,... 순으로 정렬되어 있는 출석부에서 그 이름을 찾으려면 사전식으로 나열되어 있으므로 찾기가 쉽다. 이때 이름을 한 개의 키라 부르고 이름을 중심으로 하여 재배열하는 것을 정렬이라고 한다.

그림 9.1 정리되지 않은 서재

그림 9.2 정리된 서재

3. 정렬 시켜야할 대상의 표현

정렬시켜야 될 대상들은 통상적으로 레코드(record)로 표현한다. 레코드는 항목(field)의 더 작은 단위로 나누어진다. 다음 그림에서 레코드는 7개 있으며 각각 레코드의 항목(필드)들은 4개씩(담당자 이름/담당자 직위/전화번호/주소) 있다. 만일 담당자 이름을 가, 나, 다, ... 순으로 정렬한다면 이 때 담당자 이름인 이 항목을 키(key)라고 한다.

담당자 이름을 키로 하여 오름차순(가, 나, 다, ... 순)으로 정렬하면 다음과 같다.

표 9.1 정렬된 후의 레코드와 항목, 키의 예

담당자이름	담당자직위	전화번호	주소
구재석	영업사원	(032)76-4568	남구 연수동 208-16
손미선	영업사원	(02)211-1234	서대문구 남가좌 1동 121
장선희	마케팅2과장	(02)111-2954	영등포구 당산동 3가 16
조자룡	대표이사	(02)989-9889	강서구 내발산동 318
최영희	영업과장	(042)92-3778	서구 도마동 110-6
한석규	영업사원	(0582)575-5776	가장동 78-3
황영순	대표이사	(02)681-6889	서초구 방배동 883-11
필드 1	필드 2	필드 3	필드 4

(최영희 행: ← 레코드)

4. 정렬의 종류

(1) 정렬의 처리 순서에 의한 분류

표 9.2 정렬의 처리 순서에 의한 분류

구분	내용
오름차순 정렬 (ascending sort)	키의 값을 작은 값으로부터 큰 값 순서로 배열하는 방식이다. 【예】 출석부의 학번 순(작은 번호부터 큰 번호)으로 정렬
내림차순 정렬 (descending sort)	키의 값을 큰 값으로부터 작은 값 순서로 배열하는 방식이다. 【예】 출석부의 학번 역순(큰 번호부터 작은 번호)으로 정렬

(2) 정렬 장소에 의한 분류

표 9.3 정렬 장소에 의한 분류

구분	내용
내부 정렬 (internal sort)	정렬하려는 데이터를 주기억 장치 내에서 정렬하는 방식이다. 【예】 [표 9.4]와 같다.
외부 정렬 (external sort)	정렬하려는 파일을 주기억 장치 내에서 정렬하기 위하여 크기가 모자랄 때 보조기억 장치(테이프, 디스크 등)를 이용하여 정렬하는 방식이다. 【예】 [표 9.5]와 같다.

표 9.4 내부 정렬 방식에 의한 분류

구분		내용 및 종류
비교 정렬 (comparative sort)	교환법	키를 비교하여 교환하고 정렬하는 방식이다. 【예】 선택 정렬(selection sort), 버블 정렬(bubble sort), 퀵 정렬(quick sort)
	삽입법	키를 비교하여 삽입하고 정렬하는 방식이다. 【예】 삽입 정렬(insertion sort), 쉘 정렬(shell sort)
	병합법	키를 비교하여 병합하고 정렬하는 방식이다. 【예】 2-way 병합 정렬(2-way merge sort), n-way 병합 정렬(n-way merge sort)
	선택법	이진 트리를 사용하여 정렬하는 방식이다. 【예】 히프 정렬(heap sort), 트리 정렬(tree sort)
분배 정렬 (distributive sort)	분배법	키를 구성하는 자릿수를 분석하여 배분하는 방식이다. 즉, 키를 구성하는 값을 기반으로 여러 개의 부분 집합에 분배하여 정렬하는 방식이다. 【예】 기수 정렬(radix sort)

표 9.5 외부 정렬 방식에 의한 분류

구분	내용
자연 합병 정렬 (natural merge sort)	n의 입력 파일을 합병하고 그 출력 파일을 다시 n개의 서브 파일로 재분배하는 방법으로 많은 입출력 횟수가 필요하다는 단점이 있다.
균형 합병 정렬 (balanced merge sort)	균형된 n-원 합병 정렬을 수행할 경우 2n개의 테이프를 사용한다(n개의 입력 테이프와 n개의 출력 테이프).
다단계 합병 정렬 (polyphase merge sort)	균형 합병 정렬에서 (n-1)개의 파일이 유휴 상태에 있을 때 피보나치 수열에 의해 입력 런(run)들을 n개의 테이프 중 (n-1)개의 테이프에 분배하여 정렬한다.
계단식 합병 정렬 (cascade merge sort)	복사를 줄이기 위한 방법으로 n개의 테이프가 주어졌을 때 처음에는 (n-1)원 합병을 수행하고 (n-2)원 합병, ... , 마지막으로 2-원 합병으로 반복 수행한다.
진동 합병 정렬 (oscillation merge sort)	순방향 읽기와 역방향 읽기가 가능한 테이프 장치에서만 수행 가능한 정렬 방법이다.

5. 정렬 알고리즘 선택 시 고려 사항

정렬 알고리즘 중에서 절대적으로 성능이 가장 좋은 최적의 정렬 알고리즘은 존재하지 않는다. 주어진 상황에 따라서 가장 효과적인 정렬 알고리즘을 선택 할 필요가 있는데 다음 사항을 고려하여 선택하여야 한다.

1. 컴퓨터 시스템의 특성
2. 소요되는 작업 공간의 크기 및 작업 시간
3. 기억 공간 활용에 관한 운영 체제(OS, Operating System)의 구성
4. 초기 자료의 배열 상태

5. 키 값의 분포 상태

6. 정렬할 자료의 양

7. 키의 비교횟수, 레코드의 이동횟수

01 _ 배열을 이용한 선택 정렬

1. 선택 정렬 알고리즘

선택 정렬(Selection Sort)은 인접한 두 개의 배열 원소를 비교하여 그 크기에 따라 원소의 위치를 서로 교환해 주는 방식이다.

첫 번째부터, 두 번째, ..., n번째까지 배열 원소가 값의 크기에 관계없이 불규칙하게 있다고 가정하면, 오름차순(작은 값에서부터 큰 값으로 정렬)의 경우 선택 정렬을 하는 알고리즘은 다음과 같다.

(1회전인 경우) 첫 번째 원소와 두 번째 원소를 비교하여 값이 작은 원소를 앞에 놓는다. 첫 번째와 세 번째, 첫 번째와 네 번째, ..., 첫 번째와 n번째도 동일한 과정을 거친다. 이때 값이 가장 작은 원소가 1번째에 위치하게 된다.

(2회전인 경우) 다음에 두 번째 원소와 세 번째 원소를 비교 하여 값이 작은 원소를 앞에 놓는다. 두 번째와 세 번째, 두 번째와 네 번째, ... ,두 번째와 n번째도 동일한 과정을 거친다. 이때 값이 두 번째로 작은 원소가 2번째에 위치하게 된다.

(3회전부터 n−2회전까지인 경우) 이러한 과정을 반복한다.

((n−1) 회전인 경우) (n−1)번째 원소와 n번째 원소를 비교하여 작은 원소가 n−1번째 위치하게 된다. 이렇게 하여 정렬이 완성된다.

2. 선택 정렬 알고리즘 예

5개의 입력레코드 (8, 7, 2, 4, 6)가 선택 정렬(오름차순)의 과정을 수행한 후에 (2, 4, 6, 7, 8)의 결과를 얻을 수 있다. 그 과정은 다음과 같다.

초기 상태	위치: 1 2 3 4 5 값: 8 7 2 4 6	1, 2, 3, 4, 5: 배열의 위치 8, 7, 2, 4, 6: 원소 값
1 회전	위치: 1 2 3 4 5 값: 7 8 2 4 6 교환 (1-2)	배열 위치 1(첫 번째)이 기준 위치가 된다. 첫 번째 원소 8과 두 번째 원소 7을 비교하여 값이 작은 7을 값이 큰 8과 교환하여 앞에 놓는다.
	위치: 1 2 3 4 5 값: 2 8 7 4 6 교환 (1-3)	첫 번째 원소 7과 세 번째 원소 2를 비교하여 값이 작은 2를 값이 큰 7과 교환하여 앞에 놓는다.
	위치: 1 2 3 4 5 값: 2 8 7 4 6 교환 (1-4)	첫 번째 원소 2와 네 번째 원소 4를 비교하여 값이 작은 2를 첫 번째에 놓는다.
	위치: 1 2 3 4 5 값: 2 8 7 4 6 교환 (1-5)	(첫 번째:다섯 번째)도 동일한 방법으로 비교하여 교환한다. 이때 값이 가장 작은 값 2가 첫 번째 위치에 놓이게 된다. 1회전 결과이다.
2 회전	위치: 1 2 3 4 5 값: 2 7 8 4 6 교환 (2-3)	배열 위치 2(두 번째)가 기준 위치가 된다. 두 번째 원소의 값 8과 세 번째 원소의 값 7를 비교하여 교환하여 값이 작은 7를 두 번째에 놓는다.
	위치: 1 2 3 4 5 값: 2 4 8 7 6 교환 (2-4)	(두 번째: 네 번째)도 동일한 방법으로 비교하여 작은 값 4를 두 번째에 놓는다.
	위치: 1 2 3 4 5 값: 2 4 8 7 6 교환 (2-5)	(두 번째: 다섯 번째)도 동일한 방법으로 비교하여 작은 값 4를 두 번째에 놓는다. 2회전 결과이다.
3 회전	위치: 1 2 3 4 5 값: 2 4 7 8 6 교환 (3-4)	배열 위치 3(세 번째)이 기준 위치가 된다. 세 번째 원소의 값 8과 네 번째 원소의 값 7을 비교하여 교환하여 값이 작은 7을 세 번째 위치에 놓는다.
	위치: 1 2 3 4 5 값: 2 4 6 8 7 교환 (3-5)	세 번째 원소의 값 7과 다섯 번째 원소의 값 6을 비교하여 교환하여 값이 작은 6을 세 번째 위치에 놓는다. 3회전 결과이다.
4 회전	위치: 1 2 3 4 5 값: 2 4 6 7 8 교환 (4-5)	배열 위치 4(네 번째)가 기준 위치가 된다. 네 번째 원소의 값 8과 다섯 번째 원소의 값 7을 비교하여 교환하여 값이 작은 7을 네 번째 위치에 놓는다. 4회전 결과이다.
결과	위치: 1 2 3 4 5 값: 2 4 6 7 8	1, 2, 3, 4, 5: 배열의 위치 8, 7, 2, 4, 6: 초기 상태의 원소 값 2, 4, 6, 7, 8: 선택 정렬(오름차순) 후의 결과

그림 9.3 선택 정렬 알고리즘 과정의 예

3. 선택 정렬 알고리즘(가상 코드)과 분석

가상 코드로 기술한 선택 정렬 알고리즘은 다음과 같다.

【AL 9_1 : 선택 정렬 알고리즘】

```
01 procedure selection_sort(R, n)
02             /* 입력: 크기 n의 순서가 정렬되지 않은 파일
03                출력: 선택 정렬 방법에 의하여 오름차순으로 정렬된 파일 R */
04
05     for i ← 1 to n-1 do
06         RI ← R_i; RJ ← R_i; K ← K_i;
07         for j ← i+1 to n do
08            if K > K_j then
09             [ K ← K_j; RJ ← R_j ]
10         repeat;
11     repeat;
12 end selection_sort()
```

【해설】

08. 키의 비교를 한다.

09. 레코드 위치 교환한다.

- **선택 정렬 알고리즘의 분석**

  ① 메모리 사용 공간: S = n

  - 원시 리스트(source list)가 차지하는 공간만 필요하다.
  - 원소 n개에 대한 선택 정렬은 n개의 메모리를 사용하므로 공간 복잡도는 n이 된다.

  ② 평균 비교 횟수: C= n(n–1)/2

  - 평균 비교 횟수 $C = (n-1) + (n-2) + \ldots + 2 + 1 = \sum_{i=1}^{n-1} n - i = \frac{n(n-1)}{2}$

  ③ 연산 시간(time complexity): $O(n^2)$

  - 평균 비교 횟수가 n(n–1)/2 이므로 최대 연산 차수만 표시한다.

- **선택 정렬 알고리즘의 특징**

  - 가장 단순한 정렬 방법으로서 삽입 정렬이나 버블 정렬보다 이동 횟수를 줄일 수 있다.

4. 선택 정렬의 C 언어 프로그래밍 실습 예

실습 9.1

5개의 입력레코드 (8, 7, 2, 4, 6)이 선택 정렬(오름차순)의 과정을 수행한 후에 (2, 4, 6, 7, 8)의 결과를 얻을 수 있는 프로그램을 작성하시오.

【출력】

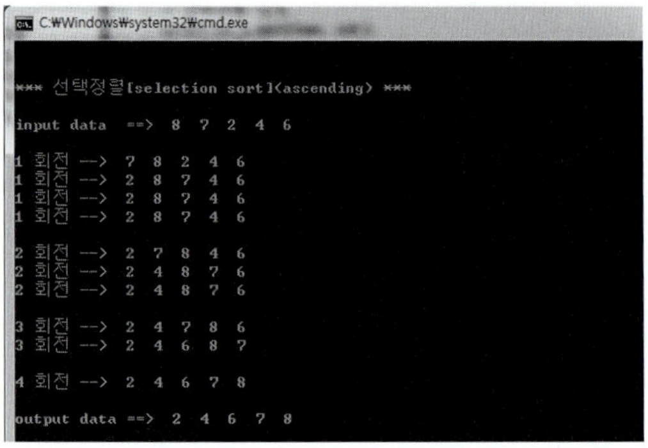

【처리조건】

① 화면 출력 함수 printf() 함수 사용할 것

② 정렬 알고리즘: 선택 정렬(오름차순) 사용할 것

③ 초기 데이터는 배열 사용: int ken[] = {8, 7, 2, 4, 6};

④ 〈출력〉을 참고할 것

【프로그램: c_9_1.C】

```
#include <stdio.h>

main()
{
 int ken[] = {8, 7, 2, 4, 6};
 int i, cnt;

 cnt = sizeof(ken) / sizeof(int);

 printf("\n\n*** 선택정렬[selection sort](ascending) ***\n\n");
 printf("input data  ==>");
 for(i=0; i<cnt; i++)
    printf("%3d", ken[i]);
 printf("\n\n");

 // 선택정렬 시작
 selection_a_sort(ken, cnt);
 // 선택정렬 끝

 printf("output data ==>");
 for(i=0; i<cnt; i++)
    printf("%3d", ken[i]);
 printf("\n\n");

getchar();
}

selection_a_sort(data, gaesu)
int data[], gaesu;
{
  int i, k, imsi, j;

```

```
33  gaesu = gaesu-1;
34  for(i=0; i<gaesu; i++)
35     {
36       for(k=i+1; k<=gaesu; k++)
37       {
38         if (data[i] > data[k])
39            {
40                imsi = data[i];
41                data[i] = data[k];
42                data[k] = imsi;
43            }
44
45         printf("%d 회전 -->", i+1);
46               for(j=0; j<gaesu+1; j++)
47               printf("%3d", data[j]);
48         printf("\n");
49      }
50       printf("\n");
51     }
52 }
```

【해설】

17. 선택 정렬 호출 함수

28-51. 선택 정렬 피호출함수

36-51. 첫 번째 원소부터 시작하여 선택 정렬을 (n–1)번 반복하여 실행한다.

36-49. I원소부터 마지막 원소까지 비교한다.

(1회전인 경우) n–1회

첫 번째 원소와 두 번째 원소를 비교하여 값이 작은 원소를 앞에 놓는다. 첫 번째와 세 번째, 첫 번째와 네 번째, ..., 첫 번째와 n번째도 동일한 과정을 거친다. 이때 값이 가장 작은 원소가 첫 번째에 위치하게 된다.

(2회전인 경우) n–2회

다음에 두 번째 원소와 세 번째 원소를 비교 하여 값이 작은 원소를 앞에 놓는다. 두 번째와 세 번째, 두 번째와 네 번째, ... ,두 번째와 n번째도 동일한 과정을 거친다. 이때 값이 두 번째로 작은 원소가 두 번째에 위치하게 된다.

(3회전부터 n–2회전까지인 경우) 이러한 과정을 반복한다.

((n–1) 회전인 경우) 1회

(n–1)번째 원소와 n번째 원소를 비교하여 작은 원소가 n–1번째 위치하게 된다. 이렇게 하여 정렬이 완성된다.

40-42. 데이터의 위치를 교환한다.

45-48. 1회전의 1단계 선택 정렬을 마친 후에 현재 상태를 출력하고, 1줄을 바꾼 후에 1회전의 2단계 선택 정렬을 마친 후에 현재 상태를 출력하고, 1줄을 바꾼다.

반복적으로 1회전의 3단계, 1회전의 4단계, 2회전의 1단계, 2단계, 3단계, 3회전의 1단계, 2단계, 4회전의 1단계의 선택 정렬을 마친 후에 현재 상태를 출력한 후에 1줄을 바꾸고 마친다.

02 _ 배열을 이용한 삽입 정렬

1. 삽입 정렬 알고리즘

2번째 키를 1번째 키와 비교하여 순서대로 나열(1회전) 하고, 이어서 3번째 키를 1번째, 2번째 키와 비교하여 순서대로 나열(2회전)하고, 계속하여 n번째 키를 앞의 1번째, 2번째, ... , (n−1)번째 키와 순서대로 나열((n−1)회전)하는 것이다. 이때 한 개의 레코드가 삽입될 때마다 삽입된 위치 이후의 레코드들은 한 레코드만큼씩 뒤로 이동되어야 한다. 이러한 정렬 방식을 삽입 정렬(Insertion Sort)이라고 한다.

2. 삽입 정렬 알고리즘 예

5개의 입력레코드 (3, 9, 7, 1, 5)가 삽입 정렬(오름차순)의 과정을 수행한 후에 (1, 3, 5, 7, 9)의 결과를 얻을 수 있다. 그 과정은 다음과 같다.

구분	1	2	3	4	5	정렬	설명
초기 상태	3	9	7	1	5		1, 2, 3, 4, 5: 배열의 위치 3, 9, 7, 1, 5: 원소 값
1 회전	3	9	7	1	5	정렬(1~2)	배열 위치 2(두 번째)가 기준 위치가 된다. 첫 번째 원소 3과 두 번째 원소 9를 비교하여 값이 작은 3을 값이 큰 9와 정렬한다.
2 회전	3	7	9	1	5	정렬(1~3)	배열 위치 3(세 번째)이 기준 위치가 된다. 첫 번째 원소 3과 두 번째 원소 9와 세 번째 원소 7을 비교하여 값이 작은 3을 제일 먼저, 중간값 7을 두 번째, 값이 큰 9를 제일 마지막에 정렬(오름차순) 한다.
3 회전	1	3	7	9	5	정렬(1~4)	배열 위치 4(네 번째)가 기준 위치가 된다. 첫 번째부터 4번째 원소까지 정렬(오름차순)한다. 즉, 원소의 내용은 1,3,7,9가 된다.
4 회전	1	3	5	7	9	정렬(1~5)	배열 위치 5(다섯 번째)가 기준 위치가 된다. 첫 번째부터 5번째 원소까지 정렬(오름차순)한다. 즉, 원소의 내용은 1,3,5, 7, 9가 된다.
결과	1	3	5	7	9		1, 2, 3, 4, 5: 배열의 위치 3, 9, 7, 1, 5: 초기 상태의 원소 값 1, 3, 5, 7, 9: 삽입 정렬(오름차순) 후의 결과

그림 9.4 삽입 정렬 알고리즘 과정의 예

3. 삽입 정렬 알고리즘(가상 코드)과 분석

가상 코드로 기술한 삽입 정렬 알고리즘은 다음과 같다.

【AL 9_2 : 삽입 정렬 알고리즘】

```
01  procedure insertion(R,n)
02              /* 입력: 정렬되어 있지 않은 n개의 레코드로 구성된 파일 R
03                 출력: 삽입 정렬 방법에 의하여 오름차순으로 정렬된 파일 R */
04
05     for j ← 2 to n do
06         RJ ← Rj;
07         KEY ←  Kj;
08         i ← j-1;
09
10         while i>0 and Ki>KEY do
11               Ri+1 ←  Ri;
12               i ← i-1;
13         repeat;
14
15         Ri+1 ← RJ;
16     repeat;
17  end insertion()
```

【해설】

01-17. 입력: 정렬되어 있지 않은 n개의 레코드로 구성된 파일 R
출력: 삽입 정렬 방법에 의하여 오름 차순으로 정렬된 파일 R
n: 레코드 수

05. 삽입할 레코드와 키 값 취한다.

06. R_i: i번째 레코드, K_i: R_i의 키 값

10. 삽입할 위치 결정 및 레코드의 이동을 한다.

12. i는 부분적으로 순서 배열되는 레코드 수를 의미한다.

15. 레코드 삽입한다.

- **삽입 정렬 알고리즘 분석**

  ① 메모리 사용 공간: S = n
  - 원시 리스트(source list)가 차지하는 공간만 필요하다.

  ② 비교 횟수
  - 평균 비교 횟수 $C = n(n-1)/4 = C_{max}/2$
  - 최대 비교 횟수 $C_{max} = n(n-1)/2 = 1 + 2 + ... + (n-1)$
    -> 원시 리스트가 완전히 역순으로 되어 있는 최악의 경우
  - 최소 비교 횟수 $C_{min} = (n-1)$
    -> 원시 리스트가 이미 정렬되어 있는 경우

③ 연산 시간(time complexity): $O(n^2)$

- 평균 비교 횟수가 n(n−1)/4 이므로 최대 연산 차수만 표시한다.

④ 특징

- 비교적 안정되고 간단한 방법 중의 하나이다.
- 입력 자료의 초기 상태가 부분적으로 정렬되어 있는 경우에 효과적이다.

4. 삽입 정렬의 C 언어 프로그래밍 실습 예

실습 9.2

5 개의 입력레코드 (3, 9, 7, 1, 5)가 삽입 정렬(오름차순)의 과정을 수행한 후에 (1, 3, 5, 7, 9)의 결과를 얻을 수 있는 프로그램을 작성하시오.

【출력】

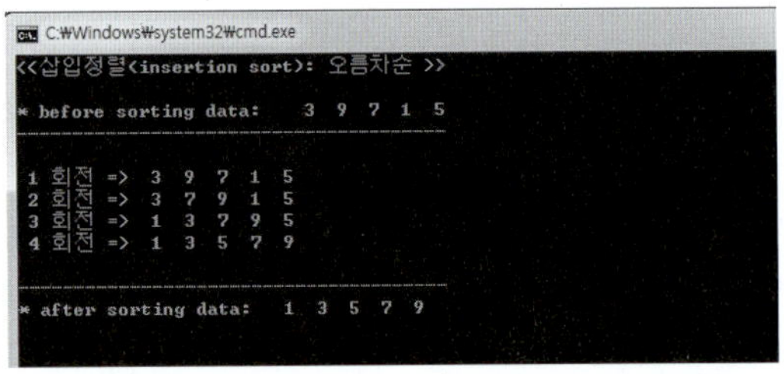

【처리조건】

① 화면 출력 함수 printf() 함수 사용할 것

② 정렬 알고리즘: 삽입 정렬(오름차순) 사용할 것

③ 초기 데이터는 배열 사용:

```
#define N 5
int ken[N]={3,9,7,1,5};
```

④ 〈출력〉을 참고할 것

【프로그램: c_9_2.C】

```
#include <stdio.h>

#define N 5
int ken[N]={3,9,7,1,5};
int i,j,tmp, round=1;

void main(void)
{

    printf("<<삽입정렬(insertion sort): 오름차순 >>\n\n");

    printf("* before sorting data:  ");
     for(i=0; i<N; i++) {
        printf("%3d", ken[i]);
     }
    printf("\n");
     printf("-----------------------------------\n");
     printf("\n");

     insertion_sort();
```

```
21
22      printf("\n");
23       printf("----------------------------------------\n");
24      printf("* after sorting data: ");
25      for (i=0; i<N; i++) {
26         printf("%3d", ken[i]);
27       }
28      printf("\n");
29
30       getchar();
31  }
32
33  insertion_sort() {
34      for(i=1; i<N; i++) {
35                 tmp=ken[i];
36                 j=i-1;
37                 while (tmp<ken[j] && j>=0) {
38                             ken[j+1]=ken[j];
39                             j--;
40          }
41                 ken[j+1]=tmp;
42                  prt(round);
43                 round++;
44      }
45  }
46
47  prt(int boo) {
48      int i;
49
50      printf("%2d 회전 =>", boo);
51      for(i=0; i<N; i++)
52         printf("%3d", ken[i]);
53      printf("\n");
54  }
```

【해설】

03. 초기 데이터의 수

04. 초기 데이터는 배열 사용

20. 삽입 정렬 호출 함수

33-45. 삽입 정렬 피호출함수

35. 아직 정렬하지 않은 정렬 대상 원소를 tmp에 저장한다.

36. 정렬 대상 원소의 인덱스 i–1을 j에 저장한다.

37-40. 정렬된 집합의 마지막 원소 kenj.부터 정렬 대상 원소 tmp와 비교하여 ken[j] 〈 tmp 〈 ken[j+1]인 j를 찾을 때까지 반복한다.

41. ken[j+1] 위치에 정렬 대상 원소 tmp를 저장한다.

42. 프린트 출력 호출 함수

47-54. 프린트 출력 피호출 함수

03 _ 배열을 이용한 버블 정렬

1. 버블 정렬 알고리즘

(1) 플래그(flag)를 사용하지 않는 버블 정렬

주어진 파일에서 인접한 두 개의 레코드의 키를 비교하여 그 크기에 따라 레코드의 위치를 서로 교환해 준다. 즉, 오름 차순의 경우 첫 번째 레코드 키와 두 번째 레코드 키를 비교하여 키 값이 작은 레코드를 앞에 놓는다. 두 번째와 세 번째, 세 번째와 네 번째, ..., (n−1)번째와 n번째도 동일한 과정을 거친다. 이때 키 값이 가장 큰 레코드가 n번째 위치하게 된다(1회전). 다음에 첫 번째 레코드 키와 두 번째 레코드 키를 비교 하여 키 값이 작은 레코드를 앞에 놓는다. 두 번째와 세 번째, 세 번째와 네 번째, ...,(n−2) 번째와 (n−1)번째도 동일한 과정을 거친다. 이때 키 값이 두 번째로 큰 레코드가 (n−1)번째 위치하게 된다(2회전). 이러한 과정을 반복하여 (n−1) 회전에서는 첫 번째 레코드 키와 두 번째 레코드 키를 비교하는 것으로 정렬이 이루어진다. 이러한 정렬 과정을 버블 정렬(flag 두지 않는 경우)이라 한다.

(2) 플래그(flag)를 사용하는 버블 정렬

'플래그 두지 않는 경우'에서는 전혀 레코드의 교환이 발생하지 않더라도 (n−1)회전까지 수행을 해야 하는 단점이 있다. 따라서 '플래그를 두는 경우'에서는 더 이상 키를 비교할 필요가 없을 때 끝낼 수 있게 하여 시간을 단축할 수 있다. 플래그의 값은 처음에 1의 값을 기억시키고 비교 시에 레코드 교환이 발생할 경우는 레코드의 값을 0으로 바꾸고 교환이 발생하지 않으면 1값 그대로 기억하고 있다. 비교회전이 끝났을 때 이 값을 보고 다음 회전을 하게 될지 종료할지를 결정하게 된다.

2. 버블 정렬 알고리즘 예

(1) 플래그를 사용하지 않는 버블 정렬

5개의 입력레코드 (8, 7, 2, 4, 6)이 버블 정렬(오름차순)의 과정을 수행한 후에 (2, 4, 6, 7, 8)의 결과를 얻을 수 있다. 그 과정은 다음과 같다.

초기 상태	1	2	3	4	5	1, 2, 3, 4, 5: 배열의 위치
	8	7	2	4	6	8, 7, 2, 4, 6: 원소 값

회전	과정	설명
1 회전	1 2 3 4 5 [7 8 2 4 6] 자리교환 (1:2)	인접한 2개의 원소를 비교하여 교환하는 방식이다. 첫 번째 레코드 키 8과 두 번째 레코드 키 7을 비교하여 키 값이 작은 7을 앞쪽으로 교환한다.
	[7 2 8 4 6] 자리교환 (2:3)	(둘째:셋째)도 같은 방법으로 비교하여 교환한다.
	[7 2 4 8 6] 자리교환 (3:4)	(셋째:넷째)도 같은 방법으로 비교하여 교환한다.
	[7 2 4 6 8] 자리교환 (4:5)	(넷째:다섯째)도 같은 방법으로 비교하여 교환한다. **(결과)** 이때 키 값이 가장 큰 8이 마지막 5번째 위치에 놓이게 된다.
2 회전	1 2 3 4 5 [2 7 4 6 8] 자리교환 (1:2)	첫 번째 레코드 키 7과 두 번째 레코드 키 2를 비교하여 키 값이 작은 2를 앞쪽으로 교환한다.
	[2 4 7 6 8] 자리교환 (2:3)	(둘째:셋째)도 같은 방법으로 비교하여 교환한다.
	[2 4 6 7 8] 자리교환 (3:4)	(셋째:넷째)도 같은 방법으로 비교하여 교환한다. **(결과)** 이때 키 값이 가장 큰 7이 마지막에서 2번째인 4번째 위치에 놓이게 된다.
3 회전	[2 4 6 7 8] 자리교환 (1:2)	첫 번째 레코드 키 2과 두 번째 레코드 키 4를 비교하여 키 값이 작은 2를 앞쪽으로 교환한다.
	[2 4 6 7 8] 자리교환 (2:3)	(둘째:셋째)도 같은 방법으로 비교하여 교환한다. **(결과)** 이때 키 값이 가장 큰 6이 마지막에서 3번째인 3번째 위치에 놓이게 된다.
4 회전	[2 4 6 7 8] 자리교환 (1:2)	첫 번째 레코드 키 2과 두 번째 레코드 키 4를 비교하여 키 값이 작은 2를 앞쪽으로 교환한다. **(결과)** 이때 키 값이 가장 큰 4가 마지막에서 4번째인 2번째 위치에 놓이게 된다.
결과	1 2 3 4 5 [2 4 6 7 8]	1, 2, 3, 4, 5: 배열의 위치 (8, 7, 2, 4, 6)이 버블 정렬(오름차순)의 과정을 수행한 후에 (2, 4, 6, 7, 8)의 결과를 얻는다.

그림 9.5 버블 정렬 알고리즘(플래그 두지 않는 경우) 과정의 예

(2) 플래그를 사용하는 버블 정렬

5개의 입력레코드 (8, 7, 2, 4, 6)이 버블 정렬(오름차순)의 과정을 수행한 후에 (2, 4, 6, 7, 8)의 결과를 얻을 수 있다. 그 과정은 다음과 같다.

단계	배열	설명
초기 상태	1 2 3 4 5 [8, 7, 2, 4, 6]	1, 2, 3, 4, 5: 배열의 위치 8, 7, 2, 4, 6: 원소 값
1 회전	1 2 3 4 5 [7, 8, 2, 4, 6] 자리교환 (1:2)	(초기: flag=1) **플래그의 값은 처음에 1의 값을 기억시키고 비교 시에 레코드 교환이 발생할 경우는 레코드의 값을 0로 바꾸고 교환이 발생하지 않으면 1값 그대로 기억하고 있다. 비교 회전이 끝났을 때 이 값을 보고 다음 회전을 하게 될 지 종료할 지를 결정하게 된다.** 인접한 2개의 원소를 비교하여 교환하는 방식이다. 첫 번째 레코드 키 8과 두 번째 레코드 키 7을 비교하여 키 값이 작은 7을 앞쪽으로 교환한다.
	[7, 2, 8, 4, 6] 자리교환 (2:3)	(둘째:셋째)도 같은 방법으로 비교하여 교환한다.
	[7, 2, 4, 8, 6] 자리교환 (3:4)	(셋째:넷째)도 같은 방법으로 비교하여 교환한다.
	[7, 2, 4, 6, 8] 자리교환 (4:5)	(넷째:다섯째)도 같은 방법으로 비교하여 교환한다. **(결과)** 이때 키 값이 가장 큰 8이 마지막 5번째 위치에 놓이게 된다. **(초기: flag=0)**
2 회전	[2, 7, 4, 6, 8] 자리교환 (1:2)	**(초기: flag=1)** 첫 번째 레코드 키 7과 두 번째 레코드 키 2를 비교하여 키 값이 작은 2를 앞쪽으로 교환한다.
	[2, 4, 7, 6, 8] 자리교환 (2:3)	(둘째:셋째)도 같은 방법으로 비교하여 교환한다.
	[2, 4, 6, 7, 8] 자리교환 (3:4)	(셋째:넷째)도 같은 방법으로 비교하여 교환한다. (결과) 이때 키 값이 가장 큰 7이 마지막에서 2번째인 4번째 위치에 놓이게 된다. **(초기: flag=0)**

3 회전	[2 | 4 | 6 | 7 | 8] 자리교환	(초기: flag=1) 첫 번째 레코드 키 2과 두 번째 레코드 키 4를 비교하여 키 값이 작은 2를 앞쪽으로 교환한다.
	[2 | 4 | 6 | 7 | 8] 자리교환	(둘째:셋째)도 같은 방법으로 비교하여 교환한다. (결과) 이때 키 값이 가장 큰 6이 마지막에서 3번째인 3번째 위치에 놓이게 된다. **(초기: flag=1) => 4회전하지 않고 종료됨. '플래그 두지 않는 경우'의 3,4회전은 전혀 레코드의 교환이 발생하지 않는다. 따라서 플래그를 두는 경우 에서는 더 이상 키를 비교할 필요가 없을 때 끝낼 수 있게 하여 시간을 단축할 수 있다.**
결과	1 2 3 4 5 [2 | 4 | 6 | 7 | 8]	1, 2, 3, 4, 5: 배열의 위치 (8, 7, 2, 4, 6)이 버블 정렬(오름차순)의 과정을 수행한 후에 (2, 4, 6, 7, 8)의 결과를 얻는다.

그림 9.6 버블 정렬 알고리즘(플래그 둔 경우) 과정의 예

3. 버블 정렬 알고리즘(가상 코드)과 분석

가상 코드로 기술한 버블 정렬 알고리즘은 다음과 같다.

(1) 플래그(flag)를 두지 않는 경우

【AL 9_3_1 : 버블 정렬 알고리즘(플래그 두지 않는 경우)】

```
01 procedure bubble1(R,n)
02  /* 입력: 크기 n의 순서가 정렬되지 않은 파일
03     출력: 버블 정렬 방법에 의하여 오름차순으로 정렬된 파일 R */
04
05     k ← n;
06     for i ← 1 to k-1 do
07        for j ← 1 to k-i do
08           if k_j > k_j+1 then
09              [ R_j ↔ R_j+1];
10        repeat;
11     repeat;
12 end bubble1()
```

【해설】

01-12. 입력: 크기 n의 순서가 정렬되지 않은 파일
출력: 버블 정렬 방법에 의하여 오름차순으로 정렬된 파일 R

05. 수행할 횟수를 결정한다.

08. 키의 비교를 한다.

09. 레코드 위치를 교환한다.

(2) 플래그(flag)를 두는 경우

【AL 9_3_2 : 버블 정렬 알고리즘(플래그 두는 경우)】

```
01  procedure bubble2(R,n)
02              /* 입력: 크기 n의 순서가 정렬되지 않은 파일
03                 출력: 버블 정렬 방법에 의하여 오름차순으로 정렬된 파일 R */
04
05        k ← n;
06        flag ← 1;
07        while flag>0 do
08            k ← k-1;
09            flag ← 0;
10            for j ← 1 to k do
11              if k_j > k_{j+1} then
12                 [ R_j ↔ R_{j+1}
13                   flag ← 1 ];
14            repeat;
15        repeat;
16  end bubble2()
```

【해설】

01-16. 입력: 크기 n의 순서가 정렬되지 않은 파일
출력: 버블 정렬 방법에 의하여 오름차순으로 정렬된 파일 R

05. 수행할 횟수와 플래그를 결정한다.

07. 레코드 교환이 없을 때까지 각 회전을 수행한다.

11. 키의 비교를 한다.

12. 레코드 위치를 교환한다.

- **버블 정렬 알고리즘 분석**

① 메모리 사용 공간: $S = n$

- 원시 리스트(source list)가 차지하는 공간만 필요하다.

② 비교 횟수

- 평균 비교 횟수 $C = n(n-1)/4 = C_{max}/2$
- 최대 비교 횟수 $C_{max} = n(n-1)/2 = (n-1) + (n-2) + ... + 2 + 1$
- 최소 비교 횟수 $C_{min} = (n-1)$ ← 플래그(flag) 두는 경우

③ 연산 시간(time complexity): $O(n^2)$

- 평균 비교 횟수가 $n(n-1)/4$ 이므로 최대 연산 차수만 표시한다.

④ 특징

- 가장 간단한 방법 중의 하나이다.
- 가장 비효율적인 정렬의 하나이다.

4. 버블 정렬의 C 언어 프로그래밍 실습 예

실습 9.3.1

5개의 입력레코드 (8, 7, 2, 4, 6)이 버블 정렬(오름차순)의 과정을 수행한 후에 (2, 4, 6, 7, 8)의 결과를 얻을 수 있는 프로그램을 작성하시오.

【출력】

【처리조건】

① 화면출력함수 printf()함수 사용할 것
② 정렬 알고리즘: 버블 정렬(오름차순) 사용할 것
③ 초기 데이터는 배열 사용:
int ken[N]={8, 7, 2, 4, 6};
④ 〈출력〉을 참고할 것
⑤ 플래그(flag) 사용하지 말 것

【프로그램: c_9_3_1.C】

```c
#include <stdio.h>
main()
{
 int ken[] = {8, 7, 2, 4, 6};
 int i, cnt;
 cnt = sizeof(ken) / sizeof(int);
 printf("\n\n *** 버블정렬_no flag(오름차순) *** \n\n");
 printf("* before sorting data:  ==>");
 for(i=0; i<cnt; i++)
    printf("%3d", ken[i]);
 printf("\n---------------------------------------------\n");
 printf("\n");
 bubble_a_sort(ken, cnt);
 printf("\n---------------------------------------------\n");
 printf("* after sorting data:  ==>");
 for(i=0; i<cnt; i++)
    printf("%3d", ken[i]);
 printf("\n");
 getchar();
}
bubble_a_sort(data, gaesu)
int data[], gaesu;
{
  int i, k, imsi, j;
  gaesu=gaesu-1;
```

```
26    for(i=1; i<gaesu; i++)
27    {
28        for(k=0; k<=gaesu-i; k++)
29        {
30          if(data[k] > data[k+1])
31            {
32               imsi = data[k];
33               data[k] = data[k+1];
34               data[k+1] = imsi;
35            }
36
37            printf("%d 회전  -->", i);
38            for(j=0; j<gaesu+1; j++)
39            printf("%3d", data[j]);
40            printf("\n");
41          }
42     }
43      printf("%d 회전  -->", i);
44      for(j=0; j<gaesu+1; j++)
45      printf("%3d", data[j]);
46      printf("\n");
47  }
```

[해설]

13. 버블 정렬 호출 함수(플래그 사용 안 함)

21-47. 버블 정렬 피호출 함수(플래그 사용 안 함)

26-42. 첫째 원소부터 시작하여 버블 정렬을 (n-1)번 반복 수행한다.

28-41. 0번 원소부터 gaesu-i 번 원소까지 반복 수행한다.

32-34. 인접한 원소 두 개를 비교하여 자리를 교환한다.

37-40. 버블 정렬의 1단계가 끝났을 때의 현재 상태를 화면에 출력한다.

실습 9.3.2

5개의 입력레코드 (8, 7, 2, 4, 6)이 버블 정렬(오름차순)의 과정을 수행한 후에 (2, 4, 6, 7, 8)의 결과를 얻을 수 있는 프로그램을 작성하시오.

[출력]

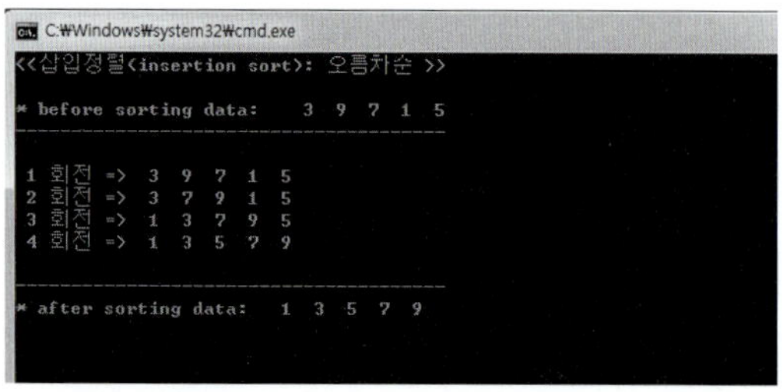

[처리조건]

① 화면 출력 함수 printf() 함수 사용할 것

② 정렬 알고리즘: 버블 정렬(오름차순) 사용할 것

③ 초기 데이터는 배열 사용:

`int ken[N]={8, 7, 2, 4, 6};`

④ 〈출력〉을 참고할 것

⑤ 플래그(flag) 사용할 것

[프로그램: c_9_3_2.C]

```
#include <stdio.h>

main()
{
 int ken[] = {8, 7, 2, 4, 6};
 int i, cnt;

 cnt = sizeof(ken) / sizeof(int);

 printf("\n\n *** 버블정렬_flag사용(오름차순) *** \n\n");

 printf("* before sorting data:  ==>");
 for(i=0; i<cnt; i++)
    printf("%3d", ken[i]);
 printf("\n------------------------------------------\n");
 printf("\n");

 new_bubble_a_sort(ken, cnt);

 printf("\n------------------------------------------\n");
  printf("* after sorting data:  ==>");
 for(i=0; i<cnt; i++)
    printf("%3d", ken[i]);
 printf("\n");

 getchar();
}

new_bubble_a_sort(data, gaesu)
int data[], gaesu;
{
  int i, k, imsi, j;
  int flag;
  gaesu=gaesu-1;

  for(i=1; i<gaesu; i++)
  {
       flag = 1;

       for(k=0; k<=gaesu-i; k++)
       {
         if(data[k] > data[k+1])
           {
               imsi = data[k];
               data[k] = data[k+1];
```

```
46              data[k+1] = imsi;
47
48              flag = 0;
49          }
50
51          printf("%d 회전 -->", i);
52          for(j=0; j<gaesu+1; j++)
53          printf("%3d", data[j]);
54          printf("\n");
55        }
56
57       if (flag == 1) break;
58  }
59 if (flag == 0)
60      {
61       printf("%d 회전 -->", i);
62       for(j=0; j<gaesu+1; j++)
63       printf("%3d", data[j]);
64       printf("\n");
65      }
66 }
```

【해설】

18. 버블 정렬 호출 함수(플래그 사용)

29-66. 버블 정렬 피호출 함수(플래그 사용)

36-58. 첫째 원소부터 시작하여 버블 정렬을 (n−1)번 반복 수행한다.

40-55. 0번 원소부터 gaesu−i 번 원소까지 반복 수행한다.

42-49. 인접한 원소 두 개를 비교하여 자리를 교환한다.

51-54. 버블 정렬의 1단계가 끝났을 때의 현재 상태를 화면에 출력한다.

38. 플래그의 값은 처음에 1의 값을 기억시킨다.

48. 비교 시에 레코드 교환이 발생할 경우는 레코드의 값을 0로 바꾼다.

44-48. 플래그의 값은 처음에 1의 값을 기억시키고 비교 시에 레코드 교환이 발생할 경우는 레코드의 값을 0로 바꾸고 교환이 발생하지 않으면 1값 그대로 기억하고 있다. 비교 회전이 끝났을 때 이 값을 보고 다음 회전을 하게 될지 종료할지를 결정하게 된다.

57. (초기: flag=1) => 4회전하지 않고 종료됨. '플래그 두지 않는 경우'의 3,4회전은 전혀 레코드의 교환이 발생하지 않는다. 따라서 플래그를 두는 경우에서는 더 이상 키를 비교할 필요가 없을 때 끝낼 수 있게 하여 시간을 단축할 수 있다.

59-65. 레코드 교환이 발생할 경우는 레코드의 값을 0로 바꾼 후에 플래그가 없는 경우처럼 정상적으로 처리된다.

04 _ 배열을 이용한 쉘 정렬

1. 쉘 정렬 알고리즘

쉘 정렬은 삽입 정렬의 개념을 확대하여 일반화한 것이다. 즉, 쉘 정렬의 특수한 경우를 삽입 정렬이라고 한다. 주어진 입력 파일을 어떤 매개변수 값에 따라서 여러 개의 부 파일로 구성하고 각 부 파일을 삽입 정렬(insertion sort)의 방식으로 순서 배열하는 과정을 되풀이 한다. 부파일의 개수를 결정하는 매개변수의 값을 점점 감소시키면서 부 파일 순서 배열을 시행하는데 그 값이 1이 되는 순간 즉 입력 파일을 한 개의 부 파일로 간주하고 이것을 순서 배열하면 정렬된 파일을 얻을 수 있다. 이러한 정렬 방식을 쉘 정렬이라고 한다.

2. 쉘 정렬 알고리즘 예

8개의 입력레코드 (45, 56, 13, 43, 95, 19, 7, 68)이 쉘 정렬(오름차순)의 과정을 수행한 후에 (7, 13, 19, 43, 45, 56, 68, 95)의 결과를 얻을 수 있다. 그 과정은 다음과 같다.

	1	2	3	4	5	6	7	8	
초기 상태	45	56	13	43	95	19	7	68	1, 2, 3, 4, 5, 6, 7, 8: 배열의 위치 45, 56, 13, 43, 95, 19, 7, 68: 원소 값
1 회전	45	56	13	43	95	19	7	68	원소 개수가 8개이므로 매개변수 d1 = 8 / 2 = 4 (간격(interval)이 4만큼 떨어져 있는 원소들을 부분집합으로 하면 4개의 부분 집합으로 구성)
(a)									(a) 부분집합 {45,95}에 대하여 삽입 정렬을 하여 {45,95}가 된다.
	45	19	13	43	95	56	7	68	
(b)									(b) 부분집합 {56, 19}에 대하여 삽입 정렬을 하여 {19, 56}이 된다.
	45	19	7	43	95	56	13	68	
(c)									(c) 부분집합 {13, 7}에 대하여 삽입 정렬을 하여 {7, 13}이 된다.
	45	19	7	43	95	56	13	68	
(d) 각각 삽입 정렬									(d) 부분집합 {43, 68}에 대하여 삽입 정렬을 하여 {43, 68}이 된다. (a), (b), (c), (d) 4개의 부분 집합(부 파일)을 각각 순서 배열하면 1회전 결과를 얻는다.

2 회전	45 | 19 | 7 | 43 | 95 | 56 | 13 | 68 각각 삽입 정렬 7 | 19 | 13 | 43 | 45 | 56 | 95 | 68 (e) 각각 삽입 정렬 7 | 19 | 13 | 43 | 45 | 56 | 95 | 68 (f)	매개변수 d2 = d1 / 2 = 4 / 2 = 2 (간격이 2만큼 떨어져 있는 원소들을 부분집합으로 하면 2개 {45, 7, 95, 13}, {19, 43, 56, 68} 의 부분 집합으로 구성) (e) 부분집합 {45, 7, 95, 13}에 대하여 삽입 정렬을 하여 {7, 13, 45, 95}가 된다. (f) 부분집합 {19, 43, 56, 68}에 대하여 삽입 정렬을 하여 {19, 43, 56, 68}이 된다. 여기서는 이미 정렬되어 있으므로 자리 이동이 이루어지지 않고 있다. (e), (f) 2개의 부 파일을 각각 순서 배열하면 2회전의 결과를 얻는다.
3 회전	7 | 19 | 13 | 43 | 45 | 56 | 95 | 68 각각 삽입 정렬 7 | 13 | 19 | 43 | 45 | 56 | 68 | 95	매개변수 d3 = d2 / 2 = 2 / 2 = 1 (간격이 1만큼 떨어져 있는 원소들을 부분집합으로 하면 1개 {7, 19, 13, 43, 45, 56, 95, 68} 부분 집합으로 구성) 1개의 부분집합(부 파일)을 순서 배열하면 3회전의 결과를 얻는다.
결과	1 | 2 | 3 | 4 | 5 | 6 | 7 | 8 7 | 13 | 19 | 43 | 45 | 56 | 68 | 95	8개의 입력레코드 (45, 56, 13, 43, 95, 19, 7, 68)이 쉘 정렬(오름차순)의 과정을 수행한 후에 (7, 13, 19, 43, 45, 56, 68, 95)의 결과를 얻는다.

그림 9.7 쉘 정렬 알고리즘 과정의 예

3. 쉘 정렬 알고리즘(가상 코드)과 분석

가상 코드로 기술한 쉘 정렬 알고리즘은 다음과 같다.

【AL 9_4 : 쉘 정렬 알고리즘】

```
procedure shell(R,n,H,t)
      /* 입력: 크기 n의 순서가 정렬되지 않은 파일 R=(R1,R2,R3,...,Rn)
             매개변수 파일 H=(H1,H2,H3,...,Ht), H1=1
         출력: 쉘 정렬 방법에 의하여 오름차순으로 정렬된 파일 R */

    for s ← t to 1 by -1 do
        h ← Hs;
        for j ← h+1 to n do
           KEY ← Kj;
           RJ ← Rj;
           i ← j-h;
           while i>0 and Ki>KEY do
              Ri+h ← Ri;
              i ← i-h;
           repeat;
```

```
16            R_{i+h} ← R_J;
17         repeat;
18      repeat;
19   end shell()
```

【해설】

01-19. 입력: 크기 n의 순서가 정렬되지 않은 파일 $R=(R_1, R_2, R_3, \ldots, R_n)$

매개변수 파일 $H=(H_1, H_2, H_3, \ldots, H_t)$, $H_1=1$

출력: 쉘 정렬 방법에 의하여 오름차순으로 정렬된 파일 R

06-18. 쉘 정렬은 삽입 정렬의 개념을 확대하여 일반화한 것이다. 즉, 쉘 정렬의 특수한 경우를 삽입 정렬이라고 한다. 주어진 입력 파일을 어떤 매개변수 값에 따라서 여러 개의 부 파일로 구성하고 각 부 파일을 삽입 정렬(insertion sort)의 방식으로 순서 배열하는 과정을 되풀이 한다. 부파일의 개수를 결정하는 매개변수의 값을 점점 감소시키면서 부 파일 순서 배열을 시행하는데 그 값이 1이 되는 순간, 즉 입력 파일을 한 개의 부 파일로 간주하고 이것을 순서 배열하면 정렬된 파일을 얻을 수 있다. 이러한 정렬 방식을 쉘 정렬이라고 한다.

- **쉘 정렬 분석**

  ① 메모리 사용 공간: $S = n + m$
  - 원시 리스트(source list)가 n이 차지하는 공간과 매개변수 m을 저장할 공간이 필요하다.

  ② 비교 횟수
  - 비교 횟수는 처음 원소 상태와 관계없이 매개변수 h에 영향을 받기 때문에 알고리즘 성능을 분석하기가 쉽지 않다. 즉, 쉘 정렬의 비교 횟수는 매개변수의 순서에 따라 영향을 받는다. 좋은 매개변수의 선정은 여기에 관련된 난해한 수학 문제가 아직도 해결되지 않아서 자세히 분석하기가 어렵다.

  ③ 연산 시간(time complexity): $O(n^{1.5})$
  - 최악의 경우: $O(n^2)$

  ④ 특징
  - 쉘 정렬은 삽입 정렬의 시간 복잡도 $O(n^2)$보다 개선된 정렬 방법이다.
  - 쉘 정렬 사용 시 가장 효율적인 매개변수 $1.72\sqrt[3]{n}$이다.

4. 쉘 정렬의 C 언어 프로그래밍 실습 예

실습 9.4

8개의 입력레코드 (45, 56, 13, 43, 95, 19, 7, 68)이 쉘 정렬(오름차순)의 과정을 수행한 후에 (7, 13, 19, 43, 45, 56, 68, 95)의 결과를 얻을 수 있는 프로그램을 작성하시오.

【출력】

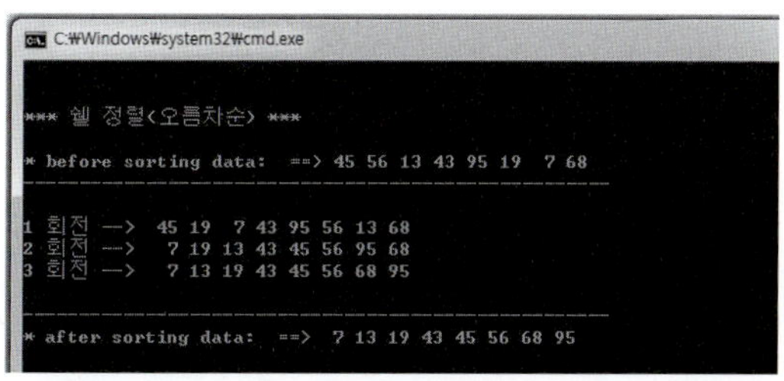

【처리조건】

① 화면 출력 함수 printf() 함수 사용할 것

② 정렬 알고리즘: 쉘 정렬(오름차순) 사용할 것

③ 초기 데이터는 배열 사용: int ken[] = {45, 56, 13, 43, 95, 19, 7, 68};

④ 〈출력〉을 참고할 것

[프로그램: c_9_4.C]

```
#include <stdio.h>

int ken[] = {45, 56, 13, 43, 95, 19, 7, 68};
int i, cnt;

cnt = sizeof(ken) / sizeof(int);

main()
{
 printf("\n\n*** 쉘 정렬(오름차순) ***\n\n");

 printf("* before sorting data:  ==>");
 for(i=0; i<cnt; i++)
    printf("%3d", ken[i]);
 printf("\n--------------------------------------------------\n");
 printf("\n");

 shell_a_sort(ken, cnt);
 printf("\n--------------------------------------------------\n");
  printf("* after sorting data:  ==>");
 for(i=0; i<cnt; i++)
    printf("%3d", ken[i]);
 printf("\n");

 getchar();
}

shell_a_sort(data, gaesu)
int data[], gaesu;
{
  int i, j, k, n=0, imsi;

  k = gaesu/2;
  while (k>0)
   {
     for(i=k; i<gaesu; i++)
     {
       j=i-k;
       while(j>=0)
         {
           if (data[j] > data[j+k])
                {
                  imsi=data[j];
                  data[j]=data[j+k];
```

```
45                data[j+k]=imsi;
46                j-=k;
47              }
48          else
49              {
50                j=-1;
51              }
52          }
53        }
54      printf("%d 회전 --> ", ++n);
55      for(i=0; i<gaesu; i++)
56        printf("%3d", data[i]);
57      printf("\n");
58     k/=2;
59    }
60 }
```

[해설]

18. 쉘 정렬 호출 함수

28-60. 쉘 정렬 피호출 함수

33. 간격(interval)을 전체 범위의 1/2로 설정한다. 원소 개수가 8개이므로 매개변수 d1 = 8 / 2 = 4 (간격(interval)이 4만큼 떨어져 있는 원소들을 부분집합으로 하면 4개의 부분 집합으로 구성)

34-59.

(a) 부분집합 {45,95}에 대하여 삽입 정렬을 하여 {45,95}가 된다.

(b) 부분집합 {56, 19}에 대하여 삽입 정렬을 하여 {19, 56}이 된다.

(c) 부분집합 {13, 7}에 대하여 삽입 정렬을 하여 {7, 13}이 된다.

(d) 부분집합 {43, 68}에 대하여 삽입 정렬을 하여 {43, 68}이 된다.

(a), (b), (c), (d) 4개의 부분 집합(부 파일)을 각각 순서 배열하면 1회전 결과를 얻는다.

54-57. 쉘 정렬의 1회전이 끝났을 때의 현재 상태를 화면에 출력한다.

58. 간격(interval)을 전체 범위의 1/2로 설정한다. 34-59를 다시 반복한다.

매개변수 d2 = d1 / 2 = 4 / 2 = 2 (간격이 2만큼 떨어져 있는 원소들을 부분집합으로 하면 2개 {45, 7, 95, 13}, {19, 43, 56, 68}의 부분 집합으로 구성)
부분집합 {45, 7, 95, 13}에 대하여 삽입 정렬을 하여 {7, 13, 45, 95}가 된다.
(f) 부분집합 {19, 43, 56, 68}에 대하여 삽입 정렬을 하여 {19, 43, 56, 68}가 된다. 여기서는 이미 정렬되어 있으므로 자리 이동이 이루어지지 않고 있다.
(e), (f) 2 개의 부 파일을 각각 순서 배열하면 2회전의 결과를 얻는다. 34-59를 다시 반복한다.

매개변수 d3 = d2 / 2 = 2 / 2 = 1 (간격이 1만큼 떨어져 있는 원소들을 부분집합으로 하면 1개 {7, 19, 13, 43, 45, 56, 95, 68} 부분 집합으로 구성) 1개의 부분 집합(부 파일)을 순서 배열하면 3회전의 결과를 얻는다.

05 _ 배열을 이용한 퀵 정렬

1. 퀵 정렬 알고리즘

퀵 정렬(quick sort)이란 오름차순의 경우 주어진 모든 데이터들의 중간 위치를 기준 값(피봇, pivot)으로 그 값보다 큰 값 들을 우측에, 작은 값은 좌측으로 교환하여 부분 집합의 데이터들로 구성한다. 다음에 각 부분 집합의 데이터들을 다시 위와 같이 각각의 중간 위치의 기준 값을 잡아 부분 집합의 데이터들로 구성한다. 이 과정을 계속 반복한다. 이러한 정렬 과정을 말한다. 퀵 정렬에서 사용하는 기준 값을 피봇(Pivot)이라고 한다. 기준 값(피봇)은 전체 데이터들 중에서 가운데 위치한 데이터, 또는 첫 번째 위치의 데이터, 또는 마지막 위치의 데이터, 또는 별도의 수식을 사용하여 선정할 수도 있다.

퀵 정렬 알고리즘은 다음 3가지 과정으로 진행되며, 완성될 때까지 반복된다.

1. **정복**(Conquer): 부분집합 내에서 기준값(피봇)을 선정한다.
2. **교환**(exchange): 기준 값을 중심으로 그 값보다 큰 값 들을 우측에, 작은 값은 좌측으로 교환하여 부분 집합의 데이터들로 구성한다.
3. **분할**(Divide): 기준 값을 중심으로 2개의 부분 집합으로 구분한다.

2. 퀵 정렬 알고리즘 예

8개의 입력레코드 (70, 11, 31, 3, 17, 9, 32, 23)이 퀵 정렬(오름차순)의 과정을 수행한 후에 (3, 9, 11, 17, 23, 31, 32, 70)의 결과를 얻을 수 있다. 그 과정은 다음과 같다.

초기 상태

1	2	3	4	5	6	7	8
70	11	31	3	17	9	32	23

1 2 3 4 5 6 7 8 : 배열의 위치

70, 11, 31, 3, 17, 9, 32, 23: 원소 값

1 회전

1	2	3	4	5	6	7	8
70	11	31	3	17	9	32	23
^			p				&

1	2	3	4	5	6	7	8
70	11	31	3	17	9	32	23
^&							

자리교환

1	2	3	4	5	6	7	8
3	11	31	70	17	9	32	23

정렬된 데이터 (1) / 오른쪽 부분집합 (2~8)

기준 값인 피봇 p (8/2= 4)은 3으로 하고 이것을 중심으로 가장 왼쪽을 좌측포인터(^로 표시)로 하고 가장 우측을 우측 포인터(&로 표시)로 한다.

좌측 70은 기준값 3보다 크며, 우측 23은 기준값 3보다 크므로 작은 값을 찾으려고 우측에서 좌측으로 검색하지만 전부다 3보다 크므로 교환하지 못하고 70에서 좌측 포인터(^)와 우측 포인터(&)가 만난다.

값 70과 기준값 3을 서로 교환한다.

1회전에서는 정렬된 데이터 3과 나머지 오른쪽 데이터들인 부분집합으로 된다.

2 회전

1	2	3	4	5	6	7	8
3	11	31	70	17	9	32	23
		^		p	&		

3	11	9	70	17	31	32	23
			^&				

70과 17을 교환

3	11	9	17	70	31	32	23

70과 17이 교환된 상태

왼쪽 부분집합 오른쪽 부분집합

2 회전: 오른쪽 부분집합 을 1회전과 동일한 방식 수행한다.
기준 값인 피봇 p (7/2= 4)는 17로 하고 이것을 중심으로 가장 왼쪽을 좌측포인터(^로 표시)로 하고 가장 우측을 우측 포인터(&로 표시)로 한다.
좌측에서 우측으로 검색하다 11은 기준값 17보다 작으므로 지나가고 31에서 멈춘다. 우측 23은 기준값 17보다 크므로 지나가고 9를 만나면 17보다 작으므로 멈춘다.
여기서 좌측 31과 우측 9를 교환한다.
70에서 좌측 포인터(^)와 우측 포인터(&)가 만난다.
70과 기준값 17을 서로 교환한다.
기준값 17의 왼쪽 부분집합과 오른쪽 부분집합으로 구분된다.

3 회전

1	2	3	4	5	6	7	8
3	11	9	17	70	31	32	23
	^	p&					

9와 11을 교환

3	9	11	17	70	31	32	23

9와 11이 교환된 상태

왼쪽 부분집합 오른쪽 부분집합

3 회전: 왼쪽 부분집합을 1회전과 동일한 방식 수행한다.
기준 값인 피봇 p 은 9로 하고 이것을 중심으로 가장 왼쪽을 좌측포인터(^로 표시)로 하고 가장 우측을 우측 포인터(&로 표시)로 한다.
좌측 포인터(^)에는 11과 우측 포인터(&)에는 9가 이동안 하고도 만난다.
11과 기준 값 9를 서로 교환한다. 기준값 17의 왼쪽 부분집합과 오른쪽 부분집합으로 구분된다.

4 회전

3	9	11	17	70	31	32	23

오른쪽 부분집합

4 회전: 왼쪽 부분집합을 1회전과 동일한 방식 수행한다.
기준 값인 피봇 p 은 11로 하는데 이것을 중심으로 가장 왼쪽을 좌측포인터(^로 표시)와 우측 포인터(&로 표시)가 기준값과 일치한다.

5 회전

1	2	3	4	5	6	7	8
3	9	11	17	70	31	32	23
				^	p		&

3	9	11	17	23	31	32	70
				^	p	&	

3	9	11	17	23	31	32	70
					p	^&	

왼쪽 오른쪽 부분집합

5 회전: 오른쪽 부분집합 을 1회전과 동일한 방식 수행한다.
기준 값인 피봇 p (4/2= 2)은 31로 하고 이것을 중심으로 가장 왼쪽을 좌측포인터(^로 표시)로 하고 가장 우측을 우측 포인터(&로 표시)로 한다.
좌측에서 우측으로 검색하다 70은 기준값 31보다 크므로 멈춘다.
우측포인터에서는 우측에서 좌측으로 검색한다. 23은 31보다 작으므로 멈춘다.
여기서 좌측 70과 우측 23과 교환한다.
32는 31보다 크므로 멈춘다.
32에서 좌측 포인터(^)와 우측 포인터(&)가 만난다.
기준 값 31의 왼쪽 부분집합과
오른쪽 부분집합으로 구분된다.
왼쪽 부분집합의 데이터인 23은 1개이므로 정렬을 하지 않는다.

6 회전	1 2 3 4 5 6 7 8 3 9 11 17 23 31 32 70 3 9 11 17 23 31 32 70 p 오른쪽 부분집합 3 9 11 17 23 31 32 70	6 회전: 오른쪽 부분집합 을 1회전과 동일한 방식 수행한다. 기준 값인 피봇 p (2/1= 1)은 32로 하고 이것을 중심으로 가장 오른쪽 집합은 1개이므로 퀵 정렬 수행을 하지 않는다. 모든 부분 집합의 크기가 1이하이므로 전체 퀵 정렬을 마친다.
결과	1 2 3 4 5 6 7 8 3 9 11 17 23 31 32 70	1 2 3 4 5 6 7 8 : 배열의 위치 70, 11, 31, 3, 17, 9, 32, 23 원소 값을 퀵 정렬(오름차순)의 과정을 수행한 후에 결과 값: 3, 9, 11, 17, 23, 31, 32, 70

그림 9.8 퀵 정렬 알고리즘 과정의 예

3. 퀵 정렬 알고리즘(가상 코드)과 분석

가상 코드로 기술한 퀵 정렬 알고리즘은 다음과 같다.

【AL 9_5 : 퀵 정렬 알고리즘】

```
01  procedure quickSort(R,m,n)
02                /* 입력: 크기 n의 순서가 정렬되지 않은 파일
03                   출력: 퀵 정렬 방법에 의하여 오름차순으로 정렬된 파일 R */
04
05   if m < n then
06      [ i ←  m; j ← n+1 ];
07
08      loop
09          repeat i ← i+1 until K_i ≥ K_m;
10          repeat j ← j-1 until K_j ≤ K_m;
11
12          if i < j then R_i ↔ R_j;
13                  else exit
14      repeat;
15
16      R_m ↔  R_j;
17
18      quickSort(R,m,j-1);
19      quickSort(R,j+1,n);
20  end quickSort()
```

【해설】

01-20. 입력: 크기 n의 순서가 정렬되지 않은 파일

출력: 퀵 정렬 방법에 의하여 오름차순으로 정렬된 파일 R

09. 제어키 K_m 보다 큰 것을 찾는다.

10. 제어키 K_m 보다 작은 것을 찾는다.

12. 찾게 되면 그 2개의 레코드의 위치를 교환한다.

13. 검색 과정이 서로 마주치는 위치 j에서 검색 작업 멈춘다.

16. 제어키와 j번째 레코드의 위치 교환한다.

18, 19. 분리된 2개의 파일도 동일한 과정 반복한다.

- **퀵 정렬 분석**

① 메모리 사용 공간: S = n + stack

- n: 원시 리스트(source list)가 차지하는 공간
- stack: 1회전 수행 후 2개의 부분 파일이 생기는데 먼저 처리하는 부분 파일과 나중 처리할 부분 파일 중에서 나중 처리 할 부분 파일이 몇 번째 레코드에서 몇 번째 레코드까지인가를 스택(stack)에 기억시켜야 한다. 그 이후 발생되는 나중 처리하여야 할 부분 파일도 마찬가지이다.

② 연산 시간(time complexity): $O(n\log_2 n)$

- 만약 T(n)이 n개의 레코드로 된 파일을 분류하는데 걸리는 시간이라면 파일이 정확한 위치에 있을 때 각 동일한 부분으로 나누어짐에 따라서 다음의 식을 얻을 수 있다.

```
T(n) = cn + 2T(n/2),     c: 임의의 상수
     = cn + 2(cn/2 + 2T(n/4))
     = 2cn + 4T(n/4)
       ....
       ....
     = cn log₂n + nT(1) = O(nlog₂n)
```

③ 특징

- stack 구조를 이용한 매우 효율적인 정렬 방식이다.
- 1962년 C.A.R. Hoare에 의해서 개발된 방식이다.

4. 퀵 정렬의 C 언어 프로그래밍 실습 예

실습 9.5

8개의 입력레코드 (70, 11, 31, 3, 17, 9, 32,23)가 퀵 정렬(오름차순)의 과정을 수행한 후에 (3, 9, 11, 17, 23, 31, 32, 70)의 결과를 얻을 수 있는 프로그램을 작성하시오.

【출력】

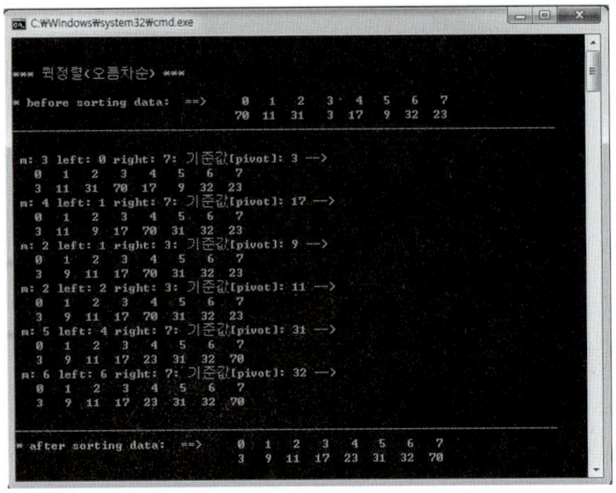

【처리조건】

① 화면 출력 함수 printf() 함수 사용할 것

② 정렬 알고리즘: 퀵 정렬(오름차순) 사용할 것

③ 초기 데이터는 배열 사용:

int ken[] = {70, 11, 31, 3, 17, 9, 32, 23};

④ 〈출력〉을 참고할 것

【프로그램: c_9_5.C】

```
#include <stdio.h>

main()
{
 int ken[] = {70, 11, 31, 3, 17, 9, 32, 23};
 int i, cnt;

 cnt = sizeof(ken) / sizeof(int);

 printf("\n\n*** 퀵정렬(오름차순) ***\n\n");

 printf("* before sorting data:  ==>  ");
 for(i=0; i<cnt; i++)
    printf("%4d", i);
 printf("                                     ");
 for(i=0; i<cnt; i++)
    printf("%4d", ken[i]);
 printf("\n----------------------------------------------------\n");
 printf("\n");

 quick_a_sort(ken, 0, cnt-1);

 printf("\n----------------------------------------------------\n");
 printf("* after sorting data:  ==>  ");
 for(i=0; i<cnt; i++)
    printf("%4d", i);
 printf("\n");
 printf("                              ");
 for(i=0; i<cnt; i++)
```

```
30       printf("%4d", ken[i]);
31    printf("\n");
32
33    getchar();
34  }
35
36  quick_a_sort(data, left, right)
37  int data[], left, right;
38  {
39    int i, j, gijun, imsi, k, m;
40
41    if(left < right)
42      {
43       m = (left+right)/2;
44       gijun=data[m];
45       i=left-1; j=right+1;
46
47       while(1)
48         {
49           while(data[++i] < gijun);
50           while(data[--j] > gijun);
51           if (i>=j) break;
52           imsi=data[i]; data[i]=data[j]; data[j]=imsi;
53         }
54    printf(" m: %d left: %d right: %d:", m, left, right);
55       printf(" 기준값[pivot]: %d -->  \n", gijun);
56       for(k=0; k < 8; k++)
57        printf("%4d", k);
58       printf("\n");
59       for(k=0; k < 8; k++)
60        printf("%4d", data[k]);
61       printf("\n");
62
63       quick_a_sort(data, left, i-1);
64       quick_a_sort(data, j+1, right);
65      }
66  }
```

【해설】

13-14. 퀵 정렬하기 전의 데이터를 출력한다.

21. 퀵 정렬 호출 함수

36-66. 퀵 정렬 피호출 함수

43-45. 1회전의 경우에 기준 값인 피봇 p (8/2= 4)은 3으로 한다.

45. 이것을 중심으로 가장 왼쪽을 좌측포인터로 하고 가장 우측을 우측 포인터로 한다.

47-53. 예를 들면, 1회전의 경우에 좌측 70은 기준 값 3보다 크며, 우측 23은 기준 값 3보다 크므로 작은 값을 찾으려고 우측에서 좌측으로 검색하지만 전부다 3보다 크므로 교환하지 못하고 70에서 좌측 포인터(^)와 우측 포인터(&)가 만난다. 값 70과 기준값 3을 서로 교환한다. 1회전에서는 정렬된 데이터 3과 나머지 오른쪽 데이터들인 부분 집합으로 된다.

54. 퀵 정렬의 회전이 끝났을 때의 현재 상태를 화면에 출력한다.

55. 기준 값인 피봇 p를 표시하고, 이것을 중심으로 가장 왼쪽을 좌측포인터, 가장 우측을 우측 포인터의 위치를 화면에 표시한다.

59, 60. 퀵 정렬한 후의 데이터를 출력한다.

63. 퀵 정렬 호출 함수(기준 값의 좌측 부분집합)
한 회전 정렬 후의 데이터들에서 기준 값(피봇) 좌측 데이터들은 좌측 부분집합을 대상으로 하여 퀵 정렬 호출 함수(재귀 호출 함수)를 수행한다.

64. 퀵 정렬 호출 함수(기준 값의 우측 부분집합)
한 회전 정렬 후의 데이터들에서 기준 값(피봇) 좌측 데이터들은 우측 부분집합을 대상으로 하여 퀵 정렬 호출 함수(재귀 호출 함수)를 수행한다.

1. 정렬의 정의

컴퓨터 기억 공간 내에 순서 없이 배열된 자료를 키(key)라고 불리는 특정한 부분을 중심으로 일정한 순서로(작은 수에서 큰 수 순으로 또는 큰 수에서 작은 수 순으로) 재배열하는 것을 정렬(sort)이라고 한다.

2. 선택 정렬

선택 정렬(Selection Sort)은 인접한 두 개의 배열 원소를 비교하여 그 크기에 따라 원소의 위치를 서로 교환해 주는 방식이다.

3. 삽입 정렬

2번째 키를 1번째 키와 비교하여 순서대로 나열(1회전) 하고, 이어서 3번째 키를 1번째, 2번째 키와 비교하여 순서대로 나열(2회전)하고, 계속하여 n번째 키를 앞의 1번째, 2번째, ... , (n–1)번째 키와 순서대로 나열((n–1)회전)하는 것이다. 이때 한 개의 레코드가 삽입될 때마다 삽입된 위치 이후의 레코드들은 한 레코드만큼씩 뒤로 이동되어야 한다.

4. 버블 정렬

(1) 플래그(flag)를 사용하지 않는 버블 정렬

주어진 파일에서 인접한 두 개의 레코드의 키를 비교하여 그 크기에 따라 레코드의 위치를 서로 교환해 준다.

(2) 플래그(flag)를 사용하는 버블 정렬

'플래그 두지 않는 경우'에서는 전혀 레코드의 교환이 발생하지 않더라도 (n–1)회전까지 수행을 해야 하는 단점이 있다. 따라서 '플래그를 두는 경우'에서는 더 이상 키를 비교할 필요가 없을 때 끝낼 수 있게 하여 시간을 단축할 수 있다. 플래그의 값은 처음에 1의 값을 기억시키고 비교 시에 레코드 교환이 발생할 경우는 레코드의 값을 0으로 바꾸고 교환이 발생하지 않으면 1값 그대로 기억하고 있다. 비교회전이 끝났을 때 이 값을 보고 다음 회전을 하게 될 지 종료할 지를 결정하게 된다.

5. 쉘 정렬

쉘 정렬은 삽입 정렬의 개념을 확대하여 일반화한 것이다. 즉, 쉘 정렬의 특수한 경우를 삽입 정렬이라고 한다. 주어진 입력 파일을 어떤 매개변수 값에 따라서 여러 개의 부 파일로 구성하고 각 부 파일을 삽입 정렬(insertion sort)의 방식으로 순서 배열하는 과정을 되풀이 한다. 부 파일의 개수를 결정하는 매개변수의 값을 점점 감소시키면서 부 파일 순서 배열을 시행하는데 그 값이 1이 되는 순간 즉 입력 파일을 한 개의 부 파일로 간주하고 이것을 순서 배열하면 정렬된 파일을 얻을 수 있다. 이러한 정렬 방식을 쉘 정렬이라고 한다.

6. 퀵 정렬

오름차순의 경우 주어진 파일의 중간 위치를 기준으로 그 값보다 큰 값 들을 우측에, 작은 값은 좌측으로 교환하여 부분 파일로 구성한다. 다음에 각 부분 파일을 다시 위와 같이 각각의 중간 제어 레코드를 잡아 부분 파일을 구성한다. 이 과정을 제일 우측 부분 파일에 이르기까지 반복한다. 이러한 정렬 과정을 퀵 정렬(quick sort)이라 한다.

연습문제

객관식 문제

01. 선택 정렬(selection sort)로 자료 ⟨9, 4, 5, 11, 8⟩를 오름차순으로 정렬할 때 pass 3의 결과는?

① 4 9 5 11 8　② 4 5 9 11 8　③ 4 5 8 11 9　④ 4 5 8 9 11

02. 삽입 정렬(insertion sort)로 자료 ⟨5, 9, 4, 7, 6⟩를 오름차순으로 정렬할 때 pass 4의 결과는?

① 4 5 6 7 9　② 4 5 7 9 6　③ 5 4 6 7 9　④ 4 9 5 6 7

03. 플래그 없는 버블 정렬(bubble sort)로 자료 ⟨9, 6, 4, 10, 8⟩를 오름차순으로 정렬할 때 pass 3의 결과는?

① 4 6 9 8 10　② 4 9 6 8 10　③ 4 6 8 9 10　④ 4 9 6 10 8

04. 쉘 정렬로 자료 ⟨8, 20, 25, 14, 32, 9, 83, 19, 44, 63, 5, 30⟩를 오름차순으로 정렬할 때 pass 3의 결과는? (단, 매개변수 값(h) = 1, 2, 3, 4, 6이다.)

① 8, 19, 25, 14, 9, 19, 32, 20, 44, 63, 83, 30
② 5, 8, 25, 14, 32, 20, 83, 19, 44, 63, 9, 30
③ 5, 8, 19, 14, 9, 25, 32, 20, 30, 63, 83, 44
④ 8, 19, 25, 14, 5, 9, 83, 20, 44, 43, 32, 30

05. 다음 데이터를 퀵 정렬로 오름차순으로 정렬할 때 pass 3의 결과는?

```
26, 5, 37, 1, 61, 11, 59, 15, 48, 19
```

① 1, 5, 11, 15, 19, 26, 48, 37, 59, 61　② 1, 5, 11, 19, 15, 26, 59, 61, 48, 37
③ 1, 5, 11, 48, 15, 26, 19, 59, 61, 37　④ 1, 5, 11, 19, 15, 26, 37, 59, 48, 61

06. 컴퓨터 기억 공간 내에 순서 없이 배열된 자료를 키(key)라고 불리는 특정한 부분을 중심으로 일정한 순서로 재배열하고자 할때 사용하는 방법은?

① 순서도(flowchart)　② 순서적 접근(sequential access)
③ 검색(search)　④ 분류(sort)

07. 정렬 알고리즘 선택 시에 고려할 사항이 아닌 것은?

① 컴퓨터 시스템의 특성　② 초기 자료의 배열 상태　③ 정렬할 키의 값　④ 키 값의 분포 상태

08. 정렬하려는 파일을 주기억 장치 내에서 정렬하는 방식은?

① 오름차순 정렬　② 내부 정렬　③ 외부 정렬　④ 내림차순 정렬

09. 내부 정렬 알고리즘 중에서 키를 비교하는 비교 정렬(comparative sort) 방식이 아닌 것은?

① 분배법　② 선택법　③ 교환법　④ 삽입법

연습문제

10. 다음 중 내부 정렬 방식이 아닌 것은?

① 다상 병합 정렬(polyphase merge sort) ② 2-way 병합 정렬(2-way merge sort)
③ 히프 정렬(heap sort) ④ 삽입 정렬(insertion sort)

11. 2번째 키를 1번째 키와 비교하여 순서대로 나열(1회전)하고, 이어서 3번째 키를 1번째, 2번째 키와 비교하여 순서대로 나열(2회전)하고,계속하여 n번째 키를 앞의 1번째, 2번째, ... , (n-1)번째 키와 순서대로 나열((n-1)회전)하는 것이다. 이때 한 개의 레코드가 삽입될 때마다 삽입된 위치 이후의 레코드들은 한 레코드만큼씩 뒤로 이동되어야 한다. 이러한 정렬 방식은?

① 삽입 정렬 ② 선택 정렬 ③ 쉘 정렬 ④ 버블 정렬

12. 5개의 입력레코드 (3, 9, 7, 1, 5)가 삽입 정렬(오름차순)의 과정을 수행한 후에 (1, 3, 5, 7, 9)의 결과를 얻을 수 있다. 그 과정 중에서 3회전 수행 후의 자료 순서로 맞는 것은?

① (1, 3, 5, 7, 9) ② (1, 3, 7, 9, 5) ③ (3, 7, 9, 1, 5) ④ (3, 9, 7, 1, 5)

13. 삽입 정렬(insertion sort)의 개념을 확대하여 일반화한 정렬 방식은?

① 퀵 정렬 ② 선택 정렬 ③ 쉘 정렬 ④ 버블 정렬

14. n개 atom을 버블 정렬에 의해 정렬할 때 해당되지 않는 것은?

① 플랙(flag)을 둠으로써 정렬 도중에 이미 정렬된 상태 여부를 파악할 수 있다.
② 최초 인접한 키(key)를 서로 비교하되 끝까지 자료 교환이 일어나지 않으면 이미 정렬된 상태이다.
③ 총 비교 횟수는 n(n-1)/2 이다.
④ 인접한 키를 서로 비교 교환하기를 atom n-1과 atom n까지 완료한 후에는 최대(혹은 최소)값이 제일 앞에 오게 된다.

15. 10개의 자료를 버블 정렬할 때 최대 비교 횟수는?

① 90 회 ② 55 회 ③ 100 회 ④ 45 회

16. 5개의 입력 레코드 (8, 7, 2, 4, 6)가 (2, 4, 6, 7, 8)의 결과를 얻기 위해서 다음과 같이 1회전 결과를 얻게 된다. 어떤 정렬 방식을 이용한 것인가?

8	7	2	4	6	첫 번째 레코드 키 8과 두 번째 레코드 키 7을 비교하여 키 값이 작은 7을 앞에 놓는다.
7	8	2	4	6	
7	2	8	4	6	(둘째:셋째),(셋째:넷째),(넷째:다섯째)도 같은 방법으로 비교하여 교환하면 1회전이 끝나게 된다.
7	2	4	8	6	
7	2	4	6	8	(결과) 이때 키 값이 가장 큰 8이 5번째 위치에 놓이게 된다.

① 퀵 정렬 ② 선택 정렬 ③ 버블 정렬 ④ 히프 정렬

연습문제

17. 5개의 입력 레코드 (8, 7, 2, 4, 6)가 (2, 4, 6, 7, 8)의 결과를 얻기 위해서 다음과 같이 1회전 결과를 얻게 된다. 어떤 정렬 방식을 이용한 것인가?

8	7	2	4	6	첫 번째 레코드 키 8과 두 번째 레코드
7	8	2	4	6	(첫째:셋째), (첫째:넷째),(첫째:다섯째)도 같은 방법으로 비교하여 교환하면
2	8	7	4	6	1회전이 끝나게 된다.
2	8	7	4	6	(결과) 이때 키 값이 가장 작은 2가 1번째 위치에 놓이게 된다.
2	8	7	4	6	

① 퀵 정렬　② 선택 정렬　③ 버블 정렬　④ 히프 정렬

18. 선택 정렬(selection sort)에서 평균 비교 횟수는?

① n(n–1)　② n(n+1)　③ n(n–1)/2　④ n(n+1)/2

19. 오름차순의 경우 주어진 파일의 중간 위치를 기준으로 그 값보다 큰 값 들을 우측에, 작은 값은 좌측으로 교환하여 부분 파일로 구성한다. 다음에 각 부분 파일을 다시 위와 같이 각각의 중간 제어 레코드를 잡아 부분 파일을 구성한다. 이 과정을 제일 우측 부분 파일에 이르기까지 반복한다. 이러한 정렬 방식은?

① 퀵 정렬　② 선택 정렬　③ 쉘 정렬　④ 버블 정렬

20. 스택 구조를 이용한 매우 효율적인 정렬 방식은?

① 퀵 정렬　② 선택 정렬　③ 쉘 정렬　④ 버블 정렬

21. n개의 자료가 역으로 배열되어 있다. 이 자료를 순차적으로 만들기 위해서 가장 적합치 않은 정렬 방식은?

① 히프 정렬　② 병합 정렬　③ 퀵 정렬　④ 기수 정렬

22. 정렬 알고리즘 선택과 관계가 없는 것은 어느 것인가?

① 정렬한 자료의 양　② 비교 횟수와 작업 공간　③ 초기 자료의 배열 상태　④ 엑세스 빈도

23. Sort 대상이 되는 data가 적을 때 채택되기 좋은 분류 방식은?

① External sort　② Descending sort　③ Internal sort　④ Ascending sort

24. 다음 정렬 방법 중 키(Key)를 사용하여 자료를 정리하고 이용할 수 있는 것에 대하여 가장 옳게 나타낸 것은?

① 알파벳 순서　② 번호 순서　③ 공통적 순서　④ 앞의 세 가지 모두

25. 다음 중 descending order의 sort에 관한 기술 중 틀린 것은?

① 데이터를 sequential로 처리하는 것
② 큰 수에서 작은 수 순으로 간추리는 것
③ 차례가 흩어져 있는 데이터를 프린트하는 것
④ 작은 수에서 큰 수의 차례로 간추리는 것

26. 다음 정렬 방식 중 수행 과정에서 이미 정렬된 상태 여부를 판단하여 작업을 도중에 끝낼 수 있는 것은?

① 히프 정렬 ② 기수 정렬 ③ 퀵 정렬 ④ 버블 정렬

27. 버블 순서 배열(bubble sort)에서 비교 횟수가 가장 적을 때는 얼마인가?

① n–1 ② n ③ n+1 ④ (n–1)/2

28. 첫 번째 키(key)와 2,3,4, ... 번째 키를 순서대로 비교하여 큰 값이 발견되면 첫 번째 키와 교환하고, 다음 작업은 두 번째가 기준이 되어 몇 번째 키까지 반복하는 정렬은 어느 것인가?

① 셀렉션 정렬 ② 병합 정렬 ③ 퀵 정렬 ④ 버블 정렬

29. 버블방법에 해당되는가?

① Insertion sort ② Topological sort ③ Selection sort ④ Transposition sort

30. 버블순서 배열(bubble sort)에서 list length가 n일 때 비교 횟수는 최대 얼마인가?

① (n–1)/2 ② n(n–1)/2 ③ n(n+1)/2 ④ (n+1)/2

31. Flag 비트를 사용하여 후속 레코드들이 순서대로 되어 있나 없나를 검사하는 방식은?

① Selection sort ② bubble sort ③ Interchange sort ④ heap sort

32. 다음의 여러 가지 소팅(sorting) 방법 중 가장 시간이 걸리는 것은?

① 퀵 소팅(quick sorting) ② 히프 소팅(heap sorting)
③ 머지 소팅(merge sorting) ④ 버블 소팅(bubble sorting)

33. 다음 정렬 방식 중 대량의 데이터를 정렬하고자 할 때 적합하지 않는 것은?

① binary tree sort ② quick sort ③ heap sort ④ selection sort

34. 부파일의 개수를 결정하는 매개변수의 값을 점점 감소시키면서 부파일 순서 배열을 시행하는 데 그 값이 1이되는 순간, 즉 입력파일을 1개의 부파일로 간주하고 이것을 순서 배열하는 sort 방법은?

① insertion sort ② radix sort ③ shell sort ④ heap sort

35. 다음은 원시 데이터를 한 패스(pass) 수행시킨 결과이다. 무슨 정렬 방식을 이용한 것인가?

```
원시 데이터: 27, 34, 45, 37, 29
결      과: 27, 34, 37, 29, 45
```

① 버블 정렬 ② 쉘렉션 정렬 ③ 퀵 정렬 ④ 삽입 정렬

36. 쉘 정렬 사용 시 가장 효율적인 매개변수는 어느 것인가?

① $1.72\sqrt[3]{n}$ ② $1.41\sqrt{n}$ ③ $2.12\sqrt[4]{n}$ ④ $3.11\sqrt[3]{n}$

37. 다음 보기의 알고리즘은 무슨 정렬(sort) 방법인지 맞는 것은?

```
k ← n
 for i ← 1 to k-1 do
   for j ← 1 to k-i do
       if kj > kj+1 then
          [ Rj  ↔ Rj+1]
   endfor
 endfor
```

n: 레코드 수, k_j: 키, $R_j \leftrightarrow R_{j+1}$: 레코드 교환

① 셀렉션 정렬 ② 병합 정렬 ③ 퀵 정렬 ④ 버블 정렬

38. 다음 〈설명〉은 〈보기〉에 대한 설명을 쓴 것이다. 설명 가운데서 ( ) 속을 순서대로 맞게 쓴 것은?

【보기】

```
for j ← 2 to n do
    INSERT(R, j-1)
end
```

【설명】

<보기>에서 프로그램 INSERT는 ( )개의 ( )를 가졌고 ( )을(를) 2에서 n까지 ( )씩 증가하면서 INSERT를 CALL하기 때문에 ( )번 INSERT가 수행된다.

① 4, 정상수, j–1, j, j–1 ② 1, 정수, n, 2, j–1

③ 2, 변수, j, 1, n–1 ④ 3, 실수, R, n, n–1

39. 다음 자료를 selection sort 방식으로 정렬하면 1단계에서 서로 기억 장소를 바꾸는 원소는?

자료: 42, 23, 74, 11, 63, 58, 94, 36, 99, 87

① 42 ↔ 11 ② 99 ↔ 87 ③ 42 ↔ 23 ④ 42 ↔ 74

40. 다음은 대표적인 내부 정렬법(internal sorting)이다. 항목 중 관계가 없는 것은?

① 삽입 정렬법 ② 교환 정렬법 ③ 밸런스 정렬법 ④ 선택 정렬법

01. 정렬의 정의에 대해서 간단히 기술하시오.

02. 정렬 방식을 장소에 의하여 분류하면 내부 정렬과 외부 정렬이 있는데 내부 정렬에 대해서 간단히 정의하고 그 종류를 기술하시오.

03. 정렬 알고리즘 선택 시 고려할 사항을 열거하시오.

04. 선택 정렬을 사용해 다음 데이터를 정렬하는 과정을 예를 들어 설명하시오.

```
9, 8, 1, 3, 5
```

05. 삽입 정렬을 사용해 다음 데이터를 정렬하는 과정을 예를 들어 설명하시오.

```
3, 9. 8, 1, 5
```

06. 버블 정렬을 사용해 다음 데이터를 정렬하는 과정을 예를 들어 설명하시오. 플래그를 사용하지 않는 경우와 사용한 경우를 구분하여 설명하시오.

```
9, 8, 1, 3, 5
```

07. 쉘 정렬을 사용해 다음 데이터를 정렬하는 과정을 예를 들어 설명하시오.

```
46, 57, 14, 44, 96, 20, 8, 69
```

08. 퀵 정렬을 사용해 다음 데이터를 정렬하는 과정을 예를 들어 설명하시오.

```
68, 9, 29, 1, 15, 7, 30, 21
```

09. 삽입 정렬과 선택 정렬, 쉘 정렬을 비교하여 설명하시오.

10. 버블 정렬에 대해서 플래그를 두지 않는 경우와 플래그를 두는 경우에 대해서 비교하여 설명하시오.

11. 삽입 정렬의 비교횟수와 연산 시간에 대해서 기술하시오. 또한, 평균 비교 횟수와 최소 평균 횟수에 대해서 예를 들어 비교하여 기술하시오.

12. 버블 정렬에 대해서 플래그를 두지 않는 경우와 플래그를 두는 경우에 대해서 버블 정렬의 메모리 사용 공간, 비교횟수와 연산 시간에 대해서 기술하시오.

연습문제

13. 아래 알고리즘은 가상 코드로 작성되었다. 빈칸을 채우시오.

13-1 가상 코드로 선택 정렬을 작성하시오.

```
procedure selection_sort(R, n)
 /* 입력: 크기 n의 순서가 정렬되지 않은 파일
    출력: 선택 정렬 방법에 의하여 오름차순으로 정렬된 파일 R */

    for i ← 1 to n-1 do
        RI ← Ri; RJ ← Ri; K ← Ki

        for [    ❶    ] to n do
            if [    ❷    ] then          /* 키의 비교  */
            [ K ← Kj; RJ ← Rj ]        /* 레코드 위치 교환 */
        end
    end
end selection_sort
```

13-2 가상 코드로 삽입 정렬을 작성하시오.

```
procedure insertion(R,n)
 /* 입력: 정렬되어 있지 않은 n개의 레코드로 구성된 파일 R
    출력: 삽입 정렬 방법에 의하여 오름 차순으로 정렬된 파일 R */
 /*  n: 레코드 수 */

 for j ← 2 to n                         /* 삽입할 레코드와 키 값 취함 */
     RJ ← Rj                            /* Ri: i번째 레코드, Ki: Ri의 키 값 */
     KEY ←  Kj
     i ← j-1
     while [   ❶   ] and Ki>KEY do      /* 삽입할 위치 결정 및 레코드의 이동 */

          Ri+1 ←  Ri
          i ← i-1                       /* i는 부분적으로 순서 배열되는 레코드 수 */
     endwhile
     [      ❷      ]                    /* 레코드 삽입 */
 endfor
 end insertion
```

13-3 가상 코드로 버블 정렬을 작성하시오.

(1) 플래그(flag) 두지 않는 경우

```
procedure bubble1(R,n)
   /* 입력: 크기 n의 순서가 정렬되지 않은 파일
      출력: 버블 정렬 방법에 의하여 오름 차순으로 정렬된 파일 R */
   k ←  n                        /* 수행할 횟수 결정 */
   for i ← 1 to [      ❶      ] do
      for j ← 1 to k-i do
         if [     ❷     ] then        /* 키의 비교 */
```

```
        [ Rj ↔ Rj+1]                    /* 레코드 위치 교환 */
    endfor
  endfor
end bubble1
```

(2) 플래그(flag) 두는 경우

```
procedure bubble2(R,n)
  /* 입력: 크기 n의 순서가 정렬되지 않은 파일
     출력: 버블 정렬 방법에 의하여 오름 차순으로 정렬된 파일 R */

  k ← n                                 /* 수행할 횟수와 플래그 결정 */
  flag ← 1
  while [    ❶    ] do  /* 레코드 교환이 없을때까지 각 회전을 수행 */
    k ← k-1
    flag ← 0
    for j ← 1 to k do
      if kj > kj+1 then                 /* 키의 비교 */
        [ Rj ↔ Rj+1       /* 레코드 위치 교환 */
          [    ❷    ] ]
    endfor
  endwhile
end bubble2
```

13-4 가상 코드로 쉘 정렬을 작성하시오.

```
procedure shell(R,n,H,t)
  /* 입력: 크기 n의 순서가 정렬되지 않은 파일 R=(R1, R2, R3, ..., Rn)
           매개변수 파일 H=(H1, H2, H3, ..., Ht), H1=1
     출력: 쉘 정렬 방법에 의하여 오름차순으로 정렬된 파일 R */

  for s ← t to 1 by -1 do
    h ← Hs
     for [    ❶    ] to n do

        KEY ← Kj
        RJ ← Rj
        i ← j-h
        while i>0 and [    ❷    ] do
          Ri+h ← Ri
          i ← i-h
        endwhile
       Ri+h ← RJ
     endfor
  endfor
end shell
```

연습문제

13-5 가상 코드로 퀵 정렬을 작성하시오.

```
procedure quick(R,m,n)
 /* 입력: 크기 n의 순서가 정렬되지 않은 파일
    출력: 퀵 정렬 방법에 의하여 오름 차순으로 정렬된 파일 R */

 if m < n then
    [ i ←  m; j ← n+1 ]
    loop
        repeat i ← i+1 until Ki ≥ Km          /* 제어키 Km 보다 큰 것 찾음 */
        repeat j ← j-1 until [    ❶    ]      /* 제어키 Km 보다 작은것 찾음 */
        if i < j then Ri ↔  Rj      /* 찾게되면 그 2개의 레코드의 위치를 교환 */
                 else exit          /* 검색 과정이 서로 마주치는 위치 j에서 검색 작업 멈춤 */
    endloop
    Rm <-> Rj                       /* 제어키와 j번째 레코드의 위치 교환 */
    [    ❷    ]                     /* 분리된 2개의 파일도 동일한 과정 반복 */
    quicksort(R,j+1,n)
 end quick
```

14. 다음 데이터를 5가지 방법으로 각각 정렬 하시오.

```
37, 25, 21, 49, 10, 22, 13
```

14-1 C언어로 선택 정렬을 작성하여 정렬하시오.

14-2 C언어로 삽입 정렬을 작성하여 정렬하시오.

14-3 C언어로 버블 정렬을 작성하여 다음 데이터를 정렬하시오.

- 플래그 사용하지 않는 경우와 사용하는 경우 구분하여 작성하시오.

14-4 C언어로 쉘 정렬을 작성하여 정렬하시오.

14-5 C언어로 퀵 정렬을 작성하여 정렬하시오.

[처리조건]

① 화면 출력 함수 printf() 함수 사용할 것

② 정렬 알고리즘: 퀵 정렬(오름차순) 사용할 것

③ 초기 데이터는 배열 사용: int ken[] = {37, 25, 21, 49, 10, 22, 13};

④ 〈출력〉을 참고할 것

【출력】

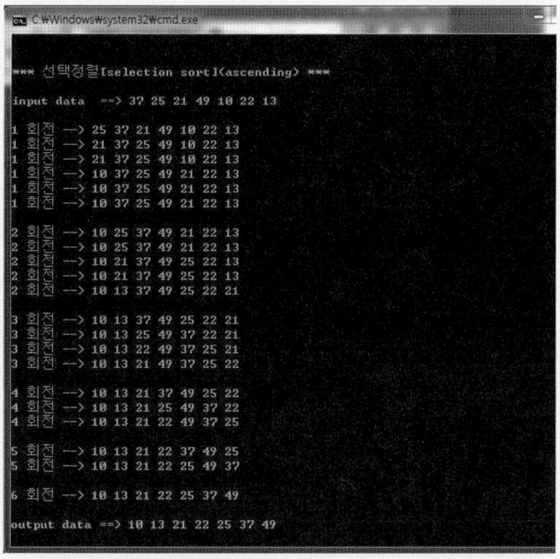

14-1 선택 정렬 결과

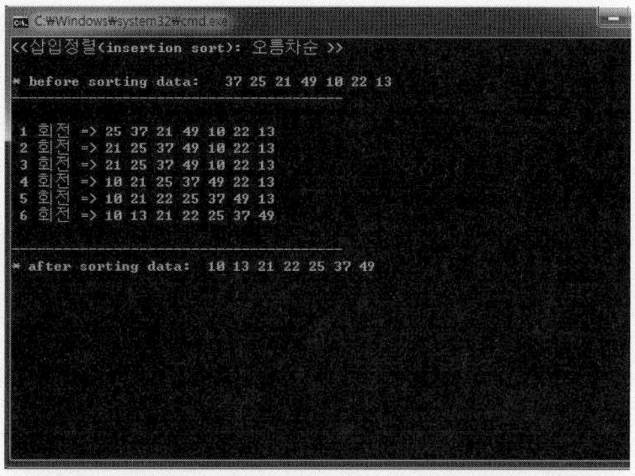

14-2 삽입 정렬 결과

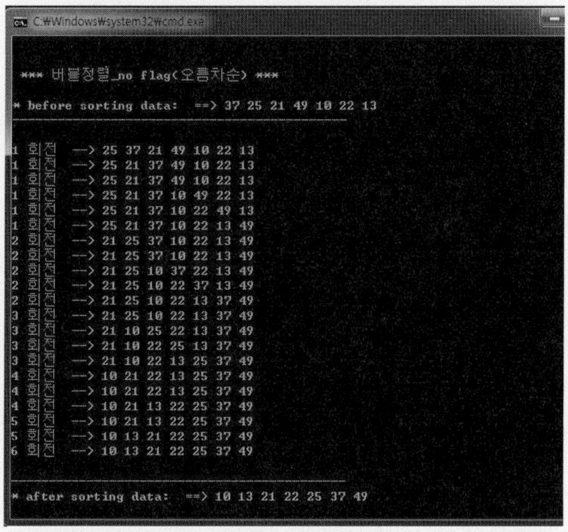

14-3-1 버블 정렬(플래그 사용 안 함) 결과

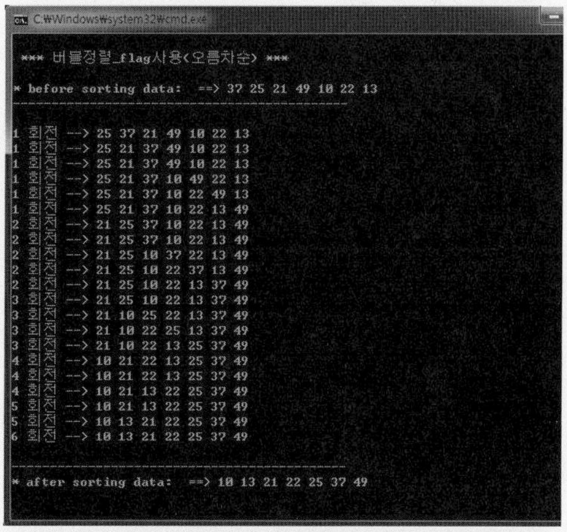

14-3-2 버블 정렬(플래그 사용함) 결과

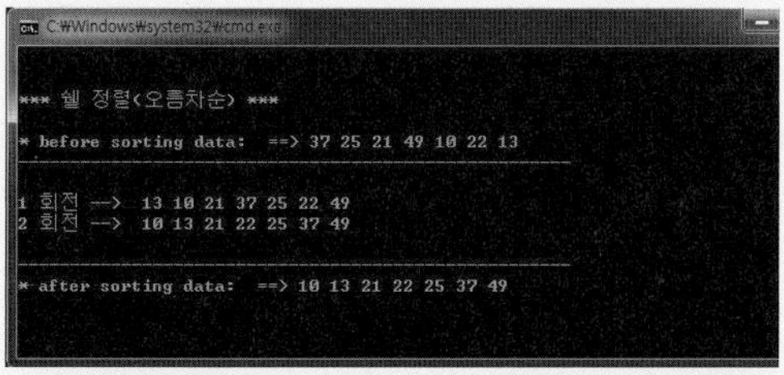

14-4 쉘 정렬 결과

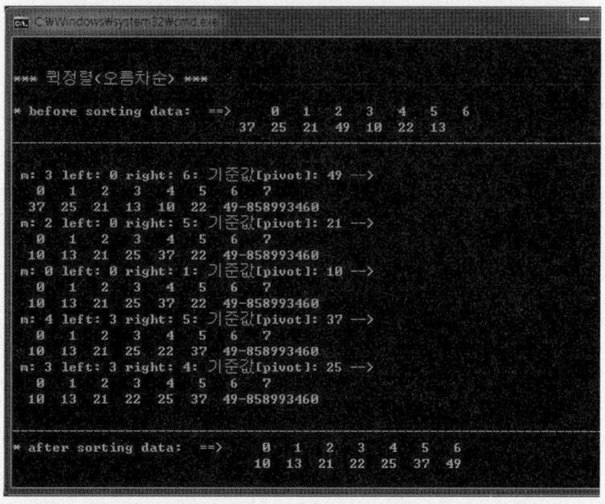

14-5 퀵 정렬 결과

10

정렬(SORT) 2

[학습 단계]

06 배열을 이용한 병합 정렬
07 구조체와 포인터를 이용한 기수 정렬
08 구조체와 포인터를 이용한 이진 탐색 트리 정렬
09 배열을 이용한 히프 정렬
10 정렬 알고리즘의 성능 비교
요약
연습문제

[학습 목표]

- 배열을 이용한 병합 정렬에 대해서 학습한다.
- 구조체와 포인터를 이용한 기수 정렬에 대해서 학습한다.
- 구조체와 포인터를 이용한 이진 탐색 트리 정렬에 대해서 학습한다.
- 배열을 이용한 히프 정렬에 대해서 학습한다.
- 정렬 알고리즘의 성능 비교에 대해서 학습한다.

06 _ 배열을 이용한 병합 정렬

1. 병합 정렬의 개념

병합 정렬(Merge Sort)은 배열 원소들을 부분 배열로 분할 작업을 하여, 각각의 부분 배열에 있는 원소를 정렬한다. 정렬된 부분 배열들을 하나의 배열로 병합(또는 합병 또는 결합) 한다.

2. 병합 정렬의 종류

(1) 2-way 병합 정렬

2-way 병합 정렬(2-way merge sort)이란 배열 원소들을 2개의 부분 배열로 분할 작업을 하여 임의의 방식으로 정렬된 서로 다른 2개의 부분 배열을 합병하여 완전히 순서 배열된 한 개의 배열을 만드는 것이다. 즉, 입력 배열을 2개 데이터씩 끊어서 순서로 나열하고 순서로 나열된 한 쌍의 데이터 쌍을 병합하여 하나의 부분 배열을 만든다. 이러한 방법으로 하나의 배열이 만들어질 때까지 계속한다.

(2) n-way 병합 정렬

n-way 병합 정렬(n-way merge sort)이란 배열 원소들을 n개의 부분 배열로 분할 작업을 하여 임의의 방식으로 정렬된 서로 다른 n개의 서브 배열을 합병하여 완전히 순서 배열된 한 개의 배열을 만드는 것이다. 즉, 입력 배열을 n개 데이터씩 끊어서 순서로 나열하고 순서로 나열된 한 쌍의 데이터 쌍을 병합하여 하나의 서브 배열을 만든다. 이러한 방법으로 하나의 배열이 만들어질 때까지 계속한다.

3. 2-way 병합 정렬의 작업 단계

2-way 병합 정렬의 작업 단계는 다음과 같다.

표 10.1 2-way 병합 정렬의 작업 단계

단계	구분	내용
1단계	분할(Divide)	배열원소들을 2개의 부분 집합으로 분할한다. 전체 배열 원소에 대하여 최소 배열 원소의 부분 집합이 될 때까지 분할 작업을 반복하여 최소 단위 1개인 배열 원소로 분할한다.
2단계	정복(Conquer)	최소 단위 1개인 배열 원소의 부분 집합 2개를 정렬한다.
3단계	결합(Combine)	부분 집합 2개를 정렬하여 1개로 결합한다. 또 반복하여 정렬하여 결합된 부분 집합 2개를 1개로 결합한다. 또 반복하여 정렬하여 전체 배열 원소가 하나로 될 때까지 반복하여 결합한다.

4. 2-way 병합 정렬 과정의 예

8 개의 입력레코드 (27,6,78,2,62,12,60,16)이 2-way 병합 정렬(오름차순)의 과정을 수행한 후에 (2,6,12,16,27,60,62,78)의 결과를 얻을 수 있다. 그 과정은 다음과 같다.

초기 상태	1 2 3 4 5 6 7 8 [27 6 78 2 62 12 60 16]	1, 2, 3, 4, 5, 6, 7, 8: 배열의 위치 27,6,78,2,62,12,60,16 : 원소 값
분할 단계	1 2 3 4 5 6 7 8 [27 6 78 2 62 12 60 16] [27 6 78 2] [62 12 60 16] [27 6] [78 2] [62 12] [60 16] [27] [6] [78] [2] [62] [12] [60] [16] 부분 집합 8개로 분할	전체의 8개 자료를 분할하여 최소 원소가 될 때까지 분할하여 부분 집합 8개 로 분할한다.
정복과 결합	[27] [6] [78] [2] [62] [12] [60] [16] [6 27] [2 78] [12 62] [16 60] [2 6 27 78] [12 16 60 62] [2 6 12 16 27 60 62 78]	부분 집합 2개를 정렬하여 1개로 결합한다. 레코드 2개짜리 4개를 정렬하여 결합한다. 4개짜리 2개로 합쳐서 8개를 정렬하여 1개로 결합한다.
결과	1 2 3 4 5 6 7 8 [2 6 12 16 27 60 62 78]	8 개의 입력레코드 (27,6,78,2,62,12,60,16)이 2-way 병합 정렬(오름차순)의 과정을 수행한 후에 (2,6,12,16,27,60,62,78)의 결과를 얻는다.

그림 10.1 2-way 병합 정렬(오름차순)의 과정의 예

5. 2-way 병합 정렬의 가상 코드 알고리즘과 분석

2-way 병합 정렬 알고리즘은 다음과 같다.

【AL 10_1 : 2-way 병합 정렬 알고리즘】

```
procedure mergeSort_divide(R, m, n)
     /* 입력: 크기 n의 순서가 정렬되지 않은 파일
        출력: 2-way 병합 정렬 방법에 의하여 오름차순으로 정렬된 파일 R
              m과 n은 m부터 n까지의  인덱스, mid는 m과 n의 중간 값 */

    int mid;
    if (m<n) then {
            mid ← (m + n) / 2;

```

```
10            mergeSort_divide(R, m, mid);
11            mergeSort_divide(R, mid+1, n);
12
13            merge_conquer_combine(R, m, mid, n);
14        }
15  end mergeSort_divide()
```

【해설】

01-18. 입력: 크기 n의 순서가 정렬되지 않은 파일
출력: 2-way 병합 정렬 방법에 의하여 오름차순으로 정렬된 파일 R
m과 n은 m부터 n까지의 인덱스, mid는 m과 n의 중간 값

08. m과 n의 중간 값을 구하는 것이다.

10. 왼쪽 부분 집합을 2개로 다시 분할하여 최소 원소의 부분 집합이 될 때까지 순환하는 함수이다.

12. 오른쪽 부분 집합을 2개로 다시 분할하여 최소 원소의 부분 집합이 될 때까지 순환하는 함수이다.

13. 부분 집합을 2-way 병합을 하여 하나로 만드는 함수이다.

2-way 병합 정렬 서브 알고리즘은 다음과 같다.

【AL 10_2 : 2-way 병합 정렬 서브 알고리즘】

```
procedure merge_conquer_combine(R, X, m, mid, n)
      /* 입력: 크기 n의 순서가 정렬되지 않은 파일
         출력: 2-way 병합 정렬 방법에 의하여 오름차순으로 정렬된 파일 R
               m과 n은 m부터 n까지의  인덱스, mid는 m과 n의 중간 값 */

    i ← m;
    j ← mid+1;
    k ← m;

    while (i <= mid && j <= n) do
            if (R_i <= R_j)  then
                    R_k ← R_i;
                    i++;
            else {
                    R_k ← R_j;
                    j++;
            k++;
            }
    repeat;

    if (i>mid) then
            (X_s,...,X_n) ← (R_j,...,R_n);
    else  (X_s,...,X_n) ← (R_i,...,R_m);
end merge_conquer_combine( )
```

【해설】

06. 첫 번째 부분 집합의 첫째 원소를 설정한다.

07. 두 번째 부분 집합의 첫째 원소를 설정한다.

08. 2-way 병합의 첫째 원소를 설정한다.

22, 23. 2개의 서브 파일 중 어느 한쪽 서브 파일의 레코드들이 파일 X로 전부 이동되었을 때 다른 한쪽 서브 파일에 남은 것들을 그대로 X로 이동시킨다.

- **병합 정렬 알고리즘(가상 코드)의 분석**

① 메모리 사용 공간: S = 2n

- n: 원시 리스트(source list)가 차지하는 공간이 필요하다.
- n: 출력할 원시 리스트와 같은 크기의 공간이 필요하다.

② 비교 횟수: $p=\log_2 n$

- 레코드 수를 n이라고 할 때 P회 pass 후 만들어진 파일 수는

  1회 pass 후 만들어진 파일 수: $n/2 \ (= n/2^1)$

  2회 pass 후 만들어진 파일 수: $n/4 \ (= n/2^2)$

  ......

  p회 pass 후 만들어진 파일 수:

  $\rightarrow n/2^p = 1 \rightarrow p=\log_2 n$

③ 연산 시간(time complexity): $O(n\log_2 n)$

- 2개 파일이 병합되는 시간은 레코드 수에 비례하므로 O(n)으로 표시되며, pass 횟수는 $\log_2 n$이므로 전체 연산 시간은 $O(n\log_2 n)$으로 표시된다.

④ 특징: 보조기억 장치 내에 있는 자료를 정렬할 때 적당한 방식이다. 병합하기 위해 서브 파일을 복사해야 한다. 연결 리스트를 이용함으로써 더욱 효율적으로 구분할 수 있다.

6. 2-way 병합 정렬의 C 언어 프로그래밍 실습 예

실습 10.1

배열을 이용하여 8 개의 입력레코드 (27, 6, 78, 2, 62, 12, 60, 16)이 2-way 병합 정렬(오름차순)의 과정을 수행한 후에 (2,6,12,16,27,60,62,78)의 결과를 얻을 수 있는 프로그램을 작성하시오.

[출력]

```
C:\Windows\system32\cmd.exe
<<병합정렬(2-way merge sort): 오름차순 >>

* before sorting data:   27  6 78  2 62 12 60 16

-------------------------------------------

 sort-result:   6 t:   0
 sort-result:  27 t:   1
 분할_정복_결합 -->   6   27   78    2   62   12   60   16

 sort-result:   2 t:   2
 sort-result:  78 t:   3
 분할_정복_결합 -->   6   27    2   78   62   12   60   16

 sort-result:   2 t:   0
 sort-result:   6 t:   1
 sort-result:  27 t:   2
 sort-result:  78 t:   3
 분할_정복_결합 -->   2    6   27   78   62   12   60   16

 sort-result:  12 t:   4
 sort-result:  62 t:   5
 분할_정복_결합 -->   2    6   27   78   12   62   60   16

 sort-result:  16 t:   6
 sort-result:  60 t:   7
 분할_정복_결합 -->   2    6   27   78   12   62   16   60

 sort-result:  12 t:   4
 sort-result:  16 t:   5
 sort-result:  60 t:   6
 sort-result:  62 t:   7
 분할_정복_결합 -->   2    6   27   78   12   16   60   62

 sort-result:   2 t:   0
 sort-result:   6 t:   1
 sort-result:  12 t:   2
 sort-result:  16 t:   3
 sort-result:  27 t:   4
 sort-result:  60 t:   5
 sort-result:  62 t:   6
 sort-result:  78 t:   7
 분할_정복_결합 -->   2    6   12   16   27   60   62   78

-------------------------------------------

* after sorting data:   2  6 12 16 27 60 62 78
```

[처리조건]

① 화면 출력 함수 printf() 함수 사용할 것

② 정렬 알고리즘: 2-way 병합 정렬(오름차순) 사용할 것

③ 초기 데이터는 배열 사용:

```
#define N 8
int ken[N]= {27, 6, 78, 2, 62, 12, 60, 16};
```

④ 〈출력〉을 참고할 것

[프로그램: c_10_1.C]

```
#include <stdio.h>

#define MAX 50
#define N 8
int size;
int ken[N]={27, 6, 78, 2, 62, 12, 60, 16};
int sort_result[MAX];

void merge_conquer_combine(int bbb[], int m, int mid, int n) {
    int i, j, k, t;
    i = m;
    j = mid + 1;
    k = m;

    while (i <= mid && j <= n) {
            if (bbb[i] <= bbb[j]) {
                    sort_result[k] = bbb[i];
                    i++;
            }
```

```
            else {
                    sort_result[k] = bbb[j];
                    j++;
            }
            k++;
    }


    if (i>mid) for (t = j; t <= n; t++, k++) sort_result[k] = bbb[t];
    else for (t = i; t <= mid; t++, k++) sort_result[k] = bbb[t];

     for (t = m; t <= n; t++)
     {
             bbb[t] = sort_result[t];
     printf("\n sort-result:%4d t: %4d", sort_result[t], t);

     }
     printf("\n 분할_정복_결합 --> ");
     for (t = 0; t<size; t++) printf("%4d ", bbb[t]);
    printf("\n");
}

void mergeSort_divide(int boo[], int m, int n) {
    int mid;
    if (m<n) {
            mid = (m + n) / 2;

    mergeSort_divide(boo, m, mid);
    mergeSort_divide(boo, mid + 1, n);

    merge_conquer_combine(boo, m, mid, n);
    }
}
void main() {
    int i;
    size = 8;

   printf("<<병합정렬(2-way merge sort): 오름차순 >>\n\n");

   printf("* before sorting data:  ");
    for(i=0; i<N; i++) {
       printf("%3d", ken[i]);
    }
   printf("\n\n");
   printf("--------------------------------------------\n");

```

```
66      mergeSort_divide(ken, 0, N-1);
67
68      printf("\n");
69      printf("----------------------------------------\n\n");
70      printf("* after sorting data: ");
71      for (i=0; i<N; i++) {
72         printf("%3d", sort_result[i]);
73      }
74      printf("\n");
75
76      getchar();
77  }
```

【해설】

59-62. 정렬하기 전 데이터를 출력한다.

71-73. 정렬한 후의 데이터를 출력한다.

66, 42-52. 2-way 병합 정렬 함수를 수행한다.

43. m과 n의 중간 값을 구하는 것이다.

47. 왼쪽 부분 집합을 2개로 다시 분할하여 최소 원소의 부분 집합이 될 때까지 순환하는 함수이다.

48. 오른쪽 부분 집합을 2개로 다시 분할하여 최소 원소의 부분 집합이 될 때까지 순환하는 함수이다.

50, 09-40. 부분 집합을 2-way 병합을 하여 하나로 만드는 함수이다.

11. 첫 번째 부분 집합의 첫째 원소를 설정한다.

12. 두 번째 부분 집합의 첫째 원소를 설정한다.

13. 2-way 병합의 첫째 원소를 설정한다.

28, 29. 2개의 서브 파일 중 어느 한쪽 서브 파일의 레코드들이 파일 sort_result[k]로 전부 이동되었을 때 다른 한쪽 서브 파일에 남은 것들을 그대로 sort_result[k]로 이동시킨다.

07 _ 구조체와 포인터를 이용한 기수 정렬

1. 기수 정렬의 개념

기수 정렬(radix sort)은 키의 각 자리 숫자별로 나누어서 각 자릿수별로 서로 같은 것끼리 버킷(bucket) 내의 슬롯(slot)인 큐(queue)에 넣어 정렬하는 방식이며, 분배는 자리 수 만큼 수행한다. 이때 삽입과 삭제 시에 큐를 이용한다. 일명 버킷 정렬(bucket sort)이라고도 하는데 멀티키(multikey)에 대한 분배 정렬이다.

0	1	2	3	4	5	6	7	8	9	버킷번호 (기수)
60		2				6	27	78		
		62				16				큐의 최대길이 n
		12								

⇒ 준비해야 할 큐의 수 q는 자료의 기수(radix) 만큼 필요하며, 큐의 길이(버킷 수)는 레코드 수 n과 같다.

그림 10.2 기수 정렬에서 버킷번호와 큐의 예

2. 기수 정렬의 종류

(1) 우선 배열(right sort first)

키의 자리 수 중 가장 오른쪽을 기준으로 키 값에 해당하는 버킷(bucket)에 레코드를 집어 넣은 다음에 각 버킷의 내용을 꺼내서 오른쪽에서 두 번째 값으로 다음 과정을 수행하여 가장 큰 자리 수 d만큼 재배열한다. 이를 MSD 우선 방식(most significant digit first)이라고 한다.

(2) 좌선 배열(left sort first)

키의 자리 수 중 가장 왼쪽부터 실행하는 방식이다. 이를 LSD 우선 방식(least significant digit first)이라고 한다.

기수 변환 정렬(radix exchange sort)

기수 정렬에서 큐의 수가 많아지므로 메모리 사용 공간이 커진다. 수행 시간이 늦어지는 대신에 메모리 공간을 줄이는 방법으로 기수 변환 방법을 사용한다. 작업 기억 공간(working storage) 필요 없는 이유는 키를 2진수로 바꾸어서 한 비트씩 비교하면서 정렬하기 때문이다. 좌선 배열 방법을 사용한다. 각 비트들의 첫 번째 자리수가 head에서부터 1인 것을 찾고, tail에서부터 0인 것을 찾아 서로 교환하면서 한 자리 수에 대한 정렬을 마친다. 다음은 두 번째 자리를 정렬한다. 이것은 기수 정렬보다 메모리 공간은 절약되지만 비트 스트링 연산을 해야 하므로 프로그램이 복잡하고 어렵다.

3. 기수 정렬 과정의 예

8 개의 입력레코드 (27, 6, 78, 2, 62, 12, 60, 16)이 기수 정렬(오름차순)의 과정을 수행한 후에 (2,6,12,16,27,60,62,78)의 결과를 얻을 수 있다. 그 과정은 다음과 같다.

초기 상태

1	2	3	4	5	6	7	8
27	6	78	2	62	12	60	16

1, 2, 3, 4, 5, 6, 7, 8: 배열의 위치
27,6,78,2,62,12,60,16 : 원소 값

1 단계

버킷 번호	0	1	2	3	4	5	6	7	8	9
큐	60		2 62 12				6 16	27	78	

[제일 오른쪽 1단위 숫자에 대하여 순서 배열]
초기 상태의 입력레코드 (27, 6, 78, 2, 62, 12, 60, 16)을 1자리 숫자에 해당하는 버킷(bucket)에 넣는다. 분배가 완료된 후 큐의 성질에 따라 0번 버킷부터 FIFO(First In First Out) 방식으로 입력한 후에 출력하면 분류되는 상태는 다음과 같다.
* 분류 상태: (60, 2, 62, 12, 6, 16, 27,78)

2 단계

버킷 번호	0	1	2	3	4	5	6	7	8	9
큐	2 6	12 16	27				60 62	78		

[10단위 숫자에 대한 순서 배열]
1 회전 후에 분류된(60, 2, 62, 12, 6, 16, 27,78)을 입력레코드로 하여서 10 단위 숫자에 해당하는 버킷(bucket)에 넣은 후에 순차적으로 분배한다. 분배가 완료된 후 큐의 성질에 따라 0번 버킷부터 FIFO(First In First Out) 방식으로 입력한 후에 출력하면 분류되는 상태는 다음과 같다.
* 분류 상태: (2,6,12,16,27,60,62,78)

결과

1	2	3	4	5	6	7	8
2	6	12	16	27	60	62	78

8 개의 입력레코드(27,6,78,2,62,12,60,16)이 기수 정렬(오름차순)의 과정을 수행한 후에 (2,6,12,16,27, 60,62,78)의 결과를 얻는다.

그림 10.3 기수 정렬(오름차순)의 과정의 예

4. 기수 정렬의 가상 코드 알고리즘과 분석

기수 정렬 알고리즘은 다음과 같다.

[AL 10_3 : 기수 정렬 알고리즘]

```
procedure r_sort(s_result[], n)

    factor ← 1;

    for bucket ← 0 to RADIX by bucket++ do
            Q[bucket] = create_LQ();
    repeat;

    for d ← 0 to DIGIT by d++ do
            for i ← 0 to n by i++ do
                insert_Q(Q[(s_result[i] / factor) % 10], s_result[i]);

```

```
13            for bucket ← 0, i ← 0 to RADIX by bucket++ do
14              while !is_Empty(Q[bucket]) do
15                      s_result[i++] ← delete_Q(Q[bucket]);
16                 repeat;
17            repeat;
18            factor ← factor * 10;
19        repeat;
20   end r_sort()
```

【해설】

01-20. 기수 정렬 함수를 수행한다. 기수 정렬을 2번 반복하여 실행한다.

09-19. DIGIT 값이 0인 경우와 1인 경우 2번 반복 실행한다. 즉, factor=1인 경우와 factor=10인 경우로 나누어서 실행한다.

03. factor의 초기 값은 1이다.

18. factor=1의 경우가 마치면, factor=10의 경우로 변경한다. 즉, 우선 배열(right sort first) 방식이다. 키의 자리 수 중 가장 오른쪽을 기준으로 키 값에 해당하는 버킷(bucket)에 레코드를 집어넣은 다음에 각 버킷의 내용을 꺼내서 오른쪽에서 두 번째 값으로 다음 과정을 수행하여 가장 큰 자리 수 d만큼 재배열한다. 이를 MSD 우선 방식(most significant digit first)이라고 한다.

11. 큐의 삽입(입력) 연산과 유사하다. insert_Q의 입력 매개변수는 Q[(s_result[i] / factor) % 10]이므로 나머지를 갖고 하므로 factor가 1인 경우나 10인 경우에 전부 적용 가능하다. s_result[i] 값이 삽입하여 Q[(s_result[i] /factor) % 10]인 버킷에 저장 된다.

15. 큐의 삭제(출력) 연산과 유사하다. Qbucket.의 값 중에서 0이 아닌 값만 출력하여 s_result[i] 값에 저장된다.

- 기수 정렬 알고리즘(가상 코드)의 분석

  ① 조건을 n 키, q 큐, k 디지트(데이터의 자릿수)라고 할 때

  메모리 사용 공간: S = (n+1)q

  준비해야 할 큐의 수는 10진수일 경우 10개의 큐가 필요하며, 각 큐의 길이는 레코드 수(atom 수)만큼 있어야 한다. 그 이유는 키의 끝자리 수가 모두 같은 경우도 있기 때문이다. 또한 각 큐는 자료가 저장될 위치를 알리는 포인터를 필요로 한다.

  $$S = n \cdot q + q$$
  $$= (n+1)q$$

  ② 연산 시간(time complexity): O(k(n+q))

  각 자리수마다 O(d(n+q))의 시간이 걸리는데 k회 반복된다. d는 자리 수(분배 횟수)를 의미한다. 여러 개의 키에 대한 정렬이므로 다중 키(multi key) 방식이나 기억 장소 낭비는 크나 정렬 속도는 빠르다.

5. 기수 정렬의 C 언어 프로그래밍 실습 예

실습 10.2

구조체와 포인터를 이용하여 8 개의 입력레코드 (27, 6, 78, 2, 62, 12, 60, 16)이 기수 정렬(오름차순)의 과정을 수행한 후에 (2,6,12,16,27,60,62,78)의 결과를 얻을 수 있는 프로그램을 작성하시오.

[출력]

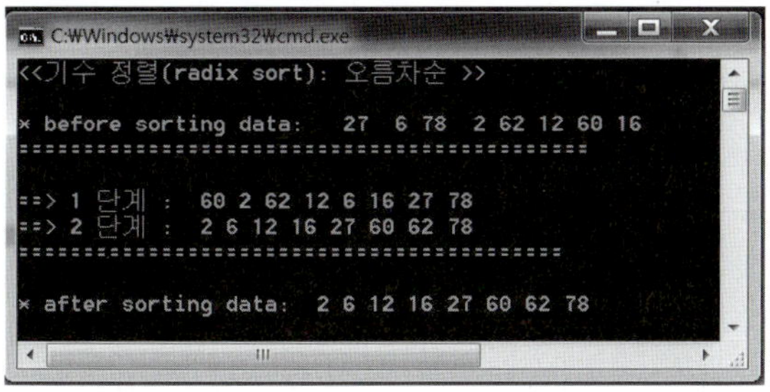

[처리조건]

① 화면 출력 함수 printf() 함수 사용할 것

② 정렬 알고리즘: 기수 정렬(오름차순) 사용할 것

③ 초기 데이터는 배열 사용: #define N 8

int ken[N]={27, 6, 78, 2, 62, 12, 60, 16};

④ 〈출력〉을 참고할 것

⑤ 자기 참조 구조체 사용할 것

```
typedef struct QNode {
    int data;
    struct QNode *link;
} QNode;

typedef struct {
    QNode *front, *rear;
} LQ_Type;
```

[프로그램: c_10_2.C]

```
#include <stdio.h>
#include <stdlib.h>
#define RADIX 10
#define DIGIT 2
#define N 8
int ken[N]={27, 6, 78, 2, 62, 12, 60, 16};

typedef struct QNode {
    int data;
    struct QNode *link;
} QNode;

typedef struct {
    QNode *front, *rear;
} LQ_Type;

LQ_Type *create_LQ() {
    LQ_Type *LQ;
    LQ = (LQ_Type *)malloc(sizeof(LQ_Type));
    LQ->front = NULL;
    LQ->rear = NULL;
    return LQ;
}

int is_Empty(LQ_Type *LQ) {
    if (LQ->front == NULL) return 1;
    else return 0;
}

```

```
void insert_Q(LQ_Type *LQ, int item) {
    QNode *newNode = (QNode *)malloc(sizeof(QNode));
    newNode->data = item;
    newNode->link = NULL;
    if (LQ->front == NULL) {
            LQ->front = newNode;
            LQ->rear = newNode;
    }
    else {
            LQ->rear->link = newNode;
            LQ->rear = newNode;
    }
}

int delete_Q(LQ_Type *LQ) {
    QNode *old = LQ->front;
    int item;
    if (is_Empty(LQ)) return 0;
    else {
            item = old->data;
            LQ->front = LQ->front->link;
            if (LQ->front == NULL)
                    LQ->rear = NULL;
            free(old);
            return item;
    }
}
void r_sort(int s_result[], int n) {
    int i, bucket, d, factor = 1;
    int j;

    LQ_Type *Q[RADIX];
    for (bucket = 0; bucket<RADIX; bucket++) {
            Q[bucket] = create_LQ();
    }

    for (d = 0; d<DIGIT; d++) {
            for (i = 0; i<n; i++)
                    insert_Q(Q[(s_result[i] / factor) % 10], s_result[i]);

            for (bucket = 0, i = 0; bucket<RADIX; bucket++)
           while (!is_Empty(Q[bucket]))
                            s_result[i++] = delete_Q(Q[bucket]);

            factor = factor * 10;

        printf("\n==> %d 단계 : ", d + 1);
```

```
77          for (i = 0; i<n; i++)  printf(" %d", s_result[i]);
78      }
79  }
80
81  void main()
82  {
83      int i;
84
85      printf("<<기수 정렬(radix sort): 오름차순 >>\n\n");
86
87      printf("* before sorting data:  ");
88       for(i=0; i<N; i++) printf("%3d", ken[i]);
89
90      printf("\n==========================================\n");
91
92       r_sort(ken, N);
93
94      printf("\n========================================\n\n");
95      printf("* after sorting data: ");
96       for (i = 0; i<N; i++)  printf(" %d", ken[i]);
97      printf("\n");
98
99      getchar();
100 }
```

[해설]

87-88. 정렬하기 전 데이터를 출력한다.

95-96. 정렬한 후의 데이터를 출력한다.

92, 57-79. 기수 정렬 함수를 수행한다. 기수 정렬을 2번 반복하여 실행한다.

61-64, 17-23. 기억 공간을 확보하고, 큐의 삽입 삭제 포인터 rear, front 포인터 값을 NULL로 한다. 큐를 초기화하는 과정이다.

04. 2로 선언한 이유는 정렬할 자료들의 키 값이 2자리이다.

03. 10으로 선언한 이유는 정렬할 자료들의 키 값이 10진수이다.

66-78. DIGIT 값이 0인 경우와 1인 경우 2번 반복 실행한다. 즉, factor=1인 경우와 factor=10인 경우로 나누어서 실행한다.

58. factor의 초기 값은 1이다.

74. factor=1의 경우가 마치면, factor=10의 경우로 변경한다. 즉, 우선 배열(right sort first) 방식이다. 키의 자리 수 중 가장 오른쪽을 기준으로 키 값에 해당하는 버킷(bucket)에 레코드를 집어넣은 다음에 각 버킷의 내용을 꺼내서 오른쪽에서 두 번째 값으로 다음 과정을 수행하여 가장 큰 자리 수 d만큼 재배열한다. 이를 MSD 우선 방식(most significant digit first)이라고 한다.

68, 30-42. 큐의 삽입(입력) 연산과 유사하다. insert_Q의 입력 매개변수는 Q[(s_result[i] / factor) % 10]이므로 나머지를 갖고 하므로 factor가 1인 경우나 10인 경우에 전부 적용 가능하다. s_result[i] 값이 삽입하여 Q[(s_result[i] /factor) % 10]인 버킷에 저장 된다.

72, 44-56. 큐의 삭제(출력) 연산과 유사하다. Qbucke[i]의 값 중에서 0이 아닌 값만 출력하여 s_result[i] 값에 저장된다.

08 _ 구조체와 포인터를 이용한 이진 탐색 트리 정렬

정렬과 검색은 밀접한 관계가 있다. 정렬이 잘 되어 있는 자료구조에서 검색을 잘 할 수 있다. 이진 탐색 트리에서도 정렬과 검색은 밀접하게 연관되어 있다. 이진 탐색 트리(또는 이진 검색 트리)에 대한 좀 더 자세한 검색은 [제12장]에서 기술한다.

1. 이진 탐색 트리(Binary Search Tree)의 개념

이진 탐색 트리(BST, Binary Search Tree)는 효율적인 검색을 위하여 원소 크기에 따라 노드 위치를 정의한 자료구조이다. 공백이 가능한 이진 트리이다. 만일, 공백이 아니면서 각 노드 n이 다음과 같은 특성을 만족하면 이진 탐색 트리이다.

- 모든 원소의 키는 유일한 값을 가진다.
- 왼쪽 서브 트리 키들은 그 서브 트리의 루트 키보다 작다.
- 오른쪽 서브 트리 키들은 그 서브 트리의 루트 키보다 크다.
- 왼쪽과 오른쪽 서브 트리도 이진 탐색 트리이다.

2. 이진 탐색 트리의 예

(1) 이진 탐색 트리와 아닌 예

그림 10.4 이진 탐색 트리의 예와 아닌 예

(2) 이진 탐색 트리의 특징은 다음 그림과 같이 삽입과 삭제 등의 갱신이 용이하다.

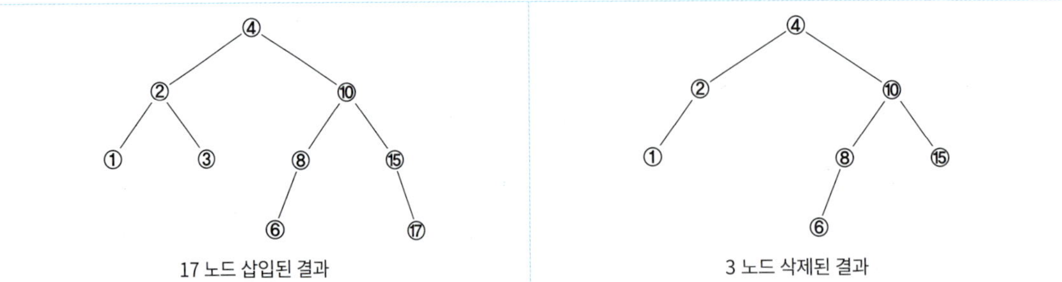

그림 10.5 이진 탐색 트리의 삽입과 삭제의 예

(3) 이진 탐색 트리에서 삽입의 예

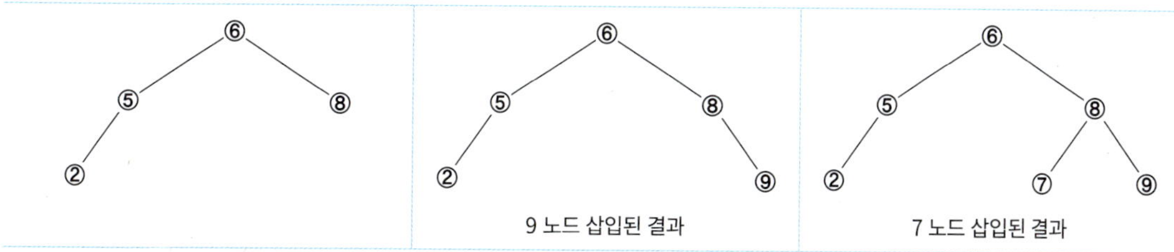

그림 10.6 이진 탐색 트리의 삽입의 예

(4) 이진 탐색 트리에서 삭제의 예

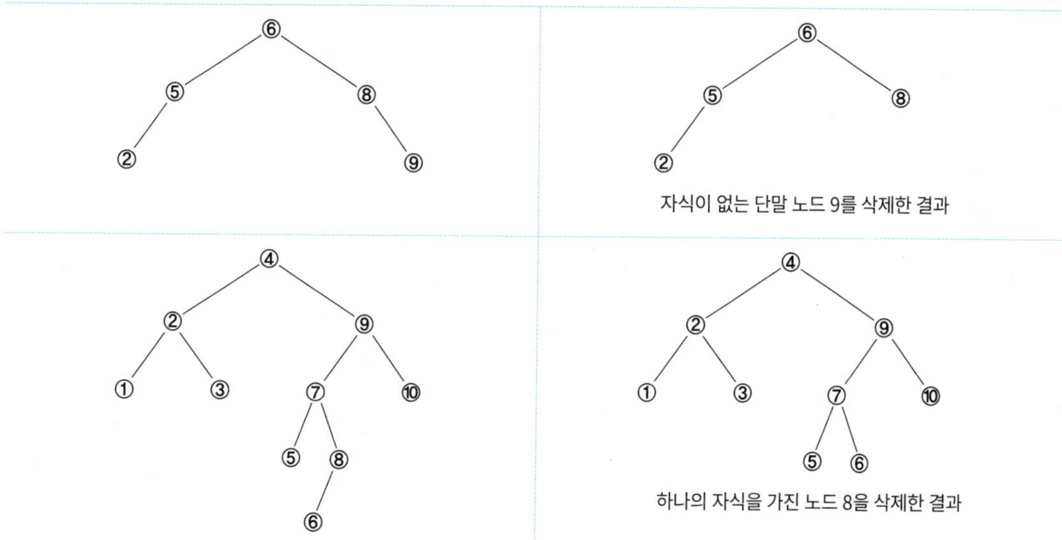

그림 10.7 이진 탐색 트리의 삭제의 예

3. 이진 탐색 트리 정렬 과정의 예

이진 탐색 트리 정렬하는 순서는 다음과 같다.

1. 노드(원소)를 이진 탐색 트리 구성한다.
2. 이진 탐색 트리에서 중위 운행 방식(inorder traversal)으로 검색하면서 노드(원소)를 저장한다.

8 개의 입력레코드 (27, 6, 78, 2, 62, 12, 60, 16)이 이진 탐색 트리 정렬의 과정을 수행한 후에 (2,6,12,16,27,60,62,78)의 결과를 얻을 수 있다. 그 과정은 다음과 같다.

초기 상태	0	1	2	3	4	5	6	7
	27	6	78	2	62	12	60	16

0, 1, 2, 3, 4, 5, 6, 7: 배열의 위치
27,6,78,2,62,12,60,16 : 원소 값

1 단계

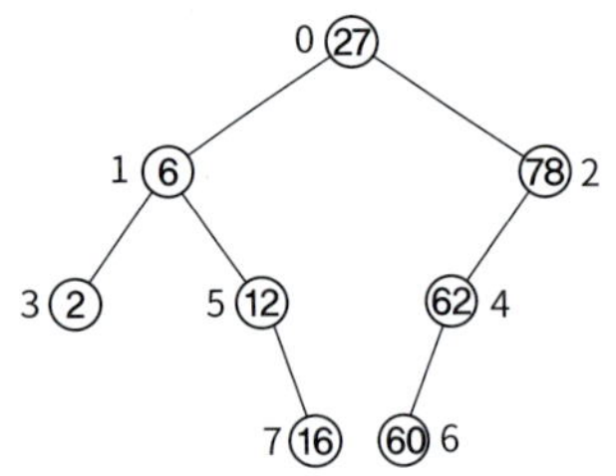

노드(원소)를 이진 탐색 트리 구성한다.

2 단계

0	1	2	3	4	5	6	7
2	6	12	16	27	60	62	78

이진 탐색 트리에서 중위 운행(inorder traversal) 방식으로 검색하면서 노드(원소)를 저장한다.

결과

0	1	2	3	4	5	6	7
2	6	12	16	27	60	62	78

8 개의 입력레코드(27,6,78,2,62,12,60,16)가 이진 탐색 트리 정렬의 과정을 수행한 후에 (2,6,12,16,27,60,62, 78)의 결과를 얻는다.

그림 10.8 이진 탐색 트리 정렬 과정의 예

4. 이진 탐색 트리 정렬의 알고리즘(가상 코드)

(1) 이진 탐색 트리의 정렬 연산

【AL 10_4 : 이진 탐색 트리에서의 정렬 알고리즘(중위 운행 방식 사용)】

```
01  procedure sort_BST(k[], n)
02        for i  ← 0 to i < n by i++ do
03            insert_BST(BST, k[i])
04            inorder(BST);
05        repeat;
06  end sort_BST( )
```

【해설】

01. k[]은 배열을 의미한다.

03. 노드(원소)를 이진 탐색 트리 구성한다.
이진 탐색 트리 T는 각 노드가 1개 키를 갖는 트리로서 각 노드의 키 값이 다음과 같이 구성된다.
① 첫 번째 요소는 근 노드로 한다.
② 두 번째 요소부터는 노드와 비교하여 작으면 왼쪽 서브 트리, 크면 오른쪽 서브 트리의 자 노드와 비교한다.
③ ②를 순환적으로 하여 더 이상 비교 원소가 없는 곳에 자료를 삽입한다.

04. 이진 탐색 트리에서 중위 운행(inorder traversal) 방식으로 검색하면서 노드(원소)를 저장한다. 이진 트리는 디그리가 2이하이므로 근 노드, 좌측 서브 트리 및 우측 서브 트리로 나눌 수 있다. 근 노드의 운행(traversal)을 ROOT라 하고, 좌측 서브 트리의 운행(traversal)을 LEFT, 우측 서브 트리의 운행(traversal)을 RIGHT라 칭하기로 가정한다. 중위 운행(inorder traversal): LEFT, ROOT, RIGHT 순으로 진행한다. 이렇게 진행하면서 노드(원소)를 저장한다.

- **이진 탐색 트리 정렬 분석**

  ① 메모리 사용 공간:

  n개의 원소에 대하여 n개의 기억 공간과 n개의 노드로 구성된 이진 탐색 트리를 저장할 공간이 추가로 필요하다.

  ② 연산 시간(time complexity): $O(n\log_2 n)$

  이진 탐색 트리 정렬의 시간 복잡도이다.

(2) 이진 탐색 트리에서의 삽입 연산

【AL 10_5 : 이진 탐색 트리에서의 삽입 알고리즘】

```
01  insert_BST(T, x)
02          p ← T;
03          while ( p ≠ NULL) do {
04                  if (x = key(p)) then return;
05                  q ←  p;
06                  if (x < key(p)) then p ← left(p);
07                  else p ← right(p);
08           repeat;
09
10           new ← getNode();
11           key(new) ← x;
12           left(new) ← NULL;
13           right(new) ← NULL;
14
15           if (T = NULL) then T ← new;
16           else if (x < key(q)) then left(q) ← new;
17           else right(q) ← new;
18           return;
19  end insert_BST();
```

【해설】

02. T는 근 노드를 나타낸다.

03-08. 근 노드를 0이 될 때까지 전부 검색한다.

04. 이진 트리 검색은 근 노드 key(p)와 입력 데이터 x를 비교한다. 같으면 검색을 끝낸다.

06. 만약 삽입하고자하는 데이터 〈 구조체 배열에서의 데이터이면 이전 데이터로 삽입한다.

07. 만약 삽입하고자하는 데이터 〉 구조체 배열에서의 데이터이면 다음 데이터로 삽입한다.

10-17. 근 노드가 0이면 새로 생성한다. x를 삽입하고, 좌측 우측 링크 필드는 0으로 한다.

16. 만약 새로 생성된 노드의 삽입하고자하는 데이터 〈 구조체 배열에서의 데이터이면 이전 데이터(좌측 노드)로 삽입한다.

17. 만약 새로 생성된 노드의 삽입하고자하는 데이터 〉 구조체 배열에서의 데이터이면 다음 데이터(우측 노드)로 삽입한다.

(3) 이진 탐색 트리에서의 삭제 연산

【AL 10_6 : 이진 탐색 트리에서의 삭제 알고리즘】

```
01 deletet_BST(T, x)
02         p ← 삭제하려는 노드;
03         parent ← 삭제하려는 노드의 부모 노드;
04
05         if (p = NULL) then return;
06
07         if (left(p) = NULL and right(p) = NULL) then {
08                 if (left(parent) = p) then left(parent) ← NULL;
09                 else right(parent) ← NULL;
10         }
11         else if (left(p) = NULL or right(p) = NULL) then {
12                 if (left(p) ≠ NULL) then {
13                             if (left(parent) = p) then left(parent) ←  left(p);
14                             else right(parent) ←  left(p);
15                 }
16                 else {
17                         if (left(parent) = p) then left(parent) ← right(p);
18                         else right(parent) ← right(p);
19                 }
20         }
21         else if (left(p) ≠ NULL and right(p) ≠ NULL) then {
22                 q ← maxNode(left(p));
23                 key(p) ← key(q);
24                 deleteBST(left(p), key(p));
25         }
26 end delete_BST();
```

【해설】

02. 삭제하려는 노드를 p에 저장한다.

03. 삭제하려는 노드의 부모 노드를 parent에 저장한다.

05. 삭제하려는 노드를 p가 NULL이면 그대로 마치고 반환한다.

07-25. 삭제하는 함수이다. 3가지 경우가 있다.

07. 삭제할 노드가 자식 노드가 없는 단말인 경우에 해당된다. 단말 노드를 삭제할 때 부모 노드에 해당되는 자식 필드를 NULL로 만들고 노드를 반환한다.

11, 12-20. 하나의 자식을 가진 비단말 노드를 삭제할 경우에는 삭제할 노드의 자식을 삭제된 노드의 자리에 대체한다.

21-25. 두 자식을 가진 노드의 삭제인 경우이다. 오른쪽 서브 트리에서 가장 작은 노드로 대체한다. 왼쪽 서브 트리에서 가장 큰 노드로 대체한다.

5. 이진 탐색 트리 정렬의 C 언어 프로그래밍 실습 예

실습 10.3

구조체와 포인터를 이용하여 8 개의 입력레코드 (27, 6, 78, 2, 62, 12, 60, 16)이 이진 탐색 트리 정렬(오름차순)의 과정을 수행한 후에 (2,6,12,16,27,60,62,78)의 결과를 얻을 수 있는 프로그램을 작성하시오.

【출력】

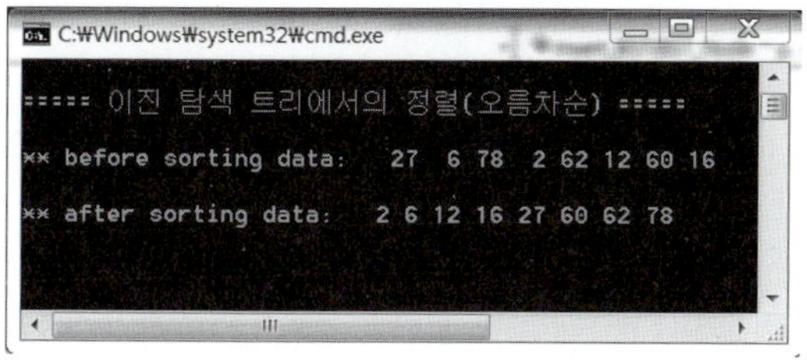

【처리조건】

① 화면 출력 함수 printf() 함수 사용할 것

② 정렬 알고리즘: 이진 탐색 트리 정렬(오름차순) 사용할 것

③ 초기 데이터는 배열 사용:

```
#define N 8
int ken[N]={27, 6, 78, 2, 62, 12, 60, 16};
```

④ 〈출력〉을 참고할 것

⑤ 자기 참조 구조체 사용할 것

【프로그램: c_10_3.C】

```
#include<stdio.h>
#include<stdlib.h>
#define N 8

typedef struct BST_Node {
     int data;
     struct BST_Node* left;
     struct BST_Node* right;
} BST_Node;

BST_Node* insert_BST(BST_Node *p, int x) {
     BST_Node *nNode;
     if (p == NULL) {
               nNode = (BST_Node*)malloc(sizeof(BST_Node));
               nNode->data = x;
               nNode->left = NULL;
               nNode->right = NULL;
               return nNode;
     }
     else if (x < p->data)  p->left = insert_BST(p->left, x);
     else if (x > p->data)  p->right = insert_BST(p->right, x);
     else  printf("\n 동일 키 존재!! \n");

     return p;
}

```

```
27 void inorder_BST(BST_Node* root) {
28     if (root) {
29             inorder_BST(root->left);
30             printf(" %d", root->data);
31             inorder_BST(root->right);
32     }
33 }
34
35 void sort_BST(int bbb[], int n) {
36     int i;
37
38     BST_Node* root = NULL;
39     root = insert_BST(root, bbb[0]);
40
41     for (i = 1; i<n; i++)
42             insert_BST(root, bbb[i]);
43     inorder_BST(root);
44 }
45
46 int main() {
47     int ken[N] = {27, 6, 78, 2, 62, 12, 60, 16};
48     int i;
49
50     printf("\n===== 이진 탐색 트리에서의 정렬(오름차순) ===== \n\n");
51     printf("** before sorting data:  ");
52     for(i=0; i<N; i++) {
53        printf("%3d", ken[i]);
54     }
55        printf("\n\n");
56
57     printf("** after sorting data:  ");
58     sort_BST(ken, N);
59
60     getchar();
61 }
```

[해설]

52-54. 정렬하기 전 데이터를 출력한다.

58. 정렬한 후의 데이터를 출력한다.

58, 35-44. 이진 탐색 트리 정렬 함수를 수행한다.

39, 11-25. 노드(원소)를 이진 탐색 트리 구성한다. 이진 탐색 트리 T는 각 노드가 1개 키를 갖는 트리로서 각 노드의 키 값이 다음과 같이 구성된다.

13-19. 첫 번째 요소는 근 노드로 한다.

20-21. 두 번째 요소부터는 노드와 비교하여 작으면 왼쪽 서브 트리, 크면 오른쪽 서브 트리의 자 노드와 비교한다. 순환적으로 하여 더 이상 비교 원소가 없는 곳에 자료를 삽입한다.

43, 27-33. 이진 탐색 트리에서 중위 운행(inorder traversal) 방식으로 검색하면서 노드((원소)를 저장한다. 이진 트리는 디그리가 2이하이므로 근 노드, 좌측 서브 트리 및 우측 서브 트리로 나눌 수 있다. 근 노드의 운행(traversal)을 ROOT라 하고, 좌측 서브 트리의 운행(traversal)을 LEFT, 우측 서브 트리의 운행(traversal)을 RIGHT라 칭하기로 가정한다. 중위 운행(inorder traversal): LEFT, ROOT, RIGHT순으로 진행한다. 이렇게 진행하면서 노드(원소)를 저장한다.

09 _ 배열을 이용한 히프 정렬

1. 우선순위 큐 => [제 6장] 참고

우선순위 큐(priority queue)는 큐의 특별한 형태로, 큐에서는 선입선출(FIFO, 먼저 들어온 것이 먼저 나감) 방법인데 반해, 우선순위 큐에서는 순위가 높은 데이터가 먼저 나간다.

전형적인 우선순위 큐의 예는 시분할 시스템(time sharing system)을 들 수 있다. 또 다른 예로서는 병원에 들어온 환자의 치료 방법이다. 통상적으로는 먼저 들어 온 환자가 먼저 치료를 받아야 한다. 그러나 응급 환자가 발생한 경우에는 먼저 온 환자와 관계없이 응급 환자를 먼저 치료한다. 이것이 우선순위 큐의 개념이다.

높은 우선순위의 프로그램이 먼저 처리되고 같은 우선순위가 되는 프로그램은 일반적인 큐의 성질에 따라 선입선출의 원리로 처리되는 것이다. 우선순위 큐를 구현하는 데는 여러 가지 방법이 있다.

1. **2차원 배열을 이용하여 다중 큐를 사용하는 방법**
   각 정보를 보관한 2차원 배열과 그 배열의 행(row)을 원형 큐로 이용하여 각 큐의 처음과 끝을 나타내는 두 개의 포인터 front와 rear를 사용하는 방법이 있다.

2. **단순 연결 리스트에 의한 방법**
   단순 연결 리스트의 운영은 우선순위가 높은 노드가 낮은 것보다 앞에 오도록 리스트를 유지한다. 동일 우선순위를 가지는 노드인 경우에는 나중에 리스트에 입력되는 것이 그것과 동일 순위의 노드들 바로 뒤에 오도록 리스트를 관리한다. 이렇게 함으로써 전체적인 리스트가 우선순위를 갖는 큐 상태가 되어 이 리스트의 제일 선두에 있는 노드가 가장 높은 우선순위를 가지므로 먼저 처리되게 하는 것이다.

3. **히프를 사용하는 방법**
   우선순위 큐를 구현하는 또 하나의 방법은 히프(heap)를 사용한다. 히프는 완전 이진 트리이면서, 우선순위 큐를 위해 만들어진 자료구조이다. 히프는 일종의 반정렬 상태를 유지하면서 우선순위 큐를 구현한다.

2. 히프 정렬

(1) 히프의 개념

히프(heap)는 여러 개의 값들 중에서 가장 큰 값이나 가장 작은 값을 빠르게 찾아내도록 만들어진 자료구조이다. 히프는 간단히 말하면 부모 노드의 키 값이 자식 노드의 키 값보다 항상 큰(또는 작은) 완전 이진 트리(Complete Binary Tree)를 말한다. 히프 트리에서는 중복된 값을 허용한다. 참고로 히프(heap)의 사전적 의미는 쌓아 올린 더미, 덩어리, 무더기 등의 뜻이 된다.

전 또는 완전 이진 트리(complete binary tree)
깊이가 k인 어떤 이진 트리의 노드 수가 n일 때 2k–1–1 〈 n 〈 2k–1인 트리를 말한다.

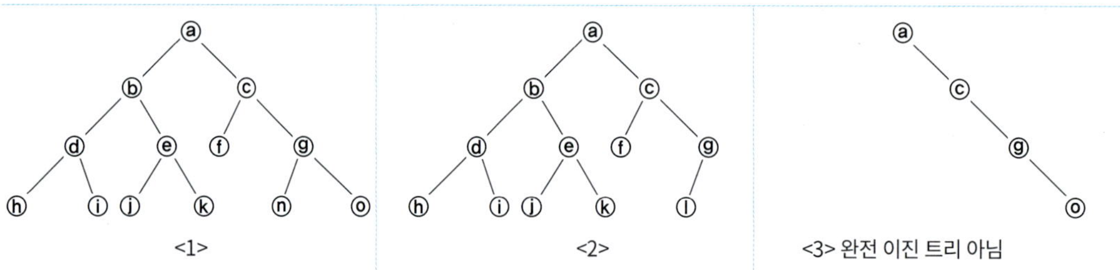

그림 10.9 완전 이진 트리 종류와 아닌 예

(2) 히프의 종류

히프는 최대 희프(max heap)와 최소 히프(min heap)로 구분한다.

1. 최대 히프(max heap)
   부모 노드의 키 값이 자식 노드의 키 값보다 항상 큰 완전 이진 트리(Complete Binary Tree)를 말한다.
2. 최소 히프(min heap)
   부모 노드의 키 값이 자식 노드의 키 값보다 항상 작은 완전 이진 트리(Complete Binary Tree)를 말한다.

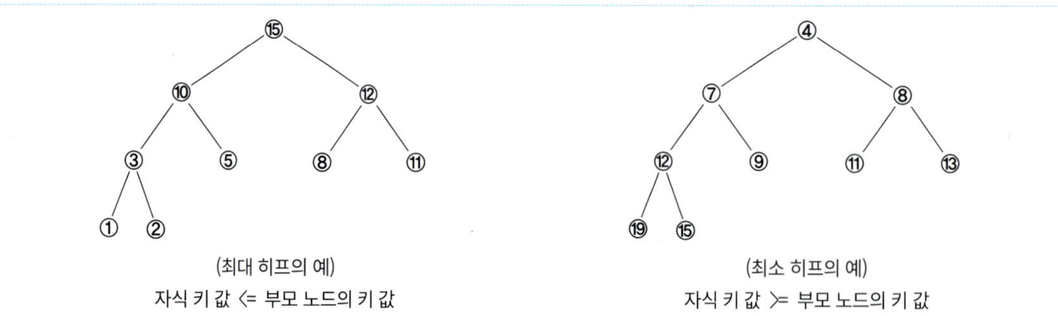

그림 10.10 히프의 종류의 예

(3) 히프 정렬 알고리즘의 예

① 히프 정렬 알고리즘의 단계

최대 히프(또는 최소 히프)라고 가정 하면, 히프 정렬(heap sort)은 두 단계로 나눌 수 있다.

1. **히프 구조 알고리즘**

   파일을 표현하는 트리를 히프로 변환한다. 각 노드는 적어도 그 노드의 자식들보다 큰 값을 가지도록 만들어진 전이진 트리가 히프구조라고 정의하면 히프 트리의 근 노드는 트리에서 가장 큰 키 값을 갖게 된다. 즉, 가장 낮은 레벨의 우측 노드로부터 그의 부 노드와 비교하여 자 노드가 크면 부 노드와 교환하는 형태로 최대값이 근 노드에 위치하게 된다.

2. **히프 정렬 알고리즘**

   근 노드를 출력하여 배열의 마지막에 저장하고 나머지 트리를 다시 히프로 만드는 방법을 계속해 가면서 큰 것에서부터 작은 것의 순으로 출력(또는 최소 히프인 경우는 작은 것에서부터 큰 것으로 출력)을 시킨다. 이러한 정렬 과정을 히프 정렬(heap sort)이라 한다.

② 최대 히프 정렬 알고리즘의 예

7개의 입력레코드 (101,120,119,172,113,152,133)이 최대 히프 정렬(내림차순)의 과정을 수행한 후에 (172,152,133,120,119,113,101)의 결과를 얻을 수 있다. 그 과정은 다음과 같다.

<table>
<tr><td>초기 상태</td><td colspan="2">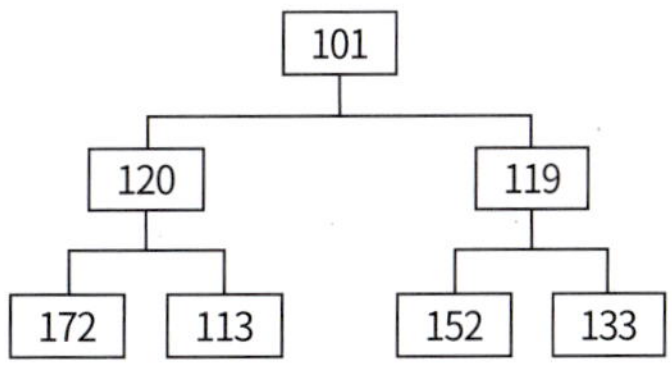
초기 상태</td></tr>
<tr><td rowspan="2">1
단계
(초기 최대 히프
구조로 변경 과정)</td><td>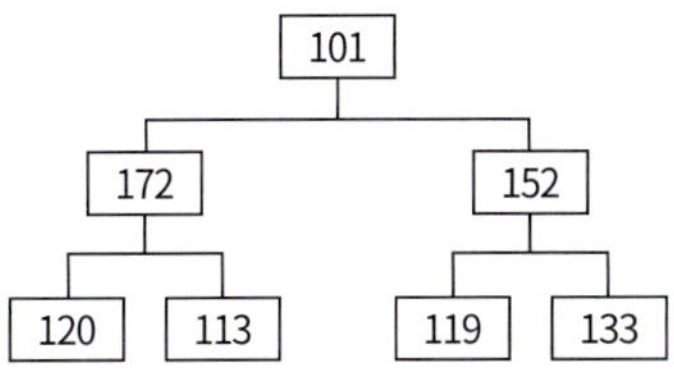
172와 120 교환, 152와 119 교환</td><td>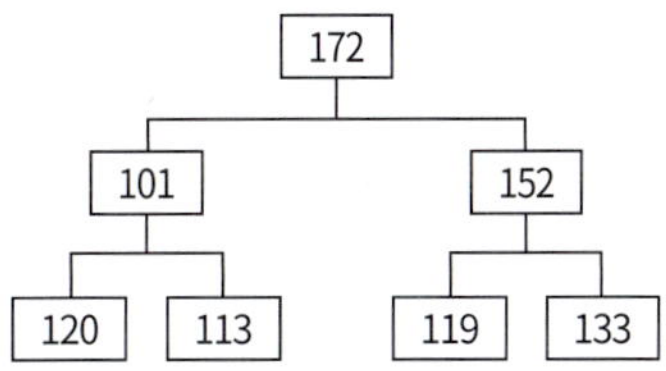
172와 101 교환</td></tr>
<tr><td>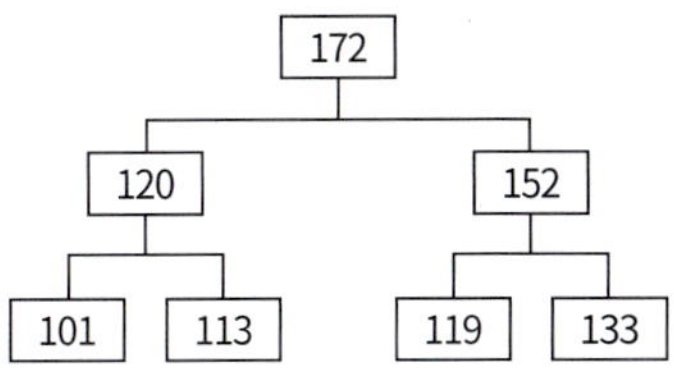
120과 101 교환 ← 초기 히프 상태 완료</td><td>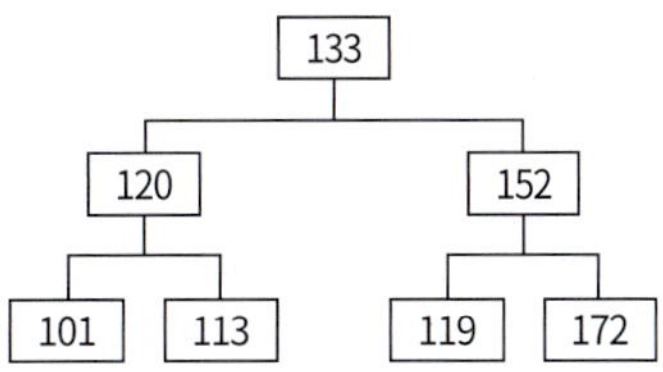
루트 노드 맨 마지막으로 이동: 172와 133 교환</td></tr>
</table>

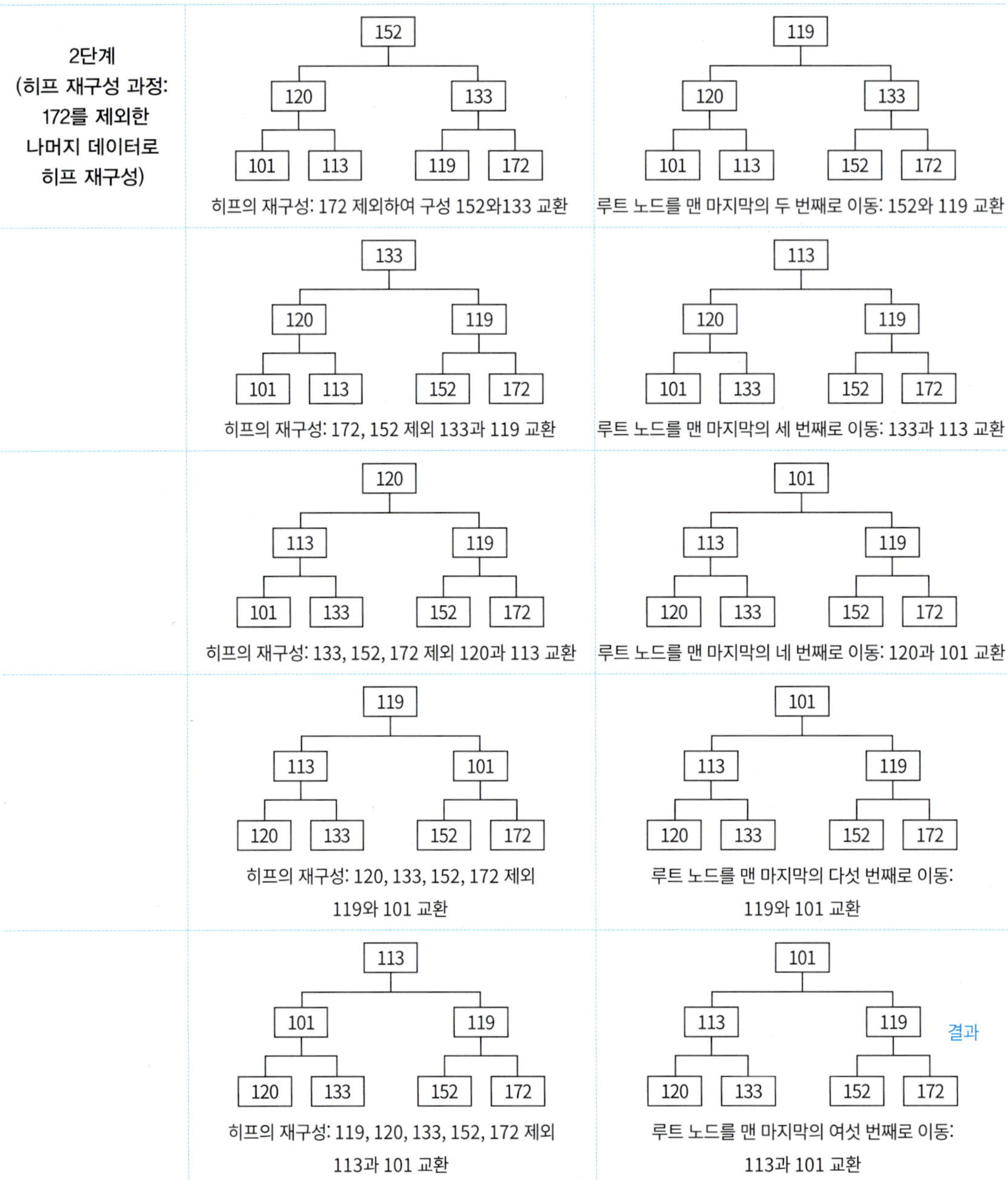

그림 10.11 히프 정렬 과정의 예

(4) 히프 정렬 알고리즘과 분석

① 히프의 추상 자료형

【ADT 10_1 : 히프의 추상 자료형】

```
ADT Heap
  자료(Data): 원소 n개로 구성된 완전 이진 트리,
              부모 노드의 키 값 >= 자식노드의 키 값
```

```
04    연산(Operation): heap ∈ 히프, item ∈ 원소
05
06    createHeap() ::= 공백 히프를 생성하는 연산
07    isEmpty(heap) ::= 히프가 공백인지 검사하는 연산
08    insertHeap(heap, item) ::= 히프의 적당한 위치에 원소를 삽입하는 연산
09    deleteHeap(heap) ::= 히프에서 키 값이 가장 큰 원소를 삭제하고 반환하는 연산
10  End Heap
```

【해설】

01-10. 히프의 추상 자료형이다.

02-03. 자료(Data): 원소 n개로 구성된 완전 이진 트리, 부모 노드의 키 값 >= 자식 노드의 키 값

04. 연산(Operation): heap ∈ 히프, item ∈ 원소

06. 공백 히프를 생성하는 연산이다.

07. 히프가 공백인지 검사하는 연산이다.

08. 히프의 적당한 위치에 원소를 삽입하는 연산이다.

09. 히프에서 키 값이 가장 큰 원소를 삭제하고 반환하는 연산이다.

② 히프의 정렬 연산

【AL 10_7 : 히프의 정렬 알고리즘】

```
01  procedure heap_sort(k[])
02      n ← k.length -1;
03      for i ← n/2 to i>= 1 by i ← i-1 do
04          reconstruct_heap(k, i, n);
05      repeat;
06      for  i ← n-1 to i >= 1 by i ← i-1 do
07           temp ← k[1];
08           k[1] ← k[i+1];
09           k[i+1] ← temp;
10           reconstruct_heap(k, 1, i);
11       repeat;
12  end heap_sort()
```

【해설】

03-04. 배열 k[]를 히프로 변환한다.

07-09. 히프의 근 노드 원소를 배열의 비어 있는 마지막 자리에 저장한다.

【AL 10_8 : 히프의 재구성 알고리즘】

```
01  procedure reconstruct_heap(k[], h, m);
02      for (j ← 2*h; j <= m; j ← 2*j) do
03      if ( j <m) then
```

```
04          if(k[j] < k[j+1]) then j- j+1;
05       if (k[h] >= k[j[ then exit;
06       else ken[j/2] ← k[j];
07       repeat;
08   end ()
```

[해설]

01-08. 히프에 삭제 연산을 반복 수행하여 최대 히프 정렬인 경우에는 내림차순(또는 최소 히프인 경우에는 오름 차순)으로 정렬된 원소를 구하기 위해, 삭제 연산이 발생할 때마다 히프를 재구성하는 연산이 필요하다.

- **히프 정렬 분석**

① 메모리 사용 공간: S = n + pointers

- n: 원시 리스트(source list)가 차지하는 공간이 필요하다.
- pointers: 트리를 연결 리스트로 표현할 때 필요하다.

② 연산 시간(time complexity): $O(n\log_2 n)$

- 레코드 수 n의 입력 파일을 전이진 트리로 나타냈을 때 그 깊이(depth)를 k라 하면
  - 초기 히프 구성시간: O(n)

$$\text{초기 히프 구성시간} = \sum_{i=1}^{k-1} 2^{i-1}(k-i)$$
$$= 2^{k-1}\sum_{j=1}^{k-1} j/2^{j}$$
$$< 2n \qquad = O(n)$$

  - 히프 정렬 시간: $O(\log_2 n)$

  히프의 최대 깊이 $k=\log_2(n+1)$로 정렬 소요시간은 $O(\log_2 n)$

③ 특징

- 고정된 기억 공간을 추가로 사용하여 삽입과 삭제가 용이하다.

③ 히프에서의 삽입 연산

[AL 10_9 : 최대 히프에서의 삽입 알고리즘]

```
procedure insert_Heap(heap, item)
   if ( n = heapSize) then heapFull();
   n ← n+1;
   for i ← n to    by  do
       if ( i ==1) then exit;
       if (item <= heap[i/2] then exit;
       heap[i] ← heap[i/2];
       i ← [i/2];
   repeat;
   heap[i] ← item;
end insert_Heap()
```

[해설]

03. 현재 히프의 크기를 하나 증가시켜서 노드 위치를 확장한다.

04. 확장한 노드 번호가 임시 삽입 위치 i가 된다.

06. 삽입할 원소 item과 부모 노드 heap[i/2]를 비교하여 부모 노드보다 작거나 같으면 임시 삽입 위치 i를 삽입 원소의 위치로 확정하고 [10]을 수행한다.

07. 삽입할 원소 item이 부모 노드보다 크면, 부모 노드와 자식 노드의 자리를 맞바꿔 최대 히프의 관계를 만들어야 하므로 부모 노드 heap[i/2]의 원소를 현재의 입시 삽입 위치 heap[i]에 저장한다.

08. [i/2]를 임시 삽입 위치 i로 하여 [04]-[09]를 반복하면서 item을 삽입할 위치를 찾는다.

10. 찾은 위치에 삽입할 원소 item을 저장하면 최대 히프의 재구성 작업이 완성되므로 삽입 연산을 종료한다.

④ 히프에서의 삭제 연산

[AL 10_10 : 최대 히프에서의 삭제 알고리즘]

```
01 procedure delete_Heap(heap)
02     if (n==0) then return error
03     item ← heap[1];
04     temp ← heap[n];
05     n ← n-1;
06     i ← 1;
07     j ← 2;
08     while ( j <= n) do
09         if (j<n) then
10             if (heap[j] < heap[j+1]) then j ← j+1;
11         if ( temp >= heap[j]) then exit;
12         heap[i] ← heap[j];
13         i ← j;
14         j ← j*2;
15     repeat;
16     heap[i] ← temp;
17     return item;
18 end delete_Heap()
```

[해설]

03. 루트 노드 heap[1]을 item에 저장한다.

04. 마지막 노드의 원소 heap[n]를 변수 temp에 저장한다.

05. 마지막 노드를 삭제하였으므로 히프 배열의 원소 개수가 하나 감소한다.

06. 마지막 노드의 원소였던 temp의 임시 저장 위치 i는 루트 노드의 자리인 1번이 된다.

08-10. 현재 저장 위치에서 왼쪽 자식 노드 heap[j]와 오른쪽 자식 노드 heap[j+1]이 있을 때, 키 값이 큰 자식 노드의 키 값과 temp를 비교하여 temp가 크거나 같으면 현재의 임시 저장 위치를 temp 자리로 확정하고 [16]을 수행한다.

11-15. temp가 자식 노드 heap[j]보다 작으면 자식 노드와 자리를 바꾸고 [08-15]을 반복하면서 temp의 자리를 찾는다.

16. 찾은 위치에 temp를 저장하여 최대 히프의 재구성 작업을 완성한다.

17. 처음에 삭제된 루트 노드를 저장한 변수 item을 반환하고 삭제 연산을 종료한다.

(5) 히프 정렬의 C 프로그래밍 실습 예

실습 10.4

배열을 이용하여 7개의 입력레코드 (101,120,119,172,113,152,133)이 히프 정렬(내림차순)의 과정을 수행한 후에 (172,152,133,120,119,113,101)의 결과를 얻을 수 있는 프로그램을 작성하시오.

[출력]

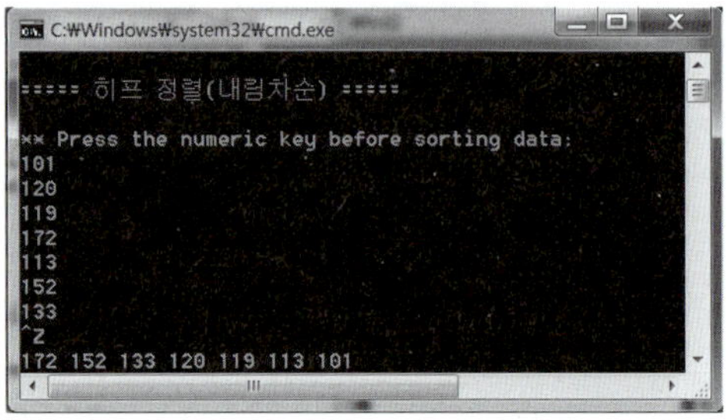

[입력]

① 키보드는 scanf() 함수 사용하여 임의적인 데이터를 입력 받을 것. 입력을 끝마치려면 [Ctrl+Z]키를 누를 것

[처리조건]

① 화면 출력 함수 printf() 함수 사용할 것
② 정렬 알고리즘: 히프 정렬(내림차순) 사용할 것
③ 초기 데이터는 배열 사용: static int heap[100];
④ <출력>을 참고할 것

[프로그램: c_10_4.C]

```
#include <stdio.h>

void swap(int *, int *);
main()
{
    static int heap[100];
    int n, i, s, p, m;

    printf("\n===== 히프 정렬(내림차순) ===== \n\n");
    printf("** Press the numeric key before sorting data: \n");

    n=1;
    while (scanf("%d", &heap[n])!=EOF) {
        s=n; p=s/2;
        while (s>=2 && heap[p]>heap[s]) {
            swap(&heap[p], &heap[s]);
            s=p; p=s/2;
        }
        n++;
    }
    n--;
    m=n;
    while (n>1) {
        swap(&heap[1], &heap[n]);
        n--;
```

```
26
27          p=1; s=2*p;
28          while (s<=n) {
29              if (s<n && heap[s+1]<heap[s])
30                  s++;
31              if (heap[p]<=heap[s])
32                  break;
33              swap(&heap[p], &heap[s]);
34                  p=s; s=2*p;
35          }
36      }
37      for (i=1; i<=m; i++)
38          printf("%d ", heap[i]);
39
40      getchar();
41  }
42
43  void swap(int *a, int *b)
44  {
45      int w;
46      w=*a; *a=*b; *b=w;
47  }
```

【해설】

12-20. 초기 힙을 작성한다.

21. 데이터의 수이다.

22. n의 보존이다.

25. 트리 구조 마지막 끝을 분리한다.

29. 왼쪽과 오른쪽 중 작은 것을 선택한다.

34. 부모 노드와 자식 노드의 위치를 변경한다.

10 _ 정렬 알고리즘의 성능 비교

내부 정렬 방법 중 어느 경우든지 가장 절대적으로 효율적인 방법은 없다. 어떤 것은 파일 크기 n이 작은 경우에 효율적이고, 어떤 것은 n이 큰 경우에 적합하다.

정렬 알고리즘의 성능 비교는 다음과 같다.

표 10.2 정렬 알고리즘의 성능 비교

정렬 알고리즘의 종류	평균 실행 시간	최선 실행 시간	최악 실행 시간	사용공간	비고
선택 정렬	$O(n^2)$	$O(n^2)$	$O(n^2)$	n	비교 횟수: $C=n(n-1)/2$
삽입 정렬	$O(n^2)$	$O(n)$	$O(n^2)$	n	비교 횟수: $C=n(n-1)/4$, $C_{max}=n(n-1)/2$, $C_{min}=n-1$ 소량의 데이터에 유리하며, 회전마다 서브 파일의 크기 증가함
버블 정렬	$O(n^2)$	$O(n^2)$	$O(n^2)$	n	비교 횟수: $C=n(n-1)/4$, $C_{max}=n(n-1)/2$, $C_{min}=n-1$
쉘 정렬	$O(n^{1.5})$	$O(n)$	$O(n^{1.5})$	n	삽입 정렬을 확장한 것
퀵 정렬	$O(n\log_2 n)$	$O(n\log_2 n)$	$O(n^2)$	n+stack	가장 빠른 효과 있으며, 스택을 필요로 함
2-way 병합 정렬	$O(n\log_2 n)$	$O(n\log_2 n)$	$O(n\log_2 n)$	2n	pass 횟수: $P = \log_2 n$ 보조기억 장치에서 유리하며, 많은 공간 필요
기수 정렬	$O(dn)$	$O(dn)$	$O(dn)$	(n+1)q	n: 키 q: 큐 자리수별로 분배하고 버킷 구조는 큐를 이용함. 기억 장소 낭비가 잇으나 정렬 속도 빠름.
히프 정렬	$O(n\log_2 n)$	$O(n\log_2 n)$	$O(n\log_2 n)$	n+pointer	트리를 연결 리스트로 표현할 때(heap sort) 포인터(pointer)가 필요함

요약

1. 병합 정렬

병합 정렬(Merge Sort)은 배열 원소들을 부분 배열로 분할 작업을 하여, 각각의 부분 배열에 있는 원소를 정렬한다. 정렬된 부분 배열들을 하나의 배열로 병합(또는 합병 또는 결합) 한다.

2. 기수 정렬

기수 정렬(radix sort)은 키의 각 자리 숫자별로 나누어서 각 자릿수별로 서로 같은 것끼리 버킷(bucket) 내의 슬롯(slot)인 큐(queue)에 넣어 정렬하는 방식이며, 분배는 자리 수 만큼 수행한다. 이 때 삽입과 삭제 시에 큐를 이용한다. 일명 버킷 정렬(bucket sort)이라고도 하는데 멀티키(multikey)에 대한 분배 정렬이다.

3. 이진 탐색 트리 정렬

이진 탐색 트리(Binary Search Tree)는 효율적인 검색을 위하여 원소 크기에 따라 노드 위치를 정의한 자료구조이다. 공백이 가능한 이진 트리이다. 이진 탐색 트리 정렬하는 순서는 다음과 같다.

(1) 노드(원소)를 이진 탐색 트리 구성한다.

(2) 이진 탐색 트리에서 중위 운행 방식(inorder traversal)으로 검색하면서 노드(원소)를 저장한다.

4. 히프 정렬

히프 정렬(heap sort)은 두 단계로 나눌 수 있다.

(1) 히프 구조 알고리즘

파일을 표현하는 트리를 히프로 변환한다. 가장 낮은 레벨의 우측 노드로부터 그의 부 노드와 비교하여 자 노드가 크면 부 노드와 교환하는 형태로 최대값이 근 노드에 위치하게 된다.

(2) 히프 정렬 알고리즘

근 노드를 출력하여 배열의 마지막에 저장하고 나머지 트리를 다시 히프로 만드는 방법을 계속해 가면서 큰 것에서부터 작은 것의 순으로 출력을 시킨다. 이러한 정렬 과정을 히프 정렬(heap sort)이라 한다.

객관식 문제

01. 2-way(iterative) merge sort로 (26, 5, 37, 1, 61, 11, 59, 15, 49, 19)를 오름차순으로 정렬할 때 pass 2의 결과는?

① 5, 25, 1, 37, 11, 61, 15, 59, 19, 49

② 1, 5, 26, 37, 11, 15, 59, 61, 19, 49

③ 1, 5, 11, 15, 19, 26, 37, 48, 59, 61

④ 26, 1, 37, 5, 11, 15, 19, 49, 61, 59

02. 2-way merge sort에서 record의 수가 n개가 있을 때 실행 시간은?

① $O(\log_2 n)$　② $O(n\log_2 n)$　③ $O(1.43\log_2 n)$　④ $O(\log_2 n^2)$

03. 기수를 q라 하고, 키가 k개 자리수로 된 자료가 n개 있다. radix sort를 이용하여 정렬할 때 수행 시간은?

① O(k+n)　② O(k*n)　③ O(k(n+q))　④ O(n(k+q))

04. 다음 중 분배 방식을 사용하는 정렬인 것은?

① radix sort　② quick sort　③ shell sort　④ heap sort

05. 다음 중 내부 정렬 중 완전 이진 트리와 관련이 있는 정렬은?

① shell sort　② quick sort　③ bucket sort　④ heap sort

06. 다음 중 자료가 n개일 때 평균 성능이 가장 우수한 정렬 방법은?

① 버블 정렬　② 삽입 정렬　③ 선택 정렬　④ 히프 정렬

07. Heap Sort에서 사용되는 heap 구조에 관한 설명 중 옳은 것은?

① 완전 이진 트리로서 각 노드들의 키 값은 항상 자식 노드보다 크다.

② 각 노드의 키값은 왼쪽은 서브 노드보다 작고 오른쪽은 서브 노드보다 크다.

③ 각 노드의 위치는 포인터 값에 따라 결정된다.

④ 각 노드의 키값은 입력되는 순서로 들어가기 때문에 키값과는 상관없다.

08. 입력 데이터 R(26, 5, 1, 61, 11, 59, 15, 48, 19)를 heap sort 하기 위해 그림과 같이 초기 heap을 구성한 후 첫 번째 데이터 61을 제거한 후의 결과는?

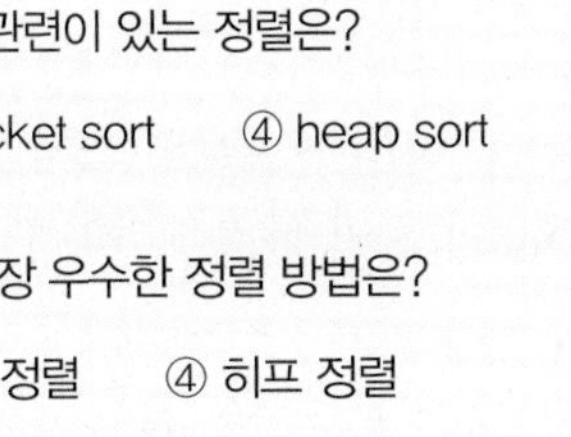

①
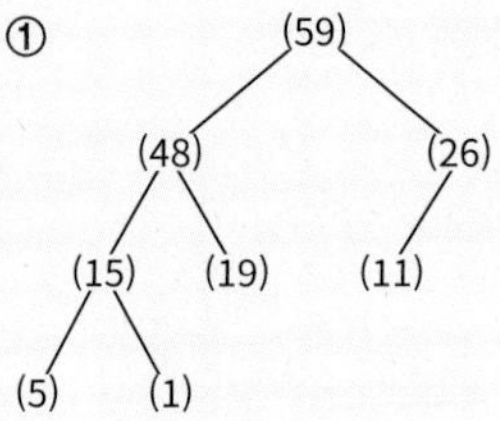

②
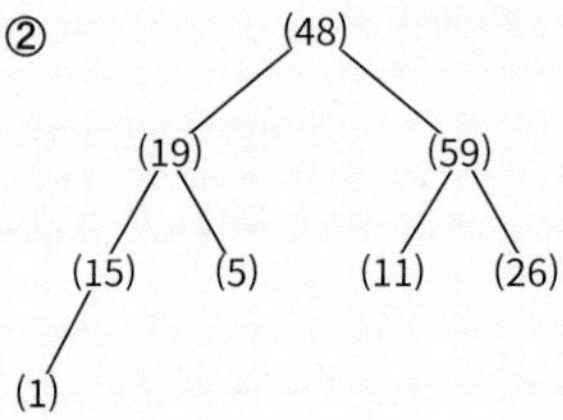

③
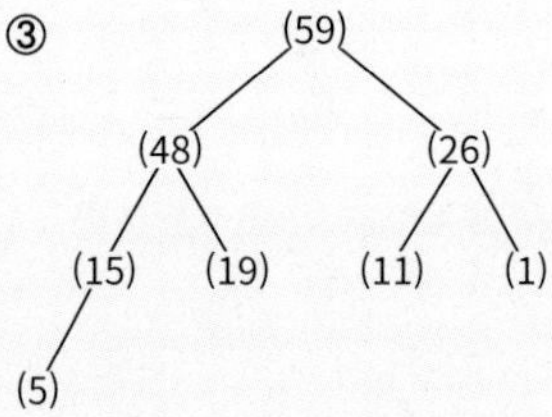

④
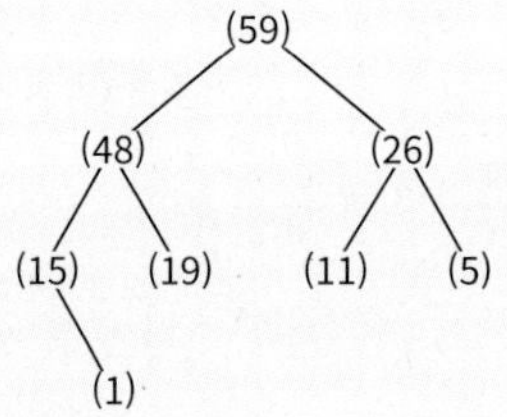

09. 평균 실행 시간이 O(n$\log_2$n)인 정렬 알고리즘은?

① 삽입 정렬 ② 버블 정렬 ③ 선택 정렬 ④ 히프 정렬

10. 다음 중 기억 공간을 가장 많이 필요로 하는 정렬 방식은?

① 2-way merge 정렬 ② 버블 정렬 ③ 퀵 정렬 ④ 선택 정렬

11. 다음 중 큐를 필요로 하는 정렬 방식은?

① 기수 정렬 ② 퀵 정렬 ③ 병합 정렬 ④ 선택 정렬

12. 다중 키(multi-key)를 사용하여 분배하는 정렬 방식은?

① 기수 정렬 ② 버블 정렬 ③ 삽입 정렬 ④ 기수 정렬

13. n개의 10진수 atom을 기수 정렬할 때 준비하여야 할 큐의 길이는?

① 10 ② $\log_2$n ③ n ④ n/10

14. 10개의 입력 레코드 (27, 6, 78, 2, 62, 12, 60, 16, 49, 20)가 2-way 병합 정렬(오름차순)의 과정을 수행한 후에 (2, 6, 12, 16, 20, 27, 49, 60, 62, 78)의 결과를 얻을 수 있다. 이 방식을 사용하여 2번 수행했을 때의 자료의 배열 상태는?

(초기) 27 6 78 2 62 12 60 16 49 20

① (2,6,27,78,12,16,60,62,20,49) ② (2,6,12,16,20,27,49,60,62,78)
③ (6,27,2,78,12,62,16,60,20,49) ④ (2,6,12,16,27,60,62,78,20,49)

15. 다음 정렬 방법 중 작업 기억 공간(working storage)이 필요 없는 정렬 방법은?

① 이진 트리 정렬(binary tree sort) ② 기수 정렬(radix sort)
③ 기수 교환 정렬(radix exchange sort) ④ 힙 정렬(heap sort)

16. 입력 데이터 파일의 레코드 개수가 500개 이하인 경우 가장 빠른 정렬(sort) 방법은?

① 퀵 정렬(quick sort) ② 외부 정렬(external sort)
③ 이진 검색 트리(binary search tree) ④ 내림차순 정렬(descending sort)

17. 부분 순서(partial order)로 된 관계를 선형 순서(linear order)로 된 관계로 변환하는 정렬 방법은?

① 위상 정렬(topology sort) ② 교환 정렬(interchange sort)
③ 외부 정렬(external sort) ④ 버블 정렬(bubble sort)

18. 2-way 병합 정렬에서 데이터의 수효가 n개일 때 단계(pass)의 수는 몇 개 이상의 최소 정수와 같은가?

① logn ② $\log_2 n(n/2)$ ③ $\log_2 n$ ④ $\log_2 2n$

19. 2-way 병합 정렬에서 레코드의 수가 n개일 때 단계의 수는 $\log_2 n$회가 되는데 이 때 비교 횟수는?

① $\log_2 n$ ② $\log_2 n-1$ ③ $n\log_2 n$ ④ $(n/2)\log_2 n$

20. 다음 중 최악의 경우 시간 복잡도가 $O(n\log_2 n)$인 정렬 방법은?

① 삽입 정렬 ② 버블 정렬 ③ 퀵 정렬 ④ 히프 정렬

21. 새로운 데이터의 삽입 삭제가 빈번한 파일에 대해 적합한 정렬 방법은?

① 퀵 정렬 ② 히프 정렬 ③ 이진 트리 정렬 ④ 버블 정렬

22. 입력 데이터 파일 R={5,8,2,1,4,3}에 대해 이진 트리 정렬(binary tree sort)을 수행했을 때 최종 결과로 맞는 것은?

①
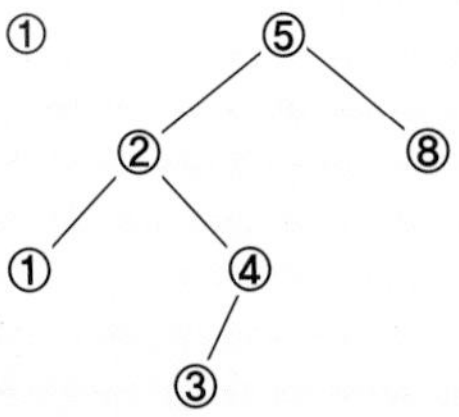
②
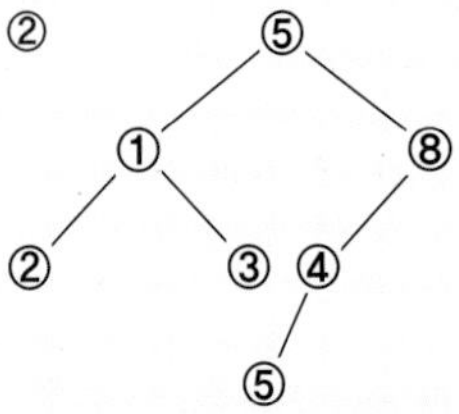
③
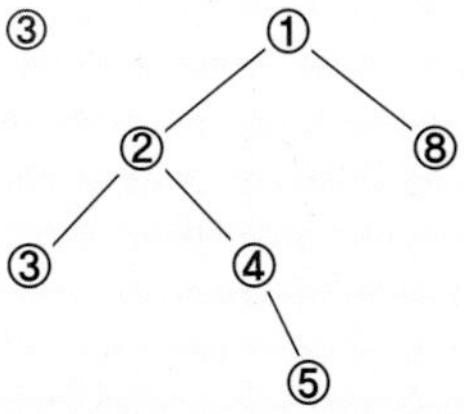
④
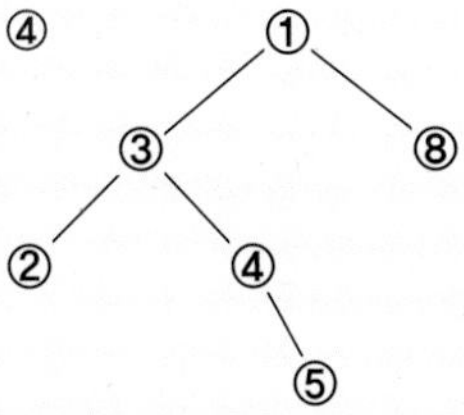

23. 다음 이진 검색 트리(binary search tree)에서 노드5가 삭제된 경우 트리의 배열은?

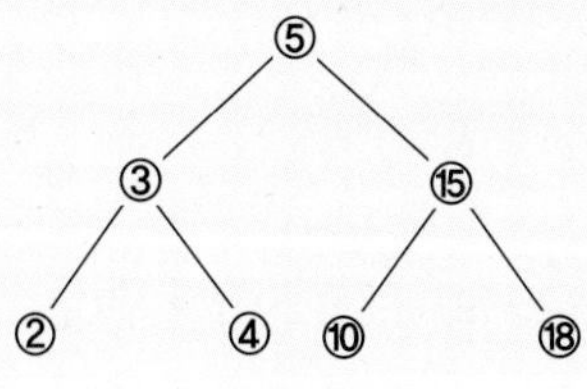

①
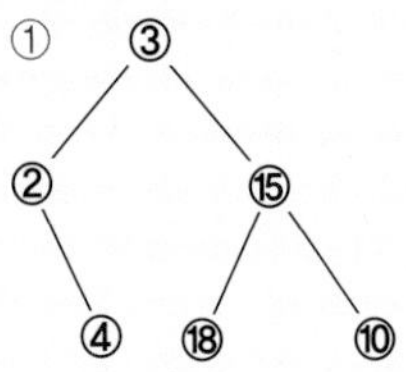
②
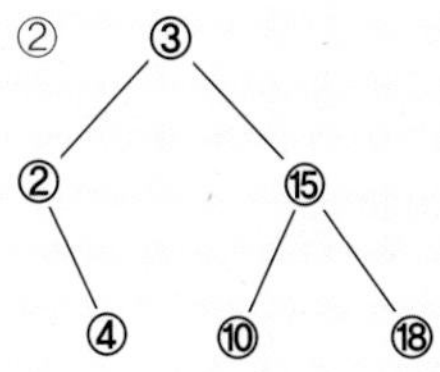
③
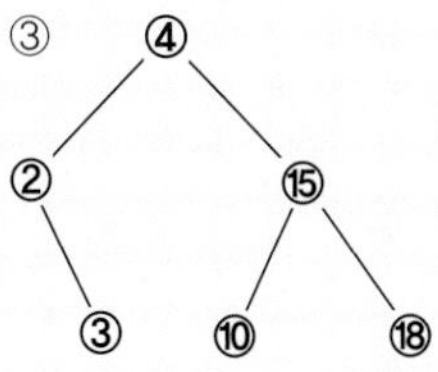
④
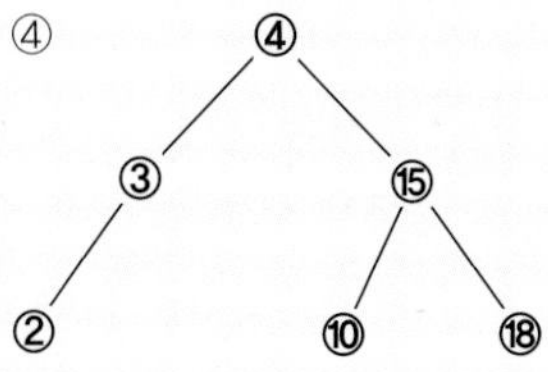

24. 이진 트리를 위한 트리 검색에서 평균 검색 시간과 최악 검색 시간은?

① $\log_2 n$, $O(\log_2 n)$ ② $1.4\log_2 n$, $O(\log_2 n)$
③ $1.4\log_2 n$, $O(n)$ ④ $\log_2 n$, $O(n)$

25. 히프 정렬에서 히프는 다음 중 어느 트리의 성질을 이용하는가?

① binary tree ② inorder tree
③ oriented tree ④ complete tree

26. PERT에서 많이 사용하는 방법은 어느 것인가?

① internal sort ② transposition sort
③ topological sort ④ external sort

27. n개의 atom을 2-way 병합 정렬할 때 정렬 완료 시까지의 패스(pass) 횟수는 얼마인가?

① logn ② $n^{1/2}$ ③ $\log_2 n$ ④ $n\log_2 n$

28. 다음의 정렬 알고리즘 중 스택과 밀접한 관련이 있는 정렬 방식만으로 짝지어진 것은?

① radix, quick sort ② quick, merge sort
③ quick, topological sort ④ shell, quick sort

29. 7개의 입력레코드 (1,0,9,2,3,7,8)이 히프 정렬(오름차순)의 과정을 수행한 후에 (0,1,2,3,7,8,9)의 결과를 얻을 수 있다. 히프 정렬을 하기위하여 초기 상태의 트리 구성으로 맞는 것은?

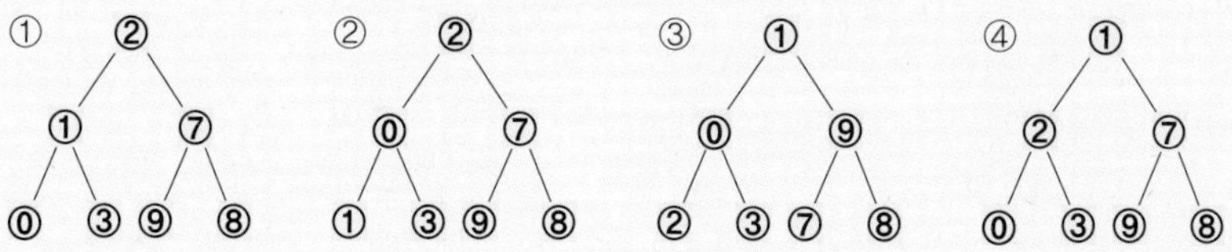

30. 7개의 입력레코드 (1,0,9,2,3,7,8)이 히프 정렬(오름차순)의 과정을 수행한 후에 (0,1,2,3,7,8,9)의 결과를 얻을 수 있다. 히프 정렬을 하기위하여 초기 상태의 트리를 초기 히프 상태의 트리로 재구성한 결과가 맞는 것은?

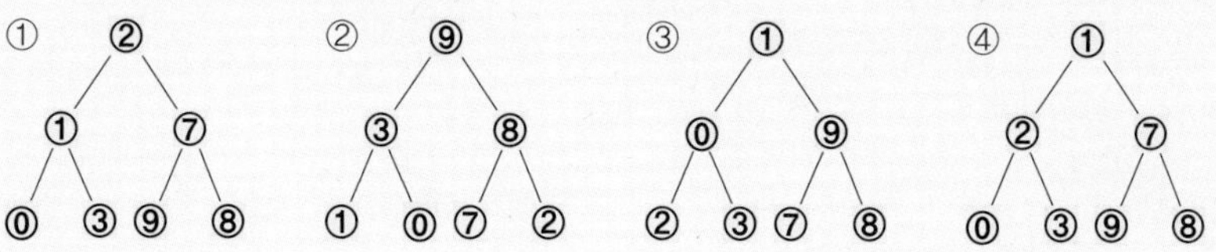

주관식 문제

01. 8개의 입력레코드 (28,7,79,3,63,13,61,17)이 2-way 병합 정렬(오름차순)의 과정을 수행한 후에 (3,7,13,17,28,61,63,79)의 결과를 얻을 수 있다. 그 과정을 그림을 그려 기술하시오.

02. 8개의 입력레코드 (28,7,79,3,63,13,61,17)이 기수 정렬(오름차순)의 과정을 수행한 후에 (3,7,13,17,28,61,63,79)의 결과를 얻을 수 있다. 그 과정을 그림을 그려 기술하시오.

03. 8개의 입력레코드 (28,7,79,3,63,13,61,17)이 이진 탐색 트리 정렬(오름차순)의 과정을 수행한 후에 (3,7,13,17,28,61,63,79)의 결과를 얻을 수 있다. 그 과정을 그림을 그려 기술하시오.

04. 7개의 입력레코드 (101,120,119,172,113,152,133)이 히프 정렬(오름차순)의 과정을 수행한 후에 (101,113,119,120,133,152,172)의 결과를 얻을 수 있다. 그 과정을 그림을 그려 기술하시오.

05. 정렬 알고리즘의 이론적 성능 비교를 표를 만들어서 개략적으로 비교 하시오.
세로로 비교할 정렬의 종류는 선택 정렬, 삽입 정렬, 버블 정렬, 쉘 정렬, 퀵 정렬, 2-way 병합 정렬, 기수 정렬, 히프 정렬 등이다. 비교할 내용은 다음과 같다.

정렬 알고리즘의 종류	평균실행시간	최선실행시간	최악실행시간	사용공간	비고

06. 다음은 2-way 병합 정렬 알고리즘과 2-way 병합 정렬 서브 알고리즘이다. 빈칸을 채우시오.

```
procedure mergeSort_divide(R, m, n)
    /* 입력: 크기 n의 순서가 정렬되지 않은 파일
       출력: 2-way 병합 정렬 방법에 의하여 오름차순으로 정렬된 파일 R
             m과 n은 m부터 n까지의  인덱스, mid는 m과 n의 중간 값 */

   int mid;
   if (m<n) then {
      [    ❶    ]
      mergeSort_divide(R, m, mid);
      mergeSort_divide(R, [    ❷    ], n);
      merge_conquer_combine(R,m, [    ❸    ], n);
   }
end mergeSort_divide()

procedure merge_conquer_combine(R, X, m, mid, n)
    /* 입력: 크기 n의 순서가 정렬되지 않은 파일
       출력: 2-way 병합 정렬 방법에 의하여 오름차순으로 정렬된 파일 R
             m과 n은 m부터 n까지의  인덱스, mid는 m과 n의 중간 값 */
  i ← m;
  j ← [    ❹    ]
  k ← m;
```

```
    while (i <= mid && j <= n) do
            if (R_i <= R_j)  then
                    R_k ← R_i;
                    i++;
            else {
                    R_k ← R_j;
                    j++;
                    k++;
            }
    repeat;
    if (      ❺      ) then
            (X_s,...,X_n) ← (R_j,...,R_n);
    else  (X_s,...,X_n) ← (R_i,...,R_m);
end merge_conquer_combine( )
```

07. 기수 정렬 알고리즘은 다음과 같다. 빈칸을 채우시오.

```
procedure r_sort(s_result[], n)
    factor ← 1;
    for bucket ← 0 to RADIX by bucket++ do
        ❶        = create_LQ();
    repeat;
    for d ← 0 to DIGIT by d++ do
            for i ← 0 to n by i++ do
                insert_Q(Q[(s_result[i] /      ❷      ], s_result[i]);
            for bucket ← 0, i ← 0 to      ❸      by bucket++ do
                while !is_Empty(Q[bucket]) do
                        s_result[i++] ← delete_Q(Q[bucket]);
                    repeat;
            repeat;
            factor ←      ❹
    repeat;
end r_sort()
```

08. 다음은 이진 탐색 트리에서의 정렬 알고리즘이다. 빈칸을 채우시오.

```
procedure sort_BST(k[], n)
      for i  ← 0 to i < n by i++ do
          insert_BST(BST,      ❶      )
          inorder(      ❷      );
      repeat;
end sort_BST( )
```

09. 이진 탐색 트리에서의 삽입 알고리즘이다. 빈칸을 채우시오.

```
insert_BST(T, x)
      p ← T;
      while ( p ≠ NULL) do {
            if (x = key(p)) then return;
            q ←  p;
            if (     ❶     ) then p ← left(p);
            else p ← right(p);
       repeat;
       new ← getNode();
       key(new) ← x;
       left(new) ← NULL;
       right(new) ← NULL;

       if (T = NULL) then      ❷
       else if (x < key(q)) then left(q) ← new;
       else      ❸
       return;
end insert_BST();
```

10. 이진 탐색 트리에서의 삭제 알고리즘이다. 빈칸을 채우시오.

```
deletet_BST(T, x)
      p ← 삭제하려는 노드;
      parent ← 삭제하려는 노드의 부모 노드;
      if (p = NULL) then return;
      if (left(p) = NULL and      ❶      ) then {
           if (left(parent) = p) then left(parent) ← NULL;
           else      ❷
      }
      else if (left(p) = NULL      ❸      right(p) = NULL) then {
          if (left(p) ≠ NULL) then {
                  if (left(parent) = p) then      ❹
                   else right(parent) ←  left(p);
          }
          else {
                if (left(parent) = p) then left(parent) ← right(p);
                else right(parent) ← right(p);
          }
       }
       else if (      ❺      and right(p) ≠ NULL) then {
           q ← maxNode(left(p));
           key(p) ← key(q);
           deleteBST(left(p), key(p));
       }
end delete_BST();
```

11. 다음 데이터를 4가지 방법으로 각각 정렬하는 프로그램을 작성하시오.

```
6, 9, 2, 12, 8, 34, 23, 33, 56, 17, 56, 32
```

11-1 C언어로 2-way 합병 정렬을 이용하여 정렬하시오.

11-2 C언어로 기수 정렬을 이용하여 정렬하시오.

11-3 C언어로 이진 탐색 트리 정렬을 이용하여 정렬하시오.

11-4 C언어로 히프 정렬을 이용하여 정렬하시오.

【입력】

① 3가지 정렬: 없음

② 히프 정렬: scanf() 함수 이용하여 데이터 입력받을 것, 입력 마칠 시 [Ctrl+Z]키 사용할 것

【처리조건】

① 화면 출력 함수 printf() 함수 사용할 것

② 정렬 알고리즘: 3가지 정렬(오름차순), 히프 정렬(내림차순) 사용할 것

③ 초기 데이터는 배열 사용: int ken[] = {6, 9, 2, 12, 8, 34, 23, 33, 56, 17, 56, 32};

④ 〈출력〉을 참고할 것

【출력】

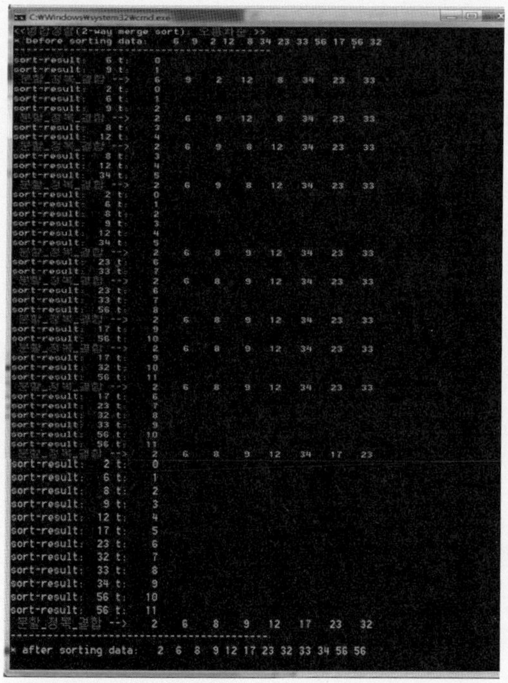

11–1 2-way 합병 정렬 결과

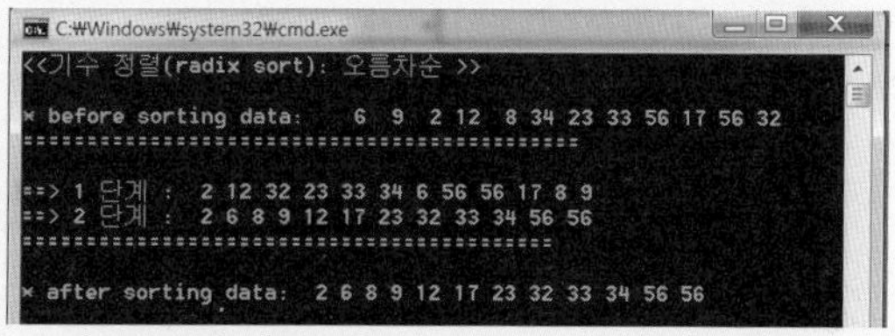

11–2 기수 정렬 결과

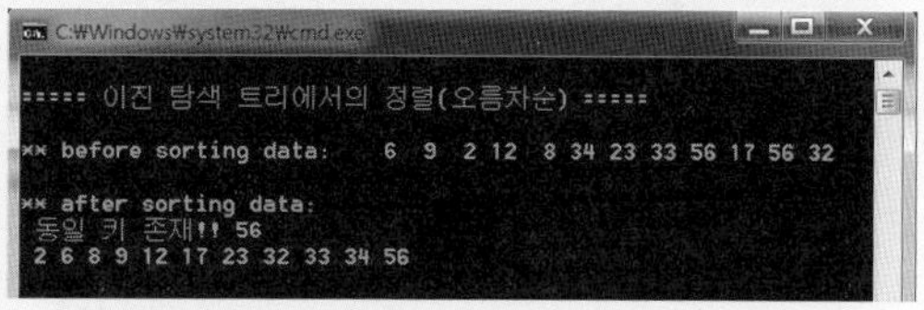

11–3 이진 탐색 트리 정렬 결과

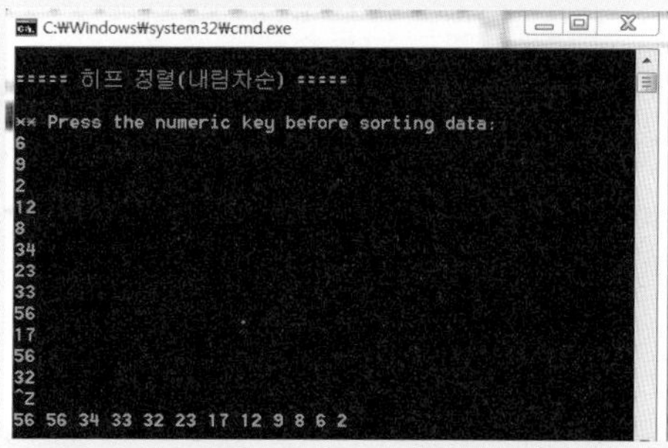

11–4 히프 정렬 결과

11

검색(SEARCH) 1

[학습 단계]

00 개요
01 정렬된 배열에서의 순차 검색
02 정렬된 배열에서의 색인 순차 검색
03 정렬된 배열에서의 이진 검색(제어 검색)
04 정렬된 배열에서의 보간 검색(제어 검색)
요약
연습문제

[학습 목표]

- 검색의 개요에 대해서 학습한다.
- 정렬된 배열에서의 순차 검색에 대해서 학습한다.
- 정렬된 배열에서의 색인 순차 검색에 대해서 학습한다.
- 정렬된 배열에서의 이진 검색(제어 검색)에 대해서 학습한다.
- 정렬된 배열에서의 보간 검색(제어 검색)에 대해서 학습한다.

00 _ 개요

본 장([제11장]-[제12장])에서는 알고리즘 중에서 가장 많이 사용되는 검색 알고리즘(Search Algorithm)에 대해서 설명하려고 한다.

1. 검색의 정의

검색(search)은 컴퓨터 기억 공간 내에 저장된 자료들 중에서 어떤 조건을 만족하는 자료를 찾아내는 작업을 말한다. 예를 들면 전화번호부 찾기, 사전 찾기, 사람 찾기 등이다.

그림 11.1 검색의 예 1

그림 11.2 검색의 예 2

그림 11.3 검색의 예 3

2. 검색의 활용성(정렬과 검색의 관련성)

자료가 정렬되어 있는 경우에는 그렇지 않은 경우보다 더 빨리 찾을 수 있다. 즉, 정렬과 검색 알고리즘은 밀접한 관계가 있다. 예를 들면 전화번호부에서 '부창미'라는 이름을 찾으려고 할 경우 정렬되어 있지 않은 전화번호부에서 그 이름을 찾으려면 하나하나 이름을 대조하여 비교해야 하기 때문에 어렵지만 가, 나, 다,... 순으로 정렬되어 있는 전화번호부에서 그 이름을 찾으려면 사전식으로 찾을 수 있으니까 쉽다. 이때 이름을 한 개의 키라 부르고 이름을 중심으로 하여 재배열하는 것을 정렬이라고 한다.

그림 11.4 정리되지 않은 서재

그림 11.5 정리된 서재

3. 검색의 종류

(1) 검색 장소에 의한 분류

표 11.1 검색 장소에 의한 분류

구분	내용
내부 검색(internal search)	주기억 공간 내에 저장된 자료로부터 필요한 자료를 찾아내는 방식이다.
외부 검색(external search)	보조기억 공간에 있는 파일로부터 필요한 자료를 찾아내는 방식이다.

(2) 검색 방식에 의한 분류

표 11.2 검색 방식에 의한 분류

<table>
<tr><th colspan="3">분류</th><th>내용</th></tr>
<tr><td rowspan="7">비교 방식
(comparison method)</td><td colspan="2">선형 검색(linear, sequential search)</td><td rowspan="7">검색 대상의 키와 파일 내 레코드들의 키를 모두 비교하여 검색하는 방식</td></tr>
<tr><td rowspan="3">제어 검색
(control search)</td><td>이진 검색
(binary search)</td></tr>
<tr><td>피보나치 검색
(fibonacci search)</td></tr>
<tr><td>보간 검색
(interpolation search)</td></tr>
<tr><td colspan="2">블록 검색(block search)</td></tr>
<tr><td colspan="2">이진 트리 검색(binary tree search)</td></tr>
<tr><td colspan="2">AVL 검색</td></tr>
<tr><td>계산 방식
(non-comparison method)</td><td colspan="2">해싱(hashing)</td><td>검색 대상 키의 계수적 성질을 이용하여 비교 없이 계산 형으로 검색하는 방식</td></tr>
</table>

4. 검색 알고리즘 선택 시 고려 사항

1. 기억 공간에 자료를 적절히 표현하는 문제
2. 특정 항목을 찾기 위한 적절한 방법 선택
3. 기억 장소의 요구량
4. 자료 이동 횟수
5. 비교 작업 횟수
6. 알고리즘 복잡도

5. 효율적인 검색의 조건

1. 자료가 적절한 구조로 저장될 것
2. 자료 구별을 위한 키(key)가 있을 것
3. 능률적인 검색 방식을 채택할 것

6. 평균 검색장

평균 검색장(average search length)이란 검색 알고리즘의 효율을 분석할 때 사용하는 개념이다. 파일 내의 특정 레코드를 찾기 위한 비교 횟수를 평균 검색장이라 한다.

$$L=\sum_{i=1}^{n}C_iP_i(C_i\text{: i번째 레코드를 검색하는데 필요한 비교횟수})$$

$$(P_i\text{: i번째 레코드를 access 하는 확률}, P_i=\frac{f_i}{f_1+f_2+\cdots+f_n})$$

$$=\frac{\sum_{i=1}^{n}C_if_i}{\sum_{i=1}^{n}f_i}\ (f_i\text{: i번째 레코드 access 수})$$

$$=\frac{C_1f_1}{f_1+f_2+\cdots+f_n}+\frac{C_2f_2}{f_1+f_2+\cdots+f_n}+\cdots+\frac{C_nf_n}{f_1+f_2+\cdots+f_n}$$

【예】 다음 표에서 평균 검색장에 대한 계산은 다음과 같다.

표 11.3 평균 검색장에 대한 계산

인덱스	레코드 키 (key)	엑세스 빈도(fi)
1	KEN1	90
2	KEN2	50
3	KEN3	10
4	KEN4	100

$$\text{L(평균 검색장)}=\frac{(1\times90+2\times50+3\times10+4\times100)}{(90+50+10+100)}=\frac{620}{250}=2.48$$

즉, 필요한 레코드를 찾기 위해 매번 평균 2.48회의 비교를 필요로 한다. 만일 엑세스 빈도수가 큰 레코드를 인덱스에서 먼저 있다고 가정하면 평균 검색장은 짧아진다.

01 _ 정렬된 배열에서의 순차 검색

1. 정렬된 배열에서의 순차 검색

정렬되어 있지 않든지 정렬되어 있든지 순차 검색(sequential search)은 검색 대상이 되는 어떤 자료에서 특정원소를 검색하려고 할 때 그 자료의 처음부터 순차적으로 키를 비교하여 마지막까지 일치하는 키를 찾는 방식이다. 처음부터 마지막까지 순차적으로 찾을 수도 있고 마지막부터 처음까지 거꾸로 순차적으로 찾을 수도 있다. 일명 선형 검색(linear search)이라고도 한다.

TIP _ 정렬되어 있지 않은 배열과 정렬된 배열에서의 순차 검색의 차이점

만일 어떤 찾고자 하는 데이터가 정렬되어 있지 않은 배열에서는 처음부터 끝까지 순차 검색해야 만이 검색 실패를 알 수 있지만, 데이터가 정렬되어 있는 배열에서는 처음부터 끝까지 순차 검색할 필요 없이 찾는 데이터가 정렬되어 있는 배열의 데이터들 중 가장 큰 값보다 크든가 아니면 배열의 데이터들 중 가장 작은 값보다 작으면 수행하지 않아도 검색 실패를 알 수 있다.

2. 정렬된 배열에서의 순차 검색 알고리즘 예

14개의 정렬된 레코드 (5, 6, 8, 11, 14, 18, 20, 22, 25, 29, 39, 46, 57, 69)에서 예를 들면 29라는 데이터를 순차검색을 이용하여 찾는다. 그 과정은 다음과 같다.

초기 상태	0	1	2	3	4	5	6	7	8	9	10	11	12	13	0 1 2 3 4 5 6 7 8 9 10 11 12 13 : 배열의 위치
	5	6	8	11	14	18	20	22	25	29	39	46	57	69	5, 6, 8, 11, 14, 18, 20, 22, 25, 29, 39, 46, 57, 69: 원소 값
1 회전	0	1	2	3	4	5	6	7	8	9	10	11	12	13	기준 위치 0의 기준 값 5와 찾고자하는 데이터 29을 비교하면 5 ≠ 29 이므로 기준 위치 1로 변경한다.
	5	6	8	11	14	18	20	22	25	29	39	46	57	69	기준 위치 1의 기준 값 6과 찾고자하는 데이터 29을 비교하면 6 ≠ 29 이므로 기준 위치 2로 변경한다.
2 회전	0	1	2	3	4	5	6	7	8	9	10	11	12	13	기준 위치 2의 기준 값 8과 찾고자하는 데이터 29을 비교하면 8 ≠ 29 이므로 기준 위치 3으로 변경한다.
	5	6	8	11	14	18	20	22	25	29	39	46	57	69	
3 회전	0	1	2	3	4	5	6	7	8	9	10	11	12	13	기준 위치 3의 기준 값 11과 찾고자하는 데이터 29을 비교하면 11 ≠ 29 이므로 기준 위치 4로 변경한다.
	5	6	8	11	14	18	20	22	25	29	39	46	57	69	
4 회전	0	1	2	3	4	5	6	7	8	9	10	11	12	13	기준 위치 4의 기준 값 14와 찾고자하는 데이터 29을 비교하면 14 ≠ 29 이므로 기준 위치 5로 변경한다.
	5	6	8	11	14	18	20	22	25	29	39	46	57	69	

5 회전	0	1	2	3	4	5	6	7	8	9	10	11	12	13	기준 위치 5의 기준 값 18과 찾고자 하는 데이터 29을 비교하면 18 ≠ 29 이므로 기준 위치 5로 변경한다.
	5	6	8	11	14	18	20	22	25	29	39	46	57	69	
6 회전	0	1	2	3	4	5	6	7	8	9	10	11	12	13	기준 위치 6의 기준 값 20과 찾고자 하는 데이터 29을 비교하면 20 ≠ 29 이므로 기준 위치 7로 변경한다.
	5	6	8	11	14	18	20	22	25	29	39	46	57	69	
7 회전	0	1	2	3	4	5	6	7	8	9	10	11	12	13	기준 위치 7의 기준 값 22와 찾고자 하는 데이터 29을 비교하면 22 ≠ 29 이므로 기준 위치 8로 변경한다.
	5	6	8	11	14	18	20	22	25	29	39	46	57	69	
8 회전	0	1	2	3	4	5	6	7	8	9	10	11	12	13	기준 위치 8의 기준 값 25와 찾고자 하는 데이터 29을 비교하면 25 ≠ 29 이므로 기준 위치 9로 변경한다.
	5	6	8	11	14	18	20	22	25	29	39	46	57	69	
9 회전	0	1	2	3	4	5	6	7	8	9	10	11	12	13	기준 위치 9의 기준 값 29와 찾고자 하는 데이터 29을 비교하면 29 = 29 이므로 검색을 종료한다.
	5	6	8	11	14	18	20	22	25	29	39	46	57	69	
10 회전	0	1	2	3	4	5	6	7	8	9	10	11	12	13	29 = 29 이므로 종료한 후에 화면에 출력한다.
	5	6	8	11	14	18	20	22	25	29	39	46	57	69	
결과	0	1	2	3	4	5	6	7	8	9	10	11	12	13	(5, 6, 8, 11, 14, 18, 20, 22, 25, 29, 39, 46, 57, 69)에서 예를 들면 29라는 데이터를 순차 검색을 이용하여 찾은 결과이다.
	6	5	11	8	18	14	22	20	39	25	57	46	69	29	

그림 11.6 정렬된 배열에서의 순차 검색 알고리즘 과정 예

3. 정렬된 배열에서의 순차 검색 알고리즘(가상 코드)과 분석

가상 코드로 기술한 정렬된 배열에서의 순차 검색 알고리즘은 다음과 같다.

【AL 11_1 : 정렬된 배열에서의 순차 검색 알고리즘】

```
01  procedure linear2( )
02        /* 정렬되어 있는 키 값 K1,K2,...,Kn인 파일에서 K=Ki인 레코드를 검색*/
03       i ← 1
04       while K>Ki do
05             i ← i+1
06       repeat;
07       if K < Ki then goto UNFOUND
08  end linear2()
```

【해설】

04-06. 원하는 레코드 찾지 못한 경우에 다음 레코드를 찾기 위하여 색인 1 증가, 그러나 끝까지 검색하지 않아도 존재여부 알 수 있다.

07. K = K_i인 레코드 발견하지 못하면 UNFOUND

- **정렬된 배열에서의 순차 검색 알고리즘의 분석**

  ① 메모리 사용공간: $S=n$

  ② 평균 검색장: $L=\frac{n+1}{2}$

$$L=\sum_{i=1}^{n} C_i P_i$$

$$=\frac{1}{n}\sum_{i=1}^{n} C_i \quad (\text{각 레코드가 검색될 확률이 균등, } P_i=\frac{1}{n})$$

$$=\frac{1}{n}\sum_{i=1}^{n} i \quad (\text{순차 검색에서 } C_i\text{값은 } 1, 2, \ldots, n\text{으로 변화})$$

$$=\frac{1}{n}(1+2+\cdots+3)$$

$$=\frac{1}{n}\cdot\frac{n(n+1)}{2}$$

$$=\frac{n+1}{2}$$

  ③ 연산 시간: O(n)

- **정렬된 배열에서의 순차 검색 알고리즘 특징**
  - **장점**: 정렬되어 있지 않은 비순서 파일에 유리하며 가장 간단한 방법이다. 또한 길이가 짧은 리스트에는 효율적이다. 만일 어떤 찾고자 하는 데이터가 정렬되어 있지 않은 배열에서는 처음부터 끝까지 순차 검색해야 검색 실패를 알 수 있지만, 데이터가 정렬되어 있는 배열에서는 처음부터 끝까지 순차 검색할 필요 없이 찾는 데이터가 정렬되어 있는 배열의 데이터들 중 가장 큰 값보다 크든가 아니면 배열의 데이터들 중 가장 작은 값보다 작으면 수행하지 않아도 검색 실패를 알 수 있다.
  - **단점**: 평균 검색 시간이 가장 많이 걸리는 검색 방식이다. 특히 길이가 긴 리스트에는 비효율적이다.

4. 정렬된 배열에서의 순차 검색의 C 언어 프로그래밍 실습 예

실습 11.1

14개의 정렬되어 있는 레코드 (5, 6, 8, 11, 14, 18, 20, 22, 25, 29, 39, 46, 57, 69)에서 키보드에서 받은 데이터를 순차 검색을 이용하여 찾는 프로그램을 작성하시오.

【출력】

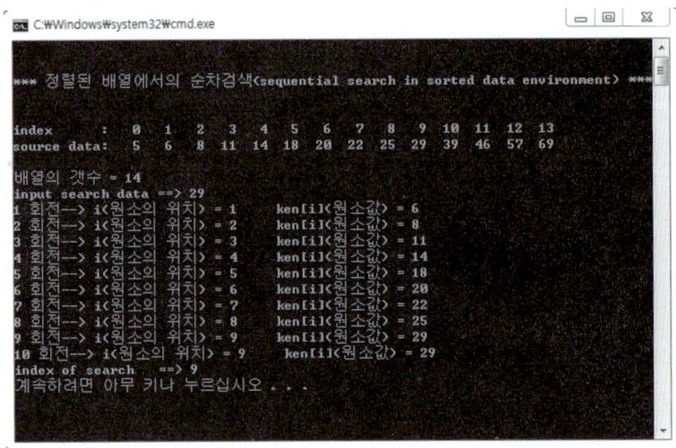

【입력】

input search 다음에 29를 입력하면 index 9가 출력하고 69를 입력하면 13이 출력된다. 만일 없는 데이터를 입력하면 search data NOT FOUND!!를 출력한다.

【처리조건】

① 초기 데이터는 정렬되어 있는 배열을 선언하여 사용할 것

```
int ken[] = {5, 6, 8, 11, 14, 18, 20,
22, 25, 29, 39, 46, 57, 69};
```

② 키보드 입력받는 함수는 scanf() 함수 사용할 것

③ 반드시 순차 검색(sequential search)을 이용하여 검색할 것

④ 〈출력〉을 참고할 것

【프로그램: c_11_1.C】

```c
#include <stdio.h>

main()
{
 int ken[] = {5, 6, 8, 11, 14, 18, 20, 22, 25, 29, 39, 46, 57, 69};
 int i, cnt, data;
 int round = 0;

 cnt = sizeof(ken) / sizeof(int);

 printf("\n\n*** 정렬된 배열에서의 순차검색(sequential search in sorted data environment) ***\n\n");

 printf("index      :");
 for(i=0; i<cnt; i++)
    printf("%4d", i);
    printf("\n");
 printf("source data:");
 for(i=0; i<cnt; i++)
    printf("%4d", ken[i]);
 printf("\n\n");

 printf("배열의 갯수 = %d \n", cnt);
 printf("input search data ==> ");
 scanf("%d", &data);

 i = 0;
 while(ken[i] != data)
   {
     i++;

     round++; printf("%d 회전--> ", round);
     printf("i(원소의 위치) = %d      ", i);
     printf("ken[i](원소값) = %d \n", ken[i]);

     if (i >= cnt)
      {
        printf("search data NOT FOUND!!\n\n");
        exit(0);
      }
   }
 round++; printf("%d 회전--> ", round);
 printf("i(원소의 위치) = %d      ", i);
 printf("ken[i](원소값) = %d \n", ken[i]);

```

```
45  printf("index of search   ==> %d\n", i);
46
47  getchar();
48 }
```

[해설]

27-40. 정렬된 배열에서의 순차 검색 알고리즘이다. 찾을 때까지 처음부터 마지막 데이터까지 순차적으로 일일이 비교하면서 찾는 알고리즘이다. 만일 발견하면 반복문의 하나인 while 문을 빠져 나간다.

24. 키보드에서 받은 데이터가 변수 data에 저장된다.

27. 키보드에서 받은 데이터인 변수 data와 ken[i]을 비교한다. 예를 들면, 찾는 데이터인 변수 data에 저장되어 있는 값과 처음 위치의 값인 ken[0]을 비교한다.

31-33. 몇 회전, 원소의 위치, 원소 값을 화면에 표시한다.

41-45. 마지막 회전, 원소의 위치, 원소 값을 화면에 표시한다.

02 _ 정렬된 배열에서의 색인 순차 검색

1. 정렬된 배열에서의 색인 순차 검색

정렬되어있는 자료에 대한 인덱스 테이블(index table)을 추가로 사용하여 탐색 효율을 높인 검색 방법이다. 이 방식은 주 자료 테이블의 검색 시간을 줄이게 하므로 빠른 시간 내에 원하는 자료를 찾을 수 있도록 한다. 전제 조건이 인덱스 표(table)와 주 자료 표(table)가 모두 정렬되어 있어야 한다는 점이다. 파일처리와 데이터베이스 등의 응용 분야에 많이 사용되는 방법 중의 하나이다.

TIP _ 인덱스 테이블

배열에 정렬되어있는 자료 중에서 일정한 간격으로 떨어져있는 원소들을 저장한 테이블이다. 자료가 저장되어있는 배열의 크기가 n이고 인덱스 테이블의 크기가 m일 때, 배열에서 n/m간격으로 떨어져있는 원소와 그의 인덱스를 인덱스 테이블에 저장한다.

TIP _ 검색 방법

indexTable[i].key ≤ key < indexTable[i+1].key를 만족하는 i를 찾아서 배열의 어느 범위에 있는지를 먼저 알아낸 후에 해당 범위에 대해서만 순차 검색 수행한다.

2. 정렬된 배열에서의 색인 순차 검색 알고리즘 예

14개의 정렬되어 있는 레코드 (5, 6, 8, 11, 14, 18, 20, 22, 25, 29, 39, 46, 57, 69)에서 예를 들면 25라는 데이터를 색인 순차검색을 이용하여 찾는다. 그 과정은 다음과 같다.

초기 상태

0	1	2	3	4	5	6	7	8	9	10	11	12	13
5	6	8	11	14	18	20	22	25	29	39	46	57	69

인덱스 테이블

키	14	29	69
인덱스	4	9	13

0 1 2 3 4 5 6 7 8 9 10 11 12 13 : 배열의 위치
5, 6, 8, 11, 14, 18, 20, 22, 25, 29, 39, 46, 57, 69: 원소 값

1 회전

인덱스 테이블

키	14	29	69
인덱스	4	9	13

인덱스 테이블에서 찾고자 하는 값 25와 인덱스 테이블의 키의 값을 비교한다. 25가 14보다는 크고 29보다는 작음을 알 수 있다. 즉 인덱스 값 4보다는 같거나 크고 인덱스 값 8보다는 작거나 음을 알 수 있다.
원래의 정렬되어 있는 레코드에서 인덱스 값 4부터 9사이에 순차 검색으로

2 회전

0	1	2	3	4	5	6	7	8	9	10	11	12	13
5	6	8	11	14	18	20	22	25	29	39	46	57	69

기준 위치 2의 기준 값 8과 찾고자하는 데이터 29을 비교하면 8 ≠ 29 이므로 기준 위치 3으로 변경한다.

3 회전

0	1	2	3	4	5	6	7	8	9	10	11	12	13
5	6	8	11	14	18	20	22	25	29	39	46	57	69

기준 위치 3의 기준 값 11과 찾고자하는 데이터 29을 비교하면 11 ≠ 29 이므로 기준 위치 4로 변경한다.

4 회전

0	1	2	3	4	5	6	7	8	9	10	11	12	13
5	6	8	11	14	18	20	22	25	29	39	46	57	69

기준 위치 4의 기준 값 14와 찾고자 하는 데이터 29을 비교하면 14 ≠ 29 이므로 기준 위치 5로 변경한다.

5 회전

0	1	2	3	4	5	6	7	8	9	10	11	12	13
5	6	8	11	14	18	20	22	25	29	39	46	57	69

기준 위치 5의 기준 값 18과 찾고자 하는 데이터 29을 비교하면 18 ≠ 29 이므로 기준 위치 5로 변경한다.

6 회전

0	1	2	3	4	5	6	7	8	9	10	11	12	13
5	6	8	11	14	18	20	22	25	29	39	46	57	69

기준 위치 6의 기준 값 20과 찾고자 하는 데이터 29을 비교하면 20 ≠ 29 이므로 기준 위치 7로 변경한다.

7 회전

0	1	2	3	4	5	6	7	8	9	10	11	12	13
5	6	8	11	14	18	20	22	25	29	39	46	57	69

기준 위치 7의 기준 값 22와 찾고자 하는 데이터 29을 비교하면 22 ≠ 29 이므로 기준 위치 8로 변경한다.

8 회전

0	1	2	3	4	5	6	7	8	9	10	11	12	13
5	6	8	11	14	18	20	22	25	29	39	46	57	69

기준 위치 8의 기준 값 25와 찾고자 하는 데이터 29을 비교하면 25 ≠ 29 이므로 기준 위치 9로 변경한다.

9 회전

0	1	2	3	4	5	6	7	8	9	10	11	12	13
5	6	8	11	14	18	20	22	25	29	39	46	57	69

기준 위치 9의 기준 값 29와 찾고자 하는 데이터 29을 비교하면 29 = 29 이므로 검색을 종료한다.

	0	1	2	3	4	5	6	7	8	9	10	11	12	13	
10 회전	5	6	8	11	14	18	20	22	25	29	39	46	57	69	29 = 29 이므로 종료한 후에 화면에 출력한다.
결과	5	6	8	11	14	18	20	22	25	29	39	46	57	69	(5, 6, 8, 11, 14, 18, 20, 22, 25, 29, 39, 46, 57, 69)에서 예를 들면 29라는 데이터를 순차 검색을 이용하여 찾은 결과이다.

그림 11.7 정렬된 배열에서의 색인 순차 검색 알고리즘 과정 예

3. 정렬된 배열에서의 색인 순차 검색 알고리즘(가상 코드)과 분석

가상 코드로 기술한 정렬된 배열에서의 색인 순차 검색 알고리즘은 다음과 같다.

【AL 11_2 : 정렬된 배열에서의 색인 순차 검색 알고리즘】

```
01 procedure search_Index(key)
02         /* 정렬되어 있는 인덱스 표와 주 자료 표에서 키 값과 레코드를 검색*/
03     int i, low, high;
04     if (key < index_Table[0] || key > index_Table[n-1])
05          return -1;
06 
07     for (i=0; i<INDEX_SIZE; i++)
08          if(index_Table[i].key<=key && index_Table[i=1].key>key)
09               break;
10 
11     if(i==INDEX_SIZE) {
12         low = index_Table[i-1].index;
13         high = n-1;  }
14     else {
15         low = index_Table[i].index;
16         high = index_Table[i+1].index-1; }
17 
18     return seq_search(key, low, high)
19 end search_Index()
```

【해설】

04-05. 키 값이 인덱스 범위 내에서 원하는 값을 찾지 못한 경우에 검색 종료한다.

07-09. 인덱스 표를 검색하여 해당 키의 구간을 결정한다.

11. 인덱스 표의 최대 크기를 의미한다.

11-16. index_Table[i].key ≤ key 〈 index_Table[i+1].key를 만족하는 i를 찾아서 배열의 어느 범위에 있는지를 먼저 알아낸다.

18. 예상되는 범위만 순차 검색한다.

- **정렬된 배열에서의 색인 순차 검색 알고리즘 특징**
  - 검색 시간: O(m + n/m) (단, m: 인덱스 표의 크기, n: 주 자료 표의 크기)
  - 검색 시간은 인덱스 표의 크기와 주 자료 표의 크기에 따라 결정된다.
  - 색인 순차 검색에서 자료의 양이 매우 많을 시 인덱스 표도 매우 커지므로 이 때는 2차 인덱스 표를 사용한다. 즉, 2차 인덱스 표에서 1차 인덱스 표로, 1차 인덱스 표에서 주 자료 표로 검색하는 방법을 사용한다.

4. 정렬된 배열에서의 색인 순차 검색의 C 언어 프로그래밍 실습 예

실습 11.2

14개의 정렬되어 있는 레코드 (5, 6, 8, 11, 14, 18, 20, 22, 25, 29, 39, 46, 57, 69)에서 키보드에서 받은 데이터를 색인 순차 검색을 이용하여 찾는 프로그램을 작성하시오.

【출력】

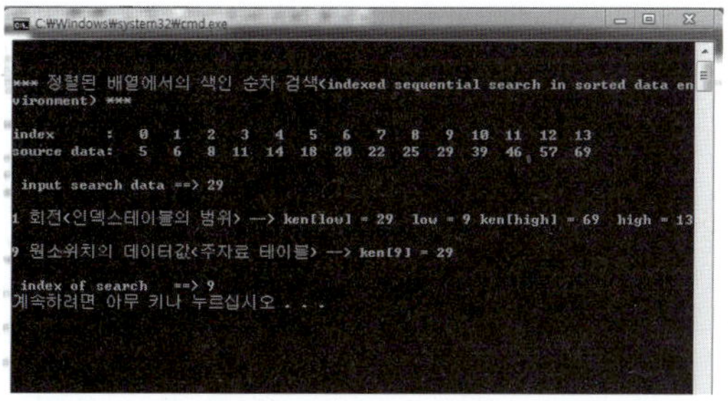

【출력】

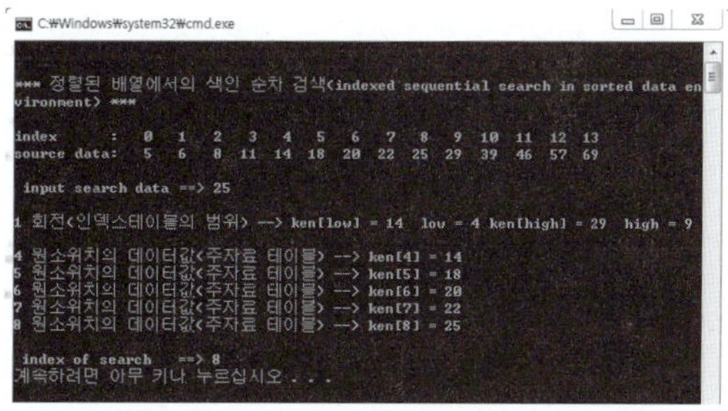

【입력】

input search 다음에 25를 입력하면 index 8이 출력하고, input search 다음에 29를 입력하면 index 9가 출력하고 69를 입력하면 13이 출력된다. 만일 없는 데이터를 입력하면 search data NOT FOUND!!를 출력한다.

【처리조건】

① 초기 데이터는 정렬되어 있는 배열을 선언하여 사용할 것

```
int ken[] = {5, 6, 8, 11, 14, 18, 20, 22, 25,
             29, 39, 46, 57, 69};
```

② 키보드 입력받는 함수는 scanf() 함수 사용할 것

③ 반드시 색인 순차 검색(indexed sequential search)을 이용하여 검색할 것

④ 〈출력〉을 참고할 것

⑤ 인덱스 테이블은 구조체를 사용할 것

```
typedef struct {
  int key;
  int index;
} itable;
```

⑥ 인덱스 테이블은 { {14,4}, {29,9}, {69,13} };을 사용할 것

【프로그램: c_11_2.c】

```
#include <stdio.h>

#define INDEX_SIZE 15

```

```
int ken[] = {5, 6, 8, 11, 14, 18, 20, 22, 25, 29, 39, 46, 57, 69};
int n=14;
typedef struct {
            int key;
            int index;
} itable;
itable index_list[INDEX_SIZE]={ {14,4}, {29,9}, {69,13} };

void main()
{
    int i;
    int j, cnt, data;
    int round = 0;

    cnt = sizeof(ken) / sizeof(int);

    printf("\n\n*** 정렬된 배열에서의 색인 순차 검색(indexed sequential
            search in sorted data environment) ***\n\n");

    printf("index     :");
    for(j=0; j<cnt; j++)
            printf("%4d", j);
            printf("\n");
    printf("source data:");
    for(j=0; j<cnt; j++)
            printf("%4d", ken[j]);
    printf("\n\n");

    printf(" input search data ==> ");
    scanf("%d", &data);
    printf("\n");

    i = index_table_search(data, round);
    if( i >= 0 ) {
             printf("\n index of search   ==> %d\n", i);
    }
    else {
            printf("\n search data NOT FOUND!!\n\n");
    }

    getchar();
}
int index_table_search(int key, int round)
{
    int i, low, high;

```

```
51     if(key<ken[0] || key>ken[n-1])
52        return -1;
53
54     for(i=0; i<INDEX_SIZE; i++)
55        if(index_list[i].key<=key &&
56        index_list[i+1].key>key)
57                break;
58     if(i==INDEX_SIZE){
59        low = index_list[i-1].index;
60        high = n;
61     }
62     else{
63        low = index_list[i].index;
64        high = index_list[i+1].index;
65     }
66
67       round++; printf("%d 회전(인덱스테이블의 범위) --> ", round);
68       printf("ken[low] = %d  ", ken[low]); printf("low = %d ", low);
69       printf("ken[high] = %d  ", ken[high]); printf("high = %d \n", high);
70
71       return maindata_seq_search(key, low, high);
72 }
73
74 int maindata_seq_search(int key, int low, int high)
75 {
76       int i;
77
78      for(i=low; i<=high; i++)
79               { printf("%d 원소위치의 데이터값(주자료 테이블) --> ", i);
80         printf("ken[%d] = %d  \n", i, ken[i]);
81
82            if(ken[i]==key)
83         return i; }
84      return -1;
85 }
```

【해설】

11. 색인 순차 검색의 인덱스 테이블을 선언한다.

37. 색인 순차 검색의 인덱스 테이블을 호출한다.

03, 47-65. INDEX_SIZE 15는 인덱스 테이블의 크기이다.

06. 14는 전체 데이터의 수를 나타낸다.

51-52. 키 값이 인덱스 테이블의 리스트 범위 내의 값이 아니면 검색을 종료한다.

54-57. 인덱스 테이블을 조사하여 해당 키의 구간을 결정한다.

58-65. 인덱스 테이블의 끝인지 체크한다.

47-65. 색인 순차 검색 알고리즘 피호출 함수이다.

71. 관련 색인의 주 자료 테이블의 순차 검색을 호출한다.

74-85. 관련 색인의 주 자료 테이블의 순차 검색의 피호출 함수이다. 범위내의 예측되는 데이터만 순차 검색한다.

82-83. 검색에 성공하면 키 값의 인덱스를 반환한다.

84. 검색에 실패하면 –1을 반환한다.

03 _ 정렬된 배열에서의 이진 검색(제어 검색)

TIP _ 제어 검색

제어 검색은 반드시 정렬되어 있는 자료를 전제로 하여 검색하는 방식이다. 제어 검색의 종류는 비교할 키를 선택하는 방식에 따라 다음과 같이 3가지 종류로 구분한다.

(1) 이진 검색(binary search): [제11장]에서 기술한다.

(2) 피보나치 검색(fibonacci search): 피보나치 수열에 의한 검색 방법이다(내용은 생략).

(3) 보간 검색(interpolation search): [제11장]에서 기술한다.

1. 정렬된 배열에서의 이진검색 알고리즘

이진 검색(binary search)이란 정렬된 자료 내에서 그 자료를 이등분 하는 중앙의 키를 선택하여 검색하고 싶은 키와 비교하여 만일 같으면 그 값이 찾고자 하는 것이며, 종료된다. 만일 검색 키가 작으면 이 중간 키를 기준으로 좌측 구간에 있음을 알 수 있고 만일 검색 키가 크면 이 중간 키의 우측 구간에 있음을 알 수 있다. 이 중간 키를 기준으로 좌측 혹은 우측 구간을 이등분하는 키를 검색 키와 다시 비교하여, 검색이 완료될 때까지 해당 구간의 이등분을 반복하여 그 중간 키와 계속 비교해 나가면서 검색하는 방식을 말한다.

2. 정렬된 배열에서의 이진검색 알고리즘 예

14개의 정렬된 레코드 (5,6,8,11,14,18,20,22,25,29,39,46,57,69)에서 예를 들면 29라는 데이터를 이진 검색을 이용하여 찾는다. 그 과정은 다음과 같다.

초기 상태	0	1	2	3	4	5	6	7	8	9	10	11	12	13	0 1 2 3 4 5 6 7 8 9 10 11 12 13 : 배열의 위치
	5	6	8	11	14	18	20	22	25	29	39	46	57	69	5,6,8,11,14,18,20,22,25,29,39,46,57 ,69: 원소 값

1 회전	0 1 2 3 4 5 6 7 8 9 10 11 12 13 5 6 8 11 14 18 20 22 25 29 39 46 57 69 (a) 오른쪽 구간 검색범위	1 회전: low=0, high=13 -〉 m = 「(0+13)」/ 2 = 6 (「 」: 소숫점 아래 버림) A(6) = 20이다. (a)기준 값 20과 찾고자하는 데이터 29을 비교하면 20 〈 29 이므로 기준 값보다 오른쪽 구간인 A(6+1)≤29≤A(13)에 찾고자하는 데이터가 있다고 추정한다. 즉, 오른쪽 구간 검색 범위이다.
2 회전	0 1 2 3 4 5 6 7 8 9 10 11 12 13 5 6 8 11 14 18 20 22 25 29 39 46 57 69 (b) 왼쪽 구간 검색범위	2 회전: low=6+1=7 low=7, high=13 -〉 m = 「(7+13)/ 2 」 = 10 (「 」: 소숫점 아래 버림) A(10) = 39이다. (b)기준 값 39와 찾고자하는 데이터 29을 비교하면 29 〈 39 이므로 기준 값보다 왼쪽 구간인 A(6+1)≤29≤A(10-1)에 찾고자하는 데이터가 있다고 추정한다. 즉, 왼쪽 구간 검색 범위이다.
3 회전	0 1 2 3 4 5 6 7 8 9 10 11 12 13 5 6 8 11 14 18 20 22 25 29 39 46 57 69 (c) 오른쪽 구간 검색범위	3 회전: low=7, high=10-1=9 -〉 m = 「(7+9)」/ 2 = 8 (「 」: 소숫점 아래 버림) A(8) = 25이다. (c)기준 값 25와 찾고자하는 데이터 29을 비교하면 25 〈 29이므로 기준 값보다 오른쪽 구간인 A(8+1)〈29〈A(10-1)에 찾고자하는 데이터가 있다고 추정한다. 즉, 오른쪽 구간 검색 범위이다.
4 회전	0 1 2 3 4 5 6 7 8 9 10 11 12 13 5 6 8 11 14 18 20 22 25 29 39 46 57 69 (d) 찾고자하는 데이터	4 회전: low=9, high=9 -〉 m = 「(9+9)」/ 2 = 9 (「 」: 소숫점 아래 버림) A(9) = 29이다. (d)기준 값 29와 찾고자하는 데이터 29을 비교하면 29=29 이므로 이진 검색이 완료된다.

	0	1	2	3	4	5	6	7	8	9	10	11	12	13	(d) 14개의 정렬된 레코드 (5,6,8,11,14,18,20,22,25,29,39,46,57,69)에서 예를 들면 29라는 데이터를 이진 검색을 이용하여 찾은 결과이다.
결과	5	6	8	11	14	18	20	22	25	29	39	46	57	69	
										(d) 찾고자하는 데이터					

그림 11.8 정렬된 배열에서의 이진 검색 알고리즘 과정 예

3. 정렬된 배열에서의 이진 검색 알고리즘(가상 코드)과 분석

가상 코드로 기술한 정렬된 배열에서의 이진 검색 알고리즘은 다음과 같다.

【AL 11_3 : 정렬된 배열에서의 이진 검색 알고리즘】

```
01 procedure binary(Km, n, K, j)
02  /*정렬되어있는 키 값 K1,K2,...,Kn인 파일에서 K인 레코드를 찾는 이진검색*/
03
04    low ← 1;
05    high ← n;
06    while low ≤ high do
07       m ← [(low+high)/2]
08       case
09          : K > Km: low ← m+1
10          : K < Km: high ←  m-1
11          : K = Km: j ← m; return
12       endcase
13    repeat;
14    j ← 0;
15  end binary()
```

【해설】

01-15. 정렬되어있는 키 값 K_1,K_2,...,K_n인 파일에서 K인 레코드를 찾는 이진검색이다.

04. low:비교 대상 레코드들의 하한 범위의 값이다.

05. high:비교 대상 레코드들의 상한 범위의 값이다.

07-13. 여기서 [ ]는 소수점 아래 끊어 버림 의미한다.

이진검색은 검색 키를 K라 하면 파일의 중간에 위치한 K_m과 K를 비교한다. 그러면 $K>K_m$, $K<K_m$, $K=K_m$ 셋 중에 하나이다.

14. 찾는 레코드가 K_1,...,K_n에 없음을 표시한다.

- **정렬된 배열에서의 이진검색 알고리즘 분석**

  ① 메모리 사용공간: $S=n+2$

  ② 평균 검색장: $L=\frac{n+1}{2}\log_2(n+1)-1 \fallingdotseq \log_2(n+1)-1$

$$
\begin{aligned}
L &= \sum_{i=1}^{n} C_i P_i \\
&= \frac{1}{n}\sum_{i=1}^{n} C_i \quad \text{(각 레코드가 검색될 확률이 균등, } P_i = \frac{1}{n}\text{)} \\
&= \frac{1}{n}\sum_{i=1}^{k} i \cdot 2^{i-1} \quad \text{(이진검색에서 } C_i\text{값은 } 1 \cdot 2^0,\ 2 \cdot 2^1,\ \ldots\text{으로 변화)} \\
&= \frac{1}{n}\{(1 \cdot 2^1 + 2 \cdot 2^2 + \cdots + k \cdot 2^k) - (0 \cdot 2^0 + 1 \cdot 2^1 + \cdots + (k-1) \cdot 2^{k-1}) - (2^0 + 2^1 + \cdots + 2^{k-1})\} \\
&= \frac{1}{n}\{k \cdot 2^k - (2^k - 1)\} = \frac{1}{n}\{2^k(k-1) + 1\}
\end{aligned}
$$

$n = 2^0 + 2^1 + \cdots + 2^{k-1} = 2^k - 1$이므로

$2^k = n+1,\ k = \log_2(n+1)$이다.

$$
\begin{aligned}
&= \frac{1}{n}[(n+1)\{\log_2(n+1) - 1\} + 1] \\
&= \frac{n+1}{n}\log_2(n+1) - 1 \fallingdotseq \log_2(n+1) - 1
\end{aligned}
$$

③ 연산 시간: $O(\log_2 n)$

④ 특징

- **장점**: 정렬된 자료에 유리하며 검색 자료가 많을수록 효과적이다.
- **단점**: 검색을 위해 자료가 반드시 정렬되어 있어야 한다. 특히 삽입과 삭제가 많이 발생하는 경우에는 부적합하다.

4. 정렬된 배열에서의 이진검색의 C 언어 프로그래밍 실습 예

실습 11.3

14개의 정렬된 레코드 (5,6,8,11,14,18,20,22,25,29,39,46,57,69)에서 키보드에서 받은 데이터를 이진 검색을 이용하여 찾는 프로그램을 작성하시오.

【출력】

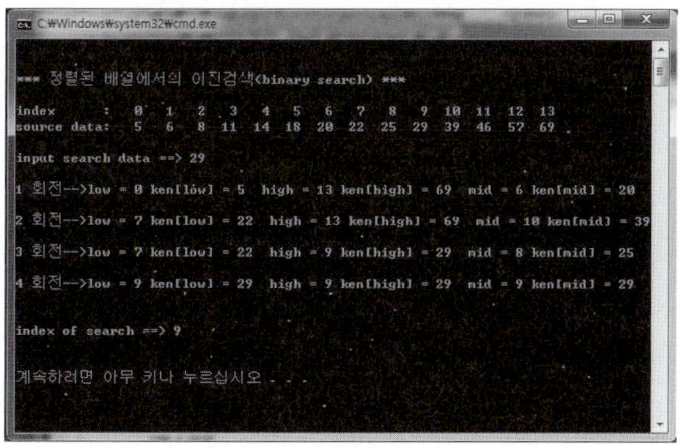

【입력】

input search 다음에 29를 입력하면 index 9가 출력하고 69를 입력하면 13이 출력된다. 만일 없는 데이터를 입력하면 search data NOT FOUND!!를 출력한다.

【처리조건】

① 초기 데이터는 정렬된 배열을 선언하여 사용할 것

```
int ken[] = {5, 6, 8, 11, 14, 18, 20, 22,
             25, 29, 39, 46, 57, 69};
```

② 키보드 입력받는 함수는 scanf() 함수 사용할 것

③ 반드시 2진 검색(binary search)을 이용하여 검색할 것

④ 〈출력〉을 참고할 것

[프로그램: c_11_3.c]

```
#include <stdio.h>

main()
{
 int ken[] = {5, 6, 8, 11, 14, 18, 20, 22, 25, 29, 39, 46, 57, 69};
 int i, cnt, data;
 int low, high, mid;
 int round = 0;

 cnt = sizeof(ken) / sizeof(int);

 printf("\n\n*** 정렬된 배열에서의 이진검색(binary search) ***\n\n");

 printf("index      :");
 for(i=0; i<cnt; i++)
    printf("%4d", i);
    printf("\n");
 printf("source data:");
 for(i=0; i<cnt; i++)
    printf("%4d", ken[i]);
 printf("\n\n");

 printf("input search data ==> ");

 scanf("%d", &data);
 printf("\n");

 low=0;
 high=13;

 while(low <= high)
   {
     mid = (low + high) / 2;

     round++; printf("%d 회전-->", round);
     printf("low = %d ", low); printf("ken[low] = %d  ", ken[low]);
     printf("high = %d ", high); printf("ken[high] = %d  ", ken[high]);
     printf("mid = %d ", mid); printf("ken[mid] = %d  \n", ken[mid]);

     if(data == ken[mid])
       {
          low = mid;
         printf("\n");
          printf("index of search ==> %d\n", mid);
          printf("\n\n");
```

```
46             break;
47          }
48       else if(data > ken[mid])
49             low = mid+1;
50       else high = mid-1;
51     }
52
53   if (low != mid)
54     printf("search data NOT FOUND!!");
55
56   getchar();
57 }
```

【해설】

09-15, 75-82. 비용 인접

31-54. 이진 검색 알고리즘이다.

28-29. low 변수에는 가장 작은 값의 위치를 저장한다. high 변수에는 가장 큰 값의 위치를 저장한다.

33. 검색 범위에서 이진 분할 기준 위치를 정한다.

35-38. 몇 회전, 가장 작은 값의 위치, 가장 작은 값, 가장 큰 값의 위치, 가장 큰 값, 중간 값의 위치, 중간 값을 표시한다.

40. 키보드에서 받은 데이터인 변수 data와 기준 위치의 값인 ken[mid]을 비교한다.

41-47. 키보드에서 받은 데이터인 변수 data와 기준 위치의 값인 ken[mid]을 비교하여 값이 같으면 검색 성공이므로 검색이 종료된다.

48-49. 키보드에서 받은 데이터인 변수 data와 기준 위치의 값인 ken[mid]을 비교하여 값이 크면 기준 값보다 오른쪽에 있는 분할 범위에서 low 변수에는 기준 값의 위치보다 하나 큰 위치를 가장 작은 값의 위치에 저장한다. 이진 검색 프로그램인 [31–51]을 반복한다.

50. 키보드에서 받은 데이터인 변수 data와 기준 위치의 값인 ken[mid]을 비교하여 값이 작으면 기준 값보다 왼쪽에 있는 분할 범위에서 high 변수에는 기준 값의 위치보다 하나 작은 위치를 가장 큰 값의 위치에 저장한다. 이진 검색 프로그램인 [31–51]을 반복한다.

04 _ 정렬된 배열에서의 보간 검색(제어 검색)

1. 보간 검색 알고리즘

보간 검색은 처음에 비교할 대상을 선정할 때, 처음부터 찾고자 하는 키가 있음직한 위치를 다음 식에 의하여 계산하여 선정한다. 이 위치에서부터 검색하는 방식을 말한다.

$$m = \frac{k - k_{low}}{k_{high} - k_{low}} \times n$$ (k: 찾고자 하는 키, k_{low}: 키의 최소값, k_{high}: 키의 최대값, n: 자료의 수)

2. 보간 검색 알고리즘 예

14개의 정렬된 레코드 (5,6,8,11,14,18,20,22,25,29,39,46,57,69)에서 예를 들면 29라는 데이터를 보간 검색을 이용하여 찾는다. 그 과정은 다음과 같다.

초기 상태	0	1	2	3	4	5	6	7	8	9	10	11	12	13	0 1 2 3 4 5 6 7 8 9 10 11 12 13 : 배열의 위치
	5	6	8	11	14	18	20	22	25	29	39	46	57	69	5,6,8,11,14,18,20,22,25,29,39,46,57,69: 원소 값
1 회전	0	1	2	3	4	5	6	7	8	9	10	11	12	13	보간검색에서 처음에 비교할 대상을 선정할 때, 처음부터 찾고자 하는 키가 있음직한 위치를 다음 식에 의하여 계산하여 검색하는 방식을 말한다.
	5	6	8	11	**14**	18	20	22	25	29	39	46	57	69	$m=0+\frac{29-5}{69-5}\times(13-0-1)$ $=\frac{24}{64}\times 12$ $=\ulcorner 4.5 \lrcorner$ (「 」: 소숫점 아래 버림) 따라서 4번째부터 검색을 시작한다.
2 회전	0	1	2	3	4	5	6	7	8	9	10	11	12	13	기준 위치 4의 값 14와 찾고자하는 데이터 29를 비교하면 14보다 크므로
	5	6	8	11	**14**	**18**	20	22	25	29	39	46	57	69	기준위치 4보다 위치 1 더 증가한 5번째의 값 18과 29를 비교한다.
3 회전	0	1	2	3	4	5	6	7	8	9	10	11	12	13	기준 위치 5의 값 18과 찾고자하는 데이터 29를 비교하면 18보다 크므로
	5	6	8	11	**14**	**18**	**20**	22	25	29	39	46	57	69	기준위치 5보다 위치 1 더 증가한 6번째의 값 20과 29를 비교한다.
4 회전	0	1	2	3	4	5	6	7	8	9	10	11	12	13	기준 위치 6의 값 20과 찾고자하는 데이터 29를 비교하면 20보다 크므로
	5	6	8	11	**14**	**18**	**20**	**22**	25	29	39	46	57	69	기준위치 6보다 위치 1 더 증가한 7번째의 값 22와 29를 비교한다.
5 회전	0	1	2	3	4	5	6	7	8	9	10	11	12	13	기준 위치 7의 값 22와 찾고자하는 데이터 29를 비교하면 22보다 크므로
	5	6	8	11	**14**	**18**	**20**	**22**	**25**	29	39	46	57	69	기준위치 7보다 위치 1 더 증가한 8번째의 위치 값 25와 29를 비교한다.
6 회전	0	1	2	3	4	5	6	7	8	9	10	11	12	13	기준 위치 8의 값 25와 찾고자하는 데이터 29를 비교하면 25보다 크므로
	5	6	8	11	**14**	**18**	**20**	**22**	**25**	**29**	39	46	57	69	기준위치 8보다 위치 1 더 증가한 9번째의 위치 값 29와 29를 비교한다. 기준 값 29와 찾고자하는 데이터 29가 일치한다.

결과	0	1	2	3	4	5	6	7	8	9	10	11	12	13	14개의 정렬된 레코드 (5,6,8,11,14,18,20,22,25,29,39,46,57,69)에서 예를 들면 29라는 데이터를 보간 검색을 이용하여 찾은 결과이다.
	5	6	8	11	14	18	20	22	25	29	39	46	57	69	

그림 11.9 정렬된 배열에서의 보간 검색 알고리즘 과정 예

3. 보간 검색 알고리즘(가상 코드)과 분석

가상 코드로 기술한 보간 검색 알고리즘은 다음과 같다.

【AL 11_4 : 정렬된 배열에서의 보간 검색 알고리즘】

```
01  procedure interpolation(n, K_m, K)
02   /*정렬되어있는 키 값 K_1,K_2,...,K_n인 파일에서 K인 레코드를 찾는 보간검색*/
03      low ← 0
04      high ← n-1
05      mid ← low + ((K-K_low)*(high-low-1) / (K_high-K_low))
06      while (high-mid) > 1 do
07          case
08            : K > K_mid: low ← mid
09            : K < K_mid: high ← mid
10            : K = K_mid: return
11          endcase
12      repeat;
13  end interpolation( )
```

【해설】

01-13. 정렬되어있는 키 값 $K_1,K_2,....,K_n$인 파일에서 K인 레코드를 찾는 보간검색이다.

03. low: 비교 대상 레코드들의 하한 범위의 값이다.

04. high:비교 대상 레코드들의 상한 범위의 값이다.

05. 비교 대상 레코드들의 중간 값이다.

07-11. 보간 검색은 검색 키를 K라 하면 파일의 중간에 위치한 K_i과 K를 비교한다. 그러면 $K>K_{mid}$, $K<K_{mid}$, $K=K_{mid}$ 셋 중에 하나이다.

- **보간 검색 알고리즘 분석**

  ① 특징

  - **장점**: 검색 효율이 우수하다. 특히 키의 분포를 알고 있을때 신속히 검색할 수 있다.
  - **장점**: 검색을 위해 자료가 반드시 정렬되어 있어야 하며, 키의 분포 상태에 따라 검색 효율이 달라진다.

4. 보간 검색 알고리즘의 C 언어 프로그래밍 실습 예

실습 11.4

13개의 정렬된 레코드 (10,15,17,21,28,30,32,35,41,48,51,59,63)에서 키보드에서 받은 데이터를 보간 검색을 이용하여 찾는 프로그램을 작성하시오.

【출력】

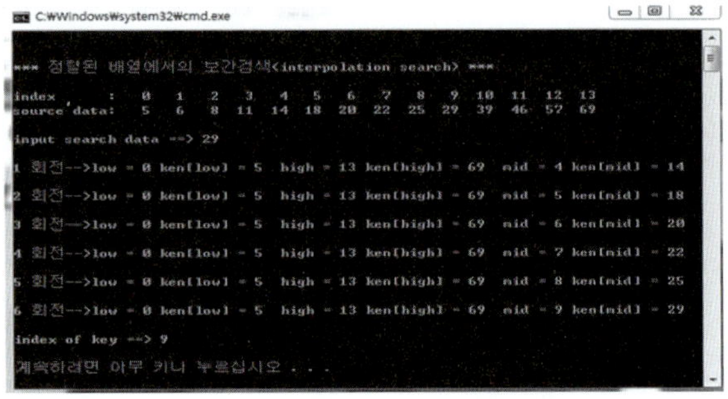

【입력】

input search 다음에 29를 입력하면 index 9가 출력되고 69를 입력하면 13이 출력된다. 만일 없는 데이터를 입력하면 search data NOT FOUND!!를 출력한다.

【처리조건】

① 화면 출력 함수 printf() 함수를 사용할 것
② 키보드 입력받는 함수는 scanf() 함수 사용할 것
③ 초기 데이터는 정렬된 배열을 선언하여 사용할 것. 반드시 보간 검색을 이용하여 검색할 것
④ 〈출력〉을 참고할 것

【프로그램: c_11_4.c】

```
#include <stdio.h>
#define YES 1
#define NO  0

int ken[] = {5, 6, 8, 11, 14, 18, 20, 22, 25, 29, 39, 46, 57, 69};
int round = 0;

main()
{
 int i, cnt, data;

 cnt = sizeof(ken) / sizeof(int);

 printf("\n\n*** 정렬된 배열에서의 보간검색(interpolation search) ***\n\n");

 printf("index      :");
 for(i=0; i<cnt; i++)
    printf("%4d", i);
 printf("\n");
 printf("source data:");
 for(i=0; i<cnt; i++)
    printf("%4d", ken[i]);
 printf("\n\n");

```

```
25  printf("input search data ==> ");
26  scanf("%d", &data);
27
28  printf("\n");
29
30  inter_pol(cnt, ken, data);
31
32  getchar();
33 }
34
35 inter_pol(int n, int a[], int k)
36 {
37   int low, high, mid;
38   low = 0;
39   high = n-1;
40   mid = low + ((k-a[low]) * (high - low - 1) / (a[high]-a[low])) ;
41
42     while (a[mid]!=k)
43     {
44       round++; printf("%d 회전-->", round);
45       printf("low = %d ", low); printf("ken[low] = %d  ", ken[low]);
46       printf("high = %d ", high); printf("ken[high] = %d  ", ken[high]);
47       printf("mid = %d ", mid); printf("ken[mid] = %d  \n", ken[mid]);
48
49       mid++;
50       if (mid>high)
51        {
52          printf("search data NOT FOUND!!");
53          exit(0);
54        }
55     }
56
57     round++; printf("%d 회전-->", round);
58     printf("low = %d ", low); printf("ken[low] = %d  ", ken[low]);
59     printf("high = %d ", high); printf("ken[high] = %d  ", ken[high]);
60     printf("mid = %d ", mid); printf("ken[mid] = %d  \n", ken[mid]);
61
62     printf("index of key ==> %d \n\n", mid);
63 }
```

【해설】

21-22. 보간 검색하기 전의 데이터를 출력한다.

30. 보간 검색 호출 함수

35-63. 보간 검색 피호출 함수

38-39. low 변수에는 가장 작은 값의 위치를 저장한다. high 변수에는 가장 큰 값의 위치를 저장한다.

40. 검색 범위에서 기준 위치를 정한다.

보간검색에서 처음에 비교할 대상을 선정할 때, 처음부터 찾고자 하는 키가 있음직한 위치를 다음 식에 의하여 계산하여 검색하는 방식을 말한다.

$$
\begin{aligned}
m &= 0 + \frac{29-5}{69-5} \times (13-0-1) \\
&= \frac{24}{64} \times 12 \\
&= \lfloor 4.5 \rfloor
\end{aligned}
$$

(「 」: 소숫점 아래 버림)

따라서 4번째부터 검색을 시작한다.

44-47. 몇 회전, 가장 작은 값의 위치, 가장 작은 값, 가장 큰 값의 위치, 가장 큰 값, 기준값의 위치, 기준 값을 표시한다.

40. 키보드에서 받은 데이터인 변수 data와 기준 위치의 값인 ken[mid]을 비교한다.

42-55. 키보드에서 받은 데이터인 변수 data와 기준 위치의 값인 ken[mid]을 비교하여 값이 같으면 검색 성공이므로 검색이 종료된다.

1회전에서 기준 위치 4의 값 14와 찾고자하는 데이터 29를 비교하면 14보다 크므로 기준위치 4보다. 위치 1 더 증가한 5번째의 값 18과 29를 비교한다.

2회전에서 기준 위치 4의 값 14와 찾고자하는 데이터 29를 비교하면 14보다 크므로 기준위치 4보다 위치 1 더 증가한 5번째의 값 18과 29를 비교한다.

3회전에서 기준 위치 5의 값 18과 찾고자하는 데이터 29를 비교하면 18보다 크므로 기준위치 5보다 위치 1 더 증가한 6번째의 값 20과 29를 비교한다.

4회전에서 기준 위치 6의 값 20과 찾고자하는 데이터 29를 비교하면 20보다 크므로 기준위치 6보다 위치 1 더 증가한 7번째의 값 22와 29를 비교한다.

5회전에서 기준 위치 8의 값 25와 찾고자하는 데이터 29를 비교하면 25보다 크므로 기준위치 8보다 위치 1 더 증가한 9번째의 위치 값 29와 29를 비교한다.
기준 값 29와 찾고자하는 데이터 29가 일치한다.

6회전에서 기준 위치 8의 값 25와 찾고자하는 데이터 29를 비교하면 25보다 크므로 기준위치 8보다 위치 1 더 증가한 9번째의 위치 값 29와 29를 비교한다.
기준 값 29와 찾고자하는 데이터 29가 일치한다.

1. **검색의 정의**

검색(search)은 컴퓨터 기억 공간 내에 저장된 자료들 중에서 어떤 조건을 만족하는 자료를 찾아내는 작업을 말한다.

2. **정렬되어 있지 않은 배열과 정렬된 배열에서의 순차 검색의 차이점**

만일 어떤 찾고자 하는 데이터가 정렬되어 있지 않은 배열에서는 처음부터 끝까지 순차 검색해야 만이 검색 실패를 알 수 있지만, 데이터가 정렬되어 있는 배열에서는 처음부터 끝까지 순차 검색할 필요 없이 찾는 데이터가 정렬되어 있는 배열의 데이터들 중 가장 큰 값보다 크든가 아니면 배열의 데이터들 중 가장 작은 값보다 작으면 수행하지 않아도 검색 실패를 알 수 있다.

3. **정렬된 배열에서의 색인 순차 검색**

정렬되어있는 자료에 대한 인덱스 테이블(index table)을 추가로 사용하여 탐색 효율을 높인 검색 방법이다. 이 방식은 주 자료 테이블의 검색 시간을 줄이게 하므로 빠른 시간 내에 원하는 자료를 찾을 수 있도록 한다. 전제 조건이 인덱스 표(table)와 주자료 표(table)가 모두 정렬되어 있어야 한다는 점이다. 파일처리와 데이터베이스 등의 응용 분야에 많이 사용되는 방법 중의 하나이다.

4. **정렬된 배열에서의 이진검색 알고리즘**

이진 검색(binary search)이란 정렬된 자료 내에서 그 자료를 이등분 하는 중앙의 키를 선택하여 검색하고 싶은 키와 비교하여 만일 같으면 그 값이 찾고자 하는 것이며, 종료된다. 만일 검색 키가 작으면 이 중간 키를 기준으로 좌측 구간에 있음을 알 수 있고 만일 검색 키가 크면 이 중간 키의 우측 구간에 있음을 알 수 있다. 이 중간 키를 기준으로 좌측 혹은 우측 구간을 이등분하는 키를 검색 키와 다시 비교하여, 검색이 완료될 때까지 해당 구간의 이등분을 반복하여 그 중간 키와 계속 비교해 나가면서 검색하는 방식을 말한다.

5. **보간 검색 알고리즘**

보간 검색은 처음에 비교할 대상을 선정할 때, 처음부터 찾고자 하는 키가 있음직한 위치를 다음 식에 의하여 계산하여 선정한다. 이 위치에서부터 검색하는 방식을 말한다.

객관식 문제

01. 순차 검색(sequential search)의 장점이라고 할 수 있는 것은?

① 순차 검색은 검색 시간이 O(n)이므로 쉽게 추가할 위치를 찾을 수 없다.
② 순차 검색은 자료가 많으면 많을수록 유리하다.
③ 순차 검색은 파일을 정렬하지 않아도 검색이 가능하다.
④ 순차 검색은 평균 검색 횟수가 (n+1)/2이므로 효율이 좋다.

02. 정렬(sort)된 파일을 선형 검색(sequential search)할 때 평균 검색 횟수는?

① (n+1)/2 ② n(n+1)/2 ③ (n−1)/2 ④ n(n−1)/2

03. 다음 표에서 선형 탐색(순차 검색) 방법에 의한 평균 탐색 길이(average search length)를 계산한 결과는?

인덱스	키	빈도
1	A01	90
2	U02	50
3	X09	10
4	X14	100

① 2.0 ② 3.5 ③ 2.5 ④ 1.5

04. 다음과 같은 키가 있다. 4를 검색할 때 21, 17, 13, 11, 4 순으로 찾는 알고리즘은?

key
9, 11, 6, 4, 11, 13, 17, 21

① Index search ② Sequential search ③ Binary search ④ Hash search

05. 다음과 같이 9개 항목이 있는 list에서 forward Sequential search에 의해 항목 5를 찾는다면 그 순서로 맞는 것은?

key
7, 33, 4, 8, 12, 5, 15, 4, 3

① 3, 4, 4, 5 ② 12, 8, 4, 5 ③ 3, 4, 15, 5 ④ 7, 33, 4, 8, 12, 5

06. 다음과 같은 키가 random 하게 있을 때, 가장 합당한 검색 방법은?

key
7, 4, 2, 5, 14, 1, 6, 5, 23

① Index-sequential search ② Sequential search ③ Binary search ④ Binary tree search

07. 다음과 같이 15개 키로 된 표가 있다. 이 표에서 R을 검색하려고 한다. Binary search 한다면 몇 번 만에 검출이 가능한가?

인덱스	1	2	3	4	5	6	7	8	9	10	11	12	13	14	15
키	A	B	C	F	H	I	L	O	P	Q	R	S	W	X	Y

① 2 번 ② 3 번 ③ 4 번 ④ 5 번

08. 다음과 같은 키가 있다. 9, 5, 8 순서로 Key를 찾는 search 알고리즘은?

key
2, 5, 8, 9, 13, 15

① Index-sequential search ② Sequential search
③ Binary search ④ Hash search

09. 다음 자료들 중 205를 검색하기 위한 이진검색의 비교횟수는? (단, 205는 자료에 없음)

인덱스	1	2	3	4	5	6	7	8	9	10	11
키	92	100	200	341	625	716	812	813	820	901	902

① 2 번 ② 3 번 ③ 4 번 ④ 5 번

10. 이분 검색(Binary search)의 특징이라고 볼 수 없는 것은?

① 전체 레코드를 찾는 시간은 증가한다.
② 작은 리스트에 적합하다.
③ 원하는 레코드를 신속히 찾을 수 있다.
④ 약간의 계산이 필요하다.

11. Binary search 형에서 다음과 같이 11개의 자료들이 순차적으로 되어 있을 때 215를 검색하는데 필요한 횟수는 얼마인가? (11개 순차적임)

인덱스	1	2	3	4	5	6	7	8	9	10	11
키	111	200	215	333	555	666	777	888	900	901	999

① 1 번 ② 2 번 ③ 3 번 ④ 4 번

12. 파일에 레코드 개수가 200개가 존재한다. 이분 검색으로 특정 키를 검색할 때 최대의 비교 횟수는?

① 7 ② 8 ③ 9 ④ 10

연습문제

13. 이분 검색의 평균 비교 횟수를 A(n)이라고 했을 때 식으로 합당한 것은?

① $A(n)=\sum_{i=1}^{n} i/2^{i-1}$　② $A(n)=\frac{1}{n}\sum_{i=1}^{n} i\cdot 2^{i-1}$

③ $A(n)=\frac{1}{n}\sum_{i=1}^{n} i/2^{i-1}$　④ $A(n)=\sum_{i=1}^{n} i\cdot 2^{i-1}$

14. 다음 중 처음부터 있음직한 부분의 key를 선택해서 검색하는 방식은?

① Fibonacci search　② Sequential search　③ Binary search　④ Interpolation search

15. 검색(search)과 무관한 것은?

① Directory　② Merging　③ Mapping　④ Sorting

16. 자료가 5,000건인 경우 평균 검색 시간이 적은 것부터 나열한 것은?

① 피보나치검색–순차검색–이진검색–보간검색　② 순차검색–이진검색–보간검색–피보나치검색
③ 이진검색–보간검색–피보나치검색–순차검색　④ 보간검색–이진검색–피보나치검색–순차검색

17. 다음 중 검색 방식이 다른 것은?

① 피보나치 검색　② 보간검색　③ 이진 검색　④ 순차검색

18. 이분 검색(binary search)을 사용하여 16개의 요소로 되는 파일 중에서 하나의 항목을 검색하는 경우, 조사 횟수는 어느 것이 맞는가?

① 4회　② 8회　③ 16회　④ 32회

19. Ascending 순의 100개의 데이터 테이블(table)을 이진 검색(binary search)할 때 최대 검색 횟수는 얼마인가?

① 8　② 7　③ 6　④ 100

20. atom 수가 n인 경우 이진 검색의 평균 검색장에 가까운 것은?

① n/2　② $\log_2(n+1)+1$　③ n　④ $\sqrt{n}/2$

21. n=1024인 경우 이진 검색에서 최대 몇 번 만에 검색이 가능한가?

① 9　② 10　③ 11　④ 12

22. n=1024 인 경우 이진 검색에서 평균 몇 번 만에 검색이 가능한가?

① 9　② 10　③ 11　④ 12

23. 알파벳 순으로 정렬되어 있는 n개의 원소를 가진 파일에서 하나의 원소에 대해 이진 검색을 써서 검색할 때 검색 길이는?

① $\log_2 n+3$　② $\log_2 n+1$　③ $n\log_2 n$　④ $n\log_{10} n$

24. 이진 검색의 최대 키 비교 횟수는 다음 중 어느 것인가?

① $n^2/2$ ② $[\log_2 n]+1$ ③ $[\log_2 n]$ ④ n^2

25. 다음 검색 방법 중 평균 검색 시간이 가장 긴 방식은 어느 것인가?

① 순차검색 ② 이진검색 ③ 이진 트리 검색 ④ 피보나치 검색

26. 비순서 파일과 순서 파일의 평균 검색 시간은?

① 서로 같다. ② 순서화된 경우가 약 1/2(log n)배 빠르다.
③ 경우에 따라 다르다. ④ 순서화된 경우에 약 $\sqrt{n}/2$ 배 빠르다.

27. Binary search를 하여 검색하고자 할 때, List 구비 조건 중 가장 중요한 것은?

① 자료가 순차적으로 Sort 되어 있어야 한다. ② 자료의 개수가 항상 짝수이어야 한다.
③ 자료의 개수가 항상 홀수이어야 한다. ④ 연접 List로 되어 있어야 한다.

28. 컴퓨터 기억 공간 내에 저장된 자료들 중에서 어떤 조건을 만족하는 자료를 찾아 내는 작업은?

① 순서도(flowchart) ② 순서적 접근(sequential access)
③ 검색(search) ④ 분류(sort)

29. 검색 알고리즘 분석 시에 고려할 사항이 아닌 것은?

① 자료 이동 횟수 ② 비교 작업 횟수 ③ 검색할 키의 값 ④ 알고리즘 복잡도

30. 다음 중 자료가 정렬되어 있지 않아도 검색이 가능한 방식은?

① 순차 검색 ② 블록 검색 ③ 이진 검색 ④ 피보나치 검색

31. 총 atom수가 n일 때 선형 검색(순차 검색)의 평균 검색장은?

① $\log_2 n$ ② $(n+1)/2$ ③ $(n-1)/2$ ④ n

32. 평균 검색 시간이 가장 많이 걸리는 검색 방식이며 특히 길이가 긴 리스트에 비효율적인 검색 방식은?

① 피보나치 검색 ② 순차 검색 ③ 이진 검색 ④ 해싱

33. 다음 중 반드시 자료가 정렬되어 있는 것을 전제로 하여 검색하는 제어 검색 방식이 아닌 것은?

① 이진 검색 ② 보간 검색 ③ 피보나치 검색 ④ 해싱

34. 정렬된 자료내에서 그 자료를 이등분 하는 중앙의 키를 검사하여 검색하고 싶은 키와 비교하여 만일 검색 키가 작으면 이 중간 키를 기준으로 좌측 구간에 있음을 알 수 있고 만일 검색 키가 크면 이 중간 키의 우측 구간에 있음을 알 수 있다. 이 중간 키를 기준으로 좌측 혹은 우측 구간 을 이등분하는 키를 검색 키와 다시 비교하여, 검색이 완료될 때까지 해당 구간의 이등분을 반복하여 그 중간 키와 계속 비교해 나가면서 검색하는 방식은?

① 이진 검색 ② 보간 검색 ③ 피보나치 검색 ④ 해싱

연습문제

35. atom 수가 1023인 경우 이진 검색에서 평균 몇 번 만에 검색이 가능한가?

① 6 ② 7 ③ 8 ④ 9

36. 검색을 위한 자료가 반드시 정렬되어 있어야 하며 삽입과 삭제가 많이 발생하는 경우에는 부적합하지만 검색할 자료가 많을수록 효과적인 검색 방식은?

① 순차 검색 ② 블록 검색 ③ 이진 트리 검색 ④ 이진 검색

37. 검색 효율이 우수하고 특히 키의 분포를 알고 있을 때 신속히 검색할 수 있는 방식은?

① 이진 검색 ② 보간 검색 ③ 피보나치 검색 ④ 해싱

38. 검색 알고리즘 성능 평가 시 분석 비교의 기준이 되는 것은?

① comparison ② requirement ③ average search length ④ worst search length

39. 다음 검색 방법 중 평균 검색 시간이 최악의 경우 성격이 다른 것은?

① 순차 검색 ② 2진 검색 ③ AVL ④ 피보나치 검색

40. 다음 자료들 중 215를 찾기 위하여 2진 검색을 할 경우 비교해야할 횟수는?

```
(113, 215, 347, 495, 508, 698, 711)
```

① 3 ② 2 ③ 4 ④ 5

41. 다음 자료들 중 8, 4, 7 순서로 key를 찾는 search algorithm은?

```
보기: (1, 4, 7, 8, 12, 13, 15)
```

① index-sequential search ② hashed search

③ binary search ④ bi-linear search

42. 이진 검색법에서 데이터의 총 수를 N이라고 하면 평균 검색 횟수는?

① (N+1)/2 ② $1.24\log_2 N$ ③ $\log_2 N$ ④ N

43. 8개의 입력 레코드 (14, 11, 9, 30, 20, 16, 41, 35)에서 키 값 30을 보간 검색으로 찾을 경우 다음과 같이 초기 정렬되어 있다. 첫 번째 검색 할 키의 위치는 어느 것인가?

키값	9	11	14	16	20	30	35	41
순서	A(1)	A(2)	A(3)	A(4)	A(5)	A(6)	A(7)	A(8)

① 4 ② 6 ③ 3 ④ 5

01. 제어 검색 2가지 알고리즘을 사용해 다음 데이터를 검색하는 과정을 예를 들어 설명하시오. 예를 들면, 31을 검색하는 과정을 설명한다. (오름차순 정렬 사용할 것)

```
18, 16, 12, 9, 6, 4, 3, 71, 59, 48, 41, 31, 27, 24
```

(1) 이진 검색 알고리즘

(2) 보간 검색 알고리즘

02. 순차 검색 알고리즘을 사용해 정렬되어 있지 않은 다음 데이터를 검색하는 과정을 예를 들어 설명하시오. 예를 들면, 31을 검색하는 과정을 설명한다.

```
18, 16, 12, 9, 6, 4, 3, 71, 59, 48, 41, 31, 27, 24
```

03. 순차 검색 알고리즘을 사용해 정렬되어 있는 다음 데이터를 검색하는 과정을 예를 들어 설명하시오. 예를 들면, 31을 검색하는 과정을 설명한다. (오름차순 정렬 사용할 것)

```
3, 4, 6, 9, 12, 16, 18, 24, 27, 31, 41, 48, 59, 71
```

04. 색인 순차 검색 알고리즘을 사용해 정렬되어 있는 다음 데이터를 검색하는 과정을 예를 들어 설명하시오. 예를 들면, 31을 검색하는 과정을 설명한다. (오름차순 정렬 사용할 것)

```
3, 4, 6, 9, 12, 16, 18, 24, 27, 31, 41, 48, 59, 71
```

05. 아래 알고리즘은 가상 코드로 작성되었다. 빈칸을 채우시오.

05-1 가상 코드로 정렬되어 있는 레코드의 순차 검색을 작성하시오.

```
procedure linear2
/* 정렬되어 있는 키 값 K1,K2,...,Kn인 파일에서 K=Ki인 레코드를 검색*/
   i ← 1
   while [     ❶     ] do       /*원하는 레코드 찾지 못한 경우에 다음 레코드
     i ← i+1                      를 찾기 위하여 색인 1 증가, 그러나 끝까지
   endwhile                       검색하지 않아도 존재여부 알 수 있음*/
   if [     ❷     ] then goto UNFOUND /* K=Ki인 레코드 발견하지 못하면 UNFOUND 처리,
end linear2                                   발견하면 알고리즘 종료 */
```

연습문제

05-2 가상 코드로 정렬되어 있는 레코드의 이진 검색을 작성하시오.

```
procedure binary(Km, n, K, j)
/* 정렬되어있는 키 값 K1,K2,...,Kn인 파일에서 K인 레코드를 찾는 이진검색 */
  low ← 1                      /* low:비교 대상 레코드들의 하한 범위의 값 */
  high ← [    ❶    ]           /* high:비교 대상 레코드들의 상한 범위의 값 */
  while low ≤ high do
    m ← [    ❷    ]            /* 여기서 [ ]는 소수점 아래 끊어 버림 의미 */
    case                       /* 이진 검색은 검색 키를 K라 하면 파일의 중간
      : K > Km: [    ❸    ]       에 위치한 Km과 K를 비교한다. 그러면
      : K < Km: high ←  m-1       K>Km, K<Km, K=Km 셋 중에 하나이다.*/
      : K = Km: j ← m; return
    endcase
  endwhile
  j ← 0                        /* 찾는 레코드가 K1,...,Kn에 없음을 표시 */
end binary
```

05-3 가상 코드로 정렬되어 있는 레코드의 보간 검색을 작성하시오.

```
procedure interpolation(n, Km, K)
 /* 정렬되어있는 키 값 K1,K2,...,Kn인 파일에서 K인 레코드를 찾는 보간검색*/
  low ← 0                      /* low:비교 대상 레코드들의 하한 범위의 값*/
  high ← [    ❶    ]           /* high:비교 대상 레코드들의 상한 범위의 값*/
  mid ← 1ow + ((K-Klow)*(high-low-1) / [    ❷    ])
  while (high-mid) > 1 do
    case                       /* 보간 검색은 검색 키를 K라 하면 파일의 중간
      : K > Kmid: low ← mid       에 위치한 Ki과 K를 비교한다. 그러면
      : K < Kmid: [    ❸    ]     K>Kmid, K<Kmid, K=Kmid 셋 중에 하나이다.*/
      : K = Kmid: return
    endcase
  endwhile
  end interpolation
```

06. 다음 배열 데이터에서 키보드에서 입력받은 데이터를 각각 다른 방식으로 검색하시오.

```
21, 51, 55, 11, 81, 86, 78, 65, 36, 26
```

06-1 C언어로 선택 정렬하고 그 선택 정렬된 배열에서의 순차검색을 작성하시오.

06-2 C언어로 선택 정렬하고 그 선택 정렬된 배열에서의 색인 순차검색을 작성하시오.

06-3 C언어로 선택 정렬하고 그 선택 정렬된 배열에서의 이진 검색을 작성하시오.

06-4 C언어로 선택 정렬하고 그 선택 정렬된 배열에서의 보간 검색을 작성하시오.

【입력】

예를 들면 36을 키보드에서 입력받는 경우이다.

【처리조건】

① 화면 출력 함수 printf() 함수 사용할 것

② 정렬 알고리즘: 선택 정렬(오름차순) 사용할 것

③ 초기 데이터는 배열 사용: int ken[] = {21, 51, 55, 11, 81, 86, 78, 65, 36, 26};

④ 〈출력〉을 참고할 것

【출력】

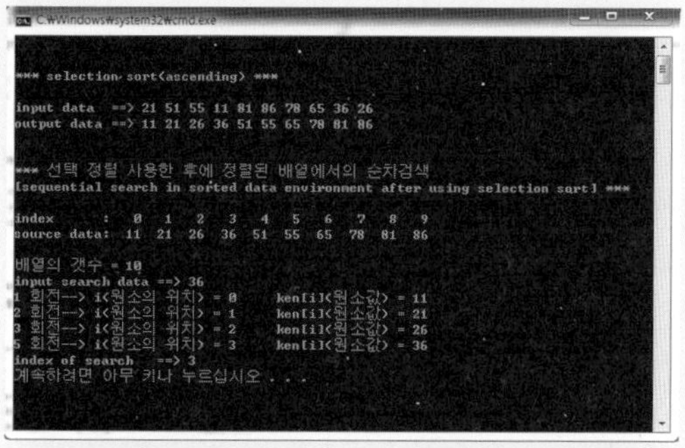

06-1 선택 정렬하고 그 선택 정렬된 배열에서의 순차검색 결과

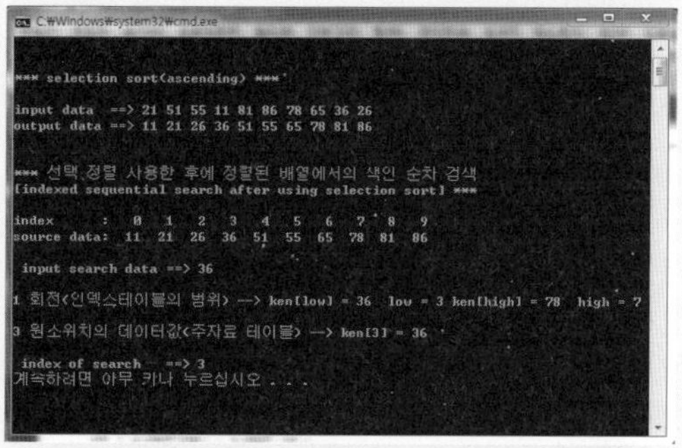

06-2 선택 정렬하고 그 선택 정렬된 배열에서의 색인 순차검색

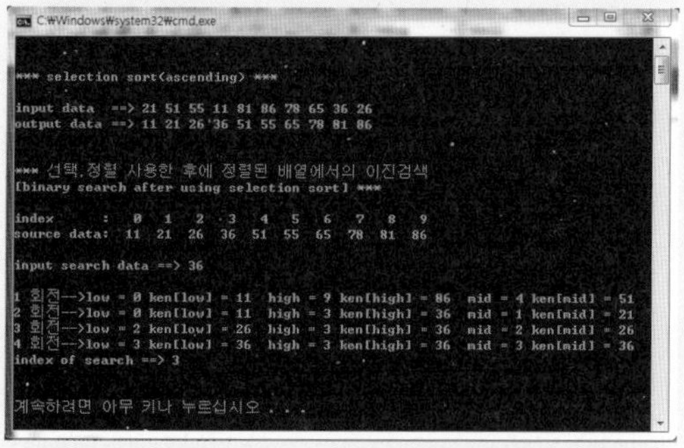

06-3 선택 정렬하고 그 선택 정렬된 배열에서의 이진 검색 결과

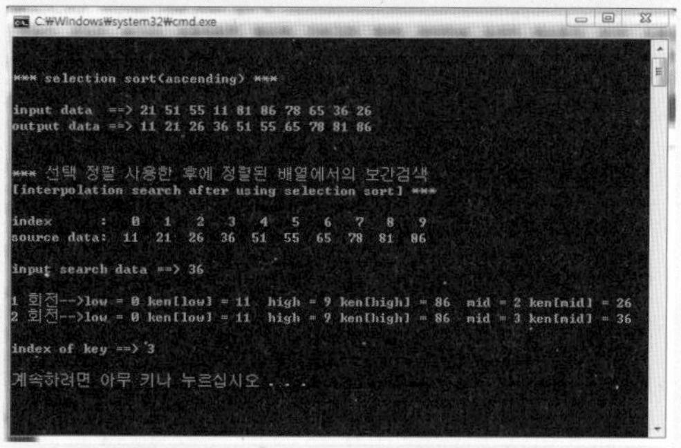

06-4 선택 정렬하고 그 선택 정렬된 배열에서의 보간 검색 결과

12

검색(SEARCH) 2

[학습 단계]

[학습 목표]

- 구조체 배열을 이용한 해싱(Hashing)에 대해서 학습한다.
- 구조체 배열을 이용한 이진 탐색 트리에서의 검색에 대해서 학습한다.
- 구조체와 포인터를 이용한 균형 이진 탐색 트리(AVL)에서의 검색에 대해서 학습한다.
- 검색 종류의 성능 분석 및 비교에 대해 알아본다.

05 _ 구조체 배열을 이용한 해싱(Hashing)

1. 해싱의 개념

(1) 해싱의 정의

키를 비교에 의해서 검색하는 것이 아니라, 직접 키가 저장된 곳을 접근하기 위하여 계산 (key-to-address-transformation)에 의해서 행하여진다. 이러한 검색 방식을 해싱(hashing)이라고 한다. 이러한 키 계산 방식은 해싱 함수(hashing function)에 의해 이루어지고, 이 함수에 의해서 계산된 주소를 해시 표(hash table)라 하며, 한 개의 주소를 버킷(bucket)이라 한다. 버킷은 여러 개의 슬롯(slot)으로 구성된다.

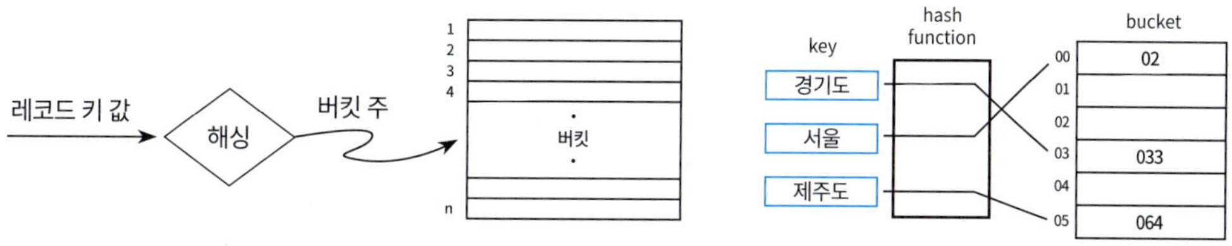

(전라도, 충청도, 강원도, 경상도 등 타 지역도 해시 함수로 계산된 지역 번호를 해시 표에 저장 가능하다.)

그림 12.1 해싱 방법과 해싱의 예

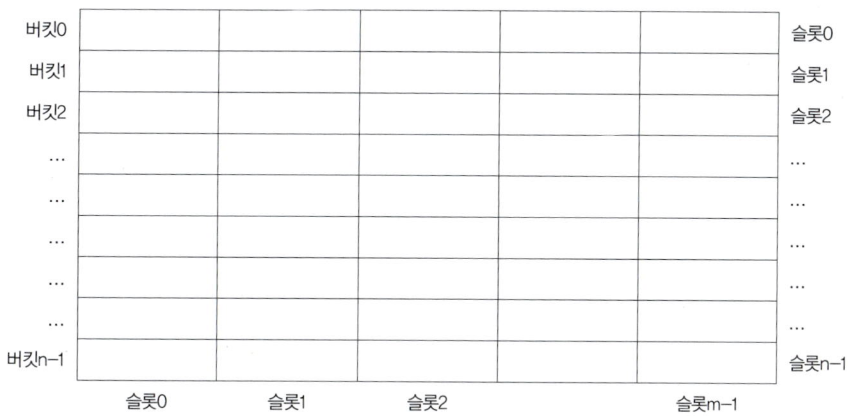

* 버킷 1개: 슬롯 m 개 있음, * 버킷 n개: 슬롯 n*m개 있음

* 1 해시 표(hash table): 버킷 n개, 슬롯 n*m개 있음

그림 12.2 해시 표와 버킷, 슬롯 구조

(2) 해싱에 관련된 용어

- **해싱 함수**(hashing function): 키 값으로부터 레코드가 저장되어 있는 주소를 산출해 낼 수 있는 함수이다. 계산이 쉽고 빨라야 하며, 충돌 횟수가 적은 함수가 이상적인 함수이다. 해시 표에 고르게 분포할 수 있도록 주소를 만들어야 한다.
- **해싱 표**(hashing table): 해싱 함수 결과로 산출된 함수 값에 해당하는 위치에 각 레코드를 기억시킨 표이며, 해싱표의 크기는 버킷 수와 동일하다.
- **버킷**(bucket): 해싱 함수에 의해 계산된 값을 데이터에 기억시키기 위해 마련된 장소를 말한다.
- **슬롯**(slot): 한 개의 레코드를 저장 할 수 있는 것으로 n개의 슬롯이 모여 하나의 버킷을 이룬다.
- **홈 주소**(home address): 해싱 함수에 의해 계산된 주소를 말한다.
- **유사 레코드**(synonym record): 같은 홈 주소를 갖는 레코드 집합이며, 동거자 또는 동의어라고도 한다.
- **충돌**(collision / clash): 서로 다른 키의 레코드가 같은 홈 주소를 갖는 경우를 말한다.
- **과잉 상태**(overflow): 해싱 함수에 의해 계산된 주소에 더 이상 레코드를 저장할 수 없을 때 오버플로우가 발생했다고 말한다. 이 때 충돌과 오버플로우의 발생으로 인하여 검색 속도를 저하시킨다.

2. 해싱의 활용

어셈블리 언어 프로그래밍에서 심벌 테이블(symbol table)을 검색(또는 탐색)할 때 사용한다. 또한, 기억 장소의 주소로 바로 접근하는 방법으로 직접 파일 구성에 이용된다. 즉, 키에서 주소로의 변환(key-to-address transformation)이다. 다른 검색 방법처럼 키 값을 비교하면서 찾는 것이 아니라 키 값에 어떤 연산을 시행하여 이 키 값이 있는 주소로 변환한다.

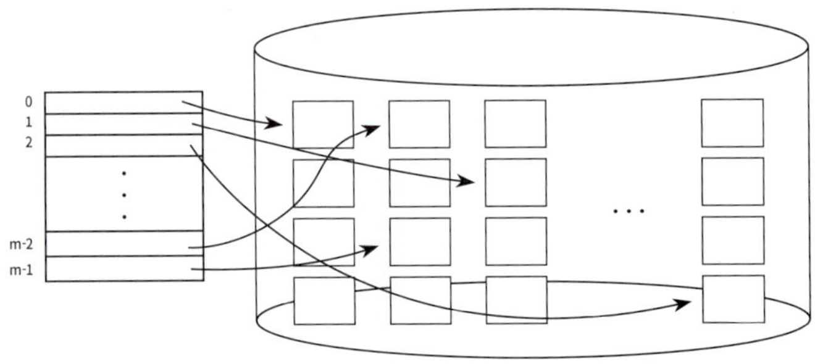

그림 12.3 해싱의 활용인 직접 파일 구성의 예

해쉬 함수는 주어진 원문에서 고정된 길이의 의사난수를 생성하는 연산기법이며 생성된 값은 '해시값'이라고 하며, 컴퓨터 암호화 기술의 일종이다. 통신회선을 통해서 데이터를 주고받을 때, 경로의 양쪽 끝에서 데이터의 해시 값을 구해서, 보낸 쪽과 받은 쪽의 값을 비교하면 데이터를 주고 받는 도중에 여기에 변경이 가해졌는지 어떤지를 확인할 수 있다. 해시 값에서 원문을 재현할 수는 없다. 예를 들면, 사용자 인증, 디지털 서명, 통신의 암호화 보조수단 등에 활용된다.

3. 해싱과 충돌의 예

충돌(collision or clash)이 1번 일어났기 때문에 해싱의 속도를 떨어뜨린다. 그러므로 충돌이 일어나면 버킷에 슬롯이 여러 개 있어야 하는데 만약 슬롯이 모두 차게 되면 자료를 저장할 수 없게 된다. 이것을 과잉 상태라 한다. 다음과 같이 5명의 성명을 해싱 방법으로 기억시키기 위하여 성명의 알파벳 순서의 합을 26으로 나눈 나머지를 해싱 함수 값으로 한다.

KEN인 경우 11(K) + 5(E) + 14(N) = 30이다. 30 / 26의 나머지(%)는 4이다.

<해싱표>

성명	성명 합	나머지
KEN	30	4
BOO	32	6
YOO	55	3
SOO	18	18
AAAA	4	4

<1개의 슬롯을 갖는 버킷>

주소	성명
1	
2	
3	YOO
4	KEN
5	
6	BOO
.	
.	
18	SOO

<2개의 슬롯을 갖는 버킷>

주소	성명	성명
1		
2		
3	YOO	
4	KEN	AAAA
5		
6	BOO	
.		
.		
18	SOO	

그림 12.4 해싱과 충돌의 예

4. 해시 함수의 종류와 연산

(1) 계수 분석법(digit analysis method)

- 구성하는 모든 키들의 키 값을 분석하여 불필요한 부분이나 중복되는 부분을 삭제하여 필요한 자릿수를 홈 주소(home address)로 선택하는 방식이다.
- **[예]** 키 자릿수 중 8, 9, 10 계수(digit)를 홈 주소로 결정한다.

표 12.1 해시 함수의 계수 분석법 예

키(key)	주소
0392-31-3254	254
0392-31-3128	128
0392-32-3735	735
0392-33-3813	813
0392-31-6416	416

(2) 제산법(division method)

- 키를 어떤 양의 정수 (소수가 무난)로 나눈 나머지를 홈 주소로 선택하는 방식이다.
- **[예]** 키 값이 12345 이고 디스크의 직접 파일(DASD) 상의 주소 기억 공간의 크기가 300일 때 상대 주소를 구하는 방법은 다음과 같다. (단, 제수는 1234)

12345 ÷ 1234 = 10 ····· 나머지 5

그러므로 상대주소는 5이다.

(3) 제곱법(mid-square method)

- 키를 제곱하고 이 값의 중간 부분의 값을 취하여 홈 주소로 선택하는 방식이다.
- 【예】 키 값이 3456 이고 필요한 주소 기억 공간의 크기가 5 자리일 때 상대주소를 구하는 방법은 다음과 같다.

  3456 × 3456 = 11943936

  이때 중심 부분 5 자리를 선택하면 94393이 상대주소가 된다.

(4) 중첩 해싱법(folding hashing method)

- 키를 여러 부분으로 나누어 각 부분의 값을 모두 더하여 홈 주소로 선택하는 방식이다.
- 중첩 해싱법에는 2가지 종류가 있다.

  이동 중첩(shift folding): 각 부분의 오른쪽 끝을 맞추어 더한 방식

  【예】 키: 234674138

  홈주소(4자리): 23 + 467 + 4138 = 4628

  경계 중첩(boundary folding): 각 부분의 경계선을 접어 더한 방식

  【예】 키: 234674138

  홈주소(4자리): 320 + 467 + 8314 = 9101

【예】 키 값이 123456789이고 필요한 주소 자리 수는 4일 때 경계 중첩 해싱에 의한 상대 주소는 다음과 같다.

1	2345	6789

1000+2345+9876 = 13221, 그러므로 3221이다.

(5) 기수 변환법(radix conversion method)

- 어떤 진법으로 표현된 키를 다른 진법으로 간주하고 키를 변환하여 홈 주소를 얻는 방식이다.
- 【예】 키 값이 38724(10진수)를 16진수로 간주하고 10진수로 그 값을 계산하면

  38724(16진수) → 231204(10진수)

  이것이 만약 크기 1000인 해시 표에 저장한다면 204가 홈 주소가 된다.

(6) 대수적 코딩법(algebraic coding method)

- 키를 이루고 있는 각 자리의 비트 수를 다항식의 계수로 간주하고 이것을 해시표의 크기로부터 정한 다항식으로 나누어 그 나머지를 홈 주소로 사용하는 방식이다.

(7) 난수 방법(pseudo random method)

- 주어진 키를 난수 계산 프로그램(random number generator) 의 초기치로 사용하여 그 난수를 홈 주소로 하는 방식이다. 주소 충돌 현상(collision)이 발생하면 그 다음 난수를 이용한다.

(8) 영문 키 방법(alphabetic key method)

- 키 자체가 영문자인 경우 각 문자에 대응하는 숫자 값을 정의하여 영문자 키에 해당되는 숫자 값으로 바꾸어 필요한 상대 주소를 산출하여 홈 주소로 하는 방식이다.

5. 과잉 상태(overflow) 처리하는 방법

주소 충돌 현상(collision)이 발생하여 더 이상 준비된 버킷(bucket) 내 키 값을 수록할 수 없는 경우에 과잉 상태(overflow)가 발생하는데, 이를 해결하는 방식에는 다음과 같은 종류가 있다.

(1) 개방 주소법(open addressing method)

잠정적으로 제한이 되지 않은 기억 공간에서 크기에 제한을 두지 않고 저장되도록 하는 방법이다.

- **선형 방법**(linear method): 키의 홈 주소가 이미 다른 레코드가 저장되어 있으면 이 주소와 물리적으로 인접한 다음 주소에 저장하는 방법이다. 이 경우 제 1 밀집(1st clustering) 현상이 발생할 수도 있다.

  【예】 예를 들면, R = (F, A, F2, A2, D, C, A3, B)에서 해싱의 과잉 상태 해결 방법 중 하나인 배열을 이용한 선형 방법으로 12개의 버킷(1슬롯/버킷)에 저장하는 과정은 다음과 같다.

〈H〉

	H	
1	A	②
2	A2	④
3	C	⑥
4	D	⑤
5	A3	⑦
6	F	①
7	F2	③
8	B	⑧
9		
10		
11		
12		

① 1단계	해시 함수 f(x)는 X의 첫째 문자라고 가정한다. 처음에 f(F) = 6 (알파벳 수 26으로 나눈 나머지)이므로 해시 표 H(6)에 저장한다.
② 2단계	f(A) = 1이므로 해시 표 H(1)에 저장한다.
③ 3단계	f(F2) = 6이므로 이미 해시 표 H(6)에는 차있으므로 인접한 H(7)에 저장한다.
④ 4단계	f(A2) = 1이므로 이미 해시 표 H(1)에는 차있으므로 인접한 H(2)에 저장한다.
⑤ 5단계	f(D) = 4이므로 해시 표 H(4)에 저장한다.
⑥ 6단계	f(C) = 3이므로 해시 표 H(3)에 저장한다.
⑦ 7단계	f(A3) = 1이므로 이미 해시 표 H(1)에는 차있으므로 인접한 H(5)에 저장한다.
⑧ 8단계	f(B) = 2이므로 해시 표 H(2)에 저장하려고 하니 이미 차 있으니 인접을 계속 찾게 되고 H(8)에 저장한다.

- **난수 처리 방법**(random method): 충돌이 일어난 경우 난수계산 프로그램에 의하여 얻은 수를 충돌된 주소에 더하여 후속 주소로 하는 방법이다.
- **이차식 방법**(quadratic method): 충돌이 일어난 경우 이미 정해진 계수를 갖는 이차식의 계산 값을 충돌된 주소에 더하여 후속 주소로 하는 방법이다.
- **이차 계수 처리 방법**(quadratic quotient method): 이차식 방법과 비슷하다. 이차항의 계수를 키 값으로부터 산출되는 몫으로 바꾼 것이 다르고 그 이외는 동일하다.

(2) 연쇄 방법(chaining method)

충돌이 발생하는 경우 연결 리스트를 이용하여 보관하는 방법이다. 직접(direct), 간접(indirect) 방법이 있다. 전자는 해시표의 유사레코드(synonym record)들을 링크(link)하는 방법이고, 후자는 과잉 상태(overflow) 공간을 별도로 확보 설정하여 링크 리스트를 유지하는 방법이다.

[예] R = (F, A, F2, A2, D, C, A3, B)에서 해싱의 과잉 상태 해결 방법 중 하나인 연결 리스트를 이용한 연쇄 방법으로 저장하는 과정은 다음과 같다.

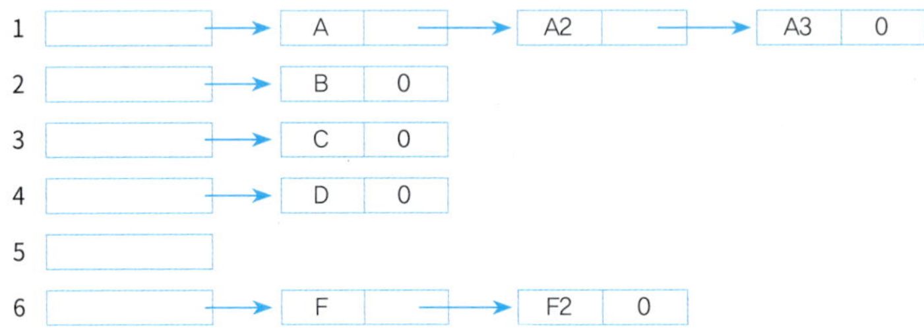

(3) 과잉 상태 공간 처리 방법(overflow space method)

충돌이 발생하는 경우 링크 화 하지 않고 단순히 과잉 상태(overflow) 영역에 저장하는 방법으로 overflow가 적은 경우에 유리하다.

(4) 재 해싱(rehashing method) 또는 이중 해싱법(double hashing)

충돌이 발생하는 경우 또 다른 새로운 해싱 함수를 적용하여 새로운 홈 주소를 계산하는 방법이다. 즉, 두 번의 해싱이 이루어지는 방법이다.

[예] 크기가 7인 해시 표에서 첫 번째 해시 함수로 h(k) = k mod 7을 사용하고 두 번째 해시 함수로 step = 5 − (k mod 5)를 사용한다고 가정하면, (26, 48, 55, 43, 29) 순으로 키 값을 저장하는 과정은 다음과 같다.

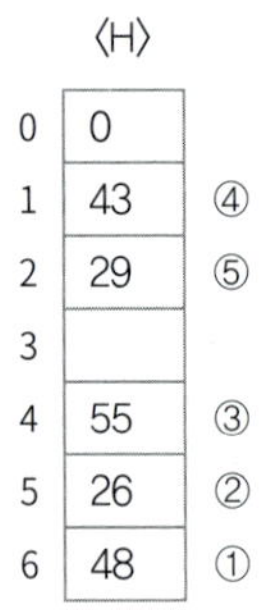

① 1단계	h(26) = 26 mod 7 = 5이므로 5번 주소에 저장한다.
② 2단계	h(48) = 48 mod 7 = 6이므로 6번 주소에 저장한다.
③ 3단계	h(55) = 55 mod 7 = 6이므로 6번 주소에 저장하려고 하니 이미 48이 저장되어 있으므로 충돌이 발생한다. h(k) = (h(k) + 5 − (k mod 5)) mod 7 h(55) = (h(55) + 5 − (55 mod 5)) mod 7을 사용한다 h(55) = (6+ 5 − 0) mod 7 = 4를 구한다. 4번 주소에 저장한다.
④ 4단계	h(43) = 43 mod 7 = 1이므로 1번 주소에 저장한다.
⑤ 5단계	h(29) = 29 mod 7 = 1이 구해졌으나 이미 43이 저장되어 있기 때문에 h(29) = (h(29) + 5 − (29 mod 5)) mod 7을 사용한다 h(29) = (1 + 5 − 4) mod 7 = 2이므로 2번 주소에 저장한다.

6. 해싱 분석

① **평균 검색장:** $L=\frac{1}{1-a}$ **(단, 적재 계수** $a=\frac{k}{n}$ **, k: 자료의 크기 n: 기억 공간의 크기)**

(a) **적재 계수**(loading factor)

적재 계수란 검색될 확률, 즉 레코드의 위치를 찾기 위해 행해져야 할 조사의 확률이다.

적재 계수 $a=\frac{k}{n}$(단, k 〈 n)

단, k: 버킷의 개수, 즉 저장되는 자료의 개수

n: 한 해시 표에 저장되는 전체 자료의 개수

(b) **평균 검색장**

$$L=\sum_{i=0}^{n} i \cdot a^{i-1}(1-a) \quad (a^{i-1}(1-a)\text{: i번의 비교 후에 레코드의 위치를 찾게 될 확률})$$

$$=\frac{1-a}{(1-a)^2}=\frac{1}{1-a}$$

【예】 해싱 함수로 고안된 파일에서 20,000 개의 자료를 저장하는데 40,000개의 기억 공간을 사용했을 때 평균 검색장은 다음과 같다.

적재 계수 $a=\frac{k}{n}=\frac{20,000}{40,000}=0.5$

평균 검색장 $L=\frac{1}{1-a}=\frac{1}{1-0.5}=2$

② **자료를 저장할 때 해시 주소(hash addressing) 방법을 이용하면서 시스템 분석가가 주의해야 할 요인은 다음과 같다.**

ⓐ 버킷의 크기

ⓑ 오버플로우 처리

ⓒ 응답시간

7. 해싱의 특징

해싱은 각 레코드의 키 값을 비교해서 찾는 번거로움이 없고, 다른 검색 방법보다 많은 기억 장소를 차지하지만 과잉 상태가 발생하지 않으면 원하는 레코드를 단 한 번의 접근(access)으로 찾을 수 있는 장점이 있어서 여러 가지 검색 방법 중 속도가 빠르다. 그러나 모든 레코드의 키 값을 수치 형태로 바꾸어야 하며, 적절한 해싱 함수를 구해야 할 뿐만 아니라 계산된 주소의 중복(충돌) 문제를 해결해야 하므로 충돌 현상이 많을 경우 오버 플로우를 해결해야 하는 부담이 과중되며, 많은 기억 공간을 요구하게 된다. 삽입과 삭제가 빈번한 자료 처리에 적합하지만, 오름차순 또는 내림차순의 자료를 얻기는 힘들다. 자료 탐색(probe) 횟수가 작다. 충돌이 발생했다 하더라도 반드시 오버플로우가 발생하지는 않는다. 즉, 버킷의 크기에 의존한다. 해싱은 함수에 의해 구해지므로 기억 공간(해시표)에 관계없이 일정한 접근 속도를 갖는다.

표 12.2 해싱의 장점과 단점

(1) 장점	·검색 방식 중에서 속도가 가장 빠르다. ·각 레코드들을 직접 접근(access) 할 수 있다. ·비순차 파일에 대한 수정(update)이 용이하다. ·레코드 실제 키 값과 DASD 상의 물리적 주소변환이 용이하다.
(2) 단점	·주소 충돌 현상(collision) 이 많이 발생할 경우 과잉 상태(over flow) 처리가 많아지며, 기억 장소가 많이 낭비 된다. ·주소 충돌 현상(collision) 이 가장 적게 발생하는 방법을 개발해야 한다. ·주소 충돌 현상이 발생될 때 신속히 처리하는 방법을 결정해야 한다.

8. 해싱의 C 언어 프로그래밍 실습 예

실습 12.1

구조체 배열과 해싱함수를 이용하여 필요한 데이터를 검색하는 프로그램을 작성하시오(충돌 고려할 것).

【출력】

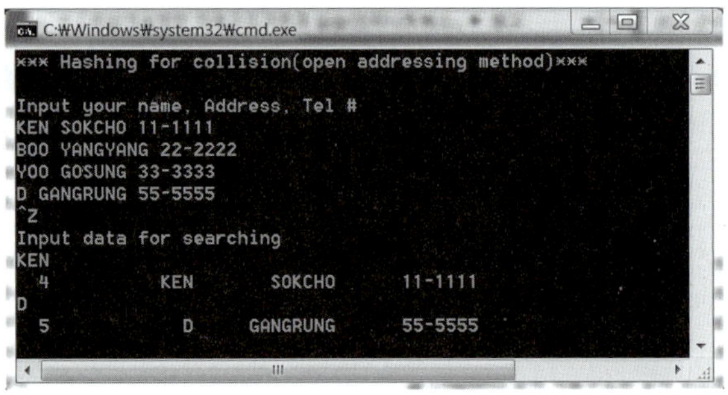

【처리조건】

① 검색 시 해싱 함수 이용하는데 KEN 데이터인 경우에 A를 1로 각 알파벳의 순서 숫자를 전부 합하여 26으로 나눈 나머지를 해싱함수로 이용한다.

【예】 YOO인 경우: 25(Y) + 15(O) + 15(O) =

55 % 26 = 3

② 충돌을 고려할 것

【예】 KEN인 경우: 11(K) + 5(E) + 14(N) =

30 % 26 = 4

D인 경우: 4(D) = 4 % 26 = 4

③ 충돌을 고려한 해결 방안은 개방 주소법 중의 선형 방법(linear method)을 사용할 것

【입력】

```
*** Search by Hashing Function ***
Input your name, Address, Tel #
KEN SOKCHO    11-1111  ─┐
BOO YANGYANG 22-2222    │
YOO GOSUNG    33-3333   ├──→ 키보드 받는 부분
D   GANGRUNG 55-5555   ─┘
^Z
Input data for searching
```

```
KEN                         → 키보드 받는 부분
  4      KEN      SOKCHO      11-1111
D                           → 키보드 받는 부분
  5      D        GANGRUNG    55-5555
^Z
```

[프로그램: c_12_1.C]

```c
#include <stdio.h>
#include <string.h>

#define SLOTSIZE 100
#define MOD 26

int hashing(char *);

struct id
  {
    char name[10];
    char address[10];
    char telno[10];
    int flag;
  } std[SLOTSIZE];

main()
{
   int k;
   char ken[10], boo[10], yoo[10];


   printf("*** Hashing for collision(open addressing method)***\n\n");
   printf("Input your name, Address, Tel #\n");
   while (scanf("%s %s %s", ken, boo, yoo) !=EOF) {
       k=hashing(ken);
       while (std[k].flag==1 && k<SLOTSIZE)
          k++;
       if (k<SLOTSIZE) {
          strcpy(std[k].name, ken);
          strcpy(std[k].address, boo);
          strcpy(std[k].telno, yoo);
          std[k].flag=1;
        }
       else
            printf("table full!!\n");
    }

   rewind(stdin);
```

```
40
41 printf("Input data for searching\n");
42    while (scanf("%s", ken) != EOF) {
43        k=hashing(ken);
44        while (strcmp(ken, std[k].name) != 0 && k<SLOTSIZE)
45           k++;
46        if (k<SLOTSIZE)
47          printf("%3d%13s%13s%13s\n",k,std[k].name,std[k].address,std[k].telno);
48        else
49       printf("search data not found!!!\n");
50      }
51 getchar();
52 }
53
54 int hashing(char *str)
55 {
56    int n, m=0, i;
57
58    n = strlen(str);
59    for(i=0; i<n; i++)
60       m += (str[i] - 'A' + 1);
61    m = m % MOD;
62    return m;
63 }
```

【해설】

14. 표시(flag) 항목이다. 1을 저장하면 슬롯에 데이터가 저장되어 있고 충돌이 발생한 상태를 표시한다.

27-28. 충돌이 발생하면 개방 주소법 중의 선형 방법(linear method)을 사용한다. 즉, 키의 홈 주소가 이미 다른 레코드가 저장되어 있으면 이 주소와 물리적으로 인접한 다음 주소에 저장하는 방법이다. 그러므로 k의 값을 1증가시킨다.

29-33. 저장하려는 k의 값이 슬롯의 크기보다 작으면 입력받은 3개의 데이터(이름(name), 주소(Address), 전화번호(Tel))를 구조체 배열을 이용하여 해시 표에 저장한다.

36. 그렇지 않으면 해시표가 꽉 차 있어서 메시지를 화면에 출력한다는 의미이다.

44. k의 값이 0이 아니고(1이면), 슬롯의 크기보다 작으면 충돌이 발생된 것이므로 1증가시킨다.

46-47. 슬롯의 크기가 될 때까지 검색하여 있으면 화면에 출력하거나 충돌된 자료는 1증가된 값이고, 화면에 출력한다.

49. 슬롯의 크기가 될 때까지 검색하여 없으면 검색할 자료가 발견되지 않는다 라는 메시지를 화면에 출력한다.

06 _ 구조체 배열을 이용한 이진 탐색 트리에서의 검색

정렬과 검색은 밀접한 관계가 있다. 잘 정렬되어 있는 자료구조에서 검색을 잘 할 수 있다. 이진 탐색 트리에서도 정렬과 검색은 밀접하게 연관되어 있다. 이진 탐색 트리(또는 이진 검색 트리)에 대한 좀 더 자세한 정렬은 [제10장]에서 기술한다.

1. 이진 탐색 트리(Binary Search Tree)의 개념

이진 탐색 트리(Binary Search Tree)는 효율적인 검색을 위하여 원소 크기에 따라 노드 위치를 정의한 자료구조이다. 공백이 가능한 이진 트리이다. 만일, 공백이 아니면서 각 노드 n이 다음과 같은 특성을 만족하면 이진 탐색 트리이다.

- 모든 원소의 키는 유일한 값을 가진다.
- 왼쪽 서브 트리 키들은 그 서브 트리의 루트 키보다 작다.
- 오른쪽 서브 트리 키들은 그 서브 트리의 루트 키보다 크다.
- 왼쪽과 오른쪽 서브 트리도 이진 탐색 트리이다.

2. 이진 탐색 트리(BST: Binary Search Tree)의 예

8개의 입력레코드 (4,2,10,8,3,1,15,6)에서 이진 검색 트리를 구성하는 방식은 다음 그림과 같다.

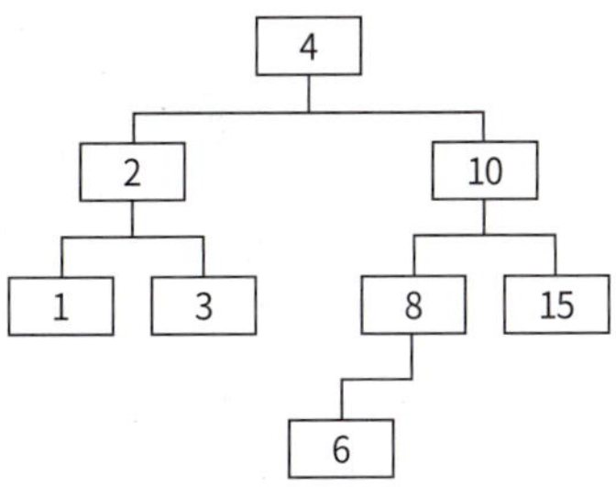

* 4: 근 노드, 2: 4의 왼쪽 자 노드(2 < 4), 10: 4의 우측 자 노드 (4 < 10)
1: 2의 왼쪽 자 노드(1 < 2), 3: 2의 우측 자 노드 (2 < 3)
8: 10의 왼쪽 자 노드(8 < 10), 15: 10의 우측 자 노드 (10 < 15)
6: 8의 왼쪽 자 노드(6 < 8)
⟶ 검색 효율이 좋다.

그림 12.5 이진 탐색 트리의 생성 예

3. 이진 탐색 트리(BST: Binary Search Tree)의 알고리즘(가상 코드)

(1) 이진 탐색 트리의 구성 연산

이진 탐색 트리의 노드의 구성 배열은 다음과 같은 절차로 한다.

【AL 12_1 : 이진 탐색 트리의 구성 알고리즘】

이진 탐색 트리 T는 각 노드가 1개 키를 갖는 트리로서 각 노드의 키 값이 다음과 같이 구성된다.

① 첫 번째 요소는 근 노드로 한다.

② 두 번째 요소부터는 노드와 비교하여 작으면 왼쪽 서브 트리, 크면 오른쪽 서브 트리의 자 노드와 비교한다.

③ ②를 순환적으로 하여 더 이상 비교 원소가 없는 곳에 자료를 삽입한다.

- **분석**

① 파일을 이진 검색 트리(binary tree search)로 구성하면 검색 시간이 이진 검색(binary search)과 같은 $O(\log_2 n)$으로 되고, 차후에 새로운 레코드를 삽입하거나 제거할 때 배열(연접 리스트)보다 편리하게 처리될 수 있다.

② 높이가 h일 때 연산 시간은 O(h)이다.

③ n개의 원소를 갖는 이진 탐색 트리의 높이:

– 최악의 경우: n

– 평균의 경우: $O(\log_2 n)$

④ 요구되는 기억 공간은 2n이다.

(2) 이진 탐색 트리에서의 검색(또는 이진 트리 검색) 연산

【AL 12_2 : 이진 탐색 트리에서의 검색 알고리즘】

```
01 procedure searchBST(A, T, K, i)
02             /* 정렬되어있는 키 값 A1,A2,...,An인 파일에서 K인 레코드를 찾는 이진 트리 검색 */
03    i ← T
04    while i ≠ 0 do
05        case
06           : K > Ai: i ← RLINK(i)
07           : K < Ai: i ← LLINK(i)
08           : K = Ai: return
09        end case;
10    repeat;
11 end searchBST()
```

【해설】

04. T는 근 노드를 나타낸다.

05. 이진 트리 검색은 첫째 K를 루트와 비교한다.

06. 만약 K>루트이면 오른쪽으로 검색한다.

07. K<루트이면 왼쪽으로 검색한다.

08. K=루트이면 검색이 끝난다.

- **분석**

① 평균 검색장: $L \fallingdotseq 1.4\log_2 n$(n: 이진 검색 트리의 노드 수)

$$L \le 2\log_e n \le 1.386\log_2 n \fallingdotseq 1.4\log_2 n$$

② 특징

- **장점**: 검색 효율과 갱신(삽입과 삭제 연산)이 용이하다.
- **단점**: 입력 자료 순서에 검색 트리가 형성되므로, 검색 트리를 균형화해야 하는 불편한 점이 있다.

4. 이진 탐색 트리(BST: Binary Search Tree)의 C 프로그래밍 실습

실습 12.2

구조체 배열을 이용하여 이진 탐색 트리를 표현한 후에 검색하는 프로그램을 작성하시오.

[출력]

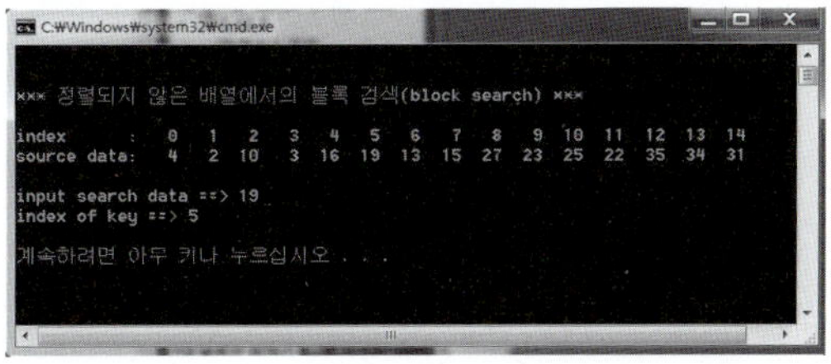

[입력]

① 검색 키는 찾고자 하는 데이터를 입력하면 출력된다.

② 만일 없는 데이터를 입력하면 '찾지 못함!!'를 출력한다.

[처리조건]

① 초기 데이터는 구조체 배열을 선언하여 이진 탐색 트리 구성할 것

노드의 주소	LCHILD	DATA	RCHILD
0	0	0	0
1	2	10	3
2	4	8	5
3	0	12	6
4	0	7	0
5	0	9	0
6	7	18	0
7	0	14	0

*0은 null pointer

② 키보드 입력받는 함수는 scanf() 함수 사용할 것

③ 반드시 이진 트리 검색(이진 탐색 트리에 서의 검색)을 이용하여 검색할 것

[프로그램: c_12_2.c]

```
#include <stdio.h>

struct bst_search
      {
    int lchild;
    int item;
    int rchild;
      };

struct bst_search tree[9] = {{0,0,0}, {2,10,3}, {4,8,5},
                             {0,12,6}, {0,7,0}, {0,9,0},
                             {7,18,0}, {0,14,0}};
```

```
13
14 void s_BST(int);
15
16 void main()
17 {
18   int k;
19
20   printf("\n\n******** 이진트리검색(이진탐색트리에서의 검색) ********\n\n");
21   for(k=1; k<8; k++)
22     printf("%3d ", tree[k].item);
23   printf("\n\n검색 키: ");
24   scanf("%d", &k);
25   s_BST(k);
26   getchar();
27 }
28
29 void s_BST(int ken)
30 {
31   int boo=1, flag=0;
32
33   while(boo !=0 && !flag) {
34       if(tree[boo].item == ken) {
35           flag=1;
36           break;
37       }
38       else if (ken > tree[boo].item) boo=tree[boo].rchild;
39       else boo=tree[boo].lchild;
40   }
41   if(flag==1)
42       printf("\n순서==> %d 번째, 발견 키==> %d\n", boo, ken);
43   else
44       printf("\n\n찾지 못함!! ==> %d\n", ken);
45 }
```

【해설】

03-08. 구조체 선언이다.

10-12. 구조체 배열 선언이다.

21-22. 구조체 배열을 화면에 출력한다.

24. 찾고자 하는 데이터를 입력받는다.

25, 29-45. 키 값이 k인 레코드의 번호를 찾는다.

33. 이진 트리 검색은 첫째 구조체 배열에서의 데이터와 k를 비교한다.

34-36. K = 구조체 배열에서의 데이터이면 검색이 끝난다. 표시(flag)에 1을 저장한다.

38. 만약 k>구조체 배열에서의 데이터이면 오른쪽으로 검색한다.

39. K<구조체 배열에서의 데이터이면 왼쪽으로 검색한다.

42. 발견한 데이터가 있으면 화면에 순서와 발견키를 출력한다.

44. 발견한 데이터가 없으면 화면에 '찾지 못함'이라고 출력한다.

07 _ 구조체와 포인터를 이용한 균형 이진 탐색 트리(AVL)에서의 검색

1. AVL 트리의 개념

AVL 트리는 전체 트리의 구조가 균형이 맞도록 하여 탐색 시간을 줄이는 이진 트리이다. 이진 탐색 트리(AVL)에가 균형을 이루기 위해서는 근 노드의 오른쪽 서브 트리와 왼쪽 서브 트리의 각 높이(무게)가 K 이하의 차이를 만족하는 조건을 가지고 있어야 한다. 이 때 K의 값 1,2,3,...에서 K=1일 때 Adelson-Velski와 E.M Landi 가 처음으로 정의한 이진 탐색 트리이다. 즉, 트리 구조가 한쪽으로 쏠리는 것을 막자는 것이 가장 기본적인 개념이다. 1962년 G.M Adelson-Velski와 E.M Landi 두 사람의 이름 첫 글자를 모아 AVL 트리라고 이름 지어졌다.

2. AVL 트리와 균형 인수

AVL 트리는 높이가 균형을 이루는 트리이며, 트리의 깊이가 $O(\log_2 n)$을 보장해야만 하는 균형 조건(balanced condition)을 가지는 이진 탐색 트리로서 평균 검색 시간을 줄이기 위하여 왼쪽과 오른쪽 서브 트리의 높이가 1이상 차이가 나지 않도록 균형된 형태를 유지해야 한다.

이 때 각 노드에 대한 균형 인수(BF: Balanced factor)는 왼쪽 서브 트리의 높이(HL)에서 오른쪽 서브 트리의 높이(HR)에 대한 차가 모든 노드에 대해서 −1, 0 또는 1을 가지게 된다. 즉, $|HL - HR| \leq 1$을 만족하는 이진 트리를 AVL 트리라고 한다.

TIP _ 균형 상태와 불균형 상태

입력 데이터 파일의 이진 탐색 트리의 구성에 따라 검색 시간이나 비교 횟수는 경로의 길이에 영향을 받는다. 따라서 구성된 이진 탐색 트리의 형태는 크게 두 가지로 나눌 수 있다.

(1) 균형(balanced) 상태

이진 트리의 생성에서 어느 정도 균형을 유지하면 점차적으로 검색 횟수를 줄일 수 있는 데 근 노드를 중심으로 왼쪽 서브 트리와 오른쪽 서브 트리가 대칭을 이루며, 단 노드들의 레벨이 거의 같은 가장 좋은 이진 탐색 트리를 말한다.

(2) 불균형(unbalanced) 상태

이진 트리가 대칭을 이루지 못한 상태로 검색 길이가 더 길고, 갱신 속도가 더 느리다.

3. AVL 트리의 예

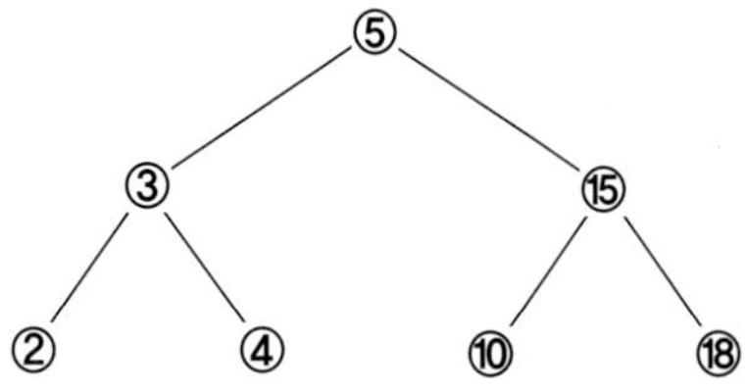

(1) (균형 상태의 예)

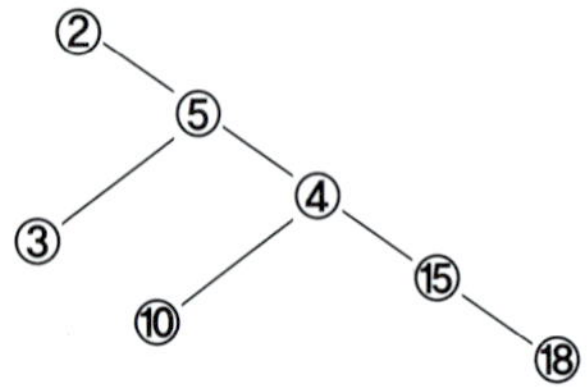

(2) (불균형 상태의 예)

BF	노드 2	노드 3	노드 4	노드 5	노드 10	노드 15	노드 18
(1)	0	0	0	0	0	0	0
(2)	–4	0	–1	–2	0	–1	0

그러므로 (1)은 조건을 만족한다. (2)은 조건을 만족하지 않는다.

(1) (균형 상태의 예) – AVL임

(2) (불균형 상태의 예) – AVL 아님. 회전(rotation)이라는 재구성 방법을 사용하여 항상 트리의 높이를 균형되게 맞춰야 한다.

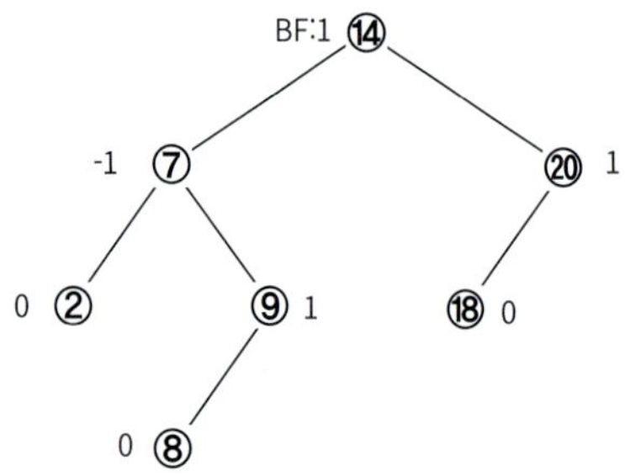

(3) (AVL)

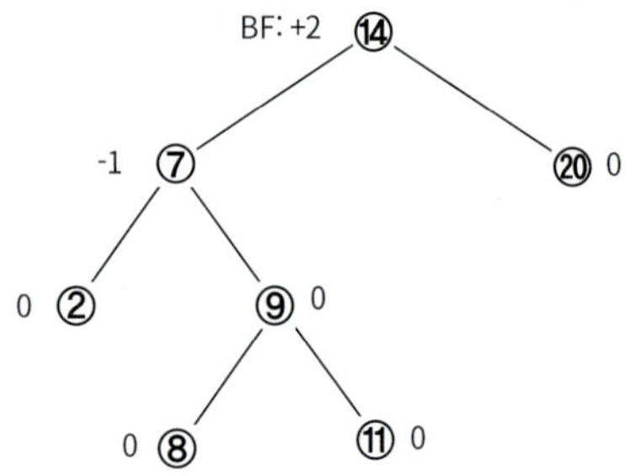

(4) (불균형 이진 트리)

(3) 각 노드에 대한 균형 인수(BF: Balanced factor)는 왼쪽 서브 트리의 높이(H_L)에서 오른쪽 서브 트리의 높이(H_R)에 대한 차가 모든 노드에 대해서 –1, 0 또는 1을 가지게 된다.

(4) +2가 있기 때문에 AVL 조건에 맞지 않는다. 회전(rotation)이라는 재구성 방법을 사용하여 항상 트리의 높이를 균형되게 맞춰야 한다.

그림 12.6 AVL의 예

4. AVL 트리의 회전 연산의 예

(1) AVL의 회전 연산

회전(rotation)이라는 재구성 방법을 사용하여 항상 트리의 높이를 균형되게 맞춰야 한다. AVL의 노드의 회전 연산에는 4가지 유형이 있다. RR 유형과 LL 유형은 1번 회전하는 단일 회전(single rotation)이며, 검색 순서를 유지하면서 부모 노드와 자식 노드의 위치를 교환한다. RL 유형과 LR 유형은 2번 수행하는 이중 회전(double rotation)이다. RL 유형은 LL 회전, RR 회전을 하며, LR 유형은 RR회전, LL회전을 한다.

유형	회전 전	회전 후	내용
RR 회전	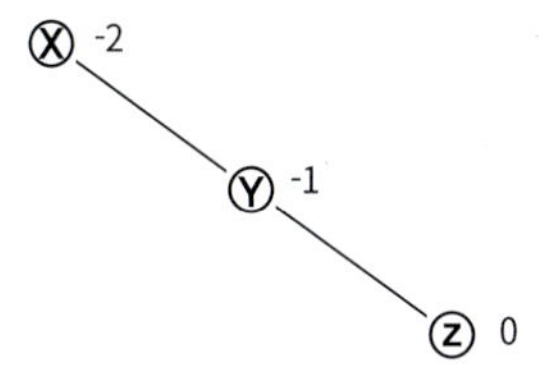	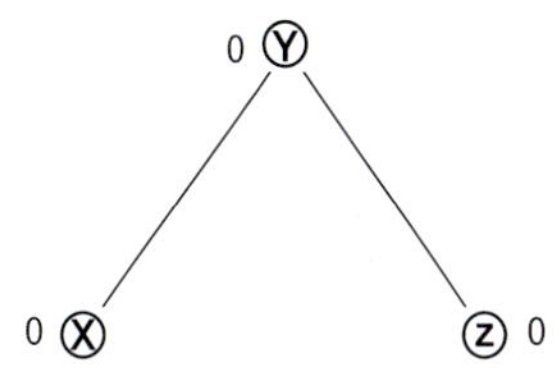	트리에 x,y,z 순으로 삽입을 하게 되면 노드 y의 오른쪽 자식에 z가 삽입되면서 루트 x를 기준으로 오른쪽 서브 트리의 높이가 증가한다. 그러면 균형 인수가 –2가 되는데 이를 RR 회전(유형)이라고 한다. 이 경우에는 문제 구간 중 중상위 구간을 왼쪽 회전을 시키면 다시 균형이 회복된다.
LL 회전	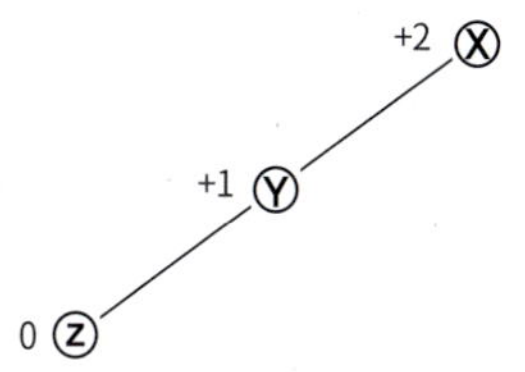	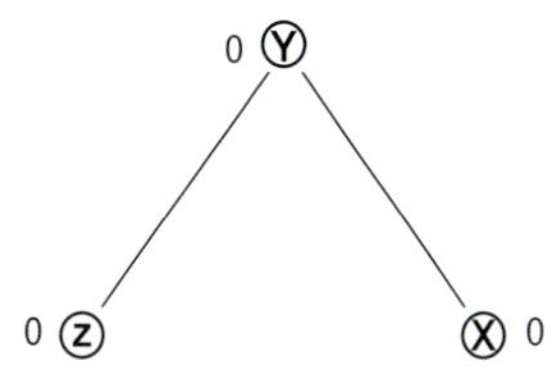	트리에 x,y,z 순으로 삽입을 하게 되면 노드 y의 왼쪽 자식에 z가 삽입되면서 루트 x를 기준으로 왼쪽 서브 트리의 높이가 증가한다. 그러면 균형 인수가 +2가 되는데 이를 LL 회전(유형)이라고 한다. 이 경우에는 문제 구간 중 중상위 구간을 오른쪽 회전을 시키면 다시 균형이 회복된다.
RL 회전	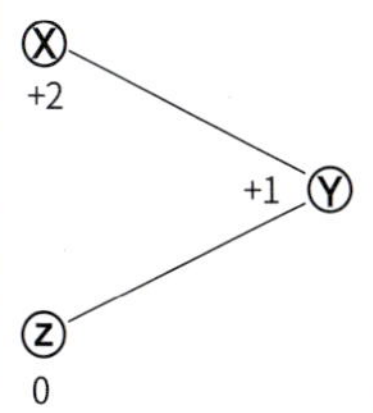 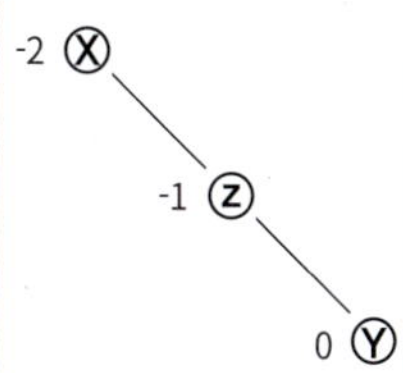	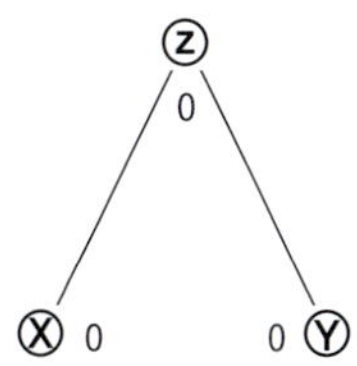	RL 유형은 조상 노드인 x의 오른쪽 서브 트리인 y의 왼쪽 서브 트리에 z가 삽입되면서 발생한다. RL 불균형을 바로 잡기 위해서는 문제 구간 중 하위 구간을 회전을 두 번 해야 하는데 먼저 LL 회전을 한 후에 RR 회전을 시켜야 한다.
LR 회전	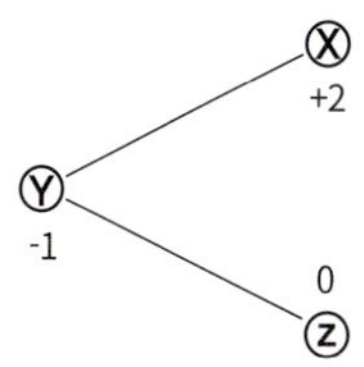 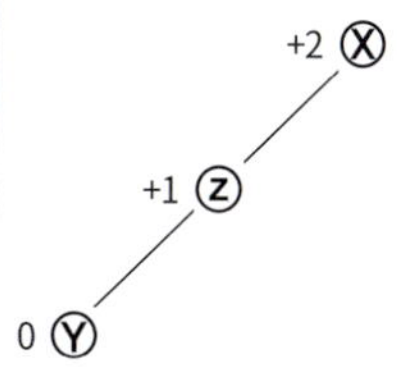	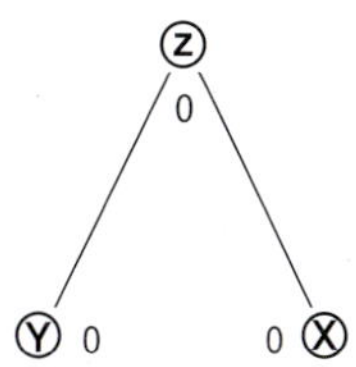	LR 유형은 조상 노드인 x의 왼쪽 서브 트리인 y의 오른쪽 서브 트리에 z가 삽입되면서 발생한다. LR 불균형을 바로 잡기 위해서는 문제 구간 중 하위 구간을 회전을 두 번 해야 하는데 먼저 RR 회전을 한 후에 LL 회전을 시켜야 한다.

그림 12.7 AVL 트리 회전의 유형

(2) AVL 트리의 삽입 연산(회전 연산 포함)의 예

예를 들어, 초기 파일을 구성하는 레코드 들이 (45, 26, 11, 15, 57, 33, 41, 39, 6, 23, 21)일 때, 레코드 키 값 45를 근 노드로 하여 이진 탐색 트리를 구성할 경우 새로운 레코드를 트리에 삽입할 때마다 AVL 트리 특성을 유지하기 위하여 회전을 적용하여 이진 탐색 트리를 만드는 과정은 다음과 같다.

1 단계	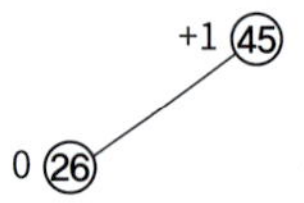	단 노드 옆의 숫자는 균형 인수를 의미한다. 근 노드 45 다음의 노드인 26은 AVL 특성을 유지하면서 삽입된다.
2 단계	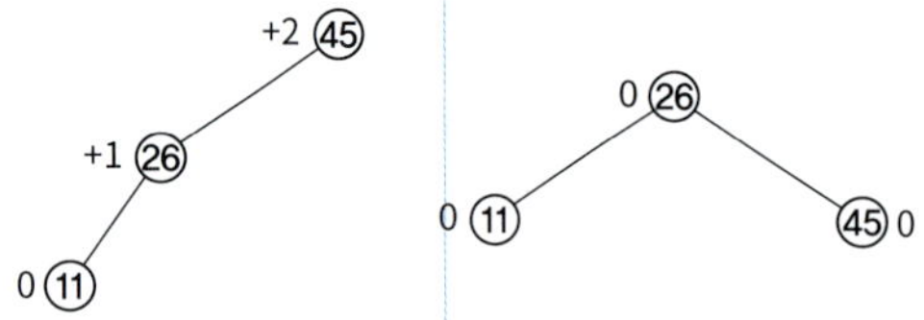	그러나 다음 레코드 키 값인 11을 삽입하면 AVL 특성이 파괴되는 불균형 트리를 생성하므로, 근 노드인 45에 LL 회전 방식을 적용하여 불균형을 제거한다.
3 단계	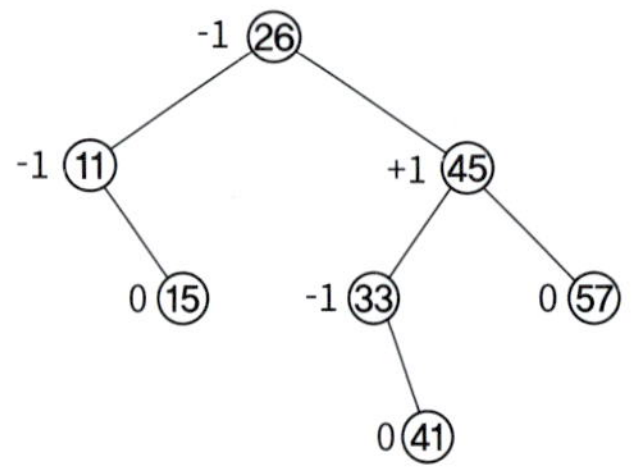	다음으로 4개의 레코드 키 값인 15, 57, 33, 41이 순서대로 삽입된다.
4 단계	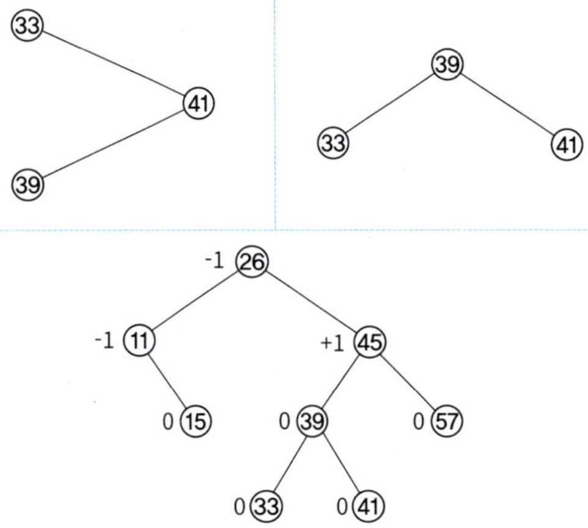	RL 회전을 하기 위해서 먼저 LL 회전을 하고 RR 회전을 한다.
5 단계	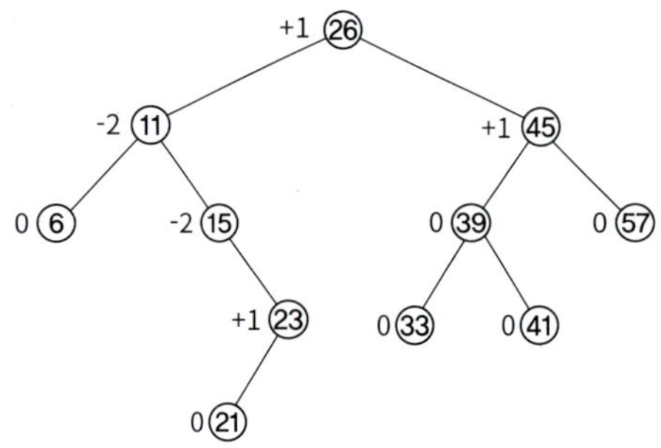	두 개의 레코드 키 값인 6과 23이 회전 없이 삽입된다.

6 단계

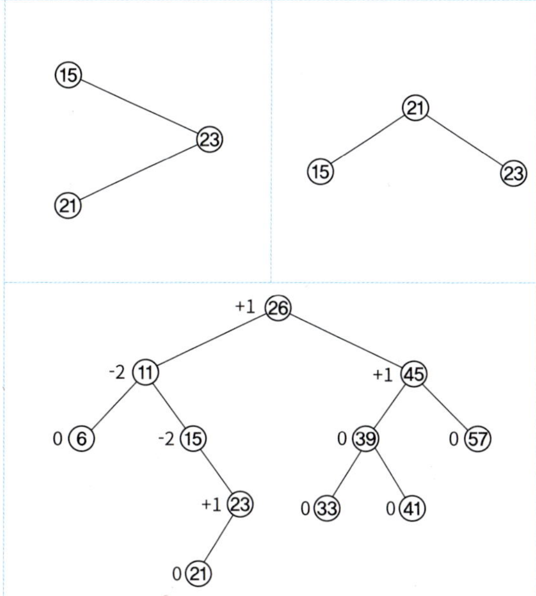

마지막 레코드인 21을 트리에 삽입할 경우 노드 15를 근 노드로 하는 서브 트리가 불균형이 되므로 RL회전 방식을 적용하여 불균형을 제거한 상태의 최종 AVL 트리가 된다.

그림 12.8 AVL 트리 삽입 연산(회전 포함) 과정의 예

(3) AVL 트리의 삭제 연산(회전 연산 포함)의 예

예를 들어, 다음 AVL 트리에서 노드 11을 삭제하는 과정은 다음과 같다.

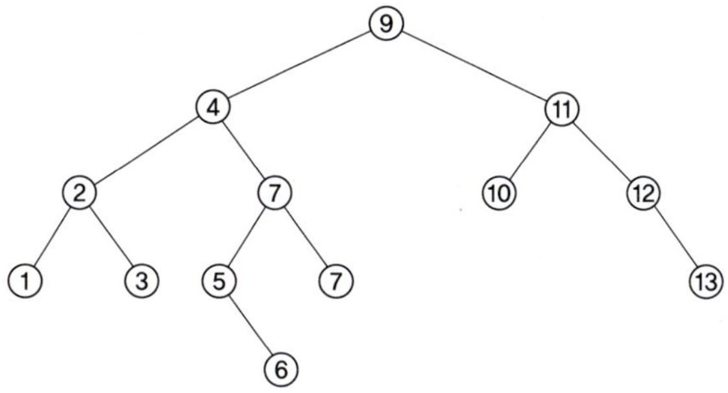

1 단계

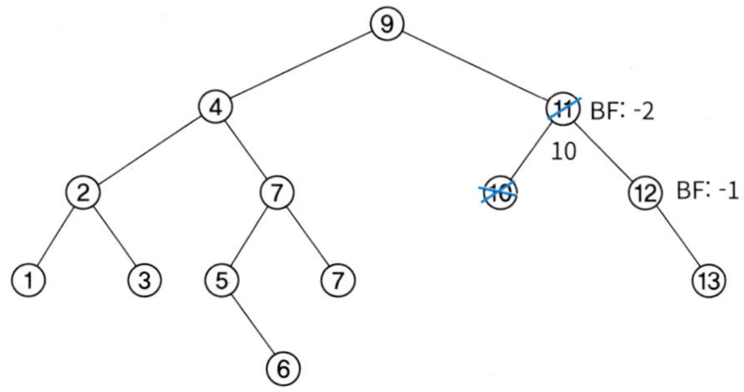

단 노드 옆의 숫자는 균형 인수(BF)를 의미한다.
11을 삭제하면 AVL 특성을 유지하면서 삭제해야 한다.

2 단계	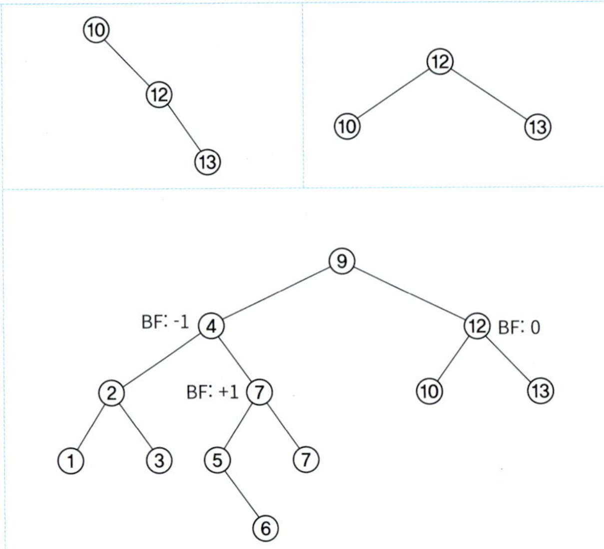	그러나 다음 레코드 키 값인 11을 삭제하면 AVL 특성이 파괴되는 불균형 트리를 생성하므로, 10, 12, 13에 대하여 RR 회전 방식을 적용하여 불균형을 제거한다.
3 단계	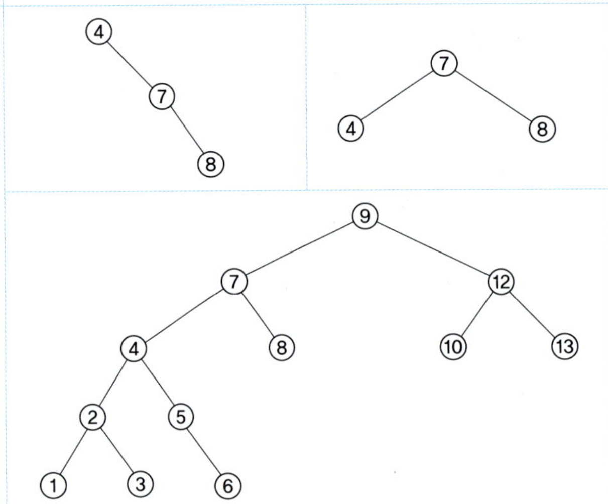	4,7,8에 대하여 RR 회전 방식을 적용하여 불균형을 제거한다.
4 단계	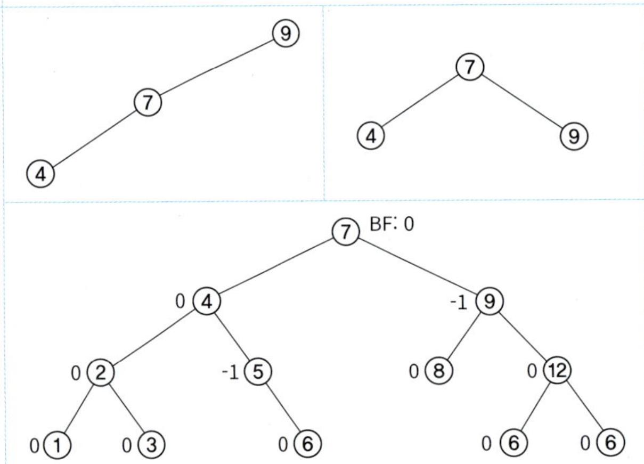	4,7,9에 대하여 LL회전 방식을 적용하여 불균형을 제거한 상태의 최종 AVL 트리가 된다.

그림 12.9 AVL 트리 삭제 연산(회전 포함) 과정의 예

5. AVL 트리의 알고리즘

(1) AVL 트리에서의 노드 삽입과 삭제 연산

AVL 트리에서의 삽입 및 삭제 연산은 이진 탐색 트리의 삽입 및 삭제 연산과 동일하다. 그러나 차이점은 삽입이나 삭제 후에 이진 트리의 불균형 상태를 균형 상태로 변경시키는 작업이 필요하다. 즉 회전 연산(rotation operation)이 요구된다.

【AL 12_3 : AVL 트리에서의 삽입 알고리즘】

```
procedure insert_AVL(**root, x)
    if (*root == NULL)  then
            *root ← (t_Node*)malloc(sizeof(t_Node));
            (*root)->key ← x;
            (*root)->left ← NULL;
            (*root)->right ← NULL;
    else if (x < (*root)->key) then
            (*root)->left ← insert_AVL(&((*root)->left), x);
            *root ← rebalance_AVL(root);
    else if (x >(*root)->key) then
            (*root)->right ← insert_AVL(&((*root)->right), x);
            *root ← rebalance_AVL(root);
    else
            printf("\n 동일 키 존재! \n");
            exit(1);
    return *root;
end  insert_AVL()
```

```
procedure rebalance_AVL(t_Node** p)
    int BF  ← get_BF(*p);
    if (BF > 1) then
            if (get_BF((*p)->left) > 0)
                        *p  ← r_LL(*p);
            else    *p  ← r_LR(*p);
    else if (BF < -1)  then
            if (get_BF((*p)->right) < 0)
                    *p  ← r_RR(*p);
            else *p  ← r_RL(*p);
    return *p;
end  rebalance_AVL( )
```

```
procedure get_BF(t_Node* p)
    if (p == NULL) return 0;
    return get_H(p->left) - get_H(p->right);
end get_BF()
```

```
34 procedure get_H(t_Node* p)
35       int height ← 0;
36       if (p != NULL) height ← MAX(get_H(p->left), get_H(p->right)) + 1;
37        return height;
38 end get_H()
```

[해설]

01-17. AVL 삽입 알고리즘
BST 삽입 알고리즘과 유사하지만 재균형을 잡는 rebalance_AVL( ) 프로시저가 더 첨가된다. 즉, 균형 인수 알고리즘, 트리의 높이와 그 차를 구하는 알고리즘 등이 더 첨가된다.

18-28. 균형 인수(BF: Balanced factor) 알고리즘
그러므로 AVL 트리에서는 삽입과 삭제 연산 후에도 균형 인수(BF: Balanced factor)는 왼쪽 서브 트리의 높이(HL)에서 오른쪽 서브 트리의 높이(HR)에 대한 차가 모든 노드에 대해서 -1, 0 또는 1을 가지게 된다. 이 균형이 깨지면 이진 트리의 불균형 상태를 균형 상태로 변경시키는 작업이 필요하다. 즉 회전 연산(rotation operation)이 요구된다.

29-32. 어떤 한 노드 중심으로 균형 인수인 좌측 노드와 우측 노드의 높이 차를 구하는 알고리즘

33-38. 어떤 한 노드 중심으로 좌측 노드와 우측 노드 각각의 높이를 구하는 알고리즘

(2) AVL 트리에서의 회전 연산의 유형

① RR 회전 연산

[AL 12_4 : AVL 트리에서의 RR 회전 알고리즘]

```
01  procedure r_RR(t_Node *parent)
02       t_Node *child ← parent->right;
03       parent->right ← child->left;
04       child->left ← parent;
05       return child;
06  end  r_RR()
```

[해설]

01. t_Node *parent는 부모 노드를 나타낸다.

02. 부모 노드(x)의 오른쪽 노드(y)를 자식 노드로 설정한다.

03. 자식 노드(y)의 왼쪽 자식 노드를 비우기 위해서 자식(y)의 왼쪽 자식 노드를 부모 노드(x)의 오른쪽 자식 노드로 정리한다.

04. 부모 노드(x)를 y의 비워진 왼쪽 자식 노드로 이동한다.

② LL 회전 연산

【AL 12_5 : AVL 트리에서의 LL 회전 알고리즘】

```
01  procedure r_LL(t_Node *parent)
02      t_Node *child = parent->left;
03      parent->left = child->right;
04      child->right = parent;
05      return child;
06  end r_LL()
```

【해설】

01. t_Node *parent는 부모 노드를 나타낸다.

02. 부모 노드(x)의 왼쪽 노드(y)를 자식 노드로 설정한다.

03. 자식(y)의 오른쪽 자식 노드를 비우기 위해서 자식(y)의 오른쪽 자식 노드를 부모 노드(x)의 왼쪽 자식 노드로 정리한다.

04. 부모 노드(x)를 y의 오른쪽 자식 노드로 이동한다.

③ RL 회전 연산

【AL 12_6 : AVL 트리에서의 RL 회전 알고리즘】

```
procedure r_RL(t_Node *parent)
    t_Node *child = parent->right;
    parent->right = r_LL(child);
    return r_RR(parent);
end  r_RL()
```

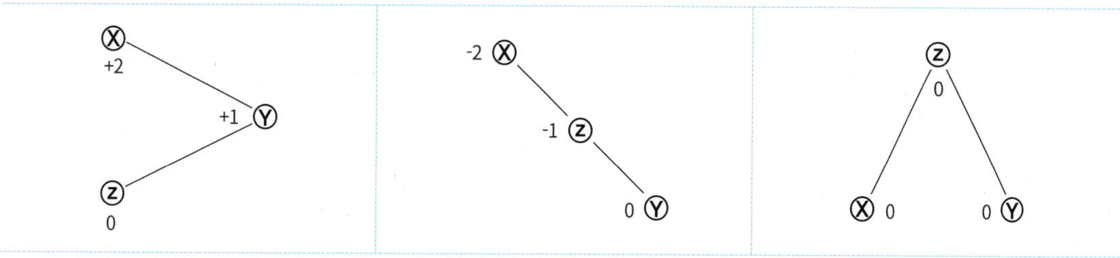

【해설】

01. t_Node *parent는 부모 노드를 나타낸다.

02. 부모 노드(x)의 오른쪽 노드(y)를 자식 노드로 설정한다.

03. y와 z 구간에 대한 LL 회전 함수 r_LL(child)를 수행하고 반환된 노드 z를 x의 오른쪽 자식 노드로 만든다.

04. 부모 노드(x)에 대해서 RR회전 함수 r_RR(parent)를 수행한다.

④ LR 회전 연산

【AL 12_7 : AVL 트리에서의 LR 회전 알고리즘】

```
01 procedure r_LR(t_Node *parent)
02      t_Node *child = parent->left;
03      parent->left = r_RR(child);
04      return r_LL(parent);
05 end r_LR()
```

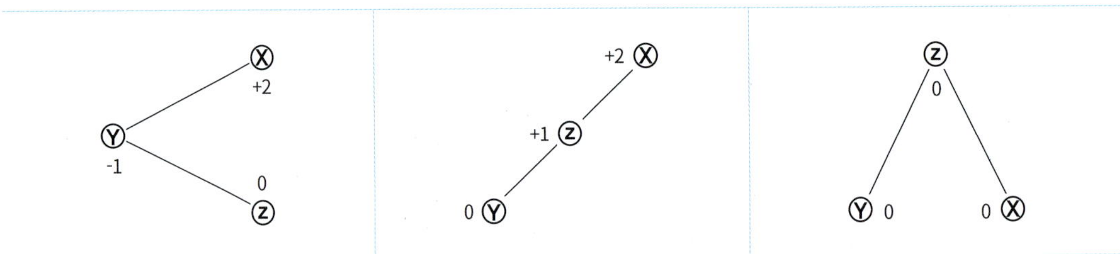

【해설】

01. t_Node *parent는 부모 노드를 나타낸다.

02. 부모 노드(x)의 왼쪽 노드(y)를 자식 노드로 설정한다.

03. y와 z 구간에 대한 RR 회전 함수 r_RR(child)를 수행하고 반환된 노드 z를 x의 왼쪽 자식 노드로 만든다.

04. 부모 노드(x)에 대해서 LL회전 함수 r_LL(parent)를 수행한다.

6. AVL 트리의 C 프로그래밍 실습

실습 12.3

구조체와 포인터를 이용하여 AVL를 표현(구성)한 후에 검색하는 프로그램을 작성하시오.

【출력】

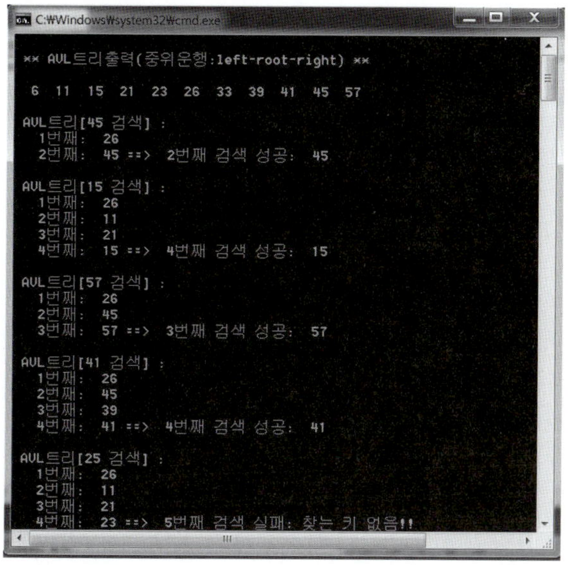

【처리조건】

① 초기 데이터는 구조체 배열을 선언하여 AVL 트리 구성할 것

② insert_AVL(&r_AVL, 26); 함수 사용하여 작성할 것 이 때 반드시 균형 인수(BF)와 회전 연산 이용하여 AVL 트리 구성할 것

③ 반드시 AVL 트리 검색을 이용하여 검색할 것

④ 트리의 높이 구할 시 #define MAX(a,b) ((a)>b) ? a:b) 선행자 사용할 것

【프로그램: c_12_3.c】

```
#include <stdio.h>
#include <stdlib.h>
#include <memory.h>
#define MAX(a,b) ((a)>b) ? a:b)

typedef int e;

typedef struct t_Node {
    struct t_Node *left;
    e key;
    struct t_Node *right;
}t_Node;

t_Node* r_LL(t_Node *parent) {
    t_Node *child = parent->left;
    parent->left = child->right;
    child->right = parent;
    return child;
}

t_Node* r_RR(t_Node *parent) {
    t_Node *child = parent->right;
    parent->right = child->left;
    child->left = parent;
    return child;
}

```

```
t_Node* r_LR(t_Node *parent) {
    t_Node *child = parent->left;
    parent->left = r_RR(child);
    return r_LL(parent);
}

t_Node* r_RL(t_Node *parent) {
    t_Node *child = parent->right;
    parent->right = r_LL(child);
    return r_RR(parent);
}

int get_H(t_Node* p) {
    int height = 0;
    if (p != NULL) height = MAX(get_H(p->left), get_H(p->right)) + 1;
    return height;
}

int get_BF(t_Node* p) {
    if (p == NULL) return 0;
    return get_H(p->left) - get_H(p->right);
}
t_Node* rebalance_AVL(t_Node** p) {
    int BF = get_BF(*p);
    if (BF > 1) {
            if (get_BF((*p)->left) > 0)
                        *p = r_LL(*p);
            else    *p = r_LR(*p);
    }
    else if (BF < -1) {
            if (get_BF((*p)->right) < 0)
                      *p = r_RR(*p);
            else *p = r_RL(*p);
    }
    return *p;
}

t_Node* insert_AVL(t_Node** root, e x) {
    if (*root == NULL) {
            *root = (t_Node*)malloc(sizeof(t_Node));
            (*root)->key = x;
            (*root)->left = NULL;
            (*root)->right = NULL;
    }
    else if (x < (*root)->key) {
            (*root)->left = insert_AVL(&((*root)->left), x);
```

```
            *root = rebalance_AVL(root);
    }
    else if (x >(*root)->key) {
            (*root)->right = insert_AVL(&((*root)->right), x);
            *root = rebalance_AVL(root);
    }
    else {
            printf("\n 동일 키 존재! \n");
            exit(1);
    }
    return *root;
}

t_Node* s_AVL(t_Node* root, e x) {
    t_Node* p;
    int count = 0;
    p = root;
    while (p != NULL) {
            count++;
            printf("\n %3d번째: %3d", count, p->key);

            if (x < p->key) p = p->left;
            else if (x == p->key) {
                    printf(" ==>%3d번째 검색 성공: %3d", count, p->key);
                    return p;
            }
            else p = p->right;
    }
    count++;
    printf(" ==>%3d번째 검색 실패: 찾는 키 없음!!", count);
    return p;
}
void p_Inorder(t_Node* root) {
    if (root) {
            p_Inorder(root->left);
            printf("%3d ", root->key);
            p_Inorder(root->right);
    }
}

int main() {
    t_Node* r_AVL = NULL;

    r_AVL = insert_AVL(&r_AVL, 45);
    insert_AVL(&r_AVL, 26); insert_AVL(&r_AVL, 11);
    insert_AVL(&r_AVL, 15); insert_AVL(&r_AVL, 57);
```

```
120     insert_AVL(&r_AVL, 33); insert_AVL(&r_AVL, 41);
121     insert_AVL(&r_AVL, 39); insert_AVL(&r_AVL, 6);
122     insert_AVL(&r_AVL, 23); insert_AVL(&r_AVL, 21);
123     printf("\n ** AVL트리출력(중위운행:left-root-right) ** \n\n");
124     p_Inorder(r_AVL);
125
126     printf("\n\n AVL트리[45 검색] : ");
127     s_AVL(r_AVL, 45);
128     printf("\n\n AVL트리[15 검색] : ");
129     s_AVL(r_AVL, 15);
130     printf("\n\n AVL트리[57 검색] : ");
131     s_AVL(r_AVL, 57);
132         printf("\n\n AVL트리[41 검색] : ");
133     s_AVL(r_AVL, 41);
134         printf("\n\n AVL트리[25 검색] : ");
135     s_AVL(r_AVL, 25);
136
137     getchar();
138 }
```

【해설】

08-12. 단순 연결 리스트를 표현하기 위하여 구조체와 포인터를 선언한다.

117-122, 65-85. 삽입 연산을 사용하여 AVL 트리를 구성하는 함수이다.

74, 78, 50-63. AVL 트리의 재균형을 이루게 하는 함수이다.

51, 53, 58, 46-49. AVL 트리의 균형 인수(BF)를 구하는 함수이다.

48, 40-44. AVL 트리의 트리 높이를 구하는 함수이다.

59, 21-26. AVL 트리의 RR 회전 연산 함수이다.

54, 14-19. AVL 트리의 LL 회전 연산 함수이다.

60, 34-38. AVL 트리의 RL 회전 연산 함수이다.

55, 28-32. AVL 트리의 LR 회전 연산 함수이다.

126-135, 87-105. AVL 트리를 검색하는 함수이다.

08 _ 검색 종류의 성능 분석 및 비교

검색 방법별 비교표는 다음과 같다.

표 12.3 검색 방법별 비교표

종류	시간		평균검색장 (검색길이)	기억 공간	프로그램 정도	특징
	최악	평균				
순차 검색	O(n)	O(n)	(n+1)/2	n	단순	프로그래밍이 용이 검색 시 정렬하지 않아도 됨
이진 검색	O(logn)	O(logn)	O(logN+1)−1	n+2	중간정도	반드시 정렬 필요하며, 속도 빠름
보간 검색			$2\left(\frac{\sqrt{n}-1}{2}\right)$	2n		검색을 처음부터 있음직한 부분의 키로 비교
해싱						비교 검색 아님
이진 탐색 트리	O(n)	O(logn)	$1.4\log_2 N$	2n	어려움	갱신(삽입 및 삭제)이 용이, 속도 빠름
AVL 검색	O(logn)	O(logn)				왼쪽 서브 트리의 높이(H_L), 오른쪽 서브 트리의 높이(H_R) $\lvert H_L - H_R\rvert \le 1$을 만족하는 이진 트리

요약

1. 해싱

키를 비교에 의해서 검색하는 것이 아니라, 직접 키가 저장된 곳을 접근하기 위하여 계산에 의해서 행하여진다. 이러한 검색 방식을 해싱(hashing)이라고 한다. 이러한 키 계산 방식은 해싱 함수(hashing function)에 의해 이루어지고, 이 함수에 의해서 계산된 주소를 해싱표(hashing table)라 하며, 한 개의 주소를 버킷(bucket)이라 한다. 버킷은 여러 개의 슬롯(slot)으로 구성된다.

2. 이진 탐색 트리(Binary Search Tree)

이진 탐색 트리(Binary Search Tree)는 효율적인 검색을 위하여 원소 크기에 따라 노드 위치를 정의한 자료구조이다. 공백이 가능한 이진 트리이다. 만일, 공백이 아니면서 각 노드 n이 다음과 같은 특성을 만족하면 이진 탐색 트리이다.

- 모든 원소의 키는 유일한 값을 가진다.
- 왼쪽 서브 트리 키들은 그 서브 트리의 루트 키보다 작다.
- 오른쪽 서브 트리 키들은 그 서브 트리의 루트 키보다 크다.
- 왼쪽과 오른쪽 서브 트리도 이진 탐색 트리이다.

3. AVL 트리와 균형 인수의 개념

AVL 트리는 높이가 균형을 이루는 트리이며, 이 때 각 노드에 대한 균형 인수(BF: Balanced factor)는 왼쪽 서브 트리의 높이(H_L)에서 오른쪽 서브 트리의 높이(H_R)에 대한 차가 모든 노드에 대해서 –1, 0 또는 1을 가지게 된다. 즉, $|H_L - H_R| \le 1$을 만족하는 이진 트리를 AVL 트리라고 한다.

4. 검색 방법별 비교표

종류	평균 검색 시간	알고리즘의 용이성	장점
순차 검색	$(n+1)/2$	간단	프로그래밍이 용이
이진 검색	$\log_2(n+1)-1$	보통	속도 빠름
이진 트리 검색	$1.4\log_2 N$	복잡	갱신이 용이, 속도 빠름

종류	평균의 경우	최악의 경우
순차 검색	O(n)	O(n)
이진 검색	O(log n)	O(log n)
이진 트리 검색	O(log n)	O(n)
AVL 검색	O(log n)	O(log n)

01. 다음 중 해싱 함수의 종류가 아닌 것은?

① 제산 잔여 해싱 ② 중간 제곱 해싱 ③ 가감산 해싱 ④ 중첩 해싱

02. 다음 중 해싱에 대한 설명 중 잘못된 것은?

① Key to address transformation을 의미한다.
② 키 값으로부터 레코드가 저장되어 있는 주소를 직접 계산한다.
③ 산출된 주소는 바로 접근 가능하다.
④ 계산된 주소가 중복되는 것을 겹침이라고 한다.

03. 다음 중 해싱 기법 중 오버플로우 해결 방법은?

① 개방 주소법 ② 가상 주소법 ③ 동적 주소법 ④ 확장 주소법

04. 해싱 함수의 선택 시 고려하지 않아도 되는 것은?

① collision의 최소화 ② overflow 최소화
③ 계산 과정의 최소화 ④ 기억 장소의 최소화

05. 해싱(hashing)에 대한 설명 중 옳지 못 한 것은?

① 평균 탐색(probe) 횟수가 작다.
② 최악의 경우에도 탐색 횟수의 상한(upper bound)이 낮으므로 실시간(real time) 응용에도 적합하며, 충돌(collision)이 발생하면 항상 오버플로우(overflow)가 일어난다.
③ 삽입과 삭제가 빈번한 자료 처리에 적합하다.
④ 컴파일러의 심볼 테이블(symbol table) 처리에 이용된다.

06. 자료를 저장할 때 해시 주소(hash addressing) 방법을 이용하면서 시스템 분석가가 주의해야 할 요인이 아닌 것은?

① 버킷의 크기 ② 기록 밀도 ③ 오버플로우 처리 ④ 응답 시간

07. 다음 알고리즘에 해당되는 검색 방법은?(단, k는 키 값, m은 레코드의 수, R은 나머지이다.)

```
    i ← R(k/m)
S1: if i=k then Y ← inf(i) goto S2
    if i=m then i ← 0
         otherwise
S2: stop
```

① 순차 검색 ② 이진 검색 ③ 해싱 ④ 블록 검색

연습문제

08. 다음과 같은 키 값에서 해싱 방법 중 숫자 이동 변환 방법을 사용할 때 출력되는 주소 값은?

1	4	2	4	1	2	5	3	1
			←	주소길이	→			

① 897 ② 4298 ③ 6538 ④ 7901

09. 다음과 같은 키 값에서 해싱 방법 중 숫자 이동 변환 방법을 사용할 때 무슨 방식이라고 하는가? (2415+415+2100 = 5756)

1	2	3	2	4	1	5	1	4
		←	주소길이	→				

① 중첩 해싱 ② 숫자 이동 변환 해싱 ③ 가감산 해싱 ④ 중간 제곱 해싱

10. 키 값은 362580이고 주소 공간의 크기는 4일 때 중간 제곱 해싱으로 구한 상대 주소 값은?

① 1314 ② 2564 ③ 4642 ④ 6258

11. 키 값이 1234567890이고 필요한 자리 수는 4일 때 중첩 해싱에 의한 상대 주소는?

① 1322 ② 2345 ③ 3221 ④ 9135

12. 서로 다른 키 k1, k2가 해싱 함수의 값을 구한 결과 같은 값을 가질 때 이들 k1, k2의 집합을 무엇이라고 하는가?

① 유사 레코드(synonym record) ② 충돌(collision)
③ 사상(mapping) ④ 과잉 상태(overflow)

13. 다음과 같이 키 값이 주어졌을 때 5개 부분으로 나누어 이동 접지(shift folding) 법에 의한 해싱 주소(hashing address) 값은?

```
2 0 3 1 2 3 2 4 1 1 1 2 2 0
```

① 419 ② 699 ③ 332 ④ 322

14. 해싱함수에서 주소 충돌 현상(collision)이 발생하여 더 이상 준비된 버킷(bucket) 내 키 값을 수록할 수 없는 경우에 과잉 상태(overflow)가 발생하는 데 이를 해결하는 방식에는 여러 가지가 있는데 충돌이 발생하는 경우 연결 리스트를 이용하여 보관하는 방법은?

① 개방 주소법(open addressing method)
② 과잉 상태 공간 처리 방법(overflow space method)
③ 연쇄 방법 (chaining method)
④ 재 해싱(rehashing method)

15. 해싱 함수의 장점이 아닌 것은?

① 비순차 파일에 대한 수정이 용이하다.

② 각 레코드들을 직접 접근(direct access)할 수 있다.

③ 검색 방식 중 속도가 가장 빠르다.

④ 주소 충돌 현상이 덜 발생한다.

16. 해싱 함수로 고안된 파일에서 20,000개의 자료를 저장하는데 40,000개의 기억 공간을 사용했을 때 평균 검색 장은?

① 2 ② 3 ③ 4 ④ 5

17. 해싱에서 서로 다른 두 개의 키 값이 같은 home 주소를 갖는 현상을 무엇이라고 하는가?

① mid–square ② folding

③ radix ④ collision

18. 해싱 함수에 관한 내용 중 옳은 것은?

① hashing은 한 word로 된 key에 대해서만 적용된다.

② hash table이 커질수록 search time이 길어진다.

③ key를 argument로하여 적용한다.

④ table size에 관계없이 search time은 일정하다.

19. 다음 검색 방법 중 알고리즘이 가장 복잡한 것은?

① 트리 검색 ② 블록 검색 ③ 이진 검색 ④ 순차 검색

20. 어떤 레코드들의 키들이 (7, 1, 5, 2, 6, 4, 3)이라고 하자. 트리 검색(tree search)을 하려면 먼저 이들을 이진 검색 트리(binary search tree)로 저장해야 하며, 검색 작업 성능이 좋으려면 균형 트리(balanced tree)로 구성해야 한다. 이를 위해 키(key)들의 배열이 적당한 것은?(단, 모든 레코드들은 모두 같은 횟수로 검색된다고 가정한다.)

① (7, 1, 5, 2, 6, 4, 3) ② (5, 2, 7, 3, 4, 1, 6)

③ (4, 6, 2, 1, 3, 5, 7) ④ (3, 6, 2, 1, 7, 4, 5)

21. 자료의 변화가 별로 없는 응용 분야가 있다. 최악의 경우에도 검색 횟수의 상한이 주어짐으로써 최소의 수행 능력이 보장되어야 한다면 어떤 검색(search) 방법이 적합한가?

① 해싱(hashing) ② 균형 트리 검색(balanced tree search)

③ 순차 검색(sequential search) ④ 이진 트리 검색(binary tree search)

22. 다음은 분산 검색(scatter search)에 관계된 것들이다. 관련이 제일 적은 것은?

① 해싱(hashing) 함수 ② 트리 ③ 잉여류 ④ 연결(link)

23. AVL 트리는 이진 트리(binary tree)로 구현 가능하다. 다음 중 AVL 트리가 아닌 것은?

①
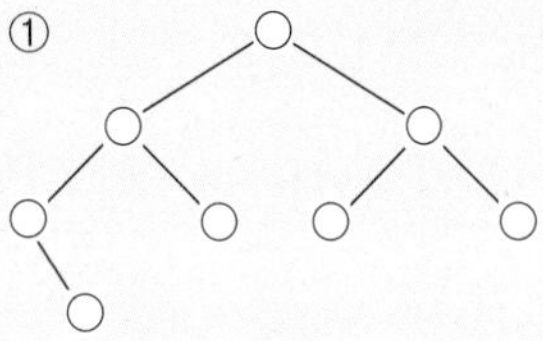

②
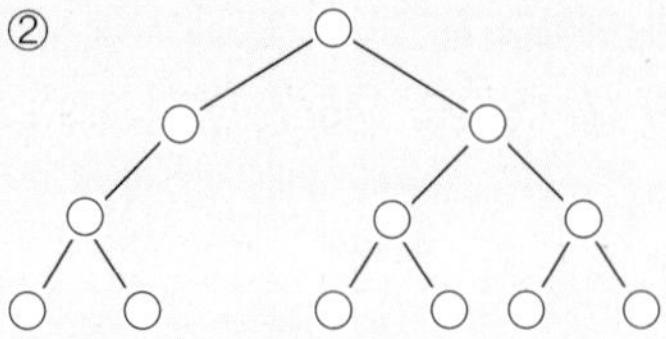

③
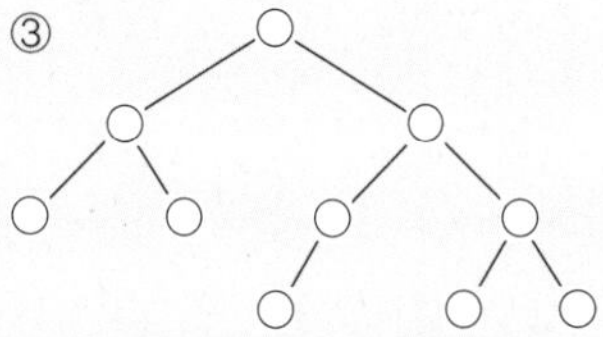

④
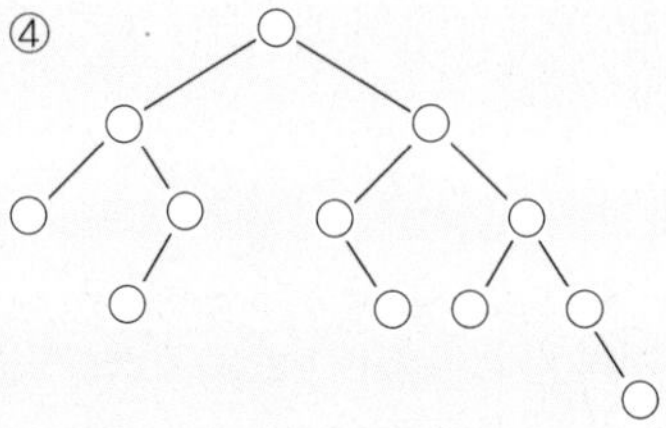

24. 다음 트리 탐색의 설명 중 틀린 것은?

① 좌측 서브 트리의 노드는 루트 노드의 키 값보다 모두 작아야 한다.

② 우측 서브 트리의 노드는 루트 노드의 키 값보다 모두 커야 한다.

③ 평균 탐색 길이는 $\log_2 n$이다.

④ 평균 탐색 시간은 $O(\log_2 n)$이다.

25. 트리를 균형화해야 하는 불편한 점이 있지만 검색 효율과 갱신이 용이한 방식은?

① 순차 검색 ② 블록 검색 ③ 이진 트리 검색 ④ 이진 검색

26. 노드(node)의 back tracking을 쉽게 하기 위하여 고안된 방법은?

① queue ② balanced tree ③ direcred graph ④ double linked list

27. 최적 검색 길이(optimum search length)를 갖는 자료구조는?

① linked list ② balanced tree ③ linear list ④ binary tree

28. 다음 검색 알고리즘 중 비교적 평균 비교 횟수도 적고 자료를 정정하기 좋지만 프로그램을 작성하기가 어려운 알고리즘은?

① 블록 검색 알고리즘 ② 순차 검색 알고리즘 ③ 이진 검색 알고리즘 ④ 이진 트리 검색 알고리즘

29. R={5,8,2,1,4,3}으로 이진 트리 정렬을 목적으로 AVL 트리는 이진 트리(binary tree)를 구성했다. 올바르게 표현된 것은 어느 것인가?

①
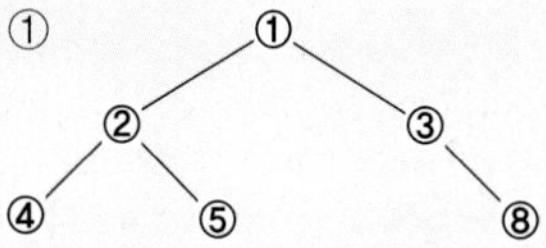

②
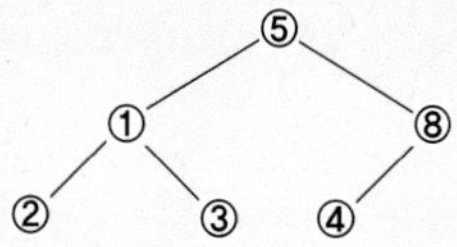

③
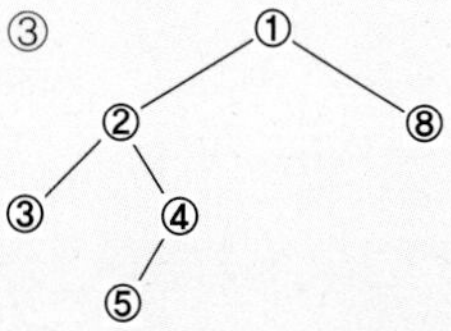

④
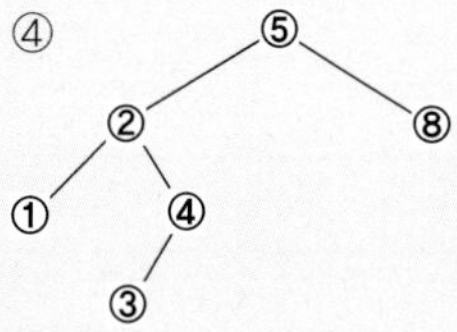

30. AVL 트리가 고안된 주목적은 어디에 있는가?

① search time 절약　② insertion time 절약　③ space 절약　④ node값의 update time 절약

31. 다음 중에서 검색 길이가 가장 짧은 것은 어느 것인가?

① 선형 검색　② AVL 검색　③ 블록 검색　④ 이진 트리 검색

32. 다음 중 입력(insert)과 출력(delete)이 쉬운 검색은?

① 선형 검색　② 이진 검색　③ 피보나치 검색　④ 이진 검색 트리

33. n개의 레코드로 구성된 균형 트리의 최대 검색 길이는?

① $n\log_2 n$　② n　③ $1/2\ n^2$　④ $\log_2 n$

34. n개의 레코드를 이진 트리로 검색할 때 최악의 경우 몇 번 비교해야 하는가?

① $n\log_2 n$　② n　③ n/2　④ $\log_2 n$

35. 가장 양호한 이진 검색 트리의 평균 검색장은 무엇에 비례하는가?

① $\log_2 n$　② n　③ n/2　④ $\log_2 n$

36. 다음 이진 검색 트리에서 c 노드를 찾기 위한 키 비교 횟수는?

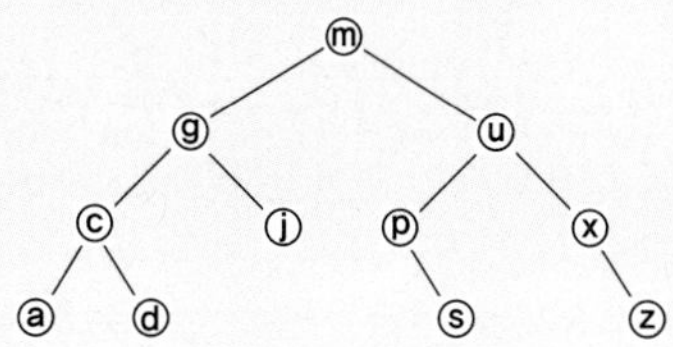

① 2　② 5　③ 3　④ 4

연습문제

연습문제

주관식 문제

01. 키 값이 1234567890이고 필요한 주소 자리 수는 4일 때 중첩 해싱에 의한 상대 주소는 얼마인지 풀이 과정과 답을 구하시오.

02. 4000개의 레코드를 수록할 직접 파일에서 적재율 80%일 때 아래의 키를 주소 자리 수 4로 중첩 해싱한다고 하자.

9	8	7	6	5	4	3	2	1

(1) 필요한 주소 공간의 크기는?

(2) 실제 주소는 얼마인가?

03. 입력 데이터 파일이 256개의 레코드를 갖는다고 가정했을 때 블록 검색을 하려고 한다. 이 때 한 블록이 8개의 레코드를 갖는다면 블록 검색의 평균 검색 길이는 얼마인지 풀이과정과 답을 구하시오.

04. 예를 들면, R = (F, A, F2, A2, D, C, A3, B)에서 해싱의 과잉 상태 해결 방법 중 하나인 배열을 이용한 선형 방법으로 12개의 버킷(1슬롯/버킷)에 저장하는 과정을 설명하시오.

05. 예를 들면, R = (F, A, F2, A2, D, C, A3, B)에서 해싱의 과잉 상태 해결 방법 중 하나인 연결 리스트를 이용한 연쇄 방법으로 저장하는 과정을 설명하시오.

06. 예를 들면, 크기가 7인 해시 표에서 첫 번째 해시 함수로 h(k) = k mod 7을 사용하고 두 번째 해시 함수로 step = 5 – (k mod 5)를 사용한다고 가정하면, (26, 48, 55, 43, 29) 순으로 키 값을 저장하는 과정을 설명하시오.

07. AVL 트리와 균형 인수(BF: Balanced factor)에 대해 기술하시오.

08. 균형 상태와 불균형 상태의 이진 탐색 트리의 형태에 대해 기술하시오.

09. 다음 트리가 있다. AVL인지 아닌지를 각각에 대해 균형 인수(BF: Balanced factor)를 계산하여 밝히시오.

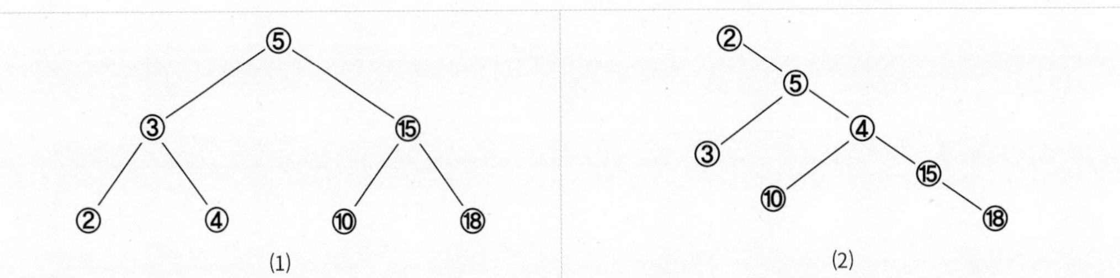

10. 다음과 같은 AVL 트리에서 4와 5를 차례대로 삽입한 결과의 AVL 트리는 어떻게 되는 지 그 과정과 AVL 트리 결과를 구하시오.

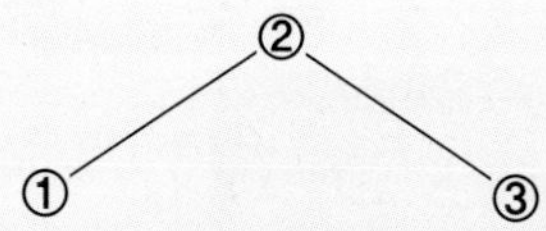

11. 키들이 (1,2,3,4,5,10,9,8,7)의 순서로 입력될 때 AVL 트리를 회전 연산을 사용하여 구성하고, 그 과정을 균형 인수(BF)를 사용하여 제시하고, AVL 트리 결과를 구하시오.

12. 순차 검색과 이진 검색, 이진 트리 검색에 대해서 검색 방법별 비교표(평균 검색 시간/알고리즘의 용이성/장점을 기준)를 간단히 작성하시오.

13. 순차 검색과 이진 검색, 이진 트리 검색, AVL 검색에 대해서 평균 검색 시간의 평균의 경우와 최악의 경우 비교표를 작성하시오.

14. 아래 알고리즘은 문장으로 작성되었다. 빈칸을 채우시오. 이진 탐색 트리의 노드의 구성 배열은 다음과 같은 절차로 한다.

> 이진 탐색 트리 T는 각 노드가 1개 키를 갖는 트리로서 각 노드의 키 값이 다음과 같이 구성된다.
>
> ① 첫 번째 요소는 [❶]로 한다.
>
> ② 두 번째 요소부터는 노드와 비교하여 작으면 왼쪽 서브 트리, 크면 오른쪽 서브 트리의 [❷]와 비교한다.
>
> ③ ②를 순환적으로 하여 더 이상 비교 원소가 없는 곳에 자료를 삽입한다.

15. 이진 탐색 트리에서의 검색 알고리즘이다. 빈칸을 채우시오.

```
procedure searchBST(A, T, K, i)
   /* 정렬되어있는 키 값 A1,A2,...,An인 파일에서 K인 레코드를 찾는 이진 트리 검색 */
   i ← T
   while i ≠ 0 do
      case
         : K > Ai: i ← [ ❶ ]
         : K < Ai: i ← LLINK(i)
         : [ ❷ ] : return
      end case;
   repeat;
end searchBST()
```

연습문제

16. 구조체와 포인터를 이용하여 AVL를 표현(구성)한 후에 검색하는 프로그램을 작성하시오.

【출력】

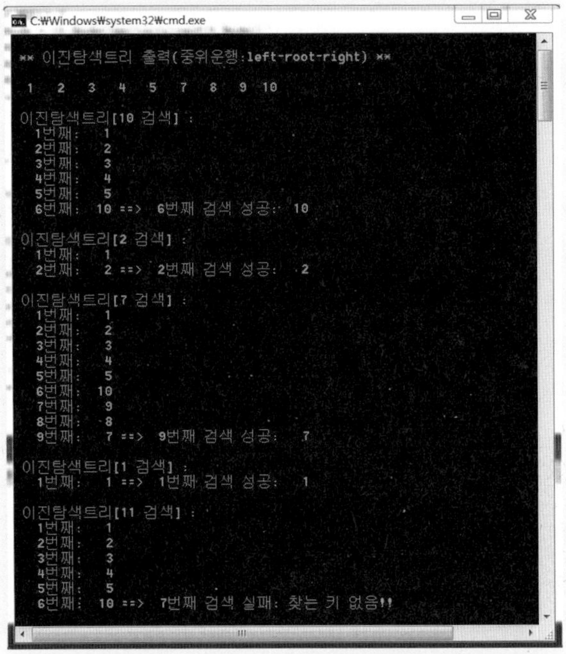

【처리조건】

① 초기 데이터는 구조체 배열을 선언하여 AVL 트리 구성할 것

② insert_AVL(&r_AVL, 1); 함수를 사용하여 작성할 것 이 때 반드시 균형 인수(BF)와 회전 연산 이용하여 AVL 트리를 구성할 것

③ 반드시 AVL 트리 검색을 이용하여 검색할 것

④ 트리의 높이 구할 시 #define MAX(a,b) ((a)b) ? a:b) 선행자 사용할 것

17. 구조체와 포인터를 이용하여 이진 탐색 트리(BST)를 표현(구성)한 후에 검색하는 프로그램을 작성하시오.

【출력】

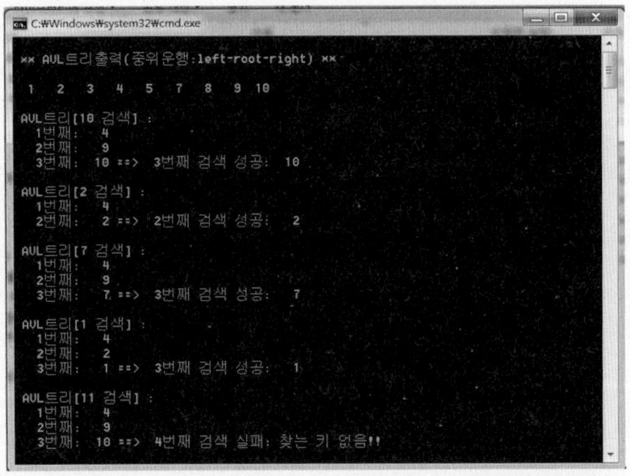

【처리조건】

① 초기 데이터는 구조체 배열을 선언하여 이진 탐색 트리(BST)를 구성할 것

② insert_BST(r_BST, 1); 함수를 사용하여 작성할 것

③ 반드시 이진 탐색 트리(BST) 검색을 이용하여 검색할 것

18. 구조체와 포인터를 이용하여 AVL과 BST를 표현(구성)한 후에 검색하는 프로그램은 각각 [문제 16]과 [문제 17]이다. 결과를 보고 어느 방식이 효율적인지 개략적으로 설명하고 구성 시 비교, 각각의 소스 코드에 대해서도 장단점을 기술하시오.

기호–번호

A – B

C

D

E – F

G – K

L

M – O

P

R

ㄴ

ㄷ

ㄹ

ㅁ

ㅂ

ㅇ

ㅈ

ㅊ

C로 배우는 알기 쉬운
자료구조

인　　쇄 | 2021년 01월 25일
발　　행 | 2021년 02월 01일

저　　자 | 고응남
발 행 인 | 채희만
출판기획 | 안성일
영　　업 | 한석범, 임민정
관　　리 | 이승희
편　　집 | 한혜인, 최은지
발 행 처 | INFINITYBOOKS

주　　소 | 경기도 고양시 일산동구 하늘마을로 158
대방트리플라온 C동 209호

대표전화 | 02)302-8441
팩　　스 | 02)6085-0777

도서 문의 및 A/S 지원
홈페이지 | www.infinitybooks.co.kr
이 메 일 | helloworld@infinitybooks.co.kr

I S B N | 979-11-85578-74-3
등록번호 | 제25100-2013-152호
판매정가 | 27,000원